und Beute-Zerstörer

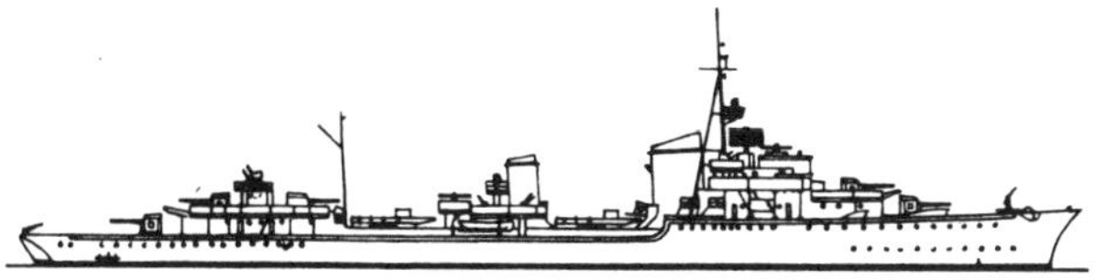

Z 35–36, Z 43–45

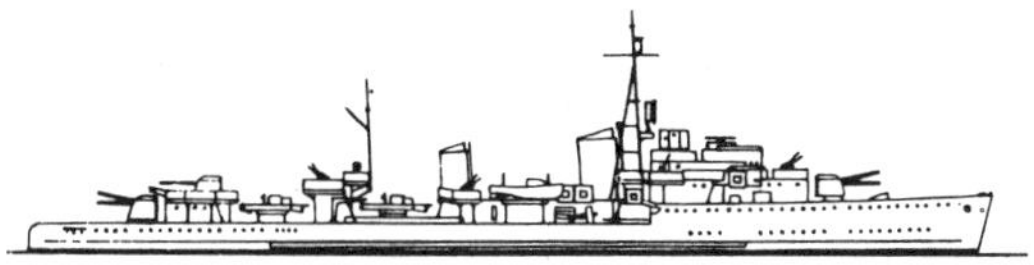

ZH 1 ex holländ. *Gerard Callenburgh* (bis 1943 achterer Mast am 2. Schornstein und anderes Artillerieleitgerät vorn)

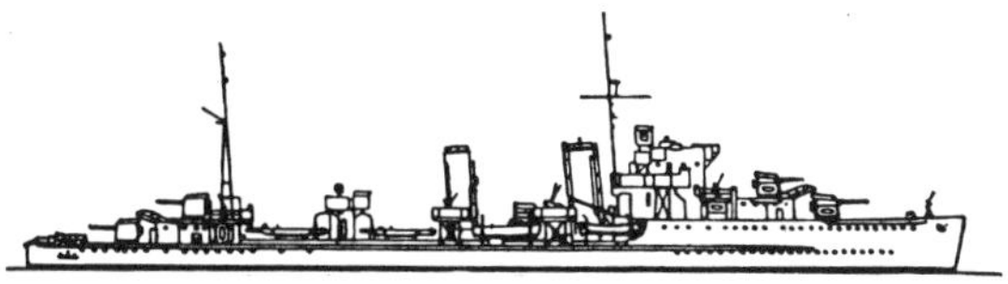

ZG 3 = **Hermes** ex griech. *Vasilefs Georgios* (Aussehen 1942/43)

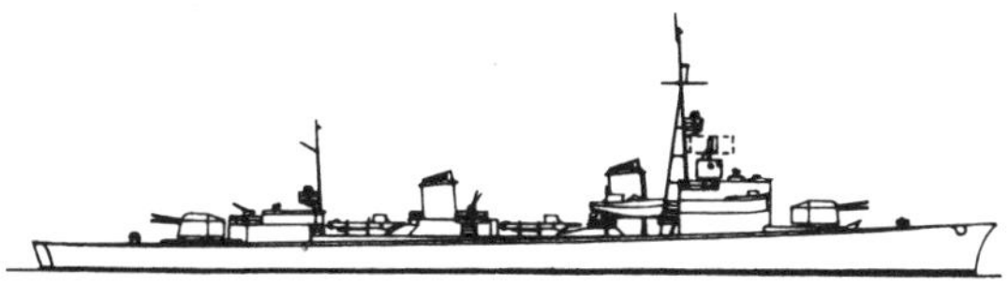

Zerstörer 1938 B (geplant)

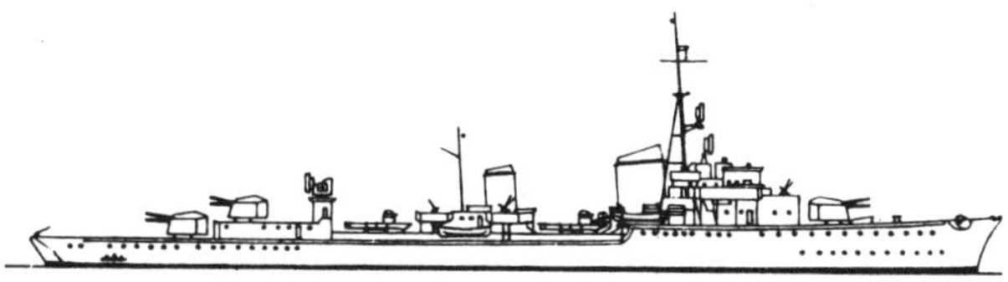

Z 46–50 (vorgesehene Form)

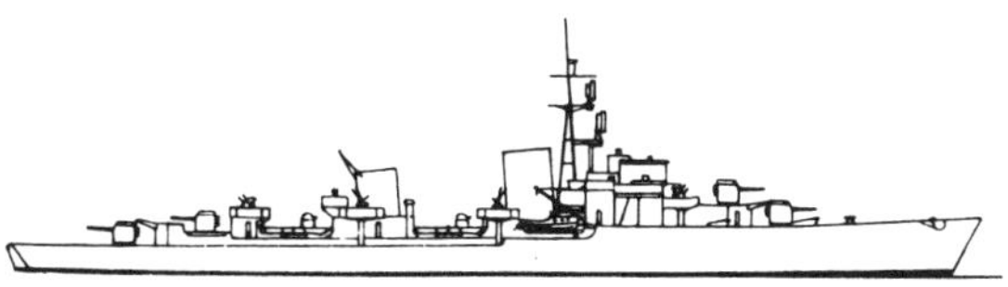

Z 51 (vorgesehene Form)

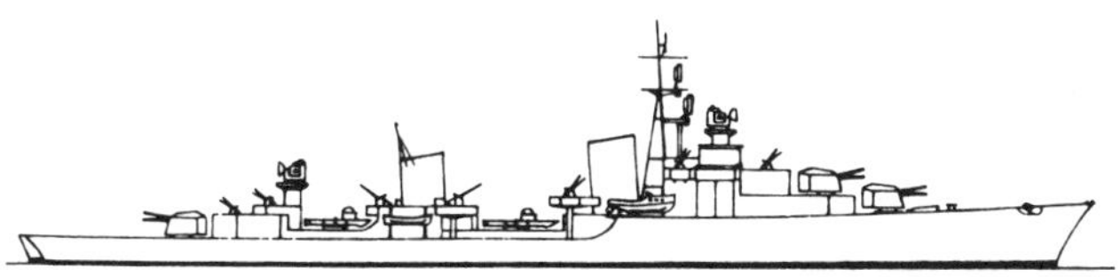

Z 52–56 (vorgesehene Form)

(Weitere Beute-Zerstörer unter deutscher Flagge siehe hintere Vorsatztafel am Ende des Buches)

WOLFGANG HARNACK · ZERSTÖRER

Unter deutscher Flagge 1934 bis 1945

Wolfgang Harnack

ZERSTÖRER UNTER DEUTSCHER FLAGGE 1934 bis 1945

KOEHLERS VERLAGSGESELLSCHAFT MBH HERFORD

Das Umschlagbild zeigt:

Die 8. Zerstörerflottille mit fünf Zerstörern auf dem Marsch in einem nordnorwegischen Fjord im Sommer 1942. Aufnahme von Bord *Z 28* nach achtern: Im Kielwasser folgen *Z 24*, *Z 29*, *Z 30* und *Z 27*.

Bildnachweis:

Titelfoto: Hallbauer, Wilhelmshaven

Bildteil:

HBtsm. a. D. Albrecht, Wilhelmshaven (1); Marius Bar (†), Toulon (3); FKpt. Barre, Wilhelmshaven (1); FKpt. Besch, Wilhelmshaven (1); FKpt. a. D. Bohlmann, Middelsfähr (13); Foto-Drüppel, Wilhelmshaven (19); HBtsm. Fricke, Wilhelmshaven (1); Kpt. z. S. R. Goette, Wilhelmshaven (6); HBtsm. a. D. Gödeke, Wilhelmshaven (1); FKpt. Gretenkort, Wilhelmshaven (1); FKpt. Harms, Wilhelmshaven (1); VAdm. a. D. Hetz, Hamburg (2); FKpt. Huckshold, Wilhelmshaven (1); Dr. Dieter Jung, Berlin (3); Kpt. z. S. a. D. Kroeger, Wilhelmshaven (3); Fl.-Arzt Dr. med. Kroschel, Wilhelmshaven (1); Kpt. z. S. a. D. Langheld (†), Bremen (1); OStBtsm. Latz (1); FKpt. Loch, Wilhelmshaven (4); FKpt. a. D. Lückert, Bremerhaven (3); KptLt. a. D. Maerker, Wilhelmshaven (1); HBtsm. a. D. Magiera, Wilhelmshaven (1); HBtsm. a. D. Meyer, Wilhelmshaven (2); Kpt. z. S. Menzel, Hamburg (3); FAdm. a. D. Dr. Meyer-Abich, Wilhelmshaven (1); Michaels, Schweinebrück (5); Neumann, Wilhelmshaven (1); KKpt. a. D. Karl Paul, Bremerhaven (4); KptLt. a. D. Piechotka, Schweinebrück (1); Kpt. z. S. a. D. Pönitz, Bremerhaven (2); KptLt. a. D. Prasse, Wilhelmshaven (1); HBtsm. a. D. Schleutermann (1); FKpt. Siener, Wilhelmshaven (1); FAdm. Sörensen, Wilhelmshaven (1); HBtsm. a. D. Rößler, Wilhelmshaven (1); Urbahns, Eutin (11); P. A. Vicary, Cromer (2); FKpt. Weinert, Wilhelmshaven (1); FAdm. a. D. Wolff, Bremen (1); Archiv Blohm + Voss, Hamburg (4); Marineamt Wilhelmshaven, Bildstelle (5); Marineschule Flensburg-Mürwik, Historische Sammlung (1); Bundesarchiv/Bildarchiv, Koblenz (11); Kriegstagebuch »Z 37« (1); Sammlung W. Harnack (6).

Skizzenteil:

Seiten 14, 15, 16, 23, 37, 44, 45, 80, 81, 83, 84, 179/180: W. Harnack, Wilhelmshaven.
Seite 21: E. Sieche, Wien.
Seite 124: »Truppenpraxis«, Heft 1/1978.
Seiten 16, 85, 101: Gladisch/Schulze-Hinrichs »Seemannschaft«, E. S. Mittler & Sohn, 4. Auflage, Berlin 1943.
Seiten 99, 163, 168: v. Kutzleben/Schroeder/Brennecke »Minenschiffe«, Koehlers Verlagsgesellschaft, Herford 1974 (D. Smoljan und A. Eberhard).
Seiten 86, 89, 90, 95, 103, 159, 166: H. Fechter/G. Schomaekers »Der Seekrieg 1939/45« in Karten, Band 1, Nordsee-Atlantik, Ernst Gerdes Verlag, Preetz (mit freundlicher Genehmigung des damaligen Inhabers).

Harnack, Wolfgang
Zerstörer
unter deutscher Flagge
1934 bis 1945
1. Auflage, 1978
208 Seiten, 24 Seiten Bilder

ISBN 3 7822 0128 0

Schutzumschlaggestaltung: Ernst A. Eberhard, Bad Salzuflen
Bildlayout und Herstellung: Heinz Kameier
Druck: Ernst Gieseking, Graphischer Betrieb, Bethel bei Bielefeld
Bucheinband: Buchbinderei May & Co., Darmstadt
Printed in Germany

Inhalt

Zum Geleit

Die sehr gründliche Zusammenstellung aller Ereignisse aus der Entstehungszeit der 1934 neu geplanten Zerstörerwaffe läßt allen, die diese Zeit miterlebt haben, aber auch allen, die bis zum Ende des Krieges Zerstörer gefahren haben, Ereignisse und Namen wieder lebendig werden.

Was in den Aufbaujahren der Kriegsmarine von den Besatzungen mit Pflichttreue und Begeisterung geleistet wurde, mit welchem Gleichmut aber auch Rückschläge getragen und ausgeglichen wurden, verdient heute noch unsere Hochachtung.

In dieser Zeit wurden von den Besatzungen erst die Voraussetzungen geschaffen zu der großen Bewährung dieser Waffe bei allen Kriegsereignissen, an denen die Zerstörer vom ersten bis zum letzten Kriegstage beteiligt waren.

Hinter dieser Aneinanderreihung von Tatsachen spiegelt sich für jeden, der die See erlebt hat und der sich für Kriegsschiffe interessiert, die schicksalhafte Dramatik des Werdens und der Kampfeinsätze der deutschen Zerstörer auf allen Seekriegsschauplätzen des Zweiten Weltkrieges wider.

Die Zerstörer und Torpedoboote waren bei allen Seekriegsereignissen beteiligt; schnelle Truppen- und Nachschubtransporte, Sicherung der Kampfeinsätze unserer großen Schiffe, wichtige Geleite, U-Bootssicherung, Fla-Sicherung, offensive sowie defensive Minenoperationen, Kampfeinsätze gegen stark gesicherte Geleitzüge und in den letzten Kriegsmonaten in der Ostsee pausenlose Einsätze durch Landzielbeschuß zum Schutze bedrängter deutscher Heereseinheiten, zum Schutz und Abtransport wehrloser deutscher Menschen über See aus bereits vom Feind eng eingeschlossenen Häfen und Stützpunkten.

Die deutschen Zerstörer haben sich bei all diesen Aktionen voll bewährt. Sie alle haben bei ihren Kampfeinsätzen sehr hohe Verluste erlitten, in der Nordsee, im ganzen Bereich Narvik, im Nordmeer, im Kanal, in der Biskaya, im Mittelmeer und zum Schluß bei ihren Ostsee-Einsätzen. Schwere Verluste erlitten in den letzten Kriegswochen zum Landeinsatz befohlene Teilbesatzungen von Zerstörern und Torpedobooten gegen weit überlegene sowjetische Panzereinheiten im Raume der Mecklenburger Seen.

Diese vielseitige Verwendung und die dabei bewiesene große Standfestigkeit unserer Zerstörer und ihrer Besatzungen haben bei der Neuaufstellung der Bundesmarine trotz mancher Widerstände den Bau deutscher Zerstörer und Fregatten als wesentlichen Bestandteil dieser Marine beeinflußt.

Es wird auch heute – unter wesentlich anderen Verhältnissen als im letzten Kriege – in der Flotte und im Bündnis zahlreiche Seekriegsaufgaben geben, die nur durch voll hochseefähige Zerstörer gelöst werden können. Alle die Männer, die an den beschriebenen Ereignissen teilgenommen haben, schenken den im Zerstörerverband fahrenden Einheiten und deren Besatzungen ihre Zuneigung und ihr volles Vertrauen. Mögen sie immer erfolgreich sein.

Als langjähriger Zerstörerfahrer wünsche ich diesem Buch einen vollen Erfolg, vor allem, weil es neben seinem historischen Wert allen Angehörigen dieses großen und bewährten Verbandes ein würdiges und bleibendes Denkmal setzt.

(Karl Hetz)
Vizeadmiral a. D.

Vormals Befehlshaber der Flotte
1943–45 Kommandant *Z 34*

Vorgeschichte

Der Geburtstag der Schiffsgattung Zerstörer läßt sich genau datieren: In einem Memorandum der britischen Admiralität taucht am 8. August 1892 erstmals der Begriff »Torpedo Boat Destroyers« für jene Fahrzeuge auf, die man unter der vorherigen Bezeichnung »Torpedo Boat Catchers« für den Spezialzweck der Abwehr von Torpedobooten in Auftrag gegeben hatte.

Der Seekrieg war im vorigen Jahrhundert durch den vom österreichischen Seeoffizier Lupis erfundenen und vom englischen Ingenieur Whitehead verbesserten beweglichen Offensiv- oder Fischtorpedo weitgehend revolutioniert worden. Den noch immer für die Entscheidungs-Seeschlacht in der Kiellinie entwickelten Linienschiffen drohte von diesen mit Eigenantrieb versehenen Unterwasser-Sprengkörpern eine beträchtliche Gefahr. Gegen Artillerie-Einschläge waren die Linienschiffe immer wirksamer gepanzert, unterhalb der Wasserlinie waren sie hochgradig verwundbar. Es kam deshalb darauf an, dem Gegner baldmöglich Torpedotreffer in diesem empfindlichen Bereich beizubringen. Als artilleristisch nur schwach armierte Torpedoträger hatte man schnelle Boote entwickelt, die sich normalerweise in Feuerlee der eigenen Linienschiffsgeschwader aufhielten, um in günstigem Augenblick mit dem »Durchbruch durch die Linie« ausfallartig den Gegner anzugreifen. Die speziell für diesen Zweck entwickelten Torpedoboote »machten« unter Feuerschutz der eigenen Linienschiffe, in möglichst geringer Entfernung vom ausgesuchten Ziel, ihre Torpedos »los« und zogen sich nach Kehrtwendung, unverändert mit hoher Fahrt, in den Schutz der eigenen Linienschiffe zurück.

Noch war das Unterseeboot als Torpedoträger nicht spruchreif geworden. Der Bau von Torpedobooten aber wurde gegen Ende des vorigen Jahrhunderts forciert. Diese Fahrzeuge boten die Möglichkeit, auch zahlenmäßig und artilleristisch überlegene Seestreitkräfte anzugreifen, vor allem im Schutze der Nacht.

1892 hatte die deutsche Werft F. Schichau in Elbing bereits Torpedoboote gebaut, die 26,5 und 27,4 Knoten Höchstfahrt erreichten. Es waren Exportboote für Italien, das zu diesem Zeitpunkt 129 Torpedoboote im Dienst hatte. Die deutsche Marine wies damals in ihrer Liste der Kriegsschiffe 106, die russische 152, die britische 186, die französische jedoch 220 Torpedoboote aus.

Die große Zahl französischer Torpedoboote bereitete der Royal Navy beträchtliche Sorgen. Rear-Admiral (Konteradmiral) J. A. Fisher, der im Februar 1892 sein Amt als »Third Sea Lord and Controller« antrat, wandte sich sofort mit aller Energie der Frage einer wirksamen Torpedobootsabwehr zu. Fisher ersuchte zunächst den berühmten britischen Schiffbauer Alfred Yarrow, spezielle »Torpedo Boat Catchers« zu konstruieren, die durch eine Geschwindigkeit von mindestens 27 Knoten und eine schlagkräftige Geschützarmierung den gefürchteten französischen Torpedobooten überlegen sein würden.

Yarrow entwickelte weisungsgemäß einen »Torpedo Boat Catcher« mit acht Wasserrohrkesseln und 3600 PS Maschinenleistung. Rear-Admiral Fisher veranlaßte jedoch auch die Werften Thornycroft und Laird Bros., eigene Konstruktionen einzureichen. So entstanden in einer Art Wettbewerb die Yarrow-Boote *Havock* und *Hornet*, die Thornycroft-Boote *Daring* und *Decoy* sowie die Laird-Boote *Ferret* und *Lynx*. Diese sechs unterschiedlichen, teils mit zwei, teils mit vier Schornsteinen ausgestatteten Fahrzeuge wurden bereits bei ihrer Indienststellung offiziell Torpedo Boat Destroyers (T.B.D.s) genannt, was sich im späteren Sprachgebrauch zu »Destroyers« (Zerstörer) abschliff. Sie brachten neben ihrer Geschwindigkeit (bis zu 27,7 Knoten!) das wesentlichste Kriterium mit: Sie mußten ein feindliches Torpedoboot auch durch Geschützfeuer überwältigen können. Alle genannten Boote hatten deshalb an der Achterkante Back ein Zwölf-Pfünder-Buggeschütz und auf dem Achterschiff eine Sechs-Pfünder-Maschinenkanone. Ein starr eingebautes Bugtorpedorohr sowie mindestens ein achtern und/oder mittschiffs installiertes schwenkbares Lanzierrohr bildeten die Torpedobewaffnung. Die ersten Zerstörer der Seekriegsgeschichte besaßen noch keine Kommandobrücke. Sie wurden von einem Steuerstand unter der Buggeschützplattform aus gefahren. Eine Kommandobrücke im eigentlichen Sinne entwickelte sich in England erst bei den Zerstörern des Ersten Weltkrieges.

Nicht weniger als 103 Zerstörer der Royal Navy – bis zur 30-Knoten-Klasse des Jahres 1901 – wurden noch mit Dreifach-Expansionsmaschinen ausgerüstet.

Das Zeitalter der Turbinen-Zerstörer begann kurz vor der Jahrhundertwende mit den britischen Vierschrauben-Booten *Viper*, *Cobra* und *Velox*.

Entwicklung in der kaiserlichen Marine

Zerstörer hat es in Deutschland vor 1915 nicht gegeben. Man hielt auch nach dem Aufkommen der Schlachtkreuzer (»*von-der-Tann*«-Klasse) an der klassischen Zweiteilung von Großkampfschiffen und begleitenden Torpedobooten fest. Zur Abwehr gegnerischer Torpedoboote fügte man der Mittelartillerie der Schlachtkreuzer und Linienschiffe die allgemein bekannten 8,8-Zentimeter-Geschütze hinzu. Auch die Torpedoboote selbst erhielten eine stärkere Geschütz-Armierung bis zu drei 8,8 cm-Geschützen. So entstand schließlich der Typ des Großen Torpedobootes von 1898 bis hin zu den Serien der Baujahre 1912/13. Sie waren eine Vorstufe zum eigentlichen Zerstörer.

Die damals größten Zerstörer der Welt entstanden vor 1914 für England und Rußland. Im Zuge des 1911 verabschiedeten neuen Flottenbauprogramms beauftragte die zaristische Regierung die deutsche Schiffswerft und Maschinenfabrik Blohm & Voss, in St. Petersburg eine moderne, leistungsfähige Werft anzulegen, die den Putilow-Werken in Baltisch-Port unterstellt wurde. Auf der am 29. November 1913 eingeweihten Werft befanden sich bei Kriegsausbruch u. a. vier große Zerstörer im Bau: *Leitnant Iljin, Kaptajn Kononsotoff, Gawrill* und *Mikhail,* deren hochgezüchtete Maschinenanlagen nach Berechnung eine Maximalleistung von 40 000 WPS und eine Höchstfahrt von 36,5 Knoten erreichen sollten. Die Zerstörer hatten die beträchtliche Wasserverdrängung von 1400/1800 ts.

Die Maschinenanlagen für alle vier Schiffe wurden bei Blohm & Voss in Hamburg gebaut. Bei Kriegsausbruch konnte die erste, schon auf dem Wege nach Petersburg befindliche Anlage gerade noch an der Grenze in Eydtkuhnen/Ostpreußen angehalten werden. Die zweite stand fertig in Hamburg zum Abtransport bereit, die dritte war erst im Bau, die vierte in Arbeitsvorbereitung.

Als Blohm & Voss in einer Eingabe Großadmiral v. Tirpitz auf die Möglichkeit hinwies, zu den schon vorhandenen Maschinen binnen sechs Monaten genau passende deutsche Zerstörer bauen zu können, die den modernsten Zerstörern der russischen Marine ähneln würden, gab das Reichsmarineamt seine ablehnende Haltung auf *. Blohm & Voss lieferte im Jahre 1919, nach eiligem Bau zweier weiterer Turbinenanlagen, die Zerstörer *B 97* bis *B 98* und *B 109* bis *B 112* an die Marine ab. Diese äußerlich auffälligen Boote (drei Schornsteine, Schornsteinquerschnitte kreis, langoval, kurzoval) waren mit vier Torpedobootskanonen 8,8 cm (ab Sommer 1916 mit vier »TK« vom Kaliber 10,5 cm) sowie sechs Torpedorohren stärker armiert und mit 36/37,4 Knoten Höchstfahrt schneller als alle anderen deutschen Torpedoträger. Diese vorzüglichen Seeschiffe überstanden sämtlich den Krieg. *B 97* wurde 1920 zur italienischen Kriegsbeute erklärt und blieb bis 1939 als *Cesare Rossarol* in Fahrt. Die fünf anderen Boote fielen der Selbstversenkung des deutschen Internierungsverbandes in Scapa Flow zum Opfer.

Nach gleichem Entwurf baute die Werft A. G. Vulcan, Stettin, die beiden Schwesterboote *V 99* und *V 100*. Den insgesamt acht deutschen Zerstörern *B 97* bis *B 98*, *V 99* bis *V 100* und *B 109* bis *B 112* gesellten sich bis 1915 die vier etwas kleineren Zerstörer *G 101* bis *G 104* der Germaniawerft hinzu, die als argentinische Zerstörer *Santiago*, *San Luis*, *Santa Fé* und *Tucuman* bestellt und entworfen waren. Das Reichsmarineamt beschlagnahmte zunächst die vier Zerstörer für eigene Zwecke, nachdem der Kriegsausbruch zunächst den Weiterbau der sämtlich schon auf Stapel liegenden Fahrzeuge verhindert hatte. Das Quartett erreichte mit 33,7 Knoten Höchstgeschwindigkeit und 29 400 WPS Maximalleistung die Kapazität der acht vorstehend beschriebenen Zerstörer jedoch nicht.

Der Vollständigkeit halber sei erwähnt, daß noch zwei weitere Zerstörer im Ersten Weltkrieg – von Sommer bis November 1918 – mit deutscher Besatzung und unter deutscher Flagge in Fahrt gewesen sind. Es handelte sich um die russischen Zerstörer *Schastliwij* und *Kapitän Saken.* Die mit drei 10 cm-Geschützen und fünf Torpedorohren bestückte, 33 Knoten schnelle *Schastliwij* (23 000 PS, fertiggestellt 1917) war als vollwertiger Zerstörer anzusprechen, während die nur 640 ts verdrängende und lediglich mit einem Zwölfzentimeter-Geschütz bewaffnete *Kapitän Saken* in der russischen Flottenliste zwar als Zerstörer geführt wurde, nach deutschen und internationalen Begriffen aber als Torpedoboot hätte eingruppiert werden müssen.

Die Grenze zwischen beiden Schiffsgattungen war auch später fließend. Als Beweis dafür mögen die norwegischen »Zerstörer« der *Sleipner*-Klasse (1936 bis 1940) dienen, die richtigerweise als »Torpedobaater« in Auftrag gegeben, nachher aber offiziell als »Jager« (Zerstörer) bezeichnet worden sind. Unter dieser Kategorie fanden sie Eingang in die ausländischen Flotten-Taschenbücher. Nachdem sie 1940 zur deutschen Kriegsbeute erklärt wurden, hat man die »Jager« zu Torpedobooten der sog. »Löwe«-Klasse zurückgestuft. Das war konsequent, denn diese Boote waren mit nur 590 t Wasserverdrängung, lediglich zwei Torpedorohren und drei Zehn-Zentimeter-Geschützen sogar als T-Boote unterarmiert.

Andererseits entsprachen die deutschen »Flottentorpedoboote« *T 22* bis *T 36* (Baujahre 1941 bis 44) mit einer Wasserverdrängung von 1294/1754 t, 29 000/32 000 WPS Maschinenleistung, 33,5 Knoten Höchstgeschwindigkeit sowie einer Armierung von 4 – 10,5 cm-, 14–3,7 cm-Geschützen und sechs Torpedorohren durchaus jener Größenordnung, die in anderen Marinen zur Kategorie der Zerstörer gezählt wurde.

---

* Die Torpedoinspektion des RMA hatte ursprünglich Zerstörer abgelehnt, »weil sie nicht recht in die vorhandenen Torpedobootsverbände hineinpaßten«.

Einen weiteren Grenzfall stellten auch einige deutsche TA-Boote (Torpedoboote/Ausland) ab 1943 im Mittelmeer dar. Darüber an anderer Stelle mehr.

Stellen wir abschließend fest, daß im Ersten Weltkrieg nur die acht Neubauten der Werften Blohm & Voss und A. G. Vulcan, Stettin, sowie die vier »Argentinier« der Germaniawerft, Kiel, als deutsche Torpedobootszerstörer * in den Einsatz gekommen sind – außerdem die beiden russischen Zerstörer unter deutscher Flagge im Schwarzen Meer.

Noch nicht im Einsatz, aber bereits in der Erprobung befanden sich die beiden Neubauten *S 113* und *V 116*, die am 5. August 1919 (!) und 31. Juli 1918 an das Reichsmarineamt abgeliefert worden sind. Sie gehörten zur Baureihe »Zerstörer/Amtsentwurf 1916«. Ihre Schwesterboote *S 114* bis *S 115* (F. Schichau, Elbing), *V 115* bis *V 118* (A. G. Vulcan, Stettin), *G 119* bis *G 121* (Germaniawerft, Kiel) sowie *B 122* bis *B 124* (Blohm & Voss, Hamburg) waren bis zu 75 % fertiggestellt, blieben jedoch infolge des Waffenstillstandes unvollendet. Ihre Rümpfe wurden verkauft und verschrottet. Die Zerstörer dieser Bauserie waren bereits mit vier Geschützen vom Kaliber 15 cm (!) ausgerüstet. Es handelte sich um vollwertige, für 34,5 bis 36,9 Knoten Höchstgeschwindigkeit ausgelegte Zerstörer, mit einer Maximalleistung von 55 300 bis 56 000 WPS.

Von den beiden noch in Probefahrt gekommenen Exemplaren *S 113* und *V 116* heißt es im Erprobungsbericht: »Enttäuschten im schweren Nordseewetter in Bezug auf Seetüchtigkeit, vor allem bei nicht vollen Bunkern.« *S 113* bewährte sich jedoch als französischer Zerstörer *Admiral Sénès* (in Fahrt bis 1936) ebenso ausgezeichnet wie *V 116* als italienischer Zerstörer *Premuda* (in Fahrt bis 1937).

Fest steht, daß der deutsche Zerstörerbau ab 1934 durch die äußerlich einander ähnlichen zwölf Schiffe der von vier verschiedenen Werften erbauten Zerstörer des »Amtsentwurfes 1916« seine wesentlichsten Impulse erhielt. Insbesondere konnten die mit *S 113* und *V 116* erzielten Testergebnisse des Reichsmarineamtes bei der Konstruktion der späteren Zerstörer berücksichtigt werden.

Ein Kriterium hatten alle deutschen Zerstörer der Jahre 1915 bis 1918 gemein: Sie besaßen Turbinenanlagen mit Direktantrieb **. Da es noch keine Untersetzungs-Rädergetriebe gab, wirkten die rotierenden Turbinenläufer direkt auf die Propellerwelle ein. Auf Kosten des Wirkungsgrades mußte man einen sehr kleinen Propellerdurchmesser wählen (bei den Zerstörern *V 99* und *V 100* nur 2,6 Meter!) und außerdem die Drehzahl durch übermäßig große Turbinen herabsetzen. Deshalb ergab sich bei Fahrten mit kleiner Leistung unnötig hoher Dampfverbrauch. Man verwendete im deutschen Zerstörerbau des Ersten Weltkrieges ölgefeuerte Marine-Doppelkessel mit 17 atü, später 18,5 atü Dampfdruck.

Eins aber haben die langjährig im Fronteinsatz verwendeten Zerstörer der Kaiserlichen Marine bald gezeigt: Sie waren keineswegs nur als Torpedobootszerstörer bei der Sicherung von Linienschiffsverbänden und Schlachtkreuzervorstößen brauchbar. Sie erwiesen sich vor allem als ideale Aufklärungsfahrzeuge, schnelle Minenleger (24 bis 40 Minen) und autonom operierende Universalfahrzeuge. Sie übernahmen immer häufiger jene Aufgabe, die eigentlich Kleinen Kreuzern zugedacht war: Sie fuhren Aufklärung, führten Handelskrieg, beschossen Küsten und nahmen an den Landungsoperationen im Baltikum teil.

Das Merkmal der Universalität zeichnete in der Folgezeit grundsätzlich die Schiffsgattung Zerstörer aus. Sie ließen sich als U-Jagd- und Sicherungsfahrzeuge gleichermaßen verwenden wie als Minenleger, Aufklärer, Artillerieträger (die später sogar Kämpfe an der Landfront artilleristisch unterstützten) und Handelskriegsschiffe.

* Sie trugen laut Konstruktionsauftrag diese Bezeichnung, wurden von den Besatzungen aber als Große Torpedoboote bezeichnet. Andererseits gab es offiziell die »Zerstörerflottille Flandern«, die jedoch nur aus wirklichen Torpedobooten bestand. Man nannte sie nur deshalb »Zerstörer«, um sie von den kleinen, in Flandern eingesetzten Küstentorpedobooten (A-Booten), zu unterscheiden.

** Im Ausland gab es sie allerdings schon, außerdem hatten in Deutschland einige Boote eine Anlage mit dem Föttinger-Transformator.

Die deutschen Zerstörer von 1934 bis 1945

Die ersten Torpedobootsneubauten in den 20er Jahren waren folgerichtig Weiterentwicklungen der letzten deutschen T-Bootstypen von 1918. Die deutsche Reichsmarine war aufgrund des Versailler Vertrages gezwungen, Verdrängungsbeschränkungen einzuhalten. Ein Bau echter Zerstörer war dadurch untersagt. So entstanden in den Jahren 1923 und 1924 die Konstruktions- und Baupläne für 800-Tonnen-Torpedoboote, die als Ersatzbauten für veraltete Einheiten vorgesehen waren. Mit dem Bau des Typbootes *Möwe* wurde 1925 begonnen. Ihm folgten 1925 und 1926 fünf Boote der Raubvogel- und ab 1927 sechs weitere der Raubtier-Klasse. Letztere sechs waren gegenüber ihren Vorgängern nur geringfügig verbessert. Die Boote beider Klassen waren jedoch viel zu klein und viel zu wenig kampfkräftig, um mit ausländischen gleichaltrigen Zerstörern hinsichtlich der Geschwindigkeit, der Seefähigkeit und der Kampfkraft Vergleiche aushalten zu können. Siegfried Breyer sagt hierzu in der Zeitschrift »Soldat und Technik«, Heft 3 von 1964: »Dabei muß aber berücksichtigt werden, daß der Kampfwert dieser ersten deutschen Nachkriegsbauten bereits ein Maximum darstellte, das zu erreichen nur deshalb möglich war, weil damals neue Baumethoden (elektrische Schweißung eines größeren Teils des Bootskörpers, Anwendung von Leichtmetall für die Aufbauten und dergleichen, Verwendung der Längsbandbauweise, leichtere Maschinen, usw.) angewandt wurden.«

Die dabei eingesparten Gewichte konnten für andere Gewichtsgruppen wie z. B. der gesamten Bewaffnung, zur Verfügung gestellt werden. Zwei Boote, *Jaguar* und *Iltis*, trugen sogar zeitweise je drei 12,7 cm-Seezielkanonen (zur Erprobung für mittlerweile geplante Zerstörerneubauten), während die restlichen zehn Schwesterboote ständig als Hauptartillerie drei 10,5 cm-Torpedobootskanonen an Bord hatten. Die Boote sollten ursprünglich sowieso 12,7 cm erhalten. Erhielten dann wegen Einspruch der Alliierten 10,5 cm!

Bei dem Bau dieser zwölf T-Boote wurden, wenn auch gezwungenermaßen durch das Versailler Diktat, alle nur denkbaren technischen Errungenschaften und Grundlagen angewandt und erprobt. Die Ergebnisse dieser Erprobungen kamen dem späteren Kriegsschiffsneubauprogramm (Panzerschiffe, Kreuzer und ab 1934 Zerstörer) zugute. Konsequent wurden die neuen Erkenntnisse, Auswertungen und Bauweisen bei fast allen nachfolgenden Bauprogrammen durchgeführt und angewendet und dabei stetig noch verbessert.

Maschinenbaulich war ein großer und wichtiger Fortschritt erreicht worden: Rädergetriebe waren neu entwickelt worden, die die Übertragung fast jeder Leistung auf die Schraubenwellen möglich machten. Die hohen Drehzahlen der Turbinen konnten erstmalig auf die viel niedrigeren der Schrauben untersetzt werden.

Gemeinsam mit einigen alten Torpedobooten aus dem Ersten Weltkrieg bildeten die 12 Einheiten der Raubvogel- und Raubtier-Klassen bis 1937 das Rückgrat der deutschen Torpedo-Seestreitkräfte. Aufgrund ihrer größen- und zahlenmäßigen Unterlegenheit fremden Marinen gegenüber forderte die Reichsmarine bereits im Oktober 1933 in ihrem sog. »A-Neubauplan« den Bau von Zerstörern, für den bereits 1932 eine Studie auf der Basis *S 113* bis *B 124* (unvollendet gebliebener Blohm & Voss-Zerstörer, Entwurf 1916, Stapellauf 6. Juli 1918) erstellt worden war.

Die Zerstörer sollten ein verbesserter Torpedobootstyp der Raubtier-Klasse sein. Gefordert wurde weiterhin, daß vom Einsetzen der erreichbaren kürzesten Lieferzeit ab monatlich je drei Zerstörer in Dienst gestellt werden sollten. Im Entwurf des »A-Neubauplanes« vom März 1934 wurde der »Typ Reservezerstörer 1934, geforderte Höchstzahl monatlich 3 Stück« verlangt. Insgesamt sollten nach Schiffbauersatzplan (nach Durchführung des Planes) 48 Zerstörer gebaut werden. Weiter heißt es in diesem Plan wörtlich:

»... Gleichfalls werden nicht sämtliche Zerstörer in der Größe von 1850 Tonnen gebaut werden. Nach dem Londoner Vertrag sollen in der Zerstörer-Klasse nicht mehr als 16 % des zugestandenen Gesamttonneninhaltes für Zerstörer von mehr als 1500 Tonnen Wasserverdrängung verwendet werden. Wir werden daher gleichfalls in einem späteren Zeitpunkt zu dem Bau von 1500 Tonnen-Zerstörern übergehen müssen...... In zweiter Dringlichkeit standen die Torpedobootszerstörer. Hierfür war die Überlegung maßgebend, daß in der geringen Zahl unserer Kreuzer eine besondere Schwäche liegt. Die 1850 Tonnen-Zerstörer können als leichte Aufklärer Verwendung finden und damit die Schwäche zunächst überbrücken...«

Mit diesem Plan, der in seiner ersten Version als »Umbauplan« bereits im November 1932 genehmigt worden war, sollte nicht nur veraltetes Schiffsmaterial ersetzt, sondern auch eine größere Zahl von Zerstörern und T-Booten neu in die Flotte eingereiht werden. Der erste Bauabschnitt sah vor, in den Jahren 1934 bis 1936 je vier Zerstörer und 1936 fünf T-Boote in Bau zu geben.

Im Jahre 1934 gelang es der Reichsmarine, ihren Schiffbauplan durchzusetzen, in dem der Bau von insgesamt 16 Zerstörern gefordert war.

Den Bauauftrag für die ersten vier Zerstörer erhielten am 7. April 1934 die Deutschen Werke in Kiel. Im Oktober des gleichen Jahres wurden die Kiele gestreckt, und ab August 1935 liefen die ersten Zerstörer vom Stapel. Aufgrund von Materialfehlern, Schwierigkeiten in der Lieferung von Maschinenanlagen und ungenügenden Werftkapazitäten traten in der Ablieferung der ersten 16 Zerstörer jedoch mehrmonatige Verspätungen ein. So kam es, daß beispielsweise *Z 13 Erich Koellner* erst am 28. August 1939 in Dienst gestellt werden konnte.

An dieser Stelle muß nun angeführt werden, daß der Versailler Vertrag bis 1935 immer noch sowohl faktisch als auch formell in Kraft war. Also durfte die deutsche Reichsmarine eigentlich damit gar nicht beginnen, größere Zerstörer und T-Boote zu bauen als die von den Siegermächten des Ersten Weltkrieges gestatteten 800 ts-Fahrzeuge. Doch wurde deutscherseits noch vor 1933 festgestellt, daß sich ebendiese Siegermächte seit langem nicht mehr an die Klauseln hielten, die ihnen der Vertrag ihrerseits auferlegt hatte. Nicht nur, daß sie ihre Abrüstungsversprechungen zum größten Teil nicht einhielten, brachen sie ihn auch dadurch, daß sie speziell im Zerstörerbau mehrfach Tonnage- und Bewaffnungsbeschränkungen umgingen. Die deutsche Reichsregierung sah sich nunmehr seit etwa 1933/34 in die Lage versetzt, ebenfalls »normal«-große Zerstörer bauen zu können.

Im Jahre 1935 wurde in London das Deutsch-Englische Flottenabkommen geschlossen. Dieses legalisierte neben dem Ausbau der deutschen Flotte in den folgenden Jahren auch den Zerstörerbau. Erst nach der Kündigung des London-Vertrages durch Adolf Hitler setzte die Reichsregierung den Z-Plan in Kraft. Deutschland unternahm fortan große Anstrengungen, um den Ausbau der Flotte voranzutreiben. Erst der Zweite Weltkrieg brachte die Durchführung dieses Planes zum Erliegen.

Im Haushaltsjahr 1934/35 wurden der Reichsmarine insgesamt 16 Zerstörerneubauten (siehe unten) bewilligt.

Zeichenerklärung zur Raumaufteilungsskizze der Zerstörer 1934 und 1934 A

1 – Turbinenraum 1 mit Bb.-Turbine
2 – Turbinenraum 2 mit Stb.-Turbine
3 – Kesselraum 1 mit den Kesseln K 1.1 -Stb.- und K 1.2 -Bb
4 – Kesselraum 2 mit den Kesseln K 2.1 -Stb.- und K 2.2 -Bb
5 – Kesselraum 3 mit den Kesseln K 3.1 -Stb.- und K 3.2 -Bb
6 – Artillerie-Rechenstelle, darunter Artillerie-Schaltstelle
7 – Lasten
8 – Ankerkettenraum
9 – Unteroffiziers- und Mannschaftswohnräume
10 – Oberfeldwebelwohnräume
11 – Munitionskammern
12 – Rudermaschinenraum
13 – Offizierswohnräume
14 – Hilfsmaschinenraum
15 – Hilfskesselraum
16 – Umformerraum
17 – E.-Werk
18 – Ölzellen
19 – Speisewasserzellen
20 – Schlingerbunker
21 – Brückenaufbau mit Steuerhaus, Karten-, Funk-, Schlüssel- und Kommandantenwohnraum sowie Brückennocks; später auch Funkmeßhaus
22 – Vorderer Schornstein
23 – Achterer Schornstein
24 – Achteres Aufbaudeck mit Offizierswohnräumen und -messe
25/1 bis 25/5 – 12,7 cm Seeziel-Torpedobootskanonen Nr. 1 bis Nr. 5
26 – Schwenkbare Torpedovierlingsrohrsätze
27 – 3,7 cm FlaMK.-Doppellafetten
28 – Vorderer Leitstand mit E-Meßgerät
29 – Achterer Leitstand mit E-Meßgerät
30 – Leerzelle
31 – Trimmzelle
32 – 2 cm FlaMK-Einzellafetten
33 – Scheinwerferstände
34 – Mastkorb am vorderen Mast
I bis XV – Wasserdichte Abteilungen

Raumaufteilung der Zerstörer 1934 und 1934 A
Sehr ähnlich Zerstörer 1936, 1936 A, und 1936 A (Mob), jedoch teilweise andere Bewaffnung.

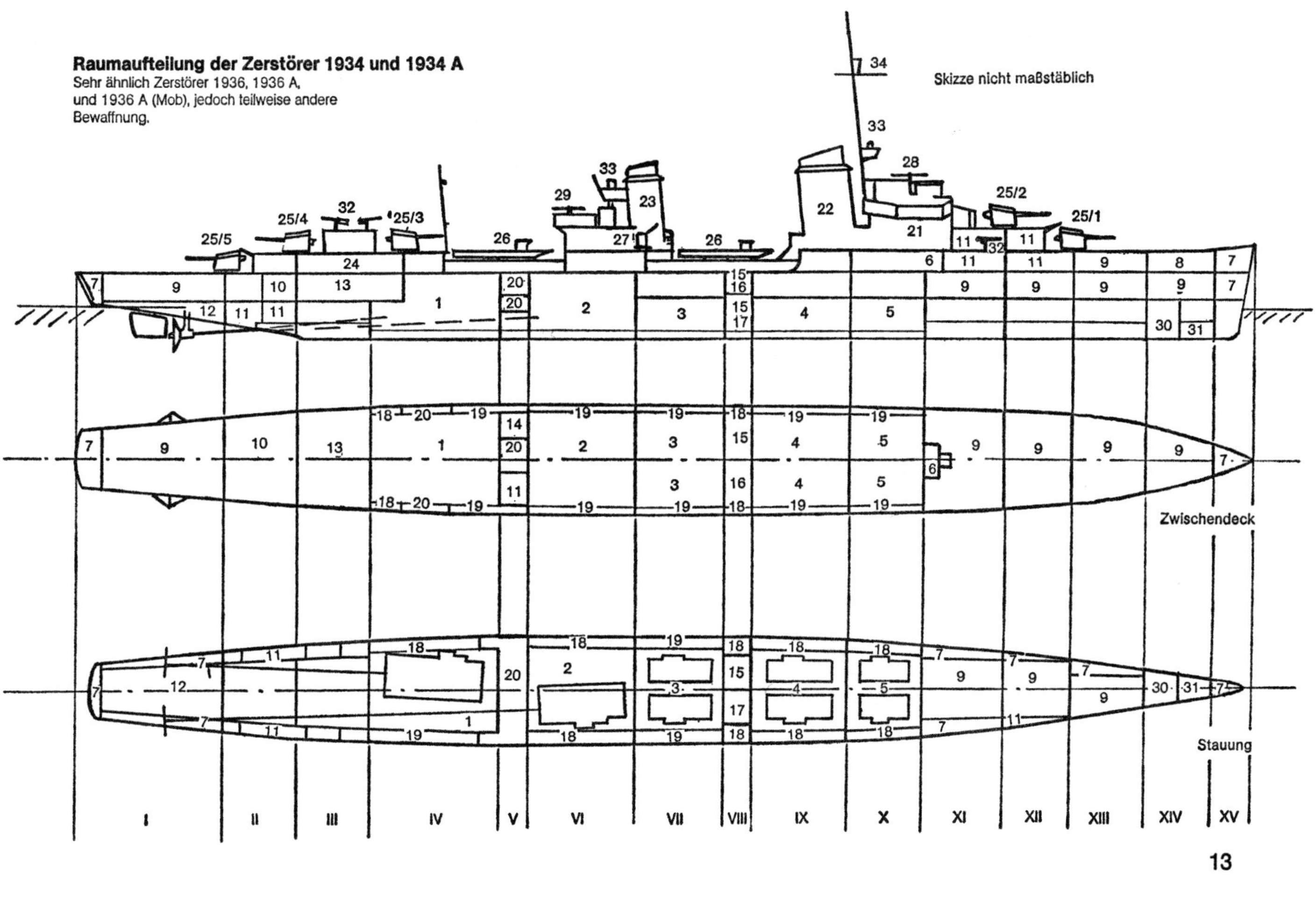

1936 folgten weitere sechs und 1938 schließlich noch einmal acht Boote. Gemäß dem Deutsch-Englischen Flottenabkommen waren diese 30 Einheiten erlaubt. Sie durften jedoch eine Gesamttonnage von 43 000 ts nicht überschreiten. Die deutsche Flottenpolitik änderte sich jedoch, als nach zunehmender Verschlechterung der deutsch-englischen Beziehungen deutscherseits der London-Vertrag im Jahre 1938 gekündigt wurde. Nach einem neuen Flottenbauplan, dem schon erwähnten »Z-Plan«, sollte die Kriegsmarine bis 1948 verstärkt und ausgebaut werden. Nach diesem Plan sollten neben vier Flugzeugträgern, sechs Schlachtschiffen von je 50 000 t, acht (später zwölf) Panzerschiffen von je 20 000 t, einer großen Anzahl Leichte Kreuzer, 233 U-Booten, starken Minenstreitkräften und vielen Kleinkampfschiffen und -booten auch insgesamt 68 Zerstörer gebaut werden. Von ihnen sollten 38 Zerstörer je 2200 bis ca. 2800 ts und die restlichen 30 je 1600 bis 1800 ts verdrängen. Bei Fortdauer des Friedens wäre in Deutschland eine Flotte entstanden, die quantitativ und qualitativ mit jeder zeitgenössischen ausländischen Marine vergleichbar gewesen wäre. Auffallend war nur die zu geringe Zahl von nur vier geplanten Flugzeugträgern, während gleichzeitig die USA, England und Japan schon mehrere Schiffe dieser Art in Dienst und weitere in Bau gegeben hatten. Die Ursachen hierfür zu untersuchen ist jedoch nicht Aufgabe dieses Buches, da der Flugzeugträgerbau nicht im Zusammenhang mit dem Zerstörerbau steht.

Bei Ausbruch des Zweiten Weltkrieges im Jahre 1939 mußte die Durchführung des »Z-Planes« aufgegeben werden. Der Bau großer Kriegsschiffe wie Flugzeugträger, Schlachtschiffe und Kreuzer wurde eingeschränkt bzw. eingestellt, und auch der Bau von Zerstörern wurde stark reduziert. Die freiwerdenden Werftkapazitäten wurden dem verstärkten U-Bootbau zur Verfügung gestellt. Anfang September 1939, als der Zweite Weltkrieg ausbrach, befanden sich erst 21 deutsche Zerstörer in Dienst, wovon sich zwei noch im Erprobungs- bzw. Ausbildungsverhältnis befanden. Demgegenüber hatte England zu dieser Zeit fast 200 Zerstörer verfügbar.

Die deutschen Zerstörer wurden in mehreren kleineren und größeren Serien gebaut. Alle Typen waren nach und nach verbesserte Ausführungen des Grundtyps, des Entwurfs der »Zerstörer 1934«. In ihrem Äußeren waren sich die einzelnen Typen sehr ähnlich. Diese Ähnlichkeit konnte auch auf den Gebieten des Schiffbaues und der Antriebsanlagen beobachtet werden. In der Bewaffnung wichen spätere Serien jedoch weitgehend vom Grundtyp »Zerstörer 1934« ab. Doch soll auf diese Unterschiede später bei der Beschreibung der verschiedenen Typen eingegangen werden.

In der deutschen Seestrategie spielten die Seegebiete der Ost- und Nordsee und die angrenzenden näheren Gewässer die Hauptrolle. An Einsätze, speziell Kampfeinsätze, in entfernteren Seegebieten, also im Atlantik, war, was Zerstörer betraf, kaum gedacht worden. Die Konstruktionen dieser Boote basierten auf Verhältnissen und Erfahrungen, die in der Nord- und Ostsee gewonnen worden waren. Für einen Hochsee-Einsatz waren sie nicht konzipiert. Dennoch befanden sich 1938 und 1939 wiederholt deutsche Zerstörer im Nordmeer, im Nord- und Mittelatlantik zu ausgedehnten Hochsee-Erprobungen. Als Kampfschiffe im Kriegsfalle sollten ihre Einsätze aber auf die heimischen Gewässer beschränkt bleiben. An einen Hochseekrieg von Zerstörern, insbesondere gegen England, war deutscherseits nicht gedacht worden.

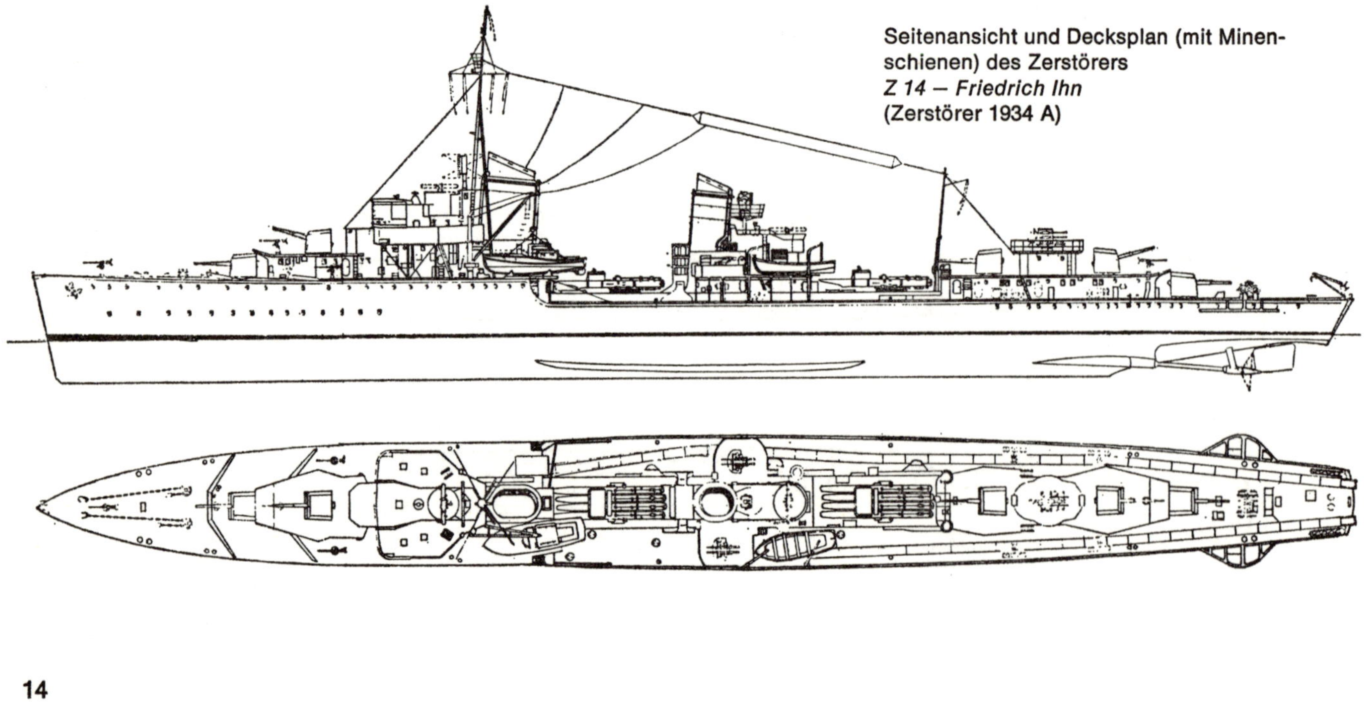

Seitenansicht und Decksplan (mit Minenschienen) des Zerstörers
Z 14 – Friedrich Ihn
(Zerstörer 1934 A)

Schiffbau

Wie schon bei den Torpedobooten der Raubvogel- und Raubtier-Klassen wurde beim Bau der Zerstörerrümpfe weitgehend die Schweißung angewendet. Die Rümpfe bestanden aus Schiffbaustahl in Querspant-Längsbänderbauweise, während für einen Teil der Aufbauten erstmals Leichtmetall verwandt wurde. Durch diese Bauweise wurden nicht unerhebliche Gewichtsmengen eingespart, die, wie schon an anderer Stelle erwähnt, anderen Abschnitten zur Verfügung gestellt werden konnten. Durch die Verwendung des Leichtmetalls wurde der Schwerpunkt tiefer gelegt, was sich auf die Querstabilität günstig auswirkte.

Die Zerstörer *Z 1* bis *Z 4* wurden zunächst mit einer fast geraden Back fertiggestellt. Da sie jedoch später bei den Erprobungen schlechte Seefähigkeiten zeigten und die Back bei grober See bis zur Brücke von Seewasser überspült wurde, gingen die vier Boote 1938 in die Werft. Dort wurden die Vorschiffe so erhöht, daß sie schließlich einen Decksprung von maximal 0,7 m hatten. Bei allen nachfolgenden Zerstörern wurde diese erhöhte Back noch während des Baues eingebaut. Später zeigte sich zwar, daß die Seefähigkeit etwas verbessert und das Vorschiff bei Seegang auch etwas trockener war, doch befriedigend waren die erzielten Ergebnisse noch lange nicht. Den Beweis traten hierfür im April 1940 die zehn nach Narvik marschierenden Zerstörer an, die bei Sturm und starkem Seegang auf dem Vorschiff so stark unter Wasser standen, daß dieses nicht mehr betreten und die beiden dort stehenden 12,7cm-Geschütze nicht besetzt werden konnten. Teilweise schnitten die Zerstörer bei dieser Sturmfahrt unter und konnten nur durch energische Rückwärtsmanöver der Maschinen vor dem Schlimmsten bewahrt bleiben.

Die Typen »Zerstörer 1934«, »1934 A«, und »1936« (von letzteren nur *Z 17* bis *Z 19*) wurden mit einem Vorsteven, der fast senkrecht ausfiel, fertiggestellt. Ab *Z 20* wurden alle Zerstörer mit einem stark ausfallenden Vorsteven, dem sogenannten »Sichel-« oder »Klipperbug«, gebaut. Dies hatte nicht nur eine Verlängerung des Vorschiffes von ca. 2 m zur Folge, sondern ermöglichte auch einen etwas höher ausgeführten Decksprung. Die Spanten des Vorschiffes konnten nun auch günstiger geformt werden. Alle so gebauten Zerstörer wiesen eine verbesserte Seefähigkeit auf. Sie nahmen bei hohen Fahrtstufen weitaus weniger Spritzwasser über als ihre Vorgänger. Aufgrund dieser Erfahrungen wurde während des Zweiten Weltkrieges damit begonnen, alle noch vorhandenen Zerstörer der Typen »1934« und »1934 A« umzubauen und mit einem solchen Sichelbug zu versehen. 1934 wurde damit angefangen, jedoch konnten nur noch zwei Boote, *Z 5* und *Z 4* umgebaut werden.

Zur Herabsetzung von Schlingerbewegungen waren alle Zerstörer mit aktiven Schlingerdämpfungsanlagen ausgerüstet. Außerdem besaßen sie je einen Schlingerkiel an Bb.- und an Stb.-Seite.

Vorschiff- und Stevenformen in der Seitenansicht

Zerstörer 1934 (*Z 1* bis *Z 4*) von 1937 bis zum Umbau 1938 mit viertelrunden Schergängen, mit waagerechter, gerader Back und fast senkrechtem Vorsteven.

Zerstörer 1934 (*Z 1* bis *Z 4*) nach Umbau 1938 mit nun schrägerem Steven und mit Decksprung.

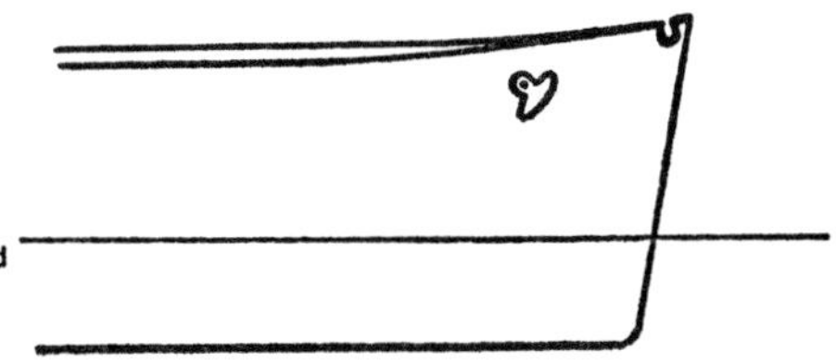

Zerstörer 1934 A (*Z 5* bis *Z 16*). Keine abgerundeten Schergänge mehr. Gestrichelt skizziert: Vorsteven *Z 4* und *Z 5* ab 1943/44.

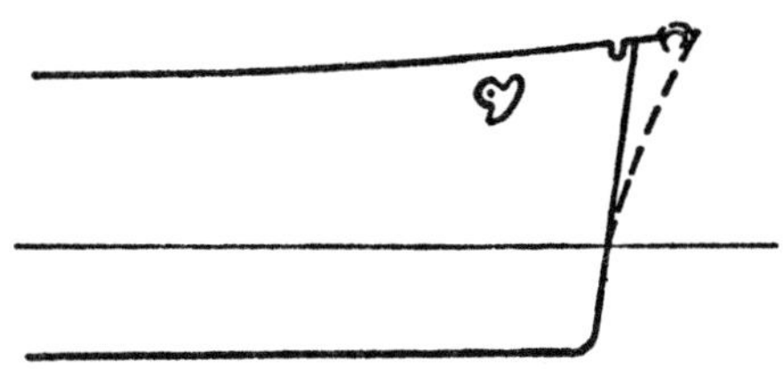

Zerstörer 1936 (*Z 17* bis *Z 19* und – gestrichelt skizziert – *Z 20* bis *Z 22*).

Zerstörer 1936 A, 1936 A (Mob), 1936 B und weitere.

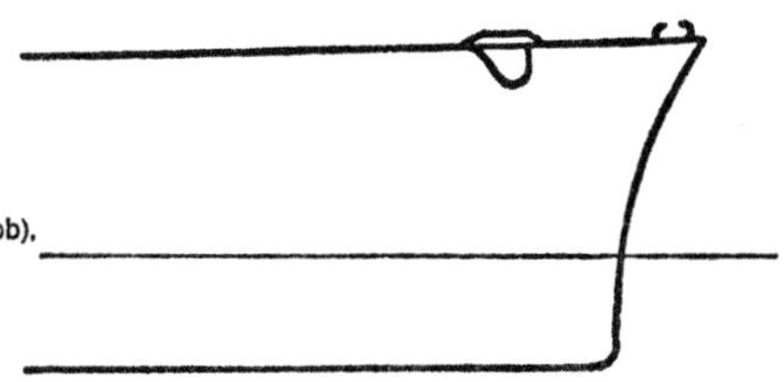

Bei der Sturmfahrt nach Narvik im April 1940 zeigten die Zerstörer jedoch nicht nur die oben erwähnten Eigenschaften. Sie bewiesen dabei auch eine ausreichend gute Querstabilität. Trotz Krängungen bis zu 50 Grad bestand nie ernsthaft eine Kentergefahr. Besonders bei dieser Sturmfahrt aber zeigte sich ein weiterer Mangel dieser Zerstörer. Sie waren, besonders bei achterlichem Seegang, sehr luvgierig, und sie steuerten schlecht. Bei achterlichem Sturm und Seegang schlugen sie quer zur See und konnten nur mit Mühe wieder auf Kurs gebracht werden. Diese schlechten Steuereigenschaften wurden von den »Zerstörern 1936« ab dadurch behoben, daß sie, gegenüber den Vorgängern mit nur einem großen Ruder, mit zwei kleineren Rudern ausgerüstet wurden. Diese wogen zusammen etwa 5 t weniger als das Einzelruder. Sie wurden parallel zueinander hinter den Schrauben eingebaut.

Die Boote der Typen »Zerstörer 1934« und »1934 A« besaßen unter dem Heck sog. Staukeile. Mit ihnen sollte erreicht werden, daß bei hohen Fahrtstufen das Schraubenwasser nach unten abgelenkt werden konnte. Das Achterschiff wurde kräftig angehoben, und der Zerstörer fuhr, selbst bei hoher Fahrt, nahezu waagerecht durch das Wasser. Diese beabsichtigten Effekte wurden erreicht, doch zeitigten die Staukeile auch erhebliche Nachteile. Durch die achtern nach oben wirkende Kraft konnten die Zerstörer bei Seegang ihr Vorschiff nicht mehr aus der See heben. Sie mußten sich gleichsam durch die See »wühlen«, und das Vorschiff wurde so naß, daß sich kein Besatzungsmitglied gefahrlos dort aufhalten oder gar Waffen und Geräte bedienen konnte. Ein weiterer Nachteil des Staukeils war die starke Durchbiegung der Zerstörer in Längsrichtung. Um diesen Biegungsbeanspruchungen entgegenzuwirken, wurden zur Versteifung des Rumpfes etwa in der Bootsmitte an die Bordwände Stahlplatten angeschweißt. Zwangsläufig nahm hierdurch das Gewicht der Boote zu. Im Ganzen gesehen haben sich die Staukeile nicht bewährt. Sie wurden nach und nach verkleinert und schließlich ganz entfernt.

Bauaufträge erhielten bis 1939 vier deutsche Großwerften. Nach dem Ausbruch des Zweiten Weltkrieges baute nur noch eine Werft in Deutschland Zerstörer bis zur Fertigstellung, nämlich Deschimag in Bremen.

Im einzelnen bauten:

Deschimag, Bremen:

Z 5 bis *Z 8*, *Z 17* bis *Z 26*, *Z 43* bis *Z 56* (hiervon wurden *Z 44* bis *Z 56* nicht fertiggestellt bzw. begonnen).

Germaniawerft, Kiel:

Z 9 bis *Z 13*, *Z 37* bis *Z 42* (Bauaufträge für *Z 40* bis *Z 42* wurden vorzeitig zurückgezogen), Rümpfe für Zerstörer *Z 27* bis *Z 36* (diese wurden nach dem Stapellauf zu Deschimag nach Bremen zum Fertigbau geschleppt).

Deutsche Werke Kiel A. G.:

Z 1 bis *Z 4* (diese vier Boote wurden im Dock der Werft gebaut).

Blohm & Voss, Hamburg:

Z 14 bis *Z 16*.

Heckformen, Ruderanordnung und Staukeil

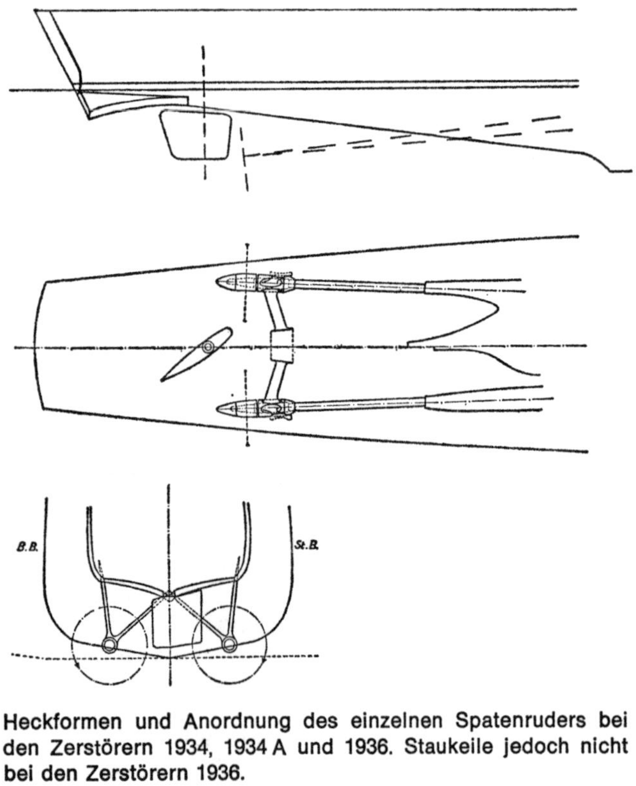

Heckformen und Anordnung des einzelnen Spatenruders bei den Zerstörern 1934, 1934 A und 1936. Staukeile jedoch nicht bei den Zerstörern 1936.

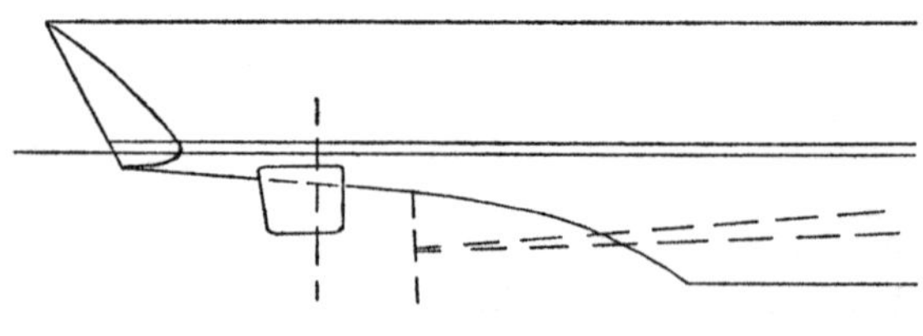

Anordnung der beiden parallel im Schraubenstrom angebrachten Spatenruder sowie Heckform der Zerstörer 1936 A, 1936 A (Mob) und 1936 B. Keine Staukeile.

Der Staukeileffekt wurde nur beim Übergang von etwa 20 m Wassertiefe auf ~ 15 m erreicht. Hierbei wurden etwa um 2–3 sm höhere Geschwindigkeiten erzielt. (Persönliche Erfahrungen von Vizeadmiral a. D. Karl Hetz auf dem Typ Zerstörer *Z 2 Georg Thiele*).

B 112, Torpedobootzerstörer der Kaiserlichen Marine, erbaut 1915 bei Blohm & Voß in Hamburg. Aufnahme am 4. 9. 1915.

S 113, ein weiterer Zerstörer der Kaiserlichen Marine, erbaut 1917 bis 1918 bei F. Schichau, Elbing. Erster Großzerstörer mit vier 15 cm-Geschützen.

Möwe, Torpedoboot der »Raubvogel«-Klasse. Bauzeit 1925 bis 1926. Konstruktion fußend auf Bauplänen der Zerstörer der Kaiserlichen Marine.

Tiger, Torpedoboot der »Raubtier«-Klasse, Verbesserung der »Raubvogel«-Klasse. Fertiggestellt 1928.

Links: Flottenbegleiter, *F 8,* im Bau bei Blohm & Voß, Hamburg, 1935.

Mitte links: Flottenbegleiter, *F 6,* 1936. Im 2. Weltkrieg nach Umbau zum Flottentender umgetauft in *Königin Luise.*

Mitte rechts: *Z 14, Friedrich Ihn* im Bau bei Blohm & Voß 1935. Staukeil unter dem Heck, später entfernt; ein Spatenruder.

Z 1, Leberecht Maaß, erster Zerstörer der Kriegsmarine, kurz nach Fertigstellung 1937.

Z 1, Leberecht Maaß nach Umbau 1938 mit neu gestalteter Brücke und neuem Vorschiff.

Antriebsanlagen

Die bereits erwähnten Torpedoboote der »**Raubvogel**«- und »**Raubtier**«-Klasse hatten zwar bereits Turbinenanlagen mit Rädergetriebe. Allerdings fuhren sie noch immer mit Marine-Doppelkesseln, die 18,5 atü Betriebsdruck entwickelten und damit weitgehend denen der Weltkriegs-Zerstörer glichen. Bis zum Beginn der 30er Jahre wurden auf deutschen Kriegsschiffen ausschließlich Niederdruckturbinen, die mit Naßdampf betrieben wurden, eingebaut. Diese besaßen ein relativ geringes Eigengewicht. Ihre Leistungen waren jedoch für die geplanten Zerstörer-Neubauten zu schwach.

Im Jahre 1930 hatte sich Blohm & Voss beim Bau des HAPAG-Frachters *Uckermark* erstmals im deutschen Schiffbau an die Verwendung eines lizenzgebauten Höchstdruckkessels nach dem englischen Benson-System herangewagt. Solche Kessel bestanden sozusagen nur noch aus Wasserrohren und machten bei ebenso geringem Gewicht wie Platzbedarf extrem hohen Betriebsdruck möglich. Durch Vermeidung unwirksamer Ecken und Flächen sowie dank einer Gasströmung quer zu den Wasserrohren wurde eine optimale Nutzung der Feuergase bewirkt. Bensonkessel waren hochgezüchtete Gebilde, die einen Wirkungsgrad von 90 % erreichten. Ihre Flächengröße betrug jedoch nur ein Achtel von jener, die für einen Flammrohrkessel der Jahrhundertwende notwendig war. Sie waren auch den ab 1910 aufgekommenen Wasserrohrkesseln weit überlegen. Wasserrohrkessel wurden auch noch auf Schnelldampfern wie *Columbus, Cap Arcona* und *Europa* verwendet. Die *Uckermark*-Versuche mit Benson-Kessel wurden jedoch richtungsweisend für den späteren Zerstörerbau. Das Reichsmarineamt informierte sich laufend über die im großen und ganzen positiven Erfahrungen mit dieser Kesselart, die später auch beim Bau des Turbo-Elektroschiffes *Potsdam* Verwendung fand.

Eigentliches Versuchsschiff für die späteren Zerstöreranlagen wurde der am 19. Mai 1935 in Dienst gestellte Aviso *Grille*, der als erstes Schiff der Reichsmarine vier Benson-Höchstdruckkessel für einen reduzierten Betriebsdruck von zunächst 55 atü eingebaut bekam. Die Hoch- sowie die Höchstdruckanlagen waren gewichtsmäßig etwas schwerer als die mit Naßdampf betriebenen, doch waren ihre Leistungen erheblich gesteigert worden. Bevor diese Heißdampfanlagen aber auf Kriegsschiffen zum Einbau kamen, wurden sie auf Prüfständen der drei nachstehenden Werften ausgedehnten Versuchen und Erprobungen unterzogen (in Klammern die verschiedenen Anlagen):

Blohm & Voss, Hamburg (Benson-Anlagen),
Deschimag, Bremen (Wagner-Anlagen),
Deutsche Werke, Kiel (La Mont-Anlagen).

Im Mai/Juni 1934 waren die Erprobungen abgeschlossen, und es wurde beschlossen, zur Borderprobung die neuen Anlagen auf den zehn neuen Flottenbegleitern *F 1* bis *F 10* einzubauen. Diese in den Jahren 1934 bis 1937 gebauten Flottenbegleiter fungierten als Geleitboote und zugleich als schnelle Minenräumer. Sie wurden in erster Linie Versuchsfahrzeuge für die bestgeeigneten Zerstörer-Kesselanlagen *. Man sammelte bei diesen mit zahlreichen »Kinderkrankheiten« behafteten Booten systematische Erfahrungen und Leistungsvergleiche und bildete außerdem künftiges Zerstörer-Maschinen-Personal aus. Die Boote *F 1* bis *F 6* und *F 9* bis *F 10* wurden mit Hochdruckkesseln des inzwischen aufgekommenen Systems La Mont (70 atü), die Boote *F 7* und *F 8* hingegen mit Benson-Höchstdruck-Kesseln ausgerüstet, die bereits die 100 atü-Grenze erreichten. Dementsprechend wurden später die Zerstörer *Z 9* bis *Z 16* mit je sechs Bensonkesseln ausgestattet, alle anderen mit Wagner-Kesseln.

Da die Ergebnisse bei der Borderprobung trotz zahlreichen Kinderkrankheiten und häufigen Störungen zufriedenstellend waren, wurde beschlossen, auch bei weiteren Kriegsschiffneubauten Hochdruckheißdampfanlagen einzubauen. Als für die ersten vier Zerstörer am 7. April 1934 und für die nächsten vier am 9. Januar 1935 die Bauaufträge vergeben wurden, war entschieden worden, diese acht Einheiten mit Wagner-Anlagen auszurüsten. Die am 4. August 1934, 10. November 1934 und 19. Januar 1935 in Auftrag gegebenen nächsten acht Zerstörer *(Z 9* bis *Z 16)* erhielten Benson-Anlagen, und alle weiteren, später gebauten Zerstörer nur noch Wagner-Antrieb. Da die La Mont-Anlagen nicht voll überzeugten, wurde auf ihre Verwendung verzichtet.

Die Borderprobung der Wagner-Hochdruckkessel wurde auf dem am 8. Februar 1936 in Dienst gestellten Artillerieschulschiff *Brummer* vorgenommen, das, mit vier Wagner-Kesseln (70 atü) ausgerüstet, allerdings nur 23,1 Knoten Höchstfahrt lief.

Da der Bau der zehn Flottenbegleiter und der neuen ersten Zerstörer kurz hintereinander begann, waren einsatzmäßig bisher kaum Erfahrungen gesammelt worden. Eine andere, noch erfolgversprechendere Antriebsanlage stand für Zerstörer zu dieser Zeit nicht zur Verfügung. Schnellaufende Dieselmotoren als Kriegsschiffantrieb gab es noch nicht; sie waren erst in der Anfangsentwicklung. So mußten also die Hochdruckheißdampfanlagen für eine lange Zeit als geradezu ideal gelten.

Aufgrund ihres relativ geringen Eigengewichtes gegenüber sehr hohen Leistungen ergab sich ein sehr günstiges Maschinen-Einheitsgewicht. Dieses Einheitsgewicht setzte sich aus mehreren Komponenten zusammen, zu

* Auch schiffbaulich haben die Flottenbegleiter **F 1** bis **F 10** als Erfahrungssammler gedient. Heckform und Unterwasserschiff waren ebenso Vorläufer für die späteren Zerstörer wie die abermals angewendete Querspant-Längsbänderbauweise und die gegenüber den zwölf »Raubvogel«- und »Raubtier«-Torpedobooten noch weitergehende Verwendung von Leichtmetall beim Bau der Aufbauten.

welchen Schmieröle, Kesselspeisewasser, alle Hilfs- und E-Maschinen gehörten. Bei den später entwickelten Dieselmotoren war das Verhältnis noch günstiger. Vergleicht man nun die Maschinen-Einheitsgewichte der Zerstörer mit denen früherer Torpedoboote und Zerstörer, so ist das günstige Verhältnis der neuen Heißdampfanlagen und der später entwickelten Dieselmotoren augenfällig. Die nachstehende Vergleichstabelle zeigt dies überzeugend:

Torpedoboote um etwa 1890	etwa 80 kg/WPS
Turbinentorpedoboote um 1910	etwa 40 kg/WPS
Zerstörer und Torpedoboote von 1920	etwa 20 kg/WPS
Zerstörer ab Typ »1934«	etwa 13,8 kg/WPS
Zerstörer 1945	etwa 12 kg/WPS
Dieselmotoren ab etwa 1944	etwa 6,5 kg/WPS

Aufgrund der bisher nur relativ geringen Erfahrungen, die nur auf den Prüfständen der Werften, an Bord des Aviso *Grille* und der Flottenbegleiter in verkleinerter Ausführung gemacht worden sind, blieben auf den Zerstörern bei den neuen Anlagen Rückschläge nicht aus. Sie traten ganz besonders häufig vor Beginn des Zweiten Weltkrieges auf. Dampfrohrrisse (im Marinejargon »Rohrreißer« genannt), festgelaufene Lager, Kondensatorschäden, Ausfälle an den Hilfsmaschinen, usw., häuften sich. Mit Bordmitteln mußten diese Havarien oft mühselig behoben werden. Bis zum Ende des Krieges waren die Schäden in der Maschinenanlage an der Tagesordnung und belasteten das Maschinenpersonal zusätzlich. Bis die Maschinenanlagen leidlich die an sie gestellten Aufgaben erfüllen konnten, waren sehr viel Arbeit und Geduld und ein großer Aufwand an Geld und Zeit erforderlich. Aber trotz der großen Anfälligkeit der Maschinenanlagen haben insbesondere die ersten 22 Zerstörer recht große Fahrstrecken zurückgelegt. *Z 20 Karl Galster* hat als ungünstigster Zerstörer der Baureihe »*Z 17*« bis »*Z 22*« (Zerstörer 1936) gefahren:

Von Indienststellung im März 1939 bis Kriegsbeginn 1. September 1939:	8 597 sm
Von Kriegsbeginn bis zur ersten Maschinenüberholung	27 046 sm
Von erster Maschinenüberholung bis erster Werftliegezeit (Beginn Dezember 1941)	22 883 Sm.

In den Wagner-Kesseln wurde hochgespannter Dampf erzeugt, der bei Betriebstemperaturen von zunächst 480, später nur noch 450 Grad einen Druck bis zu 70 atü entwickelte. Die Anlagen waren mit natürlichem Wasserumlauf ausgestattet. In den Benson-Kesseln wurden hingegen Drücke bis 110 atü bei Temperaturen von 420 Grad erzeugt, das Wasser war hier im Zwangsumlauf.

Der in den Kesseln erzeugte Heißdampf wurde in die Turbinen geleitet, was im Prinzip bei beiden Anlagen ähnlich war. Die hohen Umdrehungszahlen der Turbinen wurden durch Rädergetriebe auf die erforderlichen Wellendrehzahlen herabgesetzt.

Gesteuert und überwacht wurden die beiden Arten von Antriebsanlagen durch automatisch arbeitende Reglersysteme mit Schnellschlußventilen und anderen Neuerungen. Einsatzbereitschaft und großes Können des Maschinenpersonals waren erforderlich, um trotz Störanfälligkeit die Anlage jederzeit in der Hand zu haben und in den Kessel- sowie Turbinenräumen jede auftretende Störung schnellstmöglich zu beheben.

Nach umfangreichen Erprobungen auf den Prüfständen wurden ab Sommer 1942 Dieselmotoren für Zerstörer einbaureif. Die Entwicklung und die ersten Erprobungen schnellaufender Motoren als Antriebsanlagen für Zerstörer und Torpedoboote gingen indessen schon auf die 30er Jahre zurück. Nach Beendigung der Erprobungen waren größen- und leistungsmäßig für den Einbau auf Zerstörern geeignet und vorgesehen Motoren vom Typ »V 12 Z 32/44 MAN«. Dieser Motor, der serienmäßig trotz kriegsbedingter Materialschwierigkeiten hergestellt werden konnte, erbrachte Leistungen von 8500 PSe bei 600 Umdrehungen pro Minute. Sein Einheitsgewicht (Motor mit Zubehör, jedoch ohne Getriebe) lag bei 6,5 kg/PS.

Ähnlich starke Motoren wurden auf dem Typzerstörer (Prototyp *Z 51*) eingebaut. Zwei Motoren von je 5260 PS waren direkt an die beiden Außenwellen angeschlossen. Vier Motoren von je 11 650 PS wirkten über ein Vulcan-Getriebe auf die Mittelwelle. Mit dem Ziel, 9500 und 10 000 PSe zu erreichen, waren für die Motoren Auflader in Entwicklung.

Nach gründlichen Borderprobungen auf *Z 51* sollten später zahlreiche Zusatzfragen geklärt werden wie Geräuschdämpfung, Anordnung der Abgasrohre und Auspufftöpfe, u. ä. Hierzu kam es aber nicht, weil *Z 51* nie in Dienst gestellt wurde. Seine Fertigstellung wurde nach Fliegerbombenschäden bei einem Luftangriff auf Bremen am 21. März 1945 eingestellt.

Der serienmäßige Einbau von Dieselmotoren (Zweitakt, doppeltwirkende V-Motoren) mit bis zu 24 Zylindern und Leistungen von zunächst 8500 und später 9500 PS war vorgesehen auf den Zerstörern 1944, welchen ein Amtsentwurf 1942 C zugrunde lag. Doch wurden die bereits 1943 begonnenen Zerstörer auf den Helligen von Deschimag in Bremen 1945 infolge Material- und Werftarbeitermangel wieder abgebrochen. Bis zum Kriegsende im Mai 1945 kam kein deutscher Zerstörer mit Motorenantrieb in Fahrt.

Obwohl das Gesamtgewicht der kompletten Motorenanlage eines Zerstörers rund 200 Tonnen größer gewesen wäre als eine vergleichbare Hochdruckheißdampfanlage, war der Nutzungseffekt doch erheblich größer. Dies zeigte sich insbesondere an dem errechneten hohen Aktionsradius der Motorzerstörer, der bei einer Dauergeschwindigkeit von 19 Knoten bis zu 16 000 sm betragen sollte. Das war bedingt durch den geringen Treibstoffverbrauch von Dieselmaschinen.

Bewaffnung

Die gesamte Bewaffnung eines deutschen Zerstörers setzte sich zusammen aus der Artillerie (Seeziel- und Fla-Artillerie), der Torpedowaffe und der U-Jagdbewaffnung. Dazu zählten ferner alle Leit- und Zielgeräte und -Anlagen.

1. Artilleriewaffen

(Seeziel- bzw. kombiniert Seeziel-/Fla-Geschütze)
Das stärkste Seezielgeschütz, das bis 1932 auf deutschen Torpedobooten eingebaut war, hatte ein Kaliber von 10,5 cm. Als zu Beginn der 30er Jahre die neuen Zerstörer geplant wurden, war es notwendig, für diese Einheiten mit einem Standarddeplacement von 1625 ts und einer maximalen Wasserverdrängung von mehr als 3100 ts eine wesentlich leistungsfähigere Artillerie einzubauen. Das 10,5 cm-Geschütz wäre für die Zerstörerneubauten zu schwach und die Boote zeitgenössischen ausländischen Pendants artilleristisch unterlegen gewesen. Deshalb wurde 1930 für die neuen Zerstörer der Entwicklungsauftrag für eine 12,7 cm-Torpedobootskanone erteilt.

a) 12,7 cm-Torpedobootskanone

Die Entwicklung der neuen 12,7 cm-Kanone war schnell durchgeführt, so daß je drei dieser Geschütze bereits 1932 auf den Torpedobooten *Leopard* und *Luchs* in die dort vorhandenen Wiegen der 10,5 cm-Geschützlafetten C/28 eingelegt werden konnten. Die langjährigen, mit den beiden T-Booten durchgeführten Erprobungen erfüllten die Erwartungen hinsichtlich der ballistischen Leistungen und der Wirkung im Ziel.

Ab 1934 erfolgte die Auslieferung der 12,7 cm-Torpedobootskanone C/34 L/45 in Mittelpivotlafetten C/34 für die Zerstörerneubauten. Zur Lafette gehörte ein hinten offener Schutzschild. Das handbediente 12,7 cm-Geschütz hatte eine Rohrerhöhung von −19 bis +45 Grad, was den Einsatz der Waffe als Seeziel-, nicht aber als Fla-Geschütz ermöglichte. (Das änderte sich später durch das »Zonenschießen«).

Die theoretische Feuergeschwindigkeit des Geschützes lag bei etwa 18 bis 20 Schuß pro Minute, doch hing die tatsächliche Kadenz ganz wesentlich vom Können der Lademannschaft ab. Mit einer gut eingespielten Geschützbesatzung wurden Leistungen von 15 bis 18 Schuß pro Minute erzielt. Eine komplette Geschützbesatzung bestand aus folgenden zehn Mann:

1. dem Geschützführer,
2. dem Seitenrichtmann,
3. dem Höhenrichtmann,
4. der Verschlußnummer,
5. dem Schiebereinsteller,
6. dem Aufsatzeinsteller,
7. der (Geschoß-)Ladenummer,
8. der Kartuschnummer,
9. dem Hülsenauffänger und
10. dem Ansetzer.

Für die Beladung und Entnahme der Munitions-Fördereinrichtungen und zum Munitionstransport zum Geschütz wurden zusätzliche Munitionsmänner benötigt. Diese wurden in der Regel durch die Heizerfreiwache gestellt.

Das Laden und Ansetzen der Kanonen ging von Hand vor sich. Das Richten von Hand war ebenfalls möglich. Durch das Vorhandensein von Seiten- und Höhenrichtmotoren konnten jedoch die Geschütze auch zentral ferngesteuert werden.

Die Wiege mit dem Geschützrohr war durch einen Kreisel parallelstabilisiert. Der Kreisel war kardanisch aufgehängt und befand sich in einem Steuergehäuse zwischen den beiden Wiegenträgern. Durch einen Kreiseldrehstromumformer, der sich im Kreiselumformerraum etwa mittschiffs unter Deck befand, wurde der Kreisel auf 30 000 Umdrehungen hochgefahren und konstant gehalten.

Das Gesamtgewicht eines 12,7 cm-Geschützes mit Lafette und Schutzschild betrug rund 10 Tonnen.

Insgesamt gesehen war das 12,7 cm-Geschütz eine relativ schnell und sicher arbeitende Waffe. Hierbei spielten die leichte Bedienung und das leichte Geschoßgewicht eine nicht unbedeutende Rolle. Das Gewicht einer 12,7 cm-Exerziergranate betrug rund 28 kg, während eine scharfe Granate etwa 26 kg wog.

Für je ein Seezielgeschütz war ein Munitionsaufzug mit einem Munitionsentnahmetisch vorhanden. Der Aufzug befand sich in den unmittelbar an das Geschütz grenzenden Aufbauten. Außerdem war als Ersatzförderanlage eine Munitionswinde (elektrisch betriebene Demag-Seilzugwinde) in der Nähe einer jeden Kanone eingebaut.

Obwohl, wie schon gesagt, die 12,7 cm-Torpedobootskanone eine reine Seezielwaffe war, ist noch vor dem Zweiten Weltkrieg ein Verfahren entwickelt worden, sie auch gegen Luftziele einzusetzen. Dieses Verfahren war das bereits erwähnte Zonenschießen, zu dem eine besondere Zonenmunition verwendet wurde. Sie hatte Schrapnellcharakter und zerlegte sich nach eingestellter Flugbahn am gewünschten Punkt detonierend in der Luft – was mitten in einem anfliegenden Bomberverband beträchtliche Wirkung hervorrufen konnte.

12,7 cm-Geschütze der beschriebenen Art wurden zunächst auf den Zerstörern 1934, 1934 A und 1936, also auf allen Booten von *Z 1 Leberecht Maaß* bis *Z 22 Anton Schmitt,* eingebaut. Auch der 1941 erbeutete ehemalige griechische Zerstörer *ZG 3* (als *Hermes* unter deutscher Flagge) erhielt vier Geschütze vom Kaliber 12,7 cm L/45 mit den dazugehörigen deutschen Feuerleitanlagen. Weil sich das inzwischen entwickelte und auf Zerstörern eingesetzte 15 cm-Seezielgeschütz als zu schwer erwiesen hatte und eine zu geringe Feuergeschwindigkeit aufwies, wurden während des Zweiten Weltkrieges auch die Zerstörer 1936 B (»*Z 35*«, »*Z 36*«, »*Z 43*« und »*Z 44*«, jedoch nicht mehr »*Z 45*«) mit je fünf 12,7 cm-Kanonen ausgerüstet. Sie fanden in der gleichen Weise Aufstellung wie auf den ersten 22 Zerstörern, also je zwei Einzelgeschütze auf dem Vor- und Achterschiff in überhöhter Mittschiffslinie und ein Geschütz zwischen achterem Torpedorohrsatz und dem achteren Deckshaus. Ferner wurden vor dem Zweiten Weltkrieg der Aviso *Grille* und das Artillerieschulschiff *Bremse* mit drei bzw. vier 12,7 cm-Torpedobootskanonen in Einzellafetten bewaffnet.

b) 15 cm-Torpedobootskanone

Um zukünftige deutsche Zerstörer gleichaltrigen ausländischen Artgenossen gegenüber eine absolute artilleristische Überlegenheit zu geben, wurde etwa Mitte der 30er Jahre die Entwicklung eines 15 cm-Geschützes in Auftrag gegeben. Um zu erproben, ob Zerstörer Geschütze eines solchen Kalibers mit einem sehr viel größeren Gewicht tragen und damit operieren können *, wurden auf dem Zerstörer *Z 8 Bruno Heinemann* im Frühjahr 1938 aus dem Ersten Weltkrieg stammende 15 cm-Geschütze im Hochsee-Einsatz erprobt.

Hierzu wurden vier 15 cm-Kanonen in die Wiegen der vorhandenen 12,7 cm-Lafetten in den Positionen 1, 2, 3 und 5 eingelegt. Im April 1938 erprobte der genannte Zerstörer im Nordatlantik und im Nordmeer das Schießen mit diesen Geschützen hochsee- und einsatzmäßig. Nach Beendigung der Erprobungen und nach Rückkehr nach Deutschland erhielt das Boot allerdings seine komplette 12,7 cm-Seezielartillerie wieder eingebaut.

Noch vor dem Ausbruch des Zweiten Weltkrieges war die Entwicklung der neuen 15 cm-Torpedobootskanone C/36 L/50 abgeschlossen, und nach kurzer Erprobungszeit wurden die Geschütze an die Kriegsmarine ausgeliefert. Sie wurden eingebaut in Mittelpivotlafetten C/36 H (mit dünnem Splitterschutz) und C/36 M (Splitterschutz verstärkt). Ab Frühjahr 1942 wurden leichte Drehscheibenlafetten C/38 mit zwei 15 cm-Geschützen auf den ersten Zerstörern 1936 A eingebaut. Diese auch Turmlafette genannte Konstruktion ersetzte die bisher auf der Zerstörerback vorhandene 15 cm-Einzelkanone. Gegenüber den Mittelpivotlafetten war der Splitterschutz erneut verstärkt worden. Die Rohre der beiden in die Doppelturmlafette eingebauten 15 cm-Kanonen konnten getrennt oder gemeinsam gehoben und gesenkt werden. Sowohl die Turm- als auch die Einzellafette besaßen E-Richtmotoren zum Schwenken und Richten, doch war auch das Richten von Hand möglich.

Das Gewicht eines 15 cm-Torpedobootsgeschützes mit Lafette und Schild betrug rund 19 Tonnen, das der kompletten Doppelturmlafette einschließlich des Unterbaues 62,5 Tonnen.

Konstruktion, Bedienung, Richten, Bedienungspersonal und Munitionsförderung der 15 cm-Kanone waren im Prinzip identisch mit den entsprechenden Einzelheiten der 12,7 cm-Geschütze. Auch die 15 cm-Einzellafetten C/36 H und M waren mit hinten offenen Schutzschilden versehen.

Das Geschoßgewicht betrug 45 kg. Hierdurch wurde eine erheblich höhere Durchschlags- und Explosivkraft am Ziel erreicht. Doch wurden durch das große Geschoßgewicht auch die Bedienungsmannschaften, insbesondere die Ladenummer, die Kartuschnummer, der Hülsenauffänger und der Ansetzer in wesentlich größerem Maße beansprucht als bei der 12,7 cm-Kanone. Dies hatte ein nicht unbeträchtliches Absinken der Feuergeschwindigkeit zur Folge.

Das Hauptschießverfahren der 12,7 cm- und der 15 cm-Kanonen gegen Seeziele war das Feuerleitschießen, das nach Richtungs- und Höhenweiser (sog. Rw/Hw-Schießen) durchgeführt wurde. Das Richten beider Geschütze erfolgte in Höhe und Seite von Hand nach dem Rw/Hw-Empfänger. Hierzu mußten in den Geschützen die mechanischen Gegenzeiger, die mit den Handrädern verbunden waren, mit den elektrisch betriebenen Zeigern der Rw/Hw-Empfänger in Deckung gebracht werden. An jedem Handrad befand sich ein Abfeuerschalter, der gedrückt sein mußte, wenn der Schuß fallen sollte. Diese Abfeuerkontakte konnten aber erst gedrückt werden, wenn Zeiger und Gegenzeiger durch den Richtmann in Deckung gebracht worden waren.

Abkommfehler ließen sich häufig nicht vermeiden, insbesondere dann, wenn die Zerstörer bei starkem Seegang oder im Sturm stampften und schlingerten. Es gehörten schon eine gute Ausbildung und sehr viel Übung und Erfahrung dazu, durch Drehen der Handräder dem sich bewegenden elektrischen Zeiger zu folgen.

Der Einbau der 15 cm-Seezielartillerie wurde auf den Zerstörern 1936 A und 1936 A (Mob) in der Kombination von je einem Doppelturm (genauer einer Turmlafette) auf der Back und drei Einzelgeschützen auf dem Achterschiff vorgenommen. Die Auslieferung der Einzelgeschütze erfolgte ab 1940, die der Doppelturmlafetten erst ab Anfang 1942. Deshalb wurden bis dahin alle inzwischen schon fertiggestellten Zerstörer 1936 A provisorisch auf der Back mit einem 15 cm-Einzelgeschütz versehen. Da aber auch die Einzelkanonen anfangs nicht in genügender Zahl geliefert werden konnten, war vorgesehen, auf dem ersten fertigen Zerstörer 1936 A, *Z 23*, zunächst provisorisch 15 cm-Seezielkanonen einzubauen, die für Hilfsschiffe bestimmt waren.

Vom Typ Zerstörer 1936 A wurden *Z 23* bis *Z 27* und *Z 29* und *Z 30* sowie vom Typ Zerstörer 1936 A (Mob) *Z 31* zunächst mit der provisorischen 15 cm-Back-Einzelarmierung ausgerüstet. Die acht genannten Boote sollten während des Krieges anläßlich von Werftliegezeiten auf der Back den 15 cm-Doppelturm erhalten, so daß dann die endgültige Artilleriebewaffnung von insgesamt 5 Geschützen des Kalibers 15 cm erreicht worden wäre. Tatsächlich wurde die Turmlafette ab 1942 auf *Z 23, Z 24* und *Z 25,* Ende 1943 auf *Z 31* und 1945 auf *Z 29* eingebaut. Die restlichen Zerstörer wurden von dieser Maßnahme nicht betroffen, denn *Z 26* und *Z 27* gingen vor der Umrüstung verloren, und *Z 30* erhielt den Turm bis zum Kriegsende nicht.

Eine Ausnahme in der 15 cm-Artilleriebewaffnung wurde auf *Z 28* gemacht. Dieser Führerzerstörer des F. d. Z. (Führers der Zerstörer) erhielt insgesamt vier 15 cm-Einzelgeschütze, von denen je zwei auf dem Vor- und Achterschiff in der Mittschiffslinie überhöht aufgestellt wurden. Der durch das in Position 3 fehlende 15 cm-Geschütz freigebliebene Platz wurde durch einen zusätzlichen Aufbau in Anspruch genommen. Der Aufbau, im Slang der Zerstörerfahrer »Pullmannwagen« genannt, diente zur Aufnahme zusätzlich eingeschiffter Stäbe. Des Aufbaus wegen wurde *Z 28* auch als der »Schreibstubenzerstörer« bezeichnet.

Die ersten auf Zerstörern eingebauten 15 cm-Kanonen wiesen zum Teil schwerwiegende Fehler auf. Es zeigten sich Mängel an den Aufsatzgestängen, an den Bremsausgleichskolben, an den Verschlüssen und an den Munitionsaufzügen. Viele dieser Erscheinungen konnten behoben werden, doch blieben einige der genannten Nachteile bis Kriegsende erhalten.

Ein wesentlicher Nachteil der 15 cm-Artillerie war der des großen Gewichtes. Das Richten der schweren Geschütze war erheblich erschwert und blieb es bis Kriegsende.

Als nachteilig für die Seefähigkeit der Zerstörer erwies sich der 62,5 Tonnen schwere Doppelturm auf der Back. Solange die Schiffe auf der Back die 15 cm-Einzelkanone trugen, lagen sie recht gut in der See. Außerdem hatten sie vorn einen zufriedenstellenden Auftrieb. Das änderte sich beim Einbau der 15 cm-Doppelturmlafette. Hohe und höchste Fahrtstufen konnten, besonders gegen Wind und Seegang, wenn überhaupt, nur unter Mühen erreicht werden, weil der Auftrieb vorn durch das schwere Backsgewicht stark vermindert war.

Aus allen erwähnten Gründen, die aus Kreisen von Zerstörerkommandanten und -A.O.'s gegen die schwere 15 cm-Artillerie hervorgebracht wurden, kamen auf den Zerstörern 1936 B wieder die langerprobten, bewährten, schneller feuernden und leichteren 12,7 cm-Torpedobootskanonen C/34 zum Einbau.

* Es sei daran erinnert, daß die Torpedobootszerstörer **S 113** und **V 116** des Ersten Weltkrieges mit je vier 15 cm-Geschützen in Fahrt gekommen sind, jedoch keine befriedigende Stabilität zeigten.

Vierseitenansicht von Zerstörerseeziel- und Fla-Waffen

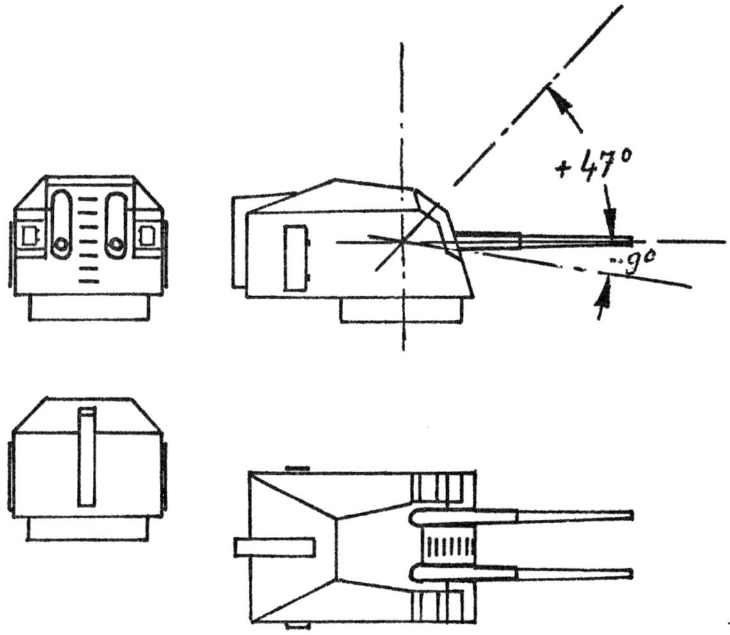

15 cm-Torpedobootskanone C/36 L/50 in Doppelturm-Drehscheibenlafette C/38

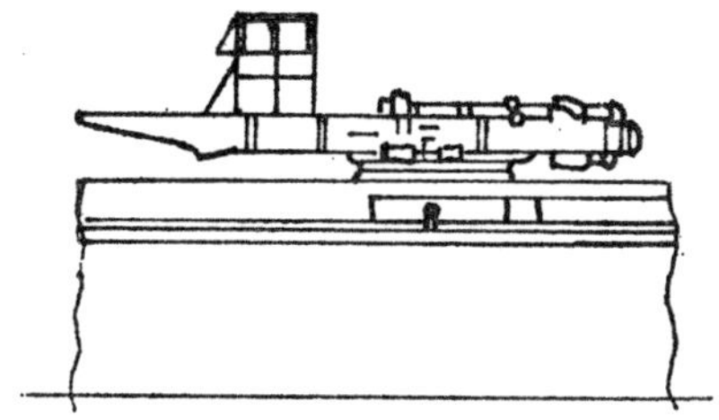

Seitenansicht hinterer Vierlings-Torpedorohrsatz 53,3 cm (Zerstörer *34 A*)

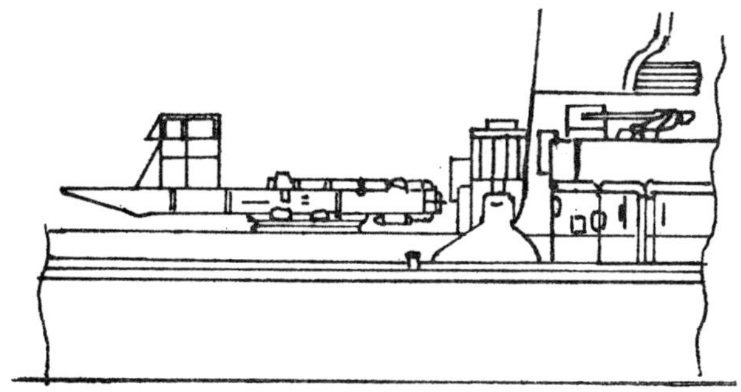

Seitenansicht vorderer Vierlings-Torpedorohrsatz 53,3 cm (Zerstörer *34 A*)

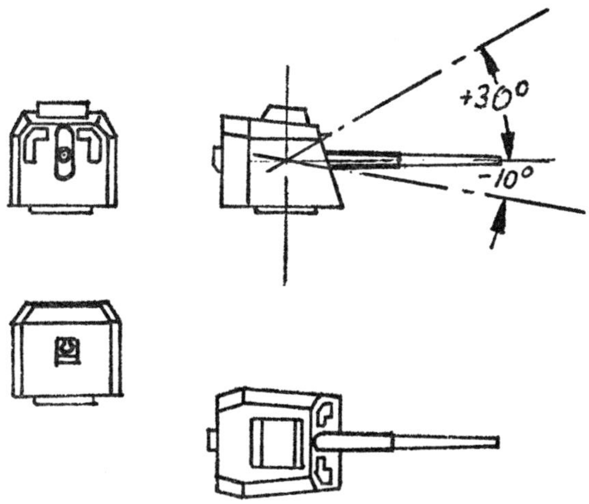

15 cm-Torpedobootskanone C/36 L/50 in Mittelpivot-Einzellafette C/36 M

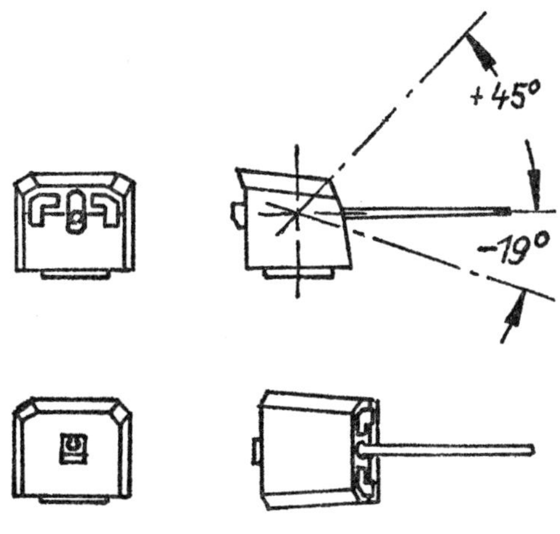

12,7 cm-Torpedobootskanone C/34 L/45 in Mittelpivot-Einzellafette C/34

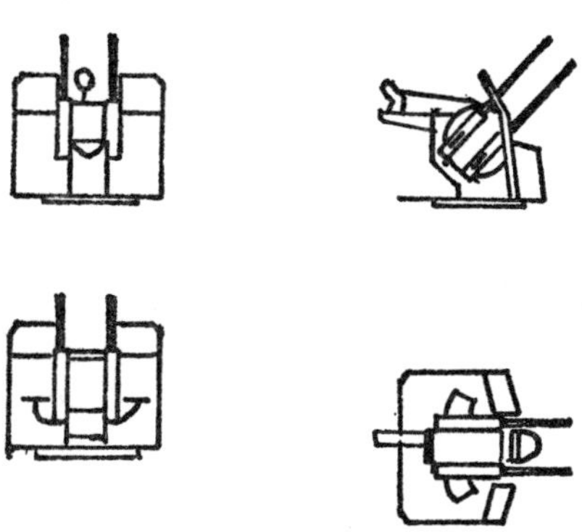

3,7 cm-FlaMK C/30 in Doppellafette C/30

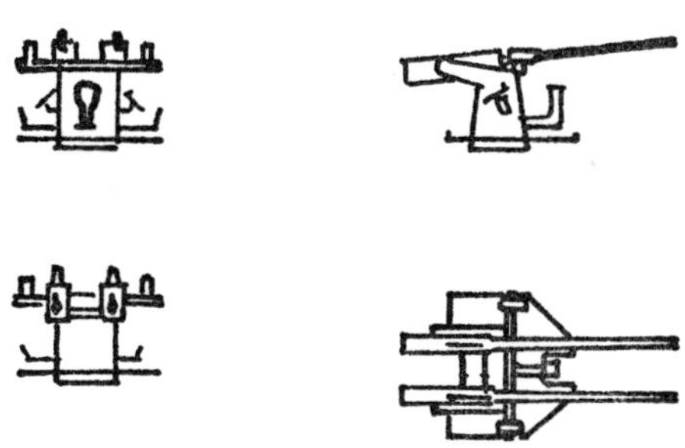

2 cm-FlaMW C/38 in Vierlingslafette C/38 M

c) 12,8 cm-Mehrzweckkanone

Das bei der Luftwaffe als schwere Flak schon seit einiger Zeit verwendete 12,8 cm-Geschütz wurde im Jahr 1941 bei der Kriegsmarine als neue Zerstörerwaffe eingeführt. Als 12,8 cm-Marinekanone 41 sollte es in leichten Doppellafetten C 41 auf den Zerstörern 1936 C (*Z 46* bis *Z 50*), 1942 C (*Z 52* bis *Z 56*) und 1945 eingebaut und gleichermaßen als Seeziel- und Fla-Artillerie verwendet werden. Zur Durchführung dieser Maßnahme kam es aber nicht, da die genannten Zerstörertypen nicht gebaut bzw. die begonnenen Einheiten im Anfangsstadium wieder abgebrochen wurden. Auch die Ausrüstung des umgebauten Schlachtkreuzers *Gneisenau,* die mit dieser Waffe geplant war, kam nicht zur Ausführung. Bei späteren eventuellen Ausfällen wären aber schon genügend Ersatzrohre, Zubehör, Material und Munition vorhanden gewesen, da 12,8 cm-Geschütze, wie schon gesagt, bei der Luftwaffe in größerer Anzahl im Einsatz waren.

Weitere technische Angaben zu diesem Geschütz differieren. Nach unterschiedlichen Quellen arbeiteten sie entweder halb- oder vollautomatisch. Auch die theoretische Kadenz wird verschieden mit mindestens 12, nach anderen Unterlagen mit mehr als 20 Schuß pro Minute angegeben. Das Richten der 12,8 cm-Turmlafetten sollte durch eine oder mehrere elektronisch und optisch kombiniert wirkende Feuerleitanlage geschehen.

2. Flugzeugabwehrwaffen

Zur Abwehr und Bekämpfung von Flugzeugen war eine anfangs geringe Zahl von Flugabwehrkanonen (Flak) und Flugabwehr-Maschinenwaffen (FlaMW) zum Einbau auf Zerstörern vorgesehen. Mit zunehmender Bedrohung durch die gegnerische Luftwaffe wurde die Zahl der Fla-Waffen während des Zweiten Weltkrieges ganz beträchtlich erhöht, und die alten Fla-Geschütze wurden nach und nach durch modernere und leistungsfähigere ersetzt.

a) 3,7 cm-Fla-Maschinenkanone (-MK)

Auf den ersten 22 Zerstörern wurden beiderseits des achteren Schornsteines zunächst nur vier 3,7 cm-FlaMK in zwei Doppellafetten C/30 aufgestellt. Diese halbautomatisch arbeitende Waffe wurde von Hand geladen und gerichtet. Die Mündungsgeschwindigkeit des Geschosses (V°) war mit fast 1000 m/sek. beträchtlich. Verschossen wurde Einheitsmunition.

Wegen der ständig steigenden Luftgefahr wurden zunächst auf allen Zerstörern, auch auf den inzwischen neu in Dienst gestellten, zusätzliche 3,7 cm-FlaMK in Einzel- und Doppellafetten C/30 eingebaut. Jedoch befriedigte die Waffe die gestellten Ansprüche nicht. Die Schußfolge war zu gering und die Wirkung im Ziel entsprach nicht den Erwartungen.

Der genannten Mängel wegen wurde während des Krieges die 3,7 cm-FlaMK weiterentwickelt. Als verbesserte vollautomatische Fla-Waffe mit erheblich erhöhter Kadenz kam sie ab 1943 auf allen Zerstörern zum Einbau. Diese 3,7 cm-FlaMK M/42, die eine theoretische Feuergeschwindigkeit von etwa 250 Schuß pro Minute hatte, kam in Einzel- und Doppellafetten an Bord der Zerstörer. Bis zu 14 Fla-Geschütze dieses Typs wurden bis 1945 auf einigen Zerstörern eingebaut.

b) 2 cm-FlaMW

Zur Abwehr von Tieffliegern wurden anfangs nur je vier oder fünf 2 cm-Flak C/30 in Einzellafetten an Bord der Zerstörer gegeben. Diese FlaMW, auch MG C/30 genannt, hatte eine Feuergeschwindigkeit von 280 Schuß pro Minute und arbeitete vollautomatisch. Da die Waffe sehr leicht war, war sie sehr beweglich und schnell zu richten. Geladen wurde das Geschütz mit Einheitsmunition, die in Magazinen zu je 20 Schuß von Hand in die Waffe eingeführt wurde. Nach Einführung der verbesserten 2 cm-FlaMK 38, die eine Kadenz von etwa 480 Schuß pro Minute aufwies, wurden die bisherigen 2 cm-FlaMW C/30 durch die neuen Geschütze ersetzt. Diese neue 2 cm-Fla-Waffe wurde in Einzel-, Doppel- und, ausgerüstet mit Höhen- und Seitenrichtwerk, in Vierlingslafetten an Bord montiert. Versehen waren die Lafetten mit Splitterschutzschildern vorn.

c) 3 cm-Flak

Da die bisher gegen Tiefflieger, welche immer stärker an ihren vitalen Teilen gepanzert wurden, eingesetzte 2 cm-FlaMW eine nicht ausreichende Durchschlagskraft hatte, wurde die Forderung nach einer stärkeren leichten Fla-Waffe laut. Deshalb wurde während des Krieges eine 3 cm-Flak entwickelt. Dieses Geschütz besaß eine hohe Feuergeschwindigkeit von etwa 400 Schuß pro Minute und arbeitete vollautomatisch. In Doppellafetten sollte diese Kanone in größeren Stückzahlen (12 bis 14 Geschütze) auf den projektierten Zerstörern 1944 und 1945 eingebaut werden.

d) 5,5 cm-FlaMK

Zur Abwehr hochfliegender Bombenflugzeuge war geplant, die Zerstörer 1944 und 1945 mit einer weitreichenden und durchschlagskräftigen Flak mittleren Kalibers zu versehen. Die Konstruktion eines solchen Geschützes, der 5,5 cm-FlaMK (M 44?), war kurz vor Kriegsende durchgeführt. Von dieser Waffe versprach man sich neben großer Reichweite eine Kadenz von rund 140 Schuß pro Minute. Drei oder vier 5,5 cm-Fla-Geschütze sollten in Einzellafetten auf den genannten beiden Zerstörertypen eingebaut werden.

e) Sonstige Fla-Waffen

Als Not-Fla-Bewaffnung wurden auf *Z 34* im April 1945 zwei 4 cm-Bofors-FlaMK Einzellafetten, die vom Kreuzer *Lützow* stammten, behelfsmäßig als Ersatz für zum Landeinsatz abgegebener Waffen eingebaut. Ob diese Kanonentype auch auf weiteren Zerstörern eingebaut worden ist, konnte bisher nicht ermittelt werden.

Ebenfalls im Frühjahr 1945 wurden auf *Z 34* mehrere Fla-Raketenwerfer eingebaut. Aus ihnen wurden ungelenkte Fla-Raketen gegen Tiefflieger in Salven verschossen.

3. Feuerleitanlagen

Die Feuerleitanlage für die Zerstörer, die vor dem Zweiten Weltkrieg und während der Kriegsjahre gebaut und in Dienst gestellt wurden, bestand aus dem Gerät C/34 Z. Dieses der Feuerleitung der 12,7 cm- und 15 cm-Seezielartillerie dienende Gerät nahm eine Entwicklungsstufe ein, die sich zwischen jener der Anlagen C/32 für die Panzerschiffe und C/35 für die Schlachtkreuzer, Schlachtschiffe und Schweren Kreuzer befand. Der Raumbedarf der Anlagen für Zerstörer war jedoch größer, da die gesamte Anlage umfangreicher ausgestattet war als die der größeren Schiffe. Dies mußte aber in Kauf genommen werden, um den schnell wechselnden Feindlagen, die bei Zerstörerartilleriegefechten oft auftreten können, gerecht zu werden.

Die gesamte Feuerleitanlage für die Seezielgeschütze eines Zerstörers der Typen »1934« bis »1936 B« sowie »1942«, also das Gerät C/34 Z bestand aus folgenden Einrichtungen:

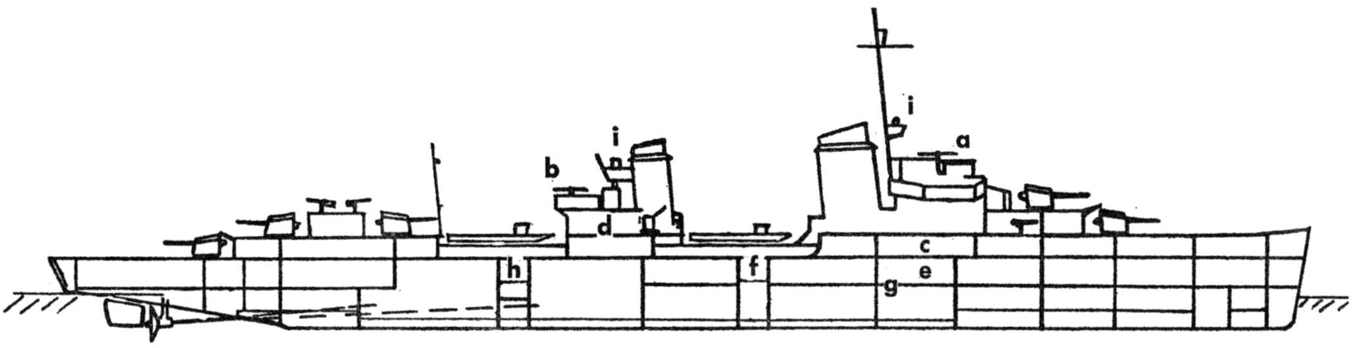

a)
Vorderer Artillerieleitstand auf der Brücke mit der Zielsäule für den Artillerieoffizier, dem darin eingebauten Seiten- und Höheneinblick sowie dem Richtantrieb für die Richtmänner, dem Abfeuersignalgeber mit Schaltung »Einzel- und Zentralabfeuerung« und dem optischen 4 m Langbasis-E-Meßgerät.

b)
Achterer Artillerieleitstand mit den gleichen Geräten und Einrichtungen, wie sie der Leitstand auf der Brücke enthielt. Der achtere Leitstand befand sich hinter dem zweiten Schornstein.

c)
Vordere Rechenstelle unter dem Brückenaufbau, die wahlweise auf den vorderen oder achteren Leitstand geschaltet werden konnte oder auf beide gleichzeitig. Sie enthielt zur Ermittlung der Artillerieschußwerte das RW/Hw-Rechengerät, den EU/SV-Anzeiger und den Vorhaltrechentisch.

d)
Achtere Rechenstelle, ausgerüstet und schaltbar wie die vordere, unter dem achteren Leitstand.

e)
Schaltstelle unter der Rechenstelle vorn. In ihr waren die Schaltschränke und alle Schaltverbindungen, einschließlich der GV-Steuerung für die Richtsäulen, enthalten.

f)
Mutterrichtraum (mittschiffs über dem E-Werk III) mit den Komponenten für Schlinger- und Stampfbewegungen sowie für die Zielseitenstabilisierung.

g)
Fahrtmeßanlage unterhalb der Schaltstelle. Sie war eine Anlage mit Ascania-Strahlrohrsteuerung, die vom Artilleriemechaniker-Personal bedient und gewartet wurde.

h)
Umformerraum für Kreiseldrehstrom an Stb.-Seite in Höhe des achteren Torpedorohrsatzes.

i)
Zwei Scheinwerfer (je einer am vorderen Mast und an der Rückseite des achteren Schornsteines), die mit der Feuerleitanlage verbunden waren. Die hand- oder zentralgesteuerten Scheinwerfer hatten die Aufgabe, das Ziel zu beleuchten. In Änderung der Kriegslage wurden sie während des Krieges teilweise oder ganz ausgebaut. Auf den freigewordenen Plätzen wurden die drehbaren Antennen der Funkmeß-Ortungsanlagen eingebaut.

Der Schußrichtungs- und der Aufsatzwinkel wurden im Rw/Hw-Geber der Rechenstellen errechnet. Zur Bildung dieser Schußwerte für ein Rw/Hw-Schießen wurden in den Rw/Hw-Geber folgende Werte eingegeben:

1.
Zielseitenwinkel vom Richtgerät,

2.
Schlinger- und Stampfwerte, gemessen von der B/C-Komponente aus dem Mutterrichtraum,

3.
die Meßentfernung, die aufgrund der beiden Basis-Geräte im EU/SV-Anzeiger zu einer mittleren Meßentfernung ermittelt, im Vorhaltsrechner mit den hier gebildeten Werten des Seiten- und Höhenvorhaltes kombiniert, die Schußentfernung ergab. Aus der Schußentfernung ergab sich der Aufsatzwinkel.

Im Vorhaltrechner mußten die folgenden ballistischen Werte eingestellt werden: scheinbarer Wind und tatsächliche Windstärke, eigene und Gegnerfahrt, V-Null-Wert und eigener Kurs. Zu den Schußwerten, die im Rw/Hw-Geber gebildet wurden, kamen noch die Parallaxausgleichswerte. Parallaxrechengetriebe waren für jedes Seezielgeschütz separat im Rw/Hw-Geber untergebracht.

Das Feuer der 3,7 cm-Fla-Waffen wurde zunächst durch 1,25 m – E-Meßgeräte geleitet, die später durch das Flak-Visier C/33 ersetzt wurden. Die Schußwerte und -winkel für die 2 cm-FlaMK wurden ermittelt durch ein tragbares E-Meßgerät, das eine Basislänge von 0,7 m besaß. Der Beobachter, der das Gerät trug und bediente, befand sich in unmittelbarer Nähe der Waffe und rief der Geschützbedienung die Schußwerte zu.

Zur Ermittlung der Schußwerte für die Torpedowaffe waren in den Brückennocks Torpedozielsäulen eingebaut. Die durch sie festgestellten Werte (Zielseitenwinkel und -entfernung) wurden in ähnlicher Weise wie bei der Artillerie, jedoch ohne den hier nicht benötigten Höhenwinkel, an die Torpedowaffe weitergegeben und dort eingestellt.

4. Torpedobewaffnung

Bei der Planung der neuen deutschen Zerstörer wurde eine ausreichend starke Torpedobewaffnung gewählt. Zum Verschießen von preßluftgetriebenen G 7 a-Torpedos von 53,3 cm Durchmesser wurden Oberdeckstorpedorohre zu Rohrsätzen zusammengefaßt. Diese Rohrsätze waren schwenkbar und wurden vor und hinter dem achteren Schornstein in der Mittschiffslinie eingebaut. Im allgemeinen wurden Vierlingssätze gewählt. Ausnahmen wurden gemacht für *Z 51* (Zerstörer 1942), der zwei Drillingsrohrsätze erhielt und für die geplanten Spähkreuzer 1940/41, die zwei Fünfersätze bekommen sollten. Diese Schiffe wurden jedoch nicht realisiert.

Auf den Torpedorohrsätzen befand sich der Rohrmeistersitz, der anfangs oben offen war und während des Krieges durch eine halbkugelförmige Plexiglashaube überdeckt wurde. Eingebaut in die Rohrmeistersitze waren Reservetorpedozielgeräte und -abfeuervorrichtungen sowie Kontroll- und Meßgeräte. Von dieser Stelle konnten Torpedos einzeln oder in Salven gleichzeitig geschossen werden.

Zur Mitnahme von Reservetorpedos befanden sich in der Nähe der Rohrsätze die Reservetorpedobehälter. Zum Nachladen der Reservetorpedos waren Übernahmeeinrichtungen vorhanden, die als feste Traversen an den Rohrsatzenden montiert waren.

5. Minenbewaffnung

Etwa in Höhe des Mittelschiffs beginnend waren an Stb.- und Bb.-Seite nach achtern führende Minenschienen aufgeschraubt. Sie endeten am Heck leicht nach unten gebogen. Mitgeführt werden konnten bis zu 60, auf den Zerstörern 1936 B sogar bis zu 76 Minen unterschiedlicher Art.

6. U-Boot-Abwehrbewaffnung

Zur Bekämpfung gegnerischer U-Boote wurden ausschließlich Wasserbomben verwendet. Auf den vor dem Zweiten Weltkrieg gebauten Zerstörern waren hierfür vier Wasserbombenwerfer eingebaut. Im Verlaufe des Krieges wurde die Zahl der mitgeführten Wasserbomben erhöht. Die Zahl der Wabo-Werfer wurde erhöht, und außerdem Ablaufgerüste bzw. -bahnen für Wabos an Bord montiert.

Marine-Ortungs- und Nachrichtenanlagen

1. Funkmeß-Ortungsgeräte

Aktive Funkmeßortungsanlagen waren in den Jahren vor dem Zweiten Weltkrieg in Deutschland für den Einbau und die Verwendung auf Kriegschiffen entwickelt und erprobt worden. Diese Anlagen hatten mehrere Namen und Bezeichnungen, wie FuMO-Geräte als Abkürzung für Funkmeßortung, DeTe-Geräte (Dezimeter-Telefonie) Funk-E-Meß- oder EM II-Geräte. Auch war die Bezeichnung Seetakt-Gerät geläufig.

Noch vor Ausbruch des Zweiten Weltkrieges wurden Überlegungen angestellt, zu welchem Zeitpunkt man die Zerstörer frühestens mit Funkmeß-Geräten bestücken könnte. Da sich aber für die Zerstörer-Neubauten die Lieferung vom FuMG und den dazugehörigen Drehständen verzögerten, konnte das erste Seetakt-Gerät erst im Mai/Juni 1940 auf *Z 6 Theodor Riedel* provisorisch eingebaut werden. Nach Rückkehr in die Heimat wurde dieses Gerät jedoch wieder ausgebaut, und an seine Stelle kam das FuMO 21 zum Einbau.

Ab 1940 wurden alle deutschen Zerstörer mit zunächst je einem FuMO-Gerät, dem bereits genannten FuMO 21, ausgerüstet. Dieses Gerät, das in seinen Hauptteilen aus einem Sender/Empfänger mit einer Braun'schen Röhre zur Anzeige und einer Spiegelantenne bestand, wurde an Bord dem Funkabschnitt unterstellt, da es bei der Kriegsmarine keine Funkmeß-Laufbahn und auch keine Schule dafür gab. Beides wurde erst im weiteren Verlaufe des Krieges geschaffen.

Zur Aufnahme des Gerätes wurde auf den Zerstörerbrücken vor dem vorderen Mast eine Hütte errichtet. Sie erreichte eine Höhe von knapp 2 m. Auf ihr wurde die rechteckige, etwa 1 x 2 m messende Spiegelantenne, wegen ihres typischen Aussehens im Marinejargon »Matratze« genannt, errichtet. Die Antenne wurde vom angrenzenden Bedienungsraum aus mechanisch – zunächst von Hand – gedreht. Erst im Verlaufe des Krieges wurden E-Motoren zum Schwenken der Matratze eingebaut. Der Bestreichungswinkel der ersten auf Zerstörern eingebauten FuMO-Anlagen war jedoch gering, da die Antenne zu dicht vor dem vorderen Mast stand. Hierdurch war es nur möglich, sie von etwa Bb. querab über die Vorausrichtung bis Stb. querab und wieder zurück zu drehen. Bei den während des Krieges neu in Dienst gestellten Zerstörern wurde dieser Mangel dadurch behoben, daß man die Funkmeß-Hütte auf der größeren Brücke weiter vom Mast entfernt und größer baute. Die darauf errichteten FuMO-Antennen konnten nun um 360 Grad geschwenkt werden. Es gab keinen toten Winkel von fast 180 Grad mehr, der von der Antenne nicht bestrichen werden konnte.

Die Funkmeßhütte enthielt den Bedienungsraum, in dem der Sender/Empfänger und die Anzeigeröhre eingebaut waren. Die Leistungen der Anlage FuMO 21 waren zunächst gering, weil keine Senderöhre zur Verfügung stand, die eine genügend große Sendeleistung hatte.

Im Verlaufe des Zweiten Weltkrieges wurde das Seetakt-Gerät verbessert durch die nunmehr entwickelten und gelieferten stärkeren Senderöhren und durch einen Feinpeilzusatz für die Seitenrichtung. Auch eine neue, erheblich breitere »Matratzen«-Antenne gehörte zu der verbesserten, FuMO 5 oder FuMO 25 genannten Anlage. Mit ihr sollten nach und nach alle noch vorhandenen Zerstörer, auch die älteren, ausgerüstet werden.

Um auf den älteren Zerstörern die neue breite Antenne einbauen und voll schwenken zu können, wurde eine neue Mastkonstruktion errichtet. Der bislang vorhandene Mast wurde entfernt. Dafür wurden zwei Maststümpfe an den achteren Seitenkanten des Brückenaufbaus aufgestellt, auf welche ein kräftiger Querträger angebracht wurde. Der eigentliche Mast wurde dann in der Mitte auf dem Querträger errichtet und wieder durch zwei nach achtern geneigte Schrägbeine abgestützt. In der Lücke zwischen den beiden Maststümpfen konnte die Antenne nunmehr um 360 Grad gedreht werden. Im Marinejargon wurde diese Mastkonstruktion »Tormast« oder noch treffender »Fußballtor« genannt. Mit ihm wurden 1944 und 1945 nur die drei Zerstörer *Z 5 Paul Jacobi*, *Z 10 Hans Lody* und *Z 15 Erich Steinbrinck* ausgerüstet.

Außer den drei vorgenannten Zerstörern wurde die seetaktische FuMO 25-Anlage, soweit bisher feststellbar, in folgende Boote eingebaut: *Z 4 Richard Beitzen*, *Z 14 Friedrich Ihn*, *Z 20 Karl Galster*, *Z 25*, *Z 28*, *Z 29*, *Z 33*, *Z 34*, *Z 39* und *Z 43*, ferner auf *Z 6 Theodor Riedel*, *Z 35* und *Z 36*.

Beide Geräte, die FuMO 21 und FuMO 25, arbeiteten auf einer Wellenlänge von 81,5 cm. Mit beiden Anlagen war es möglich, Entfernung und Seitenwinkel zu messen. In der Hauptsache wurden sie als Navigationshilfe benutzt. Als Feuerleitanlage waren sie wegen der ungenügenden Seitenpeilgenauigkeit jedoch nicht zu verwenden, da sie nach jeder Seite bis zu 2 Grad streuten. Zur Zielfrüherkennung waren sie hingegen wegen ihrer großen Reichweite (Keulenform der Abstrahlung) geeignet, da sie am Horizont auftauchende Ziele, auch Flugzeuge, orteten, bevor sie den Augen sichtbar wurden. Die gemessenen Werte (genaue Entfernung und ungefähre Richtungsangabe) wurden direkt dem A. O., dem Fla. A. O. oder deren Waffeneinsatzleitern übermittelt. Eine Frühwarnung war sichergestellt und der Zeitgewinn, insbesondere für die Fla-Waffen, war beträchtlich.

Im Jahre 1944 wurde eine neue Funkmeßanlage, das Gerät FuMO 61, auch »Hohentwiel« genannt, ausgeliefert und bis zum Kriegsende auf einigen Zerstörern eingebaut. Sie arbeitete auf einer Wellenlänge von 50 cm und hatte eine Sendeenergie von 30 kW. Entwickelt war das »Hohentwiel«-Gerät für die Aufklärung als Suchgerät. Der kleinen Einbaumaße wegen benötigte es nur wenig Platz, der bei den meisten Zerstörern auf dem Achterschiff gefunden wurde. Dazu wurde der am achteren Schornstein befindliche Scheinwerfer und sein Unterbau ausgebaut. Auf dem so gewonnenen Raum wurde eine kleine Funkmeßhütte errichtet, die das Gerät aufnahm. Die kleine Antenne, die nach unterschiedlichen Quellen entweder quadratisch mit einer Seitenlänge von 1 m war oder aber 1 x 1,4 m maß, wurde auf der Hütte errichtet.

Mit einer »Hohentwiel«-Anlage wurden hinter dem achteren Schornstein bisher folgende Zerstörer ermittelt:

Z 5 Paul Jacobi, *Z 10 Hans Lody*, *Z 14 Friedrich Ihn*, *Z 15 Erich Steinbrinck*, *Z 20 Karl Galster*, *Z 25*, *Z 28*, *Z 29*, *Z 31* sowie auf *Z 39*.

Auf den Booten *Z 4 Richard Beitzen* und *Z 28* wurden außerdem auf einer Konsole am vorderen Mast je eine »Hohentwiel«-Antenne festgestellt. Diese Konsole war am Mast so hoch angebracht, daß unter ihr Platz blieb für die Antenne der FuMO 25-Anlage.

Gegen Ende 1944 wurde in wenigen Versuchsexemplaren eine neue Funkmeßanlage, das Gerät »Berlin«, ausgeliefert. Dieses Gerät war ein getreuer Nachbau des »Rotterdam«-Gerätes und arbeitete auch wie dieses auf einer Wellenlänge von 9 cm. Zur Erprobung wurde es auf dem Schweren Kreuzer *Prinz Eugen,* drei Zerstörern sowie einigen S- und U-Booten eingebaut.

Eine auf einer Wellenlänge von 27 cm arbeitende Anlage »Gisela« befand sich bis Kriegsende in Entwicklung, konnte aber kriegsbedingt nicht mehr an die Marine ausgeliefert werden. Sie sollte als Leitgerät für das Flak- und Seezielschießen dienen und auf Zerstörern und Torpedobooten eingebaut werden.

Mit den Funkmeßgeräten, die bis 1944 auf den Zerstörern eingebaut worden waren, wurden gegen nachfolgend aufgeführte Ziele von den Zerstörern aus folgende Reichweiten erzielt:

Ziele:	Mindestreichweite	mittlere Reichweite
Schlachtschiffe, große Handelsschiffe	17 km	20 km
Kreuzer, mittlere Handelsschiffe	14 km	17 km
Zerstörer, Torpedoboote, kleine Handelsschiffe	10 km	13 km
Aufgetauchte U- Boote	5 km	5,5 km
Flugzeuge (je nach Flughöhe)	bis zu 35 km	
Tiefflieger (je nach Flughöhe)	bis zu 8 km	

2. Funkmeß-Beobachtungsgeräte

Zu den inaktiven Ortungsanlagen gehörten alle Funkmeß-Beobachtungsgeräte, die in verschiedenen Ausführungen und Konstruktionen mit den Namen »Metox«, »Naxos« u. a. an die Front kamen. Sie dienten zur Erfassung und Beobachtung der gegnerischen Radarabstrahlung. Die von einem Radargerät ausgesandten Suchstrahlen wurden von einer Richtantenne aufgefangen, in einem Verstärker (Überlagerungsempfänger) auf eine höhere Leistung gebracht und zunächst akustisch, später auch optisch dem Beobachter übermittelt. Zur Feststellung der Richtung des sendenden Radars mußte die Richtantenne gedreht werden. War die größte Empfangsstärke erreicht, konnte dann die Richtung von einer Skala abgelesen werden. Aus der Stärke des empfangenen Impulses wurde auf die Entfernung des Radarsenders geschlossen.

Ab 1942 wurden die ersten »Metox«-Geräte auf allen deutschen U-Booten eingebaut. Aber auch die deutschen Zerstörer und Torpedoboote wurden zu dieser Zeit nach und nach mit diesen Funkmeß-Beobachtungsgeräten versehen. 1942 kamen während Werftliegezeiten und -instandsetzungen auf den nachfolgend genannten Zerstörern zwei FuMB (je ein »Metox R 600 A« und ein »Metox R 203«) zum Einbau:

Z 5 Paul Jacobi, *Z 6 Theodor Riedel*, *Z 10 Hans Lody*, *Z 14 Friedrich Ihn*, *Z 20 Karl Galster*, *Z 24*, *Z 25*, *Z 31* und *Z 37*.

Z 34 erhielt im Nordmeerbereich Anfang 1944 das FuMB 24. Mit seinen Passiv-Beobachtungen im 8–20 cm-Bereich hat dieses Gerät sehr wertvolle Dienste geleistet.

Bis 1943 folgten alle anderen Zerstörer mit dem Einbau dieser Anlagen.

Zufällig wurde 1943 in der Ostsee von einem deutschen Flugzeug entdeckt, daß die Überlagerungsempfänger der Metox-Geräte Eigenstrahlungen aussandten. Man vermutete, daß der Gegner ein Gerät entwickelt habe, mit dem er diese Strahlungen empfangen und einmessen konnte. Die hohen Verluste von U-Booten wurden auch darauf zurückgeführt, daß sie mit ihren eingeschalteten »Metox« den Gegner – zumeist Flugzeuge – heranführten. Ein sofortiges Verbot zur Benutzung der Geräte war die Folge, und der weitere Einbau wurde gestoppt.

Diese Maßnahmen wirkten sich auch auf den Zerstörer-Bereich aus. Der Gebrauch der »Metox«-Geräte wurde stark eingeschränkt, und von vielen Zerstörern wurden die Anlagen wieder entfernt.

3. Wärmepeilgeräte

Die auf Infrarotbasis arbeitenden Wärmepeilgeräte kamen 1943 in kleinen Stückzahlen zur Erprobung auf einigen Schiffen – bisher nur nachweisbar auf dem Kreuzer *Prinz Eugen* und auf dem Zerstörer *Z 31* – zum Einbau. Hohe Temperaturen von Schiffen in See, beispielsweise die Schornsteinabgase, evtl. Brände oder auch Artillerieabschüsse, konnten aufgefangen und gemessen werden.

Als Empfangsgerät wurde ein Scheinwerfergehäuse benutzt, aus dem die Lichtquelle ausgebaut wurde. Anstelle dessen wurde im Mittelpunkt des Parabolspiegels eine Selenzelle eingebaut. Die aufgefangenen Strahlen wurden gebündelt und verstärkt und einem Beobachtungsgerät zugeführt, das auf *Prinz Eugen* ein Braun'sches Rohr war. Auf *Z 31* befanden sich die Sichtgeräte in den Optiken der zu den Torpedozielsäulen gehörenden Ferngläser.

Um eine möglichst große und genaue Anzeige zu erlangen, war es notwendig, daß die Achse des Scheinwerfers stets auf das Ziel gerichtet war. Seiten- und Höhenrichtmann mußten durch Drehen von Handrädern dafür sorgen, daß durch Zielhalten die Spitzen der Kurven immer im Mittelpunkt des zur *Prinz Eugen*-Anlage gehörenden Braun'schen Rohres gehalten wurden. Auf dem Zerstörer war das Zielauffassen und -halten ähnlich.

Im Sommer und Herbst 1943 erprobte der Kreuzer seine Anlage in der Ostsee. Die erzielten Reichweiten waren beträchtlich. *Z 31* führte nach Beendigung seiner Werftliegezeit im April 1944 ein Nachtprobeschießen der 15 cm-Artillerie mit Hilfe seines Wärmepeilgerätes und des FuMO durch. Geschossen wurde auf das Zielschiff *Hessen* auf eine Entfernung von zunächst 4500 m, die laufend bis auf 11 500 m erweitert wurde. Die erzielten Treffergebnisse waren gut. Dem Probeschießen von *Z 31* wohnte der Chef des Marine-Waffen-Amtes im O.K.M., Vizeadmiral Kurt Cäsar Hoffmann, bei. Die Wärmepeilanlage des Zerstörers wurde am 28. Januar 1945 während eines Gefechtes gegen britische Kreuzer an der norwegischen Küste zerstört.

Um diese Anlage serienmäßig auf Zerstörern einbauen zu können, war zunächst noch die Entwicklung eines Stabilisierungsgerätes erforderlich. Aufgrund der langen Erprobungen des Gerätes und des zunehmenden Materialmangels bei Kriegsende wurde außer auf *Z 31* auf keinem weiteren Zerstörer ein Wärmepeilgerät eingebaut.

4. Funkpeilgeräte

Funkpeilanlagen dienten der Navigation. Sie unterstanden dem Steuermannspersonal, von dem sie bedient und abgelesen wurden. Eingebaut waren sie zumeist im Kartenraum. Die Antennen befanden sich an möglichst hochgelegenen Punkten der Zerstörer und waren in Form von Funkpeilrahmen oder Kreuzrahmenantennen ausgeführt.

Aufgrund der hohen Empfindlichkeit der Funkpeiler mußten die Zerstörer in den Stützpunkten Funkbeschikkung durchführen.

5. Unterwasserortunganlagen

Zur Ortung von Unterwasserzielen waren noch vor Beginn des Zweiten Weltkrieges Unterwasserhorchgeräte entwickelt worden. Sie waren zum Zwecke des Einbaus auf verschiedenen Schiffstypen unterschiedlich hinsichtlich der Anzahl der eingebauten Empfänger. Nach umfangreichen Erprobungen und mit zunehmender Erfahrung wurden die Anlagen – amtlich Gruppenhorchgeräte (GHG) geheißen – stetig verbessert, insbesondere ihre Empfangsempfindlichkeit wurde gesteigert. Nach und nach wurden GHG auf fast allen größeren Schiffen der Kriegsmarine eingebaut. Dabei ergaben sich für die verschiedenen Schiffsklassen unterschiedliche Standard-GHG. Das Standard-GHG, das auf Zerstörern eingebaut wurde, bestand aus je 36 Empfängern, die auf beiden Seiten am Unterwasserschiff angebracht waren. Ferner gehörten zwei Richtschaltkästen zu dem Gerät. Hierzu schrieb Kpt. z. S. a. D. Helmuth Gießler in seinem Buch »Der Marine-Nachrichten- und Ortungsdienst« (München 1971), Seite 103, folgendes:

»Auf den Zerstörern waren GHG mit 36 Empfängern auf jeder Seite eingebaut, dazu zwei Richtschaltkästen. Da die beiden Seiten wechselseitig zu schalten waren, konnten entweder zwei Horcher auf einer Schiffsseite gleichzeitig oder je ein Horcher auf einer Seite beobachten. Durch diese Schaltmöglichkeit konnten die Verstärker besser ausgenutzt werden. Die Hochpaßfilter waren mit fünf Grundfrequenzen von 500, 1000, 3000, 6000 und 10 000 Hz ausgestattet. Hierdurch erreichte man, daß nur die jeweils darüber liegenden Frequenzen zum Horchen und Peilen ausgenutzt werden. Dabei war die Schaltung so ausgeführt, daß beim Einschalten einer höheren Filterstufe der Lautstärkenverlust durch eine höhere Verstärkung ausgeglichen wurde... Die mit den modernen Gruppenhorchgeräten erzielten Reichweiten waren abhängig vom ›Schallwetter‹. Hiermit bezeichnete man die für die Ausbreitung der Schallwellen günstigen Temperatur- und Salzgehalt-Schichten...«

Hauptsächlich wurden die Gruppenhorchgeräte zum Suchen und Orten getauchter U-Boote verwendet. Doch war ihre Empfindlichkeit so groß, daß auch anlaufende und selbst verschossene Torpedos geortet bzw. verfolgt werden konnten.

Eine weitere Anlage für Horizontallotungen war das sog. S-Gerät. In stromlinienförmigen Hüllkörpern waren Schwinger eingebaut, die Ultraschall-Impulse aussendeten, welche von einem Impulsgerät kamen. Trafen die Schallimpulse auf ein Ziel, wurden sie von diesem reflektiert und von Empfangsschwingern aufgenommen. Diese Empfangsschwinger befanden sich ebenfalls in dem Hüllkörper. Aus der Zeitdifferenz vom Ausgang des Impulses bis zu seiner Rückkehr ergab sich die Entfernung zum Ziel.

Die Leistungen, insbesondere die gemessenen Entfernungen der S-Geräte wurden beeinflußt durch zahlreiche Faktoren wie Wasserschichten, -tiefen und -temperaturen, Salzhaltigkeit (Salinität) des Seewassers, Seegangs- und Eigengeräusche, Bodenechos, Fischschwärme u. ä. Waren die Bedingungen günstig, konnte ein getauchtes U-Boot in einer Entfernung von fünf Kilometern von einem fahrenden Zerstörer aus geortet werden.

Echolotanlagen zur Tiefenmessung wurden als Navigationshilfe von Anfang an auf sämtlichen Zerstörern eingebaut. Im Grundprinzip ähnlich arbeitend wie S-Geräte wurden hier jedoch Schallimpulse vertikal in die Tiefe gesandt. Die zum Empfangsschwinger zurückkehrenden Echos wurden im Anzeigegerät, das im Kartenhaus seinen Platz hatte, angezeigt. Die abgelesenen Werte gaben jeweils die Wassertiefe unter dem Kiel an.

6. Funksendeanlagen

Zur Abwicklung von Tastfunksendungen wurden auf Zerstörern mehrere Sender, die auf verschiedenen Wellenbereichen eingesetzt werden konnten, in den Funkräumen (Hauptfunkraum im Brückenaufbau und Reservefunkraum im Achterschiff) eingebaut. Folgende Geräte wurden verwendet:

Langwellensender mit einem Frequenzbereich von 100 bis 600 kHz gleich 3000 bis 500 m.

Kurzwellensender mit einem Frequenzbereich von 3000 bis 7500 kHz gleich 100 bis 40 m.

Fernverkehrs-Kurzwellensender für 7500 bis 23 077 kHz gleich 40 bis 13 m.

Alle diese Sender waren auf Schwebungsnull oder »Schwebungslücke« »strahlungsfrei« abgestimmt.

Ihre Betriebsspannungen erhielten die Sender aus einem Umformer. Dieser lieferte alle benötigten Spannungen und Stromstärken. Etwa mit Beginn des Krieges, als neuere Sendertypen mit größerer Leistung an Bord kamen, wurde im Funkraum neben dem Sender ein Einphasen-Gleichrichter montiert, der nunmehr die Stromversorgung übernahm.

7. Funkempfangsanlagen

Auf den Zerstörern wurden Funkempfangsgeräte für alle Wellenbereiche eingebaut. Dies waren Geräte, die eine hohe Trennschärfe besaßen. Abgestimmt wurden sie durch ein Einknopfsystem. Hierbei wurden gleichlaufend die HF-Kreise bzw. -Stufen angetrieben.

Funksender und -empfänger bildeten im Funkraum eine Einheit, d. h., sie waren in einem Gerätegestell vereint eingebaut. Das Gestell enthielt das für Sender und Empfänger notwendige Einheitsbediengerät. Mit seiner Hilfe konnten sämtliche Aufgaben gelöst werden, die der Bordfunkstelle gestellt waren. Das waren Hören, Geben (Tasten), Energieregelung und -anzeige, Mit- und Zwischenhören, Lautstärkeregelung, Abstimmen und schließlich Klarmelden von Sender und Empfänger.

Durch einen im Funkraum eingebauten Sende-Empfangsplatz-Wähler (SEPL) konnte jeder Sender und jeder Empfänger nach Wahl auf die verschiedenen Antennen geschaltet werden.

8. Funksende- und -empfangsantennen

Auf den Zerstörern waren Drahtantennen zwischen vorderem Mast (Mastspitze bzw. Rahen) und dem achteren Mast gespannt. Die Antennen waren in L-, T- oder Reusenform ausgeführt. Die Zuleitungen vom Funkraum zu den Antennen waren auf den Zerstörern in langen geknickten oder gebogenen Antennenschächten verlegt, die zu beiden Seiten des vorderen Schornsteines und am mittleren Standbein des vorderen Mastes angebracht waren. Die zum Teil recht langen Antennenzuleitungen bewirkten recht hohe Antennenspannungsverluste.

9. UK-Telefonie (UKW-Telefonie)

Der Funksprechverkehr in UKW-Bereichen – damals »UK-Telefonie« – wurde vor Ausbruch des Zweiten Weltkrieges entwickelt. Bis 1939 wurden alle Einheiten der Kriegsmarine, also auch die Zerstörer, mit UKW-Telefoniegeräten, die ihren Platz auf den Schiffsbrücken fanden, ausgerüstet. Dieses Nachrichtenmittel wurde zur schnellen Abwicklung des Funksprechverkehrs innerhalb von Verbänden in See benutzt. Auch wurden gelegentlich Funksprechverbindungen zwischen schwimmenden Einheiten und Flugzeugen hergestellt. Die Reichweite der UKW-Geräte war gering, weil es die Eigenart der ultrakurzen Wellen ist, sich vom Sender aus geradlinig auszubreiten und sich nicht der Krümmung der Erdoberfläche anzupassen. Ein Schiff in See, das hinter dem Horizont stand und dessen UKW-Antenne sehr niedrig angebracht war, hatte nach etwa 40 sm Entfernung keine Möglichkeit mehr, UKW-Sendungen zu empfangen oder abzugeben.

Zerstörernamen, taktische Zeichen, Kennungen, Wappen und besondere Kennzeichen

Die ersten 22 Zerstörer, die vor Beginn des Zweiten Weltkrieges in Auftrag gegeben worden sind, erhielten zunächst amtlicherseits die Bezeichnung »Zerstörer« und dahinter eine fortlaufende Nummerierung. Abgekürzt und zusammengezogen hießen die Schiffe dann *Z 1* bis *Z 22*. Bei der im Schiffbau üblichen Schiffstaufe erhielten sie am Tage des Stapellaufs kurz vor dem Zuwasserlassen der Neubauten zusätzlich einen amtlichen Namen. Aus Traditionsgründen wurden Namen ehemaliger Angehöriger der Kaiserlichen Marine – Offiziere, Unteroffiziere und Mannschaften – gewählt, die sich während des Ersten Weltkrieges besonders ausgezeichnet hatten und – mit einer einzigen Ausnahme – sämtlich gefallen waren.

In der gesamten bisher erschienenen Marine-Literatur und von den Besatzungsangehörigen wurden die Zerstörer jedoch nur mit ihren Namen genannt. Vielen ehemaligen Zerstörerfahrern ist sogar die Nummern-Bezeichnung ihres Schiffes, z. B. *Z 5* oder Z 14 entfallen.

Nach folgenden Angehörigen der Kaiserlichen Marine wurden die Zerstörer getauft:

Leberecht Friedrich Max **Maaß**, Konteradmiral
I. Führer der Torpedoboote (F. d. T.) und zugleich II. Admiral der Aufklärungsstreitkräfte. Als erster Admiral des Weltkrieges bei Helgoland am 28. August 1914 auf dem Kleinen Kreuzer *Cöln* gefallen. *Cöln* ging zusammen mit den Kleinen Kreuzern *Mainz* und *Ariadne* sowie mit Torpedoboot *V 187* zusammen kämpfend unter, nachdem die weit überlegenen britischen Schlachtkreuzer unbemerkt bis vor Helgoland vorgedrungen waren. Die größten auf deutscher Seite verfügbaren Kaliber waren 10,5 cm, auf britischer Seite 34,5 cm! *Cöln* sank mit drehenden Schrauben und immer noch feuernden Geschützen. Von den 508 Mann Besatzung konnte nur ein Überlebender gerettet werden.

Georg Max **Thiele**, Korvettenkapitän
Als Chef der 6. Torpedobootshalbflottille am 17. Oktober 1917 an Bord seines Führerbootes *S 119* bei Texel gefallen. Die Halbflottille war am Vortage aus Wilhelmshaven zu einem Vorstoß in den Kanal (Minenunternehmung) ausgelaufen. Der aus den Booten *S 119, S 115, S 117* und *S 118* bestehende Verband wurde jedoch von einem englischen Kreuzer und vier modernen Zerstörern vor Erreichen des Zieles abgefangen und zum Kampf gestellt. Der waffenmäßig weit unterlegene deutsche Verband kämpfte tapfer bis zum unvermeidlichen Ende. Die vier Boote gingen mit dem Großteil ihrer Besatzungen unter.

Max Konrad Felix **Schultz**, Korvettenkapitän
Als Chef der 6. Torpedobootflottille am 23. Januar 1917 an Bord seines Führerbootes *V 69* bei einem Flottillenvorstoß zum Ärmelkanal beim Gefecht vor der Maasmündung gefallen. Die von Max Schultz kühn und geschickt geführte Flottille bestand ein schweres Gefecht mit überlegenen englischen Kreuzern und Zerstörern. *V 69* wurde dabei schwer beschädigt, der Flottillenchef fiel. Der Kommandant konnte jedoch sein schwer beschädigtes Torpedoboot nach Yjmuiden/Holland einbringen.

Richard Beitzen, Kapitänleutnant
Als Chef der 14. Torpedobootshalbflottille am 30. März 1918 gefallen. Der Verband war bei der Rückkehr von einer Kontrollfahrt in der Helgoländer Bucht auf ein englisches Minenfeld geraten. Die Torpedoboote *G 93* und *G 94* sanken nach Minentreffern mit dem größten Teil ihrer Besatzungen. Richard Beitzen setzte sein Führerboot *G 87* ohne Rücksicht auf die eigene Gefährdung zur Rettung von Überlebenden ein und wurde dabei ebenfalls Opfer einer Mine.

Heinrich **Paul Jacobi**, Korvettenkapitän
Als Chef der 17. Torpedobootsflottille am 2. Dezember 1915 beim Untergang seines Führerbootes *V 25* bei der Amrumbank gefallen. Die Flottille war an diesem Tage zur Sicherung von Räumarbeiten der 2. Minensuch-Division eingesetzt. Dabei sank *V 25* mit seiner gesamten Besatzung von 79 Mann. Es gilt als sicher, daß auch dieses Torpedoboot Opfer einer englischen Mine geworden ist.

Hartmuth Otto Ludwig **Theodor Riedel,** Korvettenkapitän
Als Chef der 6. Torpedobootshalbflottille am 31. Mai 1916 in der Skagerrakschlacht auf seinem Führerboot *V 48* gefallen (Kommandant Kapitänleutnant Friedrich Eckoldt, s. d.). Die Halbflottille, mit *V 48* an der Spitze, war auf einen zwischen den Linien gestoppt liegenden englischen Zerstörer angesetzt und dabei durch englische Zerstörer und Linienschiffe schwer unter Feuer genommen worden. Nach schweren Treffern sank *V 48* mitsamt H-Chef und Kommandant, nur drei Mann konnten gerettet werden.

Hermann Friedrich Wolfgang Nestor **Schoemann**, Kapitänleutnant
Als Chef der für Draufgängertum und Erfolge bekannten Torpedobootsflottille Flandern am 1. Mai 1915 mit seinem Führerboot *A 2* untergegangen. Die kleinen A-Boote dienten hauptsächlich zum Sperr- und Geleitdienst, sie waren mit nur zwei Torpedorohren und einem 5,2 cm-Geschütz erheblich unterarmiert. Aber Schoemann führte sie von Erfolg zu Erfolg. Bei einem Vorstoß zum Ärmelkanal griff *A 2* zusammen mit *A 4* eine Gruppe englischer Fischdampfer an und versenkte das Führerschiff. Englische Zerstörer schnitten den Booten den Rückweg ab. Sie sanken im Gefecht unter Verlust von 13 Mann, unter denen sich auch der Flottillenchef befand.

Karl Max **Bruno Heinemann**, Korvettenkapitän
Als I. Offizier des Linienschiffes *König* bei der Verteidigung der kaiserlichen Kriegsflagge am 5. November 1918 gefallen. Am Vortage war in Kiel der bewaffnete Aufstand ausgebrochen. Am späten Abend wehte auf allen Schiffen der Hochseeflotte die rote Flagge der Revolution. Nur der Kommandant von S. M. S. *König*, Kapitän zur See Weniger, weigerte sich, diese Flagge an Bord zu dulden. Er wurde schwer verwundet, als er deren gewaltsame Hissung am nächsten Tage zu verhindern suchte. Daraufhin verteidigten Korvettenkapitän Bruno Heinemann und Leutnant zur See Wolfgang Zenker (s. d.) die Flagge. Sie fielen unter den Schüssen der Meuterer.

Otto **Wolfgang Zenker**, Leutnant zur See
Als Adjutant auf Linienschiff *König* bei der Verteidigung der kaiserlichen Kriegsflagge am 5. November 1918 tödlich verwundet worden und wenige Tage später im Marinelazarett gestorben. Vorgeschichte siehe vorstehende Rubrik über Bruno Heinemann!

Hans Carl **Lody,** Oberleutnant zur See der Reserve
Als deutscher Spion am 6. November 1914 im Tower von London erschossen. Bei Kriegsausbruch konnten die Engländer den gesamten deutschen Geheimdienst in Großbritannien, der ihnen durch eine Unvorsichtigkeit bekannt geworden war, lahmlegen. Daraufhin erklärte sich Oberleutnant Lody, den eine Augenkrankheit am aktiven Dienst hinderte, bereit, als Offiziersspion nach England zu gehen. Getarnt als Amerikaner »Inglis«, schließlich als Schweizer »Renner« berichtete Lody auf dem Wege des Briefmarkentausches erfolgreich über gegnerische Heeres- und Flottenbewegungen. Ein Telegramm wurde ihm zum Verhängnis. Lody trug sein unausbleibliches Schicksal so mannhaft, daß er die Achtung aller gewann. Man gewährte ihm die soldatische Todesart des Erschießens anstelle des eigentlich im damaligen England auf Spionage stehenden Hängens.

Bernd Walther Heinrich **von Arnim,** Kapitänleutnant
Als Kommandant des Torpedobootes *G 42* am 21. April 1917 beim South Goodwin Feuerschiff gefallen. Bei einem Vorstoß der 3. Torpedobootshalbflottille von Flandern aus gegen Calais und dorthin verkehrende Geleitzüge kam es zu einem heftigen Nachtgefecht der deutschen Torpedoboote *S 35, G 42* und *G 85* gegen englische Zerstörer und deren stark bewaffnete Führerschiffe *Swift* und *Brokes.* Dabei gelang es *Broke, G 42* zu rammen und währenddessen das Deck des deutschen Bootes mit rasendem Schnellfeuer zu belegen. Daraufhin enterte von Arnims Besatzung das Vorschiff des Engländers, wo es im Schein der Brände auf beiden Booten zu einem wilden Handgemenge kam. Nur unter Schwierigkeiten konnte sich *Broke* wieder von *G 42* befreien, das mit 36 Toten sank.

Erich Wilhelm Theobald **Giese,** Kapitänleutnant
Als Kommandant des Großen Torpedobootes *S 20* am 5. Juni 1917 vor der flandrischen Küste gefallen. Das Boot gehörte zur sogenannten Z-Flottille Flandern und nahm wieder an einem der zahlreichen Vorstöße gegen die englische Kanalsperre zur Behinderung deutscher U-Boote teil. Von überlegenen englischen Sicherungsstreitkräften gestellt, sank *S 20* im konzentrierten Feuer des Kreuzers *Centaur* und anderer Einheiten. Das zusammengeschossene Torpedoboot riß 20 Mann, darunter den Kommandanten, mit in die Tiefe.

Heinrich Hermann **Erich Koellner,** Kapitänleutnant
Als Chef der 8. Minensuchhalbflottille am 20. April 1918 gefallen. Beim Flottenvorstoß nach Norden sollten vier große Torpedoboote von sechs Minensuchbooten durch die Hoofden nach Flandern gebracht werden. Nachts erhielt Minensuchboot *M 95* in einem englischen Minenfeld nacheinander zwei Treffer. Beim Versuch der Überlebendenrettung lief auch *M 39* auf eine Mine. Ungeachtet der hohen Dünung übernahm das Führerboot *M 64* die Schiffbrüchigen und versuchte dasselbe auch beim sinkenden *M 95.* Bei diesem Rettungswerk fiel auch das Führerboot einer Mine zum Opfer. Koellner fand zusammen mit sechs Offizieren, vier Deckoffizieren, 77 Unteroffizieren und Mannschaften den Soldatentod.

Friedrich Johann Alfred **Ihn,** Kapitänleutnant
Als Kommandant des Torpedobootes *S 35* am 31. Mai 1916 in der Skagerrakschlacht gefallen. Dieses Boot der IX. Torpedobootsflottille hatte beim Angriff auf englische Linienschiffe ungeachtet des schweren feindlichen Feuers die Überlebenden des gesunkenen Torpedobootes *V 29* (darunter dessen Kommandanten Erich Steinbrinck) gerettet, wurde aber infolge der artilleristischen Übermacht des Gegners so zusammengeschossen, daß es mit der gesamten Besatzung und allen Geretteten sank. Außer dem Kommandanten fielen 86 Mann.

Erich Karl **Steinbrinck,** Kapitänleutnant
War Kommandant des Torpedobootes *V 29* in der Skagerrakschlacht. Am 31. Mai 1916 griff dieses Boot der IX. Torpedobootsflottille das Gros der englischen Linienschiffe an, fiel dabei jedoch einem Torpedo des Zerstörers *Petard* zum Opfer. Das Boot sank mit 43 Toten. Sein Kommandant Kptlt. Steinbrinck befand sich unter den wenigen Geretteten, die *S 35* (Kaptlt. Ihn) aus dem Wasser zog. Retter und Gerettete setzten gemeinsam den gewagten Angriff auf die Schweren Seestreitkräfte fort und fanden dabei – durch Untergang von *S 35* – gemeinsam den Tod.

Hans Georg Günther **Friedrich Eckoldt,** Kapitänleutnant
Als Kommandant des Torpedobootes *V 48* am 31. Mai 1916 gefallen. *V 48* diente als Führerboot der 6. Torpedobootshalbflottille und erhielt in der Skagerrakschlacht einen schweren Treffer, der die Geschwindigkeit um die Hälfte herabsetzte. *V 48* verlor dadurch den Anschluß an seine III. T-Flottille, tauchte aber während der Abendstunden, trotz der schweren Beschädigung immer wieder angreifend, an den verschiedensten Punkten des Gefechtsfeldes auf, bis es im konzentrischen Feuer englischer Zerstörer, Linienschiffe und Schlachtkreuzer mit der gesamten Besatzung von 87 Mann vernichtet wurde.

Diether Freiherr Roeder von Diersburg, gen. **Diether von Roeder**
Kapitänleutnant
Als Chef der 13. Torpedoboots-Halbflottille am 11. Juni 1918 gefallen. Unter Rückendeckung durch schwere Seestreitkräfte und Luftschiff-Aufklärung war v. Roeders Halbflottille am Vortage in See gegangen, um die aus ehemaligen Fischdampfern bestehende 7. Geleit-Halbflottille bei einer Minenkontroll-Stichfahrt auf dem »Weg 200« der Nordsee zu sichern. Am 11. Juli sank Torpedoboot *S 62* nach Minentreffer sehr schnell. Ungeachtet der Gefahr ließ v. Roeder, anstatt abzudrehen, sofort ankern und die Motorjolle seines Führerbootes *S 66* zur Überlebendenrettung aussetzen. Schließlich wurde *S 66* ebenfalls durch eine Minendetonation zerfetzt. Der Halbflottillenchef, zwei weitere Offiziere sowie 73 Unteroffiziere und Mannschaften bezahlten ihren Rettungseinsatz mit dem Tod.

Hans Heinrich Adolf **Lüdemann,** Ingenieur-Aspirant
Als junger Anwärter der Ingenieurlaufbahn auf Torpedoboot *S 148* am 14. Mai 1913 hat er bei einer Manöverfahrt in der Nordsee durch einen explodierenden Hochdruckzylinder schwerste Verbrennungen und Verletzungen erlitten. Schleppte sich dennoch, anstatt aus dem Raum zu flüchten, in die Heizräume, wo er Anweisungen zum Dampfabstellen gab. Diese Tat hat anderen Angehörigen des Maschinenraumpersonals das Leben gerettet. Lüdemann brach danach zusammen. Noch am Abend des Unglückstages ist der sofort an Land gebrachte Schwerverletzte im Marinelazarett Helgoland seinen Verletzungen erlegen.

Hermann Künne, Torpedomatrose
Als Besatzungsangehöriger des Torpedobootes *S 53* am 23. April 1918 im Nahkampf gefallen. Das Boot lag gerade in Zeebrügge, als die Engländer mit einem außerordentlich kühnen Kommandounternehmen versuchten, nachts die Häfen Zeebrügge und Ostende zu sperren. Sie landeten mit den Kreuzern *Brillant* und *Sirius,* die als Blockschiffe versenkt wurden, und schifften vom Kreuzer *Vindictive* ein Landungskorps zur Niederhaltung der deutschen Abwehr aus. Künne stieß auf der Mole von Zeebrügge im sofortigen Gegenangriff, nur mit einem Bordmesser bewaffnet, dem Führer des Landungskorps das Messer in die Brust und schlug ihm die Pistole aus der Hand, fiel aber selbst durch einen Bajonettstich des fallenden englischen Offiziers.

Karl Galster, Kapitänleutnant
Als Kommandant des Torpedobootes *S 22* am 21. März 1916 in der Nordsee gefallen. An diesem Tage hatten englische Flieger unter dem Schutz schlechtesten Wetters und Deckung durch Leichte Seestreitkräfte versucht, den Luftschiffhafen Ton-

dern und die Schleusen des Kaiser-Wilhelm-Kanals anzugreifen. Deutsche Flugzeuge stiegen zum Gegenangriff auf und verursachten durch ihre Bomben indirekt den Untergang des Zerstörers *Medusa.* Deutsche Torpedoboote liefen zur Verfolgung aus. Zwei von ihnen stießen in der Dunkelheit auf Kreuzer »*Cleopatra*« und zwei englische Zerstörer. »*G 194*« wurde vom Kreuzer gerammt und sank mit der gesamten Besatzung. Bei derselben Aktion erhielt *S 22* bei Terschelling einen Minentreffer. Der Kommandant befand sich unter den 76 Todesopfern des mit der gesamten Besatzung gesunkenen Bootes.

Wilhelm Heidkamp, Obermaschinist
Nahm auf dem Schlachtkreuzer *Seydlitz* am 24. Januar 1915 an der Seeschlacht auf der Doggerbank teil. Durch einen Treffer in einen der beiden achteren 28 cm-Türme drohte das gesamte Schiff durch nachfolgende Munitionskammerexplosionen in die Luft zu fliegen. Mit bloßen Händen drehte Heidkamp die Flutventile der achteren Munitionskammer auf und rettete damit das Schiff und seine Besatzung. Heidkamps verbrannte Hände und die bei seinem Einsatz erlittene Gasvergiftung konnten bis zu seinem Tode nach dem Ersten Weltkrieg nicht mehr voll auskuriert werden.

Anton Schmitt, Bootsmannsmaat
Nahm als Besatzungsmitglied des Kleinen Kreuzers *Frauenlob* am 31. Mai und 1. Juni 1916 an der Seeschlacht vor dem Skagerrak teil. *Frauenlob* wurde am 1. Juni 1916 durch englische Kreuzer zusammengeschossen und zum Sinken gebracht. Mit der letzten noch feuerbereiten Kanone auf dem Achterschiff des Kleinen Kreuzers schoß Schmitt auf den Gegner, bis *Frauenlob* unter seinen Füßen versank. Schmitt ist mit seinem Schiff untergegangen, das zuletzt von einem Torpedo des Kreuzers *Southampton* getroffen worden war (330 Tote).

An den Bordwänden, etwa in Höhe der Achterkante des Brückenaufbaus, trugen die Zerstörer im Frieden ein taktisches Zeichen, das sich aus einer zweistelligen Zahlengruppe zusammensetzte. Die erste Ziffer dieser Zahlenkombination gab die Zugehörigkeit des Bootes zur Zerstörerdivision an, und die zweite bezeichnete die taktische Nummer des Zerstörers innerhalb der Division. Die Divisionsführerboote trugen als zweite Ziffer ihrer Kennung stets eine »1«, die beiden anderen dazugehörigen Boote der Reihenfolge nach eine »2« und eine »3«.

Als Beispiele:

Zerstörer mit der Nr. »51« an der Bordwand: Boot gehörte zur 5. Z.-Division und war innerhalb der Division das erste, also das Führerboot.

Zerstörer mit der Kennung »23« an der Bordwand: Boot gehörte zur 2. Z.-Division und war darin das dritte Boot.
Je nach Flottillen- und Divisionszugehörigkeit änderten sich bei mehreren Zerstörern die an der Bordwand aufgemalten taktischen Kennungen. Einige Boote trugen nacheinander bis zu drei verschiedene Kennungen. Sie sind in den verschiedenen Quellen nicht immer gleichlautend und konnten nicht in jedem Fall einwandfrei nachgewiesen werden. Das OKM ordnete am 7. November 1939 für die Dauer des Krieges die Übermalung aller taktischer Zeichen und Bootsnummern, einschließlich jener der Zerstörer, an.

Alle Zerstörer des Typs »1936 A« und aller späteren Serien, also ab »**Z 23**«, erhielten offiziell keine Namen mehr zugeteilt. An den Bordwänden trugen sie zu keiner Zeit amtliche Kennzeichen irgendwelcher Art. Während des Zweiten Weltkrieges, etwa ab 1941, und kurz nach dem Ende des Krieges wurden bei mehreren Zerstörern am Brückenaufbau (Stirnseite, Seitenwände und/oder Brückennocks) die Nummern der Boote aufgemalt. Dies geschah bei folgenden Zerstörern des Typs »1936 A«, »1936 A (Mob)« und »1936 B«: *Z 23, Z 25, Z 26, Z 28, Z 30, Z 31, Z 34* und *Z 38.* Es ist aber zu vermuten, daß diese Numerierung auf allen Zerstörern angebracht wurde. Beim Einlaufen in Häfen wurden die Nummern verhängt, wahrscheinlich aus Tarnungsgründen. Auf den älteren Zerstörern der Typen »1934« und »1934 A« konnte eine solche Kennung an den Brücken bisher nur bei *Z 5 Paul Jacobi* und *Z 16 Friedrich Eckoldt* festgestellt werden, doch ist es zu vermuten, daß auch andere Schwesterboote ihre Nummern an den bekannten Stellen der Brücken trugen.

In der damaligen Kriegsmarine war es üblich, allen schwimmenden Kommandos und Einheiten, aber auch den Landdienststellen Morsenamen zu geben. Bei den Kriegsschiffen und Booten wurde der Morsename aus zwei oder drei im Schiffsnamen enthaltenen Buchstaben gebildet. Abweichend davon wurden jedoch nicht selten auch Buchstaben und Zahlen verwendet, die mit den Namen nichts zu tun hatten. Bei den Zerstörern ab Typ »1936 A«, die ja keine Namen trugen, bestand der Morsename aus zwei Buchstaben, der Flaggenname, wie schon bei den Vorgängern, aus einer dreistelligen Zahlengruppe.

Die vorstehend genannten Zerstörer *Z 1* bis *Z 22* trugen bis Kriegsausbruch ihre Namen in goldener Frakturschrift auf blauen Namensschildern, die beiderseits des Achterschiffes zwischen Schraubenschutz und Heck an der Oberkante der Bordwände aufmontiert waren. Aus Tarnungsgründen wurden die Namen gleich bei der Mobilmachung entfernt, wenig später – wie bei allen anderen Einheiten – auch von den Mützenbändern der Unteroffiziere und Mannschaften. Sie wurden einheitlich durch das Wort »Kriegsmarine« ersetzt. Die Bootsnummern wurden jedoch erst im November 1939 übermalt.

Die Morsenamen, Flaggennamen und die Friedenskennungen sind in der nachfolgenden Liste, soweit bisher feststellbar, genannt:

Zerstörername	Morsename	Flaggenname	Kennung
Z 1 Leberecht Maaß	LM		–
Z 2 Georg Thiele	GT		13
Z 3 Max Schultz	MS		12
Z 4 Richard Beitzen	RB	119	11
Z 5 Paul Jacobi	PJ	118	21
Z 6 Theodor Riedel	TR	120	22
Z 7 Hermann Schoemann	HS	114	23
Z 8 Bruno Heinemann	BH	103	63, 61
Z 9 Wolfgang Zenker	WZ		61, 62, 63
Z 10 Hans Lody	HY	111	81, 62, 61 (fraglich)
Z 11 Bernd v. Arnim	BA		63, 62

Zerstörername	Morse-name	Flaggen-name	Kennung
Z 12 Erich Giese	EG		82
Z 13 Erich Koellner	EK		83
Z 14 Friedrich Ihn	FI	109	32, 33
Z 15 Erich Steinbrinck	ES	107	31, 32
Z 16 Friedrich Eckoldt	FE	108	33, 32, 31
Z 17 Diether v. Roeder	DR		51
Z 18 Hans Lüdemann	HL		53
Z 19 Hermann Künne	HK		52
Z 20 Karl Galster	KG	115	42
Z 21 Wilhelm Heidkamp	WH		43
Z 22 Anton Schmitt	AS		41
Z 23	ZS	123	
Z 24	ZT	124	
Z 25	ZU	125	
Z 26	ZÜ	126	
Z 27	ZV	127	
Z 28	ZW	128	
Z 29	ZX	129	
Z 30	ZY	130	
Z 31		131	
Z 32		132	
Z 33		133	
Z 34		134	
Z 35		135	
Z 36		136	
Z 37	ZO	137	
Z 38	ZP	138	
Z 39	ZQ	139	
Z 43		143	
ZH 1			
ZG 3 Hermes			

Während des Zweiten Weltkrieges wurden die Flaggen- und Morsenamen aller Dienststellen und schwimmenden Verbände und Einheiten der deutschen Kriegsmarine geändert. Laut »Marineliste 1944 zum Signalbuch«, aufgestellt im Juli 1944, erhielten die noch vorhandenen und im Bau befindlichen Zerstörer nachfolgende Bezeichnungen:

Zerstörername	Morsename	Flaggenname
Z 8 Bruno Heinemann	BH	101
Z 15 Erich Steinbrinck	ES	102
Z 14 Friedrich Ihn	FI	103
Z 10 Hans Lody	HY	104
Z 20 Karl Galster	KG	106
Z 5 Paul Jacobi	PJ	107
Z 4 Richard Beitzen	RB	108
Z 6 Theodor Riedel	TR	109
Z 23	ZA	113
Z 24	ZB	114
Z 25	ZC	115
Z 26	ZD	116
Z 27	ZE	117
Z 28	ZF	118
Z 29	ZG	119
Z 30	ZH	120
Z 31	ZI	121
Z 32	ZJ	122
Z 33	ZK	123
Z 34	ZL	124
Z 35	ZM	125
Z 36	ZN	126
Z 37	ZO	127
Z 38	ZP	128
Z 39	ZQ	129
Z 43	ZU	133
ZF 2	ZW	162

Aus Gründen der Traditionspflege und weil den Besatzungen die amtlichen Zerstörerkurzbezeichnungen zu nichtssagend waren, übernahmen die Zerstörer 1936 A und 1936 A (Mob) teilweise die Namen von Zerstörern, die während der ersten Kriegsjahre verlorengegangen waren. Diese Namensgebung hatte allerdings keinen offiziellen Charakter. Im dienstlichen Verkehr mit Dienststellen, Behörden, Firmen und anderen Schiffen wurde der Traditionsname nicht verwendet.

Folgende, während des Krieges neu in Dienst gestellten Zerstörer übernahmen die Pflege der Tradition von Booten, die in den ersten Kriegsjahren gesunken waren:

Z 23 – Hermann Schoemann
Z 24 – Georg Thiele
Z 25 – Hans Lüdemann
Z 26 – Anton Schmitt
Z 27 – Erich Giese
Z 28 – Wilhelm Heidkamp
Z 29 – Bernd von Arnim
Z 30 – Wolfgang Zenker
Z 31 – Bruno Heinemann
Z 32 –
Z 33 – Diether von Roeder
Z 34 – Erich Koellner
Z 35 –
Z 36 –
Z 37 – Hermann Künne
Z 38 – Max Schultz
Z 39 – Hermes

Die Angabe für *Z 23* ist nicht sicher. Nicht ermittelt werden konnte die Traditionspflege von *Z 32, Z 35, Z 36, Z 43* und *ZH 1.* Auf diese Boote verteilten sich die Namen *Friedrich Eckold* sowie nach dem Verlust von *Z 26* und *Z 27* die Namen *Anton Schmitt* und *Erich Giese.*

Bei einigen Zerstörern konnte das Führen von Wappen festgestellt werden:

Z 30 auf der Stirnwand der Brücke aufgemalt ein vierblättriges Kleeblatt;

Z 38 auf der Stirnwand der Brücke aufgemalt einen springenden schwarzen Panther, der einen zusammengerollten Regenschirm unter der Achsel trug;

Z 39 an den Seitenwänden des vorderen 15 cm-Doppelturmes aufgemalt das Wappen der griechischen Königsfamilie;

Z 43 an den Seitenwänden der Brücke aufgemalt einen springenden Jaguar.

Z 2, Georg Thiele mit neuer, kantig geformter Brücke, aber noch gerader Back mit Spritzwasserleisten an der Vorschiffsbordwand.

Links: *Z 2, Georg Thiele* in Memel am 23. 3. 1939.

Rechts: *Z 3, Max Schultz* bei einem Kuttermanöver im Jahre 1937.

Z 3, Max Schultz 1938 vor Umbau mit erster, runder Brücke und gerader Back mit senkrechtem Steven.

Rechts: 1. Zerstörerdivision in Cadiz, Spanien, Ende April 1939 kurz nach dem Ende des spanischen Bürgerkrieges.

Links: *Z 4, Richard Beitzen* mit erster Vorschiffsform und vorn noch runder Brückenstirnwand. Aufnahme am 20. 4. 1938.

Unten: *Z 4, Richard Beitzen* kurz nach der Indienststellung, aufgenommen im Mai 1937.

Links: Kollision zwischen *F 7* und *Z 4, Richard Beitzen* in der Kieler Bucht am 18. 6. 1939.

Unten rechts: *Z 4, Richard Beitzen* eingedockt in Kiel Ende Juni 1939 mit den von *F 7* verursachten Kollisionsschäden am Heck.

Unten links: *Z 5, Paul Jacobi* bei der Indienststellung am 29. 6. 1937 bei Deschimag, Bremen.

Durch Aufmalen »privater« Zeichen schufen sich einige Zerstörer einige zusätzliche Kennungen. Bei mindestens drei Zerstörern konnten bisher aufgemalte Bug- und Heckseen festgestellt werden, ein Zerstörer trug an beiden Bordwänden in Höhe der Brücke eben oberhalb der Wasserlinie die Rückenflosse eines Großfisches und mindestens zwei Zerstörer waren während ihres Einsatzes in Norwegen tief dunkelgrau angestrichen. Während einige Zerstörer im Kriege ihre Schornsteinkappen mit der Farbe »Nr. 76, Aluminiumbronce« färbten, waren die Schornsteinkappen anderer Boote dunkelgrau oder zeitweise gar schwarz.

Ab Frühjahr 1940 erhielten alle Zerstörer unterschiedliche Tarnanstriche. Diese wurden bei einigen Booten jahrelang beibehalten und wurden zu einem charakteristischen Kennzeichen für den Zerstörer. Bei anderen Zerstörern jedoch wechselte der Tarnanstrich je nach Flottillenzugehörigkeit, nach Einsatzgebiet und sehr oft auch nach Geschmack und Lust und persönlicher Ansicht des Zerstörerkommandanten. Besonders erfindungsreich erwiesen sich die Bootsleute, die »Smaddings« oder »Smartings« der Zerstörer, wenn es darum ging, durch einen neuen Anstrich das Aussehen der Boote zu verändern und das Boot zu tarnen. Bei den Zerstörern, die ihren Anstrich häufig wechselten, ist naturgemäß heute die Schiffserkennung sehr erschwert. Ein auf lange Zeit beibehaltener gleicher Tarnanstrich wirkte jedoch im Verband wie eine besondere Kennung.

Bedingt durch die unterschiedliche Bauweise der am Zerstörerbau beteiligten Werften wurden die Zerstörer bei gleicher Konzeption und bei Verwendung gleicher Baupläne und Entwürfe geringfügig differenziert fertiggestellt. Anhand der inzwischen erkannten kleinen baulichen Unterschiede sind die Boote heute relativ leicht zu identifizieren. Dies trifft in besonderem Maße zu für die Zerstörer, die während des Zweiten Weltkrieges in größeren Werftliegezeiten teilweise ganz erheblich und für einzelne Boote besonders charakteristisch umgebaut wurden. Verschieden angebrachte Abdampf- und Lüfterrohre und Antennenschächte an Aufbauten und insbesondere an den Schornsteinen geben Auskunft über das Aussehen der Boote während ihrer Fahrzeit.

Nachfolgende Auflistung, die unvollständig ist und es wohl immer bleiben wird, gibt Auskunft über die baulichen, Bemalungs- und sonstigen Unterschiede und -Kennzeichen der Zerstörer, soweit sie bis jetzt festgestellt werden konnten:

Bootsbeschreibungen

Z 1 Leberecht Maaß
Fertiggestellt mit gerade verlaufender Back, fast senkrechtem Steven. Bis 1938 schwarze Schornsteinkappen. Nach Umbau 1938 Vorschiff um 0,7 m erhöht, Steven durch Vorschuhen verlängert um 0,3 m und schräger ausfallend, jedoch in sich gerade. Schergänge im Viertelrundprofil nach Umbau beibehalten. Ursprünglich vorn halbrunde Brücke bei Umbau verändert, Stirnwand nunmehr gerade und Brücke kastenförmig. Anstrich 1938 bis Untergang 1940 Schiffstarnfarbe Nr. 31-1 hellgrau, Schornsteinkappen Silbereffekt mit Aluminiumbronze Nr. 76. Kein Tarnanstrich.

Z 2 Georg Thiele
Ursprüngliches Aussehen (gerade Back, Steven, halbrunde Brücke) wie *Z 1,* jedoch an den Bordwänden am Vorschiff in halber Höhe zwischen Wasserlinie und Back Spritzwasserleisten, die sich von etwa 1,5 m hinter dem Anker beginnend bis zum 2. Geschütz hinzogen. 1937 schwarze Schornsteinkappen. 1938 zwei rote Ringe um den achteren Schornstein und taktisches Zeichen an Brückennock *. Nach Umbau 1938 neue Brücke. Vorschiff mit Decksprung, schräger Steven, jedoch viertelrunde Schergänge beibehalten. Anstrich wie *Z 1.*

Z 3 Max Schultz
Ursprüngliches Aussehen wie *Z 1.* Bis 1938 schwarze Schornsteinkappen. Rote Ringe am achteren Schornstein und Andreaskreuze wie *Z 2.* Nach Umbau 1938 Aussehen (Brücke, erhöhtes Vorschiff, Decksprung, angeschrägter Steven, Schergänge) und Anstrich wie *Z 1.* Aussehen bis Untergang im Februar 1940 unverändert.

Z 4 Richard Beitzen
Aussehen nach Fertigstellung wie *Z 1.* Dunkelgraue oder schwarze Schornsteinkappen. 1938 nach Umbau Aussehen verändert: Neue Brücke mit glatter, gerader Stirnwand, neu geformtes Vorschiff mit Decksprung und neuem angeschrägten Steven. Anstrich bis 1940 hellgrau (Nr. 31-1) und silberne Schornsteinkappen.
1940 Einbau Stützbeine für vorderen Mast, die bis zur Kreuzrah reichten. 1941 Einbau FuMO 21 mit charakteristischer rechteckiger, matratzenförmiger Antenne auf der Brücke dicht vor vorderem Mast. Schlauchboote an vorderem und achterem Aufbau sowie Rettungsflöße an Seitenwände der Artillerieschutzschilde angebracht.
Anfang 1942 großflächiger Tarnanstrich hellgrau-dunkelgrau. Sommer 1942 Anstrich dunkelgrau (Farbe Nr. 31-2), Brücke und vorderer Schornstein hellgrau, weiße Bugwelle und Hecksee aufgemalt. 1943 Schornsteine um 0,7 m vorn bzw. 0,2 m hinten verkürzt. Schornsteinkappen abgeflacht wie auf Zerstörern »1936«.
1944 Klipperbug eingebaut, viertelrunde Schergangprofile beibehalten. FuMO 25 mit wesentlich breiterer Matratzenantenne auf der Brücke eingebaut, dazu FuMo-Anlage »Hohentwiel« mit kleiner quadratischer Antenne am vorderen Mast. Funkmeß-Hütte auf der Brücke vergrößert.

Z 5 Paul Jacobi
Fertiggestellt mit halbrunder Brücke, aber neu konstruiertem Vorschiff mit Decksprung und leichtem Schrägbug. Anstrich hellgrau, Schornsteinkappen silberfarben. 1938 während Werftliegezeit Umbau der Brücke zur neuen kantigen und für die deutschen Zerstörer typisch gewordenen Form.
1940 in Norwegen Tarnanstrich an Stb.-Seite und an 12,7 cm-Geschützen. Herbst 1940 in Frankreich Anstrich grau mit dunkelgrauen Geschützschutzschilden.
1941 Einbau von zwei Stützbeinen für vorderen Mast, dadurch Dreibeinmast entstanden. Stützbeine bis zur Kreuzrah. FuMO 21 mit Matratzenantenne auf der Brücke eingebaut. Tarnanstrich hellgrau-dunkelgrau großflächig. Schlauchboote und Flöße wie auf *Z 4.* Jessen-Heuler am vorderen Mast oberhalb Funkmeß-Antenne eingebaut.
Herbst 1942 Schornsteine und Kappen umgebaut wie auf *Z 4.* Ab Anfang 1943 Tarnanstrich längsstreifig weiß (Nr. 30), hellgrau und dunkelgrau. Unterhalb Kreuzrah am vorderen Mast Antennen für »Metox«-FuMG. Herbst 1943 in Kiel Einbau MES-Anlage mit durchgehender MES-Leiste an Bordwänden Oberdeckskanten. Einbau »Tormast«. Klipperbug vorgeschuht. 1944 ausgebaut drittes Seezielgeschütz und Einbau »Barbara«-Flakbewaffnung.

* Rote liegende Andreaskreuze aufgemalt auf Brückennocks.

Z 6 Theodor Riedel
Aussehen ursprünglich wie *Z 5*. 1938 Umbau wie *Z 5*, Anstrich ebenso. Herbst 1938 bei Einsatz im Mittelatlantik und im Mittelmeer an 2. und 4. Geschütz aufgemalte Streifen in den Landesfarben, die international bei Einsätzen bei Spanien angeordnet waren. Nach Rückkehr in die Heimat wieder hellgrau übermalt.
1940 in Trondheim vorübergehend als erster deutscher Zerstörer mit FuMO ausgerüstet. Kleinflächiger, fleckiger Tarnanstrich, mindestens dreifarbig.
1941 durch Einbau von Stützbeinen Dreibeinmast vorn entstanden. FuMO 21-Anlage eingebaut. 1942 Schornsteine und Kappen niedriger wie *Z 4* und *Z 5*. Dadurch Eindruck, daß Boot langgestreckter und flacher. Tarnanstrich schwarzgrau-hellgrau in breiten, geraden Streifen. Sommer 1943 Rumpf dunkelgrau, Aufbauten, Bug und Heck hellgrau.
»Metox«-Antennen am vorderen Mast unterhalb der Kreuzrah. Schornsteinkappen tiefdunkelgrau oder schwarz, zeitweise hellgrau.
In Frankreich (nach Kriegsbeuteablieferung) etwa 1948 bis 1950 Umbau Brücke, Einbau Radaranlagen, auf vorderem Schornstein Kappe aufgesetzt mit Halbrundprofil wie auf Zerstörern »1936 A (Mob)«. Drittes 12,7 cm-Seezielgeschütz ausgebaut und Flak verstärkt. Neue 4 cm-FlaMK Bofors eingebaut. Sonst keine nennenswerten Veränderungen.

Z 7 Hermann Schoemann
Fertiggestellt wie *Z 5*, also mit halbrunder Brücke. 1938 umgebaut, Brücke nunmehr in der bekannten eckigen Form. Im Herbst 1938 zweites und viertes 12,7 cm-Geschütz Internationale Kennungen wie *Z 5* und *Z 6*, die nach Rückkehr in die Heimat wieder entfernt wurden. Sonst Anstrich hellgrau (Farbe Nr. 31-1), Schornsteinkappen Silbereffekt durch Aluminiumbronce Nr. 76.
1940/41 vorderer Mast zu Dreibeinmast umgebaut, FuMO 21 mit rechteckiger Antenne auf der Brücke eingebaut. Standbein und Stützbeine des Dreibeinmastes von Höhe Schornsteinkappe bis Kreuzrah schwarz (Farbe Nr. 33) gestrichen.
Sommer 1941 in Norwegen zeitweise an den Bordwänden unterhalb der Brücke großes weißes »V« aufgemalt. Jessen-Heuler am vorderen Mast angebracht etwa drei Meter unter Kreuzrah. Schlauchboote an Unterkante der Brückennocks und am achteren Aufbau ab Anfang 1942, dazu Tarnanstrich nach Vorbild *Z 4*.

Z 8 Bruno Heinemann
Abweichend von den Schwesterbooten zu Versuchs- und Erprobungszwecken mit 4 – 15 cm-Seezielgeschützen und einem Exerziergeschütz in Dienst gestellt. Diese wurden 1938 ersetzt durch die übliche 12,7 cm-Zerstörerartillerie (5 Geschütze). Anstrich und Schornsteinkappen wie üblich hellgrau bzw. silber bis etwa 1941.
1941 Einbau von zwei Stützbeinen für den vorderen Pfahlmast, der dadurch zu einem Dreibeinmast umgeformt wurde. Die Stützbeine reichten bis zur Kreuzrah. Scheinwerfer und seine Plattform am vorderen Mast entfernt. FuMO 21 eingebaut mit Antenne auf der Bücke vor dem Mast. Im Sommer 1941 während Einsatz in der Biskaya Tarnanstrich: große dunkelgraue Flächen auf dem üblichen hellgrauen Grund. An der Brückennock Bb.- und Stb.-Seite je zwei Rettungsflöße.

Z 9 Wolfgang Zenker
Alle Zerstörer ab *Z 9* fertiggestellt mit der von nun an einheitlichen eckigen Brücke mit glatter Stirnwand. Auffälliges Merkmal für Zerstörer *Z 9* bis *Z 13* waren zwei Abdampfrohre, die an der Vorderseite des achteren Schornsteines aufwärts bis zum Schornsteinteller verliefen. Zwei weitere Abdampfrohre befanden sich an der Vorderseite des vorderen Schornsteines. Sie waren oberhalb des Tellers nach hinten abgeknickt. Lüfter- und Antennenschächte abgewandelt gegenüber den Vorgängern *Z 1* bis *Z 8* an beiden Schornsteinen.
Anstrich hellgrau bis mittelgrau, Kappen der Schornsteine silber. Scheinwerfer am hinteren Schornstein erst 1939 eingebaut.

Z 10 Hans Lody
Von der Werft an die Kriegsmarine abgeliefert im gleichen Zustand wie *Z 9*, also auch mit der gleichen Anordnung der Abdampfrohre, Lüfter-und Antennenschächte. Anstrich: Zeitweise Aubauten und Geschütze hellgrau, Rumpf etwas dunkler, Schornsteinkappen Silbereffekt durch Farbe Nr. 76.
Das charakteristische Kennzeichen des Zerstörers *Hans Lody* war ein Reisigbesen, der an der Vorderkante der Brücke aufrecht und mit dem Besenstiel nach unten angebracht war. Dieser Besen wurde während des Zweiten Weltkrieges zeitweise und nach Kriegsschluß 1945 deutlich sichtbar mitgeführt. Seit 1944 »Tormast«. Während des Norwegeneinsatzes 1943 von *Hans Lody* trug der Zerstörer kurzfristig einen Tarnanstrich. 1945 »Barbara«-Bewaffnung: Nach Ausbau des dritten 12,7 cm-Seezielgeschützes Einbau von 12 – 3,7 Fla-MW M 42. Boot blieb stets ohne Sichelbug.

Z 11 Bernd von Arnim
Fertiggestellt wie *Z 9 / Z 10*. Gleicher Anstrich für Rumpf, Aufbauten und Schornsteinkappen wie bei den Vorgängern. Keine wesentlichen Veränderungen bis zum Verlust des Bootes im April 1940.

Z 12 Erich Giese
Wie *Z 11*, Tarnanstrich bisher nicht festgestellt.

Z 13 Erich Koellner
Wie *Z 11 Bernd von Arnim*.

Z 14 Friedrich Ihn
Fertiggestellt ähnlich wie *Z 9* bis *Z 13*, jedoch an der Vorderkante des achteren Schornsteines zwei dicke und vier dünne Abdampfrohre. Tarnanstrich im Sommer 1941 teilweise dreifarbig, überwiegend hellgrau. 1942 hinter vorderem Schornstein beginnend dunkelgrauer Anstrich, sonst hellgraues Vor- und Achterschiff.
1943 bei erneutem Einsatz in Nordnorwegen tiefdunkelgrauer Anstrich. Schornsteine niedriger mit abgeflachten Kappen. Bereits seit 1941 Dreibeinmast, seit Ende 1941 FuMO 21 mit matratzenartiger Antenne vor vorderem Mast. Ab 1942 oder 1943 FuMB »Metox«-Antennen am vorderen Mast dicht unterhalb der Kreuzrah.

Z 15 Erich Steinbrinck
Bei Indienststellung Aussehen wie *Z 14*, Anstrich ebenso. Während des Zweiten Weltkrieges wiederholt wechselnder Tarnanstrich.
Umbauten 1941 Dreibeinmast, Ausrüstung mit FuMO 21. Etwa 1942 oder 1943 Verkürzung der Schornsteine und Abflachung der Schornsteinkappen. Ab Ende 1944 in Hamburg große Werftliegezeit. Dort im Dezember 1944 bei Luftangriff schwer beschädigt. Wieder repariert. Gleichzeitig Einbau »Barbara«-Bewaffnung: Drittes 12,7 cm-Seezielgeschütz entfernt und an seinem Platz Plattform für eine 2 cm-Fla-Vierlingslafette errichtet. Rechts und links davon 14 Rohre 3,7 cm-FlaMW M 42 aufgestellt. Mit neuer Bewaffnung kein Kriegseinsatz mehr. Tormast wie *Z 5 / Z 10*. Boot blieb stets ohne Sichelbug.

Z 16 Friedrich Eckoldt
Aussehen und Anstrich bei Fertigstellung sehr ähnlich *Z 14 / Z 15*. 1940 Errichtung von zwei Stützbeinen für den vorderen

Mast, die jedoch nur bis etwa zwei Meter unter die Kreuzrah reichten. Dadurch kürzerer Dreibeinmast entstanden. FuMO 21 eingebaut mit rechteckiger, matratzenähnlicher Antenne auf der Brücke vor vorderem Mast.
1941 in Norwegen zweifarbiger Tarnanstrich hellgrau/dunkelgrau, großflächig mit abgerundeten Rändern. Sommer-Herbst 1942 Tarnanstrich verändert; nunmehr zweifarbige große Flächen mit geraden Linien.

Z 17 Diether von Roeder
Gegenüber den Vorgängertypen vergrößert. Ab *Z 17* alle Zerstörer mit niedrigeren Schornsteinen und flachen Kappen fertiggestellt. Rümpfe mittel- bis hellgrau (gemischte Farben?), Aufbauten und Geschütze stets hellgrau. Schornsteinkappen gestrichen mit Aluminiumbronze Nr. 76. Bis zum Untergang *Z 17* im April 1940 keine Änderungen festzustellen.

Z 18 Hans Lüdemann
Wie *Z 17*. Scheinwerfer am vorderen Mast, der ursprünglich dicht über dem Brückenaufbau war, 1939 mit Plattform hochgesetzt auf halbe Höhe zwischen Brücke und Kreuzrah. Sonst keine weiteren Änderungen.

Z 19 Hermann Künne
Fertiggestellt wie *Z 17*. Bis zum Untergang des Zerstörers im April 1940 keine Veränderungen oder neuen Kennzeichen festgestellt, jedoch Scheinwerferplattform ebenfalls am Mast höher angebracht.

Z 20 Karl Galster
Typ, Aussehen und Anstrich wie *Z 17* bis *Z 19*, jedoch erster mit Klipperbug fertiggestellter Zerstörer in Deutschland. Fortan alle weiteren Zerstörer mit Klippersteven von den Werften abgeliefert an die Kriegsmarine. Bis 1940 Scheinwerferstand hinter E-Meßstand auf der Brücke.
Als einer der ersten deutschen Zerstörer serienmäßig 1940 ausgerüstet mit FuMO 21, dessen Antenne auf der Brücke vor dem vorderen Mast Aufstellung fand. Gleichzeitig Einbau von zwei Stützbeinen für vorderen Mast, der dadurch ein Dreibeinmast wurde. Stützbeine reichten bis zur Kreuzrah.
Ab 1941 an den Brückennocks an Stb. und Bb. je vier Schwimmflöße. Vorderer Mast und Stützbeine schwarz. Achterer Mast auf Hütte zwischen 3. und 4. Geschütz vorversetzt an Vorderkante der Geschützplattform des 3. Geschützes. Heuler an Scheinwerferplattform vorderer Mast. 1942 Verstärkung der Flak. Nunmehr 6 – 3,7 cm, 10 – 2 cm-FlaMW. Ab Ende 1942 bei Einsatz in Norwegen dreifarbiger Tarnanstrich hellgrau/mittelgrau/dunkelgrau. 1944 weitere Schwimmflöße angebracht an den Seitenwänden der Schutzschilde des 2., 3. und 4. Seeziel-Geschützes.

Z 21 Wilhelm Heidkamp
Bei Fertigstellung und Ablieferung an die Kriegsmarine Aussehen wie *Z 20*, jedoch ohne Scheinwerferstand auf der Brücke. Bis Scheinwerferstand vorderer Mast stets dicker als auf *Z 20*. Bis zum Verlust des Bootes im April 1940 keine Veränderungen.

Z 22 Anton Schmitt
Wie *Z 21*.

Z 23
Erster Zerstörer »1936 A«, der fertiggestellt wurde. Bei Ablieferung des Bootes an die Kriegsmarine wie auf allen acht Zerstörern dieses Typs auf der Back nur ein Einzelrohr-15 cm-Seezielgeschütz.
Anstrich hellgrau, Geschütze und Schornsteinkappen zunächst zeitweise dunkelgrau.
Anfang 1941 Einbau eines Heulers am vorderen Mast dicht unter der Kreuzrah. Sommer 1941 bei Einsatz in der Biskaya durch Auftragen von zwei dunkleren Farben Tarnanstrich hergestellt. Rettungsflöße an den Brückennocks (jeseits zunächst zwei, später je vier), an und auf den Schutzschilden der Geschütze und auf dem mittleren Aufbau jeseits des achteren Schornsteines.
Ab Sommer 1942 auf der Back anstelle der 15 cm-Einzellafette zwei 15 cm-Geschütze in einer Turmlafette.
1943 und 1944 geringe Unterschiede vom Schwesterboot *Z 24* durch andere Aufstellung der Wabo-Werfer.

Z 24
Fertiggestellt wie *Z 23*. Anstrich wie Z 23, aber Schornsteinkappen stets hellgrau, 15 cm-Einzellafetten bis Sommer 1941 dunkelgrau. Nachträglicher Einbau eines Heulers am vorderen Mast unter Kreuzrah. Durch Auftragen dunkelgrauer oder schwarzer Flächen Tarnbemalung hergestellt.
Ab Herbst 1942 auf der Back mit zwei 15 cm-Geschützen in Doppelturmlafette. Weiße Bugwellen und Heckseen aufgemalt. Zunächst sehr hoch am achteren Schornstein befindlicher zweiter Scheinwerfer später niedriger gesetzt. Sonst keine wesentlichen Unterschiede zu *Z 23*, jedoch MES-Leiste ca. 1 m unterhalb des Backdecks.

Z 25
Fertiggestellt sehr ähnlich *Z 23 / Z 24*. Rettungsflöße an Geschützen und unterhalb der Brückennocks. Anstrich hellgrau.
Ab Spätsommer 1941 weitere Flöße an den Brückennocks. An den Bordwänden des Vorschiffs im Herbst 1941 zu Erprobungs- und Vermessungszwecken gitterförmig waagerecht und senkrecht weiße Linien aufgemalt. Heuler am vorderen Mast unter Kreuzrah.
1943 Einbau Turmlafette mit zwei 15 cm-Geschützen auf der Back. Dezember 1944 neue Bewaffnung: Ausbau des dritten 15 cm-Geschützes, Einbau zusätzlicher Flak; »Barbara«-Bewaffnung. FuMO »Hohentwiel« mit quadratischer Antenne am achteren Schornstein eingebaut.
Anfang Mai 1945 kurz vor Außerdienststellung in Kiel von eigener Besatzung schwarz gestrichen. MES-Leiste am Vorschiff seit 1944. In Frankreich (nach Kriegsbeute-Ablieferung) etwa zwischen 1948 und 1952 Umbau Brücke und vorderer Schornstein. Bewaffnung verändert.

Z 26
Mit 4 – 15 cm-Geschützen fertiggestellt wie *Z 23* bis *Z 25*. Zunächst hellgrauer Anstrich. Rettungsflöße an Brückennocks und Artillerieschutzschilden. Jessen-Heuler unter Kreuzrah des vorderen Mastes.
Anfang 1942 zweifarbiger, hellgrauer und dunkelgrauer Tarnanstrich.

Z 27
Ebenfalls mit 4 – 15 cm-Geschützen wie *Z 26* an die Front gekommen. Bekam nie, obwohl so geplant, einen 15 cm-Turm auf der Back.
Jessen-Heuler tiefer sitzend als bei den vorgenannten Schwesterbooten, etwa zwischen Kreuzrah und Scheinwerferplattform. 1942 in Norwegen wechselnde großflächige Tarnbemalungen in den Farben hellgrau, dunkelgrau, vielleicht auch anderen.
1943 Bemalung einheitlich hellgrau, Schornsteinkappen dunkel.

Z 28
Abweichend von seinen Schwesterbooten auf der Back mit zwei 15 cm-Kanonen in Einzellafetten übereinander und zwei weiteren achtern. Der Platz des dritten Geschützes wurde von einem zusätzlichen Aufbau eingenommen, der im Flottenjargon »Pullmannwagen« (der Zerstörer hatte deshalb den Spitznamen

»Schreibstubenzerstörer«) hieß. Bewaffnung (15 cm) und achterer Aufbau stets beibehalten.
Anstrich wie üblich hellgrau.
1942 weiße Bugwelle und weiße Hecksee an Bordwänden aufgemalt. Hinterer Mast von Achterkante des »Pullmannwagens« an dessen Vorderkante versetzt. Auf dem Aufbau zusätzliche Flak (2 cm-Vierling).
Ab 1943 MES-Leisten an den Bordwänden des Vorschiffes. Zweifarbiger, großflächiger Tarnanstrich hellgrau/dunkelgrau. Stets große Mengen von Rettungsflößen an Bord.

Z 29
Von der Werft an die Kriegsmarine abgeliefert wie *Z 26*/ *Z 27*. Heuler jedoch angeordnet wie auf *Z 27* dicht über Scheinwerferplattform. Ab Anfang 1942 großflächiger zweifarbiger Tarnanstrich, in Norwegen zeitweise dreifarbig. Silbern schimmernde Schornsteinkappen etwa 1943, weiße Hecksee aufgemalt.
Stets zahlreiche Schwimmflöße an 15 cm-Geschützen und Brückennocks sowie beiderseits der achteren Zerstörerinsel.
1945 in Bremerhaven Einbau einer Turmlafette mit zwei 15 cm-Seezielgeschützen auf der Back, dazu »Barbara«-Bewaffnung und »Hohentwiel«-FuMO.

Z 30
Bei Auslieferung des Zerstörers an die Kriegsmarine Aussehen und Anstrich wie *Z 26*, *Z 27* und *Z 29*, jedoch Jessen-Heuler dicht unter Kreuzrah wie bei *Z 26*. Abweichend von Schwesterbooten jedoch bis 1942 über den Torpedorohrsätzen Laufstege. In Norwegen 1942 drei- oder mehrfarbiger Tarnanstrich.
An Bord (Brückennocks, Geschütze) zahlreiche Schwimmflöße, einige Schlauchboote auf dem Achterdeck jenseitsdes achteren Aufbaus. Geplante Umbewaffnung (15 cm-Doppelturmlafette auf Vorschiff) bis Kriegsende nicht durchgeführt.

Z 31
Erster fertiggestellter Zerstörer der Bauserie »1936 A (Mob)«, zu der außer *Z 31* noch die Boote *Z 32* bis *Z 34* und *Z 37* bis *Z 39* gehörten. Äußeres Merkmal dieser sieben Boote sind die hohe, vorn abgerundete Kappe des vorderen Schornsteines und die Turmlafette mit zwei 15 cm-Geschützen, mit denen diese Boote in Dienst gestellt wurden. *Z 31* bildete hiervon die Ausnahme. Bis 1943 Ende trug der Zerstörer auf der Back eine 15 cm-Kanone in Einzellafette.
Der Grundanstrich von *Z 31* war hellgrau mit tiefdunkelgrauen Schornsteinkappen. Zu Tarnzwecken wurden große Flächen des Zerstörers mit dunkelgrauer Farbe überstrichen. Dieser charakteristische Anstrich wurde zwei Jahre bis Ende 1943 beibehalten.
Während der Werftliegezeit von Dezember 1943 bis Anfang 1944 bekam *Z 31* auf der Back anstelle der Einzellafette die 15 cm-Doppelturmlafette. Nunmehr bis Kriegsende einheitlicher hellgrauer Anstrich, der auch die Schornsteinkappen umfaßte. Einziger Farbunterschied und damit kennzeichnendes Merkmal waren die an Bb.- und Stb.-Seite mit weißer Farbe an den Bordwänden unterhalb des Brückenaufbaus aufgemalten Rückenflossen eines Großfisches.
Bei einem Gefecht gegen englische Leichte Kreuzer vor der südwestnorwegischen Küste Ende Januar 1945 wurde der 15 cm-Doppelturm von *Z 31* vollständig zerstört. Da kein Ersatzturm greifbar war, wurde dafür ein 10,5 cm-Flakgeschütz hinter Schutzschild auf der Back eingebaut. *Z 31*, der einzige deutsche Zerstörer mit einem 10,5 cm-Geschütz, behielt diese provisorische Bewaffnung bis etwa 1946. Zwischen diesem Geschütz und dem Brückenaufbau wurden auf zusätzlichen Plattformen insgesamt acht Stück 3,7 cm-Flak in Doppellafetten installiert. Etwa gleichzeitig Einbau »Hohentwiel«-FuMO mit quadratischer Antenne hinter achterem Schornstein.

Z 32
Fertiggestellt wie unter *Z 31* beschrieben, jedoch Anstrich hellgrau über alles. An Brückenaufbauten und Geschützen zahlreiche Schwimmflöße. Nach seiner Verlegung nach Westfrankreich erhielt das Boot einen zwei- oder mehrfarbigen Tarnanstrich.

Z 33
Von der Bauwerft an die Kriegsmarine abgeliefert wie unter *Z 31* beschrieben. Anstrich zunächst hellgrau, nach Verlegung in den Raum Nordnorwegen zeitweise dreifarbige Tarnbemalung.

Z 34
Erstes Aussehen nach Indienststellung mit 15 cm-Doppelturm auf der Back, sonst wie *Z 31*. Anstrich einschließlich Schornsteinkappen hellgrau über alles. Ab 1944, während Norwegeneinsatzes, weiße Bugwelle und Hecksee aufgemalt. Ab Dezember 1944 FuMO 63 auf dem achteren Scheinwerferstand.
Ab Frühjahr 1945 Einbau neuer FuMO 25-Anlage mit breiter, rechteckiger Antenne auf der Brücke vor dem vorderen Mast.

Z 35
Boot gehörte zum Typ »Zerstörer 1936 B«, zu dem außerdem die Schwesterboote *Z 36* und *Z 43* bis *Z 45* zählten. Abweichend von Vorgängern wieder mit bewährter 12,7 cm-Artillerie in fünf Einzellafetten ausgerüstet. Anstrich einschließlich Schornsteinkappen hellgrau. Mit FuMO 25 ausgerüstet.

Z 36
In Ausrüstung, Aussehen und Anstrich wie *Z 35*.

Z 37
Fertiggestellt wie *Z 31* bis *Z 34*. Anstrich hellgrau über alles, Schornsteinkappen silbergrau. Abweichend von den vier vorgenannten Schwesterbooten Jessen-Heuler dicht unterhalb der Kreuzrah und Stützbeine des Dreibeinmastes bis zur Kreuzrah. Zahlreiche Schwimmflöße an Brückennocks und Geschützen. Ab 1943 kurze MES-Leisten an den Bordwänden des Vorschiffes. Während Einsatzes in der Biskaya 1943 dreifarbiger Tarnanstrich, weiß/hellgrau/dunkelgrau. Sonst keine nennenswerten Änderungen und Merkmale.

Z 38
Indienstgestellt in Ausrüstungszustand und Anstrich wie *Z 37*. Ab 1943 MES-Leisten an den Bordwänden des Vorschiffs. Während Norwegeneinsatzes 1943/44 dunkelgrauer Anstrich, Schornsteinkappen silber. An der Stirnwand der Brücke in Wappenform aufgemalt ein springender schwarzer Panther. Nach Rückkehr aus Norwegen während Ostsee-Einsatz bis Kriegsende hellgrauer Anstrich.

Z 39
Nach Fertigstellung Aussehen wie *Z 37* / *Z 38*, jedoch mit MES-Leisten, die sich vom Bug bis zum Heck in Höhe Achterdecks durchgehend hinzog. 1944 mehrfarbiger Tarnanstrich.
Ab Frühjahr 1945 mit »Barbara«-Bewaffnung (siehe auch *Z 5*, *Z 10*, *Z 15*, *Z 25* und *Z 29*). Neue FuMO 25-Anlage mit sehr breiter rechteckiger Antenne auf der Brücke eingebaut. »Hohentwiel«-FuMO mit quadratischer Antenne hinter dem achteren Schornstein.

Z 43
Ausgerüstet und hellgrau gestrichen wie *Z 35*, aber mit durchgehender MES-Leiste an Bb. und Stb. wie *Z 39*.
Als besonderes Kennzeichen ab Herbst 1944 an den Seitenwänden der Brücke aufgemalt abwärts springenden Jaguar. Am achteren Schornstein keine Scheinwerferplattform. FuMB-Antennen am vorderen Dreibeinmast. Breite FuMO 25-Antenne auf der Brücke.

Z 44
Bei Fertigstellung in Aussehen, Ausrüstung und Anstrich wie *Z 43*.

Die Zerstörertypen der Kriegsmarine

1. Zerstörer »1934«

Die ersten vier Zerstörer, für die am 7. April 1934 die Bauaufträge erteilt wurden, gehörten zum Typ »Zerstörer 1934«. Es waren die Boote *Z 1* bis *Z 4*, denen ein Amtsentwurf aus der Studie »Zerstörer 1932« zugrunde lag.
Im Dock der Deutschen Werke in Kiel wurden im Oktober 1934 die Kiele der Zerstörer *Z 1* und *Z 2* gleichzeitig gestreckt. Beide Boote schwammen am 18. August 1935 auf. Am 30. November 1935 schwammen ebenfalls im Baudock dieser Werft die Zerstörer *Z 3* und *Z 4* auf. Der erste Zerstörer, *Z 1*, wurde am 14. Januar 1937 in Dienst gestellt. Die anderen drei Boote dieses Typs folgten bis Mitte Mai 1937.
Die »Zerstörer 1934« zeigten schiffbaulich eine spürbare Ähnlichkeit zu den Torpedobooten der 20er Jahre, den Einheiten der »Raubtier«- und »Raubvogel«-Klassen, die bis zu einem gewissen Grad eine Weiterentwicklung der großen Torpedobootszerstörer *S 113* und *V 116* aus dem Ersten Weltkrieg waren. Fertiggestellt wurden die vier Zerstörer *Z 1* bis *Z 4* zunächst mit einer fast gradlinigen Back. Die Schergänge der Back waren im Viertelrund-Profil ausgebildet.
Kurz nach Fertigstellung wurde *Z 2* mit Spritzwasserleisten versehen, die an den Bordwänden vorn etwa in halber Höhe zwischen Wasserlinie und Backdeck angebracht wurden und sich von den Ankerklüsen bis etwa zum vordersten 12,7 cm-Geschütz hinzogen.
Während Werftliegezeiten wurden die Vorschiffe der vier Zerstörer umgebaut. Die vorherige Form der Back hatte den Anforderungen nicht entsprochen, da bei den vorangegangenen Erprobungen schlechte Seefähigkeiten festgestellt wurden und die Back bei grober See von Seewasser überspült war. Zur Anschärfung des Vorschiffes wurde bei den vier Booten die Back um 0,3 m nach vorn verlängert, und das Backdeck erhielt einen Sprung von 0,7 m größter Erhöhung. Die Spritzwasserleisten von *Z 2* wurden gleichzeitig wieder entfernt. Alle vier Boote erhielten während der gleichen Werftliegezeiten statt der bisher halbrunden oberen Brücke diese in der von nun an neuen einheitlich kantigenForm.
Die Rümpfe der Zerstörer, wie auch aller anderen nachfolgenden Typen, wurden aus Schiffbaustahl 52 in Querspant-Längsbänderbauweise hergestellt. Auf 47 % ihrer Länge erhielten sie in Höhe des Mittelschiffs einen Doppelboden. Wie sich aber bei den Erprobungen nach der Indienststellung zeigte, waren die Verbände und die Schiffsrümpfe zu leicht und zu schwach gebaut. Es traten Erschütterungen, Schwingungen und Durchbiegungen auf. Deshalb wurden noch in Friedenszeiten nach und nach auf allen Zerstörern die Kiel-, Kimm- und Schergänge verstärkt. Die Oberdecks und die Bordwände erhielten durch aufgeschweißte Stahlplatten zusätzliche Versteifungen. Durch diese Maßnahme gelang es, den Schiffskörpern eine größere Festigkeit zu geben. Die jedoch nicht verstärkten Vor- und ganz besonders die Achterschiffe zeigten nun um so größere und stärkere Schwingungen, Stöße und Erschütterungen, insbesondere bei höheren Fahrtstufen und in grober See.
Für die Brücken- und achteren Aufbauten sowie für die Schornsteinmäntel wurde zum großen Teil Leichtmetall verwendet.

Abmessungen

Wasserverdrängung standard:	1625 ts
Wasserverdrängung normal:	2232 ts
Wasserverdrängung maximal:	3156 ts
Länge zwischen den Loten:	114 m
Länge in der KWL:	116,3 m
Länge nach Werftzeit 1938 maximal:	119,3 m
Größte Breite:	11,3 m
Tiefgang vorn:	3,82 m
Tiefgang hinten:	4,23 m

Gewichtsverteilung

Schiffskörper	32,4 %	Ausrüstung	4,7 %
Antriebsanlage	30,1 %	Frischwasser	1,9 %
Schiffsbetriebsanlage	7,6 %	Speisewasser	2,8 %
Bewaffnung	8,7 %	Heizöl	11,8 %

Antriebsanlagen der Zerstörer 1934 und 1934 A (*Z 1* bis *Z 8* mit Wagner-Anlagen; *Z 9* bis *Z 16* mit Benson-Anlagen sehr ähnlich). Schematische Darstellung. Die Skizze enthält die Kesselräume mit Kesseln, die Turbinenräume mit Turbinen, die Hauptzudampfleitungen und die Stromerzeuger. Hilfsmaschinen, Kondensatoren, Abdampf- und Speisewasserleitungen sind fortgelassen.

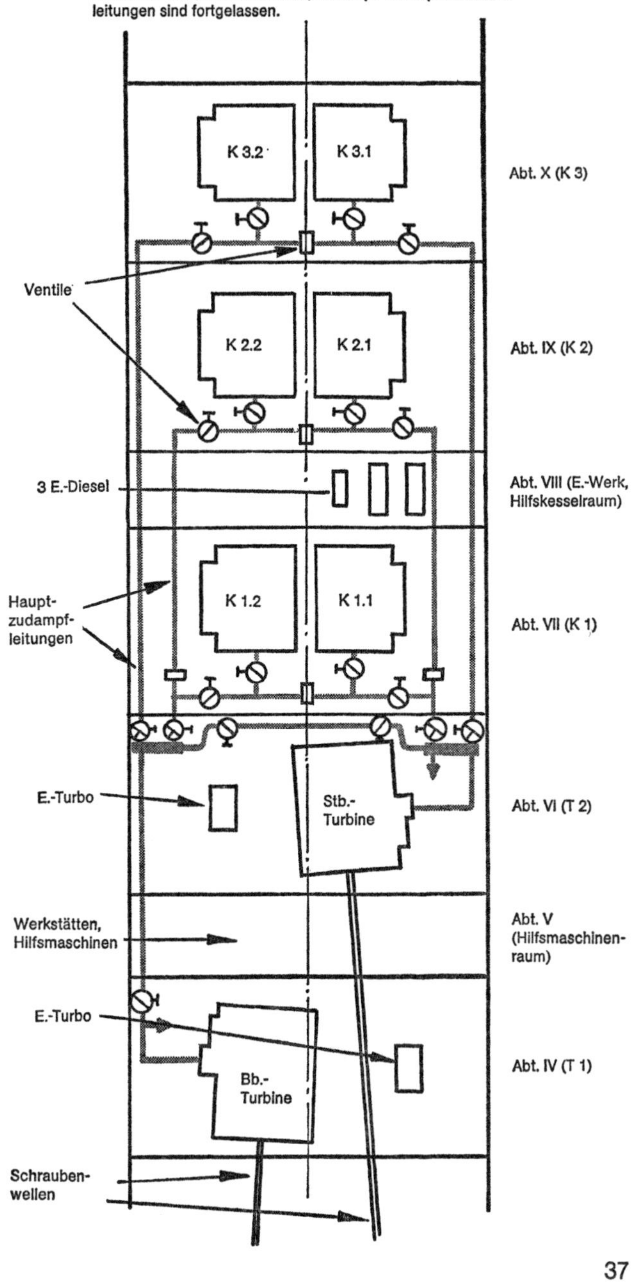

Die Antriebsanlagen bestanden aus zwei Satz Wagner-Hochdruckheißdampf-Turbinen mit Rädergetrieben, die auf zwei Schrauben mit je 3,25 m Durchmesser wirkten. In sechs Wagner-Kesseln wurde Hochdruckheißdampf erzeugt, der auf die Turbinen geleitet wurde. Im Normalbetrieb wirkten je drei Kessel auf eine Turbine, von denen sich die Stb.-Turbine im vorderen und die Bb.-Turbine im achteren Maschinenraum befand. Drei E-Werke mit zusammen zwei Turbo-Dynamos von je 200 kW, zwei Diesel-Dynamos von je 60 kW und einem Diesel-Dynamo von 30 kW lieferten elektrische Leistungen von 550 kW bei 220 Volt Wechselspannung.

Der Steuerung diente ein einzelnes Spatenruder. Da die Zerstörer damit jedoch schlecht steuerten, kamen beim Bau späterer Typen zwei etwas kleinere und nebeneinander liegende Spatenruder zum Einbau. Mit ihnen wurden wesentlich bessere Steuerungsergebnisse erzielt.
Die Turbinen entwickelten Leistungen bis zu 70 000 WPS. Hiermit wurden Geschwindigkeiten bis zu 38,2 Knoten offiziell erreicht. Bei nur geringen Zuladungen konnten in abgesteckten Meilenstrecken Höchstgeschwindigkeiten bis zu 40 Knoten erzielt werden. Die Fahrtstrecke betrug 4400 Sm bei einer Dauergeschwindigkeit von 19 Knoten.

Die Bewaffnung bestand aus:

5 Geschütze von 12,7 cm L/45 in Einzellafetten C 34. Aufstellung in Mitschiffslinie hinter Schutzschilden.

4 Fla-Maschinenkanonen 3,7 cm in zwei Zwillingslafetten C 30.
6 Fla-Maschinenwaffen 2 cm in Einzellafetten.

8 Torpedorohre in zwei Oberdecksvierersätzen, aus welchen G 7a-Preßluft-Torpedos von 53,3 cm Durchmesser verschossen werden konnten. Dazu Vorrichtungen zur Mitnahme von Reservetorpedos.

Minenwurfeinrichtungen. Mitnahmemöglichkeit für 60 Minen.
4 Wasserbombenwerfer.

Auf dem 1943 einzigen noch vorhandenen Zerstörer dieses Typs, *Z 4*, wurde die Fla-Bewaffnung verbessert und verstärkt: Ausbau der 4 – 3,7 cm-Geschütze wegen zu geringer Schußfolge dieser Waffe. Ersatz durch 4 – 3,7 cm-Flak M 42 in Zwillingslafetten.

Vermehrung der 2 cm-FlaMW von 6 auf zunächst 8 und später mehr Rohre. Zahl der Wasserbombenwerfer vermehrt.

Besatzung: 315 Mann Kriegsstärke, davon 10 Offiziere. *Z 1* als Führerboot zur Aufnahme von Stäben eingerichtet. Zeitweise bis zu 338 Mann.

Nach dem Umbauplan der Kriegsmarine von 1939 sollte *Z 1* am 1. April 1941 als Führerboot durch *Z 29* ersetzt werden. Am. 1. Oktober 1941 sollte *Z 1* als Schulzerstörer für die Torpedoschule in Dienst stellen.

Z 2, *Z 3* und *Z 4* sollten ab Sommer 1941 aus dem Flottendienst herausgezogen und durch die neuen Zerstörer *Z 37* bis *Z 39* ersetzt werden.

Z 2 sollte am 1. Juli 1941 mit neuer Besatzung für die Torpedoschule in Flensburg-Mürwik in Dienst gestellt werden.

Z 3 sollte am 1. November 1941 mit neuer Besatzung für die Schiffsartillerieschule in Kiel in Dienst gestellt werden.

Z 4 sollte am 1. August 1942 zum neu aufgestellten Flugzeugträger-Geschwader treten.

Der im Herbst 1939 ausgebrochene Krieg und der Verlust der Boote *Z 1*, *Z 2* und *Z 3* im Frühjahr 1940 verhinderten jedoch die Durchführung aller Pläne. Nach Auflösung der 1. Z.-Fl., zu der die vier Boote gehörten, kam *Z 4* als einziger noch existierender Zerstörer im April 1940 zur neu aufgestellten 5. Z.-Fl.

2. Zerstörer »1934 A«

Die Serie dieser Zerstörer, zu der die Boote *Z 5* bis *Z 8*, *Z 9* bis *Z 13* und *Z 14* bis *Z 16* gehörten, wurde ab 1935 gebaut, nachdem die Bauaufträge am 4. August 1934, 10. November 1934, 9. Januar und 19. Januar 1935 vergeben worden waren. Als erstes Boot dieses Types lief *Z 14* bei Blohm & Voss in Hamburg und als letztes *Z 16* bei derselben Werft vom Stapel. In Dienst gestellt wurde der letzte Zerstörer, *Z 13*, wenige Tage vor Beginn des zweiten Weltkrieges, am 28. August 1939.

Im Aussehen zeigten die Zerstörer »1934 A« zu ihren direkten Vorgängern, den Booten des Typs »1934«, nur geringfügige Unterschiede. Das auffälligste Unterscheidungsmerkmal war, daß sie um ca. 2 m länger als die Vorläufer waren. Bedingt durch die verschiedenen Werften, die Zerstörer bauten, und durch unterschiedliche Antriebsanlagen waren die Dampfrohre an beiden Schornsteinen sehr differenziert angeordnet.

Dieser Zerstörertyp war von Anbeginn an mit einem Backsprung und einem leichten Schrägbug konzipiert und gebaut worden. Schiffbaulich glichen diese Boote ihren Vorgängern getreulich, was auch hinsichtlich des verwendeten Schiffbaumaterials zutraf. Wegen ähnlicher Schwierigkeiten wie bei den ersten vier Zerstörern war auch bei dem neuen Typ die nachträgliche Versteifung des Rumpfes notwendig. Doch auch danach traten noch Schwingungen, Stöße und Erschütterungen am Vor- und insbesondere am Achterschiff auf.

Abmessungen

Wasserverdrängung standard bei allen 12 Booten:	1625 ts
Wasserverdrängung normal bei *Z 5* bis *Z 8*:	2171 ts
Wasserverdrängung maximal bei *Z 5* bis *Z 8*:	3110 ts
Wasserverdrängung normal bei *Z 9* bis *Z 13*:	2270 ts
Wasserverdrängung maximum bei *Z 9* bis *Z 13*:	3190 ts
Wasserverdrängung normal bei *Z 14* bis *Z 16*:	2239 ts
Wasserverdrängung maximal bei *Z 14* bis *Z 16*:	3165 ts
Länge zwischen den Loten bei allen 12 Booten:	114 m
Länge in der KWL:	116,3 m
Länge über Alles:	121 m

Breite und Tiefgangsangaben wie bei den Zerstörern »1934«, ebenso die Gewichtsverteilung.

Die Antriebsanlagen waren bei *Z 5* bis *Z 8* wie bei den Vorgängern 2 Satz Hochdruckheißdampf-Turbinen mit Rädergetrieben. Diese wirkten auf zwei Schrauben von je 3,25 m Durchmesser. Auch die Einteilung der Kesselräume glich denen der Zerstörer »1934«.

Abweichend von allen anderen gebauten deutschen Zerstörern wurden die Boote *Z 9* bis *Z 16* mit sechs Benson-Höchstdruckkesseln ausgerüstet. In ihnen wurde Dampf erzeugt, der Betriebsdrücke bis zu 110 atü und Betriebstemperaturen bis 510 Grad Celsius aufwies. Dieser Heißdampf wurde auf zwei Blohm & Voss-Turbinen geleitet, die ihrerseits ihre Leistung über Rädergetriebe an zwei Schrauben von je 3,25 m Durchmesser abgaben.

Die E-Werke und die Aufteilung der Maschinen- und Kesselräume glichen wieder denen der Zerstörer »1934«. Ebenfalls wurden die Zerstörer »1934 A« mit einem Spatenruder gesteuert. Auch hier zeigten sich wieder die gleichen schlechten Steuerungseigenschaften wie bei den früheren Zerstörern. In Leistungen und Höchstgeschwindigkeiten gab es die gleichen Ergebnisse von 70 000 PSw bzw. 38,2 Knoten. Doch auch bei den Zerstörern »1934 A« wurden kurzfristig größere Höchstgeschwindigkeiten vereinzelt erzielt. Der Fahrbereich betrug bei einer Dauergeschwindigkeit von 19 Knoten etwa 4400 Sm.

Die Bewaffnung war bei Indienststellung der Zerstörer »1934 A« identisch mit der der Zerstörer »1934«. Bedingt durch die Verschärfung des Luftkrieges wurde bei den Booten, die bis 1943 noch nicht verlorengegangen waren, die Fla-Bewaffnung nach und nach verbessert und verstärkt. Vom achteren Aufbau wurde der Mast abgebaut und vor dem 3. Seezielgeschütz wieder errichtet. Auf dem freigewordenen Platz auf der kleinen Hütte wurde ein 2 cm-Fla-Vierling installiert. Weitere 2 cm-Fla-MW in Einzellafetten wurden in den Brückennocks, auf dem Vor- und Achterschiff eingebaut.

Die übliche 12,7 cm-Seezielartillerie wurde im Frühjahr 1938 auf dem Zerstörer *Z 8* vorübergehend zu Erprobungszwecken gegen eine 15 cm-Artillerie ausgetauscht. Bei *Z 8* wurden 4 — 15 cm-Kanonen, die aus dem Ersten Weltkrieg stammten und deren Mündungen sich trichterförmig erweiterten, eingebaut und in Hochseeversuchen erprobt.

Weitere grundsätzliche Merkmale:
Z 5 bis *Z 8* am achteren Schornstein keine Dampfrohre, flacher Antennenschacht am vorderen Schornstein an Bb.-Seite schräg aufwärts gehend. Dampfrohre an Rückseite des vorderen Schornsteines.

Z 9 bis *Z 13* am achteren Schornstein zwei dicke Dampfrohre an der Vorderseite, am vorderen Schornstein an beiden Seiten ein vierkantiger Antennenschacht etwa 45 Grad diagonal aufwärts gehend. Dampfrohre an Rückseite des vorderen Schornsteines.

Z 14 bis *Z 16* an Vorderseite des achteren Schornsteines zwei dicke und dazwischen vier dünnere Dampfrohre. Antennenschächte wie *Z 9* bis *Z 13,* Dampfrohre am vorderen Schornstein.

Ab 1942 wurden auf allen noch vorhandenen Zerstörern die Torpedo-Rohrmeistersitze mit runden Plexiglasschilden versehen.
Die Friedensbesatzung bestand aus 315 Mann, davon waren 10 Offiziere. Die Besatzungsstände schwankten während des Krieges je nach Einsatzart und -gebiet.

3. Zerstörer »1936«

Für die sechs Zerstörer dieses Typs, *Z 17* bis *Z 22*, wurden die Bauaufträge am 6. Januar 1936 an die Deschimag-Werft in Bremen vergeben. Diese Werft war die einzige, die solche Aufträge terminlich noch unterbringen konnte. Die Vergabe der Bauaufträge erfolgte, obwohl endgültige Erfahrungen mit den beiden Vorgänger-Typen noch nicht vorlagen. Deshalb mußten die Konstruktionen der Zerstörer »1936« ohne wesentliche Änderungen und Verbesserungen durchgeführt werden.

Dem Bau lag der verbesserte Amtsentwurf 1934 zugrunde. Auch diese sechs Boote wurden wie alle Vorgänger aus Schiffbaustahl 52 in Querspant-Längsbänderbauweise erstellt. Im Aussehen zeigten sie jedoch gegenüber den Zerstörern »1934« und »1934 A« einige Änderungen. Sie wurden mit erheblich niedrigeren Schornsteinen und flacheren Schornsteinkappen gebaut, wie sie bei allen späteren Zerstörerserien üblich wurden. Die Form des Achterschiffes wurde geändert, und das Totholz wurde vergrößert. Der Rumpf wurde ohne Bugwulst und ohne Oberdecks-Ankerklüsen ausgeführt. Für die Aufbauten wurde wie bei den Vorgängern Leichtmetall verwendet. Während die Zerstörer *Z 17* bis *Z 19* mit leicht schrägem, aber in sich geradem Steven gebaut wurden, erhielten *Z 20* bis *Z 22* einen stärker ausfallenden Sichelbug, durch den diese Boote um 2 m länger als *Z 17* bis *Z 19* ausfielen.

Die Zerstörer des Typs »1936« wurden gegenüber den 16 Vorgängern um 2 m (*Z 17* bis *Z 19*) bzw. um 4 m (*Z 20* bis *Z 22*) verlängert. Auch die Rümpfe wurden um 0,4 m breiter ausgeführt. Die Schiffskörper hatten durch diese Maßnahme mehr Platz aufzuweisen, sie waren wesentlich verstärkt und robuster. Dies gestattete den Einbau stärkerer Fundamente für die Antriebsanlagen.

Abmessungen

Wasserverdrängung standard	1811 ts
Wasserverdrängung normal	2411 ts
Wasserverdrängung maximal	3415 ts
Länge in der KWL:	120 m
Länge maximal bei *Z 17* bis *Z 19*	123,2 m
Länge maximal bei *Z 20* bis *Z 22*	125 m
Größte Breite	11,8 m
Tiefgang vorn	3,8 m
Tiefgang achtern	4,5 m

Gewichtsverteilung

Schiffskörper	34,7 %
Antriebsanlage	33,1 %
Schiffsbetriebsanlage	6,5 %
Bewaffnung	8,1 %
Ausrüstung	4,5 %
Frischwasser	1,6 %
Speisewasser	2,8 %
Heizöl	8,7 %

Als Antriebsanlagen wurden Wagner-Hochdruckheißdampf-Anlagen wie auf den Zerstörern *Z 1* bis *Z 8* gewählt. Die in den Turbinen erzeugten Pferdestärken wurden über Rädergetriebe auf zwei Schrauben von je 3,25 m übertragen. Mit 70 000 PSw wurden Höchstgeschwindigkeiten von offiziell 38,3 Knoten, inoffiziell jedoch etwa 40 Knoten erreicht. Der Fahrbereich lag mit 19 Knoten Dauergeschwindigkeit bei 4850 sm und war erheblich größer als bei den Vorläufern.

Obwohl auch die Zerstörer »1936« mit nur einem Spatenruder ausgerüstet waren, drehten und steuerten sie besser. Die Seefähigkeit war dadurch und durch die anderen, vorher genannten Änderungen verbessert worden. Durch die niedrigere Bauweise der Schornsteine war das Toppgewicht verkleinert worden.

Der Strombedarf von 600 kW bei 220 Volt wurde durch folgende Aggregate gedeckt:
In drei E-Werken waren 2 Turbo-Dynamo von je 200 kW, 2 Diesel-Dynamos von je 80 kW und 1 Diesel-Dynamo von 40 kW eingebaut.

Bewaffnet waren *Z 17* bis *Z 22* nach Fertigstellung:
Artillerie- und Torpedowaffen wie *Z 1* bis *Z 16*, dazu ebenso Minen. 2 cm-FlaMW von 6 auf 7 Rohre verstärkt. Mitnahmemöglichkeiten für 8 Reservetorpedos.

1939 wurden die sechs Zerstörer langen und umfangreichen EKK-Erprobungen unterworfen. Hierbei traten, bedingt durch die kräftigere Bauweise, erheblich weniger Ausfälle und Störungen auf. Bis 1940 wurden keine wesentlichen Umbauten vorgenommen.

Im April 1940 gingen in und bei Narvik fünf der sechs Zerstörer »1936« verloren. *Z 20 Karl Galster* blieb als einziger Zerstörer übrig und bis zum Kriegsende im Mai 1945 in Dienst. Während dieser Zeit wurden nur geringfügige Veränderungen und Umbauten vorgenommen.
Karl Galster hat von Indienststellung bis Werftliegezeit 1942 58 526 sm zurückgelegt.
1943 oder 1944 Einbau MES-Schleife unter den Schergängen des Haupt- und Backdecks. Einbau Funkmeß-Gerät »Hohen-

twiel« mit quadratischer Antenne am Dreibeinmast (hierzu Scheinwerfer ausgebaut und dort, über der schon vorhandenen Antenne des FuMG 21 »Hohentwiel«-Antenne montiert).

1944 oder Anfang 1945 FuMG 21 aus- und dafür FuMG 25 eingebaut. Eventuell auch Einbau einer Funkmeß-Rundsuchanlage »Berlin«. Während des Krieges wurden die Rohrmeistersitze der Torpedorohrsätze mit runden Plexiglasschilden spritzwasserdicht gemacht.

An dem achteren Schornstein waren bei diesem Zerstörertyp keine Dampfrohre nach oben bis zum Teller geführt. An beiden Seiten des vorderen Schornsteins je ein Antennenschacht mit etwa quadratischem Querschnitt. Sechs dicke Dampfrohre an der Rückseite des vorderen Schornsteines, daneben ein oder zwei dünne.

Die Besatzung bestand aus 313 Mann, davon 10 Offiziere. Während des Krieges nahm sie auf *Z 20* zeitweise, zumal während der Verwendung als Führerboot, auf etwa 330 Mann zu.

4. Zerstörer »1936 A«

Für den Bau des neuen Typs lag ein verbesserter Amtsentwurf von 1936 vor. Die Serie, die die acht Boote *Z 23* bis *Z 30* umfaßte, war größer ausgelegt als die 22 Zerstörer der drei Vorgängertypen. Dies war notwendig geworden, weil die schwerere Artilleriebewaffnung (15 cm-»Torpedobootskanonen« L/50 in Doppelturm- und Einzellafetten) bei geforderten gleichen Maschinenleistungen und etwas erhöhtem Aktionsradius mehr Platz benötigte und eine größere Wasserverdrängung erforderlich machte.

Mit dem Bau der ersten beiden Zerstörer *Z 23* und *Z 24* wurde im Herbst 1938 begonnen. Der Baubeginn der restlichen sechs Boote folgte bis Ende 1939. *Z 23*, der erste fertiggestellte Zerstörer dieses neuen Typs, wurde am 15. September 1940 in Dienst gestellt, *Z 30* als letztes Boot kam am 15. November 1941 in Dienst.

Zum Bau der Zerstörerrümpfe wurde, ähnlich wie bei den Vorgängern, Torpedoboots- bzw. Schiffbaustahl 52 verwendet. Der Bau erfolgte in Quer- und Längsspantbauweise, wobei die Vorschiffspanten — anders als bei den Vorgängern — wesentlich stärker ausfielen. Die erhoffte verbesserte Seefähigkeit trat, wie sich später zeigte, jedoch nicht ein. Der Schiffsboden war in Höhe des Mittelschiffs in einer Gesamtlänge von etwa 47 % als Doppelboden ausgeführt. Fertiggestellt wurden die acht Zerstörer mit Bugwulst, der aber später zunächst verkleinert und auf einigen Booten ganz entfernt wurde. Im Gegensatz zu den Vorgängern, welche ihre Anker in Augenklüsen führten, die in den Bordwänden am Bug lagen, bekamen die Zerstörer »1936 A« Oberdecks-Ankerklüsen. Die Anker wurden auf »Schweinsrücken« an Oberdeck mitgeführt. Wie auch bei den Vorgängern wurden auch hier am Achterschiff Tothölzer angebracht, die jedoch erheblich verlängert ausfielen.

Auch bei diesem Zerstörertyp wurde für Teile der Aufbauten, wie Brücken- und achterem Aufbau sowie Schornsteinmäntel, Leichtmetall verwendet.

Die Antriebsanlagen bestanden aus den schon bekannten und inzwischen robuster gewordenen Wagner-Hochdruckheißdampfkesseln und -Turbinen wie auf *Z 1* bis *Z 8* und *Z 17* bis *Z 22*. Auch hier wurde die Leistung von 70 000 WPs auf zwei Schrauben von 3,35 m Durchmesser (also 10 cm vergrößert) übertragen und damit offizielle Höchstgeschwindigkeiten bis zu 38,5 Knoten erreicht. Die Einteilung der Kessel- und Turbinenräume war wie auf den Vorgängern mit Wagner-Antrieb vorgenommen worden.

Der Strombedarf wurde gedeckt durch 2 E-Werke, die insgesamt 520 kW bei 220 Volt lieferten, und zwar aus einem Turbinen-Dynamo (der 200 kW lieferte) und vier Diesel-Dynamos von je 80 kW Leistung.

Aufgrund der mit den Vorgänger-Typen gewonnenen Erfahrungen wurden nebeneinanderliegend zwei Spatenruder hinter den beiden Schrauben eingebaut. Sie lagen jedoch nicht parallel zueinander, sondern waren nach unten hin etwa 8 Grad abgespreizt. Eine Verbesserung der Manövriereigenschaften wurde nur unwesentlich erreicht, doch drehten die Zerstörer mit dem Doppelruder besser als die früher gebauten Boote. Dennoch waren sie bei kleineren Fahrtstufen recht luvgierig.

Die Bewaffnung war für diesen Typ wie folgt geplant:
5 — 15 cm-Seezielgeschütze sollten in einem Doppelturm vorn und drei Einzellafetten auf dem Achterschiff eingebaut werden. Da aber der 15 cm-Turm wegen Lieferungsschwierigkeiten erst ab 1942 eingebaut werden konnte, wurde auch auf der Back zunächst eine 15 cm-Einzelkanone aufgestellt. Die Rohre dieser Geschütze konnten von —19 bis +47 Grad erhöht werden (Ausnahme *Z 28*, siehe dort!).

Die Umrüstung vom Einzelgeschütz auf der Back zum Doppelturm wurde nur auf *Z 23*, *Z 24*, *Z 25* und 1945 noch auf *Z 29* durchgeführt. *Z 26* und *Z 27* gingen noch vor der Umrüstung verloren. Bei *Z 30* hingegen ist die Umbewaffnung unterblieben.

Als Fla-Bewaffnung wurden zunächst 4 — 3,7 cm-Flak in zwei Doppellafetten C 30 und 5 Stück (auf *Z 28* 6 Stück) 2 cm-FlaMW in Einzellafetten eingebaut. Während des Krieges wurde auf allen Zerstörern durch den Einbau von 2 cm-Fla-Vierlingen und -Zwillingen neuer Art die Luftabwehr verstärkt.

Auf *Z 25* und *Z 29* wurden 1944 bzw. 1945 die dritten 15 cm-Kanonen ausgebaut und vermehrte 3,7- und 2 cm-Geschütze (»Barbara«-Bewaffnung) eingebaut. Bei Kriegsschluß bestand die Fla-Bewaffnung auf diesen beiden Zerstörern aus 12 — 3,7 cm-Geschützen M 42 in Doppel- und Einzellafetten, und bis zu 18 — 2 cm-FlaMW in Vierlings-, Doppel- und Einzellafetten!

Die Torpedo- und die Minenbewaffnung wie auch die Ausrüstungen zur U-Jagd waren wie bei den Vorgängern verteilt und eingebaut. Während des Krieges wurden auf einigen Zerstörern zusätzliche Wasserbombenwerfer und -ablaufgerüste installiert. Fertiggestellt wurden die acht Schwesterboote mit Dreibeinmasten, auf der Brücke mit kleiner Funkmeß-Bude und darauf befindlicher Antenne der FuMO 21-Anlage, sowie mit flach verlaufenden Kappen auf beiden Schornsteinen. Während des Krieges wurden auf einigen Zerstörern MES-Leisten an den Seitenwänden des Vorschiffes eingebaut. An den Brückennocks, an den Seitenwänden der Geschützschutzschilde und gelegentlich an anderen Stellen wurden Rettungsflöße gefahren.

Z 30 wurde fertiggestellt mit Laufstegen über beiden Torpedorohrsätzen, die aber etwa 1942/43 wieder entfernt wurden.
Die Abmessungen und die Verdrängungen der Zerstörer *1936 A* waren wie folgt:

Abmessungen

Wasserverdrängung normal:	*Z 23* und *Z 24*	2603 ts
Wasserverdrängung maximal:	*Z 23* und *Z 24*	3605 ts
Wasserverdrängung normal:	*Z 25* bis *Z 27*	2543 ts
Wasserverdrängung maximal:	*Z 25* bis *Z 27*	3543 ts
Wasserverdrängung normal:	*Z 28*	2596 ts
Wasserverdrängung maximal:	*Z 28*	3519 ts
Wasserverdrängung normal:	*Z 29* und *Z 30*	2603 ts
Wasserverdrängung maximal:	*Z 29* und *Z 30*	3597 ts

Länge in der Konstruktionswasserlinie:		121,9 m
Länge über Alles:		127,0 m
Größte Breite:		12,0 m
Tiefgang vorn:	*Z 23, Z 24* sowie *Z 29, Z 30*	3,92 m
	Z 25 bis *Z 27*	3,91 m
	Z 28	3,72 m
Tiefgang achtern:	*Z 23* und *Z 24*	4,65 m
	Z 25 bis *Z 27*	4,43 m
	Z 28	4,38 m
	Z 29 und *Z 30*	4,62 m

Gewichtsverteilung

Schiffskörper	34,6 %
Antriebsanlage	31,1 %
Schiffsbetriebsanlage	5,6 %
Bewaffnung	10,7 %
Ausrüstung	3,9 %
Frischwasser	1,6 %
Speisewasser	2,5 %
Heizöl	10,0 %

Die Besatzung (Kriegsstärke) betrug bis zu 321 Mann, davon 11 Offiziere. Bei Einsatz als Führerboot einer Flottille erhöhte sich die Besatzungsstärke vorübergehend.

5. Zerstörer »1936 A (Mob)«

Im Oktober 1939 wurden die Bauaufträge für die sieben Zerstörer dieses Typs erteilt. Bereits wenig später wurden auf den Werften die Bauvorbereitungen getroffen und die ersten Kiele gestreckt.

Zu diesem Typ gehörten die Boote *Z 31* bis *Z 34* und *Z 37* bis *Z 39*, deren Konstruktion sich nur wenig von den Zerstörern »1936 A« unterschied. Im Schiffbaulichen, in den Antriebs-Anlagen, in der Grundbewaffnung und in Ortungsanlagen den direkten Vorgänger gleich, unterschieden sie sich von ihnen in der Hauptsache durch einige äußerliche Merkmale.

Das deutlichste Merkmal der Zerstörer »1936 A (Mob)« war die hoch ausgeführte und an der Vorderseite gerundete Kappe auf dem vorderen Schornstein. Hierdurch sollte erreicht werden, daß die Brücke nicht mehr so stark wie bisher durch Abgase der Maschinen belästigt und behindert wurde.

Für *Z 31*, dem ersten fertiggewordenen Zerstörer dieses Typs, war bei Indienststellung, ebenso wie bei den Vorgängern, der 15 cm-Doppelturm, welcher zum Einbau auf der Back vorgesehen war, nicht greifbar. Deshalb wurde an seiner Stelle eine 15 cm-Einzelkanone provisorisch eingebaut. Bei der großen Werftliegezeit des Zerstörers von Ende 1943 bis Anfang 1944 kam der 15 cm-Turm zum Einbau. Somit hatte das Boot seine endgültige Artilleriebewaffnung, die seine sechs Schwesterboote seit Indienststellung hatten, nämlich 5 Stück 15 cm-Seezielgeschütze, aufgeteilt in einer Doppelturmlafette auf der Back und drei Einzellafetten achtern.

Z 39 wurde bei seinen Einsätzen im Finnischen Meerbusen im Sommer 1944 durch Bombentreffer sowjetischer Schlachtflugzeuge erheblich beschädigt. Zur Reparatur lief das Boot eine Ostseewerft an, in der dann gleichzeitig eine Umbewaffnung, die Maßnahme »Barbara«-Bewaffnung, durchgeführt wurde. Wie auf *Z 25* und *Z 29* wurde auch hier das dritte 15 cm-Geschütz entfernt und an seiner Stelle eine Flakplattform errichtet, auf welcher ein 2 cm-Fla-Vierling Aufstellung fand. Beiderseits dieser Plattform, neben dem achteren Schornstein und auf der Hütte vor der Brücke wurden die neuen 3,7 cm-FlaMK M 42 in Einzel- und Doppellafetten montiert. Dazu kamen zusätzlich 2 cm-FlaMW zum Einbau. Die letzte Artilleriebewaffnung von *Z 39* war: 4 – 15 cm-Seezielgeschütze, 14 – 3,7 cm-Flak und 13 – 2 cm-FlaMW.

Die Zerstörer »1936 A (Mob)« waren, wie es seit *Z 20 Karl Galster* und bei den Zerstörern »1936 A« üblich war, mit einem Sichelbug ausgeführt.

Abmessungen

Wasserverdrängung standard:	2603 ts
Wasserverdrängung maximal:	3597 ts
Länge in der KWL:	121,9 m
Länge über Alles:	127,0 m
Größte Breite:	12,0 m
Größter Tiefgang vorn:	3,92 m
Größter Tiefgang achtern:	4,62 m

Gewichtsverteilung wie Zerstörer »1936 A«

Die Zahl der eingeschifften Besatzungsmitglieder betrug 321 Mann, einschließlich 11 Offiziere. Wurden die Boote als Flottillenführer eingesetzt, stieg kurzfristig die Zahl der Besatzung um die der zusätzlich eingeschifften Stäbe.

Zusätzlich zu den fertiggestellten sieben Zerstörern vom Typ »1936 A (Mob)« waren noch die drei Schwesterboote *Z 40* bis *Z 42* geplant. Noch vor Baubeginn wurden die Pläne für diese drei Einheiten wieder aufgegeben.

Ursprünglich sollte die Serie dieser Zerstörer nur aus den vier Booten *Z 31* bis *Z 34* bestehen. Als aber nach Ausbruch des Zweiten Weltkrieges die Aufträge für die Zerstörer »1938 B« (siehe dort) im Herbst 1939 sistiert worden waren, wurde der Auftrag für die Zerstörer »1936 A (Mob)« auf die *Z 37* bis *Z 42* erweitert. Von diesen wurden jedoch nur die drei Boote *Z 37* bis *Z 39* gebaut.

6. Zerstörer »1936 B«

Die Zerstörer dieses Typs, von welchen nur drei Stück in Dienst gestellt werden konnten, wurden Ende 1939 in Auftrag gegeben. Die Serie umfaßte nur insgesamt fünf Einheiten: *Z 35*, *Z 36* und *Z 43* bis *Z 45*. Mit dem Bau wurde 1941 begonnen, das erste Schiff (*Z 35*) lief am 2. Oktober 1942 vom Stapel und wurde am 22. September 1943 in Dienst gestellt.

Auch dieser Zerstörertyp lehnte sich in seiner Gesamtkonzeption, im Schiffbaulichen, in seinen Antriebsanlagen und in seinem Aussehen sehr stark an die Vorgänger »1936 A« und »1936 A (Mob)« an. Ebenfalls glich er ihnen in seinen Abmessungen, lediglich der Tiefgang war vorn mit 3,54 m und achtern mit 4,32 m geringer.

Die Wasserverdrängung war standard 2527 ts, maximal 3507 ts. Dieses geringere Gewicht wurde erreicht durch die leichtere 12,7 cm-Seezielartillerie, zu der bei diesem Zerstörertyp wieder zurückgegangen worden war. Des erheblichen Mehrgewichts, des schlechteren Auftriebes vom Vorschiff und der langsameren Salvenfolge wegen war auf die 15 cm-Geschütze verzichtet worden.

Gewichtsverteilung

Schiffskörper	35,4 %
Antriebsanlage	33,3 %
Schiffsbetriebsanlage	4,8 %
Bewaffnung	8,7 %
Ausrüstung	4,5 %
Frischwasser	0,8 %
Speisewasser	1,0 %
Heizöl	11,5 %

Aber auch andere äußerliche Unterscheidungsmerkmale waren zu allen anderen Vorgängertypen festzustellen. Hier waren die flacher verlaufenden Schornsteinkappen wie beim Typ »1936 A« eingebaut worden. Hinter dem achteren Schornstein fehlte stets die sonst übliche Plattform mit dem Scheinwerfer. Ferner befanden sich zwei Flakplattformen mit je einem 2 cm-FlaMW-Vierling rechts und links vom vorderen Mast an der Achterkante des Brückenaufbaues in Höhe des Signaldecks. Und die Möglichkeit zur Mitnahme von Minen war von 60 auf 70 Stück gestiegen. Die Fla-Bewaffnung bestand aus 4 Stück 3,7 cm-Flak M 42 in zwei Doppellafetten, die rechts und links vom achteren Schornstein aufgestellt waren. Dazu kamen 16 Rohre 2 cm-FlaMW, die sich wie folgt verteilten: Zwei Vierlinge an Stb. und Bb. neben dem vorderen Mast, ein Vierling auf der Hütte des achteren Aufbaus und zwei Zwillinge an Stb. und Bb. etwa zwischen achterem Schornstein und dem achteren E-Meßgerät.

Durch besser gewordene Raumaufteilung, verbesserte Verteilung der Treibstoffbunker und Verlegung von Lasten und Wasserzellen nach unten ist, wie auch bei den Zerstörern »1936 A« und 1936 A (Mob)«, die Stabilität erhöht worden. Bei *Z 35* und *Z 36* wurde durch den Einbau vergrößerter oder zusätzlicher Treibstoffzellen die Mitnahme von einem größeren Treibstoffvorrat und damit ein weiterer Fahrbereich erzielt. Die beiden Zerstörer waren mit 6200 sm bei 19 Knoten die Boote mit dem größten Fahrbereich aller deutscher Zerstörer, die während des Zweiten Weltkrieges fertiggestellt worden waren.

7. Zerstörer »1936 C«

1942 wurde der Bauauftrag für die fünf Zerstörer dieses Typs, *Z 46* bis *Z 50*, an die Deschimag-Werft in Bremen vergeben. Mit dem Bau der ersten beiden Zerstörer *Z 46* und *Z 47* wurde 1943 begonnen. Durch Fliegerbombenschäden und durch Material- und Personalmangel infolge der Kriegslage kam der Bau nur zögernd voran und wurde im Spätherbst 1944 schließlich ganz eingestellt. Die beiden Rümpfe wurden 1946 auf den Helligen liegend abgebrochen. *Z 48* bis *Z 50* sind nicht mehr begonnen worden.

Schiffbaulich und antriebstechnisch lehnte sich dieser Typ stark an die Vorläufer der Serien »1936 A«, »1936 A (Mob)« und »1936 B« an. Grundsätzlich abweichend aber war die geplante neue Bewaffnung. 6 Stück 12,8 cm-Mehrzweck-Geschütze L/45 oder L/50 sollten in drei leichten Doppeltürmen C 41 an Bord kommen. Es war vorgesehen, einen Turm auf dem Vorschiff vor der Brücke und zwei Türme in überhöhter Aufstellung achtern einzubauen. Diese halbautomatisch arbeitenden Geschütztürme, deren Geschütze eine Kadenz von etwa 12 Schuß pro Minute besaßen, sollten durch einen elektronisch und optisch kombiniert wirkenden Feuerleitstand gesteuert und gerichtet werden. Dieser Leitstand sollte auf einem zylindrischen Aufbau auf dem Achterschiff zwischen dem hinteren Torpedorohrsatz und dem zweiten 12,8 cm-Turm Aufstellung finden. Der achtere Mast mußte dafür vom achteren Aufbau nach vorn versetzt werden. Etwa 2,5 m hinter dem zweiten Schornstein sollte er eingebaut werden.

Die 12,8 cm-Türme waren so ausgelegt, daß sie bei Ausfall des achteren elektronisch-optischen Feuerleitstandes zum vorderen Leitstand auf der Brücke, der wie bei den früher gebauten Zerstörern mit der Zielsäule und dem optisch arbeitenden Langbasis-E-Meßgerät ausgestattet war, umgeschaltet werden konnten.

Die Brücke der Zerstörer »1936 C« war in ihrer Grundkonstruktion sehr ähnlich jener der Zerstörer »1936 B«. Wie dort waren auch hier zwei Plattformen für je ein 2 cm-Fla-Vierling vorgesehen. Auf der Funkmeßhütte, die wie üblich auf der Brücke errichtet werden sollte, war die Aufstellung der breiten Antenne des FuMO 25 vorgesehen. Die Antenne einer zweiten Funkmeßanlage, des »Hohentwiel«-Gerätes, sollte am vorderen Mast dort montiert werden, wo bei früheren Zerstörerserien die Scheinwerferplattform war. Auf Scheinwerfer war bei den Zerstörern »1936 C« vollkommen verzichtet worden.

Abmessungen

Wasserverdrängung in der Konstruktion:	2574 ts
Wasserverdrängung normal:	3031 ts
Wasserverdrängung maximal:	3594 ts
Länge in der KWL:	121,5 m
Länge über Alles:	126,2 m
Größte Breite:	12,2 m
Tiefgang vorn:	3,62 m
Tiefgang achtern:	4,45 m

Gewichtsverteilung:

Schiffskörper	34,2 %
Antriebsanlage	32,1 %
Schiffsbetriebsanlage	5,5 %
Bewaffnung	11,9 %
Ausrüstung	4,1 %
Frischwasser	0,7 %
Speisewasser	1,2 %
Heizöl	10,9 %

Der Fahrbereich sollte bei 19 Knoten Fahrt bis zu 6000 sm betragen. Vorgesehen war eine Besatzungsstärke von 320 Mann etwa, davon 11 oder 12 Offiziere.

Die Torpedobewaffnung und die Mitnahmemöglichkeit für 60 Minen war identisch mit der früherer Zerstörertypen. Die Fla-Bewaffnung, die im Ursprung aus 4 – 3,7 cm-FlaMK M 42 in zwei Doppellafetten und 14 – 2 cm-FlaMW in Einzel- und Vierlingslafetten bestehen sollte, wäre mit fortschreitender Kriegsdauer mit Sicherheit verstärkt worden. In einer Bewaffnungsstudie von 1944 wurde die Gesamtzahl der leichten Flak mit 14 – 3,7 cm- und 12 – 2 cm-Geschützen angegeben, was also der »Barbara«-Bewaffnung entsprach.

8. Zerstörer »1938 B«

Ein neuer Zerstörertyp, der die Zerstörer *Z 37* bis *Z 42* umfassen sollte, wurde 1938 entworfen. 1939 wurden die Bauaufträge für diese sechs Boote erteilt, **jedoch nach Ausbruch des Zweiten Weltkrieges sistiert.** Im Herbst 1939 wurde auch dieser Typ durch den wesentlich größeren und artilleristisch stärkeren Typ der Zerstörer »1936 A (Mob)« ersetzt.

Dem Zerstörer »1938 B« lag ein Amtsentwurf von 1938 zugrunde. Er sah Glattdeckzerstörer von etwa 111,7 m Länge und einer Standardwasserverdrängung von 1971 ts vor. In Querspant- und Längsbänderbauweise sollten die Zerstörerrümpfe aus Schiffbaustahl 52 gebaut werden. Die glatten Rümpfe sollten nach vorn durch einen sanften Decksprung erhöht werden und in einem Sichelbug enden. Sie sollten auf 77 % ihrer Gesamtlänge etwa in Schiffsmitte einen Doppelboden erhalten. Zur Verminderung des Toppgewichtes war vorgesehen, noch größere Teile der Aufbauten aus Leichtmetall zu fertigen. Eine Schlingerdämpfung war nicht geplant.

Als Antriebsanlagen waren vier Wagner-Hochdruckheißdampfkessel vorgesehen, die auf 2 Satz Wagner-Turbinen hochgespannten Heißdampf von 70 atü und 450 Grad abgaben. Über Rädergetriebe sollten 50 000 PSw auf zwei Schrauben von je

2,8 m Durchmesser übertragen werden. Damit wollte man eine Höchstgeschwindigkeit von 36,3 Knoten erzielen. Der Fahrbereich sollte bei 19 Knoten Fahrt 9500 Sm betragen und damit deutlich über dem der bisherigen Zerstörer liegen. Zur Steuerung war ein trapezförmiges Spatenruder vorgesehen.

Die zum Betrieb der Waffen und Anlagen notwendige elektrische Energie sollte in zwei E-Werken erzeugt werden. Als Betriebsspannung sollte, wie auf deutschen Zerstörern üblich, 220 Volt erzeugt werden. Die E-Werke sollten etwa in Schiffsmitte vor dem zweiten Schornstein eingebaut werden. Die Steuerbordturbine mit den dazugehörigen Kesseln wäre davor, die Backbordmaschine hinter den E-Werken installiert worden.
Als Hauptbewaffnung sollte die bekannte 12,7 cm-Seezielartillerie eingebaut werden, jedoch erstmalig in Doppelturmlafetten. Je eine Turmlafette sollte auf dem Vorschiff und dem Achterdeck stehen. Diese Artillerie sollte geleitet werden durch den bekannten Leitstand auf der Brücke, der über eine Zielsäule mit Langbasis-E-Meßgerät verfügte. Die Fla-Bewaffnung war, wie der ganze Zerstörertyp überhaupt, friedensmäßig noch sehr schwach mit einer 3,7 cm-FlaMK auf dem achteren Deckshaus und zwei Stück 2 cm-FlaMW jeseits des achteren Schornsteines ausgelegt. Die acht Torpedorohre sollten wie üblich in zwei Oberdecksvierersätzen, die um 360 Grad schwenken sollten, in Mittschiffslinie stehen und je ein Satz hinter dem vorderen und achteren Schornstein Aufstellung finden. Ob Behälter oder Vorrichtungen zur Mitnahme von Reservetorpedos vorgesehen waren, ist nicht geklärt, jedoch sehr wahrscheinlich. Ebenso fraglich ist der Einbau von Minenschienen und Minenwurfeinrichtungen. Die Mitnahme von Wasserbomben auf Ablaufgerüsten ist als wahrscheinlich anzunehmen.

Daß bei Kriegsbeginn der Einbau von Funkmeßanlagen mit rechteckigen matratzenförmigen Antennen auf der Brücke geplant war, ist als sicher zu vermuten. Die Antennen wären so weit vor dem vorderen Mast, der als Dreibeinmast geplant war, eingebaut worden, daß man sie um 360 Grad hätte schwenken können.

Zur Ausrüstung der Zerstörer waren ein Kutter und eine Motorpinasse vorgesehen. Diese Boote sollten rechts und links vom vorderen Schornstein auf übermannshohen Stellagen mitgeführt werden. Je ein Scheinwerfer war am vorderen Dreibeinmast und am achteren Mast, der an der Vorderkante des achteren Aufbaus errichtet werden sollte, geplant.
Als Besatzungsstärke waren insgesamt 231 Mann, davon 8 Offiziere, vorgesehen.

Abmessungen

Wasserverdrängung standard:	1971 ts
Wasserverdrängung maximal:	2747 ts
Länge in der KWL.:	109,0 m
Länge über Alles:	111,7 m
Größte Breite:	11,3 m
Tiefgang vorn:	3,19 m
Tiefgang achtern:	4,03 m

Gewichtsverteilung

Schiffskörper	35,4 %
Antriebsanlage	30,2 %
Schiffsbetriebsanlage	6,1 %
Bewaffnung	13,1 %
Ausrüstung	4,6 %
Frischwasser	1,6 %
Speisewasser	2,0 %
Heizöl	7,0 %

Friedensmäßig war eingeplant, diesen Zerstörertyp über die ursprüngliche Zahl von sechs Einheiten hinaus zu bauen. Ab 1939 sollten die Boote im Serienbau in größeren Stückzahlen gefertigt werden. Doch wurden die Bauaufträge im Herbst 1939 noch vor Kiellegung des ersten Zerstörers wieder zurückgezogen.

9. Spähkreuzer/Zerstörer »1938« bzw. »1940/1941«

Der erste Entwurf für einen großen Zerstörer mit leichter Panzerung und starker 15 cm-Artilleriebewaffnung geht auf das Jahr 1938 zurück. Er sah vor, nach Auftragsrücknahme für die Zerstörer »1938 B« (»Z 40« bis »Z 42«) zunächst drei dieser Großzerstörer bei der Germaniawerft in Kiel zu bauen. Diese drei Einheiten sollten die Bezeichnungen *Sp 1* bis *Sp 3* erhalten. Bei dem ersten Entwurf war vorgesehen, je einen 15 cm-Doppelturm auf dem Vorschiff, vor dem zweiten Schornstein und auf dem Achterschiff zu plazieren. Der Rumpf sollte ab Achterkante der Brückenaufbauten nach vorn um ein Deck erhöht werden und das Vorschiff mit einem leichten Deckssprung versehen werden.

Die materiellen Vorbereitungen zum Bau des ersten dieser Zerstörer (**SP 1**) wurden bei Germania 1941 getroffen. Wenig später wurde der Kiel des Schiffes gestreckt. In Anbetracht der veränderten Kriegslage **wurde der Bau 1942 gestoppt,** und das bisher verbaute Material wurde 1943 wieder abgebrochen. Weitere Einheiten dieses Typs wurden nicht mehr begonnen.

Der Entwurf 1940/41 für die Spähkreuzer sah neben anderen Verbesserungen vor, die Einheiten um mehr als 15 m zu verlängern und mit stärkeren Antriebsanlagen zu versehen. In Abänderung des ersten Entwurfs war nun beabsichtigt, einen 15 cm-Doppelturm auf dem Vorschiff aufzustellen und zwei weitere in überhöhter Aufstellung auf dem Achterschiff unterzubringen. Das Mittelschiff sollte zwischen den Schornsteinen frei bleiben für die Torpedobewaffnung.

Wie bei allen anderen deutschen Zerstörern sollten die Rümpfe in Querspant-Längsbänderbauweise aus Schiffbaustahl 52 gebaut werden. 81 % der Rumpflänge sollte einen Doppelboden erhalten. Für die Aufbauten war teilweise Leichtmetall vorgesehen. Eine leichte Panzerung aus dem Stahl »Wotan hart« war geplant für Deck, Oberdeck, Brückenvorder- und rückseite, Schornsteinhälse, Turmschilde, Turmunterbauten, Munitionskammern und die Rumpfseiten in der Wasserlinie. Das Panzermaterial »Wotan weich« war für die Torpedoschotten vorgesehen.

Die Antriebsanlage sollte aus einer Kombination aus vier MAN-Motoren mit zusammen 14 500 PS für Marschfahrt und 2 Satz Getriebeturbinen, die bis zu 77 500 PS für Höchstfahrt leisten sollten, bestehen. Vier Wagner-Kessel sollten für die Turbinen einen Dampfdruck von 70 atü liefern, die Dampftemperaturen sollten bei 450 Grad liegen. Die Maschinenanlage der verbesserten 1940/41er Version sollte 32 000 PS durch MAN-Motoren und 80 000 PS durch die Turbinen leisten. Die Höchstgeschwindigkeit beider Entwürfe war 36 Knoten. Die entwickelten Pferdestärken sollten über drei Wellen auf drei Schrauben von je 3,25 m Durchmesser wirken, und zwar je eine Turbine über Rädergetriebe auf die Außenwellen und die vier doppeltwirkenden Zweitakt-Dieselmotoren über ein Vulcan-Getriebe auf die Mittelwelle. Die für den gesamten Schiffsbetrieb notwendigen elektrischen Energien sollten in vier E-Werken erzeugt werden. Gefordert waren bei 220 Volt Leistungen von ca. 880 kW.

Der Steuerung sollte ein großes Spatenruder dienen. Als Steuerungshilfe waren seitlich der Mittelwelle je eine sog. Stauflügel-Leitfläche vorgesehen.

Die Gesamtbewaffnung der beiden Entwürfe 1938 bzw. 1940/41 war gleich. Sie unterschied sich nur hinsichtlich der Aufstellung der 15 cm-Doppeltürme, wie schon an anderer Stelle gesagt. Folgende Bewaffnung war für die Spähkreuzer geplant:
6 Torpedobootskanonen 15 cm L/48 in drei Doppelturmlafetten,

2 Fla-Geschütze 8,8 cm in einer Doppellafette, 8 FlaMK 3,7 cm und 12 FlaMW 2 cm in drei Vierlingslafetten. Die ungewöhnlich starke Torpedobewaffnung sollte aus 10 Torpedorohren bestehen, die in zwei Fünfer-Oberdeckssätzen schwenkbar zwischen den beiden Schornsteinen eingebaut werden sollte. Das Kaliber der Torpedorohre sollte wie üblich 53,3 cm sein. Mitnahmevorrichtungen für 10 Reservetorpedos waren geplant. Des weiteren war vorgesehen, diese Großzerstörer zum Minenwerfen einzurichten. Die Minenkapazität war mit 140 Minen mehr als doppelt so groß wie bei allen kleineren, vorher gebauten Zerstörern mit Ausnahme der Zerstörer 1936 B. Zur Bekämpfung von U-Booten waren die schon bekannten Wasserbomben vorgesehen, die von Wabo-Ablaufbahnen abgerollt oder von Wabowerfern abgeschossen werden sollten.

Zur Bootsausrüstung des Typs gehörten zwei Motorpinassen und zwei Kutter. Bei dem Entwurf 1938 waren je ein Scheinwerfer am vorderen und achteren Mast geplant, beim verbesserten Entwurf 1940/41 ein Scheinwerfer am vorderen Mast und zwei Scheinwerfer vor dem achteren Schornstein auf je einem Podest.

Die Besatzung sollte aus etwa 520 Mann, davon 18 Offizieren, bestehen.

Abmessungen

	Entwurf 1938:	Entwurf 1940/41:
Wasserverdrängung in der Konstruktion	4542 ts	5810 ts
Wasserverdrängung standard	5037 ts	6300 ts
Wasserverdrängung maximal	5900 ts	
Länge in der KWL	145 m	162 m
Länge über Alles	152,2 m	169 m
Größte Breite	14 m	16 m
Tiefgang	4,62/5,62 m	4,9 m

Gewichtsverteilung für Spähkreuzer »1938«

Schiffskörper	35,9 %
Antriebsanlage	32,4 %
Schiffsbetriebsanlage	6,9 %
Bewaffnung	10,9 %
Ausrüstung	4,3 %
Frischwasser	1,1 %
Speisewasser	1,6 %
Betriebsstoff	6,7 %

Obwohl beide Entwürfe im Grundsätzlichen die typischen Zerstörer-Formen und Eigenschaften aufwiesen, waren sie im Hinblick auf ihre Größe, auf Bewaffnung und insbesondere auf ihren sehr großen Aktionsradius von 12 000 sm bei einer Dauergeschwindigkeit von 19 Knoten als Kreuzer anzusprechen. Vermutlich war ursprünglich geplant, diese Schiffe im ozeanischen Kreuzerkrieg einzusetzen. Für diese These spricht die Tatsache, daß das Konzept zum Bau dieser Einheiten noch aus dem Z-Plan stammte, der – wie bereits erwähnt – bei Kriegsausbruch für ungültig erklärt wurde.

10. Zerstörer »1942«

Der 1942 vorgelegte Amtsentwurf für einen Versuchszerstörer mit Dieselmotorenantrieb wurde der Deschimag-Werft in Bremen zur Ausführung zugeleitet. Die Werft begann mit dem Bau des Zerstörers 1943. Das Schiff lief als *Z 51* im Jahre 1944 vom Stapel. Es wurde **jedoch bis Kriegsende nicht mehr fertiggestellt.** Am 21. März 1945 erlitt es während eines Luftangriffs auf Bremen schwere Fliegerbombenschäden, worauf der Weiterbau eingestellt wurde. Der unfertige Zerstörer wurde zwischen 1946 und 1948 unter Wasser auseinandergeschnitten. Die geborgenen Sektionen wurden abgewrackt.

Auch dieser Zerstörer wurde in gewohnter Weise im Querspant-Längsbänder-Verfahren gebaut. Etwa 40 % des Rumpfes waren mit einem Doppelboden versehen, der seitlich bis zur Konstruktionswasserlinie hochgezogen war. Während der Rumpf aus Schiffbaustahl 52 gebaut wurde, fanden für die Aufbauten und Schornsteinmäntel weitgehend Leichtmetalle Verwendung.

Dem Antrieb dienten Dieselmotoren vom Typ »V 12 Z 32/44 MAN«. Drei Antriebswellen waren eingebaut, von denen die beiden Außenwellen je eine kleinere und die Mittelwelle eine erheblich größere Schraube trugen. Die Dieselmotoren waren wie folgt angeordnet:

Anordnung der Motorenanlage des Zerstörers »Z 51« (Motorenversuchszerstörer)

1 bis 2:
Je 1 MAN-Zweitakt-Dieselmotor zu je 5.260 PSw, direkt auf die Außenwellen wirkend.

3 bis 6:
Je 1 MAN-Zweitakt-Dieselmotor zu je 11.650 PSw, auf ein gemeinsames Getriebe wirkend.

Aufstellung von je zwei Motoren und des Getriebes in getrennten, wasserdichten Abteilungen.

7: Getriebe

8: Bb.-Schraubenwelle

9: Mittelschraubenwelle.

10: Stb.-Schraubenwelle.

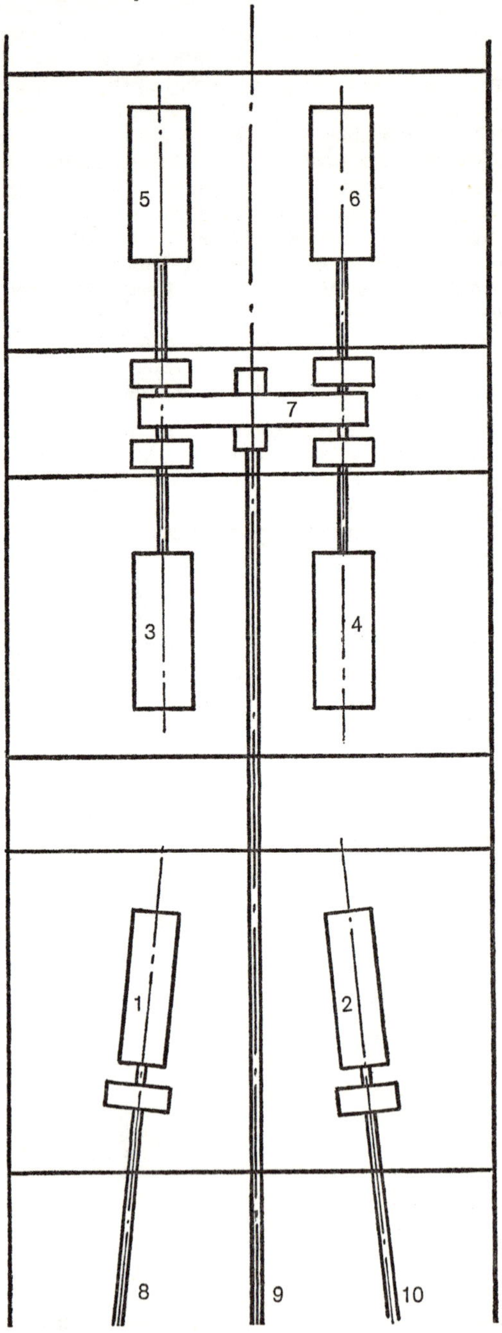

Auf die Außenwellen wirkten je ein Motor mit je 5260 PS direkt. Vier Motoren von je 11 650 PS (24 Zylinder, 2-Takt, V-Diesel, 600 Umdrehungen pro Minute) waren über ein Vulcan-Getriebe auf die Mittelwelle geschaltet. Die gesamte Motorenanlage leistete 57 120 PSe. Das Gesamtgewicht der Motoren war etwa 200 Tonnen größer als eine Dampfantriebsanlage gleicher Leistung. Die Höchstgeschwindigkeit des Zerstörers war mit 36 Knoten angegeben. Mit einem Brennstoffvorrat von 551 Tonnen Dieseltreibstoff war der große Aktionsradius von 13 500 sm bei einer Marschgeschwindigkeit von 19 Knoten errechnet worden.

Der Steuerung sollten 3 Spatenruder dienen, die hinter den drei Schrauben im Schraubenstrom angeordnet waren.

Abmessungen

Konstruktionswasserverdrängung	2053 ts
Standardwasserverdrängung	2330 ts
Maximale Wasserverdrängung	2632 ts
Länge in der KWL	108 m
Länge über Alles	114,3 m
Größte Breite	11 m
Tiefgang vorn	3,72 m
Tiefgang achtern	4,35 m

Gewichtsverteilung

Schiffskörper	34,5 %
Antriebsanlage	36,0 %
Schiffsbetriebsanlage	4,2 %
Bewaffnung	10,4 %
Ausrüstung	4,4 %
Frischwasser	0,9 %
Speisewasser	0,1 %
Treiböl	9,5 %

Als Bewaffnung war vorgesehen und teilweise auch eingebaut:
4 Seezielgeschütze 12,7 cm L/45 in Einzelmittelpivotlafetten C/34;
8 FlaMK 3,7 cm M/42 in vier Doppellafetten;
12 FlaMW 2 cm M/38 in drei Vierlingslafetten;
6 Torpedorohre 53,3 cm in zwei Drillingssätzen an Oberdeck;
Mitnahmevorrichtungen für 18 Reservetorpedos;
Minenwurfeinrichtung und Minenkapazität von 50 Seeminen;
Wasserbombenablaufbahn und -werfer.

Ein Dreibeinmast war zwischen Achterkante Brücke und vorderem Schornstein errichtet. Neben den üblichen Signalmitteln und Rahen sollte der Mast zwei Funkmeß-Antennen tragen. Die Funkantennen wurden zwischen dem Dreibeinmast und zwei seitlich vom achteren Schornstein abgespreizte Ausleger gespannt. Auf die Errichtung eines achteren Mastes war verzichtet worden.
Als Beiboote waren eine Motorpinasse und ein Kutter vorgesehen.
Die vorgesehene Gesamtbesatzung sollte aus 235 Mann, davon 12 Offizieren, bestehen.

11. Zerstörer »1944«

Dem Typ des Zerstörers 1944 lag der Amtsentwurf für die Zerstörer »1942 C« zu Grunde. Vorgesehen war, von diesem Typ fünf Einheiten *Z 52* bis *Z 56* zu bauen. 1943 wurde auf der Deschimag-Werft in Bremen mit dem Bau der Zerstörer begonnen, doch bald wurde **der Bau infolge von Materialknappheiten und Fliegerbombenschäden stillgelegt.** Das bereits verbaute Material wurde noch vor Ende des Zweiten Weltkrieges wieder abgebrochen.

In schon bekannter Art sollte auch dieser Zerstörertyp in Querspant-Längsbänderbauweise erstellt werden. Der Entwurf sah einen Doppelboden vor, der über 57 % der Rumpflänge reichen sollte. Wie bei allen Vorgängertypen sollte auch bei diesen Zerstörern der Rumpf aus Schiffbaustahl 52 und die Aufbauten zum großen Teil aus Leichtmetall erstellt werden.

Als Antriebsanlage sollten 8 doppeltwirkende Zweitakt-Dieselmotoren eingebaut werden, die je 8500 PS zunächst und später (mit Aufladung?) je 9500 PSe erbringen sollten. Die Gesamtleistung der Motorenanlage sollte schließlich bei 76 000 PSe liegen. Die beiden Vulcan-Getriebe waren so einzubauen, daß sie zwischen je zwei Motorpaaren lagen. Die entwickelten Energien wurden über zwei Antriebswellen auf zwei Schrauben übertragen, die einen Durchmesser von je 3,45 m haben sollten. Der Steuerung sollten zwei Spatenruder dienen, die jeweils hinter den Schrauben im Schraubenstrom eingebaut werden sollten.

Anordnung der Motorenantriebsanlage der Zerstörer 1944 (»Z 52« bis »Z 56«)

1 bis 8:
Je 1 MAN-Zweitakt-Dieselmotor zu 9.500 PSe.

9 bis 10:
Je 1 Getriebe, auf das je vier Motoren wirken sollten.

11:
Bb.-Schraubenwelle

12:
Stb.-Schraubenwelle

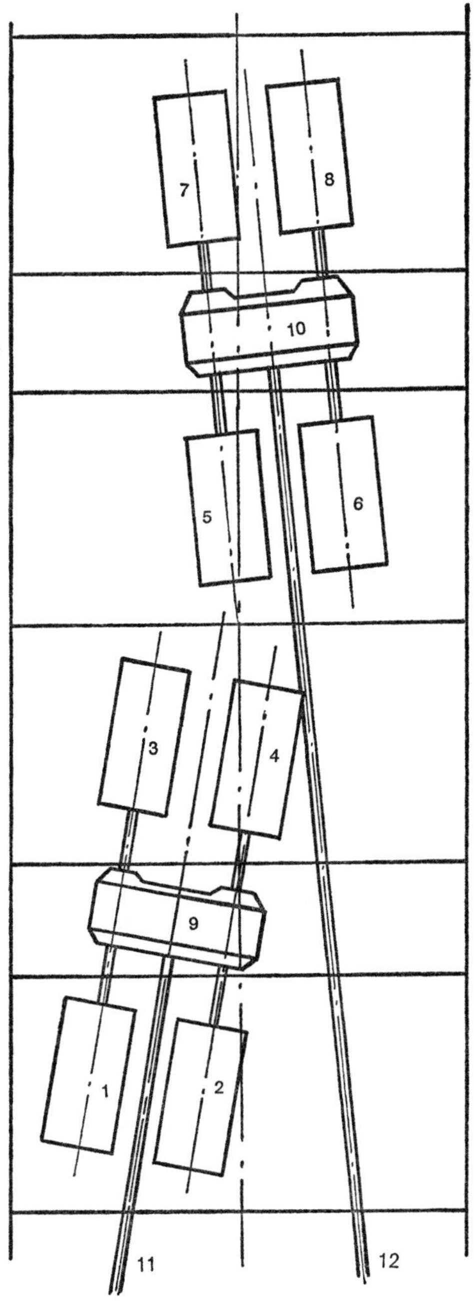

Die errechnete Höchstgeschwindigkeit sollte für diesen Zerstörertyp bei 37,5 Knoten liegen. Der Aktionsradius war 16 000 sm bei 19 Knoten.

Abmessungen

Wasserverdrängung in der Konstruktion	2818 ts
Wasserverdrängung standard	3170 ts
Wasserverdrängung maximal	3703 ts
Länge in der KWL	126,0 m
Länge über Alles	132,1 m
Größte Breite	12,6 m
Tiefgang vorn	4,14 m
Tiefgang achtern	4,92 m

Folgende Bewaffnung war für die Zerstörer 1944 vorgesehen:
6 Mehrzweckgeschütze 12,8 cm K.M. 41 L/45 in drei Doppel lafetten. Zwei Lafetten auf dem Vorschiff in überhöhter Aufstellung, eine Doppellafette auf dem Achterschiff.

3 FlaMK 5,5 cm in Einzellafetten.
14 FlaMK 3 cm in sieben Doppellafetten.
8 Torpedorohre 53,3 cm in zwei Oberdecks-Vierlingssätzen.
Mitnahmevorrichtung für 8 Reservetorpedos.
Minenkapazität 60 Minen, dazu Minenwurfeinrichtungen.
Wasserbombenablaufgerüste und -werfer.

Je ein elektronisch wirkendes Feuerleitgerät, das auf dem Funkmeß-Prinzip arbeiten sollte, waren zum Einbau auf der Brücke und auf dem Achterschiff vorgesehen.

Zwischen der Achterkante der Brücke und dem vorderen Schornstein sollte in ähnlicher Weise wie auf *Z 51* ein Dreibeinmast errichtet werden, der neben den üblichen Signalmitteln und Rahen auch zwei Funkmeß-Antennen tragen sollte. Auf einen achteren Mast war auch hier verzichtet worden. Die für den Funkbetrieb notwendigen Drahtantennen sollten zwischen dem vorderen Mast und zwei Auslegern gespannt werden, welche seitlich abgespreizt am achteren Schornstein vorgesehen waren.

Zur Bootsausrüstung der Zerstörer 1944 sollten zwei Motorpinassen, ein Kutter und ein Dingi gehören.

Es war geplant, den Zerstörern eine Gesamtbesatzung von 308 Mann, davon 12 Offiziere, an Bord zu geben.

12. Zerstörer »1945«

Der Amtsentwurf für die Zerstörer »1945« ging zurück auf Studien aus dem Jahr 1936, in dem folgende Forderungen gestellt waren:

Etwa 120 m Länge über Alles, 12 m größte Breite, 3,88 m Tiefgang, 2700 ts standard und 3700 ts maximal.

Aus Mangel an M.A.N.-Dieselmotoren sollten diese Zerstörer wieder mit den herkömmlichen, jedoch inzwischen verbesserten und leistungsfähigeren Wagner-Turbinen ausgerüstet werden. Diese waren in ausreichender Zahl und gegenüber früheren Anlagen mit erheblich verringertem Gewicht lieferbar.

In 4 Wagner-Hochdruck-Heißdampfkesseln war hochgespannter Dampf von 70 atü und 400 Grad Betriebstemperatur zu erzeugen. Dieser war auf 2 Satz Wagner-Turbinen zu leiten. Die in den Turbinen erzeugten 80 000 PSw sollten über zwei Getriebe und zwei Antriebswellen auf zwei Schrauben von etwa 3,45 m Durchmesser wirken. Damit sollten je nach Zuladung Höchstgeschwindigkeiten von 37 bis 42,5 Knoten erzielt werden. Mit einem Betriebsstoffvorrat von 800 ts Öl war ein Aktionsradius von rund 8000 sm bei Dauerfahrt von 19 Knoten errechnet worden.

Durch die gewichtsmäßig leichtere Ausführung der gesamten Antriebsanlage erwartete man eine Leistungssteigerung von 12 %. Außerdem war vorgesehen, die Gewichtseinsparungen der Bewaffnung zugute kommen zu lassen. Dem kam die inzwischen erfolgte Entwicklung der 12,8 cm-Mehrzweckgeschütze in den leichten Doppelturmlafetten noch entgegen.

Als Bewaffnung war für diese Zerstörer gefordert und auch geplant:
8 Mehrzweckkanonen 12,8 cm K.M. 41 L/45 vollautomatisch in vier leichten Doppeltürmen;
4 FlaMK 5,5 cm in Einzellafetten;
12 FlaMK 3 cm in sechs Zwillingslafetten;
8 Torpedorohre 53,3 cm in zwei Oberdecks-Vierlingssätzen;
Mitnahmevorrichtungen für 8 Reservetorpedos und 100 Seeminen, dazu Minenwurfvorrichtungen;
Wasserbombenablaufgerüste bzw. -werfer.

Die Feuerleitanlagen waren geplant in Anordnung und Ausführung wie auf den Vorgängern, den Zerstörern 1944. Desgleichen auch die Ausrüstung mit einem Dreibeinmast, daran zwei Funkmeß-Antennen, jedoch auf der Mastspitze eine zusätzliche »Berlin«-Funkmeß-Antenne. Am achteren Schornstein waren zwei seitlich abgeschrägte Auslager vorgesehen. Zwischen ihnen und dem vorderen Mast waren die Funk-Drahtantennen zu spannen.

Die Bestückung mit Beibooten war ähnlich dem direkten Vorläufertyp. Sie umfaßte 2 Motorpinassen, 1 Kutter und 1 Motordingi.

Die vorgesehene Gesamtstärke der Besatzung ist nicht genau bekannt. Sie dürfte jedoch zwischen 320 bis 350 Mann, davon 12 bis 15 Offiziere, betragen haben.

Der Zerstörer »1945« **blieb reines Projekt.** Die Kriegslage verbot seine Realisierung.

13. Beutezerstörer

a) *ZH 1*

Als deutsche Truppen im Mai 1940 Holland besetzten, fanden sie in der Rotterdamer Droogdok Mij. den von den Holländern am 15. Mai 1940 im Hafen versenkten unfertigen Zerstörer *Gerard Callenburgh* vor. Dieser Zerstörer *Isaac Schweers*-Klasse war 1937 in Auftrag gegeben, mit dem Bau 1938 begonnen worden. Der Zerstörer lief am 9. Mai 1940, also wenige Tage vor der deutschen Besetzung Rotterdams, vom Stapel. Die Absicht, den Bootsrumpf dem Zugriff Deutschlands zu entziehen und nach England abzuschleppen, mußte wegen allzu schnellen Vordringens der deutschen Truppen aufgegeben werden.

Nach holländischen Plänen sollte der Zerstörer bei seiner Fertigstellung die folgenden Daten aufweisen:
Displacement:
Standard 1922 t, maximal 2228 t.

Abmessungen:
105 mm in der KWL, 107 m über alles. 10,6 m größte Breite.
2,8 m Tiefgang vorn, 3,5 m achtern.

Antriebsanlagen:
3 Yarrow-Trommel-Wasserrohrkessel, die je bis zu 28 atü Druck erzeugten.

2 Parsons-Turbinen, die über Rädergetriebe auf je eine Welle mit einem Propeller wirkten. Maximale Maschinenleistung 45 000 PS. Höchstgeschwindigkeit 37,5 Knoten. Treibstoffvorrat etwa 560 t Öl. Aktionsradius 5 400 Sm bei 19 Knoten Dauerfahrt.

Bewaffnung nach holländischer Planung:
5 Seezielgeschütze 12 cm, davon je 2 Stück in Doppellafetten auf dem Vor- und Achterschiff, 1 Einzellafette überhöht auf dem achteren Aufbau; 4 Flak 4 cm in 2 Doppellafetten; 4 Fla-MW 1,27 cm in Einzellafetten;
8 Torpedorohre in zwei Oberdecks-Vierersätzen 53,3 cm, aufgestellt in der Mittschiffslinie hinter dem 2. Schornstein und vor

dem achteren Aufbau; 24 Minen; 1 Seeflugzeug; Wasserbomben. Artillerie-Feuerleitanlagen ähnlich der auf dem holländischen Kreuzer *Tromp*.

Besatzung:
158 Mann.

Unter deutscher Leitung wurde der Zerstörer abgedichtet und am 14. Juli 1940 gehoben. *Zum Weiterbau blieb er in Rotterdam.* Die bereits für den 4. März 1942 vorgesehene Indienststellung mußte wegen akutem Mangel an Unteroffizieren verschoben werden. Am 15. April 1942 wurde der fast fertige Zerstörer in Rotterdam durch F. d. Z. besichtigt. Dieser beklagte, daß der Bau von Frühjahr 1941 bis April 1942 eingestellt war, weil ein Teil des Werftpersonals zu anderen Aufgaben abgezogen war. Fertigstellung und Abnahmefahrt waren am 5. Oktober 1942. Am 10. Oktober 1942 wurde *ZH 1* in Rotterdam durch den Flottenchef besichtigt, und am nächsten Tag wurde der Zerstörer für die 5. Z.-Flottille in Dienst gestellt.

Obwohl bis zur Indienststellung mehr als zwei Jahre vergangen waren, sind nur geringfügige Umbauarbeiten und Instandsetzungen durchgeführt worden. Die Fla-Bewaffnung wurde verändert auf 4 FlaMK 3,7 cm in zwei Doppellafetten und 4 FlaMW 2 cm in einem Vierling. Hinzugekommen waren 4 Wasserbombenwerfer. Auf die Mitnahme eines Bordflugzeugs wurde deutscherseits verzichtet. Ein Funkmeß-Gerät war noch nicht eingebaut.

Am 23. Oktober 1942 stieg in Rotterdam der F. d. Z. auf *ZH 1* ein. Anschließend lief der Zerstörer aus. Bei der Ansteuerungstonne von Hoek van Holland wurde die Seeklarbesichtigung durchgeführt. Danach lief der Zerstörer wieder in Rotterdam ein, und der F. d. Z. stieg wieder aus. Am 25. Oktober 1942 lief *ZH 1* aus Rotterdam zur Verlegung nach Hamburg aus, wo er am nächsten Tag eintraf.

In der Werft von Blohm & Voss fand die Abnahme des Zerstörers statt, bevor er wenige Tage später in die Ostsee verlegte, wo von Gotenhafen aus E.K.K.-Erprobungen und erste Übungen durchgeführt wurden. Mitte Januar 1943 lief das Boot wieder in Hamburg ein, wo bei Blohm & Voss Reparaturen, Restarbeiten, Einbau von Dreibeinmast und Funkmeß-Ortungsgerät und Maschinenüberholung durchgeführt wurden. Die Werftzeit dauerte bis etwa Ende März 1943.

Zur Durchführung von Erprobungen und zur Besatzungsausbildung wieder in die Ostsee verlegt, hatte der Zerstörer am 11. April 1943 eine Kollision mit dem dänischen Dampfer *Douro* bei Gjedser. Während der Zerstörer Schäden am Steven davongetragen hatte, die anschließend in Kiel beseitigt wurden, ist der Dampfer gesunken.

Nach der Reparatur führte der Zerstörer in der Ostsee ab Ende April 1943 seine Ausbildung durch. Im Juni 1943 traf der Zerstörer erneut zur Durchführung von Restarbeiten bei Blohm & Voss in Hamburg ein. Insbesondere die sehr störanfällige Maschinenanlage des Bootes war reparaturbedürftig. Wegen schwerer Schäden, die die Werft bei einem Luftangriff auf Hamburg erlitten hatte, konnte *ZH 1* nicht ausgedockt werden, und seine endgültige Fertigstellung verschob sich damit von Ende Juli auf Ende August 1943. Zur Beendigung der noch fälligen Restarbeiten lief der Zerstörer Ende August 1943 nach Swinemünde. Mitte Oktober 1943 war er einsatzbereit; nur noch einige Ausbildungsfahrten waren zu absolvieren.

Am Nachmittag des 31. Oktober 1943 begann die Verlegung von *ZH 1* gemeinsam mit *Z 27* von Kiel nach Bordeaux. Auf dem Weg dorthin wurden die Schiffe am 3. November 1943 beim Passieren der Kanalenge durch englische Küstenbatterien beschossen, welche jedoch keine Direkttreffer erzielten. Am nächsten Tag wehrten die beiden Zerstörer die Angriffe von etwa 9 bis 10 englischen Motortorpedobooten ab und versenkten nach eigenen Beobachtungen etwa drei von ihnen. Am 5. November 1943 trafen *ZH 1* und *Z 27* abends in der Gironde-Mündung ein.

Die weiteren Einsätze von *ZH 1* litten sehr unter der störanfälligen Antriebsanlage. Beim Einholen des Blockadebrechers *Osorno* durch die 8. Z.-Fl. und die unterstellte 4. T.-Fl. blieb *ZH 1* in der Mitte der Biskaya mit völlig versalzter Anlage liegen; er mußte bei schwerer See, schlechtem Wetter und britischer Luftbedrohung durch das Torpedoboot *T 25* in die Gironde eingeschleppt werden. Die Instandsetzung in Bordeaux dauerte bis Februar 1944.

Von März bis Ende Mai 1944 führte *ZH 1* mit anderen Zerstörern und Torpedobooten mehrere Geleitaufgaben, Übungen und Sicherungsfahrten für ein- und auslaufende U-Boote in der Biskaya durch.

Als die alliierte Invasion am 6. Juni 1944 in der Normandie begann, lagen *Z 32*, *Z 24* und *ZH 1* einsatzbereit in der Gironde-Mündung. Von dort verlegten die drei Boote unter Führung des Chefs der 8. Z.-Fl. auf *Z 32* nach Brest, wo sie am 7. Juni 1944 einliefen.

In den Abendstunden des 8. Juni 1944 liefen die drei Zerstörer und das angehängte Torpedoboot *T 24* aus Brest aus zur Verlegung nach Cherbourg. Von dort aus sollten Angriffe gegen die alliierte Invasionsflotte durchgeführt werden. Während des Marsches wurden die vier Boote am 9. Juni 1944 kurz nach Mitternacht im Westausgang des Ärmelkanals durch die englischen Zerstörer *Tartar*, *Ashanti*, *Eskimo* und *Javelin*, die kanadischen Zerstörer *Haida* und *Huron* und die polnischen Zerstörer *Blyscawiza* und *Piorun* abgefangen. In dem sich entwickelnden heftigen Zerstörergefecht erhielt *ZH 1* zahlreiche Artillerietreffer und zunächst einen Torpedotreffer durch den Zerstörer *Tartar*. *ZH 1* lag daraufhin bewegungsunfähig und brennend nahe der Ile de Bas an der bretonischen Küste. Nach einem weiteren Torpedotreffer, der durch *Ashanti* verursacht wurde, sank *ZH 1*. Von der Besatzung sind 39 Mann gefallen und mehrere in englische Gefangenschaft geraten.

b) *ZG 3 Hermes*

Der griechische Zerstörer *Vasilefs Georgios* wurde von deutschen Truppen am 6. Mai 1941 im Dock der griechischen Werft Skaramanga in Salamis erbeutet. Er befand sich dort eingedockt zur turnusmäßigen Werftliegezeit und war mit dem Dock am 20. April 1941 bei einem Bombenangriff deutscher Stukas gesunken. Von deutschen Werftspezialisten wenig später untersucht, kam man zu dem Ergebnis, das eine Hebung und Wiederherstellung des Bootes relativ schnell und erfolgversprechend durchzuführen sei. Nach der Bergung wurde ab Sommer 1941 mit den Reparatur- und Instandsetzungsarbeiten begonnen, die im März 1942 beendet waren. Unter deutscher Flagge wurde der Zerstörer am 21. März 1942 in Dienst gestellt. Als Namen erhielt er die Bezeichnung *ZG 3*. Am 22. August 1942 wurde er umgetauft auf den Namen *ZG 3 Hermes*.

Als Typschiff einer Klasse von vier Zerstörern war *ZG 3* als *Vasilefs Georgios* in England in Auftrag gegeben worden. Sein Kiel wurde 1937 auf der Yarrow-Werft in Glasgow gestreckt. Am 3. März 1938 fand sein Stapellauf statt. Nach einer weiteren zehnmonatigen Bauzeit konnte *ZG 3* am 15. Februar 1939 die Indienststellung vorgenommen werden. Der Bau von weiteren drei Schwesterschiffen war geplant, doch wurde nur noch eins von ihnen, *Vasilissa Olga*, ebenfalls in England fertiggestellt.

Dem Bau der »Vasilefs Georgios«-Klasse lagen die nur unwesentlich geänderten Baupläne der englischen Zerstörer der »G«- und »H«-Klasse zugrunde. Wie die englischen Zerstörer waren auch die beiden fertiggestellten griechischen Boote aus Schiffbaustahl in Querspantbauweise erstellt und die Rümpfe in mehrere wasserdichte Abteilungen unterteilt worden. Bei Probefahrten in englischen Gewässern wurden Geschwindigkeiten von mehr als 35 Knoten erzielt. Als Seezielartillerie waren vier 12 cm-Kanonen in Einzellafetten vorgesehen, die jedoch erst nach der Überführungsfahrt nach Griechenland in Salamis eingebaut wurden. Auch die Fla- und Torpedobewaffnung wurde hier vervollständigt.

Nachdem der Zerstörer unter deutscher Flagge in Dienst gestellt worden war, galten folgende Daten:

Abmessungen

Wasserverdrängung standard:	1414 ts
Wasserverdrängung maximal:	2088 ts
Länge in der KWL:	98,5 m
Länge über Alles:	101,2 m
Größte Breite:	10,4 m
Tiefgang:	2,34 bis 3,43 m

Antriebsanlagen:
3 Yarrow-Dreitrommel-Kessel, die je einen Dampfdruck von 16 atü erzeugten.

2 Parsons-Tubinen (Stb.-Turbine vorn, Bb.-Turbine im achteren Turbinenraum), die über 2 Rädergetriebe auf je eine Welle mit einem Propeller wirkten.

Maximale Maschinenleistung 34 000 PSw.

Höchstgeschwindigkeit 32 Knoten (bei der Wiederherstellung 1941 waren nur zwei kleine Propeller vorhanden, die keine höhere Geschwindigkeit zuließen).

Betriebsstoffvorrat 465 t Treiböl.

Aktionsradius 6000 sm bei 15 Knoten, 4800 sm bei 19 Knoten Dauerfahrt.

Bewaffnung:
Vier 12,7 cm-Torpedobootskanonen C/34 L/45 in vier Einzellafetten deutscher Bauart;
4 FlaMK 3,7 cm in zwei Doppellafetten C/30;
4 FlaMW 2 cm in Einzellafetten.

8 Torpedorohre in zwei Oberdecksvierersätzen, die in der Mittschiffslinie hinter dem achteren Schornstein und vor dem achteren Aufbau eingebaut waren;
Wasserbomben.

Bei den Erprobungs- und Ausbildungsfahrten, die von Ende März bis Juni 1942 dauerten, sowie bei den späteren Einsätzen zeigte sich der Zerstörer als ein sehr gutes seefähiges Schiff mit weichen, gleichmäßigen Bewegungen. Obwohl mit nur einem Ruder ausgestattet, drehte *Hermes* gut und schnell und war leicht zu manövrieren. Ein Nachteil, der zeitweise den Gebrauch der Vorschiffsgeschütze beeinträchtigte, war das durch Spritzwasser bis zur Brücke nasse Vorschiff, wenn der Zerstörer mit höheren Fahrtstufen gegen die See fuhr.

Nach beendeter Einfahrt- und Ausbildungszeit war *ZG 3* Mitte Juni 1942 voll einsatzbereit. Da im Kapitel »Die deutschen Zerstörer im Zweiten Weltkrieg« die Einsätze dieses Bootes nicht abgehandelt wurden, sind sie nachfolgend im einzelnen aufgeführt.

24. bis 25. 6. 1942
Geleiteinsatz gemeinsam mit den italienischen Zerstörern *Turbine*, *Castelfidardo*, *Francesco Crispi* und *Solferino* für 7 Frachter auf der Fahrt von Piräus nach Kreta.

26. bis 27. 6. 1942
Rückgeleit für die 7 Frachter von der Sudabucht/Kreta nach Piräus mit den vier italienischen Zerstörern. Während dieser Fahrt griff *ZG 3* ein vermeintliches U-Boot mit Wasserbomben an.

2. bis 3. 7. 1942
Auslegen einer defensiven Minensperre mit italienischen Zerstörern bei den Zykladen. Anschließend Rückmarsch nach Piräus.

6. bis 7. 7. 1942
Marsch von Piräus zur Sudabucht auf Kreta.

8. bis 10. 7. 1942
Geleit von 6 Dampfern von der Sudabucht nach Tobruk.

15. bis 17. 7. 1942
Geleit von 2 Dampfern von Tobruk über Iraklion nach Piräus.

ca. 20. 7. 1942
Marsch von Piräus zur Sudabucht.

23. bis 24. 7. 1942
Geleitmarsch für 2 Dampfer von der Sudabucht nach Tobruk.

24. bis 25. 7. 1942
Rückmarsch von Tobruk zur Sudabucht.

5. 8. 1942
Einbringen des havarierten deutschen U-Bootes *U 97* von der Westküste Kretas nach Salamis.

11. 8. 1942
Geleiteinsatz für 2 Frachter auf dem Marsch von Piräus zur Sudabucht.

12. bis 13. 8. 1942
Marsch von der Sudabucht nach Navarino.

13. 8. 1942
ZG 3 mit italienischen Kreuzern und Zerstörern Navarino ausgelaufen, um einen britischen Mittelmeergeleitzug anzugreifen. Einsatz jedoch kurz nach Beginn abgebrochen, Einheiten wieder in Navarino eingelaufen. *ZG 3* Rückmarsch nach Kreta angetreten.

14. 8. 1942
In der Sudabucht vor Anker gegangen.

14. bis 16. 8. 1942
Geleit mit italienischen Zerstörern für 2 Dampfer auf dem Marsch von der Sudabucht nach Nordafrika (Tobruk).

16. bis 17. 8. 1942
Geleit für den deutschen Transporter *Ankara* auf dem Marsch von Tobruk in das Ionische Meer. Anschließend Marsch nach Kreta.

19. bis 20. 8. 1942
Marsch von Kreta in das östliche Mittelmeer. Dort Aufnahme des tauchunklaren U-Bootes *U 83* und Einbringen des Havaristen nach Salamis.

22. 8. 1942
In Piräus umgetauft auf den Namen *ZG 3 Hermes*.

22. bis 23. 8. 1942
Geleit für zwei Dampfer von Piräus zur Sudabucht.

Oben: Bugansicht von *Z 6, Theodor Riedel* im Okt. 1938, aufgenommen während des Marsches der 2. Z.-Div. nach Spanien.

Unten: Indienststellung von *Z 8, Bruno Heinemann* am 8. 1. 1938 mit zur Erprobung zeitweilig eingebauten vier 15 cm-Geschützen.

Z 6, Theodor Riedel im Nov. 1942 nach Umbau und Modernisierung mit Dreibeinmast vorn, FuMO 21, flachen Schornsteinkappen und Tarnanstrich.

Oben: *Z 7, Hermann Schoemann* in Nordnorwegen im Februar oder März 1942, wenige Wochen vor seinem Untergang.

Mitte rechts: *Z 8, Bruno Heinemann* in der Biskaya im Sommer 1941.

Rechts: *Z 9, Wolfgang Zenker* 1939 auf der Kieler Förde.

Z 10, Hans Lody vor der südnorwegischen Küste 1944.

Rechts *Z 10, Hans Lody* und links *Z 20, Karl Galster* in der Kiel-Holtenauer Schleuse am 28. 7. 1940.

Z 4, Richard Beitzen im November 1937 beim Artillerie-Nachtschießen.

Rechts: *Z 11, Bernd von Arnim* im Jahre 1939.

Unten rechts: *Z 12, Erich Giese* beim Flottentorpedoschießen im August 1939.

Unten links: *Z 12, Erich Giese* im März 1939.

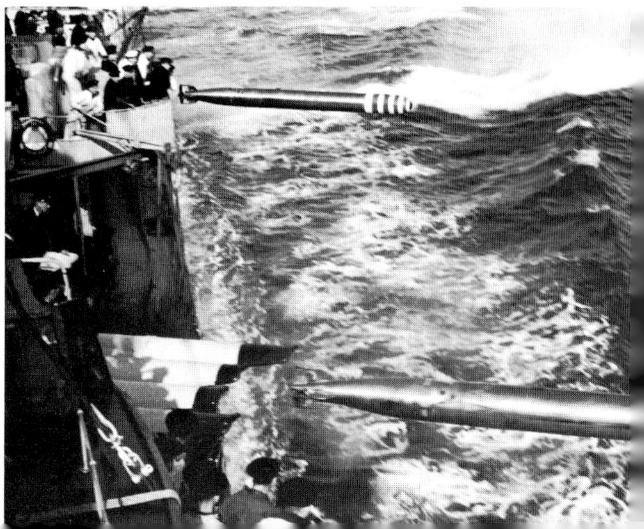

26. bis 28. 8. 1942
Geleitsicherung für den Tanker *Ossag* auf dessen Marsch von Iraklion nach Suda, dabei unterwegs gemeinsam mit italienischen und deutschen Geleitfahrzeugen Jagd auf ein U-Boot. *Hermes* anschließend von Kreta nach Piräus zurückverlegt.

1. bis 2. 9. 1942
Geleit für den Tanker *Stige* von Piräus nach Tobruk.

2. bis 7. 9. 1942
Geleitsicherung von Tobruk über die Sudabucht nach Piräus für den Tanker *Giorgio*.

9. bis 10. 9. 1942
Geleit für Truppentransporter von Piräus nach Suda.

12. bis 15. 9. 1942
Geleitsicherung für den Tanker *Alberto Fassio* und fünf Fährprähme von der Sudabucht nach Derna, Nordafrika, und weiter nach Tobruk.

16. bis 18. 9. 1942
Geleit für den Dampfer *Ankara* auf dessen Marsch von Tobruk nach Piräus.

20. bis 24. 9. 1942
Geleit für den Truppentransporter *Re Alessandro* von Piräus nach Iraklion und weiter zur Sudabucht, anschließend Geleit für den Tanker *Rodine* von Suda nach Tobruk.

24. bis 25. 9. 1942
Geleit für Dampfer *Foscolo* von Tobruk nach Piräus.

28. bis 30. 9. 1942
Geleitsicherung für die Tanker *Albaro* und *Celeno* von Piräus nach den Dardanellen. *Hermes* anschließend Rückmarsch nach Piräus.

30. 9. bis 2. 10. 1942
Geleit dreier Dampfer von Piräus nach Iraklion und von dort Rückgeleit von zwei Dampfern nach Piräus.

9. bis 11. 10. 1942
Auslegen einer Minensperre südlich Kreta gemeinsam mit italienischen Seestreitkräften.

26. bis 27. 10. 1942
Geleit für den Dampfer *Corso Fougier* von Saloniki nach Trikiri und weiter nach Euböa. *Hermes* und weitere Sicherungsfahrzeuge anschließend nach Saloniki zurückgekehrt.

29. 10. bis 1. 11. 1942
Geleit für Tanker *Ossag* von Piräus zu den Dardanellen und Alleinweitermarsch des Zerstörers nach Saloniki. Dort Aufnahme der Dampfer *Col di Lana* und *Adriana*, und Geleit für diese nach Piräus.

2. bis 5. 11. 1942
Geleit für die Dampfer *Col di Lana* und *Gualdi* und den Tanker *Porto Fino* von Piräus nach Benghasi. Von dort *Hermes* und andere Geleiteinheiten Rückmarsch nach Piräus durchgeführt.

12. bis 14. 11. 1942
Geleit für vier Truppentransporter, gemeinsam mit italienischen Zerstörern von Piräus nach Iraklion und Rückführung der Transporter nach Piräus.

16. bis 18. 11. 1942
Gemeinsam mit italienischen und deutschen Sicherungs- und Geleitfahrzeugen Geleit für den Dampfer *Alba Julia* und den Tanker *Celeno* von Piräus zu den Dardanellen. Auf dem Wege dorthin ortete *Hermes* das griechische U-Boot *Triton* am 16. 11. Durch Funksignal führte der Zerstörer den deutschen U-Jäger *UJ 2102* heran, der das U-Boot mit Wasserbomben vernichtete. Als Geleit für den Tanker *Albaro* kehrte *Hermes* am 18. 11. von den Dardanellen nach Piräus zurück.

21. bis 27. 11. 1942
Geleit von fünf Dampfern (einer ab Cavaliana, einer bis dorthin) mit italienischen Seestreitkräften von Saloniki über Chalkis und Cavaliana nach Iraklion. Von dort Geleit für den Tanker *Stige* von Iraklion zur Sudabucht. Von dort Geleit für drei Dampfer und den Netzleger *Piräus*, welcher nur bis Milos im Konvoi mitfuhr, nach Piräus.

1. bis 2. 12. 1942
Geleit für die Transporter *Citta di Alessandria*, *Citta di Savona*, *Re Alessandrio*, *Santa Fé* und *Ardenna* und den Netzleger *Piräus*, der vor Milos zum Geleit stieß, von Iraklion nach Piräus.

7. bis 13. 12. 1942
Geleit für Dampfer *Valentino Coda* und Netzleger *Piräus* von Piräus zu den Dardanellen und Geleit für Tanker *Celeno* von dort über Leros nach Piräus.

18. bis 20. 12. 1942
Geleit der Dampfer *Fanny Brunner* und *Bulgaria* und des Tankers *Celeno* von Piräus über Chalkis nach Saloniki.

24. bis 25. 12. 1942
Geleitfahrt für Tanker *Celeno* und Transporter *Bulgaria* von Saloniki nach Chalkis. *Hermes* von dort Weitermarsch nach Piräus.

30. 12. 1942 bis 1. 1. 1943
Geleit des Tankers *Albaro* von Piräus zu den Dardanellen und des Dampfers *Alba Julia* zurück nach Piräus.

5. bis 6. 1. 1943
Geleit der Dampfer *Santa Fé, Citta di Savona* und *Citta di Alessandria* von Piräus über Suda nach Iraklion. Von dort *Hermes* Rückmarsch zur Sudabucht.

12. bis 14. 1. 1943
Marsch von Suda nach Iraklion. Von dort als Geleit für Dampfer *Santa Fé* Marsch nach Suda. Weitermarsch nach Piräus als Sicherung für die Dampfer *Santa Fé, Citta di Savonna* und *Citta di Alessandria*.

15. bis 18. 1. 1943
Geleit für Dampfer *Petrakis Nomikis* von Piräus nach Saloniki. *Hermes* anschließend Alleinrückmarsch nach Piräus.

Bis Ende Februar 1943 lag *ZG 3 Hermes* zur Durchführung von Instandsetzungsarbeiten in der Germaniawerft in Salamis.

25. bis 26. 2. 1943
Geleit des Dampfers *Sinfra* von Suda nach Piräus.

2. bis 5. 3. 1943
Geleit der Dampfer *Citta di Savona* und *Citta di Alessandria* von der Sudabucht nach Iraklion. Geleit für Dampfer *Sinfra* ebenfalls von Suda nach Iraklion. Von dort Geleit für die Dampfer *Citta di Savona* und *Citta di Alessandria* nach Piräus.

7. bis 9. 3. 1943
Geleit des auf den Dampfern *Donizetti*, *Ardenna* und *Re Alessandro* eingeschifften Truppentransports von Piräus nach Iraklion. Nach dem Entladen der drei Schiffe trat der Zerstörer mit ihnen und dem Dampfer *Sinfra* sowie dem Werkstattschiff *Pacinotti* den Rückmarsch nach Piräus an, wo der Konvoi am 9. 3. einlief.

25. bis 29. 3. 1943
Geleit des Truppentransports, der auf den Dampfern *Citta di Alessandria*, *Citta di Savona*, *Ardenna*, *Donizetti* und *Santa Fé* eingeschifft war, mit italienischen und deutschen Geleitfahrzeugen von Piräus nach Iraklion. Nach dem Entladen der Schiffe geleitete *Hermes* mit den anderen Sicherungsfahrzeugen die Dampfer (außer *Santa Fé)* von Iraklion nach Rhodos, von dort wieder nach Iraklion und schließlich nach Piräus. Zur Ausrüstung für den bevorstehenden Verlegungsmarsch nach Italien verlegte *Hermes* wenig später in die Werft von Salamis.

2. bis 4. 4. 1943
Verlegungsmarsch des Zerstörers *Hermes* von Salamis in Griechenland nach Italien. Nach einem Marsch durch die Straße von Messina und nach Kurzaufenthalt in Neapel lief das Boot am 4. 4. in Salerno ein.

Mitte April 1943
Hermes und italienische Zerstörer in Salerno Minenübernahme.
19. 4. 1943
Abends Auslaufen der italienischen Zerstörer und *Hermes* aus Salerno. Gemeinsamer Anmarsch zum Operationsgebiet, Minenwerfern bei Sizilien.

20. 4. 1943
Hermes und italienische Zerstörer ohne Schäden in Neapel eingelaufen.

21. 4. 1943
Beim Auslaufen aus Neapel zu einem Geleiteinsatz ortete und versenkte *Hermes* unweit der Insel Capri das englische U-Boot *Splendid*. 32 Überlebende der U-Boot-Besatzung wurden durch den Zerstörer aufgefischt und nach Neapel gebracht.

25. 4. 1943
Beladung der italienischen Zerstörer *Leone Pancaldo* und *Antonio Pigafetta* sowie *Hermes* mit Truppen samt Waffen und Gerät. Abends Auslaufen der drei Zerstörer zur Durchführung eines Schnelltransportes nach Tunis.

26. 4. 1943
Auf dem Wege nach Tunis wurden die Zerstörer durch britische Bombenflugzeuge und Jagdbomber angegriffen. Gestört durch heftiges Abwehrfeuer der Zerstörer konnten sie nur einen Bombentreffer auf *Pigafetta* erzielen. Trotz der Schäden erreichte *Pigafetta*, gesichert durch die beiden anderen Zerstörer, den Hafen von Tunis.

28. 4. 1943
Hermes und *Pancaldo* wieder in Neapel eingelaufen.

29. 4. 1943
Hermes und die italienischen Zerstörer *Leone Pancaldo* und *Lampo* mit Truppen und Waffen beladen zu einem erneuten Schnelltransport nach Tunis ausgelaufen.

30. 4. 1943
An der nordafrikanischen Küste bei Kap Bon massierte britische Luftangriffe auf die drei Zerstörer. Trotz heftiger Gegenwehr wurden die beiden italienischen Zerstörer mehrfach getroffen. Sie sanken wenig später. *Hermes* wurde durch Splitter, die von Bombennaheinschlägen stammten, in den Maschinenräumen getroffen. Hierbei wurde die Hauptschmierölleitung zerstört und beide Kraftwerke fielen aus. Der Zerstörer trieb manövrierunfähig vor der nordafrikanischen Küste, konnte aber durch Schlepper nach Tunis eingebracht werden.

Anfang Mai 1943
In La Goulette Durchführung von Maschineninstandsetzungen. Diese konnten jedoch nicht beendet werden, da englische Truppen sich schnell dem Hafen näherten. In den ersten Mai-Tagen diente *Hermes* im Hafen von La Goulette (Vorhafen von Tunis) als schwimmende Flak-Batterie.

7. 5. 1943
Da englische Spitzen dicht vor Tunis standen, wurde *Hermes* in die Hafeneinfahrt von La Goulette geschleppt. Dort wurde der Zerstörer quer zur Hafeneinfahrt verankert und anschließend von der eigenen Besatzung gesprengt. Im flachen Wasser sank das Schiff so, daß noch Teile der Aufbauten und die Schornsteine aus dem Wasser ragten.

1944 oder 1945
Hebung und Verschrottung des Wracks.

c) Eigentliche Zerstörer unter den TA-Booten/Mittelmeer

Bisher wurde in der Seekriegsliteratur immer wieder die These vertreten, *ZG 3 Hermes* sei der einzige deutsche (Beute-)Zerstörer im Mittelmeer gewesen. Bei näherer Betrachtung der Zusammenhänge muß diese Aussage dahingehend berichtigt werden, daß nur *ZG 3 Hermes* während seiner Einsätze unter deutscher Kriegsflagge offiziell als Zerstörer bezeichnet wurde. In Wirklichkeit wurden bei der Königlich-Italienischen Kapitulation am 8. September 1943 (Abfall Italiens aus dem Bündnis Berlin-Rom-Tokio) **noch weitere Zerstörer** aus italienischen Beständen deutscherseits beschlagnahmt, umgerüstet und nach Indienststellung mit deutscher Besatzung 1944—45 im Ligurischen und Adriatischen Meer eingesetzt.

Weil das Gros der bei Italiens Kapitulation durch die deutsche Kriegsmarine erbeuteten Torpedoträger tatsächlich Torpedoboote (Torpedinieri) waren, wurden alle größeren Torpedoträger unter den Beuteschiffen **pauschal als Torpedoboote (Ausland)** bezeichnet. Sie erhielten dementsprechend eine **TA-Bootsnummer.**

Diese Pauschalbenennung nahm keine Rücksicht darauf, daß einige von diesen Fahrzeugen in der Königlich-Italienischen Marine offiziell als »Cacciatorpedinieri« (Torpedobootszerstörer) bezeichnet worden waren und daß sich außerdem echte Zerstörer der jugoslawischen Marine darunter befanden, die im Frühjahr 1941 von Italien zur Kriegsbeute erklärt worden und in die italienische Marine eingereiht worden waren.

Diese trotz erdrückender alliierter Luftüberlegenheit nahezu pausenlos eingesetzten Zerstörer unter den TA-Booten hatten so dramatische Schicksale, daß sie eine spätere besondere Würdigung verdienen. Das wird in einem Sonderband von Koehlers Verlagsgesellschaft geschehen.

Die Vielzahl der insgesamt außerordentlich verlustreichen Einsätze **dieser sechs deutschen Mittelmeer-Zerstörer** in der letzten Kriegsphase machen eine detaillierte Schilderung im Rahmen dieses Zerstörer-Buches unmöglich. Es wird auch deshalb davon abgesehen, weil die genannten Boote — wie gesagt — in deutschen Seekriegsarchiven und im Militärarchiv Freiburg generell als Torpedoboote (Ausland) geführt werden. Auf jeden Fall sollen aber die wichtigsten technischen und historischen

Daten dieser **Zerstörer mit TA-Nummern** hier aufgeführt werden:

TA 14 ex Turbine
1925–27 erbaut bei Odero-Terni-Orlando, Livorno; 1090/1700 ts 40 000 PSw, 36 Knoten; Bewaffnung 4 SK – 12 cm $L/_{45}$, 2 FlaMK – 3,7 cm (später 4 cm), 8 FlaMW – 2 cm, 6 TR – 53,3cm, Besatzung 179 Mann.

Stapellauf 21. 4. 1927, Indienststellung 27. 8. 1927. In Piräus 9. 9. 1943 deutsch besetzt, 28. 10. 1943 unter deutscher Flagge in Dienst gestellt. Einsätze in der Ägäis bei Landungsunternehmen, Geleitsicherung, Truppentransporten, defensiven Minenaufgaben. 15. 9. 1944 durch amerikanische Fliegerbomben im Hafen von Salamis/Griechenland versenkt. Boot gehörte zur 9. T.-Flottille.

TA 15 ex Francesco Crispi
1923–26 erbaut bei S.A. Officine e Cantieri Napolitani & T. T. Pattison, Neapel; 965/1480 ts, 36 000 PSw, 35 Knoten; Bewaffnung 4 SK – 12 cm $L/_{45}$, 2 FlaMK – 4 cm, 8 FlaMK – 2 cm, 4 TR – 53,3 cm, Besatzung bis zu 153 Mann. Stapellauf 12. 9. 1925, Indienststellung 29. 4. 1927. Am 9. 9. 1943 deutsch besetzt, 30. 10. 1943 unter deutscher Flagge in Dienst gestellt. Einsätze in der Ägäis bei Landungsunternehmungen, Geleitsicherung, Truppentransporten, defevensiven Minenaufgaben. 8. 3. 1944 auf Position 35°20' Nord / 25°10' Ost Flugzeugraketentreffer. Schwer havariert nach Heraklion/Kreta eingebracht. Im dortigen Hafen gekentert und gesunken. Gehörte zur 9. T.-Flottille

TA 31 ex Dardo
1929–31 erbaut bei Cantieri Navali Odero S. A., Genua; 1220/2100 ts, 44 000 PSw, 40 Knoten; Bewaffnung 4 SK-12 cm $L/_{50}$, 4 FlaMK – 3,7 cm, 8 FlaMK – 2 cm, 6 TR – 53,3 cm (später 3 TR – 53,3 cm); Besatzung 195 Mann.

Dardo wurde als erster Ein-Schornstein-Zerstörer der Welt gebaut. Stapellauf 6. 9. 1930, Indienststellung 25. 1. 1932. Am 9. 9. 1943 während Reparatur in Genua deutsch besetzt, 25. 4. 1944 unter deutscher Flagge in Dienst gestellt. Einsätze im Ligurischen Meer: offensive und defensive Minenaufgaben, Aufklärungsvorstöße, Geleitsicherung, Artillerieeinsatz gegen Landziele. Nach Bombentreffer Maschine fahrunklar, deshalb Boot 25. 10. 1944 in Genua außer Dienst gestellt. 24. 4. 1945 vor alliiertem Einmarsch in Genua gesprengt. Gehörte zur 10. T.-Flottille.

TA 32 ex Premuda ex Dubrovnik
Nach dem Entwurf des britischen Flottillenführers vom Yarrow-Typ 1929–32 als *Dubrovnik* für die jugoslawische Marine bei Yarrow & Co., Glasgow gebaut; 1880/2800 ts, 42 000 PSw, 37 Knoten; Bewaffnung 4 SK – 14 cm $L/_{56}$, 2 Flak 8,4 cm, 6 FlaMK – 4 cm, 6 TR – 53,3 cm. Später Umrüstung auf deutsche Fla-Bew. 4 – 10,5 cm, 1 – 8,8 cm (für LG), 4 – 3,7 cm, 38 – 2 cm, dafür Wegnahme 3 TR – 53,3 cm. Besatzung 220 Mann.

Stapellauf 11. 10. 1931, Indienststellung 1932. Beim Balkanfeldzug 25. 4. 1941 in Kotor/Jugoslawien italienisch besetzt. Neue Indienststellung im Januar 1942 als *Premuda* (II, ital.). 9. 9. 1943 während Reparatur in Genua deutsch besetzt. Unter deutscher Flagge in Dienst gestellt 21. 7. 1944. Einsätze im Ligurischen Meer: Offensive und defensive Minenaufgaben, Aufklärungsvorstöße, Geleitsicherung, Artillerieeinsätze gegen Landziele, Flakschutz. 25. 4. 1945 vor alliiertem Einmarsch in Genua selbst gesprengt. Gehörte zur 10. T.-Flottille. Umbau vorgesehen (und teilweise auch durchgeführt) zum Nachtjagdleitschiff mit zusätzlichem FuMO auf der achteren Zerstörerinsel. Einbau verstärkter Fla-Bewaffnung. Maßnahmen kriegsbedingt nicht mehr beendet.

TA 43 ex Sebenico ex Beograd
1936–38 bei Ateliers et Chantiers de la Loire, Nantes, als *Beograd* für die jugoslawische Marine gebaut; 1210/1700 ts, 44 000 PSw, 38 Knoten; Bewaffnung 4 SK – 12 cm $L/_{50}$, 4 FlaMK – 4 cm, 4 FlaMK – 2 cm, 6 TR 53,3 cm; später Fla-Bewaffnung deutscherseits ergänzt; Besatzung bis 220 Mann.

Stapellauf 23. 12. 1937, Indienststellung im Januar 1939. Beim Balkanfeldzug 17. 4. 1941 in Kotor/Jugoslawien italienisch besetzt. Neue Indienststellung im August 1942 als *Sebenico*. 11. 9. 1943 in Venedig deutsch besetzt. Unter deutscher Flagge 17. 10. 1944 in Dienst gestellt. Defensive Minenaufgaben, Geleitsicherung, Flakschutz und Artillerieeinsätze gegen Landziele im Adriatischen Meer. 3. 5. 1945 vor Einmarsch des Gegners in Triest selbst versenkt. Gehörte zur 9. T-Flottille.

TA 44 ex Antonio Pigafetta
1928–30 gebaut bei Cantieri Navali del Quarnaro, Fiume 1943,9/2580 ts, 50 000 PSw, 39 Knoten; Bewaffnung 6 SK – 12 cm/L_{50}, 2 FlaMK – 3,7 cm, 9 FlaMK – 2 cm, 4 TR – 53,3 cm; Besatzung bis 225 Mann.

Stapellauf 10. 11. 1929, Indienststellung 1. 5. 1931. Am 10. 9. 1943 in Fiume deutsch besetzt. Trotz italienischer Sabotage in der Maschinenanlage repariert. Unter deutscher Flagge in Dienst gestellt 14. 10. 1944. Defensive Minenaufgaben, Geleitsicherung, Flakschutz und Artillerieeinsätze gegen Landziele im Adriatischen Meer. 12. 2. 1945 durch Bombentreffer in Triest vernichtet.

Neben diesen sechs Zerstörern, die unter TA-Nummern im Einsatz der deutschen Kriegsmarine gestanden haben, wurden folgende **Zerstörer** ebenfalls nach dem Abfall Italiens deutsch besetzt und für eine Indienststellung unter deutscher Flagge vorbereitet, **ohne noch zum Einsatz zu kommen:**

TA 33 ex Corsaro ex Squadrista
1941–44 gebaut bei Odero-Terni-Orlando, Livorno, ca. 1830/2550 ts, 50 000 PSw, 39 Knoten; Bewaffnung 5 SK – 12 cm, 6 TR – 53,3 cm, später dtsch. 6 – 10,5 cm Flak, 4 – 3,7 cm, 24 – 2 cm, 3 TR – 53,3 cm. Besatzung 230 Mann.

Stapellauf 12. 9. 1942 als *Squadrista*. 31. 7. 1943 umgetauft auf den Namen *Corsaro*. Nach Vornahme erster Maschinenproben vor Fertigstellung und Endausrüstung 9. 9. 1943 auf Bauwerft in Livorno deutsch besetzt. Zwecks Fertigbau nach Genua geschleppt. Dabei mit zusätzlichen FuMO auf achterer Zerstörerinsel ausgerüstet, da Einsatz als Nachtjagdleitschiff geplant. Schiff stand kurz vor seiner Indienststellung; deutsche Besatzung war bereits z. T. an Bord. Vor der Indienststellung unter deutscher Flagge bei Kesselerprobung am 4. 9. 1944 durch Bombentreffer gesunken.War vorgesehen für Einsätze im Rahmen der 10. T-Flottille. (Schwesterschiff *Carista* wurde noch vor Stapellauf in Livorno ebenfalls von der deutschen Kriegsmarine beschlagnahmt. Da Fertigstellung schließlich nicht mehr möglich, Rumpf ausgeschlachtet.)

Folgende TA-Boote- die ursprünglich als Zerstörer bezeichnet wurden und als TA-Boote in den Einsatz kamen, **bleiben in dieser Aufstellung unberücksichtigt**, weil sie wegen ihrer Artilleriebewaffnung mit 10 cm- bzw. 10,5 cm-Geschützen im Sinne der allgemeinen Kategorisierungsmethode während des Zweiten Weltkrieges **eindeutig den Torpedobooten,** allenfalls den Großen Torpedobooten (Flottentorpedobooten) zuzurechnen waren:

TA 16 ex Castelfirdardo
TA 17 ex San Martino
TA 18 ex Solferino
TA 19 ex Calatafimi
TA 20 ex Audace ex Kawakaze

Diese Boote wurden in der Königlich-Italienischen Marine zwar offiziell zur Gattung der »Cacciatorpedinieri« gezählt, lagen jedoch größenmäßig knapp unter den deutschen Torpedobooten der »Raubvogel«- und »Raubtier«-Klasse.

Sie waren ursprünglich mit 4, später sogar nur mit 2 Seezielkanonen vom Kaliber 10,2 cm bewaffnet. Die Maschinenleistung lag bei nur 22 000 PSw.

TA 20 ex Audace ex Kawakaze
Das Boot wurde in den Jahren 1914–16 bei Yarrow & Co., Glasgow, als japanischer Zerstörer *Kawakaze* gebaut und ist allenfalls im Zusammenhang mit der Entwicklungsgeschichte der Gattung Zerstörer bemerkenswert. Tatsache ist, daß die Königlich-Italienische Marine das Boot bereits nach Ankauf und Neuindienststellung als *Audace* im Jahre 1935 zur Gattung »torpediniera« zurückgestuft hat. Die Bewaffnung wurde reduziert. Statt 6 SK-10,2 cm behielt das Boot nur zwei Geschütze dieser Art, seine Größe lag ebenfalls unter jener der deutschen Torpedoboote der Raubvogel- und Raubtierklasse.

TA 21 ex Insidio
TA 22 ex Giuseppe Missori
TA 35 ex Giuseppe Dezza

Auch diese drei von der deutschen Kriegsmarine beschlagnahmten Boote, von denen zwei unter deutscher Flagge im Einsatz gestanden haben, zählen ungeachtet ihrer italienischen Bezeichnung als »Cacciatorpedinieri« zweifelsfrei zur Kategorie der Torpedoboote. Sie verdrängten nur 686/863 ts und waren mit 2 SK – 10,2 cm und 4 TR – 45 cm ausgesprochen unterarmiert.

Die letztgenannten acht Einheiten aus Beständen der italienischen Marine sind allenfalls weitere Beweise dafür, wie fließend die Grenze zwischen den Begriffen Zerstörer und Torpedoboot bisweilen gewesen ist. Das beweisen – trotz ihrer beträchtlichen Größe von 1278/1694 ts – die nach der deutschen Besetzung von Norwegen auf ihrer Bauwerft (Marinens Hovedverft, Horten) beschlagnahmten norwegischen »Jagare« I und II. Obwohl als Zerstörer bezeichnet und beim Weiterbau für deutsche Zwecke zunächst noch dementsprechend als *ZN 4* und *ZN 5* numeriert, hat man die Boote ab 1941 in den Baulisten der Kriegsmarine folgerichtig als *TA 7* und *TA 8* bezeichnet. Die Königlich-Norwegische Marine hatte als artilleristische Hauptbewaffnung 4 SK – 12 cm vorgesehen, aber die deutsche Bewaffnung sah nur 3 SK – 10,5 cm vor, so daß die Bezeichnung Torpedoboot angemessen war. Die beiden Boote blieben während des Krieges infolge mehrfacher Sabotage beim Weiterbau unvollendet.

Wenig bekannt ist, daß es neben dem in Holland erbeuteten *ZH 1* und dem in Griechenland erbeuteten *ZG 3 Hermes* auch zwei **in Frankreich erbeutete Zerstörer-Neubauten** gab, die jedoch unvollendet gebliebenen *ZF 1* und *ZF 2*. Tatsächlich für die deutsche Kriegsmarine weitergebaut wurde nur:

ZF 2 ex L'Opiniatre (vorgesehener Name)
1939 als »Torpilleur« (Zerstörer der *Le-Hardi*-Klasse bei Chantiers et Ateliers de la Gironde, Bordeaux, auf Stapel gelegt; 2070/2910 ts, 58 000 PSw, 37 Knoten; deutscherseits vorgesehene Bewaffnnug: 5 SK – 12,7 cm, 4 FlaMK – 3,7 cm, 10 FlaMK – 2 cm, 8 TR – TR 53,3 cm; vorgesehene Besatzungsstärke 245 Mann.

Der auf den Helgen in Bordeaux erbeutete Rumpf wurde zur deutschen Kriegsbeute erklärt. Sein Weiterbau unter deutscher Regie wurde durch Sabotage erheblich verzögert. Das Boot wurde im Juli 1943 aus der Liste der deutschen Kriegsschiff-Neubauten gestrichen, bevor sein Stapellauf möglich war. Nach Kriegsende wurde der Rumpf auf der Helling verschrottet. Die deutsche Kriegsmarine hatte im Generalplan für den Weiterbau die Formen des Zerstörers *ZF 2* weitgehend denen der serienmäßig gebauten deutschen Zerstörer angeglichen. Allerdings sollten die beiden vorderen Seezielgeschütze in einem Zwillingsturm auf der Back untergebracht werden.

Stellenbesetzung im Bereich des Zerstörerkommandos

1. Führer der Torpedoboote (F. d. T.) und Führer der Zerstörer (F. d. Z.)

Ab Indienststellung des ersten Zerstörers *Z 1, Leberecht Maaß* am 14. 1. 1937 kamen alle Zerstörer zunächst unter das Kommando des F. d. T. Die am 27. 10. 1939 neu geschaffene Stelle des F. d. Z. übernahm alle Zerstörer und ab 20. 4. 1942 auch die Torpedoboote und behielt sie bis zum Kriegsende.

a) F. d. T.:
10. 1937–21. 10. 1939*) KAdm. Günter Lütjens

b) 1. Asto:
05. 1938–21. 10. 1939**) FKpt. Hans-Joachim Gadow

c) 2. Asto:
10. 1938–21. 10. 1939**) KLtn. Heinrich Gerlach

Die neu geschaffene Stelle des F. d. Z. und seines Stabes wurde ab 26. 10. 1939 wie folgt besetzt:

a) F. d. Z.:

26. 10. 1939–10. 04. 1940	Kpt. z. S./Kommodore Friedrich Bonte (am 10. 4. 1940 gefallen an Bord *Z 21, Wilhelm Heidkamp*)
18. 04. 1940–14. 05. 1940	KKpt/FKpt. Alfred Schemmel, beauftragt mit der Wahrnehmung der Dienstgeschäfte (im Folgenden stets abgekürzt „b. W. D.") des F. d. Z.
15. 05. 1940–26. 12. 1943	Kpt. z. S./KAdm. Erich Bey (gefallen als Stellvertr. B. d. K. (Befehlshaber der Kreuzer) an Bord des Schlachtkreuzers *Scharnhorst* bei dessen Untergang am 26. 12. 1943).
30. 10. 1943–26. 12. 1943	Kpt. z. S. Max-Eckart Wolff als Stellvertreter des F. d. Z. (Kommando tatsächlich erst am 1. 11. 1943 angetreten).
27. 12. 1943–25. 01. 1944	Kpt. z. S. Max-Eckart Wolff b. W. D.
26. 01. 1944–29. 05. 1945	VAdm. Leo Kreisch

b) Chef des Stabes (im März 1943 neu geschaffene Stelle):

03. 1944– 03. 1944	Kpt. z. S. Frhr. Theodor von Mauchenheim, genannt von Bechtolsheim
15. 03. 1944–10. 05. 1945	Kpt. z. S. Martin Saltzwedel

c) 1. Asto:

11. 1939–10. 04. 1940	KKpt. Rudolf Heyke (am 10. 4. 1940 gefallen an Bord *Z 21, Wilhelm Heidkamp*)
15. 05. 1940– 11. 1940	FKpt. Gottfried Pönitz
11. 1940–30. 09. 1941	KKpt. Hubert Frhr. von Wangenheim
01. 10. 1941– 12. 1941	KKpt. Günter Schultz b. W. D.
12. 1941– 08. 1942	KKpt. Günter Schultz
08. 1942– 09. 1943	FKpt. Frhr. Theodor von Mauchenheim, genannt von Bechtolsheim
09. 1943– 10. 1944	KKpt. August Hoepner
06. 1944– 09. 1944	KLtn. Walter Lüdde-Neurath i. V.
10. 1944–10. 05. 1945	KLtn. Hasso Eichel

b) 2. Asto:

11. 1939– 12. 1940	KKpt. Heinrich Gerlach
12. 1940– 12. 1941	KKpt. Günter Schultz
12. 1941– 05. 1943	KLtn. Karl Hetz
05. 1943–30. 06. 1943	KLtn. Franz Kohlauf
01. 07. 1943– 06. 1944	KLtn. Karl August Balser
06. 1944–10. 05. 1945	KLtn. Winfried Mende

c) 3. Asto: (neu geschaffene Stelle ab April 1942)

20. 04. 1942– 04. 1943	KLtn. Franz Kohlauf
04. 1943– 09. 1943	KLtn. August Hoepner
09. 1943– 10. 1944	KLtn. Robert Hering
10. 1944–10. 05. 1945	KLtn. Helmut Meyer-Abich

d) 4. Asto: (neu geschaffene Stelle ab November 1944)

11. 1944– 11. 1944	KLtn. (MN) Kurt König
11. 1944–10. 05. 1945	KLtn. Roderich Napp

e) Verbands-Ing.:

11. 1939–10. 04. 1940	FKpt. (Ing.) Gotthard Maywald (am 10. 4. 1940 gefallen an Bord *Z 21, Wilhelm Heidkamp*)
15. 05. 1940– 07. 1941	FKpt. (Ing.) Hans Bartel
07. 1941–20. 08. 1943	FKpt. (Ing.) Ehme Suhrmeyer
20. 08. 1943– 07. 1944	FKpt. (Ing.) Hans-Karl Eddicks
07. 1944–10. 05. 1945	FKpt. (Ing.) Fritz Fleischmann

f) Verbands-Verw.-Offz.:

11. 1939– 02. 1940	KKpt. (V) Wilhelm Zehelein
02. 1940– 01. 1941	KKpt. (V) Dipl.-Kaufm. Carl Wuttke
01. 1941– 10. 1942	KKpt. (V) Friedrich-Wilhelm Schneider
10. 1942–10. 05. 1945	KLtn. (V) Kurt Kroeger

g) Verbands-Arzt:

	Dienstgeschäfte bis Juli 1944 stets vom dienstältesten San.-Offz. des Verbandes wahrgenommen.
07. 1944–10. 05 1945	MObStArzt Dr. Siegfried Held

h) Gericht: Der F. d. Z. war ab 1. 8. 1940 bis Kriegsende Gerichtsherr.

01. 08. 1940– 09. 1942	MKrGerRat Helmut Sieber
09. 1942–26. 12. 1943	MKrGerRat Carl Eduard Junghans (gefallen auf *Scharnhorst*)
01. 1944–10. 05. 1945	MObStabsrichter Dr. Hans Burhorn

2. Die Zerstörerflottillen, ihre Chefs und ihre Ingenieure

1. Zerstörerflottille (im Frieden Hauptliegeplatz Swinemünde)
Die Flottille wurde am 26. 10. 1938 aus der 1. Zerstörer-Division (mit *Z 4, Richard Beitzen* als Führerboot, *Z 2, Georg Thiele* und *Z 3, Max Schultz*) und der 3. Zerstörer-Division (mit *Z 14, Friedrich Ihn, Z 15, Erich Steinbrinck* und *Z 16, Friedrich Eckoldt*) gebildet. Für diese sechs Boote blieb sie die Stammflottille bis zum 13. 4. 1940. Die Flottille wurde im April 1940 aufgelöst, nachdem im Februar 1940 zwei Boote verlorengegangen waren. Die restlichen vier Zerstörer der 1. Z.-Fl., *Z 4, Z 14, Z 15* und *Z 16*, wurden ab 18. 4. 1940 (Datum siehe K. T. B. des Stellvertretenden F. d.Z.) der neu aufgestellten 5. Zerstörerflottille zugeteilt.

a) Chef 1. Z.-Fl.

26. 10. 1938–24. 10. 1939	Kpt. z. S. Wilhelm Meisel
25. 10. 1939–11. 12. 1939	nicht besetzt
12. 12. 1939–13. 04. 1940	FKpt. Fritz Berger

* Tatsächliche Kommandoübergabe erst am 26. 10. 1939 in Kiel.
** Genaues Datum des Kommandowechsels nicht bekannt.

b) Flottillen-Ingenieur

02. 1939–13. 04. 1940	KKpt. (Ing.) Eugen Kannegießer

c) Chef 1. Z.-Div. 1937/1938

Kpt. z. S. Eberhard Weichold

d) Chef 3. Z.-Div. 1937/1938

FKpt. Wilhelm Meisel

e) Div.-Ing. 1. Z.-Div.

KKpt. (Ing.) Karl Lippmann

f) Div.-Ing. 3. Z.-Div.

KKpt. (Ing.) Johann Deters

2. Zerstörerflottille (im Frieden Hauptliegeplatz Wilhelmshaven)
Am 1. 11. 1938 wurde die Flottille gebildet aus der 2. Z.-Div. (mit *Z 5, Paul Jacobi* als Führerboot, *Z 6, Theodor Riedel* und *Z 7, Hermann Schoemann*) und der 8. Z.-Div. Im Frühsommer 1939 bestand die Flottille aus den drei Booten der 2. Z.-Div. aus den in Erprobung befindlichen Booten *Z 20, Karl Galster* und *Z 21 Wilhelm Heidkamp.* Von Herbst 1939, nach Reorganisierung der Zerstörerverbände, bis zur Auflösung der Flottille im Mai 1940 gehörten zu ihr außer den drei Booten der 2. Z.-Div. *(Z 5, Z 6* und *Z 7)* auch *Z 8, Bruno Heinemann* und *Z 1, Leberecht Maaß.* Alle Zerstörer außer *Z 1*, der im Februar 1940 gesunken war, wurden im Mai 1940 der neu aufgestellten 6. Z.-Fl. zugeteilt.

a) Chef 2. Z.-Fl.

01. 11. 1938–19. 10. 1939	Kpt. z. S. Friedrich Bonte
20. 10. 1939–09. 05. 1940	FKpt. Rudolf von Pufendorf

b) Flottillen-Ingenieur

01. 11. 1938– 04. 1939	
04. 1939– 12. 1939	KKpt. (Ing.) Waldemar Seidel
12. 1939–09. 05. 1940	KLtn. (Ing.) Bernhardt Biederbick

c) Chef 2. Z.-Div. 1937/1938

FKpt. Friedrich Bonte

d) Chef 8. Z.-Div.

1937 noch nicht benannt

e) Div.-Ing. 2. Z.-Div.

KLtn. (Ing.) Johannes Bachmann

f) Div.-Ing. 8. Z.-Div.

1937 noch nicht benannt

3. Zerstörerflottille (im Frieden Hauptliegeplatz Swinemünde)
Aus den drei Booten der 5. Z.-Div. (mit *Z 17, Diether von Roeder* als Führerboot, *Z 18, Hans Lüdemann* und *Z 19, Hermann Künne*) und zwei Zerstörern der 4. Z.-Div. (*Z 20, Karl Galster* und *Z 22, Anton Schmitt*) wurde am 1. 12. 1939 die 3. Z.-Fl. gebildet. Das dritte Boot der 4. Z.-Div., *Z 21, Wilhelm Heidkamp,* blieb zur ständigen Verfügung des F. d. Z. frei von jeder Flottillenbindung. Nachdem am 10. und 13. 4. 1940 vier der fünf Zerstörer in Narvik verlorengegangen waren, wurde die 3. Z.-Fl. im April 1940 aufgelöst. Der noch existierende Zerstörer *Z 20, Karl Galster* wurde im Mai 1940 der neu aufgestellten 6. Z.-Fl. zugeteilt.

a) Chef 3. Z.-Fl.

01. 12. 1939–13. 04. 1940	FKpt. Hans-Joachim Gadow

b) Flottilleningenieur

01. 12. 1939–13. 04. 1940	KKpt. (Ing.) Waldemar Seidel

c) Chef 5. Z.-Div.

29. 08. 1938–30. 11. 1939	FKpt. Hans Hartmann

d) Divisionsingenieur

29. 08. 1938–30. 11. 1939	KKpt. (Ing.) Joseph Piwowar

4. Z.-Fl. (im Frieden Hauptliegeplatz Wesermünde)
Im April 1939 wurde die 4. Zerstörerflottille gebildet. Sie war Stammflottille für zwei Zerstörer der 6. Z.-Div. (*Z 9, Wolfgang Zenker* und *Z 11, Bernd von Arnim*) und die drei Einheiten der 8. Z.-Div. (mit *Z 10, Hans Lody* als Divisionsführerboot, *Z 12, Erich Giese* und *Z 13, Erich Koellner*). Nach Verlust von vier Zerstörern in Narvik wurde die Flottille am 13. 4. 1940 aufgelöst, und der übriggebliebene Zerstörer *Z 10, Hans Lody* wurde der im Mai 1940 aufgestellten 6. Z.-Fl. zugeteilt.

Eine neue 4. Zerstörerflottille wurde am 10. 10. 1942 aufgestellt, die im Mai 1945 aufgelöst wurde. Sie war Stammflottille für die neuen Zerstörer „1936 A(Mob)":
Z 31, Z 32, Z 33, Z 34, Z 37, Z 38 und *Z 39.*

a) Chef 4. Z.-Fl.

04. 1939–13. 04. 1940	FKpt./Kpt. z. S. Erich Bey
10. 10. 1942–09. 04. 1943	KKpt. Georg Langheld b. W. D.
10. 04. 1943–06. 11. 1944	Kpt. z. S. Rolf Johannesson
13. 11. 1944–10. 05. 1945	Kpt. z. S. Hubert Frhr. von Wangenheim

b) Flottilleningenieur

04. 1939– 12. 1939	KKpt. (Ing.) Franz Piplow
12. 1939–13. 04. 1940	KKpt. (Ing.) Ehme Suhrmeyer
10. 10. 1942– 06. 1944	KKpt. (Ing.) Fritz Fleischmann
06. 1944–10. 05. 1945	KKpt. (Ing.) Dipl.-Ing. Dietmar Pavel

c) Chef 6. Z.-Div. 1937/1938

KKpt./FKpt. Ulrich Brocksien

d) Div.-Ing. 1937/1938

KKpt. (Ing.) Hans Bartel

5. Zerstörerflottille
Laut K. T. B. des stellvertretenden F. d. Z. wurde die Flottille am 18. 4. 1940, laut Personalakten erst am 15. 5. 1940 aufgestellt. Sie wurde Stammflottille für die Zerstörer:
Z 4, Richard Beitzen, Z 14, Friedrich Ihn, Z 15, Erich Steinbrinck, Z 16, Friedrich Eckoldt und *ZH 1.*
Die Auflösung der Flottille fand am 10. 5. 1945 statt.

a) Chef 5. Z.-Fl.

15. 05. 1940–13. 08. 1940	FKpt. Alfred Schemmel
14. 08. 1940–30. 08. 1940	nicht besetzt
31. 08. 1940–20. 07. 1942	Kpt. z. S. Fritz Berger
21. 07. 1942–31. 12. 1942	Kpt. z. S. Alfred Schemmel(gefallen an Bord *Z 16, Friedrich Eckoldt* bei Untergang des Zerstörers als Flottillenchef und stellvertretender Kommandant)
01. 01. 1943–05. 03. 1943	nicht besetzt
06. 03. 1943– 02. 1944	Kpt. z. S. Max-Eckart Wolff
02. 1944–18. 04. 1944	Kpt. z. S. Frhr. Theodor von Mauchenheim, genannt von Bechtolsheim
19. 04. 1944–10. 05. 1945	Kpt. z. S. Georg Langheld

b) Flottilleningenieur

15. 05. 1940–13. 08. 1940	KKpt. (Ing.) Eugen Kannegießer
08. 1940– 08. 1943	KKpt. (Ing.) Hans-Karl Eddicks
08. 1943– 07. 1944	KKpt. (Ing.) Friedrich Karl Trietsch
07. 1944–10. 05. 1945	KKpt. (Ing.) Dipl.-Ing. Johannes Schäfer

6. Zerstörerflottille
Die Flottille wurde laut K. T. B. des stellvertretenden F. d. Z. am 18. 4. 1940, laut Personalakten am 14. 5. 1940 gebildet.

Aufgelöst wurde sie am 20. 5. 1945. Sie war Stammflottille für folgende Zerstörer:

Z 5, Paul Jacobi, Z 6, Theodor Riedel, Z 7, Hermann Schoemann, Z 8, Bruno Heinemann, Z 10, Hans Lody, Z 20, Karl Galster, Z 35, Z 36 und *Z 43* (letztere drei Boote waren Neubauten des Typs »1936 B«, die erst ab 1943 zur Flottille kamen).

a) Chef 6. Z.-Fl.

14. 05. 1940–01. 11. 1940	Kpt. z. S. Erich Bey (zugleich F. d. Z.)
01. 11. 1940–30. 04. 1943	Kpt. z. S. Alfred Schulze-Hinrichs
01. 05. 1943–12. 12. 1944	Kpt. z. S. Friedrich Kothe (gefallen an Bord *Z 35* bei Untergang des Zerstörers)
13. 12. 1944–07. 02. 1945	nicht besetzt
08. 02. 1945–20. 05. 1945	Kpt. z. S. Heinz Peters

b) Flottilleningenieur

14. 05. 1940–01. 11. 1940	FKpt. (Ing.) Hans Bartel (zugleich Verbands-Ingenieur im Bereich des F. d. Z.)
01. 11. 1940–31. 07. 1941	KKpt. (Ing.) Ehme Suhrmeyer
01. 08. 1941– 03. 1944	KKpt./FKpt. (Ing.) Helmut Karbe
03. 1944–12. 12. 1944	KKpt. (Ing.) Erhard Meißner (gefallen an Bord *Z 35* bei Untergang des Zerstörers)
13. 12. 1944– 01. 1945	nicht besetzt
01. 1945– 05. 1945	KKpt. (Ing.) Ernst Taubert

8. Zerstörerflottille »Narvik«

Am 1. 12. 1940 wurde die Flottille aufgestellt. Folgende Einheiten wurden ihr zugeteilt:

Z 23, Z 24, Z 25, Z 26, Z 27, Z 28, Z 29 und *Z 30.*

Nach dem Verlust von vier Zerstörern (*Z 26* in Norwegen 1942, *Z 27, Z 23* und *Z 24* zwischen Ende 1943 und August 1944) wurde die Flottille aufgelöst. Die noch vorhandenen Zerstörer wurden der 5. und 6. Z.-Fl. zugeteilt.

Die 8. Z.-Fl. wurde Anfang November 1944 neu aufgestellt. Ihr wurden verwaltungstechnisch und truppendienstlich diejenigen Zerstörer unterstellt, die sich zur Durchführung von Werftliegezeiten in Deutschland aufhielten. Von der Neuaufstellung bis zur Auflösung der Flottille im Mai 1945 wurden keine Kriegseinsätze durchgeführt.

a) Chef 8. Z.-Fl.

01. 12. 1940–17. 03. 1943	Kpt. z. S. Gottfried Pönitz
18. 03. 1943–28. 12. 1943	Kpt. z. S. Hans Erdmenger (gefallen an Bord *Z 27* bei Untergang des Zerstörers)
29. 12. 1943– 01. 1944	nicht besetzt
01. 1944–21. 02. 1944	Kpt. z. S. Georg Langheld b. W. D.
21. 02. 1944–18. 04. 1944	Kpt. z. S. Georg Langheld
19. 04. 1944–09. 06. 1944	Kpt. z. S. Frhr. Theodor von Mauchenheim, genannt von Bechtolsheim
10. 06. 1944–25. 08. 1944	Kpt. z. S. Ritter und Edler Herr Georg von Berger
01. 11. 1944–10. 05. 1945	Kpt. z. S. Heinrich Gerlach

b) Flottilleningenieur

01. 12. 1940– 02. 1941	nicht besetzt
02. 1941– 04. 1943	KKpt. (Ing.) Heinz Stadie
04. 1943–28. 12. 1943	KKpt. (Ing.) Wilhelm Stähr (gefallen, s. o.)
01. 1944–25. 08. 1944	KKpt. (Ing.) Werner Wierig
01. 11. 1944– 02. 1945	KKpt. (Ing.) Friedrich Karl Trietsch
02. 1945–10. 05. 1945	KLtn. (Ing.) Karl Nuber

3. Die Kommandanten, I. Offiziere und Leitenden Ingenieure der Zerstörer

a) Die Kommandanten

»Z 1, Leberecht Maaß«

14. 01. 1937–29. 09. 1937	KKpt. Friedrich Traugott Schmidt
30. 09. 1937–04. 10. 1937	nicht besetzt
05. 10. 1937–04. 04. 1939	KKpt./FKpt. Gerhard Wagner
05. 04. 1939–22. 02. 1940	KKpt. Fritz Bassenge (gefallen beim Untergang *Z 1, Leberecht Maaß.* Nach dem Tode zum FKpt. befördert)

»Z 2, Georg Thiele«

27. 02. 1937–07. 08. 1938	KKpt./FKpt. Hans Hartmann
08. 08. 1938–27. 10. 1938	KKpt. Rudolf von Pufendorf
28. 10. 1938–29. 10. 1939	nicht besetzt
30. 10. 1938–13. 04. 1940	KKpt. Max-Eckart Wolff

»Z 3, Max Schultz«

08. 04. 1937–24. 10. 1938	KKpt.Martin Baltzer
25. 10. 1948–22. 02. 1940	KKpt./FKpt. Claus Trampedach (gefallen beim Untergang *Z 3, Max Schultz*)

»Z 4, Richard Beitzen«

13. 05. 1937–15. 05. 1938	KKpt. Hans-Joachim Gadow
16. 05. 1938–24. 10. 1939	KLtn./KKpt. Moritz Schmidt
25. 10. 1939–31. 10. 1939	nicht besetzt
01. 11. 1939–30. 01. 1943	KKpt./FKpt. Hans von Davidson
31. 01. 1943– 01. 1944	KKpt./FKpt. Hans Dominik
01. 1944– 04. 1944	nicht besetzt
04. 1944– 06. 1944	KLtn. Walter Lüdde-Neurath
06. 1944– 09. 1944	KKpt. Rudolf Gade
09. 1944– 07. 1945	KKpt./FKpt. Helmut Neuss

»Z 5, Paul Jacobi«

29. 06. 1937–03. 11. 1938	KKpt. Rudolf Peters
04. 11. 1938– 02. 1941	KKpt./FKpt. Hans Georg Zimmer
02. 1941–31. 03. 1941	nicht besetzt
01. 04. 1941–09. 07. 1944	KKpt./FKpt. Hermann Schlieper
10. 07. 1944–09. 05. 1945	KKpt. Max Bülter
10. 05. 1945–21. 05. 1945	KKpt. Heinrich Erdmann (nur nominiert)

»Z 6, Theodor Riedel«

06. 07. 1937–30. 10. 1938	KKpt. Max Fechner
31. 10. 1938–25. 11. 1940	KKpt. Gerhard Böhmig
26. 11. 1940–08. 04. 1941	nicht besetzt während der Werftliegezeit des Zerstörers
09. 04. 1941–19. 09. 1943	KKpt./FKpt. Walter Riede
20. 09. 1943–03. 01. 1944	KKpt. Lothar Frhr. von Hausen
01. 1944–09. 06. 1944	KKpt. Rudolf Menge
10. 06. 1944–21. 05. 1945	KLtn./KKpt. Hans Blöse

»Z 7, Hermann Schoemann«

15. 09. 1937–25. 10. 1938	KKpt./FKpt. Erich Schulte Mönting
26. 10. 1938–15. 07. 1940	KKpt. Theodor Detmers
16. 07. 1940–19. 10. 1940	nicht besetzt während der Werftzeit des Zerstörers
20. 10. 1940–02. 05. 1942	KKpt. Heinrich Wittig

»Z 8, Bruno Heinemann«

04. 12. 1939–14. 05. 1950	KKpt. Georg Langheld (wegen Krankheit vor Norwegen-Unternehmen ausgestiegen etwa 6. oder 7. 4. 1940)
10. 04. 1940–14. 05. 1940	KKpt. Herrmann Alberts i. V. (schon am 7. 4. 1940 übernommen)
15. 05. 1940–25. 01. 1942	KKpt. Herrmann Alberts

»Z 9, Wolfgang Zenker«

02. 07. 1938–13. 04. 1940	KKpt./FKpt. Gottfried Pönitz

»Z 10, Hans Lody«

17. 09. 1938–22. 08. 1939	KKpt. Karl-Jesco von Puttkamer
23. 08. 1939–31. 10. 1940	KKpt. Hubert Frhr. von Wangenheim
01. 11. 1940–10. 08. 1942	KKpt. Werner Pfeiffer
11. 08. 1942–10. 03. 1943	KKpt. Karl Adolf Zenker
03. 1943– 04. 1943	KLtn. Carlheinz Vorsteher b. W. D.
04. 1943–15. 11. 1943	FKpt./Kpt. z. S. Hans Marks
15. 11. 1943–10. 05. 1945	KKpt./FKpt. Kurt Haun
01. 07. 1944–04. 11. 1944	KLtn. Richard Bulla i. V.

»Z 11, Bernd von Arnim«

06. 12. 1938–13. 04. 1940	KKpt. Kurt Rechel

»Z 12, Erich Giese«

04. 03. 1939–13. 04. 1940	KKpt. Karl Smidt

»Z 13, Erich Koellner«

28. 08. 1939–13. 04. 1940	KKpt./FKpt. Alfred Schulze-Hinrichs

»Z 14, Friedrich Ihn«

09. 04. 1938–25. 10. 1938	KKpt. Claus Trampedach
26. 10. 1938–03. 04. 1939	FKpt. Erich Bey
04. 04. 1939–08. 04. 1939	nicht besetzt
09. 04. 1939– 10. 1939	KKpt./FKpt. Rudolf von Pufendorf
10. 1939–10. 11. 1942	KKpt. Günther Wachsmuth
11. 11. 1942–31. 01. 1944	KKpt. Gerhard Fromme
01. 1944–10. 05. 1945	KKpt. Carl-August Richter-Oldekop

»Z 15, Erich Steinbrinck«

08. 06. 1938–27. 01. 1942	KKpt./FKpt. Rolf Johannesson
20. 01. 1942–29. 12. 1942	KKpt. Frhr. Heinrich Freytag von Loringhoven
28. 12. 1942–30. 11. 1944	KKpt./FKpt./Kpt. z. S. Otto Teichmann
15. 11. 1944–23. 09. 1945	FKpt. Werner Röver

»Z 16, Friedrich Eckoldt«

02. 08. 1938–20. 07. 1942	KKpt./FKpt. Alfred Schemmel
16. 02. 1941– 06. 1941	KKpt. Rudolf Menge i. V.
21. 07. 1942–18. 08. 1942	nicht besetzt
19. 08. 1942–23. 12. 1942	KKpt. Lutz Gerstung (verstorben)
23. 12. 1942–31. 12. 1942	Kpt. z. S. Alfred Schemmel i. V.

»Z 17, Diether von Roeder«

29. 08. 1938–13. 04. 1940	KLtn./KKpt. Erich Holtorf

»Z 18, Hans Lüdemann«

08. 10. 1938–13. 04. 1940	KKpt. Herbert Friedrichs

»Z 19, Hermann Künne«

12. 01. 1939–13. 04. 1940	KKpt. Friedrich Kothe

»Z 20, Karl Galster«

21. 03. 1939–03. 08. 1942	KKpt. Frhr. Theodor von Mauchenheim, genannt von Bechtolsheim
04. 08. 1942– 01. 1945	KKpt./FKpt. Fro Harmsen
05. 01. 1945–10. 05. 1945	FKpt. Kuno Schmidt

»Z 21, Wilhelm Heidkamp«

10. 06. 1939–11. 04. 1940	KKpt. Hans Erdmenger

»Z 22, Anton Schmitt«

24. 09. 1939–10. 04. 1940	KKpt. Friedrich Böhme

»Z 23«

15. 09. 1940–12. 05. 1942	KKpt./FKpt. Friedrich Böhme
13. 05. 1942–11. 03. 1944	KKpt./FKpt. Heinrich Wittig
12. 03. 1944–21. 08. 1944	KKpt. Helmut von Mantey

»Z 24«

26. 10. 1940–09. 10. 1943	KKpt. Martin Saltzwedel
14. 08. 1943–25. 08. 1944	KKpt. Heinz Birnbacher

»Z 25« (Indienststellung nach amtlichen Unterlagen 30. 11. 1940, nach K. T. B. des F. d. Z. am 1. 12. 1940)

30. 11. 1940– 07. 1941	KKpt. Heinrich Gerlach
07. 1941–23. 09. 1941	nicht besetzt während der Werftreparatur
24. 09. 1941–20. 08. 1943	KKpt./FKpt. Heinz Peters (an Bord bereits seit ca. 20. 09. 1941)
30. 07. 1943–13. 08. 1943	KKpt. Heinz Birnbacher
21. 08. 1943–30. 11. 1943	nicht besetzt während Werftliegezeit des Zerstörers
01. 12. 1943–12. 05. 1945	KKpt./FKpt. Alfred Gohrbandt

»Z 26« (Indienststellung nach amtlichen Unterlagen 11. 1. 1941, nach K. T. B. des F. d. Z. am 9. 1. 1941)

11. 01. 1941–29. 03. 1942	KKpt. Ritter und Edler Herr Georg von Berger

»Z 27«

26. 02. 1941–31. 08. 1942	KKpt./FKpt. Karl Smidt
08. 1942–28. 12. 1943	KKpt. Günter Schultz (gefallen beim Untergang *Z 27*)

»Z 28«

09. 08. 1941–11. 02. 1943	KKpt./FKpt. Hans Erdmenger
15. 02. 1943–17. 03. 1943	FKpt. Hansjürgen Reinicke
11. 03. 1943–19. 01. 1944	KKpt. Karl Adolf Zenker
15. 01. 1944–31. 10. 1944	FKpt. Heinrich Gerlach
07. 1944– 08. 1944	KKpt. Helmut Neuss i. V.
01. 11. 1944–10. 01. 1945	nicht besetzt (Werftliegezeit)
11. 01. 1945–06. 03. 1945	FKpt. Carl Heinrich Lampe

»Z 29«

25. 06. 1941–31. 03. 1943	KKpt./FKpt. Kurt Rechel
01. 04. 1943–08. 05. 1945	KKpt. Theodor von Mutius

»Z 30«

15. 11. 1941–10. 03. 1943	FKpt./Kpt. z. S. Heinrich Kaiser
03. 1943– 12. 1944	KKpt./FKpt. Carl Heinrich Lampe
21. 12. 1944– 04. 1945	KKpt. Dietrich Hoffmann b. W. D.
17. 04. 1945–09. 05. 1945	KKpt. Heinrich Erdmann (nur nominiert)
10. 05. 1945–14. 05. 1945	vermutlich nicht besetzt

»Z 31«

11. 04. 1942– 12. 1943	KKpt./FKpt. Herrmann Alberts
10. 12. 1943–08. 05. 1945	KKpt. Karl Paul (blieb noch bis zum 16. 05. 1945 an Bord)

»Z 32«

15. 09. 1942–09. 06. 1944	KKpt./FKpt. Ritter und Edler Herr Georg von Berger

»Z 33«

06. 02. 1943– 06. 1944	FKpt./Kpt. z. S. Erich Holtorf
06. 1944– 03. 1945	FKpt. Rudolf Menge
19. 03. 1945–07. 05. 1945	KLtn. Heinrich Peter-Pirkham b. W. D.

»Z 34«

05. 06. 1943–10. 05. 1945	KKpt. Karl Hetz

»Z 35«

22. 09. 1943–12. 12. 1944	KKpt. Niels Bätge (gefallen beim Untergang des Zerstörers)

»Z 36«

19. 02. 1944–12. 12. 1944	KKpt. Lothar Frhr. von Hausen (gefallen beim Untergang des Zerstörers)

»Z 37«

16. 07. 1942–25. 02. 1944	KKpt./FKpt. Georg Langheld
15. 10. 1943–11. 03. 1944	KKpt. Helmut von Mantey b. W. D.
12. 03. 1944–26. 03. 1944	nicht besetzt
27. 03. 1944–28. 07. 1944	KLtn. Wilhelm Ullrich i. V.
01. 07. 1944–24. 08. 1944	FKpt. Otto Heppe

»Z 38«

20. 03. 1943–17. 09. 1944	KKpt. Gerfried Brutzer
18. 09. 1944–10. 05. 1945	KKpt. Wilhelm-Nikolaus Frhr. von Lyncker

»Z 39«

21. 08. 1943–10. 05. 1945	KKpt. Konrad Loerke

»Z 43«

31. 05. 1944–30. 03. 1945	Kpt. z. S. Arthur Wenninger
31. 03. 1945–04. 04. 1945	nicht besetzt
05. 04. 1945–03. 05. 1945	FKpt. Carl Heinrich Lampe

»ZG 3, Hermes«

21. 03. 1942–02. 04. 1943	FKpt./Kpt. z. S. Rolf Johannesson
03. 04. 1943–07. 05. 1943	FKpt. Kurt Rechel

»ZH 1«

11. 10. 1942–09. 06. 1944	KKpt. Klaus Barckow (gefallen beim Untergang des Zerstörers)

Da die Grenze zwischen den beiden Begriffen Zerstörer und Torpedoboot, wie schon im ersten Kapitel dieses Buches festgestellt wurde, zum Teil fließend war, seien im folgenden noch die Kommandanten eines Teils jener deutschen Mittelmeer-Torpedoboote festgehalten, die von der italienischen Marine übernommen wurden. Bei diesen aufgeführten Einheiten handelte es sich nach der ursprünglichen Bezeichnung sowie dem internationalen Standard eindeutig um echte Zerstörer. (Wasserverdrängung bis standard 1850 ts, maximal 2400 ts, Hauptbewaffnung 4–6 Geschütze vom Kaliber 12–14 cm, 4–6 Torpedorohre 53,3 cm)

»TA 14« (ex ital. Zerstörer *Turbine*)

28. 10. 1943– 02. 1944	KLtn. Hans Dehnert
02. 1944– 07. 1944	KLtn. Hans Quaet-Faslem
07. 1944–15. 09. 1944	KLtn. Hermann Densch (später, am 21. 3. 1945, gefallen als Kommandant *TA 42*)

»TA 15« (ex ital. Zerstörer *Francesco Crispi*)

10. 1943–08. 03. 1944	KLtn. Carlheinz Vorsteher

»TA 31«(ex ital. Zerstörer *Dardo*)

04. 1944–25. 10. 1944	KLtn. Franz Burkart

»TA 32« (ex ital. Zerstörer *Premuda*,
ex jugosl. Zerstörer *Dubrovnik*)

07. 1944–24. 05. 1945	KLtn. Emil Kopka

»TA 33« (ex ital. Zerstörer *Corsaro*, ex *Squadrista*)
Indienststellung fand nicht mehr statt. Als Kommandant vorgesehen
KLtn. Thilo-Lebrecht von Trotha

»TA 43« (ex ital. Zerstörer *Sebenico*,
ex jugosl. Zerstörer *Beograd*)

17. 10. 1944–03. 05. 1945	KLtn. Werner Lange
11. 1944– 12. 1944	KLtn. Walter Wenzel i. V.

»TA 44« (ex ital. Zerstörer *Antonio Pigafetta*)

12. 1944–12. 02. 1945	KLtn. Fritz Vollheim

b) Die I. Offiziere

»Z 1, Leberecht Maaß«

14. 01. 1937–14. 10. 1937	KLtn./KKpt. Theodor Detmers
15. 10. 1937–20. 11. 1939	KLtn./KKpt. Werner Röver
21. 11. 1939–20. 12. 1939	nicht besetzt
21. 12. 1939–22. 02. 1940	KLtn. Herbert Block (gefallen beim Untergang von *Z 1, Leberecht Maaß*)

»Z 2, Georg Thiele«

27. 02. 1937– 09. 1938	KLtn. Erich Holtorf
09. 1938–13. 04. 1940	KLtn. Oskar Frhr. von Lepel (gefallen beim Untergang von *Z 2, Georg Thiele*)

»Z 3, Max Schultz«

08. 04. 1937–07. 06. 1938	KLtn. Frhr. Theodor von Mauchenheim, genannt von Bechtolsheim
08. 06. 1938–22. 02. 1940	KLtn./KKpt. Günther Hosemann (gefallen beim Untergang von *Z 3, Max Schultz*)

»Z 4, Richard Beitzen«

13. 05. 1937– 05. 1938	KLtn. Moritz Schmidt
05. 1938– 11. 1940	KLtn. Günter Schultz
11. 1940– 07. 1942	KLtn. Karl Kassbaum
07. 1942–23. 08. 1942	KLtn. Walter Rieger
24. 08. 1942–30. 01. 1943	KKpt. Hans Dominik
21. 01. 1943–29. 09. 1944	KLtn. Theodor Lampe (5. 44–7. 44 vorübergehend Kommandant des am 29. 7. 1944 beim Luftangriff auf Bremen gesunkenen Torpedobootes *T 2*)
30. 09. 1944–14. 05. 1945	KLtn. Gerd Albers

»Z 5, Paul Jacobi«

29. 06. 1937–05. 12. 1939	KLtn./KKpt. Hermann Schlieper
05. 12. 1939–24. 11. 1941	KLtn. Karl Hetz
25. 11. 1941–11. 01. 1942	KLtn. Wolfgang Frhr. von Steinaecker
12. 01. 1942–17. 02. 1942	KLtn. Günther Bachmann i. V.
18. 02. 1942– 07. 1943	KLtn. Karl August Balser
07. 1943– 05. 1944	KKpt. Rudolf Gade
05. 1944–18. 06. 1944	nicht besetzt
19. 06. 1944–19. 10. 1944	KLtn. Otto von Guggenberg zu Riedhofen
20. 10. 1944–21. 05. 1945	KLtn. Horst Albrecht

»Z 6, Theodor Riedel«

06. 07. 1937–15. 11. 1939	KLtn./KKpt. Ritter und Edler Herr Georg von Berger
16. 11. 1939–15. 02. 1941	KKpt. Rudolf Menge
16. 02. 1941– 12. 1941	nicht besetzt
12. 1941–08. 11. 1942	KLtn. Werner Weinling
09. 11. 1942–24. 10. 1943	KLtn. Günter Schiebusch
25. 10. 1943–27. 11. 1943	nicht besetzt
28. 11. 1943– 12. 1944	KLtn. Joachim Uhde
12. 1944– 05. 1945	KLtn. Karl Heinlein

»Z 7, Hermann Schoemann«

15. 09. 1937–03. 04. 1939	KLtn. Heinz Peters
04. 04. 1939–02. 05. 1942	KLtn. Konrad Loerke

»Z 8, Bruno Heinemann«

08. 01. 1938–14. 05. 1940	KLtn./KKpt. Herrmann Alberts
15. 05. 1940–28. 02. 1942	KLtn. Karl Paul

»Z 9, Wolfgang Zenker«

02. 07. 1938–13. 04. 1940	KLtn./KKpt. Martin Saltzwedel

»Z 10, Hans Lody«

17. 09. 1938– 11. 1939	KLtn./KKpt. Dietrich Güntherschulze
11. 1939–25. 10. 1941	KLtn./KKpt. Klaus Barckow
26. 10. 1941–10. 08. 1942	KKpt. Adolf Zenker
11. 08. 1942–14. 09. 1942	nicht besetzt
15. 09. 1942–04. 11. 1942	KLtn. Günter Schiebusch
05. 11. 1942– 12. 1942	nicht besetzt
12. 1942–03. 01. 1943	OLtn. z. S. Carlheinz Vorsteher i. V.
04. 01. 1943–11. 01. 1943	KLtn. Heinz Hirsacker
12. 01. 1943–07. 03. 1943	OLtn. z. S. Reinhard Goette i. V.
08. 03. 1943–25. 06. 1943	KLtn. Niels Bätge
26. 06. 1943–23. 08. 1943	OLtn. z. S. Reinhard Goette i. V.
24. 08. 1943–30. 12. 1944	KLtn. Richard Bulla
01. 01. 1945–10. 05. 1945	KLtn. Hermann Schmidt

»Z 11, Bernd von Arnim«

06. 12. 1938–13. 04. 1940	KLtn. Kurt Haun (bereits seit Okt. 1938 zur Baubelehrung an Bord)

»Z 12, Erich Giese«

04. 03. 1939–30. 11. 1939	KLtn. Klaus Barckow
01. 12. 1939–13. 04. 1940	KLtn. Burkhard Frhr. von Müllenheim-Rechberg

»Z 13, Erich Koellner«

28. 08. 1939–13. 04. 1939	KLtn. Kurt Reitsch

»Z 14, Friedrich Ihn«

09. 04. 1938– 07. 1938	KLtn. Hans Marks
07. 1938– 10. 1939	KLtn./KKpt. Günther Wachsmuth
10. 1939–12. 11. 1939	nicht besetzt
13. 11. 1939–30. 06. 1942	KLtn. Theodor von Mutius
21. 06. 1942–31. 03. 1944	KLtn. Heinz Wilhelm Schürdt
26. 03. 1944–24. 04. 1945	KLtn. Ludwig von Schröder (verstorben)
25. 04. 1945–10. 05. 1945	KLtn. Thilo-Lebrecht von Trotha

»Z 15, Erich Steinbrinck«

08. 06. 1938– 07. 1938	KLtn. Günther Wachsmuth
08. 1938– 11. 1939	KLtn. Hans-Henning von Salisch
24. 11. 1939–30. 09. 1941	KLtn./KKpt. Lothar Frhr. von Hausen
26. 09. 1941–06. 11. 1942	KLtn./KKpt. Wilhelm Kohlbach
07. 11. 1942–09. 11. 1942	nicht besetzt
10. 11. 1942–22. 10. 1943	KLtn. Ernst Walser
07. 10. 1942–04. 05. 1944	KKpt./FKpt. Karl-Heinz Wolff
05. 05. 1944–02. 12. 1944	KLtn. Werner Heintze
03. 12. 1944– 05. 1945	KLtn. Willibald Flor

»Z 16, Friedrich Eckoldt«

02. 08. 1938– 10. 1940	KLtn./KKpt. Heinrich Wittig
23. 10. 1940–31. 12. 1942	KLtn. Günther Bachmann (gefallen beim Untergang von *Z 16, Friedrich Eckoldt*). Kommandierung war unterbrochen durch i. V. – Kommandierung als I. O. auf *Z 5, Paul Jacobi* vom 12. 1. bis 17. 2. 1942

»Z 17, Diether von Roeder«

29. 08. 1938–13. 04. 1940	KLtn. Frhr. Heinrich Freytag v. Loringhoven

»Z 18, Hans Lüdemann«

08. 10. 1938– 01. 1940	KLtn. Fro Harmsen
01. 1940–13. 04. 1940	KLtn. Wirich von Gartzen

»Z 19, Hermann Künne«

12. 01. 1939–13. 04. 1940	KLtn. Rolf-Heinrich Hopmann

»Z 20, Karl Galster«

21. 03. 1939– 08. 1942	KLtn./KKpt. Werner Lützow
10. 08. 1942–11. 07. 1943	KLtn. Victor Mellin
12. 07. 1943–30. 08. 1943	nicht besetzt
31. 08. 1943–19. 09. 1943	KKpt. Frhr. Lothar von Hausen
20. 09. 1943–28. 02. 1945	KKpt. Wilhelm Wolf
01. 03. 1945–09. 05. 1945	KKpt. Hans-Henrich Gießler

»Z 21, Wilhelm Heidkamp«

10. 06. 1939–11. 04. 1940	KLtn./KKpt. Martin Opdenhoff

»Z 22, Anton Schmitt«

24. 09. 1939–10. 04. 1940	KLtn. Gerhard von Diest

»Z 23«

15. 09. 1940–19. 01. 1942	KLtn./KKpt. Heinrich Frhr. Freytag von Loringhoven
20. 01. 1942–14. 10. 1942	KLtn. Wolfgang Frhr. von Steinaecker
15. 10. 1942–18. 10. 1942	nicht besetzt
19. 10. 1942–29. 07. 1943	KLtn./KKpt. Heinz Birnbacher
27. 07. 1943–30. 11. 1943	KKpt. Alfred Gohrbandt
01. 12. 1943–09. 02. 1944	vermutlich nicht besetzt
10. 02. 1944–17. 07. 1944	KLtn. Hans Brenke
18. 07. 1944–21. 08. 1944	nicht besetzt während Werftinstandsetzung des Zerstörers

»Z 24«

26. 10. 1940–10. 11. 1942	KLtn./KKpt. Gerhard Fromme
11. 11. 1942–07. 12. 1942	nicht besetzt
08. 12. 1942–12. 08. 1943	KLtn. Hans Bartels
12. 08. 1943–27. 04. 1944	KLtn. Franz Burkart
28. 04. 1944–17. 07. 1944	nicht besetzt während Werftzeit des Zerstörers
18. 07. 1944–25. 08. 1944	KLtn. Hans Brenke

»Z 25«

(Indienststellung nach amtlichen Unterlagen am 30. 11. 1940, nach K. T. B. des F. d. Z. am 1. 12. 1940)

30. 11. 1940–31. 10. 1942	KLtn./KKpt. Kurt Haun
01. 11. 1942–06. 11. 1942	nicht besetzt
07. 12. 1942–11. 04. 1943	KKpt. Wilhelm Kohlbach
29. 03. 1943–12. 05. 1944	KLtn. Alexander Opalka
13. 05. 1944–31. 05. 1944	nicht besetzt
01. 06. 1944– 07. 1944	KKpt. Gerd Petri
07. 1944–02. 12. 1944	nicht besetzt während Werftzeit des Zerstörers
03. 12. 1944–18. 12. 1945	KLtn. Werner Heintze

»Z 26«

(Indienststellung nach amtlichen Unterlagen am 11. 01. 1941, nach K. T. B. des F. d. Z. am 9. 1. 1941)

11. 01. 1941–29. 03. 1942	KLtn. Kurt Reitsch

»Z 27«

26. 02. 1941–29. 10. 1941	KLtn. Ralf-Reimar Wolfram
10. 1941– 01. 1943	KLtn. Frhr. Wilhelm-Nikolaus von Lyncker
15. 01. 1943–30. 09. 1943	OLtn. z. S./KLtn. Hasso Eichel
01. 10. 1943–28. 12. 1943	KLtn./KKpt. Günter Rudolph (gefallen beim Untergang des Zerstörers)

»Z 28«

09. 08. 1941–15. 06. 1942	KLtn. Gerfried Brutzer
16. 06. 1942–11. 07. 1942	nicht besetzt
12. 07. 1942–21. 03. 1943	KLtn. Hans-Walter Buch
22. 03. 1943–30. 11. 1943	KLtn. Werner Westphal
01. 12. 1943–06. 03. 1945	KLtn. Wolfgang Küster

»Z 29«

25. 06. 1941–31. 03. 1943	KLtn. Wirich von Gartzen
01. 04. 1943–03. 04. 1943	nicht besetzt
04. 04. 1943–30. 07. 1944	KLtn. Günther Brassel
07. 1944–08. 05. 1945	KLtn. Egon Voss

»Z 30«

15. 11. 1941– 10. 1942	KLtn. Walter Lüdde-Neurath
29. 10. 1942– 03. 1945	KLtn./KKpt. Dietrich Hoffmann
03. 1945–14. 05. 1945	KLtn. Gotthard-Erich Grasse

»Z 31«

11. 04. 1942–01. 02. 1943	KLtn. Karl Paul
02. 1943– 06. 1944	KLtn. Hermann Densch
06. 1944– 03. 1945	KLtn. Carlheinz Vorsteher
03. 1945–08. 05. 1945	KLtn. Julius Schulze (war noch bis zum 16. 5. 1945 an Bord)

»Z 32«

15. 09. 1942–22. 11. 1943	KLtn. Wilhelm Ullrich
23. 11. 1943– 12. 1943	nicht besetzt
12. 1943–09. 06. 1944	KKpt. Otto Heppe

»Z 33«

01. 01. 1943–05. 02. 1943	KLtn. Heinz Hirsacker (erkrankt)
06. 02. 1943–18. 07. 1943	KLtn. Gerhard Waldenburger
12. 07. 1943– 09. 1944	KKpt. Walter Richter
23. 09. 1944–07. 05. 1945	KLtn. Heinrich Peter-Pirkham

»Z 34«

05. 06. 1943–10. 05. 1945	KLtn. Ernst Lorenz

»Z 35«

22. 09. 1943–12. 12. 1944	KLtn. Hellmut Kulenkamp (gefallen beim Untergang des Zerstörers)

»Z 36«

19. 02. 1944–30. 09. 1944	KLtn. Horst Reichert
01. 10. 1944–12. 12. 1944	KLtn. Werner Gotzmann (gefallen beim Untergang des Zerstörers)

»Z 37«

16. 07. 1942–09. 03. 1943	KLtn./KKpt. Gerfried Brutzer
01. 03. 1943–11. 03. 1944	KKpt. Helmut von Mantey
12. 03. 1944–26. 03. 1944	nicht besetzt
27. 03. 1944–28. 07. 1944	KLtn. Wilhelm Ullrich
30. 07. 1944–24. 08. 1944	KKpt. Otto Ulrich

»Z 38«

20. 03. 1943– 04. 1945	KLtn. Friedrich von Bosse
04. 1945–10. 05. 1945	KLtn. Gotth.-Erich Grasse

»Z 39«

21. 08. 1943–10. 05. 1945	KKpt. Heinrich Piontek

»Z 43«

31. 05. 1944–03. 05. 1945	KLtn. Gottfried Just

»ZG 3, Hermes«

21. 03. 1942–07. 05. 1943	KLtn. Winfried Mende

»ZH 1«

11. 10. 1942–09. 06. 1944	KLtn. Walter Rieger (gefallen beim Untergang des Zerstörers)

Die I. Offiziere und auch die Leitenden Ingenieure, die laut dieser Liste von der Indienststellung der Zerstörer an auf die Boote kommandiert waren, kamen in Wirklichkeit fast in allen Fällen schon mehrere Wochen oder Monate vor der Indienststellung der Zerstörer zur Baubelehrung an Bord bzw. zur Bauwerft. Die tatsächliche Dienstzeit der Offiziere erhöhte sich somit um die Zeit der Baubelehrung. Hingegen kamen die Kommandanten, die die Zerstörer in Dienst stellten, in der Regel erst wenige Tage vor der Indienststellung oder zum Termin selbst an Bord.

Die Kommandierungen der I. Offiziere der im Mittelmeer übernommenen ehemaligen italienischen Zerstörer, die als Torpedoboote in der deutschen Kriegsmarine in Dienst kamen, sind nicht bekannt.

c) Die Leitenden Ingenieure

Die nachfolgende Zusammenstellung ist nicht vollständig, da für sie die Personalakten der Leitenden Ingenieure in den meisten Fällen nicht vorlagen. Deshalb mußte die Auflistung durchgeführt werden unter Benutzung des dreibändigen Werkes von Lohmann und Hildebrand, »Die deutsche Kriegsmarine 1939–1945«. Ergänzt wurden diese Angaben durch Informationen, die ehemalige Besatzungsmitglieder der Zerstörer zur Verfügung stellten. Dennoch klaffen große Lücken, die hoffentlich später einmal geschlossen werden können.

»Z 1, Leberecht Maaß«

14. 01. 1937– 09. 1938	KLtn. (Ing.) Helmut Karbe
09. 1938– 11. 1939	KLtn. (Ing.) Hans Loeschen
11. 1939– 01. 1940	KLtn. (Ing.) Heinrich Jacks
01. 1940–22. 02. 1940	

»Z 2, Georg Thiele«

27. 02. 1937– 09. 1938	KLtn. (Ing.) Bernhardt Biederbick
09. 1938–13. 04. 1940	KLtn. (Ing.) Günther Illies

»Z 3, Max Schultz«

08. 04. 1937– 03. 1938	KLtn. (Ing.) Eugen Kannegießer
03. 1938– 12. 1939	KLtn. (Ing.) Herbert Winter
12. 1939–22. 02. 1940	

»Z 4, Richard Beitzen«

13. 05. 1937– 05. 1938	KLtn. (Ing.) Heinz Platt
05. 1938– 04. 1940	KLtn. (Ing.) Georg Ulbrich
04. 1940– 09. 1941	KLtn. (Ing.) Heinrich Jacks
09. 1941– 09. 1943	OLtn./KLtn. (Ing.) Kurt Geßler
09. 1943–14. 05. 1945	KLtn. (Ing.)

»Z 5, Paul Jacobi«

29. 06. 1937–	KLtn. (Ing.) Freytag
04. 1939– 11. 1941	KLtn. (Ing.) Helmut Eddicks
11. 1941–	KLtn. (Ing.) Fritz Schirmer
– 1944	OLtn. (Ing.) Heldt
1944–21. 05. 1945	KLtn. (Ing.) Hirtz

»Z 6, Theodor Riedel«

06. 07. 1837– 10. 1938	KLtn. (Ing.) Günther Banditt
10. 1938– 02. 1941	KLtn. (Ing.) Ernst Taubert
02. 1941–	KLtn. (Ing.) Jungblut

»Z 7, Hermann Schoemann«

15. 09. 1937– 04. 1939	KLtn. (Ing.) Herbert Preuß
04. 1939–02. 05. 1942	KLtn. (Ing.) Lorenz Böhmer

»Z 8, Bruno Heinemann«

08. 01. 1938–02. 05. 1939	KLtn. (Ing.) Lorenz Böhmer
03. 05. 1939– 03. 1940	KLtn. (Ing.) Günther Hielscher
03. 1940– 12. 1940	
12. 1940–28. 01. 1942	KLtn. (Ing.) Gerhard Arlt

»Z 9, Wolfgang Zenker«

02. 07. 1938– 04. 1939	KLtn. (Ing.) Heinz Stadie
03. 1939–13. 04. 1940	KLtn. (Ing.) Werner Wierig

»Z 10, Hans Lody«
17. 09. 1938– KLtn. (Ing.) Jahreis
12. 1940– 09. 1942 KLtn. (Ing.) Rolf Boehe
09. 1942–10. 05. 1945 KLtn. (Ing.) Kurt Plath
1945– 10. 1946 KLtn. (Ing.) Eubel

»Z 11, Bernd von Arnim«
06. 12. 1938–13. 04. 1940 KLtn. (Ing.) Erhard Meissner
03. 1940– 06. 1940 KLtn. (Ing.) Dipl.-Ing. Carl Ritschel (i. V.?)

»Z 12, Erich Giese«
04. 03. 1939–13. 04. 1940 KLtn. (Ing.) Below (verstorben am 16. 5. 1940 an den am 13. 4. 1940 erlittenen Verwundungen)

»Z 13, Erich Koellner«
28. 08. 1939–13. 04. 1940 KLtn. (Ing.) August Wilhelm Heye

»Z 14, Friedrich Ihn«
09. 04. 1938– 10. 1938 KLtn. (Ing.)
10. 1938– 12. 1939 KLtn. (Ing.) Ehme Suhrmeyer
12. 1939– 04. 1942 OLtn./KLtn. (Ing.) Friedrich Möller
04. 1942– 1944 KLtn. (Ing.) Friedrich Hoffmann
12. 1945– 03. 1946 KLtn. (Ing.) Friedrich Hoffmann

»Z 15, Erich Steinbrinck«
08. 06. 1938– 09. 1939 KLtn. (Ing.) Wilhelm Sandel
09. 1939– 03. 1940 KLtn. (Ing.) Fritz Avenarius

»Z 16, Friedrich Eckoldt«
06. 1938–28. 12. 1942 KLtn. (Ing.) Wilhelm Stähr (zwischenzeitlich abkommandiert als E-Ing. auf Kreuzer *Admiral Hipper).*
07. 1940– 09. 1940 KLtn. (Ing.) Dipl.-Ing. Heinrich Hartwig i. V.
09. 1940– 01. 1941 OLtn. (Ing.) Heinz Poetsch
29. 12. 1942–31. 12. 1942

»Z 17, Diether von Roeder«
29. 08. 1938– 01. 1940 KLtn. (Ing.) Rudolf Wahl
01. 1940–13. 04. 1940 KLtn. (Ing.) Jacob

»Z 18, Hans Lüdemann«
08. 10. 1938– 02. 1940
02. 1940–13. 04. 1940 KLtn. (Ing.) Dipl.-Ing. Heinrich Hartwig

»Z 19, Hermann Künne«
12. 01. 1939–13. 04. 1940 KLtn. (Ing.) Otto König

»Z 20, Karl Galster«
21. 03. 1939– 05. 1941 KLtn. (Ing.) Hermann Schimanski
05. 1941– 01. 1944 OLtn./KLtn. (Ing.) Richard Meier
01. 1944–

»Z 21, Wilhelm Heidkamp«
10. 06. 1939–10. 04. 1940 KLtn. (Ing.) Meyer-Wildhagen (bei englischem Zerstörer-Überfall auf die deutschen Zerstörer in Narvik am 10. 4. 1940 gefallen)

»Z 22, Anton Schmitt«
24. 09. 1939–10. 04. 1940 KLtn. (Ing.) Friedrich Karl Trietsch

»Z 23«
15. 09. 1940– KLtn. (Ing.) Dipl.-Ing. Johannes Schäfer
–05. 04. 1944 KLtn. (Ing.) Rudolf Riemenschneider
06. 04. 1944–21. 08. 1944 KLtn. (Ing.) Hirtz

»Z 24«
26. 10. 1940– 02. 1943 KLtn. (Ing.) Günter Züllich
01. 1943–31. 03. 1944 KLtn. (Ing.) Otto-Dietrich Bohlmann
01. 04. 1944–25. 08. 1944 OLtn. (Ing.) Peters

»Z 25«
30. 11. 1940– KLtn. (Ing.) Kimmerling

»Z 26«
09. 01. 1941–29. 03. 1942 KLtn. (Ing.) Dipl.-Ing. Heinrich Hartwig

»Z 27«
26. 02. 1941–
– 1943 KLtn. (Ing.) Jacob
–28. 12. 1943 KLtn. (Ing.) Martin (gefallen beim Untergang *Z 27*)

»Z 28«
09. 08. 1941–06. 03. 1945 KLtn. (Ing.) Fischer

»Z 29«
25. 06. 1941– 07. 1941
07. 1941– 04. 1943 KLtn. (Ing.) Dipl.-Ing. Dietmar Pavel

»Z 30«
15. 11. 1941–

»Z 31«
11. 04. 1942– 04. 1942 KLtn. (Ing.) Gerhard Arlt
05. 1942–
1943– 1944 KLtn. (Ing.) Günter Hielscher
1944– 1945

»Z 32«
15. 09. 1942– 1943
1943–09. 06. 1944 KLtn. (Ing.) Stelzle

»Z 33«
06. 02. 1943–

»Z 34«
05. 06. 1943– KLtn. (Ing.) Gerhard Bornhäuser

»Z 35«
22. 09. 1943–12. 12. 1944

»Z 36«
19. 02. 1944–12. 12. 1944 KLtn. (Ing.) Harry Koethke (gefallen beim Untergang *Z 36* am 12. 12. 1944)

»Z 37«
16. 07. 1942–09. 02. 1944 KLtn. (Ing.) Hermann Schönekas
10. 02. 1944–24. 08. 1944 OLtn. (Ing.) Kalmring

»Z 38«
20. 03. 1943– KLtn. (Ing.) Wolters

»Z 39«
21. 08. 1943– KLtn. (Ing.) Herbert Lange
–10. 05. 1945 OLtn. (Ing.) Hans Leipziger
06. 1945–14. 09. 1945 OLtn. (Ing.) Wilhelm Thomas

»Z 43«
31. 05. 1944–03. 05. 1945

»ZH 1«
11. 10. 1942–09. 06. 1944 KLtn. (Ing.) Kage (gefallen bei Untergang *ZH 21*

»ZG 3, Hermes«
21. 03. 1942–07. 05. 1943 KLtn. (Ing.) Josef Leser

Der Aufbau der deutschen Zerstörerflotte und deren Einsätze

Nachfolgend ist der Versuch gemacht worden, eine chronologisch geordnete Zusammenfassung über den Aufbau einer deutschen Zerstörerflotte, über Ausbildung, Friedenseinsätze, Manöverbeteiligungen, Auslandsreisen, usw., zu erstellen. Bei dieser Zusammenstellung der wichtigsten Daten bis zum Kriegsausbruch ergaben sich jedoch unvermutete Schwierigkeiten. Während fast alle Unterlagen, die über den Verlauf des Zweiten Weltkrieges genau Auskunft geben können – insbesondere Kriegstagebücher –, peinlich genau geführt wurden und auch größtenteils erhalten geblieben sind, wurden bis zum Spätsommer 1939 zwar die Logbücher, Maschinentagebücher und ähnliche Dokumente korrekt geführt, K.T.B.'s jedoch nur bei Manövern und Sondereinsätzen. Amtliche Akten aus der Vorkriegszeit sind deshalb nur in geringen Mengen erhalten geblieben.

Der Verfasser war also darauf angewiesen, in der Hauptsache die seinerzeit erschienene Marineliteratur und Presseberichte sowie Marinezeitschriften und -journale als Quellen zu benutzen. Alle diese Veröffentlichungen haben aber nur einen bedingten Dokumentationswert, weil aus Propaganda- und Geheimhaltungsgründen Daten und Namen häufig ungenau und sehr oft gar nicht genannt wurden. Außerdem wurden nicht selten aus Tarnungsgründen verschlüsselte oder absichtlich inkorrekte Angaben gemacht und Tatsachen verheimlicht. Als Ergänzung für die vorgenannten Quellen dienten zahlreiche Aussagen mündlicher und schriftlicher Art von ehemaligen Besatzungsangehörigen der Vorkriegszerstörer. Auch hier mußte vorsichtig verfahren werden, weil in der Erinnerung manches Ereignis verwischt war, genaue Daten und Angaben zu Personen und Geschehnissen nur noch teilweise im Gedächtnis haften blieben oder aber die Erinnerung ganz ausgesetzt hatte. Dies alles ist allerdings nicht verwunderlich, denn immerhin sind seit den Ereignissen bis zum Ausbruch des Zweiten Weltkrieges bereits 40 Jahre vergangen. Für die Vollständigkeit kann deshalb nicht gebürgt werden.

Die wichtigsten Daten aus den Friedensjahren:

Das Jahr 1934

7. 4. 34
Vergabe der ersten Bauaufträge für die Zerstörer *Z 1* bis *Z 4* an Deutsche Werke in Kiel.

10. 10. 34
Kiellegung für *Z 1* im Baudock der Deutschen Werke in Kiel.

25. 10. 34
Kiellegung für *Z 2* im Baudock neben *Z 1*.

4. 8. 34
Vergabe der Bauaufträge *Z 9* und *Z 10* an die Germaniawerft in Kiel.

10. 11. 34
Vergabe der Bauaufträge *Z 11* bis *Z 13* an die Germaniawerft in Kiel.

Das Jahr 1935

2. 1. 35
Kiellegung und Baubeginn *Z 3* im Baudock der Deutschen Werke in Kiel.

7. 1. 35
Kiellegung und Baubeginn *Z 4* im Baudock neben *Z 3*.

9. 1. 35
Vergabe der Bauaufträge *Z 5* bis *Z 8* an Deschimag*) in Bremen.

19. 1. 35
Vergabe der Bauaufträge *Z 14* bis *Z 16* an Blohm & Voss in Hamburg.

22. 3. 35
Kiellegung und Baubeginn *Z 9* auf der Helling der Germaniawerft in Kiel.

1. 4. 35
Kiellegung und Baubeginn *Z 10* auf der Helling der Germaniawerft in Kiel neben *Z 9*.

26. 4. 35
Kiellegung und Baubeginn *Z 11* auf der Helling der Germaniawerft in Kiel neben *Z 9* und *Z 10*.

3. 5. 35
Kiellegung und Baubeginn *Z 12* auf der Helling der Germaniawerft in Kiel neben *Z 9, Z 10* und *Z 11*.

30. 5. 35
Kiellegung und Baubeginn *Z 14* und *Z 15* bei Blohm & Voss in Hamburg.

15. 7. 35
Kiellegung und Baubeginn *Z 5* bei Deschimag in Bremen.

18. 8. 35
Bei den Deutschen Werken in Kiel wurden die beiden ersten Zerstörer getauft auf die Namen:
Z 1, Leberecht Maaß und *Z 2, Georg Thiele*. Anschließend sind die beiden Neubauten im Baudock der Werft aufgeschwommen. Zum Weiterbau und zur Fertigstellung wurden die beiden Boote nach dem Aufschwimmen zur Ausrüstungspier der Werft verholt. – Da sich dieser Vorgang bei allen folgenden Zerstörern nach dem Aufschwimmen bzw. dem Stapellauf wiederholt, wird er zukünftig fortgelassen.

7. 9. 35
Kiellegung und Baubeginn *Z 7* bei Deschimag in Bremen in der Nähe von *Z 5* und *Z 6*.

12. 10. 35
Kiellegung und Baubeginn *Z 13* auf der Helling der Germaniawerft in Kiel neben *Z 9* bis *Z 12*.

5. 11. 35
Z 14 bei Blohm & Voss in Hamburg getauft auf den Namen: *Z 14, Friedrich Ihn*. Anschließend Boot vom Stapel gelaufen.

14. 11. 35
Kiellegung und Baubeginn *Z 16* bei Blohm & Voss in Hamburg auf der Helling, die durch *Friedrich Ihn* freigemacht wurde.

---

* Mit der Abkürzung Deschimag ist jeweils die Weser-Werft, Bremen, des Deschimag-Konzerns (heute A. G. »Weser«) gemeint.

30. 11. 35
Taufe der beiden Neubauten in den Deutschen Werken in Kiel auf die Namen:
Z 3, Max Schultz und *Z 4, Richard Beitzen.* Danach sind die beiden Zerstörerrümpfe im Baudock aufgeschwommen.

Das Jahr 1936

6. 1. 36
Bauaufträge *Z 17* bis *Z 22* vergeben an Deschimag in Bremen.

14. 1. 36
Kiellegung und Baubeginn *Z 8* bei Deschimag in Bremen.

24. 3. 36
Z 5 bei Deschimag in Bremen getauft auf den Namen *Z 5, Paul Jacobi,* vom Stapel gelaufen und als erster Zerstörerneubau dieser Werft an die Ausrüstungskaje verholt.

27. 3. 36
Z 9 bei Germaniawerft in Kiel auf den Namen *Z 9, Wolfgang Zenker* getauft und vom Stapel gelaufen.

22. 4. 36
Z 6 bei Deschimag in Bremen auf den Namen *Z 6, Theodor Riedel* getauft und anschließend vom Stapel gelaufen. An der Ausrüstungspier in der Nähe von *Paul Jacobi* festgemacht.

14. 5. 36
Z 10 bei Germaniawerft in Kiel auf den Namen *Z 10, Hans Lody* getauft, vom Stapel gelaufen und an der Ausrüstungspier in der Nähe von *Wolfgang Zenker* festgemacht.

8. 7. 36
Z 11 bei Germaniawerft in Kiel auf den Namen getauft *Z 11, Bernd von Arnim,* vom Stapel gelaufen und zum anschließenden Weiterbau an die Ausrüstungspier zu den bereits dort liegenden Zerstörerneubauten verholt.

16. 7. 36
Z 7 bei Deschimag in Bremen getauft auf den Namen *Z 7, Hermann Schoemann,* vom Stapel gelaufen und in der Nähe von *Paul Jacobi* und *Theodor Riedel* an der Ausrüstungspier festgemacht.

9. 9. 36
Kiellegung und Baubeginn *Z 17* und *Z 18* nebeneinander auf Hellingen bei Deschimag in Bremen.

15. 9. 36
Z 8 bei Deschimag in Bremen getauft auf den Namen *Z 8, Bruno Heinemann*, vom Stapel gelaufen und neben *Hermann Schoemann* an der Ausrüstungspier zum Weiterbau festgemacht.

24. 9. 36
Z 15 bei Blohm & Voss in Hamburg getauft auf den Namen *Z 15, Erich Steinbrinck*, vom Stapel gelaufen und an die Ausrüstungspier der Werft verholt zum Fertigbau.

5. 10. 36
Kiellegung und Baubeginn *Z 19* bei Deschimag in Bremen.

1. 12. 36
Leberecht Maaß Indienststellung geplant, jedoch verschoben.

Dez. 36
Leberecht Maaß Dampf- und Standproben am Ausrüstungskai der Deutschen Werke in Kiel.

Das Jahr 1937

Anfang Januar 1937
Leberecht Maaß Werftprobefahrten in der Ostsee.

14. 1. 37
Indienststellung *Leberecht Maaß* als erster Zerstörer der deutschen Kriegsmarine in Kiel. Der Zerstörer wurde Führerboot für den Führer der Torpedoboote (F. d. T.), dem anfangs alle Zerstörer, Torpedoboote und Schnellboote unterstellt wurden.

Jan. 37
Georg Thiele an der Pier der Deutschen Werke in Kiel Dampf- und Standprobe.

Ende Januar 1937
Leberecht Maaß erstmalig mit eigener Besatzung Kiel ausgelaufen in die Ostsee. Swinemünde wurde Hauptliegeplatz für den Zerstörer. Von dort aus wurde ein mehrmonatiges Erprobungs- und Ausbildungsprogramm durchgeführt.

1. 2. 37
1. Zerstörer-Division (1. Z.-Div.) aufgestellt.

Feb. 37
Georg Thiele Werftprobefahrten in der Ostsee.

27. 2. 37
Georg Thiele für die 1. Z.-Div. in Dienst gestellt.

Anfang März 1937
Georg Thiele mit eigener Besatzung erstmalig Kiel ausgelaufen in die Ostsee. Von Swinemünde, dem Hafen der 1. Z.-Div., in den nächsten Monaten Erprobungen, Ausbildungsfahrten, Übungen etc., in der Ostsee durchgeführt.

12. 3. 37
Z 12 bei Germaniawerft in Kiel getauft auf den Namen *Z 12, Erich Giese,* vom Stapel gelaufen und zur Durchführung des Fertigbaus an die Ausrüstungspier der Werft verholt.

15. 3. 37
Max Schultz Indienststellung geplant. Termin konnte von der Werft aber nicht eingehalten werden. Zu dieser Zeit wurden an der Ausrüstungspier der Werft erst Dampf- und Standproben durchgeführt.

18. 3. 37
Z 13, bei Germaniawerft in Kiel auf den Namen *Z 13, Erich Koellner* getauft, vom Stapel gelaufen und an die Ausrüstungspier der Werft zur Fertigstellung verholt.

21. 3. 37
Z 16 bei Blohm & Voss in Hamburg getauft auf den Namen *Z 16, Friedrich Eckoldt* und anschließend vom Stapel gelaufen.

Ende März bis Anfang April 1937
Max Schultz Werftprobefahrten in der westlichen Ostsee.

8. 4. 37
Max Schultz für die 1. Z.-Div. an der Pier der Deutschen Werke in Dienst gestellt.

Mitte April 1937
Max Schultz Kiel erstmalig mit eigener Besatzung in die Ostsee ausgelaufen. In den folgenden Monaten führte der Zerstörer von Swinemünde aus in der Ostsee Erprobungen durch, die durch Ausbildungsprogramm und Übungen, Meilenfahrten vor Pillau, Artillerie- und Torpedoschießen abgelöst wurden.

April 37
Richard Beitzen bei den Deutschen Werken in Kiel Dampf- und Standproben.

Ende April 1937
Richard Beitzen Werftprobefahrten in der Ostsee.
Georg Thiele Meilenfahrten bei Pillau.

1. 5. 37
Richard Beitzen Indienststellung geplant, aber um zwei Wochen verschoben.

Anfang Mai 1937
Leberecht Maaß Erprobungen bei Eckernförde und Kiel.

Mai bis Anfang Juni 1937
Leberecht Maß Restarbeitszeit bei Deutsche Werke in Kiel.

Mai 1937
Georg Thiele Beendigung des ersten Ausbildungsabschnittes in der Ostsee.

13. 5. 37
Richard Beitzen bei den Deutschen Werken in Kiel in Dienst gestellt für die 1. Z.-Div. als deren Führerboot.

Ende Mai 1937
Richard Beitzen von Kiel nach Swinemünde verlegt. Dort nunmehr die 1. Z.-Div. vollzählig. *Richard Beitzen* in den folgenden Monaten überwiegend von Swinemünde aus Erprobungen und Ausbildung in der Ostsee.

Anfang Juni 1937
Paul Jacobi Dampf- und Standproben bei Deschimag, Bremen.

Juni 1937
Leberecht Maaß Meilenfahrten vor Pillau und Torpedoschießen bei Eckernförde.
Paul Jacobi Werftprobefahrten in der Nordsee.
Theodor Riedel bei Deschimag in Bremen an der Ausrüstungspier Dampf- und Standproben und gegen Ende des Monats erste Werftprobefahrten in der Nordsee.

29. 6. 37
Paul Jacobi als Führerboot für die 2. Z.-Div. in Dienst gestellt bei Deschimag in Bremen.

2. 7. 37
Theodor Riedel bei Deschimag in Bremen für die 2. Z.-Div. in Dienst gestellt.

Juli 37
Paul Jacobi und *Theodor Riedel* von Bremen durch den K.-W.-Kanal in die Ostsee verlegt.
Leberecht Maaß mit F. d. T., *Richard Beitzen* mit Chef 1. Z.-Div., *Georg Thiele* und *Max Schultz* in der Ostsee Teilnahme an Verbandsübungen des B. d. A.
Leberecht Maaß nach Übungsende Artillerieschießen in der Mecklenburger Bucht. Anschließend *Leberecht Maaß* und *Georg Thiele* Marsch durch den K.-W.-Kanal zur Teilnahme an Verbandsübungen in der Nordsee.

Ende Juli 1937
Leberecht Maaß und *Georg Thiele* Marsch aus der Nordsee durch Skagerrak und Kattegat in die Ostsee und in Swinemünde eingelaufen.

Aug. 37
Leberecht Maaß Teilnahme am Flottentorpedoschießen in der Ostsee.

19. 8. 37
Z 17 bei Deschimag in Bremen auf den Namen *Z 17, Diether von Roeder* getauft und vom Stapel gelaufen.

Aug. 37
Hermann Schoemann Dampf- und Standproben an der Ausrüstungspier bei Deschimag in Bremen.

Anf. Sept. 37
Hermann Schoemann Werftprobefahrten in der Nordsee.

Sept. 37
Leberecht Maaß mit F. d. T., 1. Z.-Div. mit *Richard Beitzen, Georg Thiele* und *Max Schultz* und die 2. Z.-Div. mit *Paul Jacobi* und *Theodor Riedel* Teilnahme an Flottenherbstmanövern in der Nordsee, die bei Helgoland begannen. Die Manöver wurden häufig beeinträchtigt durch sehr schlechtes Wetter, Sturm und grobe See.

14. 9. 37
Kiellegung und Baubeginn *Z 20* auf der Helling von Deschimag in Bremen, die am 19. 8. 37 von *Diether von Roeder* freigemacht worden ist.

15. 9. 37
Hermann Schoemann bei Deschimag in Bremen für die 2. Z.-Div. in Dienst gestellt. Damit war auch diese Division komplett.

Herbst 1937
Hermann Schoemann Erprobungen in Nord- und Ostsee. Restarbeiten bei Deschimag in Bremen. Anschließend Ausbildungsabschnitt hauptsächlich in der Ostsee.
Leberecht Maaß, Georg Thiele, Theodor Riedel, Hermann Schoemann und vermutlich weitere Zerstörer Teilnahme an den Herbstmanövern der Flotte.

8. 10. 37
KAdm. Lütjens als neuer F. d. T. kommandiert.

1. 11. 37
Richard Beitzen Beginn Artillerieschießabschnitt in der Ostsee.

12. 11. 37
Richard Beitzen Artillerieschießen in der Ostsee beendet. Wenige Tage später zur Durchführung des Torpedoschießens in der Eckernförder Bucht eingetroffen.

1. 12. 37
Z 18 bei Deschimag getauft auf den Namen *Z 18, Hans Lüdemann*, vom Stapel gelaufen und zur Fertigstellung an die Ausrüstungspier der Werft verholt.

Dez. 37
Bruno Heinemann Dampf- und Standproben an der Pier der Werft in Bremen und Werftprobefahrten in der Nordsee.

14. 12. 37
Kiellegung und Baubeginn *Z 21* bei Deschimag in Bremen. Die Helling für diesen Neubau war erst 14 Tage zuvor von dem Zerstörer *Hans Lüdemann* freigemacht worden.

22. 12. 37
Z 19 bei Deschimag in Bremen getauft auf den Namen *Z 19, Hermann Künne*, vom Stapel gelaufen und in der Nähe von *Diether von Roeder* und *Hans Lüdemann* an der Ausrüstungspier der Werft zum Fertigbau festgemacht.

Ende Dezember 1937
2. Z.-Div. mit *Paul Jacobi, Theodor Riedel* und *Hermann Schoemann* Hafentage in Wilhelmshaven bis Anfang Januar 1938.

Das Jahr 1938

2. 1. 38
Vergabe der Bauaufträge *Z 23* bis *Z 26* an Deschimag in Bremen.

3. 1. 38
Kiellegung und Baubeginn *Z 22* bei Deschimag in Bremen auf der Helling, auf der zwei Wochen vorher *Hermann Künne* vom Stapel gelaufen ist.

8. 1. 38
Bruno Heinemann bei Deschimag in Bremen für die 6. Z.-Div. in Dienst gestellt, zur Erprobung mit vier 15 cm-Seezielgeschützen.

Jan. 38
Bruno Heinemann Marsch von Bremen durch den K.-W.-Kanal in die Ostsee. Dort Beginn mehrwöchiger Erprobungen.

März 38
Friedrich Ihn bei Blohm & Voss in Hamburg Dampf- und Standproben.

Ende März 1938
Friedrich Ihn Werftprobefahrten in der Nordsee.

31. 3. 38
Hermann Schoemann, Georg Thiele und *Max Schultz* Sturmfahrt in der Nordsee.

9. 4. 38
Friedrich Ihn in Hamburg für die 3. Z.-Div. in Dienst gestellt.
Hermann Schoemann Meilenfahrten bei Pillau.

11. 4. 38
Paul Jacobi und *Bruno Heinemann* Wilhelmshaven ausgelaufen zum Marsch nach Norwegen. Gestützt auf Ålesund wurden in den nächsten Tagen in der nördlichen Nordsee und im Nordmeer Hochsee-Erprobungen und Artillerieschießen mit der 15 cm-Artillerie durchgeführt.

22. 4. 38
Hermann Schoemann in Pillau eingelaufen. Von hier aus wurden bis Anfang Mai 1938 Meilenfahrten durchgeführt.

27. 4. 38
Paul Jacobi und *Bruno Heinemann* von Norwegen kommend in Wilhelmshaven eingelaufen. Hier erhielt *Bruno Heinemann* in den nächsten Tagen wieder anstelle der 15 cm-Geschütze seine vollständige 12,7 cm-Artillerie eingebaut.

28. 4. 38
Friedrich Ihn erstmalig mit eigener Besatzung in die Nordsee ausgelaufen.

4. 5. 38
Richard Beitzen mit Chef 1. Z.-Div., *Max Schultz* und *Georg Thiele* Swinemünde ausgelaufen zum Antritt einer Reise durch Kattegat und Skagerrak.

6. 5. 38
1. Z.-Div. mit 3 Zerstörern in den norwegischen Hardangerfjord eingelaufen. Vor Ulvik geankert.

9. 5. 38
Friedrich Ihn erstmalig in seinem Heimathafen Swinemünde eingetroffen. An der Zerstörerpier von Osternothafen festgemacht.

10. 5. 38
Richard Beitzen mit Chef 1. Z.-Div., *Max Schultz* und *Georg Thiele* Hardangerfjord zum Rückmarsch in die Ostsee ausgelaufen. Nach dem Eintreffen Swinemünde verlegten die drei Zerstörer Mitte Mai nach Kiel zum Umbau ihrer Vorschiffe und Brücken bei den Deutschen Werken.

Mai 1938
Leberecht Maaß zu Besuch in Göteborg, anschließend in Kiel Beginn mehrmonatiger WLZ.
Erich Steinbrinck bei Blohm & Voss in Hamburg Dampf- und Standproben und in der Nordsee Werftprobefahrten.

Ende Mai 1938
Paul Jacobi und *Theodor Riedel* Fahrübungen und Teilnahme an Verbandsübungen in der Nordsee. Die Teilnahme weiterer Zerstörer ist wahrscheinlich.

31. 5. 38
Paul Jacobi übergab vor Jütland am Schauplatz der Schlacht vor dem Skagerrak dem Meer zur Erinnerung an die dabei Gefallenen einen Kranz.
Erich Steinbrinck in Hamburg bei Blohm & Voss für die 3. Z.-Div. in Dienst gestellt.

Anfang Juni 1938
Erich Steinbrinck erstmalig mit eigener Besatzung Hamburg in die Nordsee ausgelaufen. Wenig später Verlegungsmarsch durch den K.-W.-Kanal in die Ostsee. Von Swinemünde aus, dem Heimathafen der 3. Z.-Div., wurden in der Ostsee Erprobungsfahrten, Ausbildungs- und Meilenfahrten, Artillerie- und Torpedoschießen, etc., bis Ende 1938 durchgeführt.

8. 6. 38
Paul Jacobi mit Chef 2. Z.-Div., *Theodor Riedel* (siehe oben!) und *Hermann Schoemann* Wilhelmshaven ausgelaufen zur Teilnahme an Nordsee-Manövern.

Vermutlich bei diesen Übungen hatte *Theodor Riedel* infolge fehlerhafter Navigation eine schwere Grundberührung bei Helgoland auf felsigem Grund. Hierbei wurde der Schiffsboden an mehreren Stellen eingedrückt, und beide Schrauben waren beschädigt. Den größten Schaden hatte jedoch die Bb.-Maschine davongetragen, die vollkommen ausgefallen war. Sie war aus dem Lot gekommen. Die Bergung des Zerstörers aus eigener Kraft und mit Schlepperhilfe mißlang. Erst alten »schwarzen Minensuchern« (M-Booten aus der Zeit des Ersten Weltkrieges) gelang es, *Theodor Riedel* von der Untiefe abzubergen und nach Wilhelmshaven zu schleppen, wo der Zerstörer in der Westwerft eingedockt wurde. Dort und bei anderen Werftliegezeiten wurde der Fehler in der Bb.-Maschine nicht beseitigt, was zur Folge hatte, daß die Drucklager in regelmäßiger Wiederkehr ausliefen bzw. ausschlugen. Erst 1942 oder 1943 wurde durch den Einbau neuer Maschinenfundamente bewirkt, daß diese Störungen aufhörten.

15. 6. 38
Z 20, bei Deschimag in Bremen auf den Namen *Z 20, Karl Galster* getauft, vom Stapel gelaufen und anschließend an die Ausrüstungspier zum Weiterbau verholt.

Juni 38
Wolfgang Zenker an der Pier der Germaniawerft in Kiel Dampf- und Standproben.

23. 6. 38
Ende der Nordsee-Manöver.

Ende Juni 1938
Wolfgang Zenker Werftprobefahrten in der Ostsee.

2. 7. 38
Wolfgang Zenker auf der Kieler Germaniawerft für die 6. Z.-Div. in Dienst gestellt.

Juli 38
Friedrich Eckoldt bei Blohm & Voss in Hamburg Dampf- und Standproben und in der Nordsee Werftprobefahrten.

21. 7. 38
Hermann Schoemann bei Kiel Feuerschiff vor Anker gegangen. Dort wurde der Zerstörer von seiner Besatzung durch ein umfangreiches Großreinschiff auf Hochglanz gebracht.

22. 7. 38
Hermann Schoemann Kiel eingelaufen. Dort Führer und Reichskanzler Adolf Hitler, Generalfeldmarschall Hermann Göring, General Wilhelm Keitel und weitere hohe Offiziere auf dem Zerstörer eingestiegen. Anschließend *Hermann Schoemann* Fahrt von Kiel nach Eckernförde, wo Hitler und sein Stab wieder von Bord gingen.

Ende Juli 1938
Diether von Roeder bei Deschimag in Bremen Dampf- und Standproben.

2. 8. 38
Indienststellung *Friedrich Eckoldt* bei Blohm & Voss in Hamburg für die 3. Z.-Div., die damit vollzählig war.

3. 8. 38
Paul Jacobi mit Chef 2. Z.-Div., *Theodor Riedel* und *Hermann Schoemann* Wilhelmshaven ausgelaufen zur Durchführung einer Reise nach Norwegen.

4. 8. 38
2. Z.-Div. mit 3 Zerstörern Marsch durch norwegische Schären und mehrere Fjorde, u. a. Sognefjord.

5. 8. 38
2. Z.-Div. vor Øye bzw. Bjoerke vor Anker gegangen.
Anfang bis Mitte August 1938
Diether von Roeder Werftprobefahrten in der Nordsee bei Helgoland.

9. 8. 38
Paul Jacobi mit Chef 2. Z.-Div., *Theodor Riedel* und *Hermann Schoemann* vor Øye bzw. Bjoerke Anker gelichtet und Rückmarsch nach Deutschland angetreten.

Oben: *Z 14, Friedrich Ihn.* Blick vom Mastkorb auf das Vorschiff. Sommer 1941.

Oben rechts: *Z 13, Erich Koellner* am 9. 4. 1940 auf Grund sitzend vor Elvegaard.

Mitte rechts: *Z 14, Friedrich Ihn* in Nordnorwegen im Herbst 1943. Im Bildhintergrund *Z 28.*

Rechts: *Z 14, Friedrich Ihn* bei Blohm & Voß, Hamburg, in der Endausrüstung im Frühjahr 1938.

Unten: *Z 15, Erich Steinbrinck* im K.W.-Kanal im August 1940.

Links: *Z 16, Friedrich Eckoldt* bei Nordnorwegen im Juli 1941.

Unten: *Z 16, Friedrich Eckoldt* in den Trondheimfjord einlaufend am 9. 4. 1940, gesehen von Bord *Admiral Hipper.*

Links: *Z 18, Hans Lüdemann* und *Z 19, Hermann Künne* (rechts) ankernd im Moldefjord Anfang Juli 1939.

Mitte links: *Z 17, Diether von Roeder* auf der Kieler Förde im April 1939.

Mitte rechts: *Z 18, Hans Lüdemann* im November 1938.

Z 19, Hermann Künne in der Ostsee im März 1939. Blick vom ausgeschwungenen Kutter auf das Achterschiff.

Z 19, Hermann Künne. Pinaßmanöver. April 1939.

Links: *Z 19, Hermann Künne* auf der Kieler Förde im April 1939.

10. 8. 38
2. Z.-Div. mit 3 Zerstörern aus Norwegen kommend in Wilhelmshaven eingelaufen.

11. 8. 38
Friedrich Eckoldt erstmalig mit eigener Besatzung Hamburg ausgelaufen zu einer Fahrt in die Nordsee.
Paul Jacobi mit Chef 2. Z.-Div., *Theodor Riedel* und *Hermann Schoemann* Artillerieschießen in der Nordsee nordwestlich von Helgoland.

16. 8. 38
Friedrich Ihn und *Friedrich Eckoldt* Marsch von Swinemünde nach Kiel. Dort trafen die beiden Boote mit dem dritten Zerstörer der 3. Z.-Div., *Erich Steinbrinck,* zusammen.
Hermann Schoemann Artillerieschießen in der Ostsee. An Bord des Zerstörers waren zur Beobachtung des Schießens eingeschifft der Ob. d. M., der Flottenchef, der B. d. A. und der F. d. T.

17. 8. 38
3. Z.-Div. mit *Friedrich Ihn, Erich Steinbrinck* und *Friedrich Eckoldt* gemeinsame Fahrübungen in der westlichen Ostsee.

19. 8. 38
Einheiten der Flotte, des B. d. A. und des F. d. T., darunter 10 Zerstörer, in der Kieler Bucht paradiert und anschließend Vorbeifahrt an Aviso *Grille,* auf dem sich der Flottenchef eingeschifft hatte.

20. 8. 38
Z 21 bei Deschimag in Bremen getauft auf den Namen *Z 21, Wilhelm Heidkamp,* vom Stapel gelaufen und zur Fertigstellung an die Ausrüstungspier der Werft verholt.

22. 8. 38
Flottenparade in der Kieler Bucht vor dem Aviso *Grille,* auf welchem der Führer Adolf Hitler und der ungarische Reichsverweser Admiral v. Horthy eingestiegen waren. Die Teilnahme folgender Einheiten konnte bisher nachgewiesen werden: Schlachtkreuzer *Gneisenau* als Flottenflaggschiff, Panzerschiffe *Deutschland, Admiral Graf Spee* und *Admiral Scheer,*
Leichte Kreuzer *Nürnberg, Leipzig, Köln,*
Zerstörer *Richard Beitzen* mit Chef 1. Z.-Div., *Georg Thiele, Max Schultz, Paul Jacobi* mit Chef 2. Z.-Div., *Theodor Riedel, Hermann Schoemann,* die 3. Z.-Div. mit *Friedrich Ihn, Erich Steinbrinck, Friedrich Eckoldt* und die 6. Z.-Div. mit *Bruno Heinemann* und *Wolfgang Zenker, Leberecht Maaß mit* F. d. T., Torpedoboote, darunter *Jaguar, T 196,* ferner weitere Boote der 4. T.-Fl.,
die 2. Geleitflottille, die 2. M.-Flottille und eine Schnellbootflottille.

23. 8. 38
Beginn von Manövern im Skagerrak und in der Nordsee. Vom F. d. T.-Verband nahmen außer T-Booten auch Zerstörer teil. Bisher konnten ermittelt werden:
1. Z.-Div. mit *Richard Beitzen, Max Schultz, Georg Thiele,*
2. Z.-Div. mit *Paul Jacobi, Theodor Riedel, Hermann Schoemann,*
3. Z.-Div. mit *Erich Steinbrinck,*
6. Z.-Div. mit *Bruno Heinemann* und *Wolfgang Zenker.*
Morgens *Grille* mit Hitler und ungar. Reichsverweser Kiel ausgelaufen zum Marsch durch den K.-W.-Kanal in die Nordsee. Zerstörer *Friedrich Ihn* als Begleitzerstörer angehängt. Nachmittags in Brunsbüttel Adolf Hitler von *Grille* auf das HAPAG-Diesel-Elektroschiff *Patria* übergestiegen. Anschließend *Patria* ausgelaufen in die Nordsee, geleitet durch Aviso *Grille,* Zerstörer *Friedrich Ihn* und Torpedoboot *Jaguar.* Bei Helgoland Vorbeifahren von Einheiten, die an den Nordsee-Manövern teilnahmen, an *Patria* und den Begleitfahrzeugen. Abends traten *Patria, Grille, Friedrich Ihn* und *Jaguar* den Marsch nach Hamburg an.
Hermann Schoemann hatte am 26. 8. 1938 während der Manöverteilnahme als Manövergast einen schwedischen Admiral an Bord.

24. 8. 38
Patria, Grille, Friedrich Ihn und *Jaguar* morgens in Hamburg eingelaufen.
Für die übrigen Einheiten in der Nordsee und im Skagerrak Fortsetzung des Manövers.

29. 8. 38
5. Z.-Div. aufgestellt.
Diether von Roeder in Bremen bei Deschimag für die 5. Z.-Div. als Führerboot in Dienst gestellt.

30. 8. 38
Ende der Nordsee-Manöver. Marsch der beteiligten Einheiten zu ihren verschiedenen Stützpunkten in der Nordsee und Ostsee. 2. Z.-Div. mit *Paul Jacobi, Theodor Riedel* und *Hermann Schoemann* in Wilhelmshaven eingelaufen.

1. 9. 38
Wilhelm Heidkamp Indienststellung vorgesehen. Termin konnte jedoch von der Bauwerft wegen Material- und Bauschwierigkeiten nicht eingehalten werden.

Anf. Sept. 1938
Friedrich Ihn Torpedoschießen bei Eckernförde.

Sept. 1938
Hans Lody bei Germaniawerft in Kiel Dampf- und Standproben und in der Ostsee Werftprobefahrten.
Leberecht Maaß Beendigung einer mehrmonatigen Werftliegezeit, während der sein Vorschiff und die Brückenaufbauten umgebaut wurden.

13. 9. 38
Beginn der Ob. d. M.-Manöver in der Nordsee, die bei Helgoland begannen. Zur Teilnahme aus Wilhelmshaven ausgelaufen die 2. Z.-Div. mit *Paul Jacobi, Theodor Riedel* und *Hermann Schoemann.* Auch weitere Zerstörer haben daran teilgenommen.

17. 9. 38
Hans Lody in der Germaniawerft in Kiel in Dienst gestellt, zunächst für die 6. Z.-Div.

20. 9. 38
Hermann Schoemann wegen erneuter Schäden in die Westwerft in Wilhelmshaven verlegt.
Z 22 bei Deschimag in Bremen auf den Namen *Z 22, Anton Schmitt* getauft und vom Stapel gelaufen. Danach an die Ausrüstungspier der Werft verholt in die Nähe von *Karl Galster* und *Wilhelm Heidkamp.*

Ende September 1938
Hans Lüdemann bei Deschimag in Bremen Dampf- und Standproben.

28. 9. 38
Hermann Schoemann in Wilhelmshaven ausgedockt; Zerstörer wieder fahrbereit.

Flottenalarm wegen Sudetenkrise. Alle fahrbereiten Einheiten aus den Häfen ausgelaufen, auf Reede geankert und Kriegsbereitschaft hergestellt. Auf Wilhelmshaven Reede unter anderem *Paul Jacobi* mit Chef 2. Z.-Div., *Theodor Riedel* und *Hermann Schoemann.*

30. 9. 38
Fortsetzung des Alarmzustandes.

1. 10. 38
Beendigung des Alarmes.
Anton Schmitt Indienststellung nach Umbauplan 1936/37 geplant. Boot befand sich jedoch zu dieser Zeit in einem noch nicht weit fortgeschrittenen Bauzustand.

Bauaufträge *Z 27* bis *Z 30* vergeben an die Germaniawerft in Kiel. (Die Rümpfe der 4 Zerstörer wurden nach dem Stapellauf später von Kiel durch den K.-W.-Kanal zu Deschimag in Bremen geschleppt, wo der Fertigbau vollzogen wurde.)

Okt. 38

Richard Beitzen der T. V. A. in Eckernförde zur Verfügung gestellt zur Durchführung von Torpedoprobeschießen.

6. 10. 38

Panzerschiff *Admiral Graf Spee* und die 2. Z.-Div. mit *Paul Jacobi, Theodor Riedel* und *Hermann Schoemann* Wilhelmshaven ausgelaufen zur Fahrt nach Spanien und Nordafrika.

8. 10. 38

Hans Lüdemann bei Deschimag in Bremen als zweites Boot der 5. Z.-Div. in Dienst gestellt.

9. 10. 38

Admiral Graf Spee und 2. Z.-Div. in der Irischen See vor Anker gegangen. In der Nacht Proviant- und Treibstoffübernahme aus dem Troßschiff *Dithmarschen*, das aus der Heimat kommend dort eingetroffen war.

11. 10. 38

Admiral Graf Spee und *Paul Jacobi* mit Chef 2. Z.-Div. Marsch aus der Irischen See nach Süden angetreten. *Dithmarschen* wegen eines Maschinenschadens und die Zerstörer *Theodor Riedel* und *Hermann Schoemann* nach Loch Swilli entlassen zur Durchführung von Reparaturen.

12. 10. 38

Dithmarschen, Theodor Riedel und *Hermann Schoemann* in Loch Swilli eingelaufen.

Admiral Graf Spee und *Paul Jacobi* Marsch in südlicher Richtung in die Biskaya, dabei Durchführung von Hochsee-Erprobungen. Fortsetzung des Marsches nach Süden in den nächsten zwei Tagen, wobei Übungen durchgeführt wurden.

15. 10. 38

Admiral Graf Spee und die 2. Z.-Div. mit *Paul Jacobi, Theodor Riedel* und *Hermann Schoemann* – die beiden letzteren Boote waren dem Panzerschiff gefolgt und wieder zu ihm gestoßen – in die Bucht von Tanger, Nordafrika, eingelaufen und vor Anker gegangen. Für die wachfreien Besatzungsteile der Einheiten Besuche und Besichtigungen an Land und in der Stadt.

17. 10. 38

2. Z.-Div. mit *Paul Jacobi, Theodor Riedel* und *Hermann Schoemann* Tanger ausgelaufen und nach Marsch durch die Straße von Gibraltar in Ceuta eingelaufen und nachmittags an der Pier dieser Hafenstadt festgemacht. Beginn der Treibstoffergänzung. Für die dienstfreien Besatzungen Besuche in der Stadt und Fahrten nach Tetuan.

19. 10. 38

2. Z.-Div. Ceuta ausgelaufen und nach dem Marsch westwärts aus dem Mittelmeer und durch die Straße von Gibraltar Heimreise nach Deutschland angetreten.

20. 10. 38

2. Z.-Div. eingelaufen in Vigo, Nordspanien, zur Treibstoffübernahme aus dem Tanker *Samland.* Abends zur Weiterreise nach Deutschland ausgelaufen.

23. 10. 38

Paul Jacobi mit Chef 2. Z.-Div., *Theodor Riedel* und *Hermann Schoemann* von Atlantikreise kommend in Wilhelmshaven eingelaufen und an der Gazellebrücke festgemacht.

27. 10. 38

Hans Lody als neues Führerboot für die 6. Z.-Div. in der Ostsee bestimmt.

1. 11. 38

Folgende Neugliederung der Zerstörerverbände ist in Kraft getreten:

1. Zerstörerflottille, gebildet aus der 1. Z.-Div. mit *Richard Beitzen, Georg Thiele, Max Schultz* und der 3. Z.-Div. mit *Friedrich Ihn, Erich Steinbrinck* und *Friedrich Eckoldt;*

2. Zerstörerflottille, gebildet aus der 2. Z.-Div. mit *Paul Jacobi, Theodor Riedel, Hermann Schoemann* und nach Fertigstellung der Boote die 4. Z.-Div. mit *Karl Galster, Wilhelm Heidkamp, Anton Schmitt;*

4. Zerstörerflottille, gebildet aus der neuen 8. Z.-Div. mit *Hans Lody* als Führerboot sowie nach Fertigstellung *Erich Giese* und *Erich Koellner* und der 6. Z.-Div. mit *Bruno Heinemann, Wolfgang Zenker, Bernd von Arnim;*

5. Zerstörerdivision mit *Diether von Roeder, Hans Lüdemann, Hermann Künne* blieb dem F. d. T., dem *Leberecht Maaß* weiterhin als Führerboot diente, direkt unterstellt.

November 1938

Bernd von Arnim in der Germaniawerft in Kiel Dampf- und Standproben und etwa Ende des Monats Werftprobefahrten in der Ostsee.

Herbstmanöver der Flotte und des B. d. A. in Ostsee und Nordsee unter Beteiligung von Zerstörern, darunter die 1. Z.-Div. mit *Richard Beitzen, Georg Thiele* und *Max Schultz*, ferner *Leberecht Maaß* mit F. d. T., sowie von der 2. Z.-Fl. *Paul Jacobi* und *Bruno Heinemann*. Die Teilnahme weiterer Zerstörer ist wahrscheinlich.

Friedrich Ihn Marsch aus der Ostsee durch den K.W-Kanal nach Hamburg. Dort in der Werft von Blohm & Voss Beginn der bis Dezember 1938 dauernden Restarbeitszeit, in welcher gleichzeitig Verbesserungen des Zerstörers vorgenommen wurden.

15. 11. 38

Kiellegung und Baubeginn *Z 23* bei Deschimag in Bremen.

16 .11. 38

Friedrich Eckoldt nach Marsch aus der Ostsee in der Werft von Blohm & Voss in Hamburg eingetroffen zur Durchführung von Restarbeiten, kleinen Reparaturen und Verbesserungen.

6. 12. 38

Bernd von Arnim in der Germaniawerft in Kiel in Dienst gestellt für die 6. Z.-Div.

8. 12. 38

Taufe und Stapellauf des Flugzeugträgers *Graf Zeppelin* in Kiel. Aus diesem Anlaß Ehrenbesuch der 1. Z.-Div. mit *Richard Beitzen, Georg Thiele* und *Max Schultz* in Kiel. *Hermann Schoemann* befand sich ebenfalls dort.

Die vier vorgenannten Zerstörer verlegten wenig später von Kiel nach Swinemünde.

9. 12. 38

1. Z.-Div. mit *Richard Beitzen, Georg Thiele* und *Max Schultz* sowie ein oder zwei andere Zerstörer Swinemünde ausgelaufen zum Marsch durch die westliche Ostsee, das Kattegat und Skagerrak und die nördliche Nordsee in den Nordatlantik. Nach dem Eintreffen dort führten die Zerstörer im Seegebiet bei Island mehrtägige Hochsee- und E. K. K.-Erprobungen in schwerstem Wetter (Windstärken bis 12) durch. Ausländische Häfen wurden zur Geheimhaltung des Unternehmens nicht angelaufen.

Dez. 38

Hermann Künne bei Deschimag in Bremen Dampf- und Standproben und in der Nordsee Werftprobefahrten.

20. bis 22. 12. 38

Rückkehr der 1. Z.-Div. mit *Richard Beitzen, Georg Thiele* und *Max Schultz* sowie eines oder zweier weiterer Zerstörer (möglicherweise *Leberecht Maaß, Paul Jacobi, Theodor Riedel, Wolfgang Zenker, Bruno Heinemann* oder *Diether von Roeder*) aus dem Nordatlantik nach erfolgreich durchgeführten E. K. K.-Erprobungen nach Swinemünde.

Häfen wurden zur Geheimhaltung dieser Unternehmung nicht angelaufen.

Das Jahr 1939

(bis zum 31. August 1939 abends)

2. 1. 39
Kiellegung und Baubeginn *Z 24* bei Deschimag in Bremen.

12. 1. 39
Hermann Künne als drittes Boot für die 5. Z.-Div. in Dienst gestellt bei Deschimag in Bremen.

14. 1. 39
Bruno Heinemann Beginn von Maschinen- und Sondererprobungen in der Ostsee (Sondererprobungen mit herabgesetztem Dampfdruck)

Jan. 1939
Diether von Roeder bei Deschimag in Bremen eingetroffen zu Instandsetzungen und zur Behebung letzter Mängel. Werftzeit bis Februar 1939.

19. 1. 39
Hermann Künne erstmalig mit eigener Besatzung aus der Bauwerft Deschimag in Bremen ausgelaufen. Anschließend Beginn mehrmonatiger Erprobungs-, Übungs- und Ausbildungsfahrten, Artillerie- und Torpedoübungsschießen usw., in Nordsee und Ostsee.

Anfang Februar 1939
Hermann Schoemann, Paul Jacobi und *Theodor Riedel* zur Durchführung der großen Werftliegezeit in die Wilhelmshavener Westwerft verlegt. Werftzeiten: *Paul Jacobi* bis September, *Theodor Riedel* bis Juni und *Hermann Schoemann* bis August 1939.

15. 2. 39
Kiellegung und Baubeginn *Z 25* bei Deschimag in Bremen.

Feb. 1939
Erich Giese bei Germaniawerft in Kiel Dampf- und Standproben.
Karl Galster Beginn von Dampf- und Standproben bei Deschimag in Bremen.

27. 2. 39
Bruno Heinemann führt in der östlichen Ostsee Maschinen- und Sondererprobungen mit herabgesetztem Dampfdruck durch.
Diether von Roeder Kiel ausgelaufen zu einer Fischereischutzreise in das Nordmeer.

März 1939
Diether von Roeder eingesetzt im Schutz- und Kontrolldienst für deutsche Hochseefischer bei den Lofoten. Dauer des Einsatzes bis Mitte März 1939.

4. 3. 39
Erich Giese als zweites Boot für die 8. Z.-Div. in Dienst gestellt in der Germaniawerft in Kiel.

März 1939
Erich Giese erstmalig mit eigener Besatzung Kiel ausgelaufen. In der Ostsee Beginn 6monatiger Erprobungen, Ausbildungsfahrten, Schießabschnitte, usw., unterbrochen durch eine kurze Restarbeitszeit bei Germaniawerft in Kiel.
Karl Galster Werftprobefahrten in der Nordsee.

20. 3. 39
1. Z.-Div. mit *Richard Beitzen, Georg Thiele* und *Max Schultz* sowie weitere Zerstörer Teilnahme an Flottenmanövern, die bis April 1939 dauerten.

21. 3. 39
Karl Galster bei Deschimag in Bremen für die 4. Z.-Div. in Dienst gestellt.

23. 3. 39
Auslaufen deutscher Seestreitkräfte aus Ostseehäfen zur Besetzung von Memel. Beteiligte Einheiten:
Panzerschiffe *Deutschland* mit Adolf Hitler und dem B. d. A. an Bord, *Admiral Scheer* und *Admiral Graf Spee*,
Leichte Kreuzer *Leipzig, Köln* und *Nürnberg*,
Zerstörer *Leberecht Maaß* mit F. d. T., 1. Z.-Div. mit *Richard Beitzen, Georg Thiele* und *Max Schultz* sowie *Friedrich Ihn, Friedrich Eckoldt* und *Hermann Künne*,
dazu Torpedo-, Geleit-, M- und R-Boote.

24. 3. 39
In der Ostsee kam der nach Memel marschierende Verband in schlechtes Wetter und hohen Seegang. Kurz vor Erreichen Memels stieg Adolf Hitler auf das Torpedoboot *Leopard* über, mit dem er um 14.00 Uhr in Memel einlief. Anschließend liefen die Zerstörer und kleineren Einheiten ein und machten an verschiedenen Kajen fest, während die Panzerschiffe und Kreuzer auf Reede ankerten.

Ende März 1939
Hermann Künne nach Beendigung der Memel-Unternehmung Fortsetzung seiner Meilenfahrt vor Pillau und in der Danziger Bucht. Von hier wurde der Zerstörer abgerufen in die Nordsee, um dort das Ehrengeleit für das neu in Dienst gestellte K. d. F.-Schiff *Robert Ley* zu übernehmen. Auf dem Marsch geriet der Zerstörer in einen schweren Sturm, in dem ein Mann der Besatzung über Bord gespült wurde. Trotz 4stündiger Suche wurde der Besatzungsangehörige nicht gefunden. Auf *Hermann Künne* waren durch Seegang Schäden an Stb.-Seite entstanden, und der Kutter war zerschlagen worden. Zur Durchführung einer Schnellreparatur und zur Treibstoffergänzung mußte in Swinemünde eingelaufen werden. Kurze Zeit darauf lief der Zerstörer wieder aus zur Weiterfahrt durch den K.W.-Kanal nach Hamburg.
Karl Galster erstmalig mit eigener Besatzung aus der Deschimag-Werft in Bremen ausgelaufen. Wenig später Verlegungsmarsch in die Ostsee zur Durchführung der üblichen E. K. K.-Erprobungen.

1. 4. 39
Taufe und Stapellauf des Schlachtschiffes *Tirpitz* in Wilhelmshaven. Ehrenbesuch dort durch den Zerstörer *Diether von Roeder*. Adolf Hitler beim Stapellauf von *Tirpitz* anwesend.
Robert Ley im Geleit von *Hermann Künne* von Hamburg nach Wilhelmshaven gekommen. Dort Hitler auf dem K. d. F.-Schiff eingestiegen und im Geleit von *Diether von Roeder* und *Hermann Künne* ausgelaufen zu einer Fahrt in die Nordsee. Vor Helgoland nahm Hitler eine Flottenparade ab, an welcher Panzerschiffe, Kreuzer, Zerstörer, U-Boote, Segelschulschiffe und andere Einheiten der Kriegsmarine teilnahmen.
Kiellegung und Baubeginn *Z 26* bei Deschimag Bremen.

3. 4. 39
Robert Ley, Diether von Roeder und *Hermann Künne* in Hamburg eingelaufen. Hitler mit Gefolge ausgestiegen. Großer Empfang für das K. d. F.-Schiff und die Zerstörer, die mehrere Tage an der Übersee-Brücke blieben.

4. 4. 39
Bildung der 4. Zerstörerflottille. Ihr wurden die 3 Boote der 6. Z.-Div., *Z 8, Bruno Heinemann, Z 9, Wolfgang Zenker* und *Z 11, Bernd von Arnim* unterstellt. Dazu kam von der 8. Z.-Div. *Z 10, Hans Lody*. Die Zuteilung eines oder mehrerer Zerstörer *(Z 13, Erich Koellner* nach Fertigstellung) war vorgesehen.

April 39
Bernd von Arnim nach Beendigung von Restarbeiten in der Germaniawerft in Kiel ausgelaufen zu Probefahrten in der Ostsee.

18. 4. 39
Auslaufen von Einheiten der deutschen Kriegsmarine aus Ostsee- und Nordseehäfen zur Durchführung von Übungen, Manövern und Erprobungen im Nord- und Mittelatlantik und

Besuchen ausländischer Häfen, u. a. im westlichen Mittelmeer. Der Verband bestand aus:
Panzerschiff *Admiral Graf Spee,*
Leichte Kreuzer *Köln, Leipzig* und *Nürnberg,*
Zerstörer *Leberecht Maaß* mit F. d. T., 1. Z.-Div. mit *Richard Beitzen, Georg Thiele* und *Max Schultz,* 3. Z.-Div. mit *Friedrich Ihn, Erich Steinbrinck* und *Friedrich Eckoldt,* sowie von der 5. Z.-Div. *Diether von Roeder,*
drei U-Flottillen, zu denen u. a. *U 39, U 37, U 45* und *U 46* gehörten,
Hilfsschiffe und Versorger, unter ihnen *Erwin Wassner.*

Mitte bis Ende April 1939
Übungen, Manöver, Erprobungen, usw., der beteiligten Einheiten im Atlantik. Während der Übungen blieb vor Gibraltar ein Zerstörer mit Maschinenschaden und »in weißen Dampf gehüllt« (lt. Admiral Boehm, Flottenchef und Leiter der Unternehmung) liegen. Das Boot mußte von einem weiteren Zerstörer nach Ceuta geschleppt werden.

27. 4. 39
Admiral Graf Spee mit Flottenchef, Zerstörer *Leberecht Maaß* mit F. d. T., 1. Z.-Div. mit *Richard Beitzen, Georg Thiele* und *Max Schultz,* 3. Z.-Div. mit *Friedrich Ihn, Erich Steinbrinck* und *Friedrich Eckoldt* sowie der zur 5. Z.-Div. gehörende *Diether von Roeder,* U-Boote und Hilfsschiffe nach Marsch aus dem Atlantik durch die Straße von Gibraltar in das westliche Mittelmeer in Ceuta eingelaufen und an verschiedenen Kais und Piers festgemacht.
Einlaufen der drei Kreuzer *Köln* (mit B. d. A.), *Leipzig* und *Nürnberg* in anderen spanischen Häfen.

1. 5. 39
Leberecht Maaß mit F. d. T., 1. und 3. Z.-Div. sowie U-Boote und Hilfsschiffe Ceuta ausgelaufen zur Fortsetzung von Übungen und Erprobungen im Mittelmeer und Atlantik.

2. 5. 39
Admiral Graf Spee und *Diether von Roeder* ebenfalls Ceuta ausgelaufen.

6. 5. 39
Von den an den Mittelmeer- und Atlantik-Übungen beteiligten deutschen Einheiten sind *Leberecht Maaß* mit F. d. T., die 1. und die 3. Z.-Div. in der Arosabucht vor Anker gegangen.
Diether von Roeder in Pontevedra, Spanien, eingelaufen.

10. 5. 39
Hans Lody erstmalig in seinem Heimathafen eingelaufen und an der Zerstörerpier in Wesermünde festgemacht.
Leberecht Maaß mit F. d. T, die 1. und die 3. Z.-Div. mit je 3 Zerstörern aus der Arosabucht wieder ausgelaufen zur Fortsetzung von Übungen im Atlantik.

11. 5. 39
Diether von Roeder Pontevedra ausgelaufen. Wenig später zu den im Atlantik übenden Verbänden gestoßen.

13. 5. 39
Treibstoffergänzung der meisten an den Atlantik-Manövern beteiligten Zerstörer in Vigo und Pontevedra. Anschließend Beginn des Rückmarsches aller deutschen Einheiten nach Deutschland. Zu dem heimkehrenden Verband stieß das von einer anderen Auslandsreise kommende Panzerschiff *Deutschland.*

16. 5. 39
Einlaufen der aus dem Atlantik kommenden deutschen Einheiten in den deutschen Heimathäfen.

20. 5. 39
Bernd von Arnim erstmalig in seinem Heimathafen Wesermünde eingelaufen.

Ende Mai 1939
Wilhelm Heidkamp Beginn erster Dampf- und Standproben bei Deschimag in Bremen.

30. 5. 39
Rückkehr der Legion *Condor* aus Spanien auf K. d. F.-Schiffen, darunter *Wilhelm Gustloff* und *Der Deutsche.* Deutsche Panzerschiffe und Zerstörer, darunter die 1. Z.-Div. mit *Richard Beitzen, Georg Thiele* und *Max Schultz,* von der 3. Z.-Div. *Friedrich Ihn* und die 8. Z.-Div. mit *Hans Lody, Bernd von Arnim* und *Erich Giese,* liefen den Schiffen in der Deutschen Bucht bis westlich von Borkum entgegen und gaben ihnen bis Hamburg ein Ehrengeleit. Von dort wurden die Zerstörer später wieder in ihre Heimathäfen entlassen.

20. 6. 39
Wilhelm Heidkamp bei Deschimag in Bremen für die 4. Z.-Div. in Dienst gestellt. Nach Durchführung der Einfahr- und Ausbildungszeit war vorgesehen, diesen Zerstörer als F. d. T-Boot zu verwenden und *Leberecht Maaß,* der bisher Führerzerstörer des F. d. T. war, abzulösen.

30. 6. 39
Hans Lüdemann und *Hermann Künne* Swinemünde ausgelaufen zur Reise nach Norwegen. Beim Auslaufen kam es auf *Hermann Künne* zu einem Schnellschluß in der Maschine. Hierdurch kam es zu Stromausfall und Ruderversager. Der Zerstörer rammte die Pier. Zur Untersuchung etwaiger dabei entstandener Schäden wurde *Hermann Künne* in Swinemünde kurz eingedockt. Da jedoch keine erheblichen Schäden festgestellt wurden, liefen *Hermann Künne* und *Hans Lüdemann* noch am gleichen Tag zu ihrer geplanten Norwegenreise aus, die zunächst durch die westliche Ostsee, durch Kattegat und Skagerrak ging. Auf beiden Zerstörern befanden sich zahlreiche Gäste in Zivil, die aus Berlin angereist waren.

2. 7. 39
Hermann Künne und *Hans Lüdemann* in den Molde-Fjord eingelaufen und vor Anker gegangen.

Anfang Juli 1939
Diether von Roeder Ausbildungsfahrten in der Ostsee. Nach deren Beendigung Antritt des Marsches nach Norwegen.

6. 7. 39
Hermann Künne und *Hans Lüdemann* Moldefjord wieder ausgelaufen zur Durchführung von Erprobungen und Übungen vor der norwegischen Küste. Hier stieß der aus der Ostsee kommende Zerstörer *Diether von Roeder* zu den beiden Booten und setzte mit den beiden Booten das Programm fort. Bei diesem Programm war die 5. Z.-Div. erstmalig vollzählig im Einsatz.

9. 7. 39
5. Z.-Div. mit *Diether von Roeder, Hermann Künne* und *Hans Lüdemann* im Loen-Fjord vor Anker gegangen.

13. 7. 39
5. Z.-Div. mit 3 Zerstörern Loen ausgelaufen zum Marsch durch den Sogne-Fjord nach Balholmen.

14. 7. 39
5. Z.-Div. mit 3 Zerstörern Balholmen angelaufen.

18. 7. 39
Karl Galster zu einem Besuch Andalsnes, Norwegen, angelaufen.
5. Z.-Div. mit 3 Zerstörern Balholmen Rückmarsch nach Deutschland angetreten.

20. 7. 39
5. Z.-Div. mit *Diether von Roeder, Hermann Künne* und *Hans Lüdemann* von Norwegen kommend und nach Marsch durch Skagerrak und Kattegat in Swinemünde eingelaufen.

22. 7. 39
Karl Galster Andalsnes ausgelaufen und Rückmarsch nach Deutschland angetreten.

Juli 1939
8. Z.-Div. mit *Hans Lody, Bernd von Arnim* und *Erich Giese* und weitere Zerstörer Teilnahmen an Ausbildungsfahrten, Manövern und Übungen in Nord- und Ostsee.
B. d. A.- und Flottenübungen in der Ostsee unter Beteiligung von Zerstörern bis Anfang August 1939.

August 1939
Flottentorpedoschießen in der Ostsee. Hieran nahmen fast alle fahrbereiten Zerstörer der Kriegsmarine, etwa 12 bis 15 Boote, teil.
Anton Schmitt Dampf- und Standproben bei Deschimag in Bremen. Ab Ende August 1939 Werftprobefahrten in der Deutschen Bucht.

25. 8. 39
Drohende Kriegsgefahr zeichnet sich ab. *Leberecht Maaß* mit F. d. T., *Wolfgang Zenker* und *Bernd von Arnim* in der mittleren Ostsee auf Patrouillen- und Wartepositionen.
Friedrich Ihn mit Chef 3. Z.-Div., *Friedrich Steinbrinck* und *Friedrich Eckoldt* – letzterer trotz Rohrreißer – Kiel ausgelaufen zum Marsch in die östliche Ostsee.

26. 8. 39
3. Z.-Div. mit 3 Zerstörern sowie der F. d. T. mit 3 Zerstörern auf Wartestellungen in der östlichen Ostsee zwischen Bornholm und der Danziger Bucht bzw. in der mittleren Ostsee.
1. Z.-Div. mit *Richard Beitzen, Georg Thiele* und *Max Schultz* in der westlichen Ostsee eingesetzt zur Sundbewachung.

27. 8. 39
Erich Giese in der Werft Blohm & Voss in Hamburg Torpedogefechtsköpfe übernommen und auf Torpedos aufgesetzt.
1. Z.-Div. mit *Richard Beitzen, Georg Thiele* und *Max Schultz* eingesetzt zur Sundbewachung. Dabei rammte *Max Schultz* bei Dunkelheit das abgeblendet fahrende Torpedoboot *Tiger* östlich von Bornholm. Der Zerstörer wurde am Bug schwer beschädigt, das Torpedoboot sank nach kurzer Zeit auf 95 m Wassertiefe. Bei der Kollision waren 2 Mann von der *Tiger*-Besatzung getötet worden, 6 weitere Besatzungsangehörige wurden zum Teil erheblich verletzt. Alle Überlebenden wurden durch *Max Schultz* gerettet. Der Zerstörer selbst wurde anschließend durch *Georg Thiele* in Schlepp genommen und mit 4 sm Fahrt nach Swinemünde abgeschleppt.

28. 8. 39
Erich Koellner um 10.00 Uhr bei Germaniawerft in Kiel als drittes und letztes Boot für die 8. Z.-Div. in Dienst gestellt. Von Anfang September bis Ende Dezember 1939 führte der Zerstörer in der Ostsee Erprobungsfahrten und die Ausbildung der Besatzung durch.
Zur 8.-Z.-Div. gehörten nunmehr *Hans Lody, Erich Giese* und *Erich Koellner.*

29. 8. 39
Max Schultz zur Reparatur der Rammschäden in den Oderwerken in Stettin festgemacht.

30. 8. 39
3. Z.-Div. mit *Friedrich Ihn, Erich Steinbrinck* und *Friedrich Eckoldt* sowie *Bruno Heinemann* in der östlichen Ostsee an die polnischen Zerstörer *Grom, Burza* und *Blyskawica* herangeschlossen, die aus Gdingen – dem späteren Gotenhafen – ausgelaufen und auf der Flucht nach England waren. In deren Kielwasser liefen die deutschen Zerstörer mit hoher Fahrt bis zum Sund mit. Da jedoch bis zu diesem Zeitpunkt die Feindseligkeiten zwischen Polen und Deutschland noch nicht eröffnet waren, drehten die deutschen Zerstörer dort ab und marschierten zurück in die östliche Ostsee.

31. 8. 39
3. Z.-Div. mit *Friedrich Ihn, Erich Steinbrinck* und *Friedrich Eckoldt* sowie *Bruno Heinemann* in Swinemünde eingelaufen.

Verteilung der Zerstörer am 31. 8. 1939:

Z 1, Leberecht Maaß mit F. d. T in der östlichen Ostsee.

1. Z.-Fl.:
Z 4, Richard Beitzen zur Sundbewachung in See.
Z 2, Georg Thiele zur Sundbewachung in See.
Z 3, Max Schultz Instandsetzungen in den Stettiner Oderwerken.
Z 14, Friedrich Ihn einsatzbereit in Swinemünde.
Z 15, Erich Steinbrinck einsatzbereit in Swinemünde.
Z 16, Friedrich Eckoldt einsatzbereit in Swinemünde.

2. Z.-Fl.:
Z 5, Paul Jacobi Werftliegezeit in Westwerft Wilhelmshaven.
Z 6, Theodor Riedel erste Erprobungen nach Werftliegezeit.
Z 7, Hermann Schoemann erste Erprobungen nach Werftliegezeit.
Z 20, Karl Galster einsatzbereit in Wilhelmshaven.
Z 21, Wilhelm Heidkamp Turbinenreparatur in Kiel. Nach deren Beendigung als F. d. T.-Führerboot vorgesehen.
Z 22, Anton Schmitt kurz vor der Indienststellung.

4. Z.-Fl.:
Z 8, Bruno Heinemann in der östlichen Ostsee.
Z 10, Hans Lody in der östlichen Ostsee.
Z 9, Wolfgang Zenker in der östlichen Ostsee.
Z 11, Bernd von Arnim in der Nordsee eingesetzt.
Z 12, Erich Giese in der Werft Blohm & Voss, Hamburg.
Z 13, Erich Koellner kurz nach Indienststellung noch in Kiel.

5. Z.-Div.:
Z 17, Diether von Roeder einsatzbereit im Nordseebereich.
Z 18, Hans Lüdemann einsatzbereit im Nordseebereich.
Z 19, Hermann Künne einsatzbereit im Nordseebereich.

Die deutschen Zerstörer im Zweiten Weltkrieg

September–Dezember 1939

1. 9. 1939
Ostsee: Auf Blockadepositionen und im Vorpostendienst in der östlichen Ostsee, vor der Danziger Bucht und bei Hela eingesetzt:
Leberecht Maaß mit F.d.T., 1. Z.-D. mit *Richard Beitzen* und *Georg Thiele*, 3. Z.-D. mit *Friedrich Ihn*, *Erich Steinbrinck* und *Friedrich Eckoldt*, 6. Z.-D. mit *Wolfgang Zenker*, *Bruno Heinemann* und *Bernd von Arnim*, 8. Z.-D. mit *Hans Lody*. Bei den Zerstörern befanden sich im Einsatz die Geleitboote *F 7*, *F 8*, *F 9* und *F 10*, M- und R-Boote sowie Hilfsschiffe.

2. 9. 1939
Ostsee: Einsatz der Zerstörer vor der Danziger Bucht und bei Hela sowie vor der Westerplatte wie am Vortag. Abwechselnd liefen die Boote zur Treibstoffergänzung in Pillau ein. Während des Tages mehrfach U-Boot-Alarm, Bekämpfung des polnischen U-Bootes *Wilk* durch *Erich Steinbrinck*, wobei das U-Boot beschädigt wurde.

3. 9. 1939
Ostsee: *Leberecht Maaß* und *Wolfgang Zenker* morgens Feuerüberfall auf den polnischen Zerstörer *Wicher* und den Minenleger *Gryf* in Gdingen. Feuererwiderung durch die polnischen Schiffe und eine auf Hela stehende polnische 15 cm-Batterie. Letztere erzielte einen Treffer auf *Leberecht Maaß* in dessen zweitem Geschütz. Dieses fiel aus, 4 Besatzungsangehörige wurden getötet, 4 weitere verwundet. Die beiden deutschen Zerstörer liefen ab, da der Beschuß von Land sehr heftig war und genau lag.

4. 9. 1939
Ostsee: Entlassung der in der östlichen Ostsee eingesetzten deutschen Zerstörer zum Verlegungsmarsch in die Nordsee.
Heimat: *Erich Giese* Marsch von Hamburg nach Cuxhaven zur Minenübernahme.
Nordsee: *Hermann Schoemann*, geleitet durch *Diether von Roeder*, Werftprobefahrten bei Helgoland. Anschließend Rückmarsch der beiden Zerstörer nach Wilhelmshaven.
Übernahme von Minen durch Minenschiffe und Zerstörer in deutschen Nordseehäfen. Dabei auf *Hans Lody* Explosion eines Sprenggreifers, die 2 Tote, 6 Verwundete und auf dem Achterschiff des Zerstörers leichte Schäden verursachte.
Erster britischer Luftangriff auf deutsche Kriegsschiffe in der Deutschen Bucht. Auf dem auf Schillig Reede liegenden Panzerschiff *Admiral Scheer* erzielten die englischen Flugzeuge 3 Bombentreffer, die jedoch Blindgänger blieben. Bombennahtreffer bei *Diether von Roeder* erzielten keine Beschädigungen.
In Wilhelmshaven stürzte ein abgeschossenes britisches Flugzeug auf das Vorschiff des beim Fliegerdeich liegenden Leichten Kreuzers *Emden*, unter dessen Besatzung es Verluste an Toten und Verwundeten gab.
Die vor Brunsbüttelkoog liegenden Schlachtkreuzer *Gneisenau* und *Scharnhorst* wurden ohne jeden Erfolg von britischen Wellington-Bombern angegriffen.
Durch Schiffs- und Landflak sowie durch deutsche Jagdflugzeuge wurden insgesamt 8 englische Bomber abgeschossen.

5. 9. 1939
Nordsee: 3. Z.-D. mit *Friedrich Ihn*, *Erich Steinbrinck* und *Friedrich Eckoldt*, aus der Ostsee kommend, in Wilhelmshaven eingelaufen.
Abends in 3 Gruppen zum Auslegen der »Westwall«-Minensperren in die Deutsche Bucht ausgelaufen:
Gruppe I: Leichte Kreuzer *Köln* und *Königsberg*, Zerstörer *Diether von Roeder* und *Hans Lüdemann*.
Gruppe II: Aviso *Grille*, Zerstörer *Hermann Künne* und *Karl Galster*.
Gruppe III: Minenschiffe *Roland* und *Cobra*, Zerstörer *Erich Giese* und *Theodor Riedel*.
Unter Mitwirkung von Zerstörern wurden die »Westwall«-Minensperren ausgelegt bis zum 20. 9. 1939.

6. 9. 1939
Nordsee: Nach Durchführung des Minenwerfens Einlaufen der beteiligten Einheiten in Nordseehäfen. Dort Ergänzung von Treibstoff, anschließend erneute Minenanbordnahme.

7. 9. 1939
Heimat: *Erich Koellner* erstmalig nach Indienststellung Kiel ausgelaufen zu einer Fahrt in die westliche Ostsee. Wegen U-Boot-Warnung in diesem Seegebiet mußte der Zerstörer wieder einlaufen. Im September führte *Erich Koellner* in Kiel Hafenerprobung und -ausbildung durch, da in der westlichen Ostsee weiterhin U-Boot-Gefahr bestand.
Nordsee: Minenschiffe *Roland* und *Cobra* mit den Zerstörern *Friedrich Ihn* und *Erich Steinbrinck* Wilhelmshaven ausgelaufen zum erneuten Minenwerfen in der Nordsee, das in der Nacht zum 8. 9. 1939 durchgeführt wurde.

8. 9. 1939
Heimat: *Roland*, *Cobra*, *Friedrich Ihn* und *Erich Steinbrinck* nach beendetem Minenwerfen Wilhelmshaven eingelaufen.

9. 9. 1939
Heimat: *Leberecht Maaß* nach Kesselreparatur und Instandsetzung von Gefechtsschäden in Swinemünde wieder einsatzbereit.

10. 9. 1939
Heimat: *Wilhelm Heidkamp* nach Reparatur der Bb.-Turbine Kiel ausgelaufen und nach Marsch durch die westliche Ostsee in Swinemünde eingelaufen. Dort stieg der F.d.T., KAdm. Lütjens, auf dem Zerstörer ein.
Nordsee: *Wolfgang Zenker* in der Deutschen Bucht eingesetzt zur U-Boot-Jagd.

12. 9. 1939
Heimat: *Karl Galster* der 5. Z.-D. unterstellt.
Ostsee/Kattegat: *Richard Beitzen* – wegen nur einer betriebsfähigen Maschine nicht voll einsatzbereit – und das alte Torpedoboot *T 107* Swinemünde ausgelaufen zum Marsch in das Kattegat, wo beide Boote Handelskrieg führen sollten.

13. 9. 1939
Kattegat: *Richard Beitzen* und *T 107* auf Handelskriegspositionen im Kattegat.

14. 9. 1939
Kattegat: *Richard Beitzen* und *T 107* ohne Erfolge Handelskrieg beendet und Rückmarsch nach Kiel angetreten. Um 23.30 Uhr wurde von *Richard Beitzen* in schwedischen Hoheitsgewässern

in der Flintrinne ein abgeblendet fahrendes U-Boot gesichtet. Im Glauben, ein schwedisches U-Boot vor sich zu haben, ließ der Kommandant des Zerstörers nicht angreifen. Tatsächlich war es das polnische U-Boot *Wilk*, das aus der Ostsee kommend nach England durchzubrechen versuchte.

15. 9. 1939
Heimat: *Richard Beitzen* und *T 107* Kiel eingelaufen.

16. 9. 1939
Heimat/Ostsee: 3. Z.-D., die mit *Friedrich Ihn, Erich Steinbrinck* und *Friedrich Eckoldt* einige Tage in der Ostsee war, Swinemünde ausgelaufen zum Rückmarsch durch den K.W.-Kanal in die Nordsee. Beim Ablegen geriet in Swinemünde dem Zerstörer *Friedrich Eckoldt* eine Trosse in die Bb.-Schraube. Diese wurde durch einen Taucher in 4stündiger Arbeit entfernt. Dann folgte der Zerstörer den beiden vorausgelaufenen Booten durch den K.-W.-Kanal.

17. 9. 1939
Nordsee: 3. Z.-D. mit *Friedrich Ihn, Erich Steinbrinck* und *Friedrich Eckoldt* auf der Außenjade vor Schillig eingetroffen und mit Minenübernahme begonnen.

1. Z.-D. mit *Leberecht Maaß* und *Georg Thiele* ebenfalls aus der Ostsee kommend auf der Jade eingetroffen.

19. 9. 1939
Heimat: Bauaufträge erteilt für die »Zerstörer 1936 A (Mob)« (*Z 31* bis *Z 34* und *Z 37* bis *Z 39*).

24. 9. 1939
Heimat: *Z 22, Anton Schmitt* bei Deschimag in Bremen für die 4. Z.-D. in Dienst gestellt.

Ostsee: *Wilhelm Heidkamp* mit F.d.T., *Bernd von Arnim, Erich Giese* und die 5. Z.-D. mit *Diether von Roeder, Hans Lüdemann* und *Hermann Künne* Verlegungsmarsch aus der Ostsee durch den K.-W.-Kanal zur Nordsee angetreten.

25. 9. 1939
Ostsee: 4. Z.-Fl. mit *Hans Lody, Friedrich Ihn* und *Erich Steinbrinck* Marsch von Swinemünde nach Kiel.

Theodor Riedel von Swinemünde aus zur Einzelausbildung in der Ostsee.

Nordsee: *Wilhelm Heidkamp* mit F.d.T., *Bernd von Arnim, Erich Giese* und die 5. Z.-D. mit *Diether von Roeder, Hans Lüdemann* und *Hermann Künne* aus der Ostsee kommend auf Wilhelmshaven Reede geankert.

Bruno Heinemann, geleitet durch *Leberecht Maaß*, Probefahrten in der Deutschen Bucht bis Helgoland.

26. 9. 1939
Ostsee: Abends 4. Z.-Fl. mit *Hans Lody, Friedrich Ihn* und *Erich Steinbrinck* und 6. T.-Fl. mit 4 Torpedobooten Kiel ausgelaufen zur Führung von Handelskrieg im Kattegat.

Nordsee: *Leberecht Maaß* Seenotdienst in der Deutschen Bucht.

27. 9. 1939
Kattegat/Skagerrak: Vorstoß der 4. Z.-Fl. und der 6. T.-Fl. bis in das Skagerrak.

28. 9. 1939
Heimat: Nach Beendigung des Handelskrieges in Skagerrak und Kattegat sind die 4. Z.- und die 6. T.-Fl. abends in Kiel eingelaufen.
Nordsee: Abends Wilhelmshaven ausgelaufen zu einem Vorstoß in das Skagerrak: *Wilhelm Heidkamp* mit F.d.T., *Bernd von Arnim, Erich Giese* und die 5. Z.-D. mit *Diether von Roeder, Hans Lüdemann, Hermann Künne* und *Karl Galster*.

29. 9. 1939
Skagerrak: Nach dem Marsch aus der Deutschen Bucht begannen die 7 Zerstörer des F.d.T. (siehe Vortag!), im Skagerrak Handelskrieg zu führen. Hierbei wurden mehrere ausländische Handelsschiffe angehalten und untersucht.

Nordsee: *Paul Jacobi* und *Bruno Heinemann* Wilhelmshaven ausgelaufen zum Marsch durch die Deutsche Bucht und den K.-W.-Kanal in die Ostsee. Beabsichtigt war, dort Übungen und Ausbildungsabschnitte zu erledigen. Beim Marsch durch die Deutsche Bucht wurden die beiden Zerstörer südöstlich von Helgoland von britischen Flugzeugen angegriffen. Starkes Flakfeuer der Zerstörer vertrieb die Flugzeuge, welche keine Treffer auf den Booten erzielt hatten.

Auf die Alarmmeldung von *Paul Jacobi* und *Bruno Heinemann* lief die 1. Z.-Fl., welche auf der Jade ankerte, zur Unterstützung in die Deutsche Bucht aus, kehrte jedoch bald wieder um, da der englische Angriff durch *Paul Jacobi* und *Bruno Heinemann* bereits erfolgreich abgewehrt worden war.

Heimat: *Leberecht Maaß* als Vorpostenzerstörer in der Nordsee durch *Friedrich Eckoldt* abgelöst. *Leberecht Maaß* nach Stettin entlassen zur Durchführung seiner Werftliegezeit.

30. 9. 1939
Skagerrak/Kattegat/Ostsee: Beendigung des Handelskrieges im Skagerrak und Kattegat durch die 7 Zerstörer des F.d.T. Insgesamt wurden 58 Handelsschiffe untersucht; 9 von ihnen wurden zur Prisenverhandlung nach Kiel geschickt. Unterdessen marschierten die Zerstörer aus dem Kattegat in die westliche Ostsee. Hier wurden die 4 Zerstörer der 5. Z.-D., *Diether von Roeder, Hans Lüdemann, Hermann Künne* und *Karl Galster*, durch den F.d.T. zum Weitermarsch nach Swinemünde entlassen, während dieser nachmittags mit *Wilhelm Heidkamp, Bernd von Arnim* und *Erich Giese* in Kiel einlief.

1. 10. 1939
Ostsee: 5. Z.-D. mit *Diether von Roeder, Hans Lüdemann, Hermann Künne* und *Karl Galster* morgens in Swinemünde festgemacht.

Paul Jacobi und *Bruno Heinemann* in der westlichen Ostsee eingetroffen. Gemeinsam mit dem Zerstörer *Max Schultz* begannen sie, in der Swinemünder Bucht Übungen durchzuführen.

2. 10. 1939
Ostsee: *Max Schultz, Paul Jacobi* und *Bruno Heinemann* Unterbrechung der Übungen. Mittags ausgelaufen in die Ostsee zur Einholung von Prisen, die am 29. und 30. 9. aufgebracht worden waren, in deutsche Ostseehäfen sowie zur Hilfe für Vp-Boote, die im Handelskrieg eingesetzt waren. *Max Schultz* und *Bruno Heinemann* trafen nachmittags bei *V 1309* ein, während *Paul Jacobi* bis abends vergeblich nach *V 1305* suchte. Um 18.00 Uhr erhielten die im Handelskrieg eingesetzten Einheiten den Befehl, wegen Wetterverschlechterung in Swinemünde einzulaufen.

3. 10. 1939
Ostsee/Kattegat: *Hermann Schoemann* mit Chef 2. Z.-Fl., *Friedrich Ihn* und *Erich Steinbrinck* und die T-Boote *Greif, Falke* und *Albatros* Kiel ausgelaufen, um im Kattegat und später im Skagerrak Handelskrieg zu führen.

4. 10. 1939
Kattegat/Skagerrak: 2. Z.-Fl. mit 3 Zerstörern und 3 T-Booten Handelskrieg im Kattegat und Skagerrak. Untersuchung mehrerer Handelsschiffe.

5. 10. 1939
Skagerrak/Nordsee: Chef 2. Z.-Fl. mit 3 Zerstörern und 3 T-Booten Handelskrieg beendet und Marsch nach Wilhelmshaven angetreten, wo der Verband abends eintraf.

6. 10. 1939
Heimat: *Wilhelm Heidkamp* mit F.d.T., 5. Z.-D. mit *Diether von Roeder, Hans Lüdemann, Hermann Künne* und *Karl Galster* Marsch aus der Ostsee durch den K.W.-Kanal in die Nordsee.
Getrennt vom zuvor genannten Verband verlegte der Schlachtkreuzer *Gneisenau* mit den Zerstörern der 1. Z.-Fl., *Max Schultz, Richard Beitzen* und *Bernd von Arnim* ebenfalls durch den Kanal in die Nordsee.
Die ebenfalls aus der Ostsee kommende 8. Z.-D. mit *Hans Lody* und *Erich Giese*, die zur Minenübernahme auf Altenbruch Reede unterwegs war, fiel jedoch für den geplanten Nordsee-Einsatz aus. Sie wurden ersetzt durch *Friedrich Ihn* und *Erich Steinbrinck*, die sich in Wilhelmshaven befanden.

7. 10. 1939
Heimat: *Wilhelm Heidkamp* mit F.d.T., *Friedrich Ihn, Erich Steinbrinck, Diether von Roeder, Hans Lüdemann* und *Hermann Künne* nachmittags Marsch von der Jade in die Elbemündung, wo auf einigen Zerstörern Enter- und Prisenkommandos einstiegen. Da wegen ungenügender maschineller Bereitschaft *Hans Lüdemann* ausgefallen war, liefen abends zur geplanten Nordsee-Unternehmung nur die 5 restlichen Zerstörer aus.

8. 10. 1939
Deutsche Bucht/Nordsee: Sammeln der 5 Zerstörer *Wilhelm Heidkamp* mit F.d.T., *Friedrich Ihn, Erich Steinbrinck, Diether von Roeder* und *Karl Galster* (der für den ebenfalls ausgefallenen *Hermann Künne* eingesprungen war) morgens in der Deutschen Bucht auf den Schlachtkreuzer *Gneisenau*, auf dem sich der Flottenchef befand. Hinzu kamen von Wilhelmshaven bzw. von der Jade der Leichte Kreuzer *Köln* und die Zerstörer *Theodor Riedel, Max Schultz, Bernd von Arnim* und *Friedrich Eckoldt.* Nach dem Sammeln trat der Verband mit nördlichen Kursen den Vorstoß aus der Deutschen Bucht an die Küste von Südnorwegen an.
Heimat: *Hans Lüdemann, Hermann Künne, Hans Lody* und *Erich Giese* zur Durchführung verschiedener Reparaturen in diverse Werften entlassen.

9. 10. 1939
Nördliche Nordsee: *Gneisenau* mit Flottenchef, *Köln* und 9 Zerstörer Vorstoß zur südnorwegischen Küste, vorbei an Lister, bis in die Höhe von Bergen. Dort kehrtgemacht, da der Vorstoß ohne irgendein Ereignis oder Ergebnis blieb. Marsch des Verbandes zur Führung von Handelskrieg in das Skagerrak und weiter in das Kattegat.
Zur Suche nach dem deutschen Verband, der am 8. 10. 1939 durch ein britisches Flugzeug gesichtet und gemeldet worden war, wurden in 3 getrennten Gruppen insgesamt folgende britische Kriegsschiffe eingesetzt:
Flugzeugträger *Furious,*
Schlachtschiffe *Nelson* und *Rodney,*
Schlachtkreuzer *Hood* und *Repulse,*
Leichte Kreuzer *Edinburgh, Glasgow, Southampton, Sheffield, Aurora* und *Newcastle,*
zusammen 12 Zerstörer.
Angriffsabsichten deutscher Kampfflugzeuge auf die englischen Kriegsschiffe, die den deutschen Verband nicht fanden, blieben ohne Erfolg.

10. 10. 1939
Ostsee: Nach Beendigung des Handelskrieges im Kattegat liefen nachmittags *Gneisenau* mit Flottenchef, *Köln* und 8 Zerstörer in Kiel ein; *Friedrich Eckoldt* war nach Swinemünde entlassen worden.
Heimat: *Wilhelm Heidkamp* zur Erledigung von Instandsetzungsarbeiten in die Deutschen Werke in Kiel verlegt.

11. 10. 1939
Heimat: *Paul Jacobi* und *Theodor Riedel* Verlegungsmarsch von Kiel durch den K.W.-Kanal nach Wilhelmshaven.

13. 10. 1939
Heimat: Auftragserteilung für weitere »Zerstörer 1936 A (Mob)«, und zwar *Z 37, Z 38* und *Z 39*, an die Germaniawerft in Kiel.

14. 10. 1939
Heimat: *Wilhelm Heidkamp* aus den Deutschen Werken in Kiel entlassen und mit dem F.d.T. an Bord Marsch durch den K.-W.-Kanal in die Nordsee angetreten.

15. 10. 1939
Heimat: *Wilhelm Heidkamp* mit F.d.T. in Wilhelmshaven eingelaufen.

17. 10. 1939
Heimat/Deutsche Bucht: Mittags *Wilhelm Heidkamp* mit F.d.T., *Karl Galster, Friedrich Eckoldt, Diether von Roeder, Hans Lüdemann* und *Hermann Künne* Wilhelmshaven bzw. Schillig Reede ausgelaufen zur Durchführung einer offensiven Minenunternehmung an der englischen Ostküste in der Humber-Mündung. Während *Wilhelm Heidkamp* nicht mit Minen beladen war und als Sicherungszerstörer bei der geplanten Aktion eingesetzt werden sollte, trugen die anderen Boote Minenladungen. Nachdem der Verband nachmittags in der Deutschen Bucht Scheinkurse gesteuert hatte, trat er abends mit westlichen Kursen den Vormarsch zur englischen Küste an.
Abends Chef 2. Z.-Fl. mit *Paul Jacobi, Theodor Riedel* und *Hermann Schoemann* sowie den Torpedobooten *Leopard, Iltis* und *Wolf* Wilhelmshaven ausgelaufen zur Durchführung von Handelskrieg im Skagerrak. Nachts Marsch des Verbandes durch die Deutsche Bucht nach Norden.

18. 10. 1939
England: Kurz nach Beginn des Tages traf der F.d.T. mit seinen 6 Zerstörern in der Humber-Mündung ein. *Wilhelm Heidkamp* ging auf Sicherungsposition, und die restlichen 5 Boote begannen, Minen zu werfen. Nach Beendigung der Wurfunternehmung sammelten die Zerstörer auf das Führerboot *Wilhelm Heidkamp.* Anschließend trat der Verband mit hoher Fahrt den Heimmarsch zur Jade an, wo er nachmittags, ohne entdeckt worden zu sein, eintraf.
Auf den Minensperren im Humber sanken später insgesamt 7 Handelsschiffe (siehe Kapitel »Die Minenerfolge der deutschen Zerstörer von Oktober 1939 bis März 1940 an der Ostküste von England«).
Abends 5. Z.-Div. mit *Diether von Roeder, Hans Lüdemann* und *Hermann Künne* sowie *Friedrich Eckoldt* Wilhelmshaven ausgelaufen zum Marsch durch den K.-W.-Kanal in die Ostsee.
Heimat: *Karl Galster* entlassen zur Erledigung von Reparaturen in die Kriegsmarinewerft in Wilhelmshaven.
Skagerrak: Nachdem der Chef der 2. Z.-Fl. mit seinen 3 Zerstörern und den 3 Torpedobooten morgens wegen Nebels in der Deutschen Bucht ankern mußte, wurde vormittags der Marsch zum Skagerrak fortgesetzt. Dort traf der Verband abends ein und begann sofort mit der Durchführung von Handelskriegsmaßnahmen.

19. 10. 1939
Heimat: 5. Z.-Div. mit *Diether von Roeder, Hans Lüdemann, Hermann Künne* und *Friedrich Eckoldt* in Swinemünde eingelaufen.

Chef 1. Z.-Fl. mit *Max Schultz, Friedrich Ihn* und *Erich Steinbrinck* bestimmt als Vorpostendivision in der Deutschen Bucht. *Hans Lody* mit Chef 4. Z.-Fl., *Bernd von Arnim* und *Erich Giese* in Wesermünde einsatzbereit für neue Handelskriegaufgaben.
Nach Durchführung von Handelskrieg im westlichen Skagerrak sind *Paul Jacobi* mit Chef 2. Z.-Fl., *Theodor Riedel, Hermann Schoemann*, sowie die Torpedoboote *Leopard, Iltis* und *Wolf* auf der Jade eingetroffen und vor Anker gegangen.
Wilhelm Heidkamp mit F.d.T. um 15.00 Uhr Wilhelmshaven ausgelaufen zum Marsch durch den K.W.-Kanal in die Ostsee. *Paul Jacobi* mit Chef 2. Z.-Fl., *Theodor Riedel* und *Hermann Schoemann*, die auf der Jade ankerten, hängten sich an das F.d.T.-Boot an. Abends machten die 4 Zerstörer wegen starken Sturmes im K.-W.-Kanal am oder in der Nähe vom Fernlenkzielschiff *Hessen* fest.

20. 10. 1939
Heimat: *Wilhelm Heidkamp* mit F.d.T., *Paul Jacobi* mit Chef 2. Z.-Fl., *Theodor Riedel* und *Hermann Schoemann* vormittags an der Blücher-Brücke in Kiel festgemacht.

21. 10. 1939
Heimat: Vormittags beendete der bisherige F.d.T., VAdm. Lütjens, seine Dienstgeschäfte als Typchef. Zur Übernahme der Dienstgeschäfte als neuer B.d.A. stieg er an der Blücher-Brücke von *Wilhelm Heidkamp* auf den Leichten Kreuzer *Nürnberg* über.
Paul Jacobi mit Chef 2. Z.-Fl., *Theodor Riedel, Hermann Schoemann* und *Wilhelm Heidkamp* nachmittags Kiel ausgelaufen zum Marsch nach Swinemünde. Dort liefen die 4 Zerstörer kurz vor Mitternacht ein.

22. 10. 1939
Heimat/Deutsche Bucht: *Max Schultz* mit Chef 1. Z.-Fl., *Friedrich Ihn* und *Erich Steinbrinck* abends Jade ausgelaufen.
Etwa gleichzeitig *Hans Lody* mit Chef 4. Z.-Fl., *Bernd von Arnim* und *Erich Giese* Bremerhaven ausgelaufen.
In der Deutschen Bucht trafen wenig später die 1. und die 4. Z.-Fl. zusammen. Anschließend traten sie mit nördlichen Kursen den Marsch zum Skagerrak an.

23. 10. 1939
Skagerrak: Chefs der 1. und der 4. Z.-Fl. mit zusammen 6 Zerstörern Führung von Handelskrieg im Skagerrak.

24. 10. 1939
Heimat: Nach erfolgreicher Beendigung des Handelskrieges im Skagerrak und nach Marsch zur Deutschen Bucht haben sich die 1. und die 4. Z.-Fl. wieder getrennt. Kurz darauf ging die 1. Z.-Fl. mit *Max Schultz, Friedrich Ihn* und *Erich Steinbrinck* auf der Jade vor Anker, während die 4. Z.-Fl. mit *Hans Lody, Bernd von Arnim* und *Erich Giese* in Wesermünde einlief.

26. 10. 1939
Heimat: Der neu kommandierte Führer der Zerstörer (künftig nur noch kurz F.d.Z. genannt), Kpt. z. S. und Kommodore Bonte, mit seinem Stab in Swinemünde auf *Wilhelm Heidkamp* eingestiegen.
Ostsee: B.d.A. mit den Leichten Kreuzern *Nürnberg, Emden* und *Königsberg*, dem Schweren Kreuzer *Admiral Hipper* und den Zerstörern *Paul Jacobi* und *Theodor Riedel* bei Arkona Torpedoübungsschießen.

27. 10. 1939
Ostsee: *Wilhelm Heidkamp* mit F.d.Z. vormittags Swinemünde ausgelaufen, um in der Ostsee am Torpedoübungsschießen teilzunehmen. Dies fiel jedoch wegen schlechten Wetters aus. Deshalb liefen *Wilhelm Heidkamp* und die anderen beteiligten Einheiten nachmittags wieder in Swinemünde ein.

Deutsche Bucht: *Hans Lody* mit Chef 4. Z.-Fl., *Bernd von Arnim* und *Karl Galster* und *Max Schultz* mit Chef 1. Z.-Fl., *Friedrich Ihn* und *Erich Steinbrinck* nachmittags Ausmarsch aus der Deutschen Bucht zur Durchführung von Handelskrieg im Skagerrak und an der Südküste Norwegens. Der Vormarsch der 6 Zerstörer nach Norden wurde durch zunehmenden Sturm erschwert. Die Boote nahmen stark Wasser über und mußten mit der Fahrt heruntergehen.

28. 10. 1939
Skagerrak: Vormittags im Westteil des Skagerraks Abbruch der Zerstörerunternehmung wegen starken Nordweststurmes und schweren Seegangs. *Hans Lody* mit Chef 4. Z.-Fl., *Bernd von Arnim* und *Karl Galster* sowie *Max Schultz* mit Chef 1. Z.-Fl., *Friedrich Ihn* und *Erich Steinbrinck* Rückmarsch zur Deutschen Bucht angetreten.
Max Schultz abends auf dem Rückmarsch in schwerer See Schnellschluß in der Hauptspeisepumpe und nachfolgende Turbinenexplosion. Hierbei gab es einen Schwerverletzten, der in der darauffolgenden Nacht verstarb, und zwei Leichtverletzte. Durch ein nicht geschlossenes Lenzventil lief der Kesselraum 1 des Zerstörers voll. Das hatte zur Folge, daß wenig später sämtliche Kessel ausfielen.
Um 22.05 Uhr war auf *Max Schultz* der Kesseldruck auf 35 atü gefallen. Der Zerstörer, der bewegungsunfähig quer vor der See trieb, ging kurz darauf vor Anker.
Schleppversuche von *Friedrich Ihn* und *Erich Steinbrinck* scheiterten wegen des heftigen Seeganges, weil Schleppverbindungen nicht herzustellen waren. Deshalb nahmen die beiden Zerstörer bei dem Havaristen Sicherungspositionen ein. Auf *Max Schultz* führte die Besatzung währenddessen Maschineninstandsetzungen durch.
Um 22.40 Uhr war der Dampfdruck auf *Max Schultz* wieder auf 60 atü angestiegen. Wenig später konnte der Zerstörer seinen Anker lichten und den Rückmarsch zur Deutschen Bucht fortsetzen. Als Sicherung blieben weiter bei ihm *Friedrich Ihn* und *Erich Steinbrinck*.

29. 10. 1939
Heimat: Vormittags Einlaufen der 6 Zerstörer in Wilhelmshaven und Bremerhaven. Auf allen Booten zum Teil schwere Seeschäden, die Werftinstandsetzungen erforderlich machten. *Hans Lody* hatte im Seegang ein Besatzungsmitglied verloren, das nicht wiedergefunden wurde; außerdem waren drei Verletzte zu beklagen.
Max Schultz wenig später entlassen zu mehrwöchigen Reparaturen der Antriebsanlagen und der ebenfalls ausgefallenen artillerie-elektrischen Geräte.

30. 10. 1939
Ostsee: *Wilhelm Heidkamp* mit F.d.Z., *Paul Jacobi* mit Chef 2. Z.-Fl., *Theodor Riedel* und *Hermann Schoemann* Swinemünde ausgelaufen und in der Ostsee erfolgreich Torpedoübungsschießen durchgeführt.

31. 10. 1939
Heimat: *Wilhelm Heidkamp* mit F.d.Z. sowie die 2. Z.-Fl. mit 3 Zerstörern vom Ostsee-Torpedoschießen kommend kurz nach Mitternacht in Swinemünde eingelaufen.
Hans Lody mit Chef 4. Z.-Fl., *Bruno Heinemann, Friedrich Ihn* und *Erich Steinbrinck* aus der Nordsee kommend in Swinemünde eingelaufen.

1. 11. 1939
Beginn von Verbandsübungen der Flotte in der Ostsee.
Teilnehmer waren:

Schlachtkreuzer	*Gneisenau* (mit Flottenchef) und *Scharnhorst,*

Schwerer Kreuzer *Admiral Hipper*,
Leichte Kreuzer *Nürnberg* (mit B.d.A.), *Emden, Königsberg, Leipzig* und *Köln*,
Zerstörer *Wilhelm Heidkamp* mit F.d.Z., *Paul Jacobi* mit Chef 2. Z.-Fl., *Theodor Riedel* und *Hermann Schoemann*, *Hans Lody* mit Chef 4. Z.-Fl., *Bruno Heinemann*, *Friedrich Ihn*, *Erich Steinbrinck* und *Friedrich Eckoldt*,
6 Torpedoboote.
Die Zerstörer und Torpedoboote begannen in der mittleren Ostsee zunächst, Einzelübungen durchzuführen.

2. 11. 1939
Ostsee: Fortsetzung der Tag- und Nachtgefechts- und Verbandsübungen in der mittleren Ostsee durch alle teilnehmenden Einheiten. Darstellung von Gefechtsbildern.

3. 11. 1939
Ostsee/Heimat: Mittags Beendigung der Ostsee-Übungen. Ab nachmittags Einlaufen der Schiffe und Boote in Ostseestützpunkten, *Wilhelm Heidkamp* und die anderen Zerstörer machten in Swinemünde fest.

5. 11. 1939
Heimat: *Wilhelm Heidkamp* mit F.d.Z. sowie Chef 2. Z.-Fl. mit *Paul Jacobi, Theodor Riedel* und *Hermann Schoemann* vormittags Swinemünde ausgelaufen zum Verlegungsmarsch in die Nordsee. Nachmittags und abends Marsch der 4 Zerstörer durch den K.W.-Kanal.

6. 11. 1939
Heimat: *Wilhelm Heidkamp* mit F.d.Z., *Paul Jacobi* mit Chef 2. Z.-Fl., *Theodor Riedel* und *Hermann Schoemann* in Wilhelmshaven eingelaufen.

7. 11. 1939
Heimat: Beim F.d.Z. Anordnung des Oberkommandos der Kriegsmarine eingegangen, aus der hervorging, daß für die Dauer des Krieges alle Bootsnummern und -kennungen, einschließlich jener der Zerstörer, zu übermalen und unkenntlich zu machen sind.
Friedrich Eckoldt mit Chef 3. Z.-Div. und *Friedrich Ihn* nach Marsch aus der Ostsee und durch den K.-W.-Kanal auf der Jade eingetroffen und dort vor Anker gegangen.
Die für die am 8. 11. 1939 zur Teilnahme an der Minenunternehmung vor der englischen Ostküste vorgesehenen Zerstörer begannen, auf der Jade Minen zu übernehmen.
Wilhelm Heidkamp wegen Kesselgebläseschadens für geplante Unternehmung am 8. 11. ausgefallen. Deshalb F.d.Z. übergestiegen auf *Karl Galster* und mit diesem von Wilhelmshaven nach Schillig Reede verlegt. Dort geankert. Abends Rückkehr nach Wilhelmshaven. *Karl Galster* an Nordmole festgemacht.
Hans Lüdemann und *Hermann Künne* Minenübernahme auf Altenbruch Reede.

8. 11. 1939
Mittags *Karl Galster* mit F.d.Z., *Hans Lüdemann* mit Chef 5. Z.-Div., *Hermann Künne, Paul Jacobi* mit Chef 2. Z.-Fl., *Theodor Riedel, Hermann Schoemann, Friedrich Eckoldt* mit Chef 3. Z.-Div. und *Friedrich Ihn* Jade ausgelaufen zu einer offensiven Minenunternehmung in der Themse- und in der Humber-Mündung. Zerstörerverband nachmittags in der Deutschen Bucht Scheinkurse gesteuert. Gegen 18.00 Uhr Abbruch des Unternehmens, weil *Hermann Künne* Seewasser im Heizöl gemeldet hat und für ca. 20 Stunden ausfällt. Verband kurz vor Mitternacht wieder auf der Jade geankert.

9. 11. 1939
Wilhelm Heidkamp vormittags wieder einsatzbereit. Deshalb F.d.Z. wieder dort eingestiegen.
Karl Galster Minenübernahme von *Hermann Künne*, der zur Reparatur Werfthilfe braucht. *Paul Jacobi* ausgefallen wegen hoher Kesselspeisewasserverluste.

10. 11. 1939
Hermann Künne wieder einsatzbereit. Mittags *Wilhelm Heidkamp* mit F.d.Z., *Hermann Künne, Karl Galster, Friedrich Ihn* und *Erich Giese* Wilhelmshaven bzw. Schillig Reede ausgelaufen zur erneuten Durchführung der offensiven Minenaktion an der englischen Ostküste. Kurz nach dem Auslaufen *Hermann Künne* jedoch erneut ausgefallen. Deshalb Rückkehr der Boote nach Wilhelmshaven.

11. 11. 1939
Auf der Jade und über der Deutschen Bucht dichter Nebel. Alle Einsätze deshalb verschoben.

12. 11. 1939
Mittags *Wilhelm Heidkamp* mit F.d.Z., 2. Z.-Fl. mit *Erich Giese, Theodor Riedel* und *Hermann Schoemann* und die 5. Z.-Div. mit *Hans Lüdemann, Hermann Künne* und *Karl Galster* Jade ausgelaufen zu der geplanten offensiven Minenunternehmung in der Themse-Mündung. Nach Steuern von Scheinkursen in der Deutschen Bucht abends mit Westkurs Vormarsch zur englischen Ostküste angetreten. In Höhe Ymuiden vorzeitige Entlassung von *Theodor Riedel* zum Heimmarsch, da der Zerstörer wegen Heißlaufens der Bb.-Welle nur noch eine Höchstfahrt von 12 sm halten konnte.

13. 11. 1939
Ostküste Englands: Kurz nach Mitternacht Entlassung von *Hermann Schoemann* zur Heimfahrt, da das Boot durch blasenden Flansch pro Stunde 4 Tonnen Wasser verliert. Chef 2. Z.-Fl. mit *Erich Giese* entlassen, um den Heimmarsch der beiden havarierten Zerstörer zu sichern.
Kurz nach Entlassung der beiden letzten Zerstörer Beginn des Minenwerfens durch *Karl Galster, Hans Lüdemann* und *Hermann Künne*. In der Nähe auf Sicherungsposition stand *Wilhelm Heidkamp*. Sicht- und Navigationsbehinderung durch starken Nebel. Nach Beendigung des Minenwerfens Sammeln der drei Zerstörer auf das Führerboot und Antritt des gemeinsamen Rückmarsches zur Jade. Marsch dorthin ohne Störungen. Boote in der Deutschen Bucht durch Kreuzer aufgenommen.
Abends *Wilhelm Heidkamp* und 5. Z.-Div. auf der Jade vor Anker gegangen.
Auf den in der Themse-Mündung am 13. 11. geworfenen Minensperren sank am selben Tag der englische Zerstörer *Blanche*, und in der darauffolgenden Zeit gingen dort insgesamt 13 Handelsschiffe verloren.
Abends 4. Z.-Fl. mit *Bruno Heinemann, Friedrich Ihn, Erich Steinbrinck* und *Friedrich Eckoldt* aus der Deutschen Bucht ausgelaufen zu einem Vorstoß in das Skagerrak. *Hans Lody*, der an der Unternehmung teilnehmen sollte, mußte wegen Maschinenstörung zurückbleiben.

14. 11. 1939
Skagerrak: 4. Z.-Fl. mit vier Booten auf dem Wege zum Operationsgebiet durch Nebel Verzögerungen. Nach Eintreffen im Skagerrak jedoch planmäßige Durchführung von Handelskriegsmaßnahmen.

15. 11. 1939
Ostsee: Nach Beendigung des Handelskrieges Marsch der 4. Z.-Fl. durch Kattegat und Belt nach Kiel. *Friedrich Ihn* nach Swinemünde entlassen zur Behebung mehrerer Maschinenstörungen. *Bruno Heinemann* mit Chef 4. Z.-Fl., *Erich Steinbrinck* und *Friedrich Eckoldt* nach Brennstoffübernahme in Kiel abends Marsch durch den K.W.-Kanal in die Nordsee angetreten.

16. 11. 1939
Bruno Heinemann in Wesermünde eingelaufen zur Durchführung von Reparaturen. *Erich Steinbrinck* und *Friedrich Eckoldt* in Wilhelmshaven eingelaufen.

Auf Schillig Reede vor Anker:	*Wilhelm Heidkamp* *Hermann Künne.*
Auf Wilhelmshaven Reede vor Anker:	Schlachtkreuzer *Gneisenau,* *Bernd von Arnim.*

17. 11. 1939
Chef 5. Z.-Div. mit *Hermann Künne, Karl Galster* und *Bernd von Arnim* von der Jade ausgelaufen zu einer offensiven Minenunternehmung vor der mittleren Themse. In der Deutschen Bucht zunächst Scheinkurse gesteuert. Abends Vormarsch zur englischen Ostküste mit westlichen Kursen angetreten.

18. 11. 1939
England: Kurz nach Anbruch des 18. 11. Beginn des Minenwerfens in der Themse. Anschließend Rückmarsch zur Deutschen Bucht angetreten. Bei der Terschelling-Bank wurden die drei Zerstörer durch die Leichten Kreuzer *Nürnberg* und *Leipzig* und die 6. T.-Fl. mit *Leopard, Seeadler* und *Iltis* aufgenommen und zur Jade geleitet, wo der Verband abends eintraf.
Auf den an diesem Tag geworfenen Minensperren gingen insgesamt 7 Handelsschiffe, ein Trawler und am 21. 11. 1939 der englische Zerstörer *Gipsy* verloren.
Mittags von der Jade Auslaufen von *Erich Steinbrinck* mit Chef 4. Z.-Fl., *Hans Lody* und *Friedrich Eckoldt* zu einer erneuten Minenunternehmung vor der Humber-Mündung. Nachmittags in der Deutschen Bucht wie üblich Steuern von Scheinkursen, und abends Antritt des Marsches zur englischen Ostküste mit Westkurs.

19. 11. 1939
England: In den ersten Morgenstunden Beginn des Minenwerfens vor der Humber-Mündung durch die drei Zerstörer. Nach ungestörter Beendigung der Aktion Beginn des Rückmarsches zur Deutschen Bucht. Vormittags in Höhe der Westfriesischen Inseln Aufnahme der heimkehrenden Zerstörer durch den Leichten Kreuzer *Leipzig* und die 6. T.-Fl. mit *Leopard, Seeadler, Iltis* und *Wolf*. Gegen 17.00 Uhr Einlaufen von *Erich Steinbrinck, Hans Lody* und *Friedrich Eckoldt* in Wilhelmshaven.
Auf den in dieser Nacht gelegten Minen sanken später 7 Schiffe.

21. 11. 1939
Deutsche Bucht: Nachmittags Schlachtkreuzer *Gneisenau* mit Flottenchef, Schlachtkreuzer *Scharnhorst* und Chef 4. Z.-Fl. mit *Bernd von Arnim, Erich Giese* und *Karl Galster* Jade auslaufend mit Nordkursen verlassen. Gegen 16.30 Uhr hängten sich die Leichten Kreuzer *Leipzig* (mit B.d.A.) und *Köln* an den Verband. Spätabends in Höhe des Westausganges des Skagerraks durch Flottenchef Entlassung der Leichten Kreuzer und Zerstörer zur Führung von Handelskrieg. *Gneisenau* und *Scharnhorst* Weitermarsch mit nördlichen Kursen zu einem Vorstoß in die Enge Shetland—Faröer.

22. 11. 1939
Skagerrak: Leichte Kreuzer und die drei Zerstörer der 4. Z.-Fl. Handelskrieg im Skagerrak.
Heimat: Für eine weitere Zerstöreraufgabe mit B.d.A.-Streitkräften waren in Wilhelmshaven *Paul Jacobi, Hans Lody* und *Friedrich Ihn* einsatzbereit.

23. 11. 1939
Heimat: *Hans Lody* mit Maschinenschaden ausgefallen.
Nordmeer: Überraschung des englischen Hilfskreuzers *Rawalpindi* in der Enge zwischen Island und den Faröer-Inseln durch die deutschen Schlachtkreuzer *Gneisenau* und *Scharnhorst.* Vernichtung der *Rawalpindi* durch die schwere Artillerie der *Scharnhorst.*
Skagerrak: Beendigung des Handelskrieges im Skagerrak. Rückmarsch der Kreuzer nach Wilhelmshaven, der Zerstörer durch Kattegat und Belt nach Kiel. Von dort nach Treibstoffübernahme *Bernd von Arnim* und *Karl Galster* abends Weitermarsch durch den K.W.-Kanal in die Nordsee angetreten.

24. 11. 1939
Bernd von Arnim und *Karl Galster* von Kiel kommend in Wilhelmshaven eingelaufen.
Wilhelm Heidkamp mit F.d.Z. an Bord Wilhelmshaven ausgelaufen zum Marsch in die Ostsee.
Handelskrieg Skagerrak: Aus der Deutschen Bucht Vorstoß zum Skagerrak zur Handelskriegführung. Hierbei eingesetzt waren der B.d.A,. VAdm. Densch, mit dem Schweren Kreuzer *Lützow* (ex Panzerschiff *Deutschland*), die Leichten Kreuzer *Köln* und *Leipzig,* die 4. Z.-Fl. mit *Bernd von Arnim, Bruno Heinemann, Friedrich Ihn, Erich Steinbrinck* und *Karl Galster* sowie die 6. T.-Fl. mit *Leopard, Seeadler, Iltis* und *Wolf*. Zerstörer *Paul Jacobi* sollte an dieser Unternehmung auch teilnehmen, mußte jedoch wegen ungenügender maschineller Bereitschaft in Wilhelmshaven zurückbleiben.

25. 11. 1939
Skagerrak: B.d.A.-Streitkräfte und Torpedoboote Führung von Handelskrieg im Skagerrak. 4. Z.-Fl. mit fünf Zerstörern Rückkehr nach Wilhelmshaven.
Wilhelm Heidkamp mit F.d.Z. vormittags in Swinemünde eingelaufen.

26. 11. 1939
F.d.Z. in Swinemünde von *Wilhelm Heidkamp* auf den aus der Nordsee gekommenen Zerstörer *Friedrich Eckoldt* übergestiegen.

27. 11. 1939
Wilhelm Heidkamp zur Erledigung seiner Maschinenüberholung entlassen zu den Oderwerken in Stettin.
Nordsee: Chef 4. Z.-Fl. hat Anweisung erhalten, mit den Zerstörern *Richard Beitzen, Hermann Schoemann* und *Erich Steinbrinck* den Vorpostendienst in der Nordsee am 28. 11. zu übernehmen.

29. 11. 1939
Karl Galster Wilhelmshaven ausgelaufen zum Marsch in die Ostsee.

30. 11. 1939
Karl Galster in Swinemünde eingelaufen, F.d.Z. von *Friedrich Eckoldt* auf *Karl Galster* übergestiegen.
Richard Beitzen und *Hermann Schoemann* in Bereitschaft für Vorpostendienst auf Wilhelmshaven Reede geankert.
Z 28 bei Germania, Kiel, auf Kiel gelegt.

1. 12. 1939
Heimat: 3. Z.-Fl. aufgestellt. Ihr zugeteilt wurden die drei Boote der 3. Z.-Div. mit *Hans Lüdemann* als Führerboot, *Diether von Roeder* und *Hermann Künne* und die beiden Zerstörer der 4. Z.-Div., *Karl Galster* und *Anton Schmitt.*
Ostsee: *Karl Galster* mit F.d.Z. Swinemünde ausgelaufen zum Marsch in die Nordsee.

2.12. 1939
Vormittags *Karl Galster* in Wilhelmshaven eingelaufen.

3. 12. 1939
Karl Galster bis etwa 12. 12.,
Paul Jacobi bis etwa 17. 12. und
Friedrich Eckoldt bis 6. 12. nicht einsatzbereit.

4. 12. 1939
Hans Lody mit Chef 4. Z.-Fl. und *Bruno Heinemann* von Wesermünde kommend in Wilhelmshaven eingelaufen.

5. 12. 1939
Bernd von Arnim und *Erich Giese* von Wesermünde kommend auf Schillig Reede geankert. Dorthin von Wilhelmshaven auch *Hans Lody* mit Chef 4. Z.-Fl. und *Bruno Heinemann* verlegt. Auf dem Marsch dorthin bei *Bruno Heinemann* Fremdgeräusche in beiden Schrauben festgestellt. Kehrtgemacht zum Docken in Wilhelmshaven. Als Reservezerstörer *Richard Beitzen* nach Schillig Reede verlegt.

6. 12. 1939
Bruno Heinemann in Wilhelmshaven eingedockt. Drahtstander in beiden Schrauben vorgefunden.
Richard Beitzen und *Hermann Schoemann* auf Wilhelmshaven Reede in Bereitschaft.
Vormittags *Hans Lody* mit Chef 4. Z.-Fl., *Bernd von Arnim* und *Erich Giese* auf Schillig Reede Anker gelichtet und ausgelaufen zu einer offensiven Minenunternehmung vor Cromer. In der Deutschen Bucht nachmittags Scheinkurse gesteuert. Abends *Hans Lody* und *Erich Giese* allein mit Westkurs Vormarsch zur englischen Ostküste angetreten. *Bernd von Arnim* Rückkehr nach Schillig Reede, da zwei Kessel, ein Kesselgebläse und eine E.-Maschine ausgefallen waren. Nach Vonbordgabe der Minenladung *Bernd von Arnim* nach Bremerhaven in die Lloydwerft zur Maschinenreparatur entlassen.

7. 12. 1939
England: In den ersten Morgenstunden Werfen der Minensperren durch *Hans Lody* und *Erich Giese* vor Cromer. Etwa bei Beendigung des Werfens kamen in der Dunkelheit mehrere englische Zerstörer in Sicht. Die beiden deutschen Zerstörer fuhren einen Torpedoangriff auf die Engländer, welche die deutschen Boote noch nicht bemerkt hatten. Der Zerstörer *Jersey* wurde durch einen Torpedo, den *Erich Giese* im Ablaufen geschossen hatte, getroffen und schwer beschädigt. Nach dem Torpedogefecht Rückmarsch der beiden deutschen Boote mit hoher Fahrt nach Wilhelmshaven, wo sie gegen 13.00 Uhr, ohne Schäden erlitten zu haben, einliefen.

8. 12. 1939
Bereitschaftszustände:
Hermann Künne einsatzbereit an der Nordmole Wilhelmshaven.
Erich Steinbrinck und *Friedrich Ihn* vor Anker auf Schillig Reede einsatzbereit.
Hans Lody beide Anlagen versalzen. Dauer der Beseitigung etwa 3 Tage.
Hermann Schoemann ein Kesselrohrreißer und ein Überhitzerrohrreißer. Dauer der Reparatur etwa 36 Stunden.
Bernd von Arnim und *Erich Giese* entlassen zwecks Durchführung ihrer Werftliegezeiten bei der Germaniawerft, Kiel.
Bruno Heinemann wieder einsatzbereit.
Friedrich Ihn beim Längsseitkommen vom Minentransporter *Lauting* beschädigt. Außenhaut an Bb. etwa 4 m aufgerissen, Bunker eingedrückt. Dauer der Reparatur bis 10. 12. früh.

12. 12. 1939
F.d.Z. mitsamt Stab morgens auf *Hermann Künne* eingestiegen und anschließend mit diesem Zerstörer von der Wilhelmshavener Nordmole abgelegt. Marsch jadeabwärts angetreten. Auf Schillig Reede hängten sich *Erich Steinbrinck* und *Bruno Heinemann,* beide mit Minen beladen, an den F.d.Z.-Zerstörer an. Kurz vor Mittag *Erich Steinbrinck* vorübergehend unklar, da Seewasser im Treiböl festgestellt wurde.
Nachmittags stießen in der Deutschen Bucht die beiden ebenfalls mit Minen beladenen Zerstörer *Friedrich Ihn* und *Richard Beitzen* zum Verband. Nach dem Steuern von Scheinkursen in der Deutschen Bucht gingen die fünf Zerstörer abends auf Westkurs und traten den Vormarsch zur englischen Ostküste an.

13. 12. 1939
England: Vier Zerstörer in den ersten Morgenstunden, gesichert durch *Hermann Künne* mit dem F.d.Z. an Bord, Minen vor Newcastle geworfen. Dabei auf *Bruno Heinemann* im Stb.-Maschinenraum ein schwerer Brand ausgebrochen. Zerstörer mußte für etwa 1½ Stunden zum Löschen stoppen. *Erich Steinbrinck* sicherte während des Stilliegens den Havaristen. Nach dem Löschen des Brandes Rückmarsch der Zerstörer zur Deutschen Bucht angetreten, *Bruno Heinemann* nur mit seiner noch klaren Bb.-Maschine. Während des Marsches Abwehr wiederholter britischer Luftangriffe.
Deutsche Bucht: Seit dem Morgen dieses Tages warteten die drei Leichten Kreuzer *Nürnberg, Leipzig* und *Köln* auf die von der englischen Ostküste kommenden Zerstörer. Noch vor dem Zusammentreffen schoß in der Deutschen Bucht das britische U-Boot *Salmon* auf große Entfernung eine Torpedosalve auf die Kreuzer ab. Ein Torpedo traf den Kreuzer *Nürnberg* in das Vorschiff, ein weiterer die *Leipzig* an Bb. mittschiffs, welcher den vorderen Kesselraum völlig zerstörte. Dieser wurde nie wieder instand gesetzt, sondern stillgelegt. Während des Krieges wurde er dann als Wohnraum für Kadetten eingerichtet. Seit dem Torpedotreffer betrug die Höchstgeschwindigkeit der *Leipzig* nur noch wenig über 25 kn, was lediglich die weitere Verwendung als Ausbildungsschiff zuließ.
Mittags wurden die von England kommenden fünf Zerstörer durch den B.d.A. zu der beschädigten *Nürnberg* beordert. Gegen 12.24 Uhr wurden durch den F.d.Z. die Zerstörer *Erich Steinbrinck* (Wasser im Treiböl) und *Friedrich Ihn* (ein großer Kessel nur noch bedingt verwendungsfähig) zum gesonderten Marsch nach Wilhelmshaven entlassen.
Wenig später erhielt der F.d.Z. die Nachricht, daß *Leipzig* einen schweren Torpedotreffer erhalten hatte und getrennt vom B.d.A., der auf *Nürnberg* eingeschifft war, stand. Deshalb entschied er, sich mit *Hermann Künne* allein zur *Nürnberg* zu begeben und *Richard Beitzen* und *Bruno Heinemann* zu *Leipzig* zu senden.
Um 13.57 Uhr hatten die Zerstörer auf die Kreuzer gesammelt und die U-Bootsicherung übernommen. Bei den Kreuzern befanden sich weitere Sicherungsfahrzeuge, darunter der Flottenbegleiter *F 9*.
Nachmittags und nachts Rückmarsch der Kreuzer, Zerstörer und Geleiteinheiten zur Jade und Elbe.

14. 12. 1939
Deutsche Bucht: Vormittags war vor der Elbe-Mündung das englische U-Boot *Ursula* an die durch *Hermann Künne* und *F 9* gesicherte *Nürnberg* herangekommen. Es schoß einen Torpedofächer auf den Kreuzer, der jedoch durch den Flottenbegleiter *F 9* aufgefangen wurde. Durch mehrere Torpedos getroffen, explodierte das Boot und sank sehr schnell mit dem größten Teil seiner Besatzung. Etwa 15 Überlebende, zum größten Teil Maschinenpersonal, wurden durch weitere Sicherungsfahrzeuge gerettet.
Richard Beitzen und *Bruno Heinemann* wurden zur U-Jagd kommandiert, hatten jedoch keinen Erfolg.
In der Außenelbe wurde *Hermann Künne* mit dem F.d.Z. vom B.d.A. zum Marsch nach Wilhelmshaven entlassen, wo der Zer-

störer gegen Mittag eintraf. Dort liefen etwa zur selben Zeit auch *Richard Beitzen* und *Bruno Heinemann* ein.
Bruno Heinemann, Erich Steinbrinck und *Friedrich Ihn* wegen der vorgenannten Schäden mehrere Tage nicht einsatzbereit.
Z 23 bei Deschimag, Bremen, vom Stapel gelaufen.

16. 12. 1939
Hermann Künne mit F.d.Z. einsatzbereit an der Nordmole in Wilhelmshaven.
Friedrich Ihn, Richard Beitzen und *Hermann Schoemann* nachmittags Wilhelmshaven ausgelaufen, um auf Schillig Reede Minen zu übernehmen.

17. 12. 1939
Hermann Künne für geplante Minenunternehmung ausgefallen wegen versalzener Anlage. Auch *Richard Beitzen* nicht einsatzbereit wegen Störung am Fahrventil. Nachmittags auf Schillig Reede *Richard Beitzen* Minen an *Friedrich Eckoldt* übergeben, der aus Wilhelmshaven gekommen war.
Hermann Künne und *Richard Beitzen* entlassen in die Ostsee: *Hermann Künne* zu der bereits seit dem 4. 12. vorgesehenen Werftliegezeit bei den Stettiner Oderwerken und *Richard Beitzen* zu maschineller und schiffbaulicher Instandsetzung in Kiel.

18. 12. 1939
Vormittags Chef 1. Z.-Fl. mit *Friedrich Ihn, Friedrich Eckoldt* und *Hermann Schoemann* von der Jade ausgelaufen zur Durchführung einer weiteren offensiven Minenunternehmen vor Ofordness.

19. 12. 1939
England: Minenunternehmen der 1. Z.-Fl. vorzeitig abgebrochen, da an der englischen Ostküste keine Sicherheit über den genauen Schiffsort bestand. Alle Feuer waren gelöscht, deshalb navigatorische Verhältnisse besonders erschwert. Rückkehr der drei Zerstörer nach Wilhelmshaven, wo sie mittags einliefen.

21. 12. 1939
Vorpostendienst auf Schillig Reede durch *Karl Galster, Hermann Schoemann* und *Georg Thiele*.

22. 12. 1939
Hermann Schoemann und *Georg Thiele* weiterhin auf Schillig Reede.

23. 12. 1939
Erich Koellner, der im November seine Restarbeitszeit in Kiel verbrachte und im Dezember nacheinander Torpedo-, Artillerie- und Flakschießen bei Tag und Nacht sowie Gefechtsausbildung erledigt hatte, in Kiel zu kleinen Instandsetzungen in der Germaniawerft festgemacht.
Leberecht Maaß bis zum Jahreswechsel in Swinemünde.
Außenjade: Vorpostendienst auf Schillig Reede durch *Georg Thiele* und *Hermann Schoemann*. Aus Wilhelmshaven als Ablösung ausgelaufen *Erich Steinbrinck*, der wenig später auf Schillig Reede eine Kollision mit *Hermann Schoemann* im dichten Nebel hatte. *Hermann Schoemann* am Steven beschädigt. Beide Zerstörer zu Reparaturen in Wilhelmshaven eingelaufen.

24. 12. 1939
Wilhelm Heidkamp, der in Stettin seine Maschinenüberholung beendet hat, in Wilhelmshaven eingelaufen. Der F.d.Z. und sein Stab wieder auf seinem Führerboot eingestiegen.
Karl Galster als Vorpostenboot auf Schillig Reede.
Sonst keine Zerstörereinsätze.

27. 12. 1939
Erich Koellner Kiel ausgelaufen in die Ostsee zu Maschinenerprobungen.
Z 27 bei Germania, Kiel, auf Kiel gelegt.

29. 12. 1939
Karl Galster und *Georg Thiele* als Vorpostenboote bei Schillig vor Anker. Abends *Georg Thiele* wegen Maschinenstörung in Wilhelmshaven eingelaufen. Als Ablösung für ihn *Friedrich Eckoldt* Wilhelmshaven ausgelaufen.

30. 12. 1939
Erich Koellner bei Probefahrt in der Ostsee Wasserverluste durch blasenden Flansch. Zur Reparatur in Kiel eingelaufen.

31. 12. 1939
Erich Koellner erneute Probefahrt vor der Kieler Förde. Danach Verlegungsmarsch in die Nordsee durch den K.-W.-Kanal angetreten. Abends in Brunsbüttel festgemacht.
Karl Galster und *Friedrich Eckoldt* unverändert Vorpostendienst auf Schillig Reede.
Leberecht Maaß noch in Swinemünde.
Sonst keine Zerstörereinsätze.

Das Jahr 1940

1. 1. 1940
Wilhelm Heidkamp in Wilhelmshaven nicht einsatzbereit wegen Störungen an Kreiselkompaß und Fahrventil sowie wegen noch durchzuführender Funkbeschickung.
Erich Koellner vormittags Brunsbüttel ausgelaufen zum Marsch nach Wesermünde. Dort gegen 14.00 Uhr an der Zerstörerpier festgemacht.

5. 1. 1940
Wilhelm Heidkamp wieder einsatzbereit.

6. 1. 1940
Erich Steinbrinck und andere Zerstörer Minenübernahme vom Minentransporter *Lauting*.
F.d.Z. vormittags von *Wilhelm Heidkamp* auf *Karl Galster* übergestiegen, da *Wilhelm Heidkamp* erneut fahrunklar war.
Mittags F.d.Z. mit *Karl Galster* und *Hermann Schoemann* Wilhelmshaven ausgelaufen zur Durchführung einer offensiven Minenunternehmung mit weiteren Zerstörern in der Themse-Mündung. Nachmittags Sammeln der Zerstörer auf Schillig Reede. Unterstützungsgruppe: *Karl Galster* mit F.d.Z., *Richard Beitzen* und *Hermann Schoemann*;
Minenwurfverband: *Friedrich Eckoldt* mit Chef 1. Z.-Fl., *Erich Steinbrinck* und *Friedrich Ihn*.
Nachmittags bis abends in der Deutschen Bucht Scheinkurse gesteuert, dann mit westlichen Kursen Vormarsch zur englischen Ostküste angetreten. Kurz vor Mitternacht Entlassung des Wurfverbandes durch den F.d.Z. zur Durchführung der Aufgabe.

7. 1. 1940
Wurfverband hat 04.34 Uhr die erfolgreiche Beendigung des Minenlegens gemeldet. Unterstützungsgruppe vor der Themse-Mündung auf und ab stehend, wartet auf 1. Z.-Fl.
Vormittags Vereinigung beider Gruppen und Antritt des gemeinsamen Rückmarsches zur Deutschen Bucht mit hoher Fahrt.
Nachmittags Einlaufen der sechs Zerstörer in die Jade.
Auf den in dieser Nacht geworfenen Minensperren sank am 19. 1. 1940 der britische Zerstörer *Grenville*. Ferner gingen dort sechs Handelsschiffe verloren, ein weiteres wurde durch Minentreffer beschädigt.

8. 1. 1940
Erich Koellner von Wesermünde kommend in Wilhelmshaven eingelaufen. Nach Treibstoffergänzung wieder ausgelaufen und auf Schillig Reede geankert. Wegen Nebels mit anderen Zerstörern abermals Wilhelmshaven eingelaufen und an der Gazelle-Brücke festgemacht.

9. 1. 1940
Minenübernahme der Zerstörer in Wilhelmshaven und auf Schillig Reede aus längsseits gekommenen Minentransportern.

10. 1. 1940
Vormittags *Wilhelm Heidkamp* mit F.d.Z. und die mit Minen beladenen Zerstörer *Anton Schmitt, Karl Galster, Richard Beitzen, Friedrich Ihn* sowie als Sicherungsboot *Friedrich Eckoldt* Wilhelmshaven ausgelaufen zum Legen einer offensiven Minensperre vor Newcastle.
Etwa gleichzeitig Chef 4. Z.-Fl. mit *Bruno Heinemann, Wolfgang Zenker* und *Erich Koellner* zu einer weiteren Minenunternehmung vor Cromer ausgelaufen.
Beide Zerstörerverbände bei großer Kälte und dichtem Treibeis in der Deutschen Bucht zunächst Scheinkurse gesteuert. Ein dabei auf *Erich Koellner* aufgetretener Rohrreißer konnte mit Bordmitteln behoben werden.
Abends mit westlichen Kursen beide Zerstörergruppen getrennt Marsch zur englischen Küste angetreten.

11. 1. 1940
Kurz nach Anbruch des neuen Tages Entlassung der Wurfgruppe I mit *Anton Schmitt* und *Karl Galster* und der Wurfgruppe II mit *Richard Beitzen* und *Friedrich Ihn* zum Minenwerfen vor Newcastle. Als Sicherungsboote standen *Wilhelm Heidkamp* mit dem F.d.Z. und *Friedrich Eckoldt* in der Nähe »auf und ab«.
Etwa gleichzeitig war die 4. Z.-Fl. mit den drei Zerstörern vor Cromer unbemerkt eingetroffen und hatte mit dem Minenwerfen begonnen.
Nach dem erfolgreich durchgeführten Werfen sammelten die Zerstörer auf die Führerboote und traten in getrennten Verbänden den Rückmarsch zur Deutschen Bucht an.
Um 04.35 Uhr meldete *Friedrich Ihn* Kesselspeisewasserverluste durch Rohrreißer. Daraufhin wurde der Zerstörer zum vorzeitigen Heimmarsch entlassen. Als Sicherung wurde *Richard Beitzen* beigegeben.
Kurz vor Mittag griffen wiederholt englische Bombenflugzeuge den F.d.Z.-Verband ohne Erfolg an. Durch die Zerstörerflak, vermutlich durch *Karl Galster*, wurde ein Flugzeug abgeschossen.
Nachmittags *Friedrich Ihn*, geleitet durch *Richard Beitzen*, in Wilhelmshaven eingelaufen. Nach dem Einlaufen von *Friedrich Ihn* stellte sich heraus, daß das Boot nur noch eingeschränkt fahrbereit war und nur noch 27 Kn Höchstfahrt laufen konnte. Es wurde daraufhin im Januar bis auf weiteres dem T.E.K. für Erprobungen zur Verfügung gestellt.
Abends *Wilhelm Heidkamp* mit F.d.Z., *Anton Schmitt, Karl Galster* und *Friedrich Eckoldt* sowie *Bruno Heinemann* mit Chef 4. Z.-Fl., *Wolfgang Zenker* und *Erich Koellner* in Wilhelmshaven eingelaufen.
Ostsee: *Max Schultz*, in Kiel in der Werft, hat Befehl erhalten, im Januar nach Wilhelmshaven zu verlegen.

16. 1. 1940
Hans Lody mit Chef 4. Z.-Fl., *Bruno Heinemann* und *Wolfgang Zenker* einsatzbereit für weitere Minenunternehmungen.
In Wilhelmshaven *Hermann Schoemann* und *Richard Beitzen* in dreistündiger Bereitschaft.

17. 1. 1940
Erich Koellner auf Schillig Reede Minen von *Bruno Heinemann* übernommen.
Nachmittags *Hans Lody* für den geplanten Einsatz ausgefallen wegen Maschinenstörung.
Erich Koellner und *Wolfgang Zenker* mit Minen beladen Jade ausgelaufen bei starkem Frost und geringer Sicht. Linienschiff *Schlesien* als Eisbrecher bis in die Deutsche Bucht vorausgelaufen. Von dort aus Alleinweitermarsch der beiden Zerstörer mit westlichen Kursen zur britischen Ostküste. Nachts zunehmender Sturm.

18. 1. 1940
Erich Koellner und *Wolfgang Zenker* in den ersten Morgenstunden nach Wilhelmshaven zurückgekehrt. In schwerem Sturm und grober See hatten beide Zerstörer zusammen 32 Minen verloren und Seeschäden erlitten.
Hermann Schoemann und *Richard Beitzen* wegen des Sturmes von Schillig Reede nach Wilhelmshaven verlegt.

19. 1. 1940
Erich Koellner und *Wolfgang Zenker* zur Beseitigung der am 17. und 18. 1. erlittenen Seeschäden in der Westwerft in Wilhelmshaven festgemacht.

20. 1. 1940
Wegen starkem Eisgang in der Deutschen Bucht und in den Flußmündungen keine Zerstörereinsätze. In den nächsten Tagen Eisgang noch zunehmend.

23. 1. 1940
Beabsichtigte Verlegung von *Erich Steinbrinck* von Wilhelmshaven nach Hamburg in die Werft Blohm & Voss wegen Preßeis auf der Elbe unmöglich.
In Wilhelmshaven 15 fahrbereite Zerstörer:
Z 1, Leberecht Maaß; Z 3, Max Schultz; Z 4, Richard Beitzen; Z 5, Paul Jacobi; Z 6, Theodor Riedel; Z 7, Hermann Schoemann, Z 8, Bruno Heinemann Z 9, Wolfgang Zenker; Z 10, Hans Lody; Z 13, Erich Koellner; Z 14, Friedrich Ihn; Z 16, Friedrich Eckoldt; Z 20, Karl Galster; Z 21, Wilhelm Heidkamp und *Z 22, Anton Schmitt.*
Ferner verlegungsbereit für die Fahrt nach Hamburg *Z 15, Erich Steinbrinck.*

25. 1. 1940
Theodor Riedel wegen einer Maschinenstörung in die Werft entlassen.
Vormittags *Wilhelm Heidkamp* mit F.d.Z., *Karl Galster* und *Anton Schmitt* und der Chef der 2. Z.-Fl. mit *Paul Jacobi, Richard Beitzen* und *Hermann Schoemann* Wilhelmshaven ausgelaufen zu einem Vorstoß in das Skagerrak. Marsch jadeabwärts hinter dem als Eisbrecher eingesetzten Linienschiff *Schlesien.*
Nachmittags in der Deutschen Bucht Scheinkurse gesteuert. Dann Vormarsch zum Skagerrak angetreten bei zunehmendem Sturm und Seegang und bei laufender Sichtverschlechterung.
Abends *Hermann Schoemann* zum vorzeitigen Heimmarsch entlassen wegen einer Ölleckage im Turbinenraum 2. Etwa zwei Stunden danach Abbruch der Unternehmung wegen weiterer Wetterverschlechterung und starker Dünung. Antritt des Rückmarsches.
Kurz vor Mitternacht auf *Anton Schmitt* im Kesselraum I Ausbruch eines Brandes.

26. 1. 1940
01.44 Uhr Meldung von *Anton Schmitt*:
»Brand ist gelöscht. Beschädigungen lassen sich im einzelnen noch nicht feststellen, da Raum dunkel und verqualmt.«
06.26 Uhr: Ankern der fünf Zerstörer im Wangerooge Fahrwasser.
Mittags Anker gelichtet, Marsch nach Wilhelmshaven, dort nachmittags eingelaufen.

27. 1. 1940
Erich Steinbrinck zur planmäßigen Durchführung seiner Werftliegezeit in Hamburg bei Blohm & Voß eingelaufen.
Richard Beitzen, Paul Jacobi, Hermann Schoemann und *Anton Schmitt* zur Beseitigung von See- bzw. Brandschäden in der Wilhelmshavener Westwerft festgemacht.

30. 1. 1940
Alle Unternehmungen, auch in den vergangenen Tagen, wegen starkem Frost verschoben.
Wegen Wetterlage *Hans Lüdemann* bei Stettiner Oderwerke und *Diether von Roeder* bei Germaniawerft Kiel festgehalten. Probefahrten, Kompensieren und Funkbeschickung deshalb unmöglich.
In der Wilhelmshavener Westwerft wegen Eislage Schwierigkeiten beim Eindocken.

7. 2. 1940
Geplantes Minenunternehmen gegen die englische Ostküste verschoben wegen Nebels. Abends Beginn der Minenübernahme durch sechs Zerstörer.

8. 2. 1940
Hans Lody entlassen zur planmäßigen Werftliegezeit in Wesermünde.

9. 2. 1940
Hans Lody von Wilhelmshaven nach Wesermünde verlegt.
Vormittags Chef 1. Z.-Fl. mit *Friedrich Eckoldt, Richard Beitzen* und *Max Schultz* Wilhelmshaven ausgelaufen zum Legen einer Minensperre im Shipwash-Gebiet.
Etwa gleichzeitig Chef 4. Z.-Fl. mit *Bruno Heinemann, Wolfgang Zenker* und *Erich Koellner* Wilhelmshaven ausgelaufen zum Werfen einer offensiven Minensperre bei Haisborough (Cromer Knoll).
Nachmittags F.d.Z. mit *Wilhelm Heidkamp, Theodor Riedel* und *Hermann Schoemann* als Unterstützungsgruppe für die beiden vorausgelaufenen Wurfverbände aus Wilhelmshaven ausgelaufen.
Nach dem Steuern von Scheinkursen in der Deutschen Bucht abends Vormarsch der drei Zerstörergruppen nach Westen.

10. 2. 1940
England: In den ersten Stunden des Tages Werfen der Minensperren im Shipwash-Gebiet durch die 1. Z.-Fl. (auf den dort geworfenen Minen gingen in den nächsten Tagen 6 Schiffe verloren, und ein weiteres wurde beschädigt). Gleichzeitig Werfen von Minensperren vor Haisborough durch die 4. Z.-Fl. (hier gingen 3 Handelsschiffe verloren). Anschließend Sammeln der beiden Flottillen auf die Unterstützungsgruppe und anschließend Antritt des Marsches zur Deutschen Bucht mit hohen Fahrtstufen. Nachmittags Einlaufen der neuen Zerstörer in die Jade.

12. 2. 1940
Neugliederung des F.d.Z.-Verbandes in Kraft getreten:
Z 21, Wilhelm Heidkamp als F.d.Z.-Führerboot.
1. Zerstörerflottille: *Z 16, Friedrich Eckoldt* als Führerboot, dazu *Z 15, Erich Steinbrinck, Z 14, Friedrich Ihn, Z 3, Max Schultz, Z 4, Richard Beitzen* und *Z 2, Georg Thiele.*
2. Zerstörerflottille: *Z 5, Paul Jacobi* als Führerboot, dazu *Z 6, Theodor Riedel, Z 7, Hermann Schoemann,* ***Z 1****, Leberecht Maaß* und *Z 8, Bruno Heinemann.*
3. Zerstörerflottille: *Z 18, Hans Lüdemann* als Führerboot, dazu *Z 22, Anton Schmitt, Z 20, Karl Galster, Z 19, Hermann Künne* und *Z 17, Diether von Roeder.*
4. Zerstörerflottille: *Z 9, Wolfgang Zenker* als Führerboot, dazu *Z 12, Erich Giese, Z 10, Hans Lody, Z 13, Erich Koellner* und *Z 11, Bernd von Arnim.*

Jede Flottille wurde aus 2 Zerstörerdivisionen zu je zwei oder drei Booten gebildet.
Die 1. Z.-Fl. bestand aus der 3. und 1. Z.-Div. (je drei Boote).
Die 2. Z.-Fl. bestand aus der 2 Z.-Div. (PJ, TR, HS) und der 4. Z.-Div. (LM und BH).
Die 3. Z.-Fl. bestand aus der 7. Z.-Div. (HL, AS, KG) und der 5. Z.-Div. (HK und DR).
Die 4. Z.-Fl. bestand aus der 6. Z.-Div. (WZ, EG, HY) und der 8. Z.-Div. (EK und BA).

13. 2. 1940
Hermann Schoemann und *Leberecht Maaß* Anbordnahme von Minen für ein neues Unternehmen vor der englischen Ostküste begonnen. *Paul Jacobi* als Führer- und Sicherungsboot zugeteilt.

14. 2. 1940
04.00 Uhr *Hermann Schoemann* und *Leberecht Maaß* Minenübernahme beendet.

15. 2. 1940
Minenunternehmung (siehe 13. 2.) wegen ungünstiger Wetterlage und starkem Frost verschoben.

17. 2. 1940
Die für diesen Tag vorgesehene Schlachtkreuzerunternehmung mit Zerstörern bis in die Enge zwischen den Shetlands und Norwegen zur Aufnahme des aus dem Atlantik zurückkehrenden Versorgungsschiffes *Altmark* verschoben auf den nächsten Tag.

18. 2. 1940
Erich Koellner, der kurzfristig in Bremerhaven war, wieder in Wilhelmshaven eingetroffen.
Unternehmung der Schlachtkreuzer mit Zerstörern angelaufen.
Aus Wilhelmshaven ausgelaufen zur »Operation Nordmark« Schlachtkreuzer *Gneisenau* mit Flottenchef und *Scharnhorst,* Schwerer Kreuzer *Admiral Hipper*, Zerstörer *Wilhelm Heidkamp* und *Karl Galster.* Mitausgelaufen zu einem gesonderten Einsatz Chef 2. Z.-Fl. mit *Paul Jacobi, Theodor Riedel, Hermann Schoemann* und *Leberecht Maaß. Wolfgang Zenker*, der an der Unternehmung ebenfalls teilnehmen sollte, wurde durch den Flottenchef abends nach Wilhelmshaven entlassen wegen Rissen in der Außenhaut und Wassereinbruchs im Vorschiff. Die Reparaturen in der Westwerft dauerten bis zum 25. 2. 1940
Marsch des Verbandes abends in der Deutschen Bucht mit nördlichen Kursen.

19. 2. 1940
Norwegen/Skagerrak: Chef 2. Z.-Fl. mit *Paul Jacobi, Theodor Riedel, Hermann Schoemann* und *Leberecht Maaß* durch den Flottenchef entlassen zur Führung von Handelskrieg im Skagerrak.
Flottenchef mit *Gneisenau, Scharnhorst, Admiral Hipper, Wilhelm Heidkamp* und *Karl Galster* Vorstoß bis in die Enge zwischen Norwegen und den Shetland-Inseln zur Suche nach englischem Geleitverkehr. Suche jedoch erfolglos geblieben. Abends Abbruch der Unternehmung und Rückmarsch zur Deutschen Bucht angetreten.
Abends Chef 1. Z.-Fl. mit *Friedrich Eckoldt, Max Schultz, Richard Beitzen* und *Erich Koellner* Wilhelmshaven ausgelaufen, um am nächsten Morgen in der Deutschen Bucht den heimkehrenden Schlachtkreuzerverband aufzunehmen.

20. 2. 1940
Morgens die aus dem Nordmeer zurückkehrenden *Gneisenau, Scharnhorst, Admiral Hipper, Wilhelm Heidkamp* und *Karl Galster* in der Deutschen Bucht zusammengetroffen mit der 1. Z.-Fl. Gemeinsamer Rückmarsch nach Wilhelmshaven. Dort im Laufe des Tages eingelaufen.

Abends Chef 2. Z.-Fl. mit *Paul Jacobi, Theodor Riedel, Hermann Schoemann* und *Leberecht Maaß* vom Skagerrak kommend in Wilhelmshaven eingelaufen. Anschließend *Paul Jacobi* und *Hermann Schoemann* in die Westwerft entlassen zur Durchführung von Instandsetzungsarbeiten.
Deutsche Luftaufklärung hat im Seegebiet der Doggerbank, auch schon in den Vortagen, zahlreiche britische Fischdampfer festgestellt.

22. 2. 1940
Vormittags mit dem Auslaufen des Chefs der 1. Z.-Fl. mit *Friedrich Eckoldt, Richard Beitzen, Erich Koellner, Theodor Riedel, Max Schultz* und *Leberecht Maaß* Beginn der Unternehmung »Wikinger« (Vorstoß gegen die auf der Doggerbank festgestellten britischen Fischdampfer). Auf den Zerstörern waren Enterkommandos eingestiegen.

Zerstörerverband mittags Schillig Reede auslaufend passiert. Deutsche Flugzeuge als Jagdschutz über der Deutschen Bucht mit den Zerstörern in Sichtverbindung gekommen.
Gegen 14.00 Uhr: Zerstörerverband südwestlich von Helgoland auf Westkurs gegangen. Luftaufklärung und Jagdschutz wegen Nebelbildung über den Flughäfen zurückgerufen.
18.00 Uhr: 1. Z.-Fl. nördlich von Terschelling weiter auf Westkurs.
18.08 Uhr: Kursänderung: Verband auf Westnordwestkurs gegangen.
Gegen 19.00 Uhr haben die Zerstörer das eigene Minenwarngebiet erreicht. Eingelaufen in die Sperrlücke in Kiellinie mit einem Abstand von je 200 m. Reihenfolge: *Friedrich Eckoldt* mit Chef 1. Z.-Fl. an der Spitze, dann *Richard Beitzen, Erich Koellner, Theodor Riedel, Max Schultz* und als Schlußboot *Leberecht Maaß.*

Wegeskizze zur Unternehmung »Wikinger« der 1. Z.-Fl. am 22. 2. 1940 von 19.43 bis 20.19 Uhr

(Skizze nicht maßstäblich! Kurse annähernd richtig wiedergegeben.)

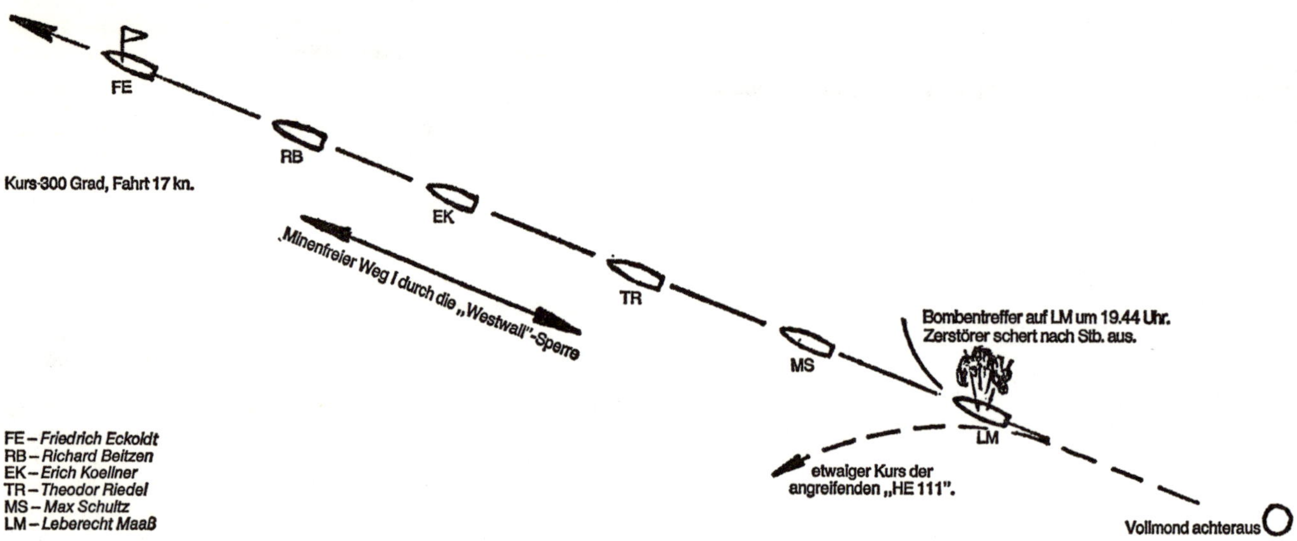

19.13 Uhr: Flugzeugmotorengeräusch auf *Friedrich Eckoldt* wahrgenommen. Es handelte sich hier um ein deutsches Kampfflugzeug vom Typ He 111, dessen Besatzung über deutsche Schiffsbewegungen in diesem Seegebiet nicht unterrichtet worden war. Wenig später überflog die Maschine von achtern kommend den Verband.

19.21 Uhr: Nach Beschreiben eines Vollkreises erneut Flugzeug von achtern kommend Zerstörer angeflogen. *Richard Beitzen* und *Erich Koellner* kurze Flak-Feuerstöße abgegeben. Daraufhin Flugzeug zunächst abgedreht.

19.40 Uhr: Von achtern anfliegendes Flugzeug von *Leberecht Maaß* gesichtet.

19.43 Uhr: Meldung von *Leberecht Maaß* über die Flugzeugsichtung an Flottillenchef auf *Friedrich Eckoldt.*

Etwa gleichzeitig erkannte der I.O. von *Max Schultz*, KLtnt. Hosemann, deutsche Hoheitsabzeichen am Flugzeug, was wenig später an den Führerzerstörer gemeldet wurde.

19.44 Uhr: Zunächst 2 Bombentreffer im Kielwasser von *Leberecht Maaß*, dann ein Treffer zwischen Brücke und vorderem Schornstein. Daraufhin Zerstörer zurückgeblieben und nach Stb. aus der Linie geschoren. Signalspruch an Flottillenchef abgegeben:

»Habe Treffer. Brauche Hilfe.«

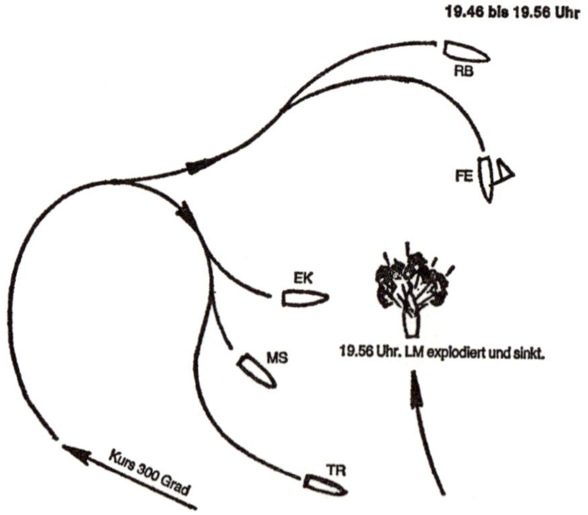

19.46 Uhr: Zerstörerverband kehrtgemacht.

19.56 Uhr: Auf *Leberecht Maaß* in Höhe des achteren Schornsteines eine heftige Explosion. Von den anderen Zerstörern zunächst ein Explosionsblitz gesichtet, dann *Leberecht Maaß* in einer großen Qualmwolke verschwunden.
19.58 Uhr: *Leberecht Maaß* in zwei Teile gebrochen und mit den

Links: *Z 16, Friedrich Eckoldt* (vorn) und *Z 20, Karl Galster* bei Nordnorwegen im Sommer 1941.

Unten: *Z 20, Karl Galster* an Tonne *A 2* vor Kiel im April 1939.

Z 20, Karl Galster in Horten, Oslofjord, im Sommer 1944 als Führerboot der 5. Z.-Fl.

Links: *Z 21, Wilhelm Heidkamp* (vordere Batterie und Brücke) in Kiel im August 1939.

Z 21, Wilhelm Heidkamp bei Übungen in der westlichen Ostsee im August 1939.

Z 22, Anton Schmitt im Herbst 1939.

Indienststellung von *Z 22, Anton Schmitt* bei Deschimag in Bremen am 24. 9. 1939.

Eins der letzten Bilder von *Z 1, Leberecht Maaß*, aufgenommen am 31. 12. 1939 in Swinemünde.

Z 7, Hermann Schoemann im Winter 1940 in der Nordsee.

Z 29 mit vereisten Brückenaufbauten in Nordnorwegen im Winter 1943.

Z 8, Bruno Heinemann in der vereisten Nor
see mit Minen beladen im Winter 1940.

Bruchstellen auf den Meeresboden gesunken. Bug und Heck noch über dem Wasser sichtbar. *Erich Koellner* sofort angelaufen zur Rettungsaktion. Beginn der Bergung Überlebender.

20.04 Uhr: Schwere Explosion auf *Max Schultz*. Daraufhin in der irrtümlichen Annahme von U-Boottorpedotreffern auf den restlichen vier Zerstörern U-Bootalarm.

20.08 Uhr: 4 Wasserbomben von *Richard Beitzen* gegen ein vermeintliches U-Boot geworfen. Durch die explodierenden Wabos auf dem Zerstörer für kurze Zeit Strom ausgefallen.

Nach dem Wabowerfen alle Zerstörer abgelaufen, nur *Erich Koellner* noch beim Wrack von *Leberecht Maaß* geblieben. Fortsetzung der Rettungsaktion.

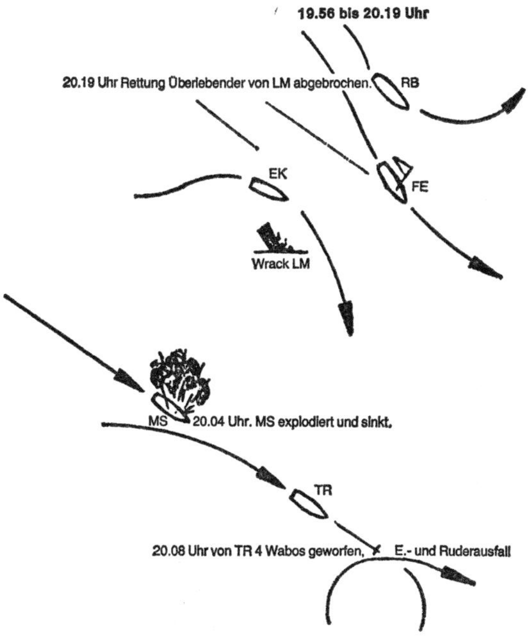

20.16 Uhr: *Erich Koellner* mit der Fahrt angegangen. Dabei eigenes V-Boot, das am Bb.-Schraubenschutz festgemacht hatte, gekentert. Alle darin befindlichen Geretteten und ein Mann der *Erich Koellner*-Besatzung in die See gestürzt und ertrunken.

20.25 Uhr: Funkspruch 2018/2 von Chef 1 Z.-Fl. an Gruppe West abgesetzt:
»*Leberecht Maaß* gesunken Quadrat 6954 l.u.«

20.28 Uhr: *Erich Koellner* bei Wrack *Max Schultz* eingetroffen. Beginn sofortiger Suche nach Überlebenden.

20.29 Uhr: UK-Spruch von Chef 1. Z.-Fl.:
»An alle. Wer weiß etwas von *Schultz*?«

20.30 Uhr: U-Bootalarm auf *Erich Koellner*. Zerstörer kurz danach mit »AK voraus« Fahrt auf vermeintliches U-Boot aufgenommen.

20.36 Uhr: UK-Spruch von Chef 1. Z.-Fl.:
»An alle. Kurs 120 Grad. Fahrt 17 sm.«
Damit Unternehmen, aber auch die Rettung noch im Wasser treibender Überlebender, endgültig abgebrochen.

20.58 Uhr: Funkspruch 2050/3 von Chef 1. Z.-Fl. an Gruppe West:
»Auch *Max Schultz* vermißt. Wahrscheinlich U-Boot.«

21.05 Uhr: *Erich Koellner* als letzter Zerstörer Rückmarsch nach Wilhelmshaven angetreten.

23. 2. 1940
Morgens *Friedrich Eckoldt* mit Chef 1. Z.-Fl., *Richard Beitzen, Theodor Riedel* und *Erich Koellner* in Wilhelmshaven eingelaufen.

Von der *Leberecht Maaß*-Besatzung wurden gerettet:
durch *Erich Koellner* 24 Mann, davon einer auf dem Marsch nach Wilhelmshaven gestorben;
durch *Friedrich Eckoldt* 19 Mann;
durch *Richard Beitzen* 17 Mann.

270 Mann von *Leberecht Maaß* fanden den Tod. Von der Besatzung von *Max Schultz* wurde niemand gerettet; 308 Mann gingen mit ihrem Zerstörer unter. Ein Mann von *Erich Koellner* wurde vermißt.

Nachträgliche Untersuchungen ergaben folgenden Sachverhalt:

Leberecht Maaß und *Max Schultz* waren am 22. 2. 1940 auf Minen gesunken, die zwei englische Zerstörer in der Nacht vom 9. zum 10. 1. 1940 geworfen haben. Zweifelsfrei ging der Vernichtung der beiden Zerstörer aber der Angriff des deutschen Bombenflugzeuges auf *Leberecht Maaß* voraus. Durch diesen Angriff wurden die Zerstörer zu Ausweichkursen gezwungen, die sie in das englische Minenfeld hineinführten. Mindestens ein Bombentreffer hatte das Flugzeug zuvor auf *Leberecht Maaß* erzielt.
Daß der Bombenangriff des deutschen Flugzeuges, dessen Besatzung über die eigenen Zerstörer in diesem Seegebiet nicht unterrichtet war, die Ursache für den wenig später erfolgten Verlust der beiden Boote war, geht auch aus einem Schreiben des Großadmirals Raeder an Adolf Hitler hervor, in dem es unter anderem heißt:
»Die nicht rechtzeitig erfolgte Unterrichtung des Fliegerkorps X durch das Marinegruppenkommando West über die beabsichtigte Zerstörerunternehmung hat zu der verhängnisvollen Entwicklung beigetragen....« (Brief des GAdm. Raeder vom 15. 3. 1940 an Hitler.)

24. 2. 1940
In Wilhelmshaven nur 2 Zerstörer einsatzbereit: *Wilhelm Heidkamp* und *Bruno Heinemann.*

29. 2. 1940
Wieder 7 Zerstörer verwendungsbereit: *Wilhelm Heidkamp, Bruno Heinemann, Wolfgang Zenker, Anton Schmitt, Paul Jacobi, Theodor Riedel* und *Hermann Schoemann.*

2. 3. 1940
Nachmittags Chef 2. Z.-Fl. mit *Paul Jacobi, Theodor Riedel, Hermann Schoemann, Wolfgang Zenker* und *Anton Schmitt* Jade ausgelaufen zu einem Vorstoß in die Deutsche Bucht.
Abends als Unterstützungsgruppe für die 2. Z.-Fl. *Wilhelm Heidkamp* mit F.d.Z. und *Friedrich Eckoldt* Wilhelmshaven ausgelaufen. *Hermann Schoemann* wegen Maschinenstörung wieder eingelaufen. Für ihn *Bruno Heinemann* bei der 2. Z.-Fl. eingesprungen.
In der Nacht Bildung eines Vorpostenstreifens in der Deutschen Bucht durch die 2. Z.-Fl. Wegen einer Maschinenstörung *Bruno Heinemann* vorzeitig nach Wilhelmshaven entlassen.

3. 3. 1940
Morgens *Bruno Heinemann* in Wilhelmshaven eingelaufen.
Mittags nach Beendigung der Vorpostenunternehmung restliche Zerstörer wieder in Wilhelmshaven eingelaufen.

4. 3. bis 3. 4. 1940
Keine Einsätze der Zerstörer möglich, hauptsächlich wegen strengen Frostes und starken Eisgangs.

7. 3. 1940
Z 24 in Bremen bei Deschimag vom Stapel gelaufen. Zum Fertigbau und zur Endausrüstung an die Ausrüstungspier verholt.

13. 3. 1940
Chef 4. Z.-Fl. mit *Wolfgang Zenker, Erich Koellner* und *Bruno*

Heinemann zur Verlegung von Wilhelmshaven nach Bremerhaven entlassen.
Diether von Roeder und *Erich Giese* nach Beendigung ihrer Werftliegezeiten bei der Germaniawerft Kiel Verlegungsmarsch durch den vereisten K.W.-Kanal und Deutsche Bucht nach Wilhelmshaven durchgeführt. Beide Boote materiell und personell noch nicht wieder eingefahren.

14. 3. 1940
Hermann Künne und *Hans Lüdemann* nach Werftliegezeiten in Stettin zur Durchführung von Erprobungs- und Ausbildungsfahrten nach Swinemünde verlegt.

16. 3. 1940
Z 25 in Bremen bei Deschimag vom Stapel gelaufen. Zum Fertigbau und zur Endausrüstung neben *Z 24* an der Ausrüstungspier festgemacht.
Hermann Schoemann in der Wilhelmshavener Westwerft Überholungsarbeiten.

16. bis 31. 3. 1940
Weiterhin wegen Wetterlage (große Kälte, starker Eisgang) keine deutschen Überwassereinsätze.
Probefahrten von *Hans Lüdemann* und *Hermann Künne* in der Ostsee behindert und verzögert durch die dortige Eislage.

21. 3. 1940
Z 29 bei Germania, Kiel, auf Kiel gelegt.

26. 3. 1940
Hermann Schoemann aus der Westwerft entlassen.

29. 3. 1940
Hermann Schoemann Artillerieschießen in der Nordsee.

30. 3. 1940
Hermann Schoemann Artillerieschießen in der Nordsee. Danach eingelaufen in Wilhelmshaven.

1. 4. 1940

Verteilung der Zerstörer:
Z 21, Wilhelm Heidkamp mit F.d.Z. in Wilhelmshaven.

1. Zerstörerflottille:
Z 16, Friedrich Eckoldt und *Z 4, Richard Beitzen* in Wilhelmshaven.
Z 2, Georg Thiele nach Werftliegezeit in der Ostsee nun in Wilhelmshaven noch ohne Erprobung und Ausbildung.
Z 14, Friedrich Ihn Werftliegezeit bei Kriegsmarinewerft in Kiel.
Z 15, Erich Steinbrinck Werftliegezeit bei Blohm & Voß in Hamburg.

2. Zerstörerflottille:
Z 5, Paul Jacobi, Z 6, Theodor Riedel und *Z 7, Hermann Schoemann* in Wilhelmshaven.
Z 8, Bruno Heinemann in Wesermünde.

3. Zerstörerflottille:
Z 18, Hans Lüdemann, Z 19, Hermann Künne in der Ostsee Erprobungen und Ausbildung.
Z 22, Anton Schmitt und *Z 17, Diether von Roeder* in Wilhelmshaven.
Z 20, Karl Galster Werftliegezeit Kriegsmarinewerft Wilhelmshaven.

4. Zerstörerflottille:
Z 9, Wolfgang Zenker mit Chef 4. Z.-Fl. und *Z 13, Erich Koellner* in Wesermünde.
Z 11, Bernd von Arnim und *Z 12, Erich Giese* in Wilhelmshaven.
Z 10, Hans Lody Werftliegezeit bei der Lloydwerft in Wesermünde.

2. 4. 1940
Georg Thiele Probefahrten in der Nordsee. Dabei viermal Drucklager der Hauptkühlwasserpumpe ausgelaufen (Turbinenraum 2). Zur Instandsetzung bei Deschimag in Bremen festgemacht.

Z 26 bei Deschimag in Bremen vom Stapel gelaufen. In der Nähe von *Z 24* und *Z 25* zur Fertigstellung und Endausrüstung an der Ausrüstungspier festgemacht.

3. 4. 1940
Georg Thiele bei Deschimag in Bremen Instandsetzungen. Bei Probelauf der Hauptkühlwasserpumpe Turbinenraum 1 auch hier Drucklager ausgelaufen. Nach Durchführung der Reparatur Marsch nach Bremerhaven angetreten.

4. bis 14. 4. 1940
Operation »Weserübung«: Besetzung Norwegens und Dänemarks.
An der Besetzung von Narvik waren 10 Zerstörer beteiligt, die bis zum 13. 4. sämtlich verlorengingen. Weitere vier Zerstörer und der Schwere Kreuzer *Admiral Hipper* waren an der Besetzung von Trondheim beteiligt. Diese vier Zerstörer kehrten im April, Mai und Juni nach Wilhelmshaven zurück.

Über den genauen zeitlichen Ablauf der Ereignisse zwischen dem 4. und 14. 4. 1940 gibt der nachfolgende Bericht im einzelnen Auskunft. Die genannten Uhrzeiten sind teilweise ungenau, da die Kriegstagebücher der Zerstörer in Narvik beim Untergang der Boote verlorengingen. Nachträglich wurden neue Kriegstagebücher aus dem Gedächtnis bzw. aus einzelnen geretteten Unterlagen angefertigt, in welchen die Ereignisse teilweise zeitlich unterschiedlich dargestellt wurden. Ferner wurden unterschiedliche Uhrzeiten in den Kriegstagebüchern des Flottenkommandos, der Marinegruppe West, des Schlachtkreuzers *Scharnhorst* und des Schweren Kreuzers *Admiral Hipper* festgestellt. Die nachfolgend genannten Uhrzeiten sind also nicht als exakte Daten, sondern in einigen Fällen als angenähert richtig einzustufen.

4. 4. 1940
Verlegungsmärsche der Zerstörer von Wilhelmshaven, Wesermünde und Kiel in die Bereitstellungshäfen für das geplante Norwegen- und Dänemark-Unternehmen. Damit Beginn der Unternehmung »Weserübung«.

In Wesermünde eingelaufen:

Z 21, Wilhelm Heidkamp mit F.d.Z. an Bord,
Z 18, Hans Lüdemann mit Chef 3. Z.-Fl.,
Z 17, Diether von Roeder,
Z 19, Hermann Künne,
Z 22, Anton Schmitt,
Z 2, Georg Thiele mit Chef 1. Z.-Fl.,
Z 9, Wolfgang Zenker mit Chef 4. Z.-Fl.,
Z 11, Bernd von Arnim,
Z 12, Erich Giese,
Z 13, Erich Koellner und
Z 4, Richard Beitzen als Reservezerstörer.

In Cuxhaven eingelaufen:

Z 5, Paul Jacobi mit Chef 2. Z.-Fl.,
Z 6, Theodor Riedel,
Z 8, Bruno Heinemann,
Z 7, Hermann Schoemann und
Z 16, Friedrich Eckoldt als Reservezerstörer.

6. 4. 1940
In Wesermünde ab Mittag alle Zerstörer an die Kolumbuskaje gegangen. Nachmittags Beginn der Beladung der Boote mit Waffen, Munition, Ausrüstung und Zweiradfahrzeugen. Abends Einschiffung von je 200 Gebirgsjägern auf die Zerstörer. General Dietl mit seinem Stab auf *Z 21* eingestiegen.

Einschiffung am 6. 4. 1940 Liegeplatzverteilung der 10 Zerstörer

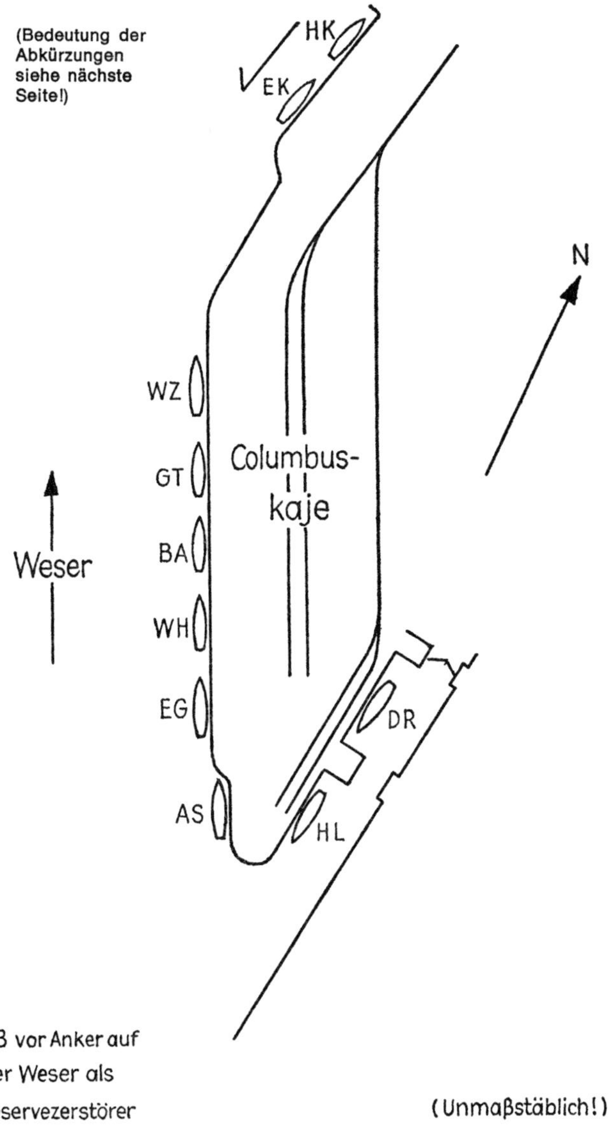

Reservezerstörer *Richard Beitzen* auf der Unterweser geankert.

In Cuxhaven *Z 7, Hermann Schoemann* wegen unklarer Maschine ausgefallen. *Friedrich Eckoldt* dafür eingesprungen.
14.00 Uhr Beginn der Einschiffung von Gebirgsjägern. 1200 Mann im Laufe des Nachmittags auf dem Schweren Kreuzer *Admiral Hipper* eingestiegen, je 200 Mann auf den vier Zerstörern. Dazu Waffen, Munition, Ausrüstung und Krafträder an Bord genommen.

22.00 Uhr Beginn des Ablegens vom Cuxhavener Steubenhöft: *Admiral Hipper* mit *Paul Jacobi, Theodor Riedel, Bruno Heinemann* und *Friedrich Eckoldt.*

23.30 Uhr *Admiral Hipper* zwischen den Feuerschiffen *Elbe 2* und *Elbe 3* vor Anker gegangen, um auf die nachfolgenden vier Zerstörer zu warten.

23.00 Uhr Ablegen der zehn Zerstörer von der Kolumbuskaje in Wesermünde und Sammeln auf der Unterweser. In Reihenfolge *Wilhelm Heidkamp, Hans Lüdemann, Anton Schmitt, Georg Thiele, Bernd von Arnim, Wolfgang Zenker, Erich Giese, Erich Koellner, Hermann Künne* und *Diether von Roeder* Antritt der Fahrt weserabwärts.

7. 4. 1940
01.22 Uhr *Admiral Hipper* auf der Unterelbe Anker gelichtet, da die vier von Cuxhaven kommenden Zerstörer inzwischen eingetroffen waren.

Wenig später Blinkspruch von *Friedrich Eckoldt* an *Admiral Hipper*:
»FE an HP: Kann nur noch 17 kn halten, die Backbordwelle hat sich warm gelaufen.«

Friedrich Eckoldt daraufhin auf der Unterelbe geankert und mit Reparaturen begonnen. *Theodor Riedel* als Sicherung bei *Friedrich Eckoldt* geblieben.

02.00 Uhr Sammeln der zehn aus Bremerhaven gekommenen Zerstörer in der Deutschen Bucht auf die von der Jade kommenden Schlachtkreuzer *Gneisenau* mit Flottenchef und *Scharnhorst.*

Etwa 03.00 Uhr Schwerer Kreuzer *Admiral Hipper* und die beiden Zerstörer *Paul Jacobi* und *Bruno Heinemann* in der Deutschen Bucht auf die beiden Schlachtkreuzer und die zehn Zerstörer gesammelt. Positionen im Verband eingenommen und Marsch nordwärts angetreten. Wetter zunächst gut: Wind SO 1–2, wolkenlos, See 1.

Mittags von der Elbe kommend *Theodor Riedel* und *Friedrich Eckoldt* an den Verband herangeschlossen und Positionen darin eingenommen. Marsch nach Norden fortgesetzt. Wetter noch gut.

12.40 Uhr: Befehl von *Gneisenau* an alle:
»Auf 27 kn gehen.«

Wenig später Position des Verbandes westlich des Skagerraks. Deutsche Kampfflugzeuge vom Typ He 111 haben Luftsicherung übernommen.

12.45 Uhr: Eine He 111 hat ein britisches U-Boot gemeldet.
14.25 Uhr: Fliegeralarm auf *Admiral Hipper.*

Gegen 14.30 Uhr: Fliegeralarm auf den Zerstörern des F.d.Z.-Verbandes. Wenig später erfolgloser Bombenangriff von ca. 12 englischen Flugzeugen, abgewehrt durch schwere Flak der Schiffe.

14.48 Uhr: Fliegeralarm auf *Admiral Hipper* beendet. Etwa gleichzeitig Ende des Alarms auch auf den anderen deutschen Einheiten.

Im Laufe des frühen Nachmittages Wetterverschlechterung: Wind SSW 5, auffrischend, mittlere Sicht, See 3 zunehmend.

16.35 Uhr: Erstes Besatzungsmitglied von *Erich Koellner* durch übergekommene schwere See außenbords gespült. Rettungsversuche wegen Wetterlage nicht möglich.

18.00 Uhr: Wind SSW 6, bedeckt, diesig, Seegang Stärke 4. Fortsetzung des Vormarsches nach Norden.

Ca. 20.00 Uhr: Verband hat engste Stelle zwischen Westnorwegen und Scapa Flow erreicht.

20.30 Uhr: Beginn der Dämmerung. Wind SSW 7, See 4–5.

Am Nachmittag und besonders am Abend Verband wiederholt vor Treibminen ausgewichen. Von den Zerstörern durch schwere Seen abends weitere Besatzungsmitglieder und auch eingeschiffte Gebirgsjäger über Bord gewaschen.

Tagmarschformation der deutschen Flotte am 7. 4. 1940 vormittags

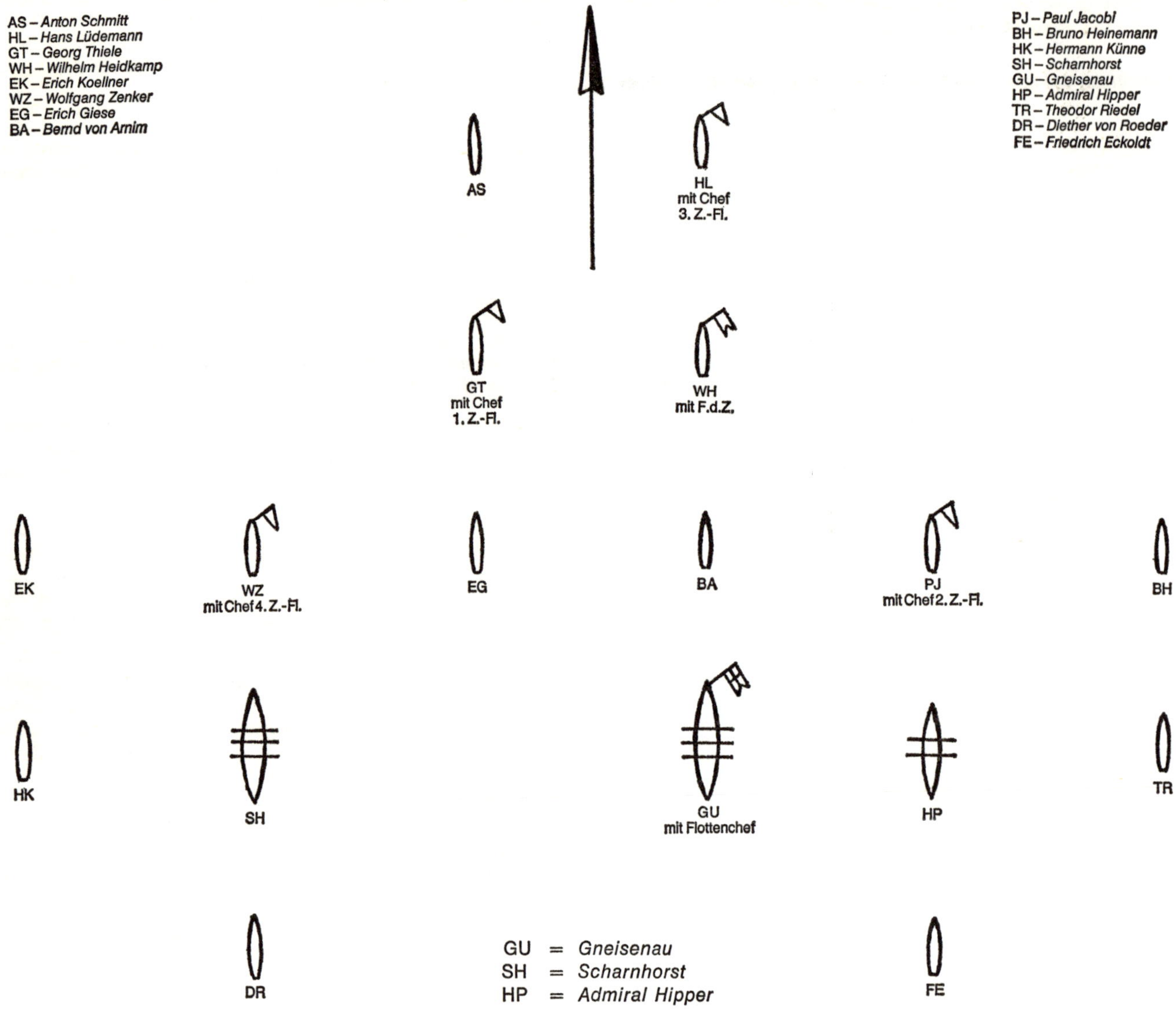

8. 4. 1940
02.00 Uhr: Wind SSW 7 (Sturm), bedeckt, diesig, schlechte Sicht, See 5, schwere achterliche Dünung.
Auszug aus dem KTB. des F.d.Z. zu dieser Zeit wörtlich:
»Die Zerstörer haben bei der schweren achterlichen See erhebliche Schwierigkeiten. Sie fallen bis zu vier Dez nach jeder Seite vom Kurs, wodurch bei der gewählten Formation mehrfach Gefahrlagen eintreten. *Wilhelm Heidkamp* schneidet wiederholt mit der ganzen Back unter und kommt erst durch vorübergehendes energisches Heruntergehen mit der Fahrt wieder hoch . . .«
In der Nacht *Hans Lüdemann* 90 Grad aus dem Ruder gelaufen und unmittelbar hinter dem Heck eines anderen Zerstörers durchgelaufen.
Zwischen *Wilhelm Heidkamp* und *Anton Schmitt* konnte eine Kollision nur mit Mühe vermieden werden.
Nachts haben nachlaufende achterliche Seen von einigen Zerstörern Wasserbomben über Bord gerissen, die später im Kielwasser der Boote explodieren.
02.45 Uhr: Verband zwischen Bergen, Norwegen und den Shetland-Inseln.
04.00 Uhr: Sturm aus SSW 7, langsam rechtsdrehend, See 5, schwere Dünung. Verband auf Nordostkurs gegangen.
Nach dem Hellwerden wurde festgestellt, daß mehrere Zerstörer den Anschluß an die großen Schiffe bei den herrschenden schlechtesten Sichtverhältnissen, bei Sturm und Seegang verloren hatten. *Paul Jacobi* war zurückgeblieben.
08.00 Uhr: Sturm SW 7, rechtsdrehend, bedeckt, mittlere Sicht, See 5, starke Dünung aus SSW.
08.15 Uhr: Sichtung eines auf Gegenkurs liegenden unbekannten Zerstörers durch *Hans Lüdemann*. Es handelte sich hierbei um den englischen Zerstörer *Glowworm*, der einen eigenen über Bord gespülten Matrosen suchte und den Anschluß an seinen Verband, bei dem sich auch der Schlachtkreuzer *Renown* befand, verloren hatte. Auf Blinkspruch-Anfrage von *Glowworm* antwortete *Hans Lüdemann*: »Svenska destroyer Goeteborg« und lief mit Höchstfahrt nach Nordwesten ab. Zwei von dem englischen Zerstörer geschossene Artilleriesalven erreichten

Hans Lüdemann nicht. Wenig später Sichtverbindung abgerissen.

09.00 Uhr: *Bernd von Arnim,* ca. 60 sm nordwestlich des Ramsöy-Fjordes entfernt, erneute Sichtung des englischen Zerstörers an Bb. voraus in 7000 m Entfernung.

09.11 Uhr: *Bernd von Arnim* hat Meldung abgesetzt über Artilleriegefecht mit *Glowworm.* Jedoch wurden beide Zerstörer durch die schwere See so stark behindert, daß beiderseits keine Treffer erzielt wurden. *Bernd von Arnim* versuchte, sich abzusetzen, schnitt mit der Back unter, erlitt auf dem Vorschiff Seeschäden und verlor durch eine überkommende See zwei Besatzungsmitglieder.

Nach Eingang der Meldung von *Bernd von Arnim* Versuch von *Paul Jacobi* und *Friedrich Eckoldt*, heranzukommen und in das Gefecht einzugreifen. *Paul Jacobi* legte sich aber in der schweren achterlichen See bis zu 50 Grad nach beiden Seiten über, fünf Kessel fielen durch Wassereinbruch aus, und fünf Besatzungsangehörige gingen über Bord. *Friedrich Eckoldt* gab seinen Versuch, heranzuschließen, wegen zu großer Entfernung vom Gefechtsfeld vorzeitig wieder auf.

09.20 Uhr: Auf *Admiral Hipper* Sturm SW 7–8 gemessen, See 6.
09.22 Uhr: Auf *Admiral Hipper* Befehl vom Flottenchef eingegangen, kehrtzumachen und *Bernd von Arnim* zu Hilfe zu kommen.
09.50 Uhr: Durch *Admiral Hipper* Mastspitzen der beiden kämpfenden Zerstörer gesichtet. Beide Zerstörer glaubten aber, einen englischen Kreuzer vor sich zu haben. Deshalb gab der englische Zerstörer einen Blinkspruch an *Admiral Hipper* ab, und *Bernd von Arnim* forderte Erkennungssignal an, welches durch den Schweren Kreuzer unbeantwortet blieb. *Bernd von Arnim* feuerte daraufhin einen Schuß auf *Admiral Hipper* ab.

09.59 Uhr: *Admiral Hipper* hat mit seinen vorderen vier 20,3 cm-Geschützen auf 8400 m Entfernung das Feuer auf den klar erkannten britischen Zerstrer eröffnet. Daraufhin versuchte *Glowworm*, durch Kursänderungen und Schwarzqualmen dem Feuer des Schweren Kreuzers auszuweichen, doch wurde er in kurzer Zeit schwer zusammengeschossen. Bereits mit der zweiten Salve wurde ein Brückentreffer erzielt.

Dem in einer Qualmwolke verschwundenen englischen Zerstörer folgte *Admiral Hipper*, um einem vermuteten Torpedoangriff zu entgehen.

10.10 Uhr: *Glowworm* hat Torpedo-Dreierfächer auf den deutschen Schweren Kreuzer geschossen. Dieser konnte den Torpedos jedoch ausweichen. Verdeckt durch Rauchwolken haben sich beide Schiffe bis auf wenige hundert Meter genähert.

An Bb. voraus von *Admiral Hipper* plötzlich der britische Zerstörer aufgetaucht. Er unternahm den Versuch, den deutschen Kreuzer zu rammen. Dieser versuchte seinerseits, mit Hartruderlage nach Stb. den Zerstörer zu rammen, doch drehte der Kreuzer in der schweren Dünung nur langsam an.

10.11 Uhr: *Admiral Hipper* durch *Glowworm* an Stb.-Seite vorn gerammt. Der englische Zerstörer wurde dabei halb unter den Kreuzer gedrückt, und seine Back wurde abgerissen. Der Kiel des Kreuzers wurde auf einer Länge von 40 m aufgerissen, und mehrere hundert Tonnen Wasser drangen in das Schiff ein.

10.24 Uhr: *Glowworm* nach KTB. des F.d.Z. nach heftiger Explosion gesunken.

11.14 Uhr: *Admiral Hipper* hat Rettungsaktion abgebrochen. Inzwischen hatte die 2. Z.-Fl. mit *Paul Jacobi, Theodor Riedel, Bruno Heinemann* und *Friedrich Eckoldt* auf den Schweren Kreuzer gesammelt.

Gegen Mittag Schwerer Kreuzer *Admiral Hipper* mit der 2. Z.-Fl. durch den Flottenchef entlassen zur Durchführung seiner Aufgabe, der Besetzung Trondheims.

Weitere Beschreibung der Ereignisse bei der *Admiral Hipper*-Gruppe bis zum 14. 4. 1940 gesondert nach Narvik-Unternehmung.

Fortsetzung der Schilderung der Zerstörer-Fahrten bis Narvik:

Im Laufe des Vormittages *Bernd von Arnim* noch vermißt, während *Erich Giese* an den Verband heranschließen konnte.
Während des Tages weitere Wetterverschlechterung. Sturm nunmehr aus NW etwa 8, schwere Dünung aus SW, Seegang aus NW, Kreuzseen. Zerstörer schlingern und gieren stark.
Abends *Bernd von Arnim* zum Verband gestoßen. Wetterlage: Sturm NW 8–10, Seegang aus NW und Dünung aus SW. Weiterhin schwere Kreuzseen.
Auf allen Zerstörern sind während der letzten zwei Tage durch zahlreiche schwere Brecher zum Teil erhebliche Seeschäden entstanden. Mehrere Besatzungsmitglieder und eingeschiffte Soldaten wurden von allen Zerstörern über Bord gespült. Sie konnten wegen des Seeganges und weil die Unternehmung keine Verzögerungen erfahren durfte, nicht gerettet werden.

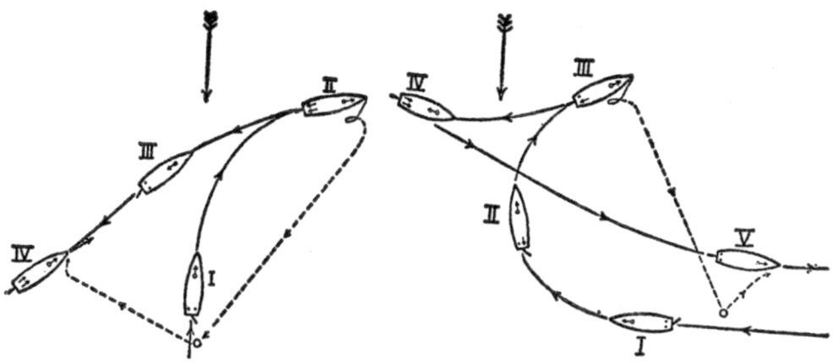

So sehen normalerweise Kuttermanöver von Zerstörern aus.

21.00 Uhr: Verband hat die Südspitze der Lofoten erreicht. Der F.d.Z. mit seinen zehn Zerstörern *Wilhelm Heidkamp, Georg Thiele, Wolfgang Zenker, Bernd von Arnim, Erich Giese, Erich Koellner, Diether von Roeder, Hans Lüdemann, Hermann Künne* und *Anton Schmitt* vom Flottenchef entlassen zur Besetzung von Narvik. Schlachtkreuzer *Gneisenau* mit Flottenchef und *Scharnhorst* mit nördlichen und später nordwestlichen Kursen Marsch in das Nordmeer fortgesetzt.
22.00 Uhr: *Wilhelm Heidkamp* meldet Wetterlage: Sturm NW 8–10, bedeckt, sehr schlechte Sicht, Seegang 6, Kreuzseen. Fortsetzung des Zerstörervormarsches in den Westfjord.
23.00 Uhr: Landschutz wird langsam spürbar. Seegang und Dünung langsam nachlassend. Deshalb Fahrterhöhung von 17 kn allmählich auf 27 kn.
Erich Giese, weit hinter dem Verband stehend, jedoch wesentlich näher der Westküste des Fjordes, hat das Leuchtfeuer von Skomvaer in Sicht bekommen. Wenig später unter Landschutz ergab sich bei Bunkerpeilung, daß der Zerstörer nur noch so viel Öl hatte, Narvik mit sparsamster Fahrt zu erreichen.

9. 4. 1940
F.d.Z.-Verband mit 9 Zerstörern Fahrt im Westfjord in Richtung Narvik bei ruhiger werdender See. *Erich Giese* etwa 3 Stunden hinter dem Verband zurückgeblieben.
03.00 Uhr: Verband hat Tranö passiert.
04.10 Uhr: Wind NW 8, Schneetreiben, trotz beginnender Dämmerung geringe Sicht. Innerhalb des Fjordes ruhige See, sehr zur Freude der eingeschifften Gebirgsjäger, die sehr unter der Seekrankheit litten, und der jüngeren Besatzungsmitglieder.
Barö kurz darauf passiert. Klar Schiff zum Gefecht. Verbandsfahrt 27 kn. Einige Zerstörer mußten, um bei der geringen Sicht den Anschluß an die vorauslaufenden Boote nicht zu verlieren, zeitweise mehr als 30 kn laufen.
Diether von Roeder Ruderversager bei 36 kn. Ursache war Ausfall der Turbo-E.-Maschine (Kollektorschluß durch Seewasser-

einbruch). Der Zerstörer drehte langsam nach Bb. auf Land zu, konnte aber durch »3 x A.K. zurück« kurz vor einer Untiefe zum Stehen gebracht werden. Nach Beseitigung der Störung mit hoher Fahrt dem vorausgelaufenen Verband gefolgt.

Kurz darauf meldeten zwei auslaufende norwegische Fahrzeuge acht Kriegsschiffe im Ofotfjord.

04.40 Uhr: Verband passiert Enge Ramnes-Hamnes bei Landsicht. Chef 3. Z.-Fl. mit *Hans Lüdemann* und *Anton Schmitt* durch den F.d.Z. entlassen zur Sicherung der Enge und zur Eroberung der dort vermuteten Küstenbatterien und Befestigungen. Beide Zerstörer wenig später dicht unter Land Boote ausgesetzt und Gebirgsjäger gelandet.

04.55 Uhr: NW-Winde um 8, bedeckt, geringe Sicht, Schneeschauer.

Chef 4. Z.-Fl. mit *Wolfgang Zenker, Erich Koellner* und *Hermann Künne* durch den F.d.Z. kurz vor Einlaufen in Narvik entlassen zur Landung der mitgeführten Truppen bei Elvegaard.

05.05 Uhr: *Diether von Roeder* hat die Enge Ramnes-Hamnes mit einiger Verspätung erreicht. Alle klaren V-Boote und Kutter wurden dem vor Hamnes liegenden Zerstörer *Hans Lüdemann* zur Verfügung gestellt. Dann bezog *Diether von Roeder* eine Vorpostenstellung bei Barö.

05.15 Uhr: Norwegisches Vorpostenboot *Senja* durch den vor Ramnes liegenden *Anton Schmitt* aufgebracht und nach Narvik gesandt.

05.10 Uhr: F.d.Z. mit *Wilhelm Heidkamp, Georg Thiele* und *Bernd von Arnim* vor der Einfahrt von Narvik. Aus dem Schneetreiben kommend plötzlich der norwegische Küstenpanzer *Eidsvold* in Sicht gekommen, der einen scharfen Schuß vor den Bug von *Wilhelm Heidkamp* schoß und den Zerstörer zum Stoppen aufforderte. *Wilhelm Heidkamp* stoppte, während die beiden anderen Zerstörer in den Hafen von Narvik einliefen. *Wilhelm Heidkamp* setzte das einzige noch klare Boot aus, mit dem der 2. Admiralstabsoffizier des F.d.Z. zur *Eidsvold* fuhr.

Der 2. Asto forderte den Kommandanten der *Eidsvold* auf, sich zu ergeben, was dieser ablehnte. Wenig später wurden die Geschütze der *Eidsvold* auf *Wilhelm Heidkamp* gerichtet. Der Asto verließ den Küstenpanzer und gab mit der Signalpistole das Alarmsignal. *Eidsvold* nahm Fahrt auf, auch *Wilhelm Heidkamp* ging mit hoher Fahrt an. Torpedoviererfächer von *Wilhelm Heidkamp* geschossen, von welchen zwei Torpedos trafen. *Eidsvold* auseinandergebrochen und in wenigen Sekunden gesunken. Die wenigen Überlebenden, die im Wasser trieben, wurden durch die nicht eingesetzten Boote der *Eidsvold* geborgen.

Inzwischen waren *Bernd von Arnim* und *Georg Thiele* in den vollbelegten Hafen von Narvik eingelaufen. In völlig unsichtigem Wetter gelang es den beiden Booten, zwischen den dicht gedrängt liegenden Handelsschiffen hindurch ihre Liegeplätze zu erreichen. Dabei wurde *Bernd von Arnim* durch den in der Bucht von Narvik liegenden norwegischen Küstenpanzer *Norge* zuerst angerufen und wenig später beschossen. Die meisten Schüsse gingen über die deutschen Zerstörer hinweg in die Stadt. *Bernd von Arnim* schoß daraufhin zunächst fünf Torpedos, die wegen verschiedener Versager nicht trafen. Erst der sechste und siebente Torpedo trafen. *Norge* kenterte, trieb noch kurze Zeit kieloben mit einer drehenden Schraube und versank nach etwa einer Minute. Insgesamt 50 bis 60 Mann des Norwegers konnten wenig später gerettet werden.

Während des Gefechtes hatten *Bernd von Arnim* an der Postpier und *Georg Thiele* an der Erzpier festgemacht und mit der Ausschiffung ihrer Truppen begonnen. *Georg Thiele* schoß eine Salve mit seinen vorderen Geschützen auf *Norge*, die mit dem Kentern des Schiffes zusammenfiel.

Ca. 05.15 Uhr: *Wilhelm Heidkamp* in den Hafen von Narvik eingelaufen, in der Nähe der Postpier geankert und ebenfalls mit der Truppenausschiffung begonnen.

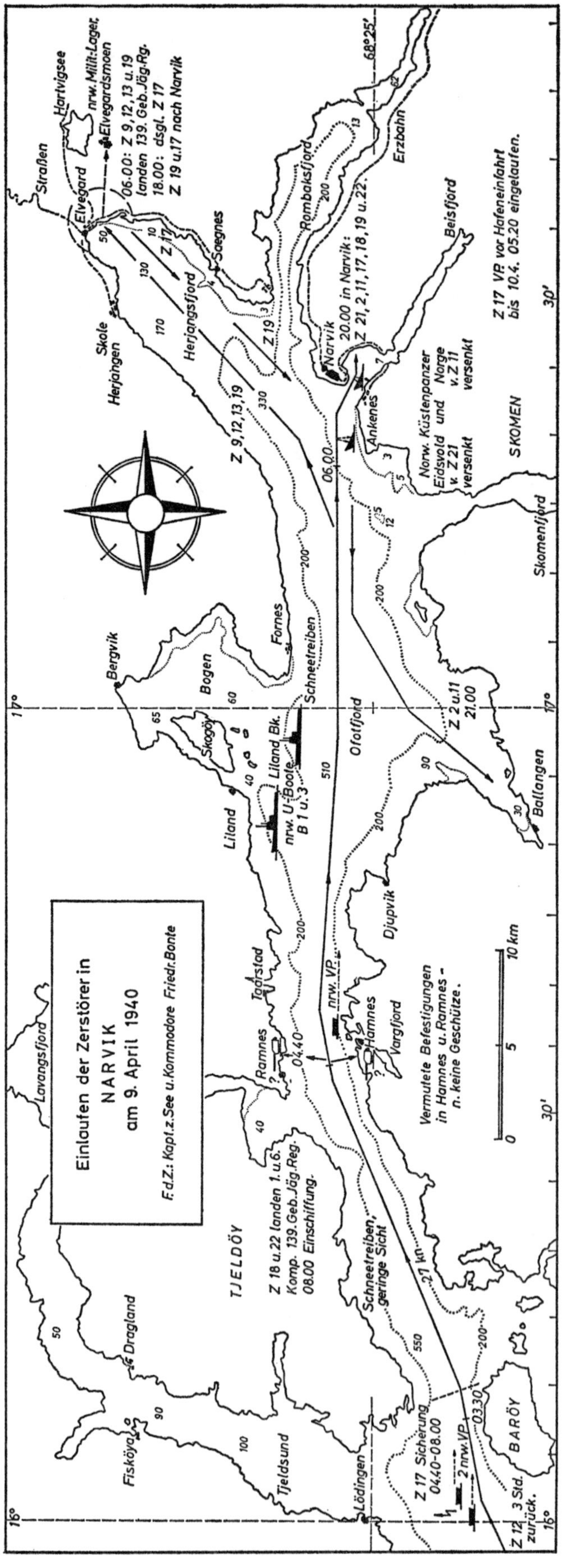

05.15 Uhr: Chef 4. Z.-Fl. mit *Wolfgang Zenker, Erich Koellner* und *Hermann Künne* vor Elvegaard geankert und ebenfalls mit Truppenausschiffungen begonnen. Die Ausschiffungen wurden durch den leidlich wettergeschützten Liegeplatz, durch Ausbleiben einer Gegnerwirkung und einen – wenn auch recht primitiven – Landungssteg begünstigt.

07.00 Uhr: *Diether von Roeder* hat bei Barö ein norwegisches Vorpostenboot angehalten und nach Narvik geschickt. Ein zweites Vorpostenboot konnte erst nach Abgabe eines Warnschusses angehalten werden.
Erich Giese hat etwa gleichzeitig die Insel Barö passiert.
In Narvik wurden inzwischen alle dort liegenden englischen und neutralen Dampfer untersucht und besetzt. An Land kein norwegischer Widerstand. Ausschiffung der Truppen weiterhin nach Plan durchgeführt.

08.00 Uhr: *Erich Giese* hat einlaufend Narvik passiert und ist nach Elvegaard weitermarschiert.
Etwa gleichzeitig hat *Anton Schmitt* vom Chef der 3. Z.-Fl. den Befehl erhalten, seine Truppen wieder an Bord zu nehmen.

08.10 Uhr: Der norwegische Oberst Sundlo hat Narvik kampflos an Generalmajor Dietl übergeben.

08.30 Uhr: *Erich Giese* vor Elvegaard geankert. Dort Truppenausschiffung begonnen. Hilfeleistung für den seit etwa 05.30 Uhr fest auf Grund sitzenden Zerstörer *Erich Koellner*. Treibstoffbunker von *Erich Giese* fast leer, einige durch Seegang leckgeschlagen.

09.00 Uhr: *Hermann Künne* im Herjangenfjord bei Elvegaard Anker gelichtet und Marsch nach Narvik angetreten.

10.00 Uhr: *Hermann Künne* im Hafen von Narvik geankert. Im Laufe des Vormittages begann der Zerstörer mit der Treibstoffergänzung aus dem Versorger *Jan Wellem*, einer vormaligen Walkocherei.

10.35 Uhr: *Diether von Roeder* hat in seiner Vorpostenstellung einen schwedischen Dampfer angehalten, untersucht und nach Narvik geschickt.

11.20 Uhr: *Diether von Roeder* an die in der Enge Ramnes-Hamnes stehenden Zerstörer *Hans Lüdemann* mit Chef 3. Z.-Fl. und *Anton Schmitt* herangeschlossen. Beginn der drei Boote, die ausgeschifften Truppen und Boote wieder an Bord zu nehmen.
Etwa zur gleichen Zeit wurde *Bernd von Arnim* im Hafen von Narvik mit der Ausschiffung seiner mitgeführten Truppen fertig. Zur Treibstoffergänzung wenig später bei *Jan Wellem* festgemacht.

11.45 Uhr: *Wolfgang Zenker* noch vor Elvegaard. Ausfall des E-Werkes 3 durch Seewasser, das während der Sturmfahrt in den Gasölverbrauchstank eingedrungen ist. Beseitigung der Störung durch das eigene technische Personal. Auch E-Werk 1 ausgefallen (durch Überlastung); später instandgesetzt.

12.21 Uhr: Chef 3. Z.-Fl. mit *Hans Lüdemann* und *Anton Schmitt* erhält Befehl, nach Narvik zu kommen. *Diether von Roeder* nach Elvegaard/Elvegaardsmoen entlassen.

13.40 Uhr: *Diether von Roeder* vor Elvegaard geankert. Beginn der Landung seiner mitgeführten Gebirgsjäger.

14.00 Uhr: *Erich Koellner* vor Elvegaard von der Untiefe wieder freigekommen und aufgeschwommen. Durch die Grundberührung waren kleine Steine in die Rohre des Kondensators geraten, der dadurch warm wurde. Nachmittags wurden deshalb auch die Heizschlangen beider Verdampfer ausgewechselt.

14.30 Uhr: *Wilhelm Heidkamp* hat nach Beendigung seiner Truppenausschiffung zur Brennstoffergänzung bei *Jan Wellem* festgemacht.

15.00 Uhr: *Hans Lüdemann* mit Chef 3. Z.-Fl. und *Anton Schmitt* in Narvik eingelaufen. Beginn der Ausschiffung der Gebirgsjäger und Ausladung von Material, Proviant und Ausrüstung.

16.00 Uhr: *Wolfgang Zenker* mit Chef 4. Z.-Fl. und *Erich Koellner* haben vor Elvegaard Ausladung beendet.

16.30 Uhr: *Wolfgang Zenker* und *Erich Koellner* Marsch nach Narvik angetreten.

16.50 Uhr: Beide Zerstörer vor Narvik eingetroffen.

17.05 Uhr: *Wolfgang Zenker* in der Bucht von Narvik geankert.
Etwa gleichzeitig *Erich Giese* Marsch von Elvegaard nach Narvik angetreten.

18.00 Uhr: *Erich Giese* von Elvegaard kommend in Narvik eingelaufen. Im Hafen vor Anker gegangen.

18.30 Uhr: *Hans Lüdemann* hat Ausschiffung von Truppen und Material an der Postpier in Narvik beendet und vor der Hafeneinfahrt von Narvik geankert.

18.50 Uhr: *Diether von Roeder* nach Beendigung seiner Truppen- und Materialausschiffung vor Elvegaard in Narvik eingelaufen.

21.00 Uhr: *Erich Giese* Narvik ausgelaufen zum Ankern vor Elvegaard.

22.00 Uhr: *Bernd von Arnim* nach beendeter Brennstoffergänzung Narvik ausgelaufen zum Verlegungsmarsch in den Ballangenfjord.
Etwa gleichzeitig *Hermann Künne* Narvik ausgelaufen zur Patrouillen- und Vorpostenfahrt im Ofotfjord.
Etwa zu dieser Zeit Beginn Ölübernahme *Wolfgang Zenker* aus dem Versorger *Jan Wellem.*

Etwa 23.00 Uhr: *Wilhelm Heidkamp* Ölergänzung beendet. Von *Jan Wellem* abgelegt und in der Bucht von Narvik geankert.
Georg Thiele nach beendeter Treibstoffergänzung Narvik ausgelaufen zum Ankern im Ballangenfjord, etwa 1000 m von *Bernd von Arnim* entfernt.
Etwa Mitternacht *Erich Koellner* bei *Jan Wellem* festgemacht zur Brennstoffergänzung.
Etwa gleichzeitig wurde *Hermann Künne* durch *Anton Schmitt* in seiner Vorpostenstellung im Ofotfjord abgelöst. *Hermann Künne* wenig später in der Bucht von Narvik geankert.

9. 4. 1940
Verteilung der 10 Zerstörer in Narvik um Mitternacht:

Z 21, Wilhelm Heidkamp mit F.d.Z. in der Bucht von Narvik vor Anker.
Z 2, Georg Thiele mit Chef 1. Z.-Fl. vor Anker im Ballangenfjord.
Z 9, Wolfgang Zenker mit Chef 4. Z.-Fl. in Narvik, Beendigung der Ölergänzung.
Z 11, Bernd von Arnim vor Anker im Ballangenfjord.
Z 12, Erich Giese vor Anker im Herjangenfjord bei Elvegaard.
Z 13, Erich Koellner in Narvik, Beendigung der Ölergänzung.
Z 18, Hans Lüdemann mit Chef 3. Z.-Fl. vor Narvik geankert.
Z 17, Diether von Roeder in Narvik vor Anker.
Z 19, Hermann Künne von Vorpostenfahrt kommend und in der Bucht von Narvik ankernd.
Z 22, Anton Schmitt Vorpostendienst im Ofotfjord.

10. 4. 1940
00.30 Uhr: *Wolfgang Zenker* mit Chef 4. Z.-Fl. und *Erich Koellner* Narvik ausgelaufen zum Marsch in den Herjangenfjord und zum Ankern in der Nähe von *Erich Giese*.

Etwa gleichzeitig *Hans Lüdemann* bei *Jan Wellem* festgemacht zur Treibstoffergänzung.

Etwa 01.00 Uhr: *Hans Lüdemann* Beginn der Treibstoffübernahme.

02.20 Uhr: *Wolfgang Zenker* und *Erich Koellner* vor Elvegaardsmoen geankert.

Etwa 02.30 Uhr: *Hermann Künne* bei *Jan Wellem* an dessen Bb.-Seite, wo zuvor *Wolfgang Zenker* lag, festgemacht zur Ölergänzung.

04.00 Uhr: *Anton Schmitt* durch *Diether von Roeder* im Vorpostendienst abgelöst und in Narvik eingelaufen. In der Bucht von Narvik in der Nähe von *Wilhelm Heidkamp* geankert.

05.20 Uhr: Sonnenaufgang. In Narvik jedoch erst Beginn der Dämmerung. Starkes Schneetreiben. Sichtweiten wechselnd zwischen 1000 und 100 m.

Etwa gleichzeitig Einlaufen *Diether von Roeder* in die Bucht von Narvik. Da sein Liegeplatz zur Ölübernahme bei *Jan Wellem* noch belegt war, ging der Zerstörer in der Nähe vor Anker.

Diether von Roeder sollte seine Vorpostenstellung bis zur Ablösung durch *Hans Lüdemann* besetzt halten, lief jedoch schon erheblich früher ein. Ein falsch verstandener Befehl war der Grund dafür. Durch sein Einlaufen nach Narvik machte *Diether von Roeder* seine Vorpostenstellung im Ofotfjord frei, was sich verhängnisvoll auswirkte. Es ist als sicher anzunehmen, daß *Diether von Roeder,* der soeben vor Anker gegangen war, in seiner Vorpostenstellung die fünf englischen Zerstörer rechtzeitig trotz Sichtbehinderung gesehen hätte und eine Alarmmeldung hätte absetzen können.

Die englische 2. Zerstörerflottille, die aus den Booten *Hardy* mit dem Chef der Flottille, Capt. Warburton-Lee, *Hotspur, Hostile, Havock* und *Hunter* bestand, befand sich seit dem 9. 4. 1940 nachmittags im Westteil des Westfjordes auf Patrouillenfahrten. Am 10. 4. gegen 01.00 Uhr engl. Zeit erhielt der Flottillenchef den Befehl, persönlich zu entscheiden, ob er die deutschen Zerstörer in Narvik angreifen wollte oder nicht. Gegen 03.00 Uhr brach Capt. Warburton-Lee die Patrouillenfahrten im Westfjord ab und begann mit seinen fünf Zerstörern den Vormarsch nach Narvik. Etwa um 04.30 Uhr englischer Zeit befand sich die Flottille vor Narvik. *Hardy* lief zunächst ein, kehrte jedoch sofort wieder um, als im Hafen zwischen zahlreichen Handelsschiffen ein deutscher Zerstörer erkannt wurde.

Gegen 05.30 Uhr oder kurz danach (deutsche Zeit, genaue Uhrzeiten konnten später nicht mehr ermittelt werden) eröffnete die englische 2. Zerstörerflottille mit *Hardy, Hunter, Hotspur, Hostile* und *Havock* mit Torpedos und Artillerie das Feuer in die Bucht von Narvik hinein.

Kurz nach Feuereröffnung traf ein Torpedo den im Hafen von Narvik vor Anker liegenden Zerstörer *Wilhelm Heidkamp* in Höhe der Abteilung III. Hierdurch wurde eine Explosion der achteren Munitionskammern hervorgerufen, durch die das Achterschiff bis zum Turbinenraum I abgerissen wurde und in die Luft flog. Alle im Achterschiff befindlichen Besatzungsmitglieder und Stabsangehörigen des F.d.Z., insgesamt 81 Mann, darunter der F.d.Z., Kommodore Bonte, der Verbandsingenieur, der Leitende Ingenieur und alle Ingenieuroffiziere, fanden den Tod. Das Wrack blieb schwimmfähig und konnte zum schwedischen Dampfer *Oxelösund* verholt und dort festgemacht werden.

Etwa gleichzeitig mit dem Torpedotreffer auf *Wilhelm Heidkamp* erhielt *Anton Schmitt* einen Artillerietreffer, kurz darauf einen Torpedotreffer in den vorderen Maschinenraum. Der Zerstörer bekam bis zu 10 Grad Schlagseite. Kurz danach traf ein weiterer Torpedo den achteren Kesselraum. *Anton Schmitt* brach auseinander. Vor- und Achterschiff sanken schnell, wobei *Hermann Künne* mehrfach gestreift wurde. Die Besatzung konnte sich zum größten Teil auf in der Nähe befindliche Dampfer oder an Land retten. 52 Mann fanden den Tod.

Auf den anderen im Hafen liegenden Zerstörern wurde bei den ersten Detonationen Alarm gegeben. Wegen der herrschenden Unsichtigkeit wurden die britischen Zerstörer zunächst nicht ausgemacht, sondern ein Luftangriff vermutet. *Wilhelm Heidkamp* und *Diether von Roeder* schossen kurzzeitig mit ihren Fla-Waffen Störfeuer in die Luft.

Nach kurzer Zeit wurde auf *Diether von Roeder* in Richtung Hafeneinfahrt Mündungsfeuer gesichtet. Die Silhouette eines britischen Zerstörers wurde ausgemacht und sofort mit der Artillerie beschossen. Zwischen Handelsschiffen hindurch verschoß *Diether von Roeder* seine acht Torpedos gegen die Hafeneinfahrt. Obwohl Detonationen mit Feuerschein wahrgenommen wurden, sind beim Gegner keine Treffer erzielt worden. Danach schlugen auf *Diether von Roeder* insgesamt fünf 12 cm-Artillerietreffer ein. Zwei Treffer trafen den Bb.-Ölbunker des Kesselraumes II, der stark qualmend zu brennen begann. Die Feuerleitmittel fielen aus. Drei weitere Treffer trafen nacheinander in die Abt. XII, in das 3. Geschütz und in die Abt. IX. Auch dabei entstanden zum Teil erhebliche Schäden. Das Spill fiel aus, ebenso die Ruderanlage, und das Ankergeschirr war unklar. Der Kommandant steuerte den Zerstörer, der mit der Breitseite zur Hafeneinfahrt dem Gegner ein gutes Ziel bot, mit den Maschinen so, daß der Zerstörer gegen 06.20 Uhr mit dem Heck an der Postpier festmachte. Da wegen der Brände damit gerechnet werden mußte, daß der Zerstörer in Kürze verlorenging, wurde mit dem Ausladen des Bootes begonnen.

Als der britische Angriff begann, lag *Hans Lüdemann* an der Stb.-Seite des Walfangmutterschiffes *Jan Wellem.* Der Zerstörer legte mit A.K. ab und schoß mit seinen Fla-Waffen, da zunächst ein Luftangriff vermutet wurde. Inzwischen wurde auch Gegnermündungsfeuer ausgemacht und auf dieses geschossen. Während des Versuchs, zwischen Wracks und sinkenden Dampfern die Hafeneinfahrt anzusteuern, erhielt *Hans Lüdemann* zwei Artillerietreffer. Der erste Treffer ging in die Abt. III und ließ die Ruderanlage ausfallen. Es mußte von Hand gesteuert werden. Wegen Explosionsgefahr der achteren Munitionskammern wurden diese geflutet. Das in Abt. III ausgebrochene Feuer wurde nach etwa 30 Minuten gelöscht. Ein zweiter Treffer setzte das 1. Geschütz außer Gefecht. Dabei wurden zwei Mann getötet, einige wurden verletzt. Da die Verfolgung der englischen Zerstörer durch die im Ballangen- und Herjangenfjord liegenden Boote aufgenommen wurde, legte *Hans Lüdemann* gegen 07.00 Uhr an der Postpier an. Der Zerstörer hatte leichte Schlagseite und achtern Tiefertauchung.

Hermann Künne lag an Bb.-Seite der *Jan Wellem,* als der britische Angriff begann. Sofort wurden die Ölschläuche von *Jan Wellem* abgeschlagen und die Leinen gekappt. Geschoßeinschläge in nächster Nähe. Etwa eine Minute nach dem Ablegen erfolgte in allernächster Nähe eine heftige Explosion (Torpedotreffer auf dem Zerstörer *Anton Schmitt*, der nur etwa 40 m entfernt vor Anker lag). Durch Dichtschlagen der Schnellschlüsse fiel die gesamte Maschinenanlage aus. Damit war der Zerstörer vorübergehend bewegungsunfähig. Obwohl der Gegner bei der schlechten Sicht nicht zu erkennen war, wurde auf sein Mündungsfeuer mit der eigenen Artillerie geschossen. Gleichzeitig wurde der Zerstörer zum Sprengen vorbereitet. Nach etwa einer Stunde war die Maschinenanlage von *Hermann Künne* wieder einsatzbereit. Gegen 07.00 Uhr machte der Zerstörer an der Postpier fest. Beseitigung der Schäden, die durch die Erschütterungen aufgetreten waren, wurde durch die Besatzung begonnen. Direkte Treffer hatte das Boot nicht erhalten.

Gegen 06.00 Uhr oder 06.20 Uhr (genaue Uhrzeit war nicht mehr zu ermitteln) wurde auf den im Ballangenfjord liegenden Zerstörern *Georg Thiele* und *Bernd von Arnim* Alarm gegeben.

Gegen 06.40 Uhr hat *Georg Thiele* die Anker gelichtet und lief, gefolgt von *Bernd von Arnim*, in den Ofotfjord in Richtung Narvik aus und damit den inzwischen abgedrehten britischen Zerstörern entgegen.

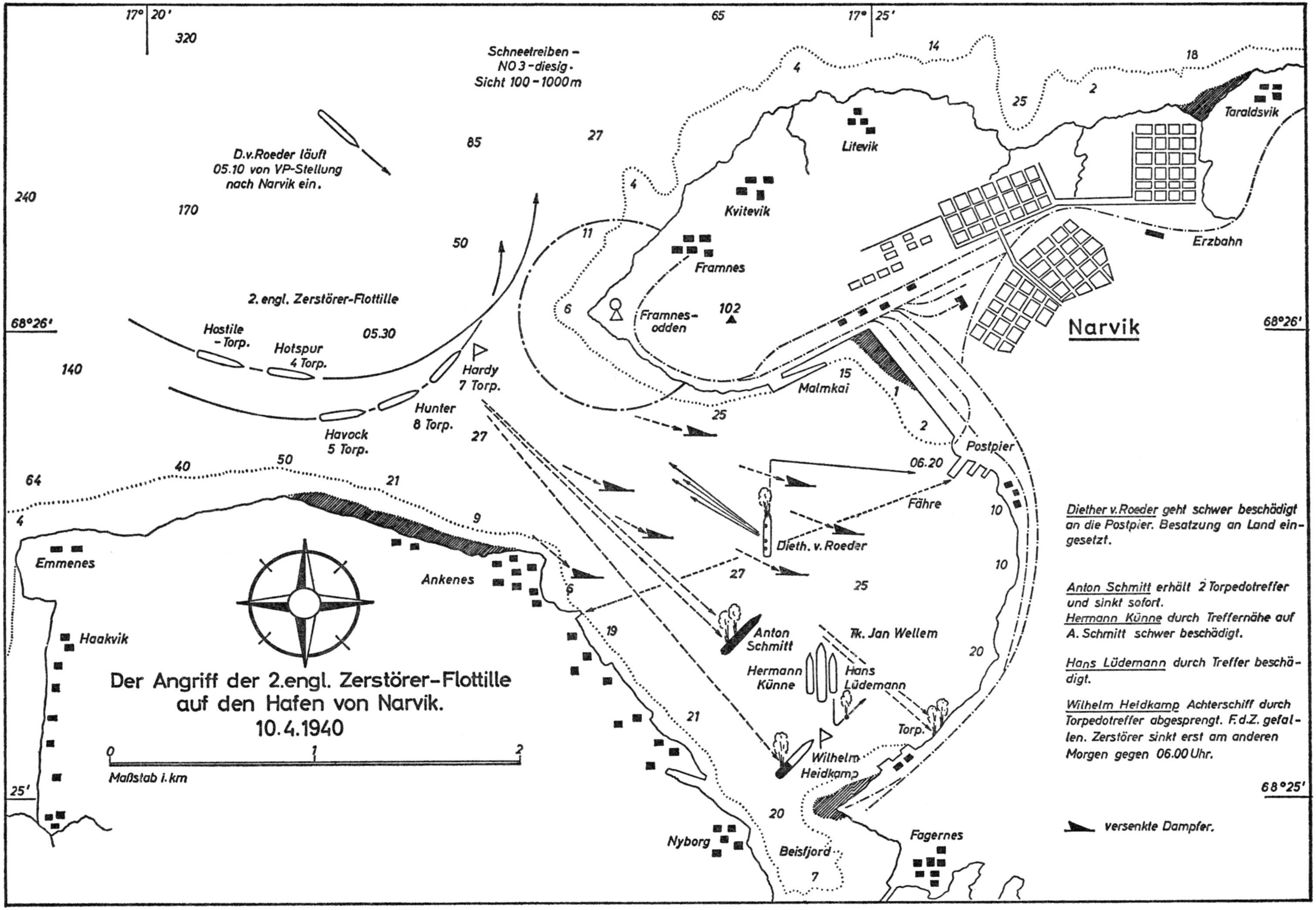
Der Angriff der 2.engl. Zerstörer-Flottille
auf den Hafen von Narvik.
10.4.1940
Maßstab i.km
0
1
2
17° 20'
17° 25'
68°26'
68°25'
25'
Schneetreiben –
NO 3 – diesig ·
Sicht 100 – 1000 m
D.v.Roeder läuft
05.10 von VP-Stellung
nach Narvik ein.
2. engl. Zerstörer-Flottille
05.30
Hostile
– Torp.
Hotspur
4 Torp.
Havock
5 Torp.
Hunter
8 Torp.
Hardy
7 Torp.
Narvik
Taraldsvik
Erzbahn
Litevik
Kvitevik
Framnes
Framnes-
odden
102
Malmkai
Postpier
06.20
Fähre
Dieth. v. Roeder
Anton
Schmitt
Tk. Jan Wellem
Hermann
Künne
Hans
Lüdemann
Torp.
Wilhelm
Heidkamp
Emmenes
Haakvik
Ankenes
Nyborg
Beisfjord
Fagernes
Diether v. Roeder geht schwer beschädigt an die Postpier. Besatzung an Land eingesetzt.
Anton Schmitt erhält 2 Torpedotreffer und sinkt sofort.
Hermann Künne durch Treffernähe auf A. Schmitt schwer beschädigt.
Hans Lüdemann durch Treffer beschädigt.
Wilhelm Heidkamp Achterschiff durch Torpedotreffer abgesprengt. F.d.Z. gefallen. Zerstörer sinkt erst am anderen Morgen gegen 06.00 Uhr.
versenkte Dampfer.

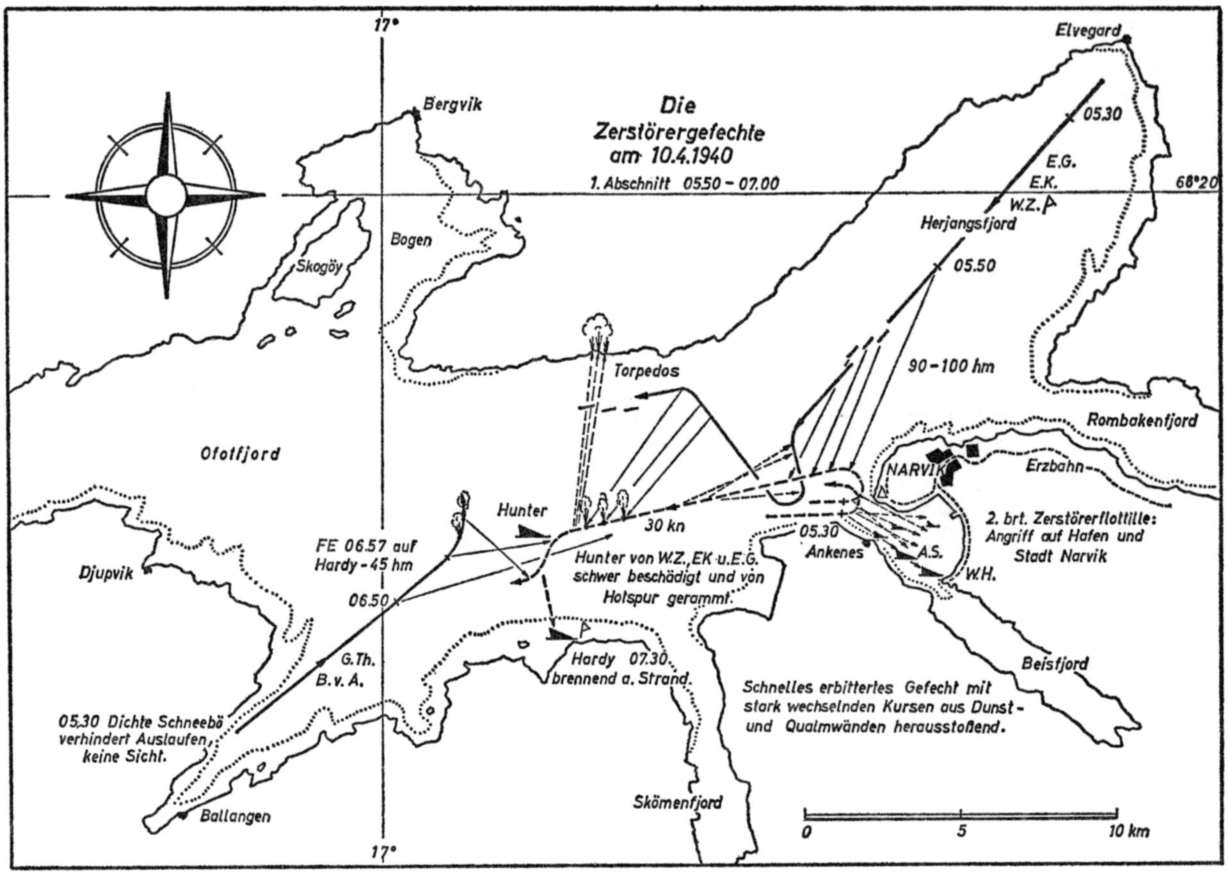
Die
Zerstörergefechte
am 10.4.1940
1. Abschnitt 05.50 – 07.00
Elvegard
Bergvik
Bogen
Skogöy
05.30
E.G.
E.K.
W.Z.
68°20'
Herjangsfjord
05.50
90–100 hm
Torpedos
Rombakenfjord
Ofotfjord
NARVIK
Erzbahn
Hunter
30 kn
2. brt. Zerstörerflottille: Angriff auf Hafen und Stadt Narvik
05.30
Ankenes
A.S.
W.H.
FE 06.57 auf Hardy – 45 hm
Djupvik
06.50
Hunter von W.Z., EK u. E.G. schwer beschädigt und von Hotspur gerammt.
Hardy 07.30 brennend a. Strand.
G.Th.
B.v.A.
Beisfjord
Schnelles erbittertes Gefecht mit stark wechselnden Kursen aus Dunst- und Qualmwänden herausstoßend.
05.30 Dichte Schneebö verhindert Auslaufen, keine Sicht.
Skömenfjord
Ballangen
17°
0
5
10 km

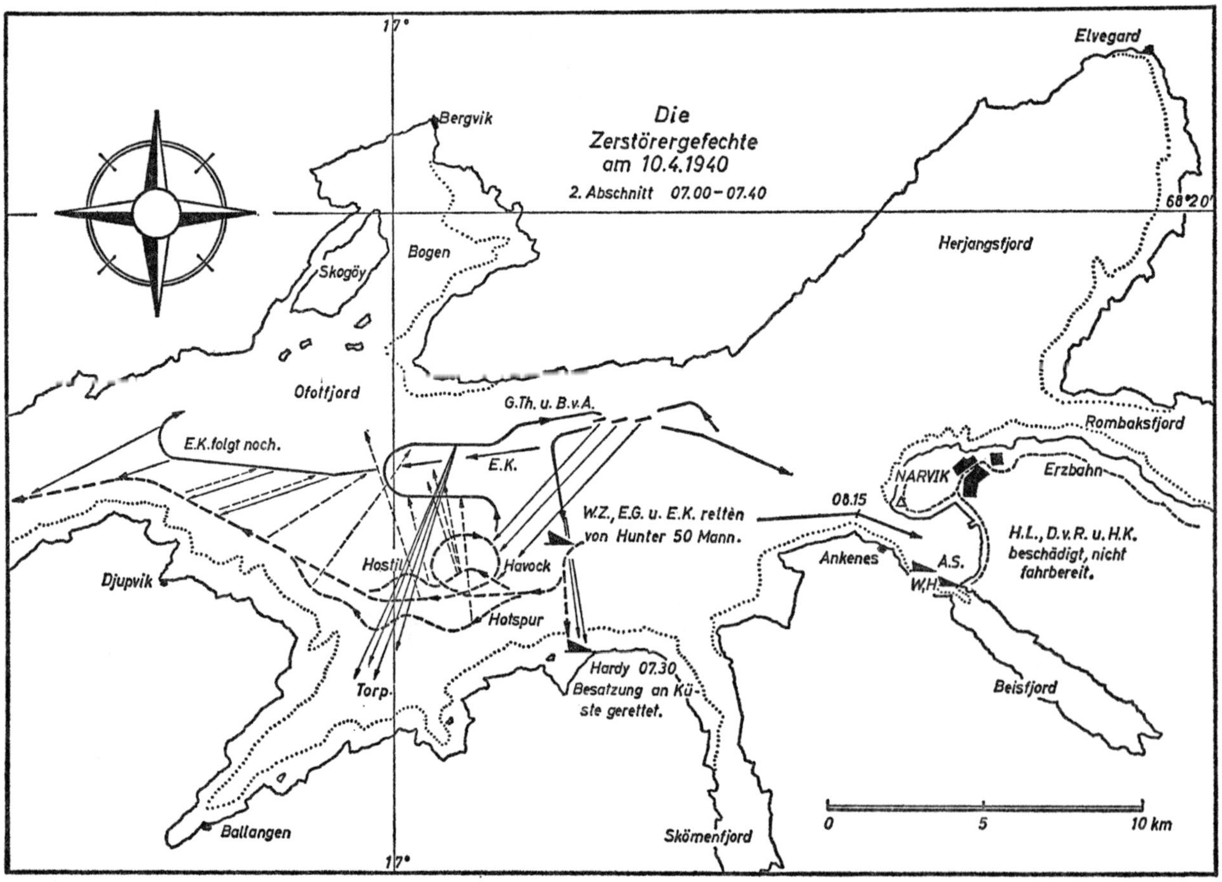
Die
Zerstörergefechte
am 10.4.1940
2. Abschnitt 07.00 – 07.40
Elvegard
Bergvik
Bogen
Skogöy
68°20'
Herjangsfjord
Ofotfjord
G.Th. u. B.v.A.
Rombaksfjord
E.K. folgt noch.
E.K.
NARVIK
Erzbahn
W.Z., E.G. u. E.K. retten von Hunter 50 Mann.
08.15
Ankenes
A.S.
W.H.
H.L., D.v.R. u. H.K. beschädigt, nicht fahrbereit.
Hostile
Havock
Djupvik
Hotspur
Hardy 07.30 Besatzung an Küste gerettet.
Torp.
Beisfjord
Skömenfjord
Ballangen
17°
0
5
10 km

Kurz zuvor, zwischen 06.20 und 06.30 Uhr, ließ der Chef der 4. Z.-Fl. auf die Alarmmeldung hin im Herjangenfjord die Zerstörer *Wolfgang Zenker, Erich Giese* und *Erich Koellner* die Anker lichten und Fahrt Richtung Narvik aufnehmen. Dort herrschte zu dieser Zeit Helligkeit und gute Sicht. Wenig später wurden vor Narvik die bereits auf Auslaufkurs drehenden britischen Zerstörer gesichtet und unter Artilleriefeuer genommen.
Um 06.50 Uhr bekam der auf *Georg Thiele* eingeschiffte Chef der 1. Z.-Fl. die mit hoher Fahrt und starker Qualmentwicklung westliche Kurse laufenden feindlichen Zerstörer in Sicht. *Georg Thiele* drehte daraufhin auf Ostkurs, den Engländern entgegen. *Bernd von Arnim* hatte inzwischen dichter an *Georg Thiele* herangeschlossen.

06.57 Uhr: Feuereröffnung mit der eigenen Artillerie durch *Georg Thiele* und *Bernd von Arnim* auf eine Entfernung von etwa 45 hm. Als einziger der Gegner-Zerstörer klar aus dem Qualm hervortretend, wurde *Hardy* sichtbar, der von beiden deutschen Booten sofort unter gut liegendes Feuer genommen wurde. *Hardy* wurde schnell schwer zusammengeschossen und schor brennend nach Bb. aus der Linie. Am Südufer wurde der Zerstörer zwischen Skjomen und Ballangen durch den Zahlmeister des Bootes, nachdem Captain Warburton-Lee gefallen war, aufgesetzt.
Inzwischen hatten sich die restlichen britischen Zerstörer gut auf die beiden Boote eingeschossen. *Georg Thiele* erhielt sieben Treffer, die zum Teil erhebliche Brände und Ausfälle (15 Tote, 23 Verwundete) verursachten. Beschädigt oder zerstört durch Treffer wurden der Gefechtsbunker im Kesselraum I und damit mehrere Öl-, Pumpen- und Kühlwasserleitungen. Kesselraum I mußte Feuer ausmachen, Treffer auf der Signalbrücke und am 1. Geschütz verursachten weitere Ausfälle. Ein vierter Treffer von Stb. in die Artillerierechenstelle setzte das Vorschiff in Brand. Ein Treffer in den Bb.-Rudermotorenraum hatte Brände im Achterschiff zur Folge.
In diesem Gefecht erhielt auch *Bernd von Arnim* fünf Artillerietreffer. Diese hatten Beschädigungen und Personalausfälle zur Folge. Dennoch blieb der Zerstörer gefechtsbereit und beschoß nach dem Ausscheren von *Hardy* den nächsten englischen Zerstörer der Linie, *Hunter*, gemeinsam mit *Georg Thiele*, so daß das englische Boot plötzlich stark brennend liegenblieb und von dem nachfolgenden Zerstörer gerammt wurde. *Hunter* sank daraufhin sehr schnell. Ein großer Teil der Besatzung konnte sich bergen und wurde wenig später durch die deutschen Zerstörer gerettet.
Von englischer und deutscher Seite waren zahlreiche Torpedos geschossen worden, die keinen Erfolg brachten, aber durch die Explosionen beim Auftreffen an den Fjordufern einige Verwirrungen stifteten.

Etwa 07.00 Uhr waren die aus dem Herjangenfjord herangekommenen Zerstörer *Wolfgang Zenker, Erich Giese* und *Erich Koellner* in Sichtverbindung mit *Georg Thiele* und *Bernd von Arnim* gekommen. *Wolfgang Zenker* hatte schon gegen 06.50 Uhr auf größere Entfernung mit seiner Artillerie in das Gefecht eingegriffen. Jedoch hatte der Chef der 1. Z.-Fl. auf *Georg Thiele* noch keine Klarheit über die neu aufgetauchten Zerstörer.

Etwa zu dieser Zeit wendeten *Georg Thiele* und *Bernd von Arnim* nach Bb. zum laufenden Gefecht. Die Wirkung der deutschen Artillerie war auf den britischen Booten weiterhin gut.

07.05 Uhr: *Georg Thiele* und *Bernd von Arnim* auf Ostkurs zum Durchbruch nach Narvik gegangen, da die nachfolgenden Zerstörer der 4. Z.-Fl. immer noch nicht klar als eigene erkannt worden waren.
Zu diesem Zeitpunkt mußten die drei Zerstörer der 4. Z.-Fl. wiederholt gegnerischen Torpedos ausweichen.

07.15 Uhr: *Georg Thiele* und *Bernd von Arnim* haben mit Ostkurs die aus dem Herjangenfjord gekommene 4. Z.-Fl. passiert und in deren Kielwasser auf Westkurs gedreht. Nunmehr laufendes Gefecht von fünf deutschen gegen vier britische Zerstörer.
07.25 Uhr: *Georg Thiele* und *Bernd von Arnim* haben das Gefecht wegen der erlittenen Trefferschäden, wegen Ausfällen in der Artillerie und wegen Munitionsschwierigkeiten abgebrochen. Die feindlichen Zerstörer wurden nunmehr durch die drei Boote der 4. Z.-Fl. allein in einem laufenden Gefecht auf südlichen Kursen bekämpft. Von *Erich Giese* und *Erich Koellner* kamen Meldungen, daß die hohen Fahrtstufen wegen Brennstoff- und Wassermangels nicht mehr gehalten werden könnten. Kurz vorher war der durch Artillerietreffer schwer beschädigte und dann durch *Hotspur* gerammte englische Zerstörer *Hunter* gesunken. Im Westteil des Westfjordes verdeckten für die deutschen Zerstörer ausgedehnte Qualmwolken, besonders an der Untergangsstelle von *Hunter*, die Sicht. Die drei restlichen Zerstörer, *Hotspur, Havock* und *Hostile*, liefen mit Höchstfahrt und unter weiterer Qualmentwicklung nach Westen ab. Zwei von ihnen waren zum Teil erheblich beschädigt. Später wurde das in den Westfjord einlaufende deutsche Versorgungsschiff *Rauenfels* von den drei Royal-Navy-Zerstörern gestellt. Es gelang seiner Besatzung jedoch trotz Beschuß durch *Havock*, das Schiff zu sprengen. Dieser Verlust war für die in Narvik gelandeten Truppen und die noch vorhandenen Zerstörer der Deutschen eine höchst mißliche Angelegenheit, denn die *Rauenfels* hatte die für die Abwehrsperrung der Ramnes-Hamnes-Enge vorgesehene 15-Zentimeter-Batterie an Bord.

Etwa 07.30 Uhr: 4. Z.-Fl. mit *Wolfgang Zenker, Erich Giese* und *Erich Koellner* Abbruch des Gefechtes. Während die beiden anderen Boote auf die Untergangsstelle der *Hunter* zuhielten, stieß *Erich Koellner* in den Westteil des Fjordes vor und mußte dort wegen starker Unsichtigkeit kehrtmachen. *Wolfgang Zenker* beschoß den aufgelaufenen Zerstörer *Hardy* und setzte damit das Boot in Brand, um dessen Besatzung zu hindern, es bei steigendem Wasser wieder aufschwimmen zu lassen. Kurz darauf wurden von *Wolfgang Zenker* aus weiter westlich im Wasser treibende Schiffbrüchige und Wrackteile des Zerstörers *Hunter* ausgemacht. Bei den sofort eingeleiteten Rettungsarbeiten, an welchen sich *Wolfgang Zenker, Erich Giese* und *Erich Koellner* beteiligten, wurden 50 englische Seeleute, von welchen später 10 Mann an den erlittenen Verletzungen und an Erschöpfung starben, gerettet.

08.15 Uhr: Bergungsaktion beendet. 4. Z.-Fl. Marsch nach Narvik angetreten.

Etwa zur gleichen Zeit *Georg Thiele* circa zwei Seemeilen vor Narvik vor Anker gegangen zum Löschen der Brände und zur Beseitigung der Gefechtsschäden. *Bernd von Arnim* ist längsseit gegangen zur Unterstützung der Brandbekämpfung, da auf *Georg Thiele* die Feuerlöschmittel ausgefallen waren.

Etwa 09.20 bis 09.30 Uhr: 4. Z.-Fl. mit *Wolfgang Zenker, Erich Giese* und *Erich Koellner*, die zum Teil fast völlig leergefahren waren, vor der Hafeneinfahrt von Narvik geankert. Nach dem Gefecht hatten diese drei Zerstörer nur noch etwa 50 % ihres Munitionsbestandes.

11.00 Uhr: *Wolfgang Zenker* mit Chef 4. Z.-Fl., *Erich Giese* und *Erich Koellner* in den Hafen von Narvik eingelaufen. Wenig später auch *Bernd von Arnim* in Narvik eingelaufen, während als enge Sicherung *Georg Thiele* vor der Hafeneinfahrt vor Anker gegangen war.
Hermann Künne hat inzwischen seine Störungen weitgehend beseitigen können.
Wolfgang Zenker und *Erich Giese* zur Ölergänzung am Tanker *Jan Wellem* festgemacht.
Erich Koellner im Hafen von Narvik vor Anker gegangen.
Bernd von Arnim an der Erzpier festgemacht und mit der Beseitigung der Gefechtsschäden begonnen, deren Behebung auf *Georg Thiele* und *Hans Lüdemann* bereits im Gange war.
Die Besatzung von *Wilhelm Heidkamp* hatte in der Zwischenzeit

begonnen, von dem noch schwimmenden Vorschiff ihres Zerstörers alle verwendbaren Waffen, Munition, Geräte und Vorräte zu bergen.
Nachmittags *Hermann Künne* Narvik ausgelaufen, um den von seiner Besatzung verlassenen englischen Zerstörer *Hardy* zu untersuchen. Auf dem Wrack wurde einiges Geheimmaterial gefunden. Der Zustand des Zerstörers, der zu dieser Zeit immer noch in den vorderen Kesselräumen und unter der Back brannte, wurde festgestellt. *Hermann Künne* nach der Untersuchung wieder in Narvik eingelaufen.
Gegen 20.00 Uhr: *Wolfgang Zenker* mit Chef 4. Z.-Fl. nach beendeter Ölübernahme von *Jan Wellem* abgelegt. Vor der Hafeneinfahrt Warten auf *Erich Giese*, dessen Auslaufen sich verzögert hat. Beide Zerstörer wollten zum Durchbruch in die Heimat auslaufen, obwohl es noch hell war.

20.40 Uhr: *Wolfgang Zenker* mit Chef 4. Z.-Fl. und *Erich Giese* bei einbrechender Dunkelheit, wolkenlosem Himmel und sehr guter Sicht ausgelaufen zum Durchbruch nach Deutschland. Beim Passieren des *Hardy*-Wracks entstand der Eindruck, daß sich der Zerstörer von seiner Strandungsstelle etwa drei Seemeilen nach Westen entfernt habe. Deshalb wurde über Ultrakurzwellentelefonie Anweisung an den Chef der 1. Z.-Fl. gegeben, das Wrack noch einmal zu untersuchen.
Georg Thiele mit Chef 1. Z.-Fl. und *Hermann Künne* ausgelaufen zur Untersuchung des englischen Zerstörers. *Hardy*, welcher nun unter ständigen Munitionsexplosionen in seiner ganzen Länge brannte, durch *Hermann Künne* untersucht. Dann *Georg Thiele* und *Hermann Künne* im Ofotfjord Vorpostendienst übernommen.

21.25 Uhr: Auf *Wolfgang Zenker* nach Passieren der Ramnes-Hamnes-Enge an Bb. hinter einem Ufervorsprung eine schwache Rauchsäule in Sicht gekommen. Zunächst wurde wegen der Vermutung eines auf der Lauer liegenden englischen Zerstörers Alarm gegeben, doch dann wurde beim Näherkommen das noch brennende Wrack der *Rauenfels* ausgemacht.

22.05 Uhr: Bei wolkenlosem Himmel und klarer Sicht sowie sehr heller Nacht haben *Wolfgang Zenker* und *Erich Giese* nach dem Passieren der Insel Barö auf der Ostseite des Fahrwassers einen Schatten ausgemacht und ihn für einen englischen Zerstörer gehalten. Es wurde festgestellt, daß der Gegner etwa gleichen Kurs lief. Kurze Zeit später wurden ein größerer Schatten – offenbar ein Kreuzer – und ein kleinerer gesehen. Die Entfernung verringerte sich schnell. Da dem Chef der 4. Z.-Fl. wegen der bevorstehenden Entdeckung der Durchbruch in die Heimat nicht erfolgversprechend erschien, sondern er vielmehr mit einer Vernichtung seiner beiden Zerstörer rechnen mußte, entschloß er sich zur Rückkehr nach Narvik.

22.20 Uhr: *Wolfgang Zenker* hat sich eingenebelt und kehrtgemacht. Im Schutze des Nebels ist auch *Erich Giese* auf Gegenkurs gegangen.

22.47 Uhr: Alarm beendet, da die Schatten außer Sicht geraten waren.

23.00 Uhr: *Erich Koellner* bei *Jan Wellem* zur Brennstoff- und Speisewasserergänzung in Narvik.
Etwa zu dieser Zeit *Erich Giese* zum Ankern nach Elvegaard entlassen. *Wolfgang Zenker* Marsch nach Narvik.

11. 4. 1940
00.30 Uhr: *Wolfgang Zenker* festgemacht an der Postpier.
Erich Giese nach dem Ankern Salz in der Bb.-Kesselanlage. Mehrere Rohrreißer.

04.15 Uhr: *Wolfgang Zenker* mit Chef 4. Z.-Fl. Narvik, Postpier, abgelegt. Marsch nach Elvegaard zu *Erich Giese.*

05.21 Uhr: *Wolfgang Zenker* hat geankert.

06.11 Uhr: *Wilhelm Heidkamp* im Hafen von Narvik gekentert und gesunken. Bis gegen Mitternacht war die Besatzung des Zerstörers zu Bergungsarbeiten an Bord gewesen. Eine 3,7 cm-Doppelflak, drei 2 cm-MG C/30, 4 Torpedos und die gesamte im Vorschiff verstaute Munition waren gerettet worden. Das Wrack in flachem Wasser aufzusetzen, was eigentlich recht naheliegend gewesen wäre, hatte der Kommandant unterlassen, da ihm eine Zerstörung der Feuerleitanlagen und geheimer Geräte im Falle einer englischen Landung nicht ausreichend gesichert erschien.

09.35 Uhr: *Wolfgang Zenker* Elvegaard Anker gelichtet und Marsch nach Narvik angetreten.
Georg Thiele von Vorpostenstellung im Ofotfjord kommend in Narvik eingelaufen. Wegen Ausfalls von Heizung und Kombüse konnte seit dem Vortage an die Besatzung keine warme Verpflegung verabreicht werden. Tagesvorpostendienst zunächst weiter durch *Hermann Künne* versehen.

10.55 Uhr: *Wolfgang Zenker* neben *Erich Koellner*, der bei *Jan Wellem* zur Brennstoffergänzung festgemacht hatte, angelegt. Auch *Wolfgang Zenker* Beginn Treibstoffübernahme.
Auf *Georg Thiele* hat sich herausgestellt, daß eine gründliche Reparatur nur bei »Feuer aus« möglich ist; ihre Dauer wurde auf drei bis vier Tage geschätzt. Deshalb erhielt der Chef der 1. Z.-Fl. Erlaubnis, mit *Georg Thiele* an der Erzpier längsseits *Jan Wellem* zu gehen und mit Werkstatthilfe des Tankers die Instandsetzungen durchzuführen.

Die Schäden von *Diether von Roeder* hatten sich inzwischen als weniger schwer als zunächst angenommen herausgestellt. Es wurde nunmehr angenommen, daß der Zerstörer nach etwa einer Woche mit vier Kesseln wieder fahr- und gefechtsbereit sein würde. Boot blieb mit dem Heck an der Postpier festgemacht, ausgepackt und jederzeit klar zum Sprengen. Die Funkstation des Zerstörers wurde in den nächsten beiden Tagen ausgebaut und an Land gebracht.

Erich Giese und *Bernd von Arnim* bei der Beseitigung der Störungen bzw. Gefechtsschäden.

13.30 Uhr: *Wolfgang Zenker* hat Ölübernahme beendet und von *Jan Wellem* abgelegt.
Nunmehr waren vier Zerstörer voll beölt und einsatzbereit: *Wolfgang Zenker* mit Chef 4. Z.-Fl., *Erich Koellner, Hans Lüdemann* mit Chef 3. Z.-Fl. und *Hermann Künne.*

14.20 Uhr: *Wolfgang Zenker* an der Postpier festgemacht.

18.00 Uhr: *Erich Giese* vor Elvegaard Anker gelichtet und mit der Stb.-Maschine Marsch nach Narvik angetreten.
Gegen 18.30 Uhr: *Erich Giese* in Narvik bei *Jan Wellem* angelegt. Hat dort dann »Feuer aus«-gemacht und mit Instandsetzungsarbeiten an der Bb.-Maschinenanlage begonnen.
Abends Befehl des Chefs der 4. Z.-Fl., Fregattenkapitän Bey, der nach dem Tode des F.d.Z. als ältester Seeoffizier in Narvik das Kommando übernommen hatte, an die vier fahrbereiten Zerstörer zur Durchführung von Vorposten- und Patrouillendienst in den Fjorden.

22.00 Uhr: *Hans Lüdemann* mit Chef 3. Z.-Fl. und *Hermann Künne* Narvik ausgelaufen zur Durchführung der ihnen gestellten Vorpostenaufgaben.
Gleichzeitig *Erich Koellner* ausgelaufen zum Ankern im Ballangenfjord.

23.30 Uhr: *Wolfgang Zenker* mit Chef 4. Z.-Fl. bei schlechter Sicht Narvik ausgelaufen zum Ankern vor Elvegaard.
Kurz vor Mitternacht *Erich Koellner* beim Ansteuern seines Liegeplatzes im Inneren des Ballangenfjordes Grundberührung auf einer in den Seekarten nicht verzeichneten Untiefe. Boot saß fest. Durch den Unterwasserfelsen Schiffsboden aufgerissen von Abt. IX bis Abt. XIII. Diese Abteilungen teilweise vollgelaufen. Dadurch Ausfall von Trink- und Waschwasserzellen, Torpedokopflast, Artillerieschaltstelle, Leckpumpenraum, Kesselräume 2 und 3 und Unteroffizierswohnräume vorn.

23.43 Uhr: *Wolfgang Zenker* vor Elvegaard Grundberührung.

Bb.-Schraube beschädigt. Boot anschließend ins tiefe Wasser geschwojt.

Gegen 24.00 Uhr: *Wolfgang Zenker* wieder freigekommen. Stb.-Schraube hatte das Boot rückwärtsgehend von der Untiefe heruntergezogen. Wenige Minuten später erneut mit dem Heck an Bb.-Seite kurz festgekommen.

12. 4. 1940

00.35 Uhr: Zerstörer *Wolfgang Zenker* hat, nachdem er wieder aufgeschwommen ist, an anderer Stelle geankert.
Versuche von *Erich Koellner*, mit eigener Kraft wieder freizukommen, zunächst gescheitert. Deshalb erbat der Kommandant über U.K.-Telefonie Unterstützung durch einen anderen Zerstörer.
Da die beiden Vorpostenzerstörer ihre Bereiche nicht verlassen sollten, ging *Wolfgang Zenker* Anker auf und steuerte die Ballangenbucht an.

Etwa 01.30 Uhr: Meldung von *Erich Koellner*, daß er freigekommen sei. Unterstützung sei nicht mehr nötig. Daraufhin *Wolfgang Zenker* Marsch zur Vorpostenstellung von *Hans Lüdemann*, um diesen Zerstörer abzulösen. *Erich Koellner* zur Ablösung von *Hermann Künne* aus der Ballangenbucht ausgelaufen.
Gegen 02.00 Uhr: Zerstörer haben einander wie vorgesehen abgelöst.

02.30 Uhr: *Hermann Künne* geankert im Ballangenfjord, etwa gleichzeitig *Hans Lüdemann* vor Elvegaard.
Auf *Wolfgang Zenker* starke Schwingungen spürbar bei Umdrehungen der Bb.-Welle für mehr als 15 kn Fahrt. Nur noch Höchstgeschwindigkeit von 20 kn möglich.

Gegen 04.00 Uhr: *Erich Koellner* erneut durch *Hermann Künne* im Vorpostendienst abgelöst, weil der Zerstörer infolge der Grundberührung wegen zu großer Schäden nur noch 7 kn Fahrt machen konnte. Das Zwischendeck mußte abgestützt werden, weil die Gefahr weiteren Wassereinbruchs bestand.

06.00 Uhr: *Erich Koellner* in Narvik eingelaufen und an der Postpier festgemacht. Kurz darauf auch *Wolfgang Zenker* mit Chef 4. Z.-Fl. in Narvik eingelaufen und an die Postpier gegangen.

06.30 Uhr: *Hermann Künne* weiterhin Patrouillenfahrten im Fjord mit wechselnden Fahrtstufen bis zu 21 kn.

07.00 Uhr: *Hans Lüdemann* von Elvegaard Marsch nach Narvik zur Treibstoff- und Wasserergänzung.

07.15 Uhr: *Wolfgang Zenker* bei *Erich Koellner* festgemacht und von diesem im Lauf der nächsten Stunden 40 cbm Heizöl übernommen.
Vormittags Entscheidung des Chefs der 4. Z.-Fl., *Erich Koellner* in der Nähe der Ramnes-Hamnes-Enge als schwimmende Sperrbatterie auszulegen und zu verankern. Zuvor beabsichtigt, alle nicht benötigten Besatzungsangehörigen sowie Material und Vorräte von Bord zu geben.

Gegen 11.00 Uhr Chef 3. Z.-Fl. mit *Hans Lüdemann* Narvik ausgelaufen zur Erkundung eines geeigneten Liegeplatzes für *Erich Koellner*. Bei Tarstad wurde eine hölzerne Anlegebrücke festgestellt, hinter der *Erich Koellner* einigermaßen Deckung finden und mit seinen Geschützen über sie hinweg feuern konnte. Geplant war, *Erich Koellner* durch Herunterschneiden von Schornsteinen und Brückenaufbauten sowie durch Tarnfarben weitgehend unsichtbar zu machen.
Als Sperrbatterie für den Hafen von Narvik diente vorläufig *Diether von Roeder*, der der Hafeneinfahrt die schmale Silhouette zeigte und nur seine beiden Buggeschütze einsetzen konnte.
Auf *Georg Thiele*, *Erich Giese* und *Bernd von Arnim* in Narvik Fortsetzung der Reparaturen.

12.30 Uhr: *Hermann Künne* vor der Hafeneinfahrt von Narvik geankert, nachdem der Zerstörer durch *Hans Lüdemann* mit Chef 3. Z.-Fl. im Vorpostendienst abgelöst worden war.
Bis nachmittags *Wolfgang Zenker* Schrauben- und Wellenuntersuchung durch Taucher.

16.00 Uhr: *Wolfgang Zenker* Beginn mit Instandsetzungsarbeiten an der Maschinenanlage. Dazu »Feuer aus« gemacht.

17.00 Uhr: Fahrbereit ohne Einschränkungen *Hans Lüdemann* und *Hermann Künne*. Mit Wiederherstellung baldiger voller Fahrbereitschaft war bei *Erich Giese* zu rechnen, bei *Bernd von Arnim* bis 32 und bei *Georg Thiele* bis 28 kn. *Erich Koellner* nur noch als schwimmende Batterie verwendbar.
Hermann Künne hatte zur Übernahme von 60 cbm Treiböl bei *Erich Koellner* an der Pier in Narvik festgemacht.

18.45 Uhr: *Hans Lüdemann* ankerte nach Erkundung eines Liegeplatzes für *Erich Koellner* und nach Beendigung seiner Vorpostenfahrten in der Hafeneinfahrt von Narvik.

18.45 Uhr: Fliegeralarm! Angriff von neun englischen Doppeldeckerflugzeugen auf die im Hafen von Narvik einzeln oder in »Päckchen« an der Pier liegenden deutschen Zerstörer mit Bomben und Bordwaffen. Sofort einsetzendes Flakfeuer der Zerstörer hinderte jedoch die Flieger am gezielten Bombenwurf. Während einige Zerstörer zur Erlangung von freiem Schußfeld ablegten und dem Hafenausgang zustrebten, detonierten Bomben im Wasser und an Land. Bei den Flugzeugen wurden Flaktreffer beobachtet. Ein Flugzeug verlor schnell an Höhe und stürzte brennend nördlich von Narvik in den Herjangenfjord. Nach dem Angriff flogen die Angreifer in südwestlicher Richtung ab.

19.05 Uhr: Fliegeralarm beendet. Während des Luftangriffs waren die Zerstörer und Versorgungstanker *Jan Wellem* nicht getroffen worden. Acht Mann der Zerstörerbesatzungen haben überwiegend an Land durch Bombensplitter den Tod gefunden und zwanzig waren verletzt worden. Ein Brand in der Maschinenhalle, unweit der Erzpier, wurde nach einer Stunde gelöscht.

19.30 Uhr: *Hans Lüdemann* Narvik ausgelaufen zum Vorpostendienst im Ofotfjord. Chef 3. Z.-Fl. zuvor auf *Hermann Künne* übergestiegen.

20.00 Uhr: *Hans Lüdemann* hat im Ofotfjord ein kleines norwegisches Motorfahrzeug angehalten, das als Prise nach Narvik geschickt wurde.

22.00 Uhr: *Erich Koellner* von der Postpier abgelegt und zur Treibstoff- und Torpedoübergabe bei *Georg Thiele* und später bei *Bernd von Arnim* festgemacht. Danach wieder an der Postpier festgemacht.
Gegen Mitternacht *Hans Lüdemann* vor der Hafeneinfahrt »auf- und abgestanden«, um Geleit für verlegenden Zerstörer *Erich Koellner* zu übernehmen. Der U.K.-Spruch des Chefs der 4. Z.-Fl., daß *Erich Koellner* jedoch zunächst noch im Hafen bleiben soll, ist vermutlich wegen starker atmosphärischer Störungen auf *Hans Lüdemann* nicht gehört worden.
Um Mitternacht befanden sich die restlichen sieben Zerstörer im Hafen von Narvik in verschiedenen Bereitschaftszuständen.

13. 4. 1940

02.30 Uhr: *Hermann Künne* von Narvik kommend im Herjangenfjord vor Bjerkvik vor Anker gegangen.

06.00 Uhr: *Erich Koellner* Treibstoff- und Torpedoabgabe an die anderen Zerstörer beendet.
Hans Lüdemann von Vorpostendienst kommend in Narvik eingelaufen. Der vom Chef der 4. Z.-Fl. an den Zerstörer gegebene Befehl, bis zum Mittag auf der Vorpostenstellung zu bleiben, ist aus ungeklärter Ursache dort nicht angekommen.

10.00 Uhr: *Hermann Künne* nach Marsch von Elvegaard in Narvik eingelaufen.

Etwa 10.30 Uhr: *Erich Koellner* in Narvik abgelegt und in Begleitung von *Hermann Künne* mit Chef 3. Z.-Fl. ausgelaufen, um bei Taarstad als Sperrbatterie verankert zu werden. Vorher, im Lauf des Vormittags, waren ausgeschifft worden: Torpedooffizier, 1. und der 3. Wachingenieur sowie 86 Mannschaften und Unteroffiziere. Zwei 2-cm-Fla-MG C/30 mit Munition und Handwaffen waren von Bord gegeben worden.
Nach beendeter Treibstoffauffüllung aus dem Tanker *Jan Wellem* hat *Hans Lüdemann* abgelegt, in der Hafeneinfahrt vor Anker gegangen.

Kurz vor 12 Uhr: Fliegeralarm! Dieser Alarm war wenige Minuten später wieder beendet.

Etwa 12.00 Uhr: *Hermann Künne* und *Erich Koellner* haben im Ofotfjord im Westen ein englisches Flugzeug gesichtet. Diese Maschine, die sich außer Reichweite der deutschen Flak hielt, war das Bordflugzeug des englischen Schlachtschiffes *Warspite.* Mit den neun englischen Zerstörern *Icarus, Hero, Foxhound, Forester, Kimberley, Eskimo, Cossack, Punjab* und *Bedouin* war das Schlachtschiff am Vormittag dieses Tages in den Westfjord mit Kurs auf Narvik eingelaufen.

12.10 Uhr: *Hermann Künne* hat im Westfjord in Höhe Barö zunächst neun englische Zerstörer ausgemacht, die über U.K.-Telefonie und per Funkspruch sofort nach Narvik gemeldet wurden:
»Alarm! Neun feindliche Zerstörer brechen ein.«
Die Entfernung bei der Sichtung betrug etwa 220 hm. Kommandant *Hermann Künne* ging, um besser beobachten zu können, etwas näher heran und bei 200 hm auf Gegenkurs. Nach deutschen Beobachtungen eröffneten die englischen Zerstörer zu dieser Zeit das Feuer auf *Hermann Künne,* nach englischen Angaben begann das Gefecht etwa um 12.26 Uhr.
Während zunächst *Icarus* und *Bedouin,* schließlich auch *Punjab* und *Cossack* auf *Hermann Künne* schossen, drehte *Erich Koellner* nach Bb., um die Bucht von Djupvik anzusteuern. Dies gelang auch ungesichtet. Dort ging das Boot vor Anker.

12.15 Uhr: Chef 4. Z.-Fl. hat sofort nach Eingang der Alarmmeldung das Auslaufen aller Zerstörer aus Narvik befohlen. *Hans Lüdemann,* auf dem der Chef der 3. Z.-Fl. wieder eingestiegen war, ging als erstes Boot ankerauf und lief aus. *Wolfgang Zenker* mit Chef 4. Z.-Fl. folgte im Abstand von etwa 40 hm. Kurze Zeit danach lief auch *Bernd von Armin* aus, während *Georg Thiele* und *Erich Giese* noch nicht Dampf auf hatten. Das am Vormittag eingelaufene U-Boot *U 51* tauchte in der Annahme eines Luftangriffs zuerst auf Sehrohrtiefe und ging bald ganz auf Grund.

12.17 Uhr: *Hermann Künne* hat Feuer auf 170 hm eröffnet.
Während die vier Zerstörer der *Tribal*-Klasse entlang des Südufers und die anderen fünf englischen Boote mehr nördlich mit etwa 20 kn liefen, ging *Hermann Künne* bis auf etwa 130 hm heran und lief dann Zickzackkurse steuernd mit 24 kn vor dem Gegner her.

12.30 Uhr: *Hermann Künne* versuchte Legen einer Nebelwand, aus der heraus ein Torpedoangriff angesetzt werden und die gleichzeitig das Auslaufen der anderen deutschen Zerstörer decken sollte. Der Nebel trieb jedoch, von leichtem Nordwestwind verweht, schnell in die Berge ab. Etwa zu dieser Zeit wurden in der Nähe von *Hermann Künne* schwere Artillerieaufschläge erkannt, die vom Schlachtschiff *Warspite* stammten.

12.45 Uhr: *Hans Lüdemann* hat auf 170 hm in das Gefecht eingegriffen. Kurze Zeit später kam auch *Wolfgang Zenker* auf Gefechtsentfernung heran und eröffnete das Feuer. In den nächsten Minuten entwickelte sich ein schnell geführtes Artillerieduell, in welchem beide Seiten keine Treffer erzielten.

12.59 Uhr: *Erich Koellner* hat, bei Djupvik vor Anker liegend, drei Zerstörer des Gegners erkannt. Mit seinen Maschinen wurde das deutsche Boot so gehalten, daß ein günstiger Bestreichungswinkel für alle fünf Geschütze gleichzeitig bestand. Als wenig später die englischen Zerstörer hinter der Nordhuk der Djupvik-Bucht hervorkamen, eröffnete *Erich Koellner* auf etwa 35 hm das Feuer auf den am weitesten rechts stehenden Zerstörer. Auch die 3,7 cm-Flak beteiligte sich an dem Gefecht. Der beschossene britische Zerstörer war *Icarus.*

13.07 Uhr: *Erich Koellner* von *Icarus* gesichtet und sofort beschossen. Wenig später eröffneten auch *Bedouin, Punjab* und *Eskimo* das Feuer auf den deutschen Zerstörer. Zahlreiche Artillerietreffer schlugen auf *Erich Koellner* ein.

13.08 Uhr: *Erich Koellner* mehrfach schwer getroffen, auch von schweren Granaten der *Warspite.* Artilleriefeuerleitanlage und Munitionsförderung ausgefallen, Treffer in Kesselraum 1 und Turbinenraum 2. Ein britischer Torpedo traf unter der Back und riß diese mit dem Ankergeschirr weg.

13.10 Uhr (geschätzte Zeit): Kommandant hat, nachdem alle erreichbare Munition verschossen und weitere Artillerie- und Torpedotreffer eingeschlagen waren, den Befehl zum Sprengklarmachen und Verlassen von *Erich Koellner* gegeben. Besatzung daraufhin unter Mitnahme der Verwundeten und Gefallenen von Bord gegangen. Verluste: 31 Tote, 14 Schwer- und 20 Leichtverwundete.
Nach Zündung einer eigenen Wasserbombe im Hilfsmaschinenraum sank der Zerstörer in etwa 20 m tiefem Wasser.

13.15 Uhr: *Bernd von Arnim* aus Narvik herangekommen, griff in das Gefecht ein.
Von *Wolfgang Zenker* aus wurde zu dieser Zeit ein großes Schiff, die *Warspite,* ausgemacht. Der Versuch des Zerstörers, auf Torpedoschußweite an dieses heranzukommen, scheiterte im schweren Artilleriefeuer. Deshalb wurde ein Torpedofächer auf die englischen Zerstörer geschossen, jedoch traf keiner der Torpedos. *Hermann Künne* schoß zwei Torpedofächer auf drei Zerstörer der *Tribal*-Klasse, die der Hafeneinfahrt von Narvik zusteuerten, traf jedoch ebenfalls nichts.

13.40 Uhr: Die deutschen Zerstörer waren zu dieser Zeit nördlich von Narvik, etwa im Anfang des Herjangenfjordes. *Georg Thiele* eröffnete von der Hafeneinfahrt aus das Artilleriefeuer auf die englischen Zerstörer. Das Boot war beim Auslaufen durch seine eingeschränkten Manövriereigenschaften und durch seinen ungünstigen Hafenliegeplatz behindert worden und suchte jetzt Anschluß an die bereits im Gefecht befindlichen eigenen Zerstörer zu finden. Wenig später schoß *Georg Thiele* vier einzelne Torpedos, welchen die englischen Boote jedoch ausweichen konnten.

Gegen 13.40 Uhr: Bomben-Angriff britischer Flugzeuge auf die mit hohen Fahrtstufen in den Fjorden operierenden deutschen Zerstörer, keine direkten Treffer erzielt. Mehrere Bomben schlugen in nächster Nähe von *Bernd von Armin* und im Kielwasser von *Hermann Künne* ein. Durch die Explosionserschütterungen beide Sternstopfbuchsen auf *Hermann Künne* undicht, Wasser in beide Wellentunnel eingedrungen. *Bernd von Arnim* konnte zu dieser Zeit wieder eine Höchstgeschwindigkeit von etwa 33 kn erreichen.
Hermann Künne stand von allen deutschen Zerstörern am weitesten nördlich und wurde von drei englischen Zerstörern in den Herjangenfjord hineingedrückt. Das Boot hatte seine restliche Munition fast vollständig verschossen.

13.50 Uhr: U.K.-Befehl des Chefs der 4. Z.-Fl. an alle noch fahrbereiten deutschen Zerstörer:
»Ausweichen Rombakenfjord.«

Dieser Spruch erreichte *Hermann Künne* nicht. Das Boot wurde zu diesem Zeitpunkt zur Selbstvernichtung vorbereitet. *Wolfgang Zenker* hatte seine gesamte Munition verschossen. Auch das Feuer der anderen Zerstörer wurde immer langsamer. Unter Nebelverwendung liefen *Hans Lüdemann, Wolfgang Zenker* und *Bernd von Arnim,* gefolgt von *Georg Thiele,* in den Rombakenfjord ein. *Hans Lüdemann* machte noch einmal kehrt, um *Hermann Künne* aufzunehmen und seine letzten Torpedos und den noch vorhandenen Munitionsrest zu verschießen. Zu einem Zusammentreffen der beiden deutschen Boote kam es jedoch nicht mehr, da sich *Hermann Künne* zu dieser Zeit schon dem Ufer bei Elvegaar näherte. Deshalb lief *Hans Lüdemann* wenig später wieder in den Rombakenfjord ein.

13.52 Uhr: *Erich Giese* hatte von *Jan Wellem*, nur mit der mit Seewasser gespeisten Bb.-Anlage fahrend, abgelegt und noch von der Hafeneinfahrt auf 40 bis 50 hm Entfernung das Artilleriefeuer auf die am nächsten stehenden britischen Zerstörer eröffnet. Höchste Feuergeschwindigkeit hinderte zunächst die Gegner, sich auf *Erich Giese* einzuschießen, dessen Bb.-Anlage schließlich auch ausgefallen war. Der Zerstörer trieb manövrierunfähig in der Hafeneinfahrt.

13.55 Uhr: *Hermann Künne* etwa zu dieser Zeit am Nordufer des Herjangenfjordes bei Troldvik aufgesetzt. Besatzung über Bord gesprungen und an Land geschwommen. Eine Wasserbombe in der Torpedokopflast riß kurz darauf den Zerstörer auseinander. Während das Vorschiff sank, schwamm das Achterschiff noch drei Tage. – Während des vorausgegangenen Gefechtes hatte *Hermann Künne* keinen Treffer erhalten und auch keine Verluste unter den Besatzungsangehörigen zu beklagen gehabt.

14.05 Uhr: *Erich Giese* in der Hafeneinfahrt von Narvik wieder fahrbereit. Bb.-Maschine machte Umdrehungen für 12 kn. Unter dem zusammengefaßten Feuer von bis zu sechs britischen Zerstörern erhielt *Erich Giese* von nun an Treffer auf Treffer. Ein Torpedofächer, der nach Ausfall der Torpedofeuerleitanlage durch einen Torpedomechaniker vom Rohrsatz aus losgemacht wurde, traf nichts. Nach und nach fielen Kessel-, Maschinen- und Schiffsführungsanlagen aus. Die Artillerie blieb einsatzbereit und schoß weiter, bis die restliche Munition verbraucht war. Nach mindestens 21 Artillerietreffern war *Erich Giese* nördlich von Narvik brennend und sinkend liegengeblieben. Gegen 14.30 Uhr kam vom Kommandanten der Befehl zum Verlassen des Bootes. Auf die im Wasser schwimmenden Überlebenden schoß ein feindlicher Zerstörer mit MG und rief damit weitere Verluste hervor. Insgesamt 83 Mann gefallen, zahlreiche Verwundete. Neun Mann wurden von einem britischen Zerstörer an Bord genommen, sie kamen in Kriegsgefangenschaft. *Erich Giese* sank wenig später in tiefem Fjordwasser.

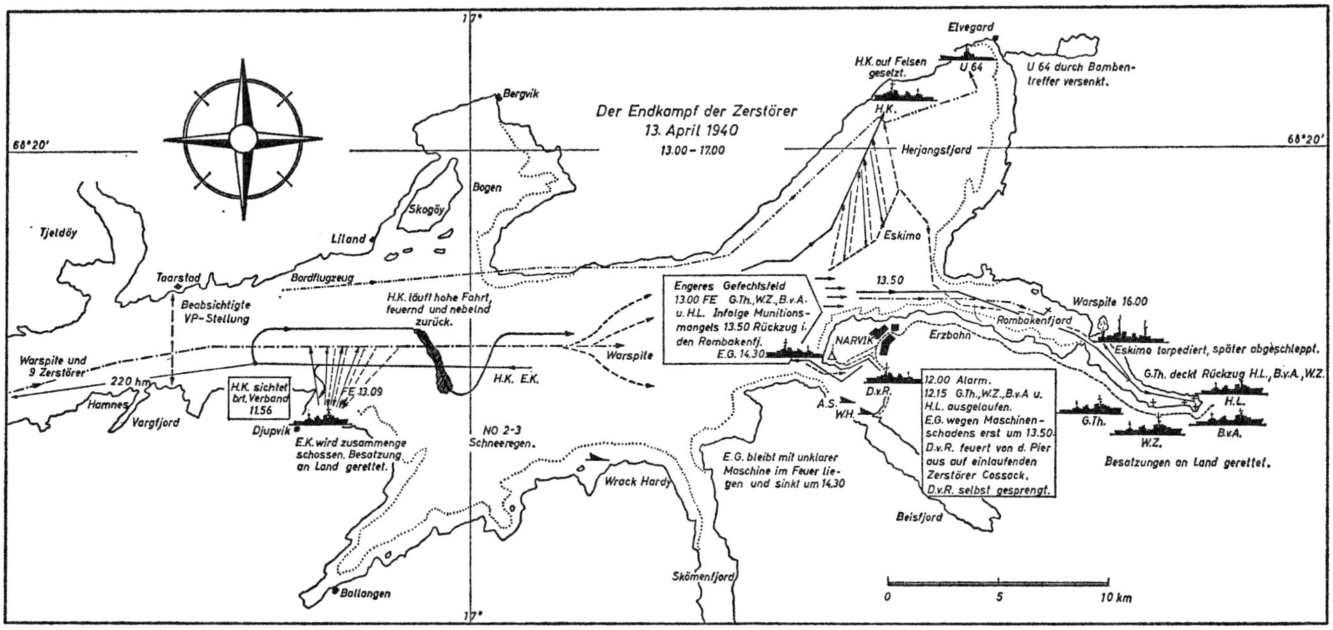

Etwa zur Zeit des Unterganges von *Erich Giese* und der Selbstvernichtung von *Hermann Künne* stieß Schlachtschiff *Warspite* mit den Zerstörern *Cossack, Punjab* und *Foxhound* gegen den Hafen von Narvik vor. Dort lag der letzte, nicht fahrbereite Zerstörer *Diether von Roeder*, der mit dem Heck an der Postpier festgemacht hatte und dessen Bug zur Hafeneinfahrt zeigte. Auf die in den Hafen eindringenden englischen Zerstörer eröffnete *Diether von Roeder* auf etwa 80 hm das Feuer mit beiden Buggeschützen. Die Engländer, die zunächst an das Feuer von Küstenbatterien glaubten, näherten sich dem deutschen Boot bis auf etwa 20 hm. Bald jedoch hatten sie den deutschen Zerstörer erkannt und unter Beschuß genommen. Außer zwei Artillerietreffern, die in die Back einschlugen und relativ wirkungslos blieben, erlitt *Diether von Roeder* keine Beschädigungen. Drei englische Torpedos passierten das Boot und detonierten an der Postpier. Ein britischer Zerstörer, von *Diether von Roeder* in Brand geschossen, kam bei Framnes in Sicht. *Cossack* erhielt beim Einlaufen in den Hafen mehrere Artillerietreffer; das Boot mußte am südwestlichen Ufer der Narvik-Bucht auf Grund gesetzt werden. Von dort aus beteiligte es sich weiter an der Beschießung von *Diether von Roeder*, auf welchem aber keine weiteren entscheidenden Treffer einschlugen. Nach dem Verschießen der gesamten Munition verließ die Besatzung den Zerstörer *Diether von Roeder* und ging an Land. Ein Rest von 25 Mann blieb noch an Bord und bereitete das Boot zur Vernichtung vor. Die Sprengung durch zwei Wasserbomben wurde zeitlich so eingerichtet, daß der Gegner-Zerstörer *Foxhound*, der in den Hafen eingelaufen war und sich anschickte, bei *Diether von Roeder* längsseits zu gehen, durch die Explosion beschädigt werden sollte. Dies mißlang aber, weil der britische Zerstörer aus einer deutschen Bergstellung heraus von einem M.G. beschossen wurde, deshalb stoppte und mit den Maschinen rückwärts ging. Nur Sekunden später detonierten die beiden Wabos (die 25 Mann waren zuvor von Bord gegangen), zerrissen *Diether von Roeder* und ließen den Zerstörer in zwei Minuten sinken. – Bei den Gefechten am 10. und 13. 4. 1940 waren von der Besatzung von *Diether von Roeder* insgesamt 16 Mann getötet worden.

Gegen 14.30 Uhr: *Wolfgang Zenker* und *Bernd von Arnim* erreichten das östliche Ende des Rombakenfjordes. Bereits seit etwa einer halben Stunde bereiteten die Besatzungen die beiden munitionslos gewordenen Zerstörer zur Vernichtung vor. Etwa zu diesem Zeitpunkt hatte sich *Georg Thiele* nach dem Passieren der Strömmen-Enge vor Sildvik quer in den Rombakenfjord gelegt, um mit seiner gesamten Artillerie- und Torpedobewaffnung feindliche Zerstörer bekämpfen zu können, wenn sie die Strömmen-Enge passieren sollten. In seiner Nähe lag, ebenfalls gestoppt, *Hans Lüdemann* mit der gleichen Absicht.
Auf den ersten englischen Zerstörer, der in der Enge sichtbar wurde, eröffneten beide deutschen Boote das Feuer. Sie erzielten dabei einige Treffer. Vier Torpedos, die *Hans Lüdemann* schoß, waren jedoch Grundgänger. Die englischen nachfolgenden Boote schossen über die Landzunge hinweg und trafen mit mehreren Granaten das Achterschiff von *Hans Lüdemann.* Dieser Zerstörer hatte nunmehr seine Torpedos und bis auf wenige Schuß auch seine gesamte Artilleriemunition verschossen. Deshalb ging der Zerstörer wieder mit der Fahrt an und folgte *Wolfgang Zenker* und *Bernd von Arnim* in den Rombakenfjord hinein. Kurz vor dem Erreichen des Ostendes trat auf *Hans Lüdemann* Ruderversager auf. Nur mit den Maschinen steuernd, setzte der Kommandant den Zerstörer südlich von *Wolfgang Zenker* und *Bernd von Arnim* auf die Felsen. Unterdessen hatten sich vier englische Zerstörer, darunter *Hero, Eskimo* und *Kimberly,* auf den querliegenden *Georg Thiele* eingeschossen und erzielten zahlreiche Treffer. Der deutsche Zerstörer begann zu brennen. Die Munition ging aus. Die letzten beiden Torpedos wurden losgemacht, von welchen der erste falsch lief und in den Felsen am Fjordufer detonierte. Der zweite Torpedo traf den nächststehenden englischen Zerstörer *Eskimo* als Oberflächenläufer unter der Back, die bis zur Brücke abgerissen wurde.

Da sich *Georg Thiele* nun vollkommen verschossen hatte und an verschiedenen Stellen brannte, legte der im Gefecht verwundete Kommandant den Maschinentelegrafen auf »A.K. voraus«. Das Brückenpersonal war zu dieser Zeit schon gefallen oder verwundet. Bei Sildvik lief *Georg Thiele* am Südufer des Fjordes auf die steil aufsteigenden Felsen. Die Besatzung, die zuvor die Sprengung des Zerstörers eingeleitet hatte, sprang teils in das kalte Fjordwasser, teils kletterte sie über die Back direkt an Land. Währenddessen schossen die englischen Zerstörer weiter auf das brennende Wrack und auf die Schiffbrüchigen. Die Verluste, die bisher gering waren, stiegen durch die Beschießung in starkem Maße (insgesamt 14 Tote).
Gegen 15.00 Uhr: *Georg Thiele* brannte von vorn bis achtern. Später kenterte der Zerstörer. Dabei brach das Achterschiff bis zum vorderen Schornstein ab und sank nach schweren Explosionen. Das Vorschiff ragte kieloben auf den Felsen liegend aus dem Wasser hervor.

14.50 Uhr: *Wolfgang Zenker* kurz vor Anker gegangen. Die Besatzung sprang über Bord und schwamm an Land. Einige Seeleute stiegen in den zu Wasser gelassenen, noch vorhandenen Kutter. Ca. gegen 15.00 Uhr verholte das Boot über den Achtersteven in etwas tieferes Wasser. Kurz darauf detonierten die zuvor angeschlagenen Sprengpatronen, was jedoch zunächst nur leichte Stb.-Schlagseite und Tiefertauchen achtern zur Folge hatte. Deshalb wurden zusätzlich Wasserbomben gezündet. Nunmehr lief das Achterschiff schnell voll und gegen 15.45 Uhr kenterte der Zerstörer plötzlich nach Stb. Die Besatzung konnte sich vollzählig retten.

Gegen 15.00 Uhr: Besatzung und Sprengkommando von *Bernd von Arnim,* der neben *Wolfgang Zenker* lag, von Bord gegangen. Kurz darauf detonierten unter dem Heck Wasserbomben, um die Versenkung des Zerstörers zu beschleunigen. Zunächst schwamm *Bernd von Arnim* noch einige Minuten mit etwa 40 Grad Schlagseite nach Stb., kenterte dann aber gegen 15.20 Uhr. Die Bb.-Seite des Vorschiffes ragte in einer Länge von etwa 25 Metern jedoch weiterhin aus dem Wasser.

Kurz nach 15.00 Uhr: Chef der 3. Z.-Fl., Kommandant und zwei Offiziere verließen als letzte den Zerstörer *Hans Lüdemann.* Vorher waren Sprengmittel angebracht und gezündet worden. Die wenig später erfolgten Detonationen hinterließen jedoch keine sichtbaren Spuren. Lediglich zwei kleine Brände vorn und achtern waren von Land aus sichtbar. Bei den Gefechten waren zwei Mann der Besatzung gefallen und einige verwundet worden.

Gegen 15.15 Uhr: Die englischen Zerstörer *Kimberley* und *Hero* passieren bei Sildvik den brennenden Zerstörer *Georg Thiele* und drangen weiter nach Osten in den Rombaksfjord ein. Sobald sie in der Nähe der teilweise gesunkenen deutschen Boote *Wolfgang Zenker, Bernd von Arnim* und *Hans Lüdemann* waren, eröffneten sie auf diese Artilleriefeuer. Als dieses von deutscher Seite nicht erwidert wurde, stellten sie es wieder ein. Von *Hero* wurden Boote zu Wasser gelassen und mit einem Untersuchungskommando bemannt. Etwa gleichzeitig geschah dies auch auf *Icarus,* der in der Nähe ankerte. Die Boote wurden zu *Hans Lüdemann* gerudert, und das deutsche Boot auf eine mögliche Bergung hin geprüft. Diese schien den Engländern unmöglich. Deshalb schoß gegen 17.00 Uhr *Hero* einen Torpedo, der auf *Hans Lüdemann* eine heftige Explosion und schwere Heizölbrände hervorrief. Das Wrack brannte bis zum nächsten Tag aus.
Die zehn in Narvik eingesetzten deutschen Zerstörer waren damit in Gefechten gesunken oder von den eigenen Besatzungen nach Aufbrauchen der Munition und des Treibstoffs versenkt worden.

14. 4. 1940
In der Nacht: *Georg Thiele* in Höhe des vorderen Schornsteines durchgebrochen. Achterschiff nach heftigen Detonationen gesunken, Vorschiff gekentert und kieloben aus dem Wasser hervorragend liegengeblieben.
Im Laufe des Tages *Hans Lüdemann* ausgebrannt und um 90 Grad nach Bb. gekentert. Dabei in Höhe der Brückenaufbauten auseinandergebrochen. Vorschiff blieb mit seiner Stb.-Seite oberhalb des Wassers sichtbar.

16. 4. 1940
Das Wrack des Zerstörers *Hermann Künne* nach Einbruch der Dunkelheit im Herjangenfjord von einem britischen Zerstörer untersucht. Anschließend wurde das allein noch schwimmende Achterschiff durch einen Torpedo versenkt.

Die Besetzung von Trondheim

8. 4. 1940
Gegen Mittag hatte der auf Schlachtkreuzer *Gneisenau* eingeschiffte Flottenchef die zur Eroberung Trondheims bestimmte Kampfgruppe entlassen. Sie bestand aus dem Schweren Kreuzer *Admiral Hipper* und der 2. Z.-Fl. mit den Booten *Z 5 Paul Jacobi, Z 6 Theodor Riedel, Z 8 Bruno Heinemann* und *Z 16 Friedrich Eckoldt.* Zunächst lief der Verband in nordwestlicher Richtung von der norwegischen Küste ab, um im Nordmeer abwartend »auf- und abzustehen«.

14.50 Uhr: Fliegeralarm! Sichtung eines britischen Sunderland-Flugbootes, von der *Admiral Hipper* mit der schweren Flak beschossen. Die Maschine war wenig später verschwunden, ein Abschuß derselben jedoch nicht nachweisbar.

16.00 Uhr: *Admiral Hipper* und die vier Zerstörer der 2. Z.-Fl. haben Kurs auf die norwegische Küste genommen.

Deutsche Zerstörer vor Narvik im April 1940: *Z 9, Wolfgang Zenker* (ganz hinten), *Z 19, Hermann Künne* (Mitte) und *Z 13, Erich Koellner.*

Z 17, Diether von Roeder nach dem Gefecht mit englischen Zerstörern am 10. 4. 1940 mit Trefferschäden an der Postpier in Narvik.

Oben: Durch Detonationsdruckwelle eingedrückte Brückenstirnwand eines Zerstörers 1934 A in Narvik im April 1940.

Links: *Z 21, Wilhelm Heidkamp* mit abgerissenem Heck vor Narvik ankernd am 10. 4. 1940.

Unten: *Z 12, Erich Giese* brennend, kurz vor dem Untergang bei Narvik am 13. 4. 1940.

Links: *Z 29* im Rombakenfjord 1942. Im Hintergrund die Wracks von *Z 9, Wolfgang Zenker* (links) und *Z 11, Bernd von Arnim.*

Unten: Wrack *Z 2, Georg Thiele* bei Sildvik im Rombakenfjord.

Links: Wrack *Z 18, Hans Lüdemann* im Rombakenfjord, etwa 1943.

Unten links: *Z 14, Friedrich Ihn* (rechts), weitere Zerstörer und Einheiten der Flotte am 25. 7. 1940 aus dem Trondheimfjord auslaufend.

Unten: Brückenwache *Z 8, Bruno Heinemann* bei Beobachtung des britischen Fliegerangriffs bei Helgoland am 29. 9. 1939.

Kurz nach Einbruch der Dunkelheit gegen 21.00 Uhr Änderung der Formation:
Theodor Riedel, dessen Bb.-Maschine während der Sturmfahrt total ausgefallen war und nach dessen noch möglicher Höchstgeschwindigkeit sich der Verband richten mußte, und *Paul Jacobi* mit dem Chef der 2. Z.-Fl. fuhren an der Spitze, dann folgte *Admiral Hipper*, und als Schlußschiffe fuhren *Bruno Heinemann* und *Friedrich Eckoldt*. Auf allen fünf Einheiten waren die Bugschutzgeräte ausgebracht worden.
Gegen 22.00 Uhr: Verband in die Schären eingelaufen.

9. 4. 1940

00.30 Uhr: Verband in der Frohavet-Einfahrt querab von Halten.

02.55 Uhr: Verband in Kiellinie Kragvagfjord-Feuer passiert.

03.07 Uhr: Auf *Admiral Hipper* durch Schnellschluß ausgefallene Stb.-Maschinen wieder klar.

Gegen 04.00 Uhr: *Admiral Hipper* wieder vor den Zerstörern fahrend.

04.04 Uhr: Verband hat Agdenes passiert. Von dort aus wurde der Kreuzer mit der Morselampe angerufen:
»Wer seid ihr?«
Der Anruf blieb unbeantwortet. *Admiral Hipper* auf Einlaufkurs nach Trondheim gegangen.

04.12 Uhr: Backbord querab von *Admiral Hipper* hat die norwegische Batterie bei Hysnes das Feuer auf den Kreuzer eröffnet. Daraufhin erwiderte dieser das Feuer mit seinen beiden achteren Türmen.
Wenige Minuten später haben *Admiral Hipper* und die vier Zerstörer die Artilleriestellungen hinter sich gelassen und keine Schäden erlitten. Gleich nach dem Passieren der Batterien drehten *Paul Jacobi, Theodor Riedel* und *Bruno Heinemann* ab zum Landen der an Bord befindlichen Gebirgsjäger bei den Batteriestellungen. *Theodor Riedel* fuhr dabei nur mit der noch intakten Stb.-Maschine.

05.25 Uhr: *Admiral Hipper* und *Friedrich Eckoldt* in der Bucht von Trondheim geankert. Beginn der Gebirgsjäger-Ausschiffung. Währenddessen in der Strömmen-Enge an mehreren Stellen gruppen- bzw. zugweise von *Paul Jacobi, Theodor Riedel* und *Bruno Heinemann* Truppen an Land gegangen.

Vormittags *Paul Jacobi* mehrfach, aber erfolglos durch norwegische Küstenbatterien beschossen.

09.00 Uhr: Meldung des Chefs der 2. Z.-Fl. an *Admiral Hipper* über planmäßige Landungen an Ost- und Westseite des Fjordes.

17.00 Uhr: In der Strömmen-Bucht Landung zweier Kompanien von Bord des Schweren Kreuzers.
Abends *Admiral Hipper* und Zerstörer Flugabwehr-Schutz von Trondheim übernommen.
Paul Jacobi, Theodor Riedel und *Bruno Heinemann* nicht fahrbereit. Auf allen Zerstörern waren durch den schweren Sturm und Seegang der beiden Vortage zahlreiche Seeschäden aufgetreten, dazu Störungen bzw. Totalausfälle in den Maschinenanlagen. Ferner war *Theodor Riedel* im Lauf des Tages auf ein Unterwasserriff gelaufen und hatte sich dabei Schäden am Bootskörper zugezogen.
Nachts *Paul Jacobi, Bruno Heinemann* und *Friedrich Eckoldt* in Trondheim an der Pier fest. *Theodor Riedel* vor Anker im inneren Fjord. *Admiral Hipper* vor Anker in der Bucht von Trondheim.

10. 4. 1940
Theodor Riedel als maschinell unklarster Zerstörer ausgelaufen und wenig später in der Strömmen-Bucht vorsichtig auf sandigem Grund aufgesetzt, mit der Stb.-Seite zum Fahrwasser. Vorgesehen war, den Zerstörer im Falle eines britischen Eindringens in den Fjord als Artillerie- und Scheinwerferbatterie zu verwenden. An Bord verblieben waren das Geschütz-, Teile des Maschinen-, Flak- und Torpedopersonals. Der Rest der Besatzung war ausgestiegen und wurde an Land eingesetzt. Der Zerstörer war etwa zehn Tage nicht fahrbereit. Bei Niedrigwasser »saß das Boot hoch und trocken«, wie sich ein ehemaliges Besatzungsmitglied ausdrückte.
Paul Jacobi und *Bruno Heinemann* nicht fahrbereit. Beide hatten zusammen nur noch 40 Tonnen Treibstoff. Dieser wurde im Laufe des Tages an *Friedrich Eckoldt* abgegeben. Der einzige im Hafen liegende deutsche Versorger *Levante* hatte keinen Treibstoff für die Zerstörer an Bord. Im Hafen selbst war nur Gasöl aufzutreiben.
Nachmittags wiederholte Fliegeralarme.

21.50 Uhr: *Admiral Hipper* und *Friedrich Eckoldt* Anker gelichtet. Anschließend Trondheim ausgelaufen und Marsch nach Deutschland angetreten. Nach dem Auslaufen der beiden Einheiten hat *Paul Jacobi* als *Admiral Hipper* zur Täuschung der britischen B-Dienste mehrere Funksprüche an die Gruppe West abgesetzt.

23.20 Uhr: Durch *Friedrich Eckoldt* wurde ein britisches U-Boot bei Flesa gemeldet. Durch den Zerstörer und durch *Admiral Hipper* wurde es heftig, jedoch erfolglos unter Feuer genommen. Bei dem U-Boot handelte es sich jedoch nicht um ein englisches, sondern um das deutsche *U 32*, das in diesem Gebiet eingesetzt war.

11. 4. 1940
Kurz nach Mitternacht meldete *Friedrich Eckoldt* an den Kreuzer, daß der Zerstörer bei dem herrschenden Sturm und schweren Seegang die hohe Fahrt des Kreuzers nicht halten könne.

02.50 Uhr: *Friedrich Eckoldt* durch *Admiral Hipper* entlassen zur Rückkehr nach Trondheim. Während der Zerstörer umkehrte, setzte der Kreuzer den Rückmarsch allein fort.
Gegen 05.00 Uhr: Noch vor dem Eintreffen von *Friedrich Eckoldt* in Trondheim griffen englische Swordfish-Torpedoflugzeuge, welche von dem vor der norwegischen Küste operierenden englischen Flugzeugträger *Furious* gestartet waren, die in und bei Trondheim liegenden Zerstörer *Paul Jacobi, Theodor Riedel* und *Bruno Heinemann* an. Dieser Angriff war erfolglos und wurde durch die Bordflak der Zerstörer abgewehrt. Die auf *Theodor Riedel* in der Strömmen-Bucht abgeworfenen Torpedos liefen teilweise auf einer vorgelagerten Sandbank auf und blieben dort liegen.
Einer dieser Torpedos wurde durch ein Kommando des *Paul Jacobi* einige Tage später geborgen. Es war der erste britische Torpedo mit einem Magnetzündungsgefechtskopf.

14. 4. 1940
Nach inzwischen durch einen Versorgungstanker vorgenommenen Beölung *Bruno Heinemann* und *Friedrich Eckoldt* Trondheim ausgelaufen zum Rückmarsch nach Deutschland.
In und bei Trondheim nur noch die beiden Zerstörer *Paul Jacobi* und *Theodor Riedel,* beide nicht fahrbereit.
Paul Jacobi in den nächsten Tagen an der Pier von Trondheim Instandsetzungen durchgeführt. Der achtere Torpedorohrsatz wurde abgebaut, auseinandergenommen und auf zwei kleinen Kuttern, die in Trondheim vorgefunden worden sind, montiert!

18. 4. 1940
Meldung von *Paul Jacobi* an Gruppe West, daß Wiederherstellung des Zerstörers mit allen Mitteln betrieben würde.

20. 4. 1940
Theodor Riedel mit Schlepperhilfe bei Hochwasser wieder flottgemacht, nach Trondheim eingeschleppt und an der Pier festgemacht. Beginn von Reparaturen und Instandsetzungsarbeiten. Einige Geschütze, 2 cm-Flak und ein Torpedorohrsatz ausgebaut und an Land eingesetzt. Das für die Bb.-Ma-

schine benötigte Ersatzritzel brachte erst im Mai 1940 ein U-Boot aus Wilhelmshaven. Gleichzeitig wurde auf *Theodor Riedel* als erstem deutschen Zerstörer ein Funkmeßgerät eingebaut.

21. 4. 1940
Paul Jacobi – bedingt wieder einsatzklar – und ein Torpedoboot landen eine verstärkte Gebirgsjägerkompanie von etwa 200 Mann westlich von Steinkjer, um Heeresoperation in Richtung Namsos zu unterstützen.

8. 5. 1940
Paul Jacobi Trondheim ausgelaufen zum Marsch nach Deutschland. Aus Mangel an geeignetem Treibstoff hatte das Boot Diesel- und Gasöl übernommen.

7. 6. 1940
Theodor Riedel in Trondheim nach durchgeführter Maschineninstandsetzung wieder fahrbereit.

8. 6. 1940
12.30 Uhr: *Theodor Riedel* Trondheim ausgelaufen zum Rückmarsch nach Deutschland mit Absicht, in Wilhelmshaven Werftinstandsetzungen durchführen zu lassen.
Nachmittags und abends unbehelligter Marsch entlang der norwegischen Küste in südwestlicher Richtung bei gutem Wetter, klarer Sicht und ruhiger See.

*

Rückblende zur Heimat:

10. 4. 1940
Heimat: *Richard Beitzen* und *Hermann Schoemann* abends Jade ausgelaufen in die Nordsee zur Aufnahme aus Norwegen zurückkehrender deutscher Kriegsschiffe.

11. 4. 1940
Nordsee: 05.45 Uhr: *Richard Beitzen* und *Hermann Schoemann* mit dem aus Bergen kommenden Verband, der aus dem Leichten Kreuzer *Köln* und den Torpedobooten *Leopard* und *Wolf* bestand, zusammengetroffen. Marsch zur Jade angetreten. Im Laufe des Tages auch deutsche Flugzeuge als Luftsicherung und Jagdschutz über dem Verband eingetroffen.
Heimat: 17.00 Uhr: *Richard Beitzen* und *Hermann Schoemann* mit dem Bergen-Verband auf der Außenjade eingetroffen. Beide Zerstörer anschließend wieder ausgelaufen, um in der Nordsee erneut heimkehrende Schiffe aufzunehmen und zur Jade zu geleiten.

12. 4. 1940
Nordsee: Gegen 11.00 Uhr: *Richard Beitzen* und *Hermann Schoemann* mit den aus dem Nordmeer kommenden Schlachtkreuzern *Gneisenau* und *Scharnhorst* und dem aus Trondheim rückmarschierenden schweren Kreuzer *Admiral Hipper* zusammengetroffen. Während des folgenden Marsches zur Deutschen Bucht fuhren die beiden Zerstörer U-Bootssicherung. Britische Bombenflugzeuge, die den Verband suchten, verfehlten ihn.
Heimat: Gegen 20.00 Uhr: *Richard Beitzen* und *Hermann Schoemann* mit dem von ihnen gesicherten Verband auf der Jade eingetroffen und dort vor Anker gegangen.

14. 4. 1940
Norwegen: *Bruno Heinemann* und *Friedrich Eckoldt* Trondheim ausgelaufen zum Marsch in die Heimat.

15. 4. 1940
Nordsee: 18.00 Uhr: *Bruno Heinemann* und *Friedrich Eckoldt* nördlich des eigenen Minenwarngebietes mit Kurs auf die deutsche Bucht. Flugzeugangriffe der Royal Air Force ohne Erfolg.
Heimat: *Hermann Schoemann* in Wilhelmshaven, Westwerft, eingedockt für einige Tage.
Z 30 in Kiel auf Stapel gelegt.

16. 4. 1940
Heimat: Morgens *Bruno Heinemann* und *Friedrich Eckoldt* auf der Jade eingetroffen. *Bruno Heinemann* wenig später nach Bremerhaven entlassen. *Friedrich Eckoldt* vormittags in Wilhelmshaven eingelaufen.

18. 4. 1940
Heimat: Der Kommandant von *Friedrich Eckoldt*, KKpt. Schemmel, als Stellvertretender F.d.Z. kommandiert. Bis zur endgültigen Neukommandierung des Verbandsführers im Mai 1940 führt KKpt. Schemmel die Dienstgeschäfte des Stellv. F.d.Z.
Bildung zweier neuer Zerstörerflottillen aus den noch vorhandenen Zertörern:

6. Zerstörerflottille:
Z 20 Karl Galster (F.d.Z.-Boot, gleichzeitig Chefboot 6 Z.-Fl.)
Z 7 Hermann Schoemann,
Z 8 Bruno Heinemann,
Z 10 Hans Lody.

5. Zerstörerflottille:
Z 16 Friedrich Eckholdt als Chefboot, dazu *Z 15 Erich Steinbrinck, Z 14 Friedrich Ihn* und *Z 4 Richard Beitzen.*
Die Zerstörer *Z 5 Paul Jacobi* und *Z 6 Theodor Riedel* in den neugebildeten Flottillen noch nicht aufgenommen, da über ihr Schicksal zu dieser Zeit noch nichts Endgültiges bekannt war.

19. 4. 1940

Verteilung der Zerstörer:
Z 10 Hans Lody WLZ. bei N.D.L., Wesermünde.
Z 20 Karl Galster WLZ. bei KMW. Wilhelmshaven.
Z 14 Friedrich Ihn WLZ. bei KMW. Kiel.
Z 15 Erich Steinbrinck WLZ. bei Blohm & Voß, Hamburg.
Z 8 Bruno Heinemann Reparaturen in Bremerhaven.
Z 16 Friedrich Eckoldt in Wilhelmshaven, WLZ.-Vorbereitung.
Z 4 Richard Beitzen in Wilhelmshaven einsatzbereit.
Z 7 Hermann Schoemann in Wilhelmshaven einsatzbereit.
Z 5 Paul Jacobi in Trondheim Instandsetzungsarbeiten.
Z 6 Theodor Riedel als Sperrbatterie bei Trondheim aufgesetzt.

20. 4. 1940
Heimat: *Friedrich Eckoldt* Wilhelmshaven ausgelaufen zum Marsch nach Hamburg in die Werft Blohm & Voß.

22. 4. 1940
Heimat: *Bruno Heinemann* in Wesermünde wieder einsatzbereit, Marsch nach Wilhelmshaven. Dort als dritter kriegsbereiter Zerstörer an der Gazellebrücke festgemacht.

28. 4. 1940
Heimat: Kurz vor Mitternacht *Hermann Schoemann* mit Stellv. F.d.Z., *Richard Beitzen* und *Bruno Heinemann* in Wilhelmshaven seeklar.

29. 4. 1940
Heimat: Kurz nach Mitternacht Ablegen der drei Zerstörer von der Gazellebrücke. Durch die 3. Einfahrt ausgeschleust. Wenig später bei der Jadesperre *Hermann Schoemann* Maschinenstörung. Mit F.d.Z. an Bord nach Wilhelmshaven zur Reparatur eingelaufen.
Richard Beitzen und *Bruno Heinemann* Weitermarsch zur Durchführung einer Minenunternehmung im Skagerrak mit Minenschiffen und den Torpedobooten *Möwe, Leopard, Kondor.*

30. 4. 1940
Skagerrak: Minenwerfen durch Minenschiffe. Zerstörer und

Torpedoboote auf Sicherungspositionen. Torpedoboot *Leopard* durch Minenschiff *Preußen* gerammt und gesunken. Besatzung durch *Möwe* und *Kondor* fast vollzählig gerettet.

1\. 5. 1940
Heimat: *Richard Beitzen* und *Bruno Heinemann* nach beendeter Minenunternehmung in Wilhelmshaven eingelaufen. Verlegung beider Boote in die Westwerft zu kurzzeitigen Maschineninstandsetzungen.

5\. 5. 1940
Heimat: *Richard Beitzen* als erster Zerstörer wieder einsatzbereit an die Gazellebrücke verholt.
Karl Galster, Friedrich Ihn und *Erich Steinbrinck* haben Auftrag erhalten, nach Beendigung der Werftliegezeiten zu 14-tägigem Ausbildungsabschnitt in die Ostsee zu gehen.

6\. 5. 1940
Heimat: *Karl Galster* und *Erich Steinbrinck* nach WLZ., Restarbeiten und Probefahrten wieder fahrbereit.

8\. 5. 1940
Heimat: Vormittags *Karl Galster* Wilhelmshaven ausgelaufen zum Marsch in die Ostsee. Dort ab vom nächsten Tage an Beginn von Ausbildungsfahrten.

9\. 5. 1940
Heimat: 02.57 Uhr: *Richard Beitzen* mit Stellv. F.d.Z., *Hermann Schoemann* und Torpedoboot *Greif* Wilhelmshaven, 3. Einfahrt, ausgelaufen. Wenig später auf der Jade an Minenwurfverband angehängt.

Deutsche Bucht: 06.33 Uhr: Zerstörer und Torpedoboot *Greif* haben für den Verband U-Bootssicherung in der Deutschen Bucht übernommen.

10.25 Uhr: Eigene Schnellboote an den Verband herangeschlossen.

16.40 Uhr: *Bruno Heinemann,* von Wesermünde kommend, an den Verband herangeschlossen.

20.40 Uhr: Abbruch der geplanten Minenoperation. Verband

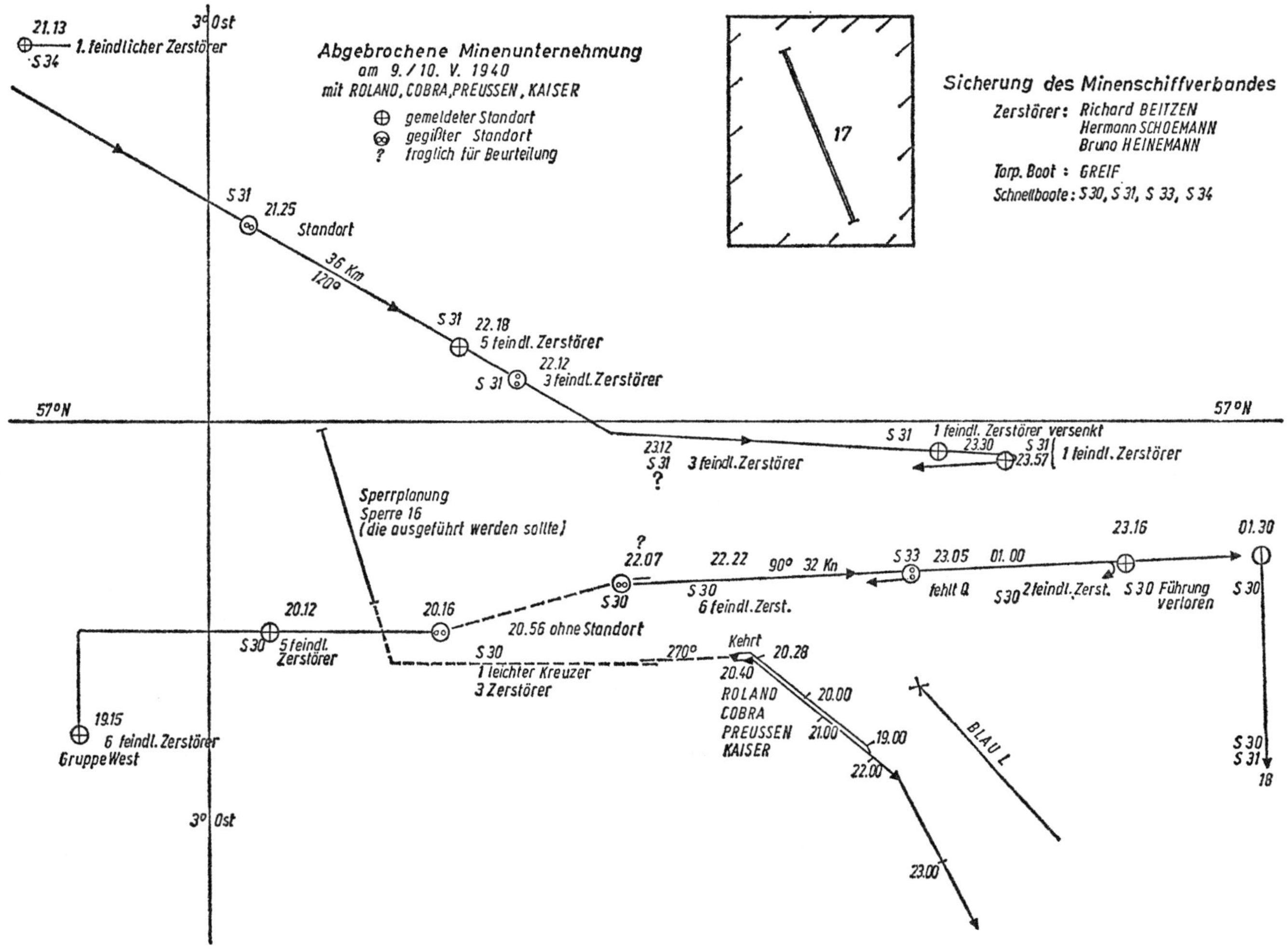

Heimat: Am frühen Nachmittag *Paul Jacobi,* von Trondheim kommend, in Wilhelmshaven eingelaufen und an der Gazellebrücke festgemacht.

10\. 5. 1940
Heimat: Mittags *Richard Beitzen* mit Stellv. F.d.Z., *Hermann Schoemann, Bruno Heinemann* und *Greif* in Wilhelmshaven eingelaufen. *Richard Beitzen* zu kurzen Instandsetzungen in der Westwerft, die anderen an der Gazellebrücke festgemacht.

Paul Jacobi zu Werftinstandsetzungen in der Westwerft festgemacht.

12\. 5. 1940
Heimat: *Richard Beitzen* wieder fahrbereit, hat am Fliegerdeich festgemacht.

14\. 5. 1940
Heimat: Der neue Führer der Zerstörer (F.d.Z.), Kapt. z. S. Erich Bey, in Wilhelmshaven eingetroffen zur Übernahme der Amtsgeschäfte vom bisherigen Stellv. F.d.Z.

hat kehrtgemacht wegen einem im Operationsgebiet befindlichen britischen Kreuzer und mehreren Zerstörern.

15. 5. 1940
Heimat: Vormittags Fd.Z. mit *Hermann Schoemann, Richard Beitzen* und *Bruno Heinemann* Wilhelmshaven ausgelaufen. Mittags wegen Sturmwarnung auf Reede vor Anker gegangen.

16. 5. 1940
Heimat: *Bruno Heinemann* in die Wilhelmshavener Westwerft verholt wegen Reparaturen an den Heizöl- und Speisewasserpumpen.

17. 5. 1940
Heimat: *Bruno Heinemann* wieder fahrbereit und vormittags Wilhelmshaven ausgelaufen. Auf Reede an die ankeraufgehenden *Richard Beitzen* und *Hermann Schoemann* angehängt. Auslaufen der drei Zerstörer zu einem Mineneinsatz in der Nordsee.

18. 5. 1940
Nordsee/Heimat: Nach dem Mineneinsatz in der Nacht in der Nordsee sind die drei Zerstörer vormittags in Wesermünde eingelaufen. Abends zur Minenübernahme in den Kaiserhafen III verholt.

19. 5. 1940
Heimat: Vormittags F.d.Z. mit den drei Zerstörern Wesermünde ausgelaufen zur Durchführung einer weiteren Minenunternehmung in der Nordsee.

20. 5. 1940
Nordsee/Heimat: Nachmittags F.d.Z. mit *Hermann Schoemann, Richard Beitzen* und *Bruno Heinemann* in Wilhelmshaven eingelaufen. Die drei Boote waren in der vergangenen Nacht bei einem Minenunternehmen in der Nordsee eingesetzt gewesen. *Bruno Heinemann* entlassen nach Bremerhaven in die Lloyd-Werft. Dort in den nächsten Tagen Beginn der großen Werftliegezeit (WLZ.)
Richard Beitzen zur Reparatur der Schmierölpumpen in Turbinenraum 2 in der Wilhelmshavener Westwerft festgemacht.

22. 5. 1940
Heimat: *Hans Lody* nach beendeter WLZ. ausgelaufen aus Wesermünde zur Erledigung von Probefahrten in der Deutschen Bucht. Etwa gleichzeitig *Hermann Schoemann* Wilhelmshaven ausgelaufen als Begleitzerstörer.
Abends *Hans Lody* in Wesermünde und *Hermann Schoemann* in Wilhelmshaven eingelaufen.

24. 5. 1940
Heimat: *Richard Beitzen* wieder einsatzbereit und aus der Westwerft an die Gazellebrücke verlegt.

26. 5. 1940
Heimat: *Karl Galster* und *Erich Steinbrinck* nachmittags Kiel ausgelaufen zum Marsch durch den K.W.-Kanal nach Wilhelmshaven. Beide Zerstörer hatten in der Ostsee zweiwöchige Ausbildungsfahrten und Übungen erledigt und waren nun wieder voll einsatzbereit.

27. 5. 1940
Heimat: Nachmittags *Karl Galster* und *Erich Steinbrinck* in Wilhelmshaven eingelaufen und an der Gazellebrücke festgemacht.

28. 5. 1940
Heimat: *Karl Galster* zur Beseitigung kleiner Störungen in die Westwerft verlegt.

31. 5. 1940
Heimat: Nachmittags *Hermann Schoemann* mit F.d.Z., *Erich Steinbrinck* und, aus der Westwerft kommend, *Karl Galster* Wilhelmshaven ausgelaufen. Verlegungsmarsch in die Ostsee angetreten. Marsch jadeabwärts in der Reihenfolge: Tender *Gazelle*, Tender *Hecht, Erich Steinbrinck* mit F.d.Z., *Karl Galster* und *Hermann Schoemann.*
Nachts Verbandsfahrt durch den K.W-Kanal nach Kiel.

1. 6. 1940
Heimat: Verband in der Kieler Bucht eingetroffen. Dort Boote an die verschiedenen Liegeplätze entlassen:
Erich Steinbrinck an Boje A 5,
Hermann Schoemann an Boje A 6,
Karl Galster an Boje A 8.
Hans Lody, der in der Ostsee einen kurzen Übungs- und Ausbildungsabschnitt absolviert hat, hat in der Germaniawerft in Kiel zu kleineren Reparaturen festgemacht. In der Kieler Förde vor Anker die Schlachtkreuzer *Gneisenau* und *Scharnhorst.*

2. 6. 1940
Heimat: Vormittags *Hans Lody* aus der Germaniawerft kommend an der Blücherbrücke in Kiel festgemacht.

3. 6. 1940
Heimat: Nachmittags F.d.Z. von Tender *Hecht* auf den Zerstörer *Hans Lody* übergestiegen.

Operation »Juno«

Vorstoß der deutschen Flotte* vom 4. bis 10. 6. 1940 aus der Ostsee nach Norwegen bis in die Höhe der Lofoten unter Teilnahme folgender Einheiten:
Schlachtkreuzer *Gneisenau* mit Flottenchef, Adm. Marschall (gleichzeitig B.d.P. und B.d.S.),
Schlachtkreuzer *Scharnhorst,*
Schwerer Kreuzer *Admiral Hipper* mit B.d.A., KAdm. Schmundt,
Zerstörer
Z 10 *Hans Lody* mit F.d.Z., Kpt. z. S. Bey,
Z 7 *Hermann Schoemann,*
Z 15 *Erich Steinbrinck* und
Z 20 *Karl Galster.*

4. 6. 1940
08.00 Uhr: Beginn der Operation »Juno«, deren Hauptziel es war, mit den Flotteneinheiten gegen britische Geleite bei den Lofoten bis etwa Harstad vorzustoßen.

08.00 Uhr: *Hans Lody* mit F.d.Z. von der Kieler Blücher-Brücke abgelegt. Etwa zur gleichen Zeit warfen die drei anderen Zerstörer, die großen Schiffe und zwei Torpedoboote von ihren Liegeplätzen und Tonnen die Leinen los. Anschließend sammelte der Verband auf *Gneisenau* und lief in der Reihenfolge aus der Kieler Förde aus:

Gneisenau mit Flottenchef, *Scharnhorst, Admiral Hipper* mit B.d.A., *Hans Lody* mit F.d.Z., *Hermann Schoemann, Erich Steinbrinck, Karl Galster* und die Torpedoboote *Jaguar* und *Falke.* Vor den Verband hatte sich der *Sperrbrecher 4* gesetzt. Tender *Hai* (ex *F 3)* mit dem F.d.M. Ost, KAdm. Stohwasser, an Bord, R-Boote und Sicherungsfahrzeuge geleiteten den Verband.

14.30 Uhr: Verband hat Langeland-Belt passiert. Wetter gut, sonnig, ruhige See.

Ca. 17.00 Uhr: Verband hat den Großen Belt erreicht und setzte die Fahrt nach Norden fort.

* Die Schilderung des zeitlichen Ablaufs der Unternehmung wurde zusammengestellt unter Benutzung folgender Quellen:
Kriegstagebuch des Führers der Zerstörer,
Kriegstagebuch des Schweren Kreuzers **Admiral Hipper,**
«Weserübung», die deutsche Besetzung von Dänemark und Norwegen 1940, von Walther Hubatsch,
Tagebuchaufzeichnungen ehemaliger **Hermann Schoemann-** und **Hans Lody-**Fahrer.

Abends und nachts Zerstörer und Torpedoboote auf U-Bootssicherungspositionen.

5. 6. 1940
01.15 Uhr: Position des Verbandes: Kattegat. Entlassung des Sperrbrechers, der R- und Sicherungsboote.

03.30 Uhr: U-Bootsalarm von *Karl Galster,* der ohne Folgen blieb und bald wieder beendet wurde.

05.20 Uhr: Verband hat Skagens Rev passiert. Wetter: Wind W 2, leicht bedeckt, gute Sicht.

05.54 Uhr: Verband mit vorauslaufender 3. R.-Fl. in die Sperrlücke der Skagen-Sperre eingelaufen. Minenalarm!

06.24 Uhr: Verband hat Skagen-Sperre ohne besondere Ereignisse passiert.

06.25 Uhr: Tender *Hai* mit dem F.d.M.Ost, KAdm. Stohwasser, aus dem Verband geschieden und abgedreht.

06.50 Uhr: Verband hat Tagmarschformation eingenommen: *Scharnhorst* Bb. querab von *Gneisenau* in 2000 m Abstand. Zerstörer und Torpedoboote auf U-Sicherungspositionen.

08.00 Uhr: Verbandsmarsch im Skagerrak.

09.15 Uhr: *Scharnhorst* hat U-Bootsalarm gegeben, der kurz darauf wieder aufgehoben wurde.

11.10 Uhr: Verband hat eigene Skagerrak-Minensperre passiert.

12.00 Uhr: Meldung von *Hermann Schoemann* über das Sichten von Treibminen an Bb. Diese wurden ohne Erfolg beschossen. Seit dem frühen Morgen waren abwechselnd eigene Flugzeuge (He 115, He 111) als Luftsicherung über dem Verband. Durch den eigenen B-Dienst wurden während des Vormittages wiederholt britische Meldungen über Schiffsbewegungen des Gegners zwischen England und Norwegen aufgenommen und entschlüsselt.

12.30 Uhr Entlassung der Torpedoboote *Jaguar* und *Falke* auf »Weg grün« nach Wilhelmshaven durch den Flottenchef.

12.38 Uhr: Torpedoboote aus dem Verband ausgeschieden und abgedreht. Die vier Zerstörer haben nunmehr allein die U-Sicherung übernommen. Ein Zerstörer fuhr weit nach vorn geschoben an der Sichtgrenze.
Nachmittags wurden wiederholt Treibminen gesichtet, die ohne Erfolg beschossen wurden. Abends mit NW-Kurs und 24 Kn Fahrt Marsch fortgesetzt. Aufkommende Nebel, zunehmende Sichtverschlechterung.

21.30 Uhr: Sicht weniger als 300 m.

22.30 Uhr: Standort 60 Grad 00' Nord, 3 Grad 7,5' Ost.

22.33 Uhr: Aufklarend: Sicht wieder bis zu 5 sm.

23.00 Uhr Zerstörer auf U-Sicherungspositionen, während der Verband in Kiellinie fuhr. Sehr helle Nacht bei guter Sicht.

6. 6. 1940
02.00 Uhr: Standort des Verbandes 61 Grad 24 Minuten Nord, 3 Grad 6 Minuten Ost.

08.00 Uhr: Sichtverschlechterung, diesig, Sprühregen.

10.05 Uhr: Verband nunmehr 65 Grad Nord, etwa 100 sm von der norwegischen Küste entfernt. Auf *Scharnhorst* ein Düsenventil der mittleren HD-Turbine ausgefallen. Für das Schiff nur noch 29 kn Höchstfahrt möglich.
Während des Tages Verbandsmarsch nach Norden entlang der Südwestküste Norwegens.

15.50 Uhr: Wind WNW 6–7, stark auffrischend.

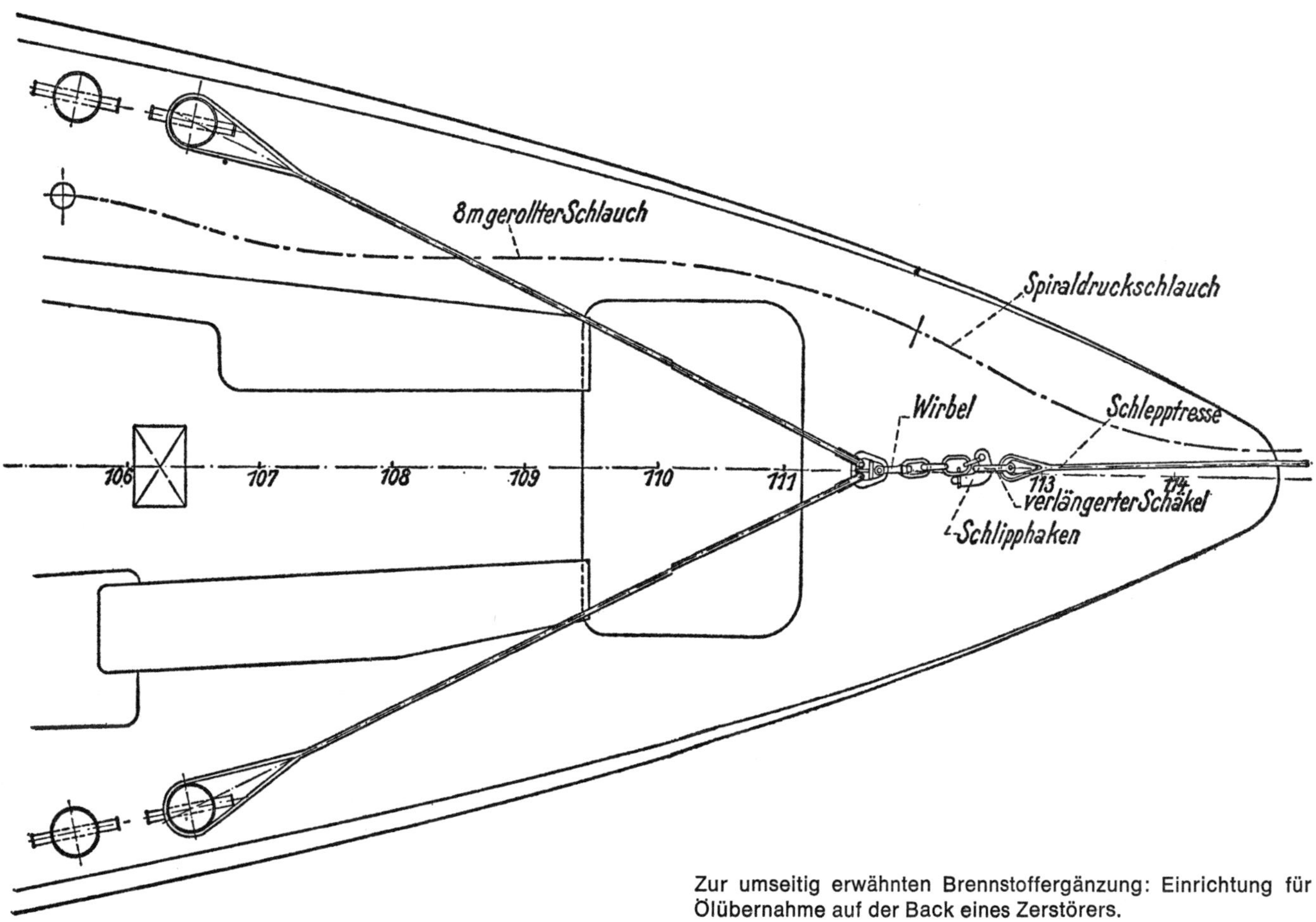

Zur umseitig erwähnten Brennstoffergänzung: Einrichtung für Ölübernahme auf der Back eines Zerstörers.

19.20 Uhr: Tanker *Dithmarschen,* als russicher Dampfer getarnt, auf dem vereinbarten Treffpunkt in Sicht gekommen.

21.00 Uhr: Beginn der Brennstoffergänzung der Zerstörer.

7. 6. 1940
01.30 Uhr: Schlauchverbindung zwischen *Hans Lody* und *Scharnhorst* hergestellt. Etwa zur gleichen Zeit begannen die anderen drei Zerstörer, ihre Treibstoffvorräte aus dem Kreuzer *Admiral Hipper* und dem Tanker *Dithmarschen* zu ergänzen. Während der Treibstoffübernahme wurden bei kleiner Fahrt nordöstliche Kurse gesteuert. Das Wetter hatte sich wieder beruhigt, der Himmel war klar, es herrschte gute Sicht.

08.00 Uhr: *Hans Lody* hat Treibstoffergänzung beendet. *Admiral Hipper* Beginn Ölübernahme von *Dithmarschen.*

11.35 Uhr: Fortsetzung der Treibstoffergänzung. Verband zu dieser Zeit auf 68 Grad 45 Minuten Nord und 1 Grad 17 Minuten Ost.
Im Laufe des Tages gingen bei dem Verband mehrere Funksprüche ein, aus welchen hervorging, daß die eigene Luftaufklärung einen englischen Geleitzug gesichtet habe. Der Konvoi, der aus SW-Kurs nach England unterwegs war, befand sich gegen 08.20 Uhr nur 110 sm vom deutschen Verband entfernt. Jedoch konnte die deutsche Luftaufklärung über Narvik und Harstad wegen schlechten Wetters nicht fliegen. Dennoch wurden in See ein englischer Tanker und ein Begleitschiff gesichtet. Englische Flugzeugträger, Kreuzer, Zerstörer und Transporter wurden vom eigenen B-Dienst im Laufe des Tages wiederholt bei Norwegen festgestellt.

17.55 Uhr: *Admiral Hipper* als letztes Schiff Beölung beendet. Abends Sitzung auf dem Flaggschiff *Gneisenau* unter Leitung des Flottenchefs. Daran beteiligt waren der B.d.A., der F.d.Z. und alle Kommandanten. Während der Sitzung sollten Einzelheiten über den Angiff auf Harstad besprochen werden. Da gegen diese Aktionen Bedenken und Einwände geltend gemacht wurden, ist der Entschluß geändert worden. Es wurde beschlossen, gegen den gemeldeten Konvoi zu operieren.

8. 6. 1940
Etwa 01.30 Uhr: *Erich Steinbrinck,* dessen Maschinen wenige Minuten vor Mitternacht ausgefallen waren und der deshalb nur 8 kn Fahrt laufen konnte, meldete sich klar für 25 kn.

04.00 Uhr: Funkspruch des Flottenchefs an Gruppe West, daß der ursprüngliche Plan geändert worden sei. Der Verband wolle nunmehr den englischen Geleitzug angreifen.

05.58 Uhr: Funkspruch der Gruppe West an Flottenchef auf *Gneisenau* eingegangen. Hieraus ging hervor, daß es dem Flottenchef freigestellt sei, mit *Admiral Hipper* und den Zerstörern den Geleitzug anzugreifen, er aber mit *Gneisenau* und *Scharnhorst* an der Hauptaufgabe Harstadt festhalten solle. Noch vor dem Eingang des letzten Funkspruchs war gegen 05.00 Uhr der Befehl zur Bildung eines Aufklärungsstreifens gegeben worden.

Um 05.15 Uhr: Bisheriger Verband aufgelöst. Die Schiffe und Zerstörer strebten mit hohen Fahrtstufen den ihnen befohlenen Positionen im Suchstreifen zu.

06.00 Uhr: Verband noch im Begriff, den Aufklärungsstreifen in großer Breite zu bilden. Der Generalkurs war ONO bei 15 sm Fahrt. Position des Verbandes 67 Grad 20' Nord und 4 Grad Ost.

Fünf Minuten davor, um 05.55 Uhr, wurden auf *Admiral Hipper* ein Tanker und ein Begleitschiff gesichtet. Es waren der englische Tanker *Oilpioneer* und der U-Jäger *Juniper.* Kurz darauf wurden diese Schiffe auch von *Gneisenau* aus gesichtet.
Juniper signalisiert:
»What ship?«
Antwort von *Gneisenau:*
Southampton

06.28 Uhr: *Hans Lody* Alarm! Der Zerstörer ging mit 30 kn Fahrt und Kurs 200 Grad in Richtung des Alarmquadrats mit der Fahrt an. Auch *Admiral Hipper* staffelte näher an die englischen Schiffe auf Artilleriereichweite heran.

Etwa 07.05 Uhr: *Admiral Hipper* eröffnete das Artilleriefeuer auf den U-Jäger *Juniper.* Wenig später eröffnete auch *Hans Lody* auf den U-Jäger das Feuer.

07.13 Uhr: UK-Spruch *Admiral Hipper* an Zerstörer:
»Leute retten!«

07.20 Uhr: *Hans Lody* herangeschlossen. Von Bord des Zerstörers wurden zunächst *Gneisenau,* dann *Admiral Hipper* und zwei Zerstörer gesichtet. Rechts davon lag der durch *Gneisenau* und den Kreuzer in Brand geschossene Tanker *Oilpioneer.* Der U-Jagd-Trawler *Juniper,* von dem 29 Überlebende aufgefischt wurden, war zu dieser Zeit gesunken.

Nach dem Aussteigen der englischen Besatzung wurde der Tanker *Oilpioneer* erneut durch *Admiral Hipper* beschossen.

07.55 Uhr: *Oilpioneer* durch einen Torpedo, den *Hermann Schoemann* geschossen hatte, getroffen. Der Tanker sank wenig später. 11 Überlebende der Tankerbesatzung wurden durch *Hermann Schoemann* geborgen. Kurz darauf meldete der Zerstörer Rauchwolken, die am Horizont gesichtet worden waren.

08.15 Uhr: Verband mit der Fahrt wieder angegangen. Zunächst in geschlossener Formation marschiert.

08.18 Uhr: Verband zur Bildung eines Aufklärungsstreifens auseinandergelaufen. Kurs 60 Grad, Fahrt 12 kn.

08.26 Uhr: *Scharnhorst* und *Admiral Hipper* haben je ein Bordflugzeug gestartet.

Zwischen 09.26 und 10.00 Uhr: Beide Bordflugzeuge haben einen britischen Schweren Kreuzer, einen Zerstörer und ein Handelsschiff auf Nordkurs und ein großes Hilfskriegsschiff auf SW-Kurs gemeldet.

09.40 Uhr: Lazarettschiff *Atlantis* vom Vormars der *Scharnhorst* auf 375 hm Entfernung gesichtet.

09.56 Uhr: Alarm im Quadrat 2492. *Hans Lody* mit 30 kn Fahrt und Vorhalt zum Gegnerkurs Jagd aufgenommen auf den nördliche Kurse steuernden Feind.

10.17 und 10.24 Uhr: *Karl Galster* hat zweimal den leer fahrenden Truppentransporter *Orama* gesichtet und gemeldet.

10.30 Uhr: *Hans Lody* nunmehr 33 kn Fahrt. Hat zu dieser Zeit ebenfalls die *Orama* in Sicht bekommen.
Etwa gleichzeitig wurde an Bb. eine neue Rauchfahne gesehen. Zur näheren Untersuchung wurde *Karl Galster* dorthin entsandt. Später meldete der Zerstörer, daß die Rauchfahne zu einem Lazarettschiff gehöre.

10.32 Uhr: *Orama* auch von *Scharnhorst* gesichtet worden.

10.45 Uhr: *Admiral Hipper* hat vom Flottenchef den Befehl erhalten, *Orama* zu versenken. Dessen Versuch, einen Funkspruch abzusetzen, wurde durch die starke Funkstation der *Gneisenau* erfolgreich gestört.

10.52 Uhr: *Hans Lody* war herangekommen und lag nun auf parallelem Kurs mit *Orama.* Der Zerstörer setzte an *Admiral Hipper* die UK-Meldung ab:
»Wahrscheinlich Hilfskreuzer«.

10.58 Uhr: *Admiral Hipper* hat plötzlich Feuer eröffnet auf den englischen Truppentransporter. Kurz darauf eröffnete auch *Hans Lody* das Feuer und erzielte Treffer mit seinen 12,7 cm-Granaten in der Wasserlinie, in Rumpf und Aufbauten.

11.05 Uhr: Da von *Admiral Hipper* am Ziel die eigenen und die Zerstöreraufschläge nicht mehr auseinandergehalten werden konnten, wurde an *Hans Lody* der UK-Funkspruch abgesetzt:
»Nicht mehr schießen«.

Dieser Spruch wurde auf *Hans Lody* nicht aufgenommen, da

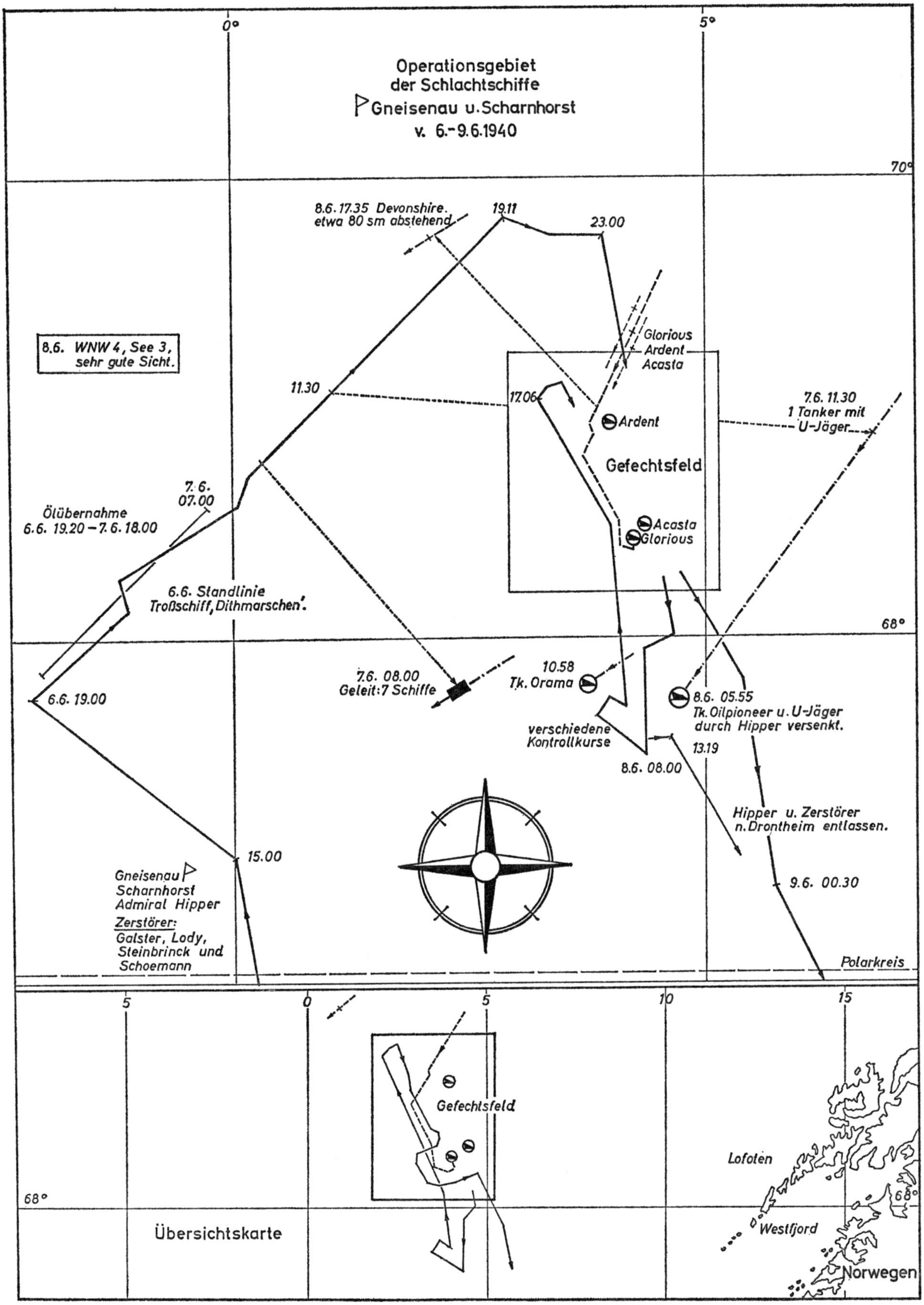
Operationsgebiet
der Schlachtschiffe
Gneisenau u. Scharnhorst
v. 6.-9.6.1940
0°
5°
70°
8.6. 17.35 Devonshire.
etwa 80 sm abstehend
19.11
23.00
8.6. WNW 4, See 3,
sehr gute Sicht.
Glorious
Ardent
Acasta
11.30
17.06
7.6. 11.30
1 Tanker mit
U-Jäger
Ardent
Gefechtsfeld
7.6.
07.00
Ölübernahme
6.6. 19.20 – 7.6. 18.00
Acasta
Glorious
6.6. Standlinie
Troßschiff, Dithmarschen'.
68°
7.6. 08.00
Geleit: 7 Schiffe
10.58
Tk. Orama
8.6. 05.55
Tk. Oilpioneer u. U-Jäger
durch Hipper versenkt.
6.6. 19.00
verschiedene
Kontrollkurse
8.6. 08.00
13.19
Hipper u. Zerstörer
n. Drontheim entlassen.
15.00
Gneisenau
Scharnhorst
Admiral Hipper
Zerstörer:
Galster, Lody,
Steinbrinck und
Schoemann
9.6. 00.30
Polarkreis
5
0
5
10
15
Gefechtsfeld
Lofoten
68°
68°
Übersichtskarte
Westfjord
Norwegen

das UK-Gerät ausgefallen war. Der Zerstörer setzte deshalb die Beschießung fort und erzielte neue Treffer.

Orama stoppte wenig später und ließ Dampf ab. Die Besatzung ging in die Boote, die zu Wasser gelassen worden sind.

11.10 Uhr: *Hans Lody* hat zwei Torpedos auf die brennende *Orama* geschossen. Einer von ihnen traf ein gekentertes Rettungsboot am Heck des Truppentransporters.

11.21 Uhr: *Orama* gesunken. (Möglicherweise erst um 12.08 Uhr)

11.20 Uhr: Rettung Überlebender der *Orama*.
Geborgen wurden: durch *Hans Lody* 98 Mann, darunter der Kapitän, durch *Admiral Hipper* 108 Mann und durch *Karl Galster* 68 Mann.
Nach Beendigung der Rettungsaktion schlossen *Admiral Hipper* und die an der Rettung beteiligten Zerstörer wieder an die Flotte heran. Nach dem Sammeln ging der Verband auf Suchkurs nach einem zweiten britischen Konvoi, bei dem der Leichte Kreuzer *Southampton* vermutet wurde. Die Suche blieb jedoch erfolglos.

13.10 Uhr: (nach KTB. des F.d.Z.) oder 13.18 Uhr: Schwerer Kreuzer *Admiral Hipper* und die vier Zerstörer durch den Flottenchef nach Trondheim entlassen.

13.20 Uhr: *Admiral Hipper, Hans Lody* mit F.d.Z., *Hermann Schoemann, Erich Steinbrinck* und *Karl Galster* Marsch nach Trondheim angetreten mit Kurs 120 Grad und 24 kn Fahrt.

13.43 Uhr: Flottenchef hat Suche aufgegeben. Mit *Gneisenau* und *Scharnhorst* auf Nordkurs gegangen, um Tanker *Dithmarschen* auf einer vorher festgelegten Position anzusteuern. Dieser wurde nicht angetroffen, dafür aber wurden um 16.46 Uhr Rauchwolken ausgemacht. Diese gehörten zu dem englischen Flugzeugträger *Glorious* und zu den Zerstörern *Ardent* und *Acasta*. Diese drei Einheiten wurden in einem knapp zweistündigen Artilleriegefecht vernichtet. Noch vor dem Sinken schoß der Zerstörer *Acasta* einen Torpedofächer. Ein Torpedo traf in Höhe des achteren 28 cm-Turmes die *Scharnhorst* an Stb. Nach Beendigung dieses Gefechtes traten *Gneisenau* und *Scharnhorst* um 19.17 Uhr den Marsch nach Trondheim an.

16.50 Uhr: Zerstörer auf U-Sicherungsposition verteilt um den Schweren Kreuzer *Admiral Hipper*.

Während des Gefechtes von *Gneisenau* und *Scharnhorst* gegen den britischen Flugzeugträger und seine beiden Begleitzerstörer waren *Admiral Hipper* und die vier Zerstörer mit 30 kn Fahrt auf Nordwestkurs gegangen. Sie steuerten das Alarmquadrat an.

19.02 Uhr: *Erich Steinbrinck* zur Maschinenreparatur nach Trondheim entlassen.

20.40 Uhr: *Admiral Hipper, Hermann Schoemann, Hans Lody* und *Karl Galster* wieder Kurs auf Trondheim abgesetzt, da das Gefecht der beiden deutschen Schlachtkreuzer inzwischen beendet war.

23.50 Uhr: *Hans Lody* hat einen Fischdampfer in Sicht bekommen.

9. 6. 1940
00.01 Uhr: *Hans Lody* hat den Fischdampfer durch einen Schuß vor den Bug zum Stoppen aufgefordert.

00.40 Uhr: Fischdampfer *Elin* ohne Ladung durch *Hans Lody* aufgebracht und mit Prisenkommando nach Trondheim geschickt.

01.00 Uhr: *Hans Lody* mit 31 kn Fahrt auf Kurs Trondheim gegangen und den vorauslaufenden *Admiral Hipper* und den beiden anderen Zerstörern gefolgt.

03.00 Uhr: *Hans Lody* an *Admiral Hipper, Hermann Schoemann* und *Karl Galster* herangeschlossen. Position im Verband wieder eingenommen.

06.30 Uhr: Verband in Trondheim eingelaufen.

06.50 Uhr: *Hans Lody* mit F.d.Z., *Hermann Schoemann* und *Karl Galster* Trondheim wieder ausgelaufen zum Treffpunkt mit *Gneisenau* und *Scharnhorst.*

10.20 Uhr: Heranschließen der drei Zerstörer an die Schlachtkreuzer und Einnahme von U-Sicherungspositionen.

10.35 Uhr: *Erich Steinbrinck* aus Trondheim kommend an den Verband herangeschlossen.

15.32 Uhr: *Gneisenau, Scharnhorst, Hans Lody, Hermann Schoemann, Erich Steinbrinck* und *Karl Galster* in Trondheim eingelaufen. *Hans Lody, Hermann Schoemann* und *Karl Galster* bei Tanker *Adria* festgemacht zur Ölübernahme. Abends wieder abgelegt und in der Nähe vor Anker gegangen. *Erich Steinbrinck* Beginn von Maschineninstandsetzungen.
Unternehmen »Juno« damit beendet.

8. 6. 1940
Norwegen: 12.30 Uhr: *Theodor Riedel*, seit April 1940 fahrunklar in Trondheim, nach Notinstandsetzung wieder fahrbereit. Ausgelaufen zum Marsch nach Deutschland zur dort vorgesehenen Werftinstandsetzung. Marsch in südwestlichen Richtungen entlang der norwegischen Küste bei gutem Wetter, klarer Sicht und ruhiger See.

10. 6. 1940
Norwegen: *Karl Galster* nachts bei Agdenes im Trondheimfjord U-Bootssicherung und Vorpostendienst.
Vormittags *Erich Steinbrinck* wieder fahrbereit.
09.00 Uhr: *Gneisenau* mit Flottenchef, *Admiral Hipper* mit B.d.A., *Hans Lody* mit F.d.Z. *Hermann Schoemann, Erich Steinbrinck* und *Karl Galster* Trondheim ausgelaufen zu einem neuen Vorstoß gegen die britischen Räumungsgeleite im Nordmeer. Wegen schlechtem Wetter fiel jedoch die Luftaufklärung aus.
20.00 Uhr: Deshalb Entschluß gefaßt, mit Ostkurs unter Küstenschutz nach Trondheim zurückzumarschieren.
Heimat: *Theodor Riedel* aus Norwegen kommend in Wilhelmshaven eingelaufen.

11. 6. 1940
Norwegen: 11.00 Uhr: *Gneisenau, Admiral Hipper* und die vier Zerstörer wieder in Trondheim eingelaufen. Anschließend auf die verschiedenen Liegeplätze verteilt.
Nachmittags britische Luftangriffe auf Trondheim und die deutschen dort liegenden Schiffe. Fla-Abwehr von Land und durch die Schiffe. An Bord keine Schäden oder Ausfälle. Abends *Hans Lody* zur Treibstoffübernahme bei Tanker *Adria* festgemacht.
Heimat: *Paul Jacobi* in Wilhelmshaven wieder einsatzbereit.
Friedrich Ihn nach Werftliegezeit voraussichtlich am 16. 6. 1940 wieder einsatzbereit. Beide Zerstörer haben Auftrag, baldmöglichst nach Trondheim zu verlegen.

13. 6. 1940
Norwegen: Leichter Kreuzer *Nürnberg*, aus Deutschland kommend, in Trondheim eingelaufen und an der Ölpier festgemacht.
Erneute britische Luftangriffe auf Trondheim. *Scharnhorst* durch eine Bombe getroffen, die jedoch nicht explodierte.

15. 6. 1940
Norwegen: *Erich Steinbrinck* im Trondheimfjord Vorpostendienst.

19. 6. 1940
Norwegen: *Hermann Schoemann* morgens Trondheim ausgelaufen und in den Fjorden Sicherungsdienst übernommen.

Mittags *Nürnberg* und *Erich Steinbrinck,* von einer Übung kommend, in Trondheim eingelaufen.
Heimat: *Friedrich Ihn* zum Marsch nach Norwegen ausgelaufen.

20. 6. 1940
Norwegen: Abends Schlachtkreuzer *Scharnhorst* Anker gelichtet und Trondheim ausgelaufen mit *Hans Lody* mit F.d.Z., *Hermann Schoemann, Erich Steinbrinck* und den Torpedobooten *Greif* und *Kondor* zum Marsch nach Deutschland.
Nordsee: *Friedrich Ihn* auf dem Marsch dem Verband entgegen, verfehlte ihn jedoch.

21. 6. 1940
Norwegen: *Scharnhorst, Hans Lody* mit F.d.Z., *Hermann Schoemann, Erich Steinbrinck, Greif* und *Kondor* auf dem Marsch in die Ostsee. Abends in Stavanger eingelaufen. Wegen undichten Flansches *Hermann Schoemann* nicht voll fahrbereit.
Der *Scharnhorst*-Verband auf dem Marsch von Trondheim nach Stavanger durch britische Bombenflugzeuge ohne Erfolg angegriffen. Die Flak des Schlachtkreuzers, der Zerstörer und Torpedoboote wehrte die Angriffe ab.
Friedrich Ihn, da vom *Scharnhorst*-Verband nicht angetroffen, nach Bergen detachiert.

22. 6. 1940
Norwegen/Skagerrak: Vormittags *Scharnhorst, Hans Lody* mit F.d.Z., *Hermann Schoemann, Erich Steinbrinck, Greif* und *Kondor* Stavanger ausgelaufen zum Weitermarsch nach Deutschland. Der Verband passierte abends Hanstholm und lief kurz vor Mitternacht in die eigene Minensperre bei Skagen ein in der Reihenfloge: Minensuchboote, *Scharnhorst, Hans Lody, Hermann Schoemann, Erich Steinbrinck, Greif, Kondor.*

23. 6. 1940
Skagerrak/Heimat: Kurz nach Mitternacht hatte der Verband die Skagen-Sperre passiert. Dabei wurden wiederholt Treibminen gesichtet. Nach dem Passieren der Sperre nahmen die Zerstörer und Torpedoboote U-Sicherungspositionen ein.
03.50 Uhr: Vier Sperrbrecher haben sich vor den Verband gesetzt, der sich zu dieser Zeit im Kattegat befand. Hinter den Sperrbrechern Verbandsmarsch in die Ostsee mit südlichen Kursen.
Abends lief der Verband durch die Kiel-Sperre. Anschließend wurden die Zerstörer zum Marsch in die Nordsee entlassen, während *Scharnhorst* zu Werftreparaturen in Kiel einlief.
Kurz vor Mitternacht traten *Hans Lody* mit dem F.d.Z., *Hermann Schoemann* und *Erich Steinbrinck* durch den K.W.-Kanal den Marsch in die Nordsee an.

24. 6. 1940
Heimat: Vormittags haben *Hans Lody, Hermann Schoemann* und *Erich Steinbrinck* die Schleusen von Brunsbüttel passiert. Wenig später traten *Hans Lody* mit F.d.Z. und *Hermann Schoemann* hinter *Sperrbrecher 9* den Marsch die Elbe abwärts nach Wilhelmshaven an, während *Erich Steinbrinck* in die Werft Blohm & Voß nach Hamburg entlassen wurde.
Abends *Hans Lody* mit F.d.Z. und *Hermann Schoemann* in Wilhelmshaven eingelaufen.

25. 6. 1940
Heimat: *Hermann Schoemann* in der Westwerft in Wilhelmshaven Beginn Werftliegezeit.
Hans Lody kurzfristig in der Westwerft eingedockt.

30. 6. 1940
Heimat: *Hans Lody* mit F.d.Z. vormittags Wesermünde ausgelaufen zum Marsch nach Norwegen. Fahrt hinter *Sperrbrecher 4* die Weser hinunter angetreten.
Paul Jacobi etwa gleichzeitig Wilhelmshaven ausgelaufen. Etwa 3 Stunden später bei *Kriegsfeuerschiff F* mit *Hans Lody* zusammengetroffen. Der Sperrbrecher wurde entlassen und die beiden Zerstörer traten bei Windstärke 1, guter Sicht und ruhiger See den gemeinsamen Marsch nach Norwegen an.

1. 7. 1940
Nordsee/Norwegen: *Hans Lody* mit F.d.Z. an Bord und *Paul Jacobi* auf dem Marsch nach Norwegen. Fahrt 27 kn. Wetter gut, See ruhig. Vormittags *Paul Jacobi* Bekämpfung eines gesichteten feindlichen U-Bootes an der südwestnorwegischen Küste.
Abends *Hans Lody* und *Paul Jacobi* in Trondheim eingelaufen. Beide Zerstörer machten beim Tanker *Friedrich Breme* zur Treibstoffergänzung fest. In der Nacht gingen sie auf Trondheim Reede vor Anker in der Nähe von *Friedrich Ihn* und *Karl Galster.*
Norwegen: Beseitigung kleinerer Seeschäden auf *Hans Lody* und *Paul Jacobi.*

4. bis 22. 7. 1940
Norwegen: *Hans Lody, Paul Jacobi, Friedrich Ihn* und *Karl Galster* bei Trondheim und in den Nebenfjorden Durchführung von Übungen, Ausbildungs- und Meilenfahrten. Zwischenzeitlich mehrere Tage vor Trondheim geankert.

14. 7. 1940
Holland: In Rotterdam Hebung des beim Einmarsch der deutschen Truppen durch Holländer versenkten holl. Zerstörers *Gerard Callenburgh.* In den nächsten Tagen Beginn des Weiterbaues als deutscher Zerstörer *ZH 1.*

16. 7. 1940
Norwegen: *Hans Lody* in Trondheim nicht einsatzbereit wegen Rohrreißern und hoher Wasserverluste durch undichte Flansche.

21. 7. 1940
Norwegen: *Hans Lody* wieder einsatzbereit.

23. 7. 1940
Norwegen: *Friedrich Ihn* und *Karl Galster* vormittags von Übungen zurückgekehrt und in Trondheim vom Tanker *Adria* Treibstoff und Wasser ergänzt.
Nachmittags *Paul Jacobi* wegen ausgefallener Stb.-Maschine nicht fahrbereit.
16.00 Uhr: *Hans Lody* mit F.d.Z., *Friedrich Ihn* und *Karl Galster* mit Versorger *Dithmarschen* Trondheim ausgelaufen. Minensuchboote hatten sich vor den Verband gesetzt. Zerstörer als Geleitsicherung für den Tanker auf dessen Fahrt nach Süden. Abends Entlassung der Minensuchboote.

24. 7. 1940
02.54 Uhr: *Dithmarschen* zum Alleinweitermarsch entlassen. Zerstörer drehen ab und traten Rückmarsch nach Trondheim an.
12.00 Uhr: *Hans Lody* mit F.d.Z., *Friedrich Ihn* und *Karl Galster* in Trondheim eingelaufen und zur Treibstoff- und Wasserergänzung beim Tanker *Adria* festgemacht.
Paul Jacobi nachmittags wieder einsatzbereit.

Rückführung des Schlachtkreuzers Gneisenau

Der am Abend des 20. 6. 1940 westlich der Insel Halten durch das britische U-Boot *Clyde* torpedierte und am Vorschiff schwer beschädigte Schlachtkreuzer war nach einer Notreparatur in Trondheim zur Überführung nach Deutschland am 25. 7. 1940 fahrbereit. *Gneisenau* sollte in einer Kieler Werft anschließend instand gesetzt und wieder einsatzbereit gemacht werden.

25. 7. 1940
16.00 bis 18.00 Uhr: Schlachtkreuzer *Gneisenau*, Schwerer Kreuzer *Admiral Hipper,* Leichter Kreuzer *Nürnberg* mit B.d.A.,

KAdm. Schmundt, Zerstörer *Hans Lody* mit F.d.Z., *Paul Jacobi, Friedrich Ihn* und *Karl Galster* zeitlich getrennt Anker gelichtet und auf Täuschungskursen den Hafen von Trondheim verlassen.

18.20 bis 19.00 Uhr: Sammeln des Verbands zwischen Trondheimsleeden und Agdenes. Anschließend Marsch nach Deutschland angetreten mit Kurs 335 Grad in der Reihenfolge: *Gneisenau, Nürnberg, Admiral Hipper, Hans Lody, Friedrich Ihn, Paul Jacobi, Karl Galster.*
Wetterlage: Umlaufende Winde 0–2, meist wolkenlos, gute Sicht, Seegang 0.

20.00 Uhr: Verband bei Terningen Feuer.

21.07 Uhr: Stb. voraus Minensuchboote des Minengeleites in Sicht gekommen.

21.08 Uhr: Fahrt 18 kn.

21.16 Uhr: Marsch in Kiellinie hinter Minengeleit.

21.43 Uhr: Fahrt 15 kn.

22.15 Uhr: B.d.A. hat den F.d.Z. beauftragt, mit den Zerstörern auf U-Sicherungspositionen zu gehen.

23.15 Uhr: Verband ist auf 20 kn gegangen. Die Zerstörer kamen an Bb. auf zur Einnahme ihrer Positionen im U-Sicherungsschirm.

23.30 Uhr: *Admiral Hipper* entlassen zu einer Handelskriegsunternehmung zwischen Tromsö und Spitzbergen. Kurz darauf drehte der Kreuzer ab, während der *Gneisenau*-Verband den Marsch mit zunächst südwestlichen Kursen fortsetzte.

23.37 Uhr: Neue Verbandsformation.

23.41 Uhr: Verbandsfahrt 24 kn.

26. 7. 1940

02.16 Uhr: Kurs 222 Grad. Etwa eine Stunde danach erschienen eigene Flugzeuge (Zwei DO 17) als Luftsicherung über dem Verband.

04.47 Uhr: UK-Spruch an Alle:
»Kurs 180 Grad. B.d.A.«

07.20 Uhr: Nördliche Winde 4–5, Seegang zunehmend, vier Zerstörer in achterlicher See schlecht steuernd.

07.22 Uhr: Durch die bisher günstige Wetterlage war der Verband schneller als vorausberechnet vorangekommen. Der beabsichtigte Treffpunkt mit Torpedobooten, die zum Verband stoßen sollten, dürfte etwa drei Stunden früher erreicht werden.

08.00 Uhr: Position im Quadrat AN 2334.

10.14 Uhr: Vorübergehender U-Bootsalarm.

12.00 Uhr: Wind und Seegang wieder abnehmend.

12.43 Uhr: Recht voraus nacheinander fünf Torpedoboote in Sicht gekommen.

13.00 bis 13.10 Uhr: 5. T.-Fl. mit den Booten *Kondor, Iltis, Jaguar, Luchs* und *T 5* zum Verband gestoßen und Positionen eingenommen.

14.53 Uhr: Verband auf Ostkurs gegangen.

15.50 Uhr: Verband im Marinequadrat 3171. Detonationen an Bb.-Seite des Verbandes auf dem Torpedoboot *Luchs*, das Bb. querab von *Gneisenau* stand. *Luchs* wurde mittschiffs getroffen von einem Torpedo eines ganzen Fächers, der vom englischen U-Boot *Swordfish* auf *Gneisenau* geschossen worden ist. Nach der Explosion stand über dem Torpedoboot eine hohe Detonationswolke. Kurz darauf wurden zwei weitere Detonationen hörbar. *Luchs* brach in zwei Teile. Während das Heck schnell sank, stand der Bug zunächst noch einige Minuten senkrecht aus dem Wasser. Minen- oder Torpedotreffer wurden vermutet.

15.51 Uhr: U-Bootsalarm von *Gneisenau.* Verband wendete daraufhin nach Stb. und wenige Minuten später wieder auf den alten Kurs zurück.

16.00 Uhr: UK-Spruch an *Iltis* und *Jaguar*:
»Überlebende retten. Danach U-Bootsjagd. B.d.A.«
Kurz darauf neue Formation gebildet.

Nachmittags wurden wiederholt Treibminen gesichtet. *Jaguar* und *Iltis* kehrten zum Verband zurück. Sie hatten zusammen 53 Mann der *Luchs*-Besatzung retten können, darunter den Kommandanten, den I. W.O. und L.M. Etwa 102 bis 105 Mann wurden vermißt.

19.43 Uhr: Generalkurs 87 Grad. Formation nach Einscheren von *Jaguar* und *Iltis* geändert.

20.00 Uhr: *Hans Lody* hat Treibmine gesichtet und gemeldet.

21.15 Uhr: UK.-Befehl an Chef 5. T.-Fl.:
»Alle T-Boote werden bei Skagen entlassen. B.d.A.«
Abends und nachts Weitermarsch mit wechselnden Kursen und Fahrstufen.

23.40 Uhr: Verband hat Kiellinie gebildet. Reihenfolge: *Nürnberg, Gneisenau.* Zerstörer und T-Boote zur engen Sicherung herangeschlossen.

27. 7. 1940

02.50 Uhr: UK-Spruch von Chef 5. T.-Fl.:
»Die Brennstofflage von *Kondor* und *T 5* ist bedenklich.«
Dieser Spruch wurde wenig später ergänzt:
»*Kondor* und *T 5* reichen bei sparsamster Fahrt bis Frederikshavn.«

04.40 Uhr: Verband hat erste Skagen-Sperre passiert. Kurz darauf wurden die vier Torpedoboote nach Frederikshavn entlassen.

05.35 Uhr: Als letzte T-Boote *Jaguar* und *Iltis* aus dem Verband geschoren.

06.10 Uhr: Neue Formation gebildet. Die vier Zerstörer voraus, danach *Gneisenau* und als Schlußschiff *Nürnberg.*

08.00 Uhr: Verband im Quadrat 4443 M. Kurs 94 Grad. Wind NWzW 3. Heiter, Seegang 2. Kurze Zeit später als Luftsicherung zwei He 115 über dem Verband eingetroffen.

09.25 Uhr: Verband auf Südkurs gegangen. Fünf Minuten später ist die 11. Minensuchflottille in Sicht gekommen, die den Verband durch die zweite Sperre bei Skagen geleiten sollte.

09.40 Uhr: Verband mit Ostkurs in Kiellinie, Zerstörer angehängt an die großen Schiffe. Eingeschoren in das Kielwasser der Minensucher. Langsame Fahrt. Wenig später Kurs wieder 190 Grad.
Wenig später zwei Detonationen voraus hörbar. Anschließend drei weitere.

10.35 Uhr: Wegen weiterer Minendetonationen Verband auf der Stelle kehrtgemacht.

10.38 Uhr: Zusammenstoß zwischen *Gneisenau* und *Hans Lody.* Der Schlachtkreuzer war mit Fahrt über den Achtersteven in den andrehenden Zerstörer hineingefahren. *Gneisenau* trug leichte Schäden am Heck davon, *Hans Lody* wurde an Bb.-Seite an Oberdeck leicht beschädigt. Danach Verbandsmarsch nach Norden.

12.25 Uhr: Verband wieder auf Südkurs gegangen. Wetter gut, Seegang 2.

13.57 Uhr: Das nunmehrige Spitzenschiff des Verbandes, *Nürnberg*, hinter den Minensuchern in die Sperrlücke eingesteuert.

14.00 Uhr: *Hans Lody* als erster Zerstörer in die Sperre eingelaufen. Etwa eine Stunde später hatte der Verband die Kattegat-Sperre passiert.

15.25 Uhr: Flaggensignal an den Chef der 11. MS.-Fl.:
»Besten Dank für sicheres Geleit. B.d.A.«

Nachmittags Marsch des Verbandes durch das Kattegat mit südlichen Kursen.

18.00 bis 18.30 Uhr: *Sperrbrecher 10* und *F 3* in Sicht gekommen. Etwa eine halbe Stunde später hängte sich der Verband an die beiden Einheiten an.

20.13 Uhr: Vier Torpedoboote an Stb. querab in Sicht gekommen, die gesondert nach Kiel marschierten.

22.42 Uhr: Verband hat Seelands Rev-Sperre passiert.

28. 7. 1940

00.00 Uhr: Verband bei Hatter Rev. Ruhiges Wetter, bedeckt.

03.20 Uhr: Linie Korsör – Nakskov passiert.

03.25 Uhr: Reservegeleitverband Sperrbrecher *Marburg* hat sich an den Verband angehängt.

04.00 Uhr: Verband hat bei gutem Wetter Agersö querab.

04.40 Uhr: Voraus erneut Torpedoboote in Sicht.

05.15 Uhr: 5. T.-Fl. mit *Kondor, Jaguar, Iltis* und 2. T.-Fl. mit *T 5* hat sich an den Verband angehängt. Die Torpedoboote waren auf dem Marsch über Kiel nach Wilhelmshaven. Sie hatten wegen Fliegeralarms in Kiel an dieser Stelle geankert und auf den Verband gewartet.

08.00 Uhr: Verband vor der Kieler Bucht.

10.10 Uhr: Verband hat die Sperre Friedrichsort passiert. Verlegung *Gneisenau* damit erfolgreich beendet.

10.36 Uhr: *Hans Lody* an der Blücher-Brücke angelegt. *Paul Jacobi* bei *Hans Lody* längsseits gegangen. *Karl Galster* an Boje »A« festgemacht.
Friedrich Ihn entlassen zur Werftliegezeit nach Hamburg in die Werft Blohm & Voß. Der Zerstörer trat den Verlegungsmarsch wenig später durch den K.W.-Kanal an.

13.45 Uhr: *Hans Lody* mit F.d.Z., *Paul Jacobi* und *Karl Galster* haben nach Treibstoffergänzung aus Tankern abgelegt und sind Kiel ausgelaufen zum Verlegungsmarsch durch den K.W.-Kanal in die Nordsee.
22.20 Uhr: F.d.Z. mit seinen drei Zerstörern auf Brunsbüttel Reede vor Anker gegangen.

29. 7. 1940
Heimat: Morgens *Hans Lody* mit F.d.Z., *Paul Jacobi* und *Karl Galster* Anker gelichtet. Hinter *Sperrbrecher 6* und *U 124* Marsch elbeabwärts nach Wilhelmshaven angetreten.
Mittags Verband in Wilhelmshaven eingelaufen. *Hans Lody, Paul Jacobi* und *Karl Galster* zu Reparaturen in die Westwerft entlassen.

1. 8. 1940
Heimat: *Z 27* bei Germaniawerft in Kiel vom Stapel gelaufen. Der Rumpf des Zerstörers wurde im August 1940 von Kiel durch den K.W.-Kanal zu Deschimag in Bremen geschleppt; dort erfolgte der Weiterbau.

12. 8. 1940
Heimat *Karl Galster* und *Paul Jacobi* als erste wieder einsatzbereite Zerstörer in Wilhelmshaven aus der Westwerft an die Bonte-Brücke (ehemalige Gazellebrücke) verholt.

14. 8. 1940
Heimat/Nordsee: 07.15 Uhr: *Paul Jacobi* und *Karl Galster* Wilhelmshaven ausgelaufen zum Werfen einer offensiven Minensperre in der südwestlichen Nordsee.
Etwa gleichzeitig sind aus anderen deutschen Nordseehäfen unter Führung des Stabschefs des B.S.N., Kapt.z.S. Böhmer, die Minenschiffe *Tannenberg, Roland* und *Cobra* und die 5. T.-Fl. mit den Torpedobooten *Kondor, Falke, Iltis, Jaguar, T 5* und *T 7* ebenfalls zum Werfen von Minen ausgelaufen. Vormittags Vereinigung der beiden Zerstörer mit den Minenschiffen und Torbedobooten und Antritt des gemeinsamen Vormarsches zum Operationsgebiet. Dort nachts Minensperren gelegt.
Ostsee: *Erich Steinbrinck* nach Beendigung der WLZ aus der Blohm & Voß-Werft entlassen, Beginn eines zweiwöchigen Ausbildungsabschnittes in der Ostsee.
Chef 5. Z.-Fl. auf *Erich Steinbrinck* eingestiegen.

15. 8. 1940
Heimat: 17.00 Uhr: *Paul Jacobi* und *Karl Galster* von Minenunternehmung kommend in Wilhelmshaven eingelaufen. Etwa zur gleichen Zeit auch die Minenschiffe und die 5. T.-Fl. wieder in ihren Stützpunkten eingetroffen.

20. 8. 1940
Z 28 bei Germania in Kiel von Stapel gelaufen. Anschließend zu Deschimag in Bremen geschleppt.

29. 8. 1940
Ostsee: *Erich Steinbrinck* mit Chef 5. Z.-Fl. nach Beendigung des Ausbildungsabschnittes Swinemünde ausgelaufen zur Verlegung durch den K.W.-Kanal in die Nordsee.

30. 8. 1940
Heimat: *Erich Steinbrinck* in Cuxhaven eingelaufen.

31. 8. 1940
Heimat: *Erich Steinbrinck* hat in Cuxhaven aus dem Minenschiff *Tannenberg* seinen Brennstoff ergänzt.
Anschließend unter Führung des F.d.Minsch. Auslaufen der Minenschiffe *Tannenberg, Roland* und *Cobra* aus Cuxhaven zum Legen der Minensperre »SW 3« in der südwestlichen Nordsee. *Erich Steinbrinck* mit Chef 5. Z.-Fl. mitausgelaufen zur Sicherung der Minenschiffe.
In der Deutschen Bucht trafen die vormittags aus Wilhelmshaven ausgelaufenen Zerstörer *Paul Jacobi* und *Karl Galster* zum Verband, der außerdem durch die 2. T.-Fl. mit *T 8, T 5, T 6, T 7* und die 5. T.-Fl. mit *Falke, Iltis, Jaguar* und *Greif* gesichert wurde. Aus der Deutschen Bucht heraus wurde der gemeinsame Marsch zum Operationsgebiet angetreten, in dem nachts die Minensperren geworfen wurden.
Ostsee: *Friedrich Ihn,* der seine Werftzeit in Hamburg beendet hatte und in die Ostsee marschiert war, führte dort etwa eine Woche Abnahmefahrten, Versuche und Erprobungen durch.

1. 9. 1940
Holland: *Erich Steinbrinck* mit Chef 5. Z.-Fl., *Paul Jacobi, Karl Galster*, Minenwurfverband, 2. und 5. T.-Fl. vormittags zur Minenübernahme und zur Ergänzung von Treibstoff und Wasser vormittags in Rotterdam eingelaufen.
Nachmittags lief der gesamte Verband zur Erweiterung der Minensperre »SW 3« aus Rotterdam wieder aus. Nachts in der südwestlichen Nordsee Werfen der Minensperren.

2. 9. 1940
Heimat: *Erich Steinbrinck* mit Chef 5. Z.-Fl., *Paul Jacobi* und *Karl Galster* abends nach durchgeführter Minenaufgabe in Wilhelmshaven eingelaufen.

5. 9. 1940
Heimat: *Erich Steinbrinck* mit beschädigter Stb.-Turbine in die Westwerft in Wilhelmshaven verlegt.
Chef 5. Z.-Fl. auf *Karl Galster* eingestiegen.

6. 9. 1940
Heimat/Nordsee: *Karl Galster* mit Chef 5. Z.-Fl. vormittags Wilhelmshaven ausgelaufen zur Durchführung der Minenunternehmung »SW 0« in der südwestlichen Nordsee. An dieser Aktion nahmen auch die 5. T.-Fl. mit *Greif, Kondor, Falke, Iltis* und *Jaguar* und die 1. T.-Fl. mit *T 1, T 2* und *T 3* teil.

7. 9. 1940
Heimat: *Karl Galster* mit Chef 5. Z.-Fl. Wilhelmshaven eingelaufen.

8. 9. 1940
Heimat: *Karl Galster* mit Chef 5. Z.-Fl. Wilhelmshaven ausgelaufen zum Marsch nach Brunsbüttel.

9. 9. 1940
Heimat: *Hans Lody,* aus der Ostsee kommend, in Brunsbüttel mit *Karl Galster* zusammengetroffen. Von dort beide Zerstörer gemeinsam nach Wilhelmshaven marschiert.
Aus der Ostsee kommend auch *Friedrich Ihn* und *Friedrich Eckoldt* in Wilhelmshaven eingelaufen.
Theodor Riedel nachmittags mit eingeschränkter Fahrbereitschaft aus der Westwerft gekommen und an der Wilhelmshavener Bonte-Brücke festgemacht.
Abends Wilhelmshaven ausgelaufen und Marsch die Jade abwärts angetreten hinter Sperrbrecher in der Reihenfolge: *Hans Lody* mit F.d.Z., *Karl Galster* mit Chef 5. Z.-Fl., *Theodor Riedel, Friedrich Eckoldt* und *Friedrich Ihn.* Nachts aus der Deutschen Bucht heraus mit Westkurs Verlegungsmarsch nach Frankreich angetreten.

10. 9. 1940
Nordsee/Frankreich: Marsch der fünf Zerstörer mit einem Geleitzug nach Westen. Nachmittags Calais an Bb. in Sicht gekommen. Wenig später britische Luftangriffe auf den Konvoi und auf die Zerstörer abgewehrt.
Abends Einlaufen der Zerstörer in Le Havre.

11. 9. 1940
Frankreich: *Hans Lody* mit F.d.Z., *Karl Galster* mit Chef 5. Z.-Fl., *Theodor Riedel, Friedrich Eckoldt* und *Friedrich Ihn* Marsch von Le Havre nach Cherbourg. Nachmittags in Cherbourg festgemacht hinter dem Minenschiff *Tannenberg.* Nachmittags bis nachts Ölübernahme der Zerstörer aus dem Marinetanker *Brösen.*

12. 9. 1940
Frankreich: *Hans Lody, Karl Galster, Friedrich Eckoldt* und *Friedrich Ihn* vormittags Beginn der Anbordnahme von Minen. *Theodor Riedel* für die geplante Minenunternehmung wegen Getriebeschadens als Sicherungszerstörer bestimmt.
Abends Minenübernahme beendet.

13. 9. 1940
England: In den französischen, belgischen und holländischen Kanal- und Nordseehäfen begannen die deutschen Vorbereitungen zur Invasions Englands. Auch die fünf deutschen Zerstörer waren nach Frankreich verlegt worden, um bei der Invasion Englands eingesetzt werden zu können.
Um bei einem deutschen Invasionsversuch auf britischem Boden im Ärmelkanal schnell operativ eingreifen zu können, wurden die britischen Schlachtschiffe *Nelson* und *Rodney,* der Schlachtkreuzer *Hood,* zwei Kreuzer und acht Zerstörer von Scapa Flow südwärts nach Rosyth verlegt. Hierdurch kam es, von britischer Seite ungewollt und deutscherseits nicht erkannt, auch zu einer Bedrohung der deutschen Zerstörer, die von der nordfranzösichen Küste gegen England operieren sollten.

15. 9. 1940
Heimat: *Z 23* als erster Zerstörer »1936 A« bei Deschimag in Bremen für die 8. Z.-Fl. »Narvik« in Dienst gestellt. In den nächsten Tagen verlegte der Zerstörer durch den K.W.-Kanal in die Ostsee, wo er ein mehrmonatiges Versuchs-, Erprobungs- und Ausbildungsprogramm durchführte. Dieses wurde unterbrochen von einer Restarbeitszeit, die von Dezember 1940 bis Januar 1941 dauerte.

17. 9. 1940
Frankreich: Die fünf in Cherbourg liegenden Zerstörer haben am 12. 9. die an Bord genommenen Minen wieder entladen.
Heimat: *Erich Steinbrinck* und *Paul Jacobi* in Wilhelmshaven einsatzbereit. Eine sofortige Verlegung der beiden Boote nach Frankreich wurde zunächst jedoch wegen ungünstiger Wetterlage verzögert.

18. 9. 1940
Frankreich: Von Mitternacht bis 01.30 Uhr britischer Luftangriff auf Cherbourg. Dampfer *Johann Blumenthal* gesunken, Torpedoboot *T 11* durch Bombentreffer in den Turbinenraum 2 beschädigt. Mehrere Tote und Verletzte des Bootes waren zu beklagen. Auf *Friedrich Eckoldt* und *Theodor Riedel* gab es leichte Splitterschäden.

19. 9. 1940
Frankreich: *Hans Lody* mit F.d.Z., *Friedrich Eckholdt* mit Chef 5. Z.-Fl., *Karl Galster, Theodor Riedel* und *Friedrich Ihn* abends Cherbourg ausgelaufen zu einem Vorstoß an die englische Küste (Lizard Head und Start Point).
Wetterlage: Wind SW 5–6, böig, Schauer, See 4. Heftiges Arbeiten der Zerstörer in der groben See.

20. 9. 1940
Frankreich: *Theodor Riedel* kurz nach Mitternacht infolge eines vom Anker in die Bordwand geschlagenen Loches Leck und Wassereinbruch. Zerstörerunternehmung wegen weiterer Wetterverschlechterung abgebrochen. Marsch nach Brest angetreten.
Vormittags Einlaufen der fünf Zerstörer in Brest. An Bojen im Hafenbecken festgemacht.

21. 9. 1940
Heimat/Ostsee: *Richard Beitzen* Werftliegezeit bei Deutsche Werke in Kiel beendet. An einem der nächsten Tage verlegte das Boot nach Swinemünde. Von dort aus führte es bis Mitte Oktober 1940 Erprobungen, Meilenfahrten, Ausbildung und Übungen durch.

22. 9. 1940
Heimat: *Erich Steinbrinck* und *Paul Jacobi* nachmittags Wilhelmshaven ausgelaufen zur Verlegungsreise nach Frankreich.

23. 9. 1940
Frankreich: In den Morgenstunden britischer Luftangriff auf Brest. Bei *Theodor Riedel* zwei Bombennahtreffer, die aber keine Schäden anrichteten.
Erich Steinbrinck und *Paul Jacobi* von Deutschland kommend vormittags in Brest eingelaufen.

28. 9. 1940
Frankreich: Abends Beginn eines Zerstörervorstoßes mit Minen zur englischen Küste.
Brest ausgelaufen in der Reihenfolge: *Friedrich Eckholdt* mit Chef 5. Z.-Fl. und *Theodor Riedel* als Deckungsgruppe, gefolgt von den Minenträgern *Hans Lody* mit F.d.Z., *Karl Galster, Paul Jacobi, Friedrich Ihn* und *Erich Steinbrinck.*
Etwa 90 Minuten nach dem Auslaufen Entlassung der Dekkungsgruppe durch den F.d.Z. zur Minen-Sonderaufgabe. Nachts Vormarsch der sieben Zerstörer in zwei Gruppen zur englischen Südküste.

29. 9. 1940
England/Frankreich: 00.42 Uhr: *Friedrich Ihn* kann wegen heißgelaufener Stb.-Welle nur noch 20 kn Fahrt halten.
02.02 Uhr: Nach Erreichen der Minenwurfpositionen in der Falmouth Bay Beginn des Minenwerfens durch die fünf Zerstörer. Währenddessen Deckungsgruppe auf Sicherungspositionen. Auf den geworfenen offensiven Minensperren sanken später fünf Schiffe mit zusammen 2026 BRT.

Nach Beendigung der Wurfaktion Sammeln der Zerstörer und Antritt des Rückmarsches zur französischen Küste.
10.00 Uhr: Einlaufen der sieben Zerstörer in Brest.
Friedrich Ihn vorübergehend nicht einsatzbereit.

3. 10. 1940
Frankreich: In Brest Beginn der erneuten Minenübernahme durch die sieben dort befindlichen Zerstörer.

4. 10. 1940
Frankreich: Nachmittags in Brest Minenübernahme beendet.

5. 10. 1940
Frankreich: *Hans Lody* wegen Leckagen in der Abdampfleitung etwa vier Tage nicht fahrbereit. Zur Reparatur Werfthilfe erforderlich.

10. 10. 1940
Frankreich: Schwerer britischer Luftangriff auf die deutschen Zerstörer in Brest in den ersten Morgenstunden. Ausfälle und Schäden:
Hans Lody 2 Tote, 1 Schwer- und 6 Leichtverwundete. Splitterschäden und MG.-Einschüsse. Keine Bombentreffer.
Friedrich Eckoldt 1 Toter, 3 Verwundete. Splitterschäden und zahlreiche MG.-Einschüsse. Sonst keine Treffer. Boot einige Tage nicht einsatzbereit.
Theodor Riedel 4 Verwundete. Schäden durch Bombensplitter und MG.-Einschüsse. Boot einige Tage nicht einsatzbereit.
Auf den anderen vier Booten keine Ausfälle oder Schäden.
Nachmittags erneuter Luftangriff, der jedoch ohne Auswirkungen auf die Zerstörer blieb.

11. 10. 1940
Frankreich: Erneuter britischer Luftangriff auf Brest. Auf den Zerstörern weder Ausfälle noch Schäden.

15. 10. 1940
Frankreich: *Paul Jacobi* wegen ausgefallenen Kesselgebläses in K 3 und defekter Lagerschalen Fahrstand K 2 etwa 5 Tage nicht fahrbereit.
Heimat: Z 29 bei Germaniawerft in Kiel vom Stapel gelaufen. Wenige Tage später wurde der Rumpf dieses Bootes von Kiel durch den K.W.-Kanal nach Bremen zur Deschimag-Werft geschleppt und in der Nähe von *Z 28,* der am 20. 8. 1940 von Stapel gelaufen war, zur Fertigstellung festgemacht.

17. 10. 1940
Frankreich/England: Vorstoß von vier Zerstörern aus Brest in den Bristol-Kanal. Der zunächst mit ausgelaufene Zerstörer *Theodor Riedel* mußte nach etwa zwei Stunden (06.46 Uhr) zur Rückkehr nach Brest entlassen werden, da fast gleichzeitig beide Kessel in K 1 durch mehrere Rohrreißer ausgefallen waren. Außerdem war sein Bb.-Getriebe seit der Grundberührung vor Helgoland im Jahre 1938 störanfällig und nur eingeschränkt betriebsbereit.

Der Ablauf der Unternehmung:

05.00 Uhr: Auslaufen der Zerstörer aus Brest in folgender Reihenfolge:
Friedrich Ihn, Erich Steinbrinck, Hans Lody mit F.d.Z., *Theodor Riedel, Karl Galster.*
Nach Entlassung *Theodor Riedel* setzten die anderen Zerstörer ihren Vormarsch zunächst mit Scheinkursen fort. Wenig später schloß als Sicherungs- und Unterstützungsgruppe die 5. T.-Fl. mit *Greif, Seeadler, Kondor, Falke, Wolf* und *Jaguar* an die Zerstörer heran.

14.04 Uhr: Verbandsmarsch auf Kurs 330 Grad. Wenig später Ausweichen vor Fischdampfern. *Erich Steinbrinck* in seiner Höchstgeschwindigkeit vorübergehend herabgesetzt wegen Rohrreißern und unvollständiger Beschaufelung seiner Stb.-Hochdruckturbine.
Nachmittags 5. T.-Fl. von den Zerstörern abgesetzt auf Sicherungspositionen.

16.55 Uhr: Zerstörerverband im Westausgang des Bristol-Kanals. Mehrere Masten in Sicht gekommen.

17.00 Uhr: Mehrere englische Zerstörer erkannt.

17.03 Uhr: Gegnerische Zerstörer und vermutlich ein Kreuzer haben Artilleriefeuer auf die vier deutschen Zerstörer eröffnet.

17.27 Uhr: Auf den deutschen Zerstörern wurden inzwischen zwei britische Kreuzer und mindestens fünf Zerstörer erkannt. Einschläge britischer Granaten rund um die deutschen Zerstörer, meist im Kielwasser von *Hans Lody.* Die deutschen Boote erwiderten das Feuer nicht, sondern liefen zunächst mit Höchstfahrt ab. Die eigenen Torpedoboote standen zu dieser Zeit weit abgesetzt von den Zerstörern.

18.35 Uhr: Gegner hat das Feuer eingestellt. *Hans Lody* hatte bei dem Passiergefecht zwei 4-cm-Treffer erhalten, die leichte Schäden hervorriefen. Auf *Erich Steinbrinck* traten zahlreiche Splitterschäden auf. Auch auf *Karl Galster* und *Hans Lody* wurden später Splitter gefunden.
Inzwischen drehten die Briten auf Gegenkurs und kamen dadurch in eine für die deutschen Zerstörer achterliche Stellung. Das bedeutete für die deutschen Boote eine günstige Torpedoschußposition.

18.51 Uhr: Nachdem der Gegner wieder herangedreht hatte, eröffnete er das Artilleriefeuer auf die deutschen Zerstörer erneut. Die Granataufschläge lagen dicht bei *Erich Steinbrinck.* Kurze Zeit später schossen *Hans Lody* und *Karl Galster* mit stark achterlichen Rohrstellungen einen Viererfächer bzw. 3 Torpedos. Etwa gleichzeitig schoß auch *Erich Steinbrinck* einen Vierfächer.

19.06 bis 19.12 Uhr: Mehrere starke Detonationen beim Gegner beobachtet. Nach deutschen Beobachtungen soll ein Zerstörer der englischen *Tribal*-Klasse nach zwei bis drei Treffern in großem Feuerschein und Qualmwolke gesunken sein. *Erich Steinbrinck* meldete wenig später, einen Torpedotreffer auf einem Kreuzer erzielt zu haben. Da das Gefecht jedoch bei Dunkelheit, mit beiderseitigen hohen Fahrtstufen und starker Qualmentwicklung geführt wurde, sind Falschbeobachtungen nicht auszuschließen. Möglicherweise sind die gesehenen Detonationen auf Enddetonierer (Torpedos, die am Ende ihrer Laufstrecke selbständig explodieren) zurückzuführen. Von britischer Seite sind keine Verluste oder Beschädigungen in diesem Gefecht bekanntgegeben worden.

19.21 Uhr: Gegner hat Feuer eingestellt. *Hans Lody, Erich Steinbrinck, Friedrich Ihn* und *Karl Galster* mit hoher Fahrt abgelaufen und Rückmarsch nach Brest angetreten.

19.45 Uhr: Auf den deutschen Zerstörern sind, wie inzwischen festgestellt wurde, im zweiten Gefechtsabschnitt keine Schäden oder Personalausfälle aufgetreten.

22.00 Uhr: *Hans Lody* mit F.d.Z., *Friedrich Ihn, Erich Steinbrinck* und *Karl Galster* in der Bucht von Brest vor Anker gegangen.

20. 10. 1940
Heimat: *Richard Beitzen* hat abends von Cuxhaven Reede den Marsch nach Frankreich angetreten.
Hermann Schoemann wegen starken Personalwechsels voraussichtlich erst Ende Dezember 1940 wieder voll einsatzbereit. Boot benötigt noch eine lange Ausbildungszeit.
Ostsee: *Bruno Heinemann,* der wenige Tage zuvor seine Werftliegezeit beendet hat, in Gotenhafen eingelaufen. Von dort aus führte das Boot in den nächsten Wochen Erprobungen und Übungen in der Ostsee durch. Die volle Einsatzbereitschaft sollte bis Mitte November 1940 hergestellt sein.

22. 10. 1940
Frankreich: *Richard Beitzen* morgens nach Marsch von Deutschland in Brest eingelaufen.
Ostsee: *Bruno Heinemann* in Gotenhafen Umbau seiner Entgasungseinrichtung.

26. 10. 1940
Frankreich: Vormittags einsatzbereit zu einem Vorstoß an die nordspanische Küste bis in die Höhe von Bilbao: *Hans Lody* mit F.d.Z., *Karl Galster, Friedrich Eckoldt, Friedrich Ihn* und *Richard Beitzen.*
Wegen schlechten Zustandes der Maschinenanlagen in Brest nicht fahrbereit: *Erich Steinbrinck, Paul Jacobi* und *Theodor Riedel.*
Friedrich Eckoldt meldete abends, daß das Boot wegen Salz in beiden Anlagen nicht fahrbereit sei. Der Vorstoß zur spanischen Küste wurde deshalb aufgegeben.
Heimat: *Z 24* bei Deschimag Bremen in Dienst gestellt.

1. 11. 1940
Frankreich: F.d.Z. in Brest von *Hans Lody* auf *Karl Galster* übergestiegen.
Heimat: Chef 6. Z.-Fl., FKpt. Schulze-Hinrichs, neu kommandiert und nach Brest abgefahren.

5. 11. 1940
Frankreich: Nach Wetterbesserung – in den vergangenen Tagen herrschte schlechtes Wetter mit zum Teil heftigen Weststürmen – liefen abends aus Brest folgende Zerstörer zum Marsch durch den Ärmelkanal nach Deutschland aus:
Paul Jacobi mit Chef 6. Z.-Fl., *Theodor Riedel, Friedrich Eckoldt* mit Chef 5. Z.-Fl., *Friedrich Ihn* und *Erich Steinbrinck.*
Für diese fünf Zerstörer waren in Deutschland längere Werftliegezeiten bzw. Maschineninstandsetzungen geplant.
In Brest verblieben einsatzbereit *Karl Galster* mit F.d.Z., *Richard Beitzen* und *Hans Lody.*

7. oder 8. 11. 1940
Heimat: Die fünf aus Frankreich kommenden Zerstörer in Häfen an der deutschen Nordseeküste eingelaufen. In den nächsten Tagen Verteilung der Boote auf folgende Werften:
Paul Jacobi WLZ. in Westwerft Wilhelmshaven,
Theodor Riedel WLZ. in Deutsche Werke Kiel bis März 1941,
Friedrich Ihn Werftüberholung bei Blohm & Voß Hamburg,
Erich Steinbrinck Werftüberholung bei Blohm & Voß, Hamburg,
Friedrich Eckoldt Werftüberholung bei Blohm & Voß Hamburg.

8. 11. 1940
Frankreich: Abends *Karl Galster* mit F.d.Z., *Richard Beitzen* und *Hans Lody* Brest ausgelaufen zu einem Vorstoß an die englische Südküste. Wenige Stunden später Abbruch des Unternehmens. Rückkehr der drei Zerstörer nach Brest wegen eines undichten Dampfstrahlkondensators.
In den nächsten zwei Wochen bei Frankreich keine Zerstörereinsätze wegen Schlechtwetterperiode und Sturm.

12. 11. 1940
Ostsee: *Z 23* Meilenfahrten in der Ostsee.

15. 11. 1940
Ostsee: *Bruno Heinemann* Probefahrten in der Ostsee.

16. 11. 1940
Heimat: *Bruno Heinemann* nach Beendigung der Probefahrten etwa fünf Tage zur Durchführung von Reparaturen in eine Werft gegangen.

24. 11. 1940
Frankreich: Schlechtwetterperiode beendet.
Karl Galster mit F.d.Z., *Richard Beitzen* und *Hans Lody* abends Brest ausgelaufen zu einem Vorstoß in das Seegebiet von Plymouth. Vormarsch zunächst mit nordwestlichen Kursen.

25. 11. 1940
England/Frankreich: Standort der drei Zerstörer kurz nach Mitternacht vor Plymouth. Dort zunächst ein Bewacher, später mehrere gesichtet. Die Zerstörer eröffneten auf die Bewacher das Artilleriefeuer, in welchem kurz darauf einer sank. Anschließend beschossen die Zerstörer britische Dampfer, von welchen ebenfalls einer unterging. Ein großer Dampfer von etwa 10 000 BRT wurde durch *Karl Galster* torpediert. Er blieb brennend liegen, konnte jedoch eingeschleppt werden.
Vormittags liefen *Karl Galster* mit F.d.Z., *Richard Beitzen* und *Hans Lody* in Brest ein. Sie machten im Innenhafen fest.
Bei der Unternehmung der vergangenen Nacht hat sich das Funkmeßgerät (EM II-Gerät), das auf *Karl Galster* und *Richard Beitzen* eingebaut war, als große taktische Hilfe erwiesen. *Hans Lody* hatte ein solches Gerät zu dieser Zeit noch nicht.

26. 11. 1940
Ostsee/Heimat: *Bruno Heinemann* in der Ostsee Erprobungsfahrten. Behindert durch Turbinenstörungen.

27. 11. 1940
Frankreich: *Karl Galster* mit F.d.Z., *Richard Beitzen* und *Hans Lody* abends Brest ausgelaufen zu einem Vorstoß in den Ärmelkanal. Wegen Verschlechterung der Wetterlage wurde der Vorstoß jedoch rechtzeitig abgebrochen. Zwei Stunden nach dem Auslaufen machten die Zerstörer wieder in Brest fest.

28. 11. 1940
Heimat: *Bruno Heinemann* in der Ostsee Abbruch der Probefahrten. Zur Beseitigung von Turbinenstörungen wurde der Zerstörer in die Werft Deschimag, Bremen, entlassen. Als Dauer der Instandsetzung wurden 2–3 Wochen veranschlagt.
Frankreich: *Hans Lody* Probefahrten durchgeführt. Dabei Geräusche in beiden Wellen festgestellt.
Abends Beginn der Zerstörer-Unternehmung »Seydlitz«. Vorstoß der Zerstörer *Karl Galster* mit F.d.Z., *Richard Beitzen* und *Hans Lody* an die englische Südküste in das Seegebiet vor Plymouth.

29. 11. 1940
England/Frankreich: Kurz nach Mitternacht trafen die drei Zerstörer *Karl Galster, Richard Beitzen* und *Hans Lody* vor Plymouth ein. Kurz darauf gingen sie in westsüdlicher Richtung auf Suchkurs.
Kurz vor 05.00 Uhr Sichtung eines kleinen britischen Geleitzuges vor der englischen Küste.
05.12 Uhr: Aus dem kleinen Geleitzug, den die deutschen Zerstörer angegriffen hatten, zwei Schlepper versenkt und ein Leichter in Brand geschossen.
06.04 bis 06.15 Uhr: *Richard Beitzen* und *Hans Lody* haben einen Dampfer von ca. 1000 BRT in Brand geschossen, der später irrtümlich als versenkt gemeldet wurde.
06.43 Uhr: *Hans Lody, Richard Beitzen* und *Karl Galster* im Artillerie- und Torpedogefecht mit etwa fünf feindlichen Zerstörern.
06.45 Uhr: Torpedotreffer auf dem britischen Zerstörer *Javelin,* der dadurch schwer beschädigt wurde, aber später eingebracht werden konnte. Während des sich fortsetzenden Artilleriegefechtes lagen die britischen Granataufschläge dicht bei *Hans Lody* und *Richard Beitzen.*
07.15 Uhr: Gefecht beendet. Wenig später traten die drei deutschen Zerstörer den Rückmarsch nach Brest an. – Beim Fahren von hohen Fahrtstufen während des Gefechtes war über den Schornsteinen von *Karl Galster* und *Hans Lody* wiederholt der »rote Hahn« sichtbar geworden. Auf beiden Booten wur-

den später einige Splitterschäden festgestellt als Ergebnis des Gefechtes. Außerdem hatte *Hans Lody* zwei 4 cm-Flak-Treffer erhalten, die jedoch keine nennenswerten Schäden hervorgerufen hatten. Auf den deutschen Zerstörern hatte es weder Tote noch Verwundete gegeben.

11.00 Uhr: *Karl Galster* mit F.d.Z., *Richard Beitzen* und *Hans Lody* in Brest eingelaufen.

1. 12. 1940
Heimat: *Z 25* bei Deschimag in Bremen in Dienst gestellt. In den nächsten Wochen begann der Zerstörer in der Ostsee eine mehrmonatige Versuchs-, Erprobungs- und Ausbildungszeit.
8. Z.-Fl. *Narvik* neu aufgestellt. Ihr wurden zugeteilt die bisher in Dienst gestellten Zerstörer des Typs »1936 A«: *Z 23, Z 24* und *Z 25.* Fünf weitere Boote folgten in den nächsten Monaten.
Frankreich: *Richard Beitzen* wegen Getriebeschadens nicht einsatzbereit.

5. 12. 1940
Frankreich: Nachmittags *Karl Galster* mit F.d.Z. und *Hans Lody* Brest ausgelaufen zum Verlegungsmarsch nach Deutschland. Für beide Zerstörer waren in Heimatwerften Liegezeiten mit Turbinenreparaturen vorgesehen.
Richard Beitzen als einziger deutscher Zerstörer allein in Brest verblieben.

6. 12. 1940
Heimat: *Friedrich Eckoldt* Verzögerungen der Instandsetzungen bis Ende Dezember 1940.
Holland: *Karl Galster* und *Hans Lody* wegen schlechten Wetters nachmittags in Vlissingen eingelaufen.

8. 12. 1940
Heimat: *Z 30* bei der Germaniawerft in Kiel vom Stapel gelaufen. Zum Fertigbau wurde der Rumpf des Zerstörers wenig später durch den K.W.-Kanal nach Bremen zur Deschimag-Werft geschleppt und dort an der Ausrüstungspier festgemacht.

9. 12. 1940
Heimat/Holland: Vormittags *Karl Galster* und *Hans Lody* Vlissingen ausgelaufen zum Weitermarsch in die Heimat.
Abends *Karl Galster* in Wilhelmshaven eingelaufen und an der Bonte-Brücke festgemacht.
Hans Lody etwa gleichzeitig in Bremerhaven eingelaufen.

10. 12. 1940
Heimat: F.d.Z. mit Stab von *Karl Galster* auf Tender *Hecht* übergestiegen. *Karl Galster* zur Maschinenüberholung in die Westwerft in Wilhelmshaven entlassen.
Hans Lody hat in Bremerhaven zur Maschinenreparatur in die Werft des Norddeutschen Lloyd verlegt.

20. 12. 1940

Verteilung der Zerstörer:

Führerzerstörer des F.d.Z.:
Z 20 Karl Galster Turbinenreparatur in der Westwerft W'haven.

5. Zerstörerflottille:
Z 16 Friedrich Eckoldt nach Werftüberholung in der Werft von Blohm & Voß in Hamburg durch Eisgang in Kiel festgehalten.
Z 15 Erich Steinbrinck Werftüberholung bei Blohm & Voß.
Z 14 Friedrich Ihn Werftüberholung bei Blohm & Voß.
Z 4 Richard Beitzen Getriebeinstandsetzung in Brest.

6. Zerstörerflottille:
Z 5 Paul Jacobi WLZ. in der Westwerft in Wilhelmshaven.
Z 6 Theodor Riedel WLZ. in Deutsche Werke in Kiel.
Z 7 Hermann Schoemann WLZ. in Westwerft Wilhelmshaven.
Z 8 Bruno Heinemann Reparaturen in Wesermünde.
Z 10 Hans Lody Maschinenreparatur in Wesermünde in der Werft des N.d.L.

8. Zerstörerflottille »Narvik«:
Z 23 seit 18. 12. 1940 bei Deschimag in Bremen Reparaturen und Umbau des Vorschiffes.
Z 24 Ausbildung in der Ostsee, möglicherweise auch Restarbeitszeit.
Z 25 erste Fahrten nach Indienststellung.
Kein Zerstörer einsatzbereit.

29. 12. 1940
Frankreich: *Richard Beitzen* Probefahrten vor Brest.

Das Jahr 1941

9. 1. 1941
Z 26 bei Deschimag in Bremen für die 8. Z.-Fl. in Dienst gestellt (laut K.T.B. des F.d.Z., nach anderen Quellen jedoch erst am 11. 1. 1941).

Januar 1941
Erich Steinbrinck nach Beendigung der Werftüberholungszeit in die Ostsee verlegt. Auch *Friedrich Ihn* verlegte, aus der Werft kommend, dorthin. Von Gotenhafen aus führten die beiden Boote im Januar und Februar 1941 in der Ostsee Erprobungen und Übungen durch, die aber durch starken Eisgang und strengen Frost erhebliche Verzögerungen erfuhren.
Z 25 und *Z 26* wegen Vereisung der Ostsee im Januar und Februar 1941 mit Verzögerungen und Unterbrechungen EKK-Erprobungen durchgeführt.

21. 1. 1941
Frankreich: *Richard Beitzen* Brest ausgelaufen zum Marsch nach Rotterdam.

22. 1. 1941
Holland: *Richard Beitzen* in Rotterdam eingelaufen. Dort übernahmen der Zerstörer und die Torpedoboote *Seeadler* und *Iltis* Minen.

23. 1. 1941
Holland/England: *Richard Beitzen, Seeadler* und *Iltis* Rotterdam abends ausgelaufen. Nachts warfen die drei Boote vor Südostküste Englands die offensive Minensperre »Weber«.

24. 1. 1941
Holland: *Richard Beitzen, Seeadler* und *Iltis* vormittags nach erfolgreicher Durchführung der Minenunternehmung wieder Rotterdam eingelaufen.

27. 1. 1941
Heimat: *Z 23* nach Umbau des Vorschiffes aus der Werft entlassen.

28. 1. 1941
Heimat: *Z 23* Marsch von Bremen durch den K.W.-Kanal nach Kiel. Dort wurde der Zerstörer wegen Vereisung der Ostsee bis zum 11. 3. 1941 festgehalten. In dieser Zeit konnte lediglich erste Hafenausbildung durchgeführt werden.
Holland/Frankreich: *Richard Beitzen* und die Torpedoboote *Seeadler, Iltis* und *Kondor* Marsch von Rotterdam durch den Ärmelkanal nach Brest.

30. 1. 1941
Frankreich: *Richard Beitzen* mit den Torpedobooten in Brest eingelaufen.

1. 2. 1941
Frankreich: Schwerer Kreuzer *Admiral Hipper* im Geleit von *Richard Beitzen* und den Torpedobooten *Seeadler* und *Kondor* Brest ausgelaufen zu seiner zweiten Atlantikunternehmung. In der äußeren Biskaya *Richard Beitzen* mit den beiden T-Booten entlassen zum Rückmarsch nach Brest.

2. 2. 1941
Frankreich: *Richard Beitzen, Seeadler* und *Kondor* Brest eingelaufen.

13. 2. 1941
Frankreich: *Richard Beitzen* mit zwei T-Booten Brest ausgelaufen, um in der Biskaya den aus dem Atlantik von erfolgreichem Handelskriegseinsatz heimkehrenden Schweren Kreuzer *Admiral Hipper* aufzunehmen und nach Brest zu geleiten.

14. 2. 1941
Frankreich: *Admiral Hipper, Richard Beitzen* und zwei T-Boote in Brest eingelaufen.

15. 2. 1941
Heimat: *Hermann Schoemann* nach einer Werftliegezeit, die insgesamt 33 Wochen dauerte, aus der Westwerft in Wilhelmshaven entlassen. Wenige Tage später verlegte der Zerstörer in die Ostsee zur Durchführung von Erprobungen und von Ausbildungsfahrten.

24. 2. 1941
Heimat: *Z 37* bei der Germaniawerft in Kiel vom Stapel gelaufen. Dieser Zerstörer blieb im Gegensatz zu anderen bis zu seiner Fertigstellung in dieser Werft.

26. 2. 1941
Heimat: *Z 27* bei Deschimag in Bremen für die 8. Z.-Fl. in Dienst gestellt. Anfang März 1941, bei Nachlassen des Frostes und nach allmählichem Schmelzen des Eises, verlegte der Zerstörer in die Ostsee, wo er mehrmonatige Erprobungen und Ausbildungs- und Übungsfahrten durchführte.

3. 3. 1941
Frankreich: *Richard Beitzen* in Brest einige Wochen nicht fahrbereit.
Ostsee: *Erich Steinbrinck* in Gotenhafen Maschinenstörungen. *Friedrich Eckoldt* wegen Eislage in der Ostsee ausgefallen.

7. 3. 1941
Ostsee: *Friedrich Ihn* und *Erich Steinbrinck* in der Ostsee durch Eisgang blockiert. Beide Zerstörer wegen Turbinenstörungen einige Wochen nicht fahrbereit.

11. 3. 1941
Heimat: *Z 23* Kiel ausgelaufen zum Marsch nach Gotenhafen.

12. 3. 1941
Ostsee: *Z 23* aus der westlichen Ostsee kommend in Gotenhafen eingelaufen.

12. bis 18. 3. 1941
Ostsee: *Z 23* und *Z 24* in der Ostsee Erprobungen von Gotenhafen aus.

14. 3. 1941
Heimat: *Bruno Heinemann* nach Beendigung seiner Werftzeit bereit für Erprobungen.

16. 3. 1941
Frankreich: *Richard Beitzen* Brest ausgelaufen zum Verlegungsmarsch durch den Ärmelkanal nach Deutschland.

18. 3. 1941
Heimat: *Richard Beitzen* aus Frankreich kommend in Kiel eingelaufen.
Ostsee: *Z 23* mit Chef 8. Z.-Fl. und *Z 24* in der östlichen Ostsee Erprobungen und Übungen abgebrochen und Marsch nach Kiel angetreten.

20. 3. 1941
Heimat: *Z 23* und *Z 24* wegen Eisgangs nicht in Kiel eingelaufen. Beide Boote sind vor der Kieler Förde vor Anker gegangen.

21. 3. 1941
Heimat: *Z 23* mit Chef 8. Z.-Fl. und *Z 24* abends bei Kiel Feuerschiff Anker gelichtet. Ausgelaufen zum Marsch nach Bergen über Kristiansand-Süd und Stavanger.

22. 3. 1941
Skagerrak: *Z 23* und *Z 24* in Skagerrak wegen Schlechtwetter und Sturm beigedreht. Auf *Z 23* waren erhebliche Seeschäden aufgetreten.

23. 3. 1941
Norwegen: *Z 23* mit Chef 8. Z.-Fl. und *Z 24* von Deutschland kommend in Bergen eingelaufen.

25. 3. 1941
Ostsee: *Friedrich Ihn* und *Erich Steinbrinck* Übungsfahrten in der Ostsee.

26. 3. 1941
Norwegen: *Z 24* mit Chef 8. Z.-Fl. und *Z 23* Bergen ausgelaufen und mit dem Schweren Kreuzer *Admiral Hipper* Marsch in die Ostsee angetreten. (*Admiral Hipper* war am 15. 3. 1941 Brest ausgelaufen und hatte nach unbemerktem Passieren der Dänemark-Straße am 23. 3. 1941 das Nordmeer erreicht.)
Ostsee: *Friedrich Ihn* und *Erich Steinbrinck* weiterhin Übungsfahrten in der Ostsee.

27. 3. 1941
Heimat: *Bruno Heinemann* einsatzbereit.

28. 3. 1941
Skagerrak: *Admiral Hipper, Z* 24 mit Chef 8. Z.-Fl. und *Z 23* Skagerrak erreicht. Dort wurden beide Zerstörer durch den Kommandanten des Kreuzers, der allein weiter nach Kiel marschierte, zur Rückkehr nach Bergen entlassen.

29. 3. 1941
Norwegen: *Z 24* mit Chef 8. Z.-Fl. und *Z 23* Bergen eingelaufen.
Ostsee: *Friedrich Ihn* und *Erich Steinbrinck* in der Ostsee nach Beendigung der Ausbildungsfahrten einsatzbereit.

30. 3. 1941
Ostsee: *Friedrich Ihn, Erich Steinbrinck* und *Bruno Heinemann* Gotenhafen ausgelaufen. Marsch nach Westen zur Verlegung in die Nordsee angetreten.
Norwegen: Schwerer Kreuzer *Admiral Scheer, Z 24* mit Chef 8. Z.-Fl. und *Z 23* Bergen ausgelaufen zum Marsch durch die Nordsee, das Skagerrak und Kattegat in die Ostsee. *(Admiral Scheer* hatte, von einer längeren Handelskriegsunternehmung im Atlantik und Indischen Ozean kommend, in der Nacht vom 26. zum 27. 3. 1941 von den englischen Bewachern unbemerkt die Dänemark-Straße passiert. Dabei hatte der Kreuzer die dort Wache haltenden englischen Leichten Kreuzer *Fiji* und *Nigeria* ausmanövriert. Am Morgen des 30. 3. 1941 hatte *Admiral Scheer* im Grimstafjord bei Bergen Anker geworfen. Am Abend desselben Tages war das Schiff mit den beiden Begleitzerstörern zum Marsch nach Kiel ausgelaufen. *Admiral Scheer* hatte auf seiner über fünf Monate langen Unternehmung 17 Schiffe mit 113 233 BRT versenkt).

1. 4. 1941
Heimat: *Admiral Scheer* und die Begleitzerstörer *Z 24* mit Chef 8. Z.-Fl. und *Z 23* in Kiel eingelaufen.

Z 10, Hans Lody schwarz qualmend im Sommer 1941.

Ganz oben: Sinkender britischer Truppentransporter *Orama*, gesehen von *Z 10, Hans Lody* am 8. 6. 1940 im Nordmeer.

Oben: *Z 23* (vorn) und *Z 32* in der Biskaya im Sommer 1943.

Links: *Z 23* in der Biskaya bei U-Bootgeleit im Sommer 1941. Auf der Back erkennbar das 15 cm-Einzelgeschütz, das 1942 gegen den 15 cm-Doppelturm ausgetauscht wurde.

Unten links und rechts: *Z 23* in schwerem Seegang in der Biskaya am 24. oder 25. 12. 1943.

Oben: *Z 24,* mit Minenladung bei Norwegen im Frühjahr 1942.

Oben links: *Z 24* in der Biskaya mit Dreifarbentarnanstrich im Sommer 1941, wie ihn sehr ähnlich auch *Z 23* trug.

Links: *Z 24,* inzwischen mit 15 cm-Doppelturm ausgerüstet, in der Gironde im März 1943.

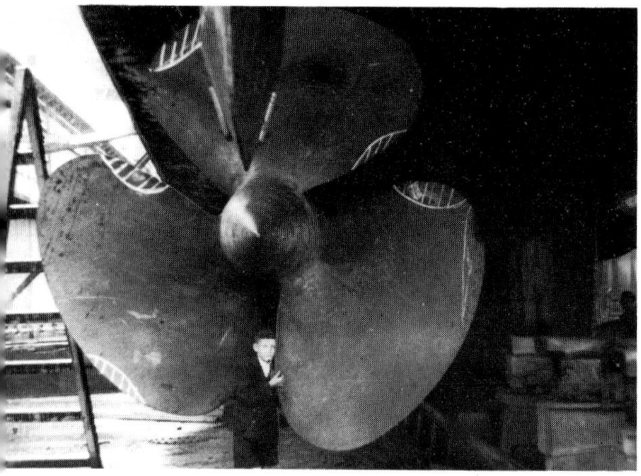

Links: Nach Grundberührung beschädigte Bb.-Schraube von *Z 24,* aufgenommen im Dock in Pauillac, Frankreich, im September 1943.

Oben und unten: *Z 25* am 16. 5. 1942 aus dem Trondheimfjord auslaufend. Bei der anschließend in Deutschland durchgeführten Werftzeit wurde das im Bild erkennbare 15 cm-Einzelgeschütz durch die 15 cm-Doppelturmlafette ersetzt.

3. 4. 1941
Heimat: Musterung der Besatzungen von *Paul Jacobi, Bruno Heinemann, Friedrich Ihn* und *Erich Steinbrinck* durch den Flottenchef, VAdm. Lütjens, in Wilhelmshaven.

4. 4. 1941
Heimat: Vormittags *Bruno Heinemann* und *Friedrich Ihn* zum Flak-Schießen Wilhelmshaven ausgelaufen in die Deutsche Bucht. Anschließend beide Zerstörer auf der Jade geankert. Nachmittags *Erich Steinbrinck* mit Chef 5. Z.-Fl. Wilhelmshaven ausgelaufen. Auf der Jade *Bruno Heinemann* und *Friedrich Ihn* Anker gelichtet und an *Erich Steinbrinck* herangeschlossen. Gemeinsam traten die drei Zerstörer abends aus der Deutschen Bucht den Marsch nach Westen an.

6. 4. 1941
Frankreich: *Erich Steinbrinck* mit Chef 5. Z.-Fl., *Bruno Heinemann* und *Friedrich Ihn,* aus der Nordsee kommend und nach Durchbruch durch den Ärmelkanal, in Brest eingelaufen.

10. 4. 1941
Frankreich: In der Nacht zum 11. 4. 1941 schwerer britischer Luftangriff auf Brest. Der dort seit dem 22. 3. 1941 liegende Schlachtkreuzer *Gneisenau* durch vier Bombentreffer beschädigt. Der ebenfalls dort in Reparatur befindliche Schlachtkreuzer *Scharnhorst* und die drei Zerstörer blieben unbeschädigt.

11. 4. 1941
Heimat: Wiederherstellung der Einsatzbereitschaft von *Friedrich Eckoldt* wegen Überhitzerschadens und von *Hermann Schoemann* wegen Turbinenschadens verzögert.
Karl Galster Restarbeiten bis Ende April 1941, *Hans Lody* bis Mitte April 1941.

16. 4. 1941
Heimat: *Z 25* noch nicht einsatzbereit, obwohl bereits seit einem halben Jahr in Dienst befindlich.

19. 4. 1941
Frankreich: *Erich Steinbrinck* mit Chef 5. Z.-Fl., *Friedrich Ihn* und *Bruno Heinemann* Marsch von Brest nach La Pallice.

21. 4. 1941
Heimat: *Hans Lody* nach Werftzeit in der Werft des N.D.L. in Bremerhaven einsatzbereit für Probefahrten.
Friedrich Eckoldt Ausbildungsabschnitt in der Ostsee.
Z 23 Reparaturen in Kiel.
Z 24 Geräusche in den Turbinen bei Geschwindigkeiten höher als 24 kn. Etwa dreiwöchige Instandsetzungszeit erforderlich.

22. 4. 1941
Heimat: *Z 23* fahrbereit in Kiel.
Frankreich: *Erich Steinbrinck* mit Chef 5. Z.-Fl., *Friedrich Ihn* und *Bruno Heinemann* La Pallice ausgelaufen, um in der südlichen Biskaya den von einer 322 Tage dauernden Handelskriegsunternehmung heimkehrenden Hilfskreuzer *Schiff 10 Thor* aufzunehmen und in den Ärmelkanal zu geleiten.

23. 4. 1941
Frankreich: *Schiff 10 Thor, Erich Steinbrinck* mit Chef 5. Z.-Fl., *Friedrich Ihn* und *Bruno Heinemann* im Ärmelkanal. Dort Entlassung der Zerstörer zum Marsch nach Cherbourg. Weitermarsch des Hilfskreuzers nach Deutschland ohne Zerstörergeleit.

24. 4. 1941
Frankreich: *Erich Steinbrinck, Friedrich Ihn* und *Bruno Heinemann* abends in Cherbourg eingelaufen.
Ostsee: *Z 23* mit Chef 8. Z.-Fl. und *Z 24* Übungsfahrten in der Ostsee.

28. 4. 1941
Ostsee: *Friedrich Eckoldt* bei KKS-Erprobungsfahrt nach Ausfall eines Kessels noch 63 500 PS und 34,4 kn Höchstgeschwindigkeit bei 85 % Zuladung entwickelt.

Frankreich: Vormittags *Erich Steinbrinck* mit Chef 5. Z.-Fl., *Friedrich Ihn* und *Bruno Heinemann* Cherbourg ausgelaufen zum Verlegungsmarsch nach Bordeaux.

29. 4. 1941
Frankreich: *Erich Steinbrinck, Friedrich Ihn* und *Bruno Heinemann* in die Gironde-Mündung eingelaufen und später in Bordeaux festgemacht.

1. 5. 1941
Heimat: *Z 26* Beginn mit Restarbeiten.

4. 5. 1941
Nordsee: *Karl Galster* Probefahrten in der Nordsee ohne Störungen.

5. 5. 1941
Nordsee: *Karl Galster* Fortsetzung der Probefahrten. Dabei erfolgreiche Abwehr britischer Luftangriffe.

6. 5. 1941
Heimat: *Karl Galster* einsatzbereit nach programmgemäß verlaufenen Probefahrten.

Mittelmeer: Im Dock von Skaramanga, Griechenland, haben deutsche Truppen bei ihrem Einmarsch in die Stadt den griechischen Zerstörer *Vasilefs Giorgios* erbeutet. Dieser Zerstörer war am 20. 4. 1941 durch deutsche Sturzkampfflugzeuge mit dem Schwimmdock, in dem er zur Instandsetzung lag, versenkt worden. Nach Dockhebung Reparatur des Zerstörers und Umrüstung für Indienststellung als *ZG 3 Hermes.*

7. 5. 1941
Heimat: *Karl Galster* erneut außer Fahrbereitschaft. Die bei Deschimag in Bremen instand gesetzte Turbine hat ähnliche Schäden gezeigt wie zuvor die von *Hermann Schoemann* und *Z 24. Karl Galster* zur Turbinenreparatur nach Wilhelmshaven in die Westwerft gegangen.

9. 5. 1941
Ostsee: *Hans Lody* Ehrengeleit für den verstorbenen dänischen Gesandten Zahle, der mit der *Gjedser-Fähre* von Warnemünde nach Gjedser überführt wurde. Besatzung von *Hans Lody* in Paradeaufstellung. – *Hans Lody* befand sich seit Ende April 1941 in der Ostsee zur Durchführung von Erprobungs-, Übungs- und Ausbildungsfahrten.

10. 5. 1941
Frankreich: Vormittags *Erich Steinbrinck* mit Chef 5. Z.-Fl., *Friedrich Ihn* und *Bruno Heinemann* Marsch von Bordeaux nach La Pallice. Dort nachmittags im Vorhafen festgemacht.

13. 5. 1941
Frankreich: *Erich Steinbrinck, Friedrich Ihn* und *Bruno Heinemann* in La Pallice vom Vorhafen in den Binnenhafen verlegt.

15. 5. 1941
Heimat: Z 31 in der Kieler Germaniawerft vom Stapel gelaufen. Kurz darauf wurde der Rumpf des Zerstörers nach Bremen zu Deschimag geschleppt und an der Ausrüstungspier zum Fertigbau festgemacht.

Paul Jacobi mußte wegen Ausfalls beider Hauptspeisewasserpumpen in der Nordsee eine Probefahrt abbrechen und zur Instandsetzung die Westwerft in Wilhelmshaven aufsuchen. Bereits am 24. 4. 1941 hätte *Paul Jacobi* seine erste Werftprobefahrt wegen Maschinenschadens unterbrechen und Werfthilfe in Anspruch nehmen müssen.

Verteilung der Zerstörer: Führerzerstörer des F.d.Z.

Z 20 Karl Galster Turbinenreparatur in Wilhelmshaven.

5. Zerstörerflottille:

Z 15 Erich Steinbrinck mit Chef 5. Z.-Fl. in La Pallice einsatzbereit.

Z 14 Friedrich Ihn in La Pallice einsatzbereit.

Z 16 Friedrich Eckoldt in Swinemünde einsatzbereit für Unternehmen »Rheinübung« (*Bismarck*-Unternehmen).

Z 4 Richard Beitzen Maschinenüberholung in Kiel bis Anfang Juni 1941.

6. Zerstörerflottille:

Z 10 Hans Lody mit Chef 6. Z.-Fl. in Kiel einsatzbereit für Unternehmen »Rheinübung«.

Z 5 Paul Jacobi Maschinenreparatur in Wilhelmshaven.

Z 6 Theodor Riedel in Stettin Instandsetzung nach Heizraumbrand.

Z 7 Hermann Schoemann Turbineninstandsetzung bei Deschimag in Bremen.

Z 8 Bruno Heinemann in La Pallice einsatzbereit, z. Z. unterstellt der 5. Z.-Fl.

8. Zerstörerflottille »Narvik«:

Z 26 mit Chef 8 Z.-Fl. Restarbeiten bei Deschimag Bremen.

Z 23 in Swinemünde einsatzbereit für Unternehmen »Rheinübung«.

Z 24 Turbineninstandsetzung bei Deschimag in Bremen.

Z 25 Übungen in der Ostsee von Swinemünde aus.

Z 27 Restarbeiten bei Deschimag Bremen.

18. 5. 1941

Frankreich: Troßschiff *Nordmark*, gesichert von *Erich Steinbrinck* mit Chef 5. Z.-Fl., *Friedrich Ihn* und *Bruno Heinemann*, Marsch von Le Havre nach Boulogne.

Heimat/Ostsee: Unternehmung »Rheinübung«, der Ausbruch des Schlachtschiffes *Bismarck* und des Schweren Kreuzers *Prinz Eugen* aus der Ostsee in den Atlantik, angelaufen. Abends *Bismarck* mit Flottenchef, VAdm. Lütjens, und *Prinz Eugen* Gotenhafen ausgelaufen und in der Nacht in der Ostsee vor Gotenhafen geankert.

19. 5. 1941

Ostsee: Morgens haben *Bismarck* und *Prinz Eugen* die Anker gelichtet und den Marsch aus der Ostsee mit westlichen Kursen angetreten. Aus Swinemünde sind am frühen Morgen die Zerstörer *Friedrich Eckoldt* und *Z 23* ausgelaufen und haben in der mittleren Ostsee auf die beiden Schiffe gesammelt.

Vormittags ist *Hans Lody* mit dem Chef der 6. Z.-Fl. aus Kiel ausgelaufen und hat den Marsch zum Treffpunkt mit dem Verband des Flottenchefs angetreten.

22.34 Uhr: *Hans Lody* ist im Südteil des Großen Belt auf den *Bismarck*-Verband gestoßen und hat eine Sicherungsposition eingenommen. Anschließend ging der Verband mit nördlichen Kursen auf den Marsch in Richtung zum Kattegat.

Heimat: *Theodor Riedel* von Stettin aus Probefahrten in der Ostsee. Abends wieder Stettin eingelaufen.

20. 5. 1941

Kattegat/Skagerrak: *Bismarck, Prinz Eugen, Hans Lody, Friedrich Eckoldt* und *Z 23* Marsch mit nördlichen Kursen im Kattegat.

Mittags wurde vom deutschen Verband der schwedische Flugzeugkreuzer *Gotland* erfaßt, der unter der schwedischen Küste die Fahrt des deutschen Flottenverbandes mithielt und ihn wiederholt mit Funksprüchen nach Schweden meldete. Etwa gleichzeitig wurde der deutsche Verband vom britischen Nachrichtendienst erfaßt.

Frankreich: Nachmittags *Erich Steinbrinck* mit Chef 5. Z.-Fl., *Friedrich Ihn* und *Bruno Heinemann* Le Havre ausgelaufen zum Marsch nach La Pallice.

21. 5. 1941

Norwegen: Morgens *Bismarck, Prinz Eugen, Hans Lody, Friedrich Eckoldt* und *Z 23* nach Passieren des Skagerraks und der nordöstlichen Nordsee im Korsfjord bei Bergen an verschiedenen Stellen vor Anker gegangen. Dort ergänzten der Kreuzer und die Zerstörer aus Tankern Treibstoff. Hierbei wurden die deutschen Schiffe durch britische Luftaufklärung entdeckt und gemeldet. Abends gelang es dem Verband jedoch, unbemerkt auszulaufen und den Vormarsch zunächst mit nördlichen Kursen in das Nordmeer anzutreten.

Frankreich: *Erich Steinbrinck, Friedrich Ihn* und *Bruno Heinemann* vormittags in La Pallice eingelaufen.

22. 5. 1941

Nordmeer: *Bismarck, Prinz Eugen, Hans Lody, Friedrich Ihn* und *Z 23* auf gemeinsamem Marsch nach Norden. Während des Marsches befanden sich die Zerstörer auf U-Bootssicherungspositionen.

05.15 Uhr: Verband nordwestlich von Trondheim. Entlassung der drei Zerstörer durch den Flottenchef. Daraufhin machten die Zerstörer kehrt, steuerten die norwegische Küste an und liefen vormittags in Trondheim ein.

Bismarck und *Prinz Eugen* setzten ihren Marsch zunächst nach Norden fort und gingen vormittags mit hoher Fahrt auf Westkurs. Am 23. 5. 1941 abends liefen die beiden Schiffe in die Dänemark-Straße ein, wo sie durch die englischen Schweren Kreuzer *Norfolk* und *Suffolk* gesichtet und gemeldet wurden. Am Morgen des 24. 5. 1941 hatten die deutschen Schiffe die Dänemark-Straße passiert. Vor dem Südausgang der Meeres-Straße kam es gegen 06.00 Uhr zu einem Gefecht der beiden deutschen Einheiten gegen den englischen Schlachtkreuzer *Hood*, der wenige Minuten später nach Artillerietreffern von *Bismarck* explodierte und sank, und dem Schlachtschiff *Prince of Wales*, das beschädigt wurde. Drei Treffer auf *Bismarck* zwangen den deutschen Flottenchef, das geplante Unternehmen abzubrechen und mit *Bismarck* nach Brest zu gehen. Das weitere Schicksal der *Bismarck* darf als bekannt vorausgesetzt werden.

25. 5. 1941

Norwegen: *Hans Lody* mit Chef 6. Z.-Fl., *Friedrich Eckoldt* und *Z 23* Trondheim ausgelaufen zum Marsch nach Wilhelmshaven.

Frankreich: *Erich Steinbrinck, Friedrich Ihn* und *Bruno Heinemann* in La Pallice nicht einsatzbereit wegen notwendig gewordener Instandsetzungsarbeiten.

26. 5. 1941

Holland: F.d.Z. nach Fahrt von Wilhelmshaven eingetroffen in Den Helder. Von dort Weiterfahrt nach Rotterdam zur Besichtigung des in der Werft liegenden Zerstörers *ZH 1*, ehemals holländisch *Gerard Callenbergh.*

Heimat: Aus Norwegen kommend sind die Zerstörer *Hans Lody* mit Chef 6. Z.-Fl., *Friedrich Eckoldt* und *Z 23* in der Deutschen Bucht eingetroffen. Dort Trennung des Verbandes: *Hans Lody* in Wesermünde zu Instandsetzungen in der Werft des N.D.L. eingelaufen. *Friedrich Eckoldt* und *Z 23* in Wilhelmshaven eingelaufen, wo *Friedrich Eckoldt* zu Instandsetzungen in die Westwerft ging.

29. 5. 1941

Heimat: *Hans Lody* in Wesermünde wieder einsatzbereit.

Z 27 Restarbeiten verlängert bis 8. 8. 1941.

30. 5. 1941

Ostsee: *Paul Jacobi* Probefahrten in der Ostsee. Anschließend wurde der Zerstörer nach Kiel beordert.

2. 6. 1941
Frankreich: *Prinz Eugen* aus dem Atlantik kommend in der Biskaya durch *Bruno Heinemann* mit Chef 5. Z.-Fl. und *Friedrich Ihn* aufgenommen. Von dort aus wurde der Kreuzer durch die beiden Zerstörer nach Brest geleitet, wo die 3 Einheiten einliefen.

7. 6. 1941
Ostsee: *Z 24* Trimmfahrten in der Ostsee.

9. 6. 1941
Heimat: *Karl Galster* im Wilhelmshaven wieder einsatzbereit. Ausgelaufen zum Marsch nach Kiel. Mit ausgelaufen waren *Z 23* und *Friedrich Eckoldt.*
Hans Lody mit Chef 6. Z.-Fl. Wesermünde ausgelaufen zum Marsch nach Kiel.

10. 6. 1941
Heimat: Nach Marsch von der Nordsee und durch den K.W.-Kanal sind *Hans Lody* mit Chef 6. Z.-Fl., *Friedrich Eckoldt, Karl Galster* und *Z 23* in Kiel eingelaufen. Aus der Ostsee kommend war *Z 24* in Kiel eingetroffen.
Wenig später Auslaufen der Zerstörer *Hans Lody* mit Chef 6. Z.-Fl., *Friedrich Eckoldt, Karl Galster, Z 23* und *Z 24* aus Kiel, um den ebenfalls dort ausgelaufenen Schweren Kreuzer *Lützow* auf dessen Verlegungsmarsch nach Norden (Unternehmen »Sommerreise«) zu geleiten und zu sichern.

11. 6. 1941
Skagerrak: *Lützow* mit fünf Zerstörern nach Durchfahren des Kattegat und Skagerrak Fortsetzung des Marsches nach Norwegen mit westlichen Kursen.

12. 6. 1941
Norwegen: Vor Lindesnes an der Südwestspitze von Norwegen britischer Torpedofliegerangriff auf *Lützow* erhielt dabei mittschiffs einen Treffer, der zur Rückkehr des Schiffes nach Kiel zwang.

14. 6. 1941
Heimat: Nachmittags *Lützow, Hans Lody* mit Chef 6. Z.-Fl., *Friedrich Eckoldt, Karl Galster, Z 23* und *Z 24* in Kiel eingelaufen. Zu Reparaturen der Torpedoschäden verlegte *Lützow* dort in das Dock der Deutschen Werke.

15. 6. 1941
Frankreich: *Friedrich Ihn* und *Bruno Heinemann* in Bordeaux einsatzklar.
Heimat: *Hans Lody, Friedrich Eckoldt, Karl Galster, Z 23* und *Z 24* in Kiel Durchführung kleinerer Reparaturen.
Ostsee: *Hermann Schoemann* Übungen in der Ostsee.

16. 6. 1941
Heimat: *Z 23* und *Z 24* morgens Kiel ausgelaufen und durch den K.W.-Kanal Verlegungsmarsch nach Frankreich angetreten.

17. 6. 1941
Frankreich: *Z 23* und *Z 24* haben Ärmelkanal passiert. In Höhe Cherbourg Abwehr eines britischen Lufttorpedoangriffs.

18. 6. 1941
Heimat: *Hans Lody* nicht fahrbereit in Kiel.

19. 6. 1941
Heimat: *Hermann Schoemann* in Kiel einsatzbereit.
Frankreich: 04.00 Uhr: *Z 23* und *Z 24* eingelaufen in Brest. Beide Zerstörer dem Chef 5. Z.-Fl. unterstellt.

20. 6. 1941
Heimat: *Karl Galster* mit Chef 6. Z.-Fl., *Hermann Schoemann, Friedrich Eckoldt* Kiel ausgelaufen zum Marsch durch Kattegat, Skagerrak und nordöstliche Nordsee nach Norwegen.
Paul Jacobi in Kiel.

21. 6. 1941
Norwegen: *Karl Galster, Hermann Schoemann* und *Friedrich Eckoldt* in Bergen eingelaufen.

22. 6. 1941
Heimat: *Z 25* nach Beendigung von Werftinstandsetzungen in Kiel eingelaufen.

25. 6. 1941
Heimat: *Z 25* mit zwei Geleitfahrzeugen und dem U-Boot *U 561* morgens Kiel ausgelaufen zum Marsch nach Bergen.
Theodor Riedel und *Paul Jacobi* in Kiel. Von hier aus in den nächsten Tagen Einfahren in der Ostsee.
Z 29 in Bremen bei Deschimag für die 8. Z.-Fl. in Dienst gestellt. Anfang Juli 1941 verlegte der Zerstörer in die Ostsee und führte dort sein Einfahr- und Erprobungsprogramm durch, dem sich Übungen und Ausbildungsfahrten anschlossen.

26. 6. 1941
Norwegen: *Z 25* mit *U 561* und Werkstattschiff *Kamerun* auf dem Marsch entlang der Südwestküste Norwegens. Abends *Z 25* bei Haugesund schwere Grundberührung infolge fehlerhafter Navigation. Zur Untersuchung wurde der Zerstörer, der bald wieder freigekommen war, nach Bergen befohlen.
Ostsee: *Paul Jacobi* und *Theodor Riedel* in der Ostsee Durchführung von Torpedoübungsschießen. Dabei *Theodor Riedel* durch den Treffer eines Übungstorpedos in der Wasserlinie leicht beschädigt. Zur Reparatur wurde der Zerstörer in die Deutschen Werke in Kiel entlassen.

28. 6. 1941
Norwegen: *Z 25* nachmittags in Bergen eingedockt. Folgende Schäden der Unterwasserhavarie wurden festgestellt: Beide Schrauben verbogen, Bb.-Schlingerkiel beschädigt. Schiffsboden an Bb. aufgerissen.

30. 6. 1941
Ostsee: *Paul Jacobi* mußte KKS-Fahrt in der Ostsee abbrechen wegen teilweise ausgefallener Hauptspeisepumpen.

1. 7. 1941
Heimat: *Richard Beitzen* und *Hans Lody* sowie angehängt Artillerieschulschiff *Bremse* Kiel ausgelaufen zum Marsch nach Norwegen.
Norwegen: *Z 25* abends Bergen ausgelaufen zum Marsch nach Kiel.

3. 7. 1941
Heimat: *Z 25* in Kiel eingetroffen. Von hier verlegte der Zerstörer einige Tage später in die Werft Deschimag in Bremen.

4. 7. 1941
Norwegen: Nachmittags *Hans Lody* mit Chef 6. Z.-Fl. und *Richard Beitzen* (beide waren am 2. 7. 1941 in Bergen eingelaufen) sowie *Hermann Schoemann, Friedrich Ihn* und *Karl Galster* Bergen ausgelaufen zum Marsch nach Norwegen.

5. 7. 1941
Norwegen: Vormittags *Hans Lody* mit Chef 6. Z.-Fl., *Richard Beitzen, Hermann Schoemann, Friedrich Eckoldt* und *Karl Galster* in Trondheim eingelaufen. Treibstoff- und Wasserergänzung.

6. 7. 1941
Norwegen: Chef 6. Z.-Fl. mit fünf Zerstörern Trondheim ausgelaufen zum Weitermarsch nach Norden (Eintreffen in Tromsö 7. 7.).

9. 7. 1941
Norwegen: 14.35 Uhr: Tankmotorschiff *Weißenburg* mit den Zerstörern *Richard Beitzen* und *Friedrich Eckoldt* Tromsö ausgelaufen zum Marsch nach Kirkenes.

23.00 Uhr: *Hans Lody* mit Chef 6. Z.-Fl., *Hermann Schoemann* und *Karl Galster* ebenfalls zum Marsch nach Kirkenes ausgelaufen. Kurz nach dem Auslaufen übernahmen *Hermann Schoemann* und *Karl Galster* die Geleitsicherung für zwei Transporter, die nach Kirkenes unterwegs waren.

10. 7. 1941
Norwegen: 21.00 Uhr: *Hans Lody* mit Chef 6. Z.-Fl., *Richard Beitzen, Friedrich Eckoldt* und Tanker *Weißenburg* in Kirkenes eingelaufen.
Heimat: *Z 25* Beginn der Havarieschädenreparaturen bei Deschimag in Bremen.

11. 7. 1941
Norwegen: 01.00 Uhr: *Hermann Schoemann* und *Karl Galster* mit den beiden geleiteten Transportern in Kirkenes eingelaufen.

12. 7. 1941
Norwegen/Eismeer:

11.00 Uhr: *Hans Lody* mit Chef 6. Z.-Fl., *Richard Beitzen, Hermann Schoemann, Friedrich Eckoldt* und *Karl Galster* vor Kirkenes Anker gelichtet. Anschließend passierten die fünf Zerstörer zum Vorstoß an die Kola-Küste auslaufend den Varangerfjord.

13.30 Uhr: Südlich Vardö trafen die Zerstörer dichten Nebel an. Sie passierten ihn dicht zusammengeschlossen.

15.10 Uhr: Die fünf Zerstörer haben einen Aufklärungsstreifen gebildet. Mit Kurs 105 Grad und 20 kn Fahrt steuerten sie weiter auf die Kola-Küste zu.

17.35 Uhr: Eigene Fischdampfer von 6. Z.-Fl. gesichtet.

18.20 Uhr: Wetterverbesserung, heiter und gute Sicht.

22.00 Uhr: Verband hat Aufklärungsvorstoß beendet und auf den Führerzerstörer *Hans Lody* gesammelt. Anschließend ging der Verband divisionsweise auf Kurs zur Murmansk-Küste.

24.00 Uhr: Wind Südost zu Süd 4, strichweise leichter Nebel und leichter Regen, Seegang 3.

13. 7. 1941
Murman-Küste/Norwegen: 02.00 Uhr: Von Bord *Hans Lody* wurde Kap Teriberski ausgemacht. Auf Anruf des dort stehenden sowjetischen Leuchtturms drehte der Zerstörer ab.

02.34 Uhr: Beim Ablaufen von der Küste kamen drei Fahrzeuge in Sicht. Die Zerstörer drehten darauf zu. Wie später erkannt wurde, waren es das sowjetische Wachschiff *Passat* und zwei Trawler.

02.48 Uhr: Die Zerstörer haben mit ihrer Artillerie das Feuer eröffnet. Während des folgenden Passiergefechtes schossen die russischen Schiffe mit ihrer schwachen Artillerie zurück, trafen jedoch nichts.

03.30 Uhr: Von *Hans Lody* wurde beobachtet, daß das Fahrzeug mit der aufgemalten Nr. 22 *(Passat)* sank.

03.40 Uhr: *Karl Galster* hat mit seiner Artillerie den Trawler *RT 67, Molotov* zum Sinken gebracht.

03.46 Uhr: Die Zerstörer haben auf *Hans Lody* gesammelt und sind endgültig von der Murman-Küste abgelaufen, um den Rückmarsch zum Tanafjord anzutreten.

04.15 Uhr: Bombenangriff von zwei Schwimmerflugzeugen auf die Zerstörer. Naheinschläge bei *Hans Lody,* die jedoch keine Schäden verursachten. Kurz darauf verschwanden die Flugzeuge.

05.05 Uhr: Während des Heimmarsches haben die Zerstörer erneut einen Aufklärungsstreifen gebildet und dabei mit Kurs 56 Grad eine Verbandsfahrt von 20 kn gehalten.

05.52 Uhr: Drei Flugzeuge voraus von *Hans Lody* gesichtet.

06.10 Uhr kamen die Maschinen achteraus außer Sicht.

06.39 Uhr: Funkmeldung von *Friedrich Eckoldt*:
»Bin angegriffen von drei Flugzeugen, sechs Bomben.«
Friedrich Eckoldt konnte die Bomben ausmanövrieren und blieb unbeschädigt.

08.30 Uhr: Zerstörer haben den Rückmarsch angetreten. Hierbei wurden im Lauf des Vormittags wiederholt Nebelbänke durchfahren.

12.00 Uhr: Zerstörerverband im dichten Nebel langsamere Fahrt.

19.30 Uhr: Die fünf Zerstörer haben den Eingang des Tanafjordes erreicht. Dort war das Wetter: Wind NW 3, bedeckt, See 2.

22.00 Uhr: *Hans Lody* mit Chef 6. Z.-Fl., *Richard Beitzen, Hermann Schoemann, Friedrich Eckoldt* und *Karl Galster* haben am Südende des Smalfjordes geankert.

15. 7. 1941
Norwegen: 07.00 Uhr: *Hans Lody* mit Chef 6. Z.-Fl., *Richard Beitzen, Hermann Schoemann, Friedrich Eckoldt* und *Karl Galster* Tanafjord ausgelaufen zu einem Vorstoß zum Nordkap.

07.20 Uhr: Auf *Karl Galster* vorübergehend Ausfall eines Kesselraumes.

11.30 Uhr: Wind NO 1, bedeckt, meist sehr gute Sicht, See 1. Zerstörer haben einen Aufklärungsstreifen mit 5 sm Seitenabstand untereinander gebildet. Suchkurs der Boote 340 Grad.

14.54 bis 15.13 Uhr: Deutsches Flugzeug in Sicht der Zerstörer. ES-Austausch mit *Richard Beitzen.* Wenig später hat das Flugzeug an *Friedrich Eckoldt* eine U-Boot-Sichtmeldung gegeben.

16. 7. 1941
Norwegen: Gegen 02.00 Uhr: Zerstörer haben ihre Aufklärungsfahrt beendet und sind an *Hans Lody* herangeschlossen. Anschließend haben sie gemeinsam den Rückmarsch angetreten.

04.10 Uhr: 6. Z.-Fl. mit fünf Zerstörern in den Bökfjord eingelaufen. Anschließend machte die 1. Division zur Brennstoff- und Wasserergänzung beim Tanker *Weißenburg* fest, während die 2. Division in der Nähe vor Anker ging.

17.00 Uhr: Nachdem alle Zerstörer Heizöl und Wasser übernommen haben, sind sie an verschiedenen Orten bei Kirkenes vor Anker gegangen:
Hans Lody mit Chef 6. Z.-Fl. im Langfjord, *Hermann Schoemann* und *Karl Galster* östlich von Prestöy, *Richard Beitzen* und *Friedrich Eckoldt* südöstlich Renöy.

Heimat: Zerstörer-Bereitschaftszustände der 8. Z.-Fl.:
Z 25 bei Deschimag Bremen Reparaturen und Einbau Bunkerheizung, Dauer bis etwa Ende September 1941,
Z 26 bei Deschimag Bremen Instandsetzung von beschädigten Überhitzern bis Ende September 1941,
Z 27 bei Deschimag Bremen Restarbeiten bis Ende August 1941,
Z 28 bei Deschimag Bremen Endausrüstung, kurz vor der Indienststellung,
Z 29 EKK- und andere Erprobungen in der Ostsee,
Z 30 bei Deschimag Bremen Ausrüstung und Einbau Bunkerheizung. Geplante Indienststellung von Anfang September auf Mitte November 1941 verschoben.

Ostsee: *Paul Jacobi* und *Theodor Riedel* in der Ostsee weiterhin nicht einsatzbereit. Beide Zerstörer hatten noch Übungen und Restinstandsetzungen durchzuführen.

Frankreich: Chef 5. Z.-Fl. mit den Zerstörern *Erich Steinbrinck,*

Bruno Heinemann, Friedrich Ihn, Z 23 und *Z 24* einsatzbereit in La Pallice.

17. 7. 1941
Norwegen: Auf den Ankerplätzen bei Kirkenes führten die fünf Zerstörer der 6. Z.-Fl. in den nächsten Tagen kleine Reparaturen und Munitionsergänzung durch.

20. 7. 1941
Frankreich: *Erich Steinbrinck* mit Chef 5. Z.-Fl., *Friedrich Ihn, Bruno Heinemann, Z 23* und *Z 24* Verlegungsmarsch von La Pallice nach Brest.

21. 7. 1941
Frankreich: Chef 5. Z.-Fl. mit seinen fünf Zerstörern in Brest eingelaufen. Abends liefen die Boote mit dem Schlachtkreuzer *Scharnhorst* Brest aus zum Marsch nach La Pallice. Die Absicht war, daß *Scharnhorst* im Seegebiet von La Pallice seine Probefahrten und Schießübungen absolvieren sollte.

22. 7. 1941
Frankreich: *Scharnhorst* mit den Begleitzerstörern in La Pallice eingelaufen.
Norwegen: Morgens Auslaufen der 6. Z.-Fl. mit *Karl Galster, Richard Beitzen, Hermann Schoemann* und *Friedrich Eckoldt* aus dem Tanafjord zu einem Vorstoß an die Murman-Küste

Ablauf der Unternehmung:

02.00 Uhr: 6. Z.-Fl. mit fünf Zerstörern bei Kirkenes seeklar.

03.00 Uhr: Wegen einer Kondensatorstörung auf *Hans Lody* ging die 6. Z.-Fl. südlich von Renöy vor Anker.

09.30 Uhr: Weil Schaden auf *Hans Lody* so schnell nicht zu beheben, stiegen der Chef der 6. Z.-Fl. und sein Stab auf *Karl Galster* über. *Hans Lody* wurde zur Instandsetzung nach Kirkenes entlassen. Etwa gleichzeitig fand ein Luftangriff auf die Zerstörer statt, der außer zwei Bombennahtreffern bei *Karl Galster* keine Auswirkungen hatte.
Nachdem der Chef der 6. Z.-Fl. auf *Karl Galster* eingestiegen war, liefen *Karl Galster* mit *Richard Beitzen, Hermann Schoemann* und *Friedrich Eckoldt* zu dem geplanten Vorstoß in das Eismeer aus.
Nachmittags und abends waren *Richard Beitzen* und *Friedrich Eckoldt* zeitweise wegen Kesselausfällen nur klar für je 30 kn Höchstgeschwindigkeit. Abends erfolgloser Angriff zweier Flugboote auf die Zerstörer.

19.45 Uhr: Vormarsch der vier Zerstörer bei guter Sicht und ruhiger See mit Nordkurs und 21 kn Fahrt.

22.40 Uhr: Nach Eingang einer Funkaufklärungsmeldung über einen russischen Flottillenführerzerstörer (Kreuzergröße) drehten die deutschen Zerstörer zunächst ab, setzten aber später den Vormarsch in Richtung Murman-Küste fort.

23. 7. 1941
Eismeer/Murman-Küste: 00.00 Uhr: Verbandsfahrt 12 kn.

02.30 Uhr: Marsch der vier Zerstörer durch dichten Nebel bei Wind um NW 2.

04.00 Uhr: Marschfahrt wegen des Nebels herabgesetzt auf 9 Kn.

16.00 Uhr: Zerstörer weiterhin im dichten Nebel mit 12 kn Fahrt.

19.20 Uhr: Die vier Zerstörer der 6. Z.-Fl. haben das Südende des Nebelgebietes erreicht. Sie erhöhten kurz darauf ihre Vormarschgeschwindigkeit.

20.25 Uhr: *Karl Galster* mit Chef 6. Z.-Fl., *Richard Beitzen, Hermann Schoemann* und *Friedrich Eckoldt* haben Kurs auf die Murman-Küste genommen.

24. 7. 1941
Eismeer/Murman-Küste/Norwegen: 00.00 Uhr: Zerstörer haben die Murman-Küste bei sehr guter Sicht erreicht.

01.17 Uhr: *Hermann Schoemann* griff ein gesichtetes Fahrzeug, das sowjetische Vermessungsschiff *Meridian*, mit seiner Artillerie an. *Meridian* wenig später gesunken.

02.16 Uhr: *Richard Beitzen* hat mit seiner Artillerie ein unter Land gewassertes Flugboot beschossen, welches wenig später ebenfalls brennend versank.

03.40 bis 04.38 Uhr: Während des Rückmarsches der vier Zerstörer wehrten sie wiederholte, jedoch erfolglose russische Luftangriffe ab.

04.48 bis 09.30 Uhr: Fahrt der 6. Z.-Fl. durch Nebelfelder mit westlichen Kursen.

16.15 Uhr: *Karl Galster* mit Chef 6. Z.-Fl., *Richard Beitzen, Hermann Schoemann* und *Friedrich Eckoldt* in den Bökfjord eingelaufen. Dort anschließend divisionsweise Öl ergänzt.

17.00 Uhr: Chef 6. Z.-Fl. mit seinem Stab *Karl Galster* ausgestiegen.

24. 7. 1941
Frankreich: Schwerer britischer Luftangriff auf den deutschen Schlachtkreuzer *Scharnhorst* in La Pallice. Das Schiff erhielt fünf Bombentreffer; mehrere Wassereinbrüche mußten die geplanten Erprobungen und Übungen der nächsten Tage ausfallen lassen. Auf den in La Pallice befindlichen Zerstörern *Erich Steinbrinck* mit Chef 5. Z.-Fl., *Friedrich Ihn, Bruno Heinemann, Z 23* und *Z 24* keine Schäden. Wenig später lief *Scharnhorst* mit den fünf Zerstörern von La Pallice zum Marsch nach Brest aus.

25. 7. 1941
Frankreich: *Scharnhorst* und die fünf Begleitzerstörer mittags in Brest eingelaufen.

26. 7. 1941
Frankreich: *Friedrich Ihn* Brest ausgelaufen zum Marsch durch den Ärmelkanal nach Deutschland.

27. 7. 1941
Frankreich: *Friedrich Ihn* wehrte nachmittags vor Calais einen erfolglosen Angriff von vier britischen Motortorpedobooten ab. Weitermarsch nach Deutschland fortgesetzt.

28. 7. 1941
Heimat: *Friedrich Ihn* nach Marsch durch die Deutsche Bucht und den K.W.-Kanal nachmittags in Kiel eingelaufen. Von hier aus wurde das Boot zur Durchführung seiner planmäßigen Werftliegezeit zu den Stettiner Oderwerken entlassen.

29. 7. 1941
Norwegen: *Hans Lody* mit Chef 6. Z.-Fl., *Richard Beitzen, Hermann Schoemann, Friedrich Eckoldt* und *Karl Galster* Kirkenes ausgelaufen zu einem Vorstoß in das Weiße Meer.

30. 7. 1941
Eismeer: Vormarsch der fünf Zerstörer der 6. Z.-Fl. bis in Höhe Kolguev. Dort wurde das Unternehmen abgebrochen und der Rückmarsch angetreten, da ein in der Nähe operierender britischer Verband, bestehend aus den Flugzeugträgern *Victorious* und *Furious*, den Schweren Kreuzern *Dorsetshire* und *Suffolk* sowie den Zerstörern *Echo, Eclipse, Escapade* und *Intrepid*, durch die deutsche Luftaufklärung erfaßt und gemeldet worden war. Während die deutschen Zerstörer noch in See waren, griffen die von den Flugzeugträgern gestarteten Maschinen deutsche Schiffs- und Landziele in Kirkenes und Petsamo an, allerdings mit geringen Erfolgen nur. 15 britische Flugzeuge wurden durch Flak und deutsche Jäger abgeschossen.

31. 7. 1941
Norwegen: *Hans Lody* mit Chef 6. Z.-Fl., *Richard Beitzen, Her-*

mann Schoemann, Friedrich Eckoldt und *Karl Galster* in den Tanafjord eingelaufen und geankert. Kurz nach Einlaufen sind *Hans Lody* mit dem Chef der 6. Z.-Fl., *Richard Beitzen, Hermann Schoemann, Friedrich Eckoldt* und *Karl Galster* aus dem Tanafjord wieder ausgelaufen. Als Geleitsicherung für einen Konvoi von Transportern haben sie den Marsch nach Kirkenes angetreten.
Heimat: *Paul Jacobi* in Gotenhafen, nachdem das Boot am Vortage der dortigen T.V.A. zur Verfügung gestellt worden war.
Ostsee: *Paul Jacobi* und *Z 29* in der Ostsee Erprobungen, *Z 27* Ausbildungsfahrten.
Holland: Der Fertigstellungstermin für *ZH 1*, der für Anfang August 1941 vorgesehen war, wurde auf unbestimmte Zeit verschoben, da der Bau lange stillgelegt war.

4. 8. 1941
Ostsee: *Theodor Riedel* hat seine KKS-Fahrten in der Ostsee erfolgreich durchgeführt.
Norwegen: *Friedrich Eckoldt* und *Richard Beitzen* ab Tromsö Sicherung von Truppentransportern bei Norwegen.

5. 8. 1941
Heimat: *Z 38* bei der Germaniawerft in Kiel vom Stapel gelaufen und anschließend zum Weiterbau an die Ausrüstungspier verholt.
Norwegen: *Friedrich Eckoldt* und *Richard Beitzen* weiter im Sicherungseinsatz für Truppentransporte bei Nordnorwegen.

9. 8. 1941
Heimat: *Z 28* bei Deschimag in Bremen für die 8. Z.-Fl in Dienst gestellt. Wenige Tage später verließ der Zerstörer die Bauwerft und verlegte in die Ostsee. Dort begann ein umfangreiches Erprobungs- und Einfahrprogramm, gemischt mit Übungen.
Theodor Riedel morgens Kiel ausgelaufen zum Marsch durch das Kattegat und Skagerrak sowie die nordöstliche Nordsee nach Narvik. Der Zerstörer sollte nach seinem Eintreffen in Nordnorwegen als Verstärkung zur 6. Z.-Fl. treten.
Norwegen: Mittags *Hans Lody* mit Chef 6. Z.-Fl., *Richard Beitzen* und *Friedrich Eckoldt* aus dem Bökfjord ausgelaufen zu einem Vorstoß zu den Kildin-Inseln und zur Mündung des Kolafjordes.

Ablauf der Unternehmung:

11.40 Uhr: *Hans Lody* mit Chef 6. Z.-Fl., *Richard Beitzen* und *Friedrich Eckoldt* aus dem Bökfjord ausgelaufen zu einem Vorstoß zu dene Kildin-Inseln und in die Mündung des Kolafjordes.

13.27 Uhr: Standort der drei Zerstörer östlich Vardö. Fortsetzung des Vormarsches. Wetterlage: Wind SO 2, wolkig, See 1–2.
Nachmittags und abends Marsch der 6. Z.-Fl. zunächst mit östlichen und später mit südöstlichen Kursen. In der Nacht Kurs auf die Küste abgesetzt.

10. 8. 1941
Kildin-Inseln/Kola-Fjord: Gegen 03.00 Uhr Sichtung eines Fahrzeuges unter der Küste.

03.22 Uhr: Die drei Zerstörer haben, nachdem sie herangedreht hatten, das Artilleriefeuer auf das sowjetische Schiff eröffnet. Dieses schoß heftig, jedoch ohne Erfolg zu haben, zurück. Wenig später stand es nach 12,7 cm-Granattreffern in Flammen.

03.57 Uhr: Das sowjetische Fahrzeug (Wachschiff *SKR-12, Tuman*) brennend gesunken. Anschließend Marsch der Zerstörer in Küstennähe.

04.10 Uhr: Auf der Halbinsel Pogan und bei Medveji haben sowjetische Küstenbatterien das Feuer auf die Zerstörer eröffnet. Granateinschläge lagen achteraus von *Richard Beitzen.*

04.11 Uhr: Während die Zerstörer mit hoher Fahrt von der Küste abdrehten, warfen *Hans Lody* und *Richard Beitzen* Nebelbojen. Kurz darauf verstummten die Landbatterien.

04.49 Uhr: Zwei Flugzeuge durch *Richard Beitzen* gesichtet und gemeldet.

05.57 Uhr: Drei sowjetische Flugzeuge griffen die Boote mit Bomben an. Die Einschläge lagen im Kielwasser der abdrehenden Zerstörer *Richard Beitzen* und *Hans Lody.* Auf *Richard Beitzen* entstanden durch Nahtreffer Schäden in der Maschinenanlage, wodurch die Höchstgeschwindigkeit herabgesetzt wurde. Wenig später war der Luftangriff wieder zu Ende. Die Zerstörer setzten ihren Rückmarsch fort.

06.30 Uhr: *Richard Beitzen* und *Friedrich Eckoldt* durch den Chef der 6. Z.-Fl. zur Maschinenüberholung nach Narvik entlassen. Zunächst marschierte *Hans Lody* weiter mit ihnen, ging dann aber mit seinem Kurs auf Kirkenes.

08.45 Uhr: *Hans Lody* mit Chef 6. Z.-Fl. hat im Kangfjord bei Kirkenes geankert.
Richard Beitzen und *Friedrich Eckoldt* liefen weiter nach Narvik.

11. 8. 1941
Kattegat/Skagerrak: *Theodor Riedel* auf planmäßigem Marsch nach Norwegen.
Norwegen: *Karl Galster* und *Hermann Schoemann* Marsch vom Smalfjord nach Honnigsvaag.

12. 8. 1941
Norwegen: *Theodor Riedel* nachmittags im Skateströmmen Grundberührung, beide Wellen festgesetzt. Schlepperhilfe erforderlich.

13. 8. 1941
Norwegen: *Theodor Riedel* in Bergen eingedockt zur Untersuchung der Schäden, die bei der Grundberührung entstanden sind.
Karl Galster und *Hermann Schoemann* bei einem Konvoi von Kirkenes nach Honnigsvaag als Geleitschutz in See.
Hans Lody im Westfjord Sicherung von Truppentransportern.

14. 8. 1941
Norwegen: *Richard Beitzen* Narvik ausgelaufen zum Marsch nach Deutschland, um in Kiel Werftreparaturen durchzuführen.
Hans Lody weiterhin im Westfjord eingesetzt.
Karl Galster und *Hermann Schoemann* in Kirkenes eingelaufen.

15. 8. 1941
Heimat: *Paul Jacobi* zu Instandsetzungen bei den Deutschen Werken in Kiel eingetroffen.
Z 32 bei der Germaniawerft in Kiel vom Stapel gelaufen. Der Rumpf des Zerstörers anschließend durch den K.-W-Kanal und die Deutsche Bucht zwecks Weiterbau und Fertigstellung nach Bremen zu Deschimag geschleppt.
Norwegen: *Karl Galster* und *Hermann Schoemann* Sicherung bei einem Geleitzug auf dessen Marsch von Tromsö nach Kirkenes.

16. 8. 1941
Norwegen: *Karl Galster* und *Hermann Schoemann* mit dem Konvoi in Kirkenes eingelaufen. Auch *Hans Lody* mit Chef 6. Z.-Fl., vom Westfjord kommend, in Kirkenes eingelaufen.

17. 8. 1941
Heimat: *Richard Beitzen* aus Norwegen kommend in Kiel eingelaufen und wenig später zu Instandsetzungen in die Werft gegangen.

18. 8. 1941
Norwegen: *Karl Galster* bei einem Konvoi als Geleitschutz von Kirkenes nach Hammerfest.

19. 8. 1941
Norwegen: *Karl Galster* als Sicherungszerstörer mit einem Geleitzug Marsch von Hammerfest nach Kirkenes.
Hermann Schoemann als Sicherungszerstörer bei einem Geleitzug auf dessen Marsch von Honnigsvaag nach Kirkenes.

20. 8. 1941
Norwegen: *Karl Galster* und *Hermann Schoemann* mit den durch sie gesicherten Geleitzügen in Kirkenes eingelaufen.

21. 8. 1941
Frankreich: *Erich Steinbrinck* mit Chef 5. Z.-Fl., *Bruno Heinemann, Z 23* und *Z 24* La Pallice ausgelaufen zur Einholung von Hilfskreuzer *Schiff 26 Orion,* der von 510 Tagen Handelskrieg im Atlantik, Pazifik und Indischen Ozean in die Heimat zurückkehrte (10 Schiffe mit 62 915 BRT allein, zwei weitere zusammen mit *Schiff 45 Komet* versenkt).
Norwegen: *Karl Galster* und *Hermann Schoemann* mit einem Geleitzug Marsch von Kirkenes nach Tromsö.

22. 8. 1941
Norwegen: *Karl Galster* und *Hermann Schoemann* mit ihrem Geleitzug in Tromsö eingelaufen.

23. 8. 1941
Frankreich: Hilfskreuzer *Schiff 36, Orion* mit den Zerstörern *Erich Steinbrinck* mit Chef 5. Z.-Fl., *Bruno Heinemann, Z 23* und *Z 24* in die Gironde-Mündung eingelaufen. Dort wurden die vier Zerstörer zum Marsch nach La Pallice entlassen, wo sie am gleichen Tag eintrafen.

24. 8. 1941
Norwegen: *Hermann Schoemann* in Narvik eingetroffen. Boot wegen Getriebeschadens nicht mehr einsatzfähig.

25. 8. 1941
Frankreich: *Erich Steinbrinck* La Pallice ausgelaufen zum Marsch nach Deutschland. Beim Auslaufen lief der Zerstörer bei plötzlich aufkommendem Nebel mit dem Vorschiff auf ein Wrack. Wegen der dabei erlittenen Schäden mußte der Verlegungsmarsch nach Deutschland um etwa zwei Wochen verschoben werden.
Norwegen: *Karl Galster* und *Friedrich Eckoldt*, die am 23. 8. 1941 als Sicherungszerstörer für einen Geleitzug aus Tromsö ausgelaufen waren, sind mit dem Konvoi in Kirkenes eingelaufen. Der zunächst mitausgelaufene Zerstörer *Hermann Schoemann* war wegen des schon genannten Getriebeschadens nach Narvik entlassen worden.

27. 8. 1941
Norwegen: *Hermann Schoemann* Narvik ausgelaufen zum Verlegungsmarsch nach Deutschland.

28. 8. 1941
Norwegen: *Karl Galster* und *Friedrich Eckoldt* als Sicherungszerstörer mit einem Geleitzug Kirkenes ausgelaufen zum Marsch nach Tromsö.

29. 8. 1941
Norwegen: *Karl Galster, Friedrich Eckoldt* und Geleitzug in Tromsö eingelaufen.

30. 8. 1941
Norwegen: *Karl Galster* Tromsö zur Sicherung eines nach Loppa (zwischen Tromsö und Hammerfest) bestimmten Konvois ausgelaufen.
Hans Lody mit Chef 6. Z.-Fl. Tromsö ausgelaufen, um als Sicherungszerstörer mit einem kleinen Geleitzug nach Kirkenes zu gehen. Auf dem Marsch nach Nordosten erfolgte nachmittags ein bisher ungeklärter Torpedoangriff eines U-Bootes auf den Konvoi. Der Transporter *Donau II* erhielt einen Torpedotreffer achtern und sank 5 Minuten später über das Heck. Der Frachter *Bahia Laura* blieb nach einem Treffer vor der Brücke brennend liegen *. Die Torpedoabschußstellen wurden etwa 100 m voraus an Bb.-Seite von *Hans Lody* gesichtet. Der Zerstörer und ein Vorpostenboot drehten auf die Abschußstelle zu und warfen Wasserbomben. *Karl Galster,* der mit seinem Geleitzug in der Nähe stand, kam heran und beteiligte sich mit Wasserbomben an der U-Bootjagd. Ein deutsches Flugzeug vom Typ He 115 warf aus der Luft ebenfalls Wabos.
Abends marschierten *Karl Galster,* ein norwegischer Dampfer und das R-Boot *R 153* mit geborgenen Schiffbrüchigen nach Tromsö. Etwa gleichzeitig trat *Hans Lody* mit 3 R-Booten und den Frachtern *August Bolten* und *Cornouaille* aus dem Bergfjord heraus den Weitermarsch nach Kirkenes an, welcher ungestört verlief.

31. 8. 1941
Norwegen: *Friedrich Eckoldt* mit einem Geleitzug Tromsö ausgelaufen zum Marsch nach Kirkenes.
Heimat: *Hermann Schoemann,* aus Nordnorwegen kommend und nach Marsch durch Nordmeer, Skagerrak und Kattegat, in Kiel eingelaufen. Von dort zu Werftinstandsetzungen entlassen.
Norwegen: *Karl Galster* mit einem Geleitzug in Loppa eingetroffen und anschließend mit einem neuen Konvoi nach Kirkenes ausgelaufen.
Hans Lody mit drei R-Booten und zwei Frachtern in Kirkenes eingelaufen.

2. 9. 1941
Norwegen: *Karl Galster* mit dem durch ihn geleiteten Konvoi und *Friedrich Eckoldt* mit einem Konvoi in Kirkenes eingelaufen. *Karl Galster* wenig später wieder mit einem Geleitzug ausgelaufen zum Marsch nach Tromsö. *Hans Lody* mit Chef 6. Z.-Fl. getrennt von vorgenanntem Geleit Kirkenes ausgelaufen zum Marsch ebenfalls nach Tromsö.

3. 9. 1941
Norwegen: *Karl Galster* mit einem Geleitzug und *Hans Lody* in Tromsö eingelaufen. Dort nahmen beide Zerstörer Truppen an Bord und liefen zu einem Schnelltransport nach Kirkenes aus.

4. 9. 1941
Norwegen: *Hans Lody* mit Chef 6. Z.-Fl. und *Karl Galster* in Kirkenes eingelaufen und an der Pier festgemacht. Dort stiegen die eingeschifften Heeressoldaten wieder aus.
Ostsee: *Z 28* Einfahrzeit in der Ostsee

6. 9. 1941
Frankreich: *Bruno Heinemann* mit Chef 5. Z.-Fl. und *Erich Steinbrinck* morgens aus La Pallice ausgelaufen zum Verlegungsmarsch durch den Ärmelkanal und die Deutsche Bucht nach Bremen bzw. Hamburg.

9. 9. 1941
Heimat: *Bruno Heinemann* mit Chef 5. Z.-Fl. und *Erich Steinbrinck* nach Marsch von Frankreich morgens auf der Außenjade bei Schilling vor Anker gegangen. Nachmittags lichteten die beiden Boote wieder die Anker und steuerten verschiedene Werften an. Abends liefen *Erich Steinbrinck* in der Hamburger Werft Blohm & Voß und *Bruno Heinemann* in Bremen bei Deschimag ein. Der Chef der 5. Z.-Fl. war auf *Erich Steinbrinck* nach Hamburg mitgefahren. Beide Zerstörer begannen ihre planmäßigen Werftliegezeiten.

---

* Auch der schwer getroffene Frachter **Bahra Laura** konnte nicht mehr eingebracht werden, er sank.

11. 9. 1941
Heimat: *Z 28,* der wegen Kompaßstörungen seine Einfahrzeit unterbrechen mußte, ist zu Instandsetzungen in Kiel eingelaufen.

12. 9. 1941
Heimat: *Paul Jacobi,* von Gotenhafen kommend, in Kiel eingelaufen.

15. 9. 1941
Heimat: *Z 33* bei der Germaniawerft in Kiel vom Stapel gelaufen. Der Zerstörerrumpf wurde anschließend durch den K.W.-Kanal nach Bremen zur Deschimag-Werft geschleppt, wo der Weiterbau stattfand.

16. 9. 1941
Nordnorwegen: *Hans Lody* mit Chef 6. Z.-Fl., *Friedrich Eckoldt* und *Karl Galster* mit einem Geleitzug Kirkenes ausgelaufen und Marsch nach Honnigsvaag angetreten.

17. 9. 1941
Nordnorwegen: *Hans Lody, Friedrich Eckoldt* und *Karl Galster* mit Geleitzug in Honnigsvaag eingetroffen. *Karl Galster* wieder ausgelaufen, um im Ofotfjord die Sicherung eines neuen Konvois zu übernehmen, der nach Kirkenes unterwegs war.

18. 9. 1941
Nordnorwegen: *Karl Galster* mit Geleitzug Ofotfjord ausgelaufen zum Marsch nach Kirkenes.
Ostsee: *Z 27* während Artillerieschießens bei Saßnitz durch den F.d.Z., der sich mit seinem A 2 und dem italienischen Marineinspekteur auf dem Zerstörer eingeschifft hatte, gemustert.

20. 9. 1941
Nordnorwegen: *Karl Galster* mit Konvoi Kirkenes eingelaufen.
Heimat: *Z 28,* von Kiel kommend, zu dreitägigen Reparaturen bei den Stettiner Oderwerken festgemacht.

21. 9. 1941
Nordnorwegen: *Hans Lody* mit Chef 6. Z.-Fl. und *Friedrich Eckoldt* Verlegungsmarsch von Honnigsvaag zum Tanafjord.
Heimat: *Z 25* mittags Bremerhaven ausgelaufen zum Marsch durch den K.W-Kanal in die Ostsee.
Abends Beginn des Sammelns der für die Baltenflotte vorgesehenen Kriegsschiffe. Schwerer Kreuzer *Admiral Scheer,* Leichter Kreuzer *Emden* und Zerstörer *Z 27,* der sein Schießprogramm abgebrochen hatte, liefen abends in Swinemünde ein, während das Schlachtschiff *Tirpitz* und die Leichten Kreuzer *Nürnberg, Köln* und *Leipzig* auf Swinemünde Reede ankerten.

22. 9. 1941
Heimat: Mittags *Z 26* mit Chef 8. Z.-Fl. Bremerhaven ausgelaufen zum Marsch in die Ostsee. *Z 25* in Swinemünde eingelaufen.

23. 9. 1941
Heimat: *Z 26* morgens in Kiel festgemacht zur Torpedoübernahme, zum Kompensieren und zur Funkbeschickung. Abends lief der Zerstörer zum Weitermarsch nach Swinemünde aus Kiel aus.
Ostsee: Abends Baltenflotte Swinemünde ausgelaufen und Marsch in die Aalandsee angetreten, um einen vermuteten Ausbruch der sowjetischen Flotte in die Ostsee zu verhindern. Die ausgelaufenen Einheiten waren zusammengefaßt in eine Nord- und eine Südgruppe.
Nordgruppe: Schlachtschiff *Tirpitz,* Schwerer Kreuzer *Admiral Scheer,* Leichte Kreuzer *Nürnberg* und *Köln,* Zerstörer *Z 26* mit Chef 8. Z.-Fl. (war in der mittleren Ostsee zum Verband gestoßen), *Z 25* und *Z 27,* Torpedoboote *T 11, T 2, T 5, T 7* und *T 8* sowie einige S-Boote.
Südgruppe: Leichte Kreuzer *Leipzig* und *Emden* sowie S-Boote in Libau.
Nordnorwegen: *Hans Lody* mit Chef 6. Z.-Fl. und *Friedrich Eckoldt* mit einem Geleitzug in Kirkenes eingelaufen.
Karl Galster Marsch von Kirkenes nach Hammerfest.

24. 9. 1941
Heimat: *Z 28,* der seine Turbineninstandsetzung in Stettin beendet hatte, in Swinemünde eingelaufen. Dort stieg der F.d.Z. auf dem Zerstörer ein und lief abends mit ihm nach Kiel aus.
Ostsee: Nach schweren deutschen Luftangriffen (insbesondere mit Stukas) auf die sowjetische Ostseeflotte war diese in Leningrad so dezimiert und außer Gefecht gesetzt worden (Luftangriffe vom 23. und 24. 9. 1941), daß deren Ausbruch in die Ostsee nicht mehr zu befürchten war. Deshalb marschierten *Tirpitz* und *Admiral Scheer* im Geleit von *T 2* und *T 5* nach Gotenhafen zurück. Von dort aus wurde *Admiral Scheer* in die Werft Blohm & Voss in Hamburg entlassen. Die restlichen Einheiten einschließlich der drei Zerstörer verblieben vorerst noch unter Führung des B.d.B. auf *Nürnberg* in der Aalandsee.
Nordnorwegen: *Karl Galster* mit seinem Geleitzug auf dem Marsch von Hammerfest nach Kirkenes.
Hans Lody in Kirkenes nicht einsatzbereit, da wegen undichter Kesselrohre dauernde hohe Wasserverluste auftraten.

26. 9. 1941
Heimat: *Paul Jacobi* Kiel ausgelaufen zur Werftprobefahrt in der westlichen Ostsee.
Nordnorwegen: *Karl Galster* mit Chef 6. Z.-Fl. und *Friedrich Eckoldt* nach Marsch von Kirkenes vor Hammerfest eingetroffen und von dort als Sicherungszerstörer für einen Geleitzug Marsch nach Kirkenes angetreten.

27. 9. 1941
Nordnorwegen: *Karl Galster* mit Chef 6. Z.-Fl., *Friedrich Eckoldt* und Geleitzug vor Kirkenes eingetroffen. Dort Geleitzug zum Einlaufen entlassen, während die beiden Zerstörer wieder ausliefen zum Marsch nach Nordkyn/Barentssee.
Hans Lody Kirkenes ausgelaufen zur Verlegung nach Tromsö. Streckenweise wurde der Zerstörer von *Friedrich Eckoldt* begleitet.

28. 9. 1941
Nordnorwegen: *Hans Lody* und *Friedrich Eckoldt* in Tromsö eingelaufen.
Heimat/Dänemark: *Z 28* Kiel angelaufen zum Marsch nach Aarhus. Von dort aus führte der Zerstörer in den nächsten Wochen zur Überwachung der neutralen Handelsschiffahrt Kontrollfahrten und Vorpostendienst im Skagerrak und Kattegat durch.
Ostsee: *Z 27* bei der *Baltenflotte* in der Aalandsee eingeschränkt fahrbereit, da Hauptspeisepumpe T 1 ausgefallen war.

29. 9. 1941
Norwegen: *Hans Lody* Tromsö ausgelaufen zum Verlegungsmarsch durch das Nordmeer nach Süden, durch Skagerrak und Kattegat nach Kiel.
Ostsee: Rückverlegung der Reste der *Baltenflotte,* u. a. mit den Zerstörern *Z 26* mit Chef 8. Z.-Fl., *Z 25* und *Z 27,* von der Aalandsee nach Gotenhafen.

1. 10. 1941
Heimat/Ostsee: *Paul Jacobi* von Kiel kommend auf Saßnitz Reede vor Anker gegangen. Von hier aus war beabsichtigt, Drehkreisversuche durchzuführen. – Der Zerstörer war seit Beginn seiner Werftliegezeit bei der Kriegsmarinewerft in Wilhelmshaven am 11. 11. 1940 noch nicht wieder verwendungsbereit, sondern nur eingeschränkt fahrbereit.

Nordnorwegen: *Karl Galster* mit Chef 6. Z.-Fl. und *Friedrich Eckoldt* als Sicherungszerstörer Kirkenes ausgelaufen zum Marsch mit einem Geleitzug nach Tromsö.

2. 10. 1941
Nordnorwegen: *Karl Galster, Friedrich Eckoldt* und Konvoi in Tromsö eingelaufen.
Ostsee: *Paul Jacobi* erneut Störungen an Hilfsmaschinen aufgetreten.

4. 10. 1941
Heimat: Die Einsatzbereitschaft der Zerstörer war seit Sommer 1941 ständig behindert durch zunehmende Abkommandierungen von erfahrenen Seeoffizieren zur U-Bootwaffe.
Dänemark/Norwegen: *Z 28* nach Marsch von Dänemark in Kristiansand-Süd eingelaufen.

6. 10. 1941
Holland: *ZH 1,* in Rotterdam im Bau befindlich, durch den Flottenchef, Admiral Schniewind, besichtigt.
Heimat: *Hans Lody,* von Nordnorwegen kommend, in Kiel eingelaufen. Von hier aus wurde der Zerstörer wenig später zur Durchführung seiner planmäßigen Werftliegezeit nach Bremerhaven zur Werft des Norddeutschen Lloyd entlassen.

10. 10. 1941
Ostsee: *Z 26* mit Chef 8. Z-Fl. und *Z 25* in der Ostsee Artillerieschießen.

12. 10. 1941
Ostsee: *Z 26* und *Z 25* haben ihren Schießabschnitt in der Ostsee mit Erfolg beendet.
Nordnorwegen: *Friedrich Eckoldt* und das Minensuchboot *M 29* in Tromsö kurz nach dem Lichten der Anker durch einen norwegischen Dampfer gerammt. Auf *Friedrich Eckoldt* an Bb.-Seite, Abt. 5, großes Leck in ganzer Höhe. Stb.-Maschinenraum vollgelaufen, die Bb.-Maschine blieb jedoch klar. Der nicht mehr einsatzbereite Zerstörer ging auf Tromsö Südreede zunächst vor Anker. — Wegen Sabotageverdachtes wurde das Brückenpersonal des norwegischen Schiffes verhaftet, später aber, nachdem sich der Verdacht als unbegründet herausgestellt hatte, wieder freigelassen.

13. 10. 1941
Frankreich: *Z 23* und *Z 24* in La Pallice Durchführung mehrtägiger kleinerer Reparaturen.
Nordnorwegen: *Karl Galster* mit Chef 6. Z.-Fl. als Sicherungszerstörer für einen Geleitzug Tromsö ausgelaufen.

14. 10. 1941
Nordnorwegen: *Karl Galster* und Geleitzug Kirkenes eingelaufen.

16. 10. 1941
Norwegen: *Z 28,* seit 28. 9. 1941 mehrfach im Skagerrak und Kattegat eingesetzt, hat von Kristiansand-Süd den Marsch nach Kiel angetreten.

17. 10. 1941
Nordnorwegen: Geleitzug unter Sicherung von *Karl Galster* mit Chef 6. Z.-Fl. und weiteren Geleitfahrzeugen Kirkenes ausgelaufen zum Marsch nach Tromsö.
Heimat: Morgens und vormittags *Z 26* mit Chef 8. Z.-Fl., *Z 25* und *Z 27,* alle aus der Ostsee kommend, in Swinemünde eingelaufen.
Z 28 nachmittags in Swinemünde eingelaufen.

18. 10. 1941
Nordnorwegen: *Karl Galster* mit Konvoi in Tromsö eingelaufen.
Ostsee: *Z 26* mit Chef 8. Z.-Fl. und *Z 25* vormittags aus Swinemünde ausgelaufen zur Durchführung von Meilenfahrten bei Neufahrwasser.

19. 10. 1941
Nordnorwegen: *Friedrich Eckoldt* nach beendeter Notreparatur, aber nur mit einer fahrbereiten Maschine (Bb.-Anlage), Tromsö ausgelaufen zum Marsch nach Trondheim. *Karl Galster* mit Chef 6. Z.-Fl. fuhr als Geleitsicherung mit.

20. 10. 1941
Heimat: *Z 26* und *Z 25* nachmittags von Meilenfahrten kommend in Swinemünde eingelaufen.

21. 10. 1941
Heimat: *Z 26* vormittags Swinemünde ausgelaufen zum Marsch nach Bremen, um bei Deschimag Kesselgebläse und S-Gerät reparieren zu lassen.
Ostsee: *Z 25* mit Chef 8. Z.-Fl., *Z 27* und *Z 28* vormittags Swinemünde ausgelaufen zur Teilnahme an Flottenmanövern in der Ostsee. Außer den genannten Zerstörern nahmen ferner daran teil:
Schlachtschiff *Tirpitz,* Leichte Kreuzer *Nürnberg* und *Köln,* die 3. T.-Fl. mit *T 13, T 14, T 16* und *T 17,* von der 2. T.-Fl. T4 und *T 12,* mehrere U- und S-Boote, Tankschiffe *Dithmarschen, Adria, Südmeer* und *Eurosee,* ferner Luftstreitkräfte. Die auf die nächsten vier Tage angesetzten Manöver umfaßten Verbandsübungen, Fahrübungen, Tag- und Nachtübungsschießen, taktische Manöver.

22. 10. 1941
Norwegen: *Karl Galster* mit Chef 6. Z.-Fl. und *Friedrich Eckoldt* in Trondheim eingelaufen. Hier wurde der Chef der 6. Z.-Fl. abkommandiert, um in der Heimat ein neues Kommando zu übernehmen. Dies kam jedoch nie zustande, denn Kapt.z.S. Schulze-Hinrichs behielt das Kommando als Chef 6. Z.-Fl. bis März 1943

Ostsee: F.d.Z. für die Manöverdauer in der Ostsee auf *Z 28* eingestiegen.

23. 10. 1941
Frankreich: *Z 23* und *Z 24* aus La Pallice ausgelaufen zum Verlegungsmarsch durch den Ärmelkanal und die Deutsche Bucht nach Wesermünde. Damit waren aus Frankreich bis auf weiteres alle deutschen Zerstörer abgezogen.

25. 10. 1941
Heimat: *Z 28* mit F.d.Z., *Z 25* mit Chef 8. Z.-Fl. und *Z 27* nachmittags nach Beendigung der Ostsee-Flottenmanöver eingelaufen in Swinemünde. Dort stieg der F.d.Z. mit seinem Stab wieder auf seinen Tender *Hecht* über.

26. 10. 1941
Norwegen: *Theodor Riedel* in Bergen fahrbereit mit einer Maschine.
Heimat: *Z 23* und *Z 24,* aus Westfrankreich kommend, in Wesermünde eingetroffen.

4. 11. 1941
Norwegen: *Karl Galster* Trondheim ausgelaufen zum Marsch nach Tromsö.

5. 11. 1941
Norwegen: *Friedrich Eckoldt* Trondheim ausgelaufen zum Verlegungsmarsch in die Heimat.

7. 11. 1941
Norwegen: *Karl Galster* in Tromsö eingelaufen.

9. 11. 1941
Heimat: *Friedrich Eckoldt,* aus Norwegen kommend und nach Marsch durch die nordöstliche Nordsee, durch Skagerrak und

Kattegat, in Kiel eingelaufen und hier zur Reparatur der Kollisionsschäden in der Germaniawerft festgemacht.
Z 26 mit Chef 8. Z.-Fl. und *Z 24,* beide von Wesermünde kommend, Kiel ausgelaufen zum Verlegungsmarsch nach Nordnorwegen. *Paul Jacobi,* seit einigen Tagen in Aarhus, hat Befehl erhalten, sich an die 8. Z.-Fl. anzuhängen und mit nach Norwegen zu verlegen.

10. 11. 1941
Heimat: Die Fertigstellung von *Z 37, Z 38* und *Z 39* bei der Germaniawerft in Kiel mußte um je etwa vier Monate zurückgestellt werden. Die Ursache hierfür war, daß die Werft Arbeiter nach Norwegen abgeben und weitere Fachkräfte für die vordringliche Reparatur von *Friedrich Eckoldt* bereitstellen mußte.
Dänemark: *Paul Jacobi* aus Aarhus ausgelaufen. Auf dem Marsch zum Treffpunkt mit der 8. Z.-Fl. bekam der Zerstörer eine kleine unbeleuchtete Fahrwassertonne in die Bb.-Schraube. Zum Docken marschierte *Paul Jacobi* nach Kiel zu den Deutschen Werken.
Norwegen: *Z 26* mit Chef 8. Z.-Fl. und *Z 24* zu kurzem Aufenthalt in Kristiansand-Süd eingelaufen.

11. 11. 1941
Norwegen: *Z 26* mit Chef 8. Z.-Fl. und *Z 24* um 06.00 Uhr in Bergen eingelaufen.

13. 11. 1941
Heimat: *Z 23* nach Marsch von Bremen und durch den K.W.-Kanal vormittags in Kiel eingelaufen.

15. 11. 1941
Heimat: *Z 30* bei Deschimag in Bremen für die 8. Z.-Fl. in Dienst gestellt.
Ostsee: *Z 25* mit F.d.Z. und *Z 23* Kiel ausgelaufen zur Teilnahme an Flottenübungen in der Ostsee.

16. 11. 1941
Heimat: *Z 25* und *Z 23* morgens nach Beendigung der Flottenübungen in der Ostsee in Swinemünde eingelaufen. Dort stieg der F.d.Z. von *Z 25* wieder aus. Anschließend wurde der Zerstörer zu Instandsetzungen in die Werft des Norddeutschen Lloyd in Bremerhaven entlassen.

19. 11. 1941
Norwegen: *Z 26* mit Chef 8. Z.-Fl. und *Z 24* vormittags Trondheim ausgelaufen zum Marsch nach Narvik.

20. 11. 1941
Norwegen: *Z 26* und *Z 24* vormittags in Narvik eingelaufen.
Heimat: Gefährdung der Fertigstellung von *Hans Lody,* der seit Anfang Oktober 1941 zu Instandsetzungen in der N.D.L.-Werft in Wesermünde war, da die Werft bis zu 270 Mann an Fachkräften und Spezialisten abgeben sollte. Die Leute sollten eingezogen werden.

21. 11. 1941
Norwegen: *Z 26* mit Chef 8. Z.-Fl. und *Z 24* in Tromsö eingelaufen. Dort befand sich auch seit dem 7. 11. 1941 *Karl Galster.*

22. 11. 1941
Norwegen: *Karl Galster* Tromsö ausgelaufen zum Marsch nach Trondheim. Unterwegs Ausfall der Stb.-Maschine.

23. 11. 1941
Norwegen: *Karl Galster* Trondheim ausgelaufen zum Marsch über Bergen nach Kiel.

24. 11. 1941
Heimat: *Z 27* mit Chef 5. Z.-Fl., *Z 23* und *Paul Jacobi* vormittags Kiel ausgelaufen zum Marsch nach Aarhus, um dort Minen zu übernehmen.

25. 11. 1941
Dänemark: *Z 27, Z 23* und *Paul Jacobi* wegen dichten Nebels vor Aarhus vor Anker gegangen.

26. 11. 1941
Heimat: *Z 25* nach Instandsetzungen Wesermünde ausgelaufen zum Marsch durch den K.W.-Kanal, über Kiel, durch Großen Belt, Kattegat und Skagerrak, um zum gemeinsamen Marsch nach Norwegen Anschluß zu finden an *Z 27, Z 23* und *Paul Jacobi.*
Paul Jacobi vor Aarhus entlassen zum Marsch nach Kiel, um in den Deutschen Werken eine ausgefallene Kesselspeisepumpe reparieren zu lassen.

28. 11. 1941
Aarhus: *Z 25* nach Verzögerungen durch schlechtes Wetter und wegen Nebels in Aarhus eingelaufen, wo der Zerstörer begann, anstelle von *Paul Jacobi* Minen zu übernehmen.

29. 11. 1941
Skagerrak: *Z 27* mit Chef 5. Z.-Fl., *Z 23* und *Z 25* (sämtlich mit Minenladungen) Aarhus ausgelaufen zum Marsch nach Kristiansand-Süd.

30. 11. 1941
Norwegen: *Z 27, Z 23* und *Z 25* in Kristiansand-Süd eingelaufen.
Heimat: *Karl Galster* von Norwegen kommend mit nur einer fahrbereiten Maschine in Kiel eingelaufen.

1. 12. 1941
Heimat: *Karl Galster* entlassen zur planmäßigen Werftliegezeit bei Deschimag in Bremen.
Als einziger noch existierender Zerstörer »1936« und gleichzeitig als maschinell ungünstigster Zerstörer dieses Typs hatte *Karl Galster* eine beachtenswert große Fahrtstrecke zurückgelegt. Das Boot fuhr:

Von der Indienststellung am 21. 3. 1939 bis Kriegsbeginn	8 597 sm.
Vor Kriegsbeginn bis erster Maschinenüberholung	27 046 sm.
Von erster Maschinenüberholung bis zum Beginn der Werftliegezeit Anfang Dezember 1941	22 883 sm.
zus.:	58 526 sm.

Norwegen: *Z 27* mit Chef 5. Z.-Fl., *Z 23* und *Z 25* Bergen ausgelaufen zum Weitermarsch nach Nordnorwegen. Ab Trondheim übernahmen die Zerstörer das Geleit für das Schnellboot-Begleitschiff *Tanga.*

2. 12. 1941
Heimat: *Z 39* bei der Germaniawerft in Kiel vom Stapel gelaufen. Anschließend wurde der Rumpf des Bootes an der Ausrüstungspier der Werft zum Weiterbau festgemacht.

3. 12. 1941
Heimat: *Z 30* von Probefahrt kommend in Kiel eingelaufen.

4. 12. 1941
Heimat: *Z 30* nach dem Kriegstagebuch des F.d.Z. erst an diesem Tag in Kiel für die 8. Z.-Fl. in Dienst gestellt.

6. 12. 1941
Norwegen: *Theodor Riedel* hat erste erfolgreiche Probefahrt bei Bergen durchgeführt. Anschließend lief der Zerstörer zum Marsch durch die nordöstliche Nordsee, durch Skagerrak und Kattegat in die Heimat aus.

8. 12. 1941
Heimat: *Theodor Riedel* in Kiel eingelaufen. Von hier aus wurde das Boot zu Werftinstandsetzungen entlassen.

9. 12. 1941
Heimat: Wegen der vorgezogenen Reparaturen und Werftzeiten von *Friedrich Eckoldt* bei Germaniawerft in Kiel und *Karl Galster* bei Deschimag in Bremen wurden vorübergehend Neubauten stillgelegt, sogar solche, die kurz vor der Fertigstellung standen: *Z 31* und *Z 37*. Beide Zerstörer befanden sich kurz vor den Dampfproben. Die Besatzung für *Z 37* war sogar schon bereitgestellt.

10. 12. 1941
Norwegen: *Z 26* mit Chef 8. Z.-Fl., *Z 23, Z 24, Z 25* und *Z 27* sowie *Tanga* (die Zerstörer mit Minenladungen) Tromsö ausgelaufen zum Marsch nach Kirkenes.
Z 27 mit Chef 5. Z.-Fl., *Z 23, Z 25* und *Tanga* waren am 6. 12. 1941 in Tromsö eingelaufen, wo der Chef der 5. Z.-Fl. von *Z 27* ausstieg.

12. 12. 1941
Nordnorwegen: *Z 26* mit Chef 8. Z.-Fl., *Z 23, Z 24, Z 25, Z 27* und *Tanga* in Kirkenes eingelaufen. Damit war die Verlegung der 8. Z.-Fl. nach Nordnorwegen erfolgreich beendet worden.
Heimat: *Bruno Heinemann* mit F.d.Z. Swinemünde ausgelaufen zur Teilnahme an Flottenübungen in der Ostsee.

13. 12. 1941
Ostsee: Beginn taktischer Verbandsübungen. Daran nahmen teil:
Schlachtschiff *Tirpitz,* Schwere Kreuzer *Admiral Scheer* und *Admiral Hipper,* Leichter Kreuzer *Leipzig* und die Zerstörer *Bruno Heinemann* mit F.d.Z., *Richard Beitzen, Z 28, Z 29* und *Z 30.*

14. 12. 1941
Heimat: Nach Beendigung der Ostsee-Übungen sind die teilnehmenden Einheiten in Kiel, Swinemünde und Gotenhafen eingelaufen.

16. 12. 1941
Nordnorwegen: *Z 26* mit Chef 8. Z.-Fl., *Z 23, Z 24, Z 25* und *Z 27* Kirkenes ausgelaufen zu einem Vorstoß an die Murman-Küste. Wenige Stunden nach dem Ankeraufgehen mußte *Z 26* wegen Maschinenschadens nach Kirkenes zurückkehren. Der Chef der 8. Z.-Fl. und sein Stab stiegen auf *Z 25* über.
Abends und nachts Vorstoß der 4 Zerstörer in das Weiße Meer.

17. 12. 1941
Weißes Meer: *Z 25* mit Chef 8. Z.-Fl., *Z 23, Z 24* und *Z 27* nachmittags 14 sm nördlich von Kap Gorodeckij auf die britischen Minensucher *Speedy* und *Hazard* gestoßen, die deutscherseits irrtümlich als russische Zerstörer der G-Klasse angesprochen wurden. In dem sich entwickelnden heftigen Artilleriegefecht, das unter großem Munitionsverbrauch geführt wurde, erhielt *Speedy* vier Treffer; *Hazard* blieb unbeschädigt. Auch die deutschen Zerstörer blieben ohne Schäden. – Auf die Alarmmeldung der Minensucher hin liefen der britische Schwere Kreuzer *Kent* und zwei sowjetische Zerstörer aus dem Kolafjord aus, um die deutschen Zerstörer in See zu stellen. Da diese aber schon die Unternehmung abgebrochen und den Rückmarsch nach Kirkenes angetreten hatten, blieb der Vorstoß des Kreuzers ohne Ergebnis. Der geplante Minenvorstoß der deutschen Zerstörer wurde verschoben.

18. 12. 1941
Nordnorwegen: *Z 25* mit Chef 8. Z.-Fl., *Z 23, Z 24* und *Z 27* mit ihren Minenladungen wieder in Kirkenes eingelaufen.

20. 12. 1941
Nordnorwegen: Chef 8. Z.-Fl. von *Z 25* auf *Z 24* übergestiegen. *Z 25* und *Z 27* Verlegungsmarsch von Kirkenes nach Narvik zur Treibstoffergänzung. Wenige Tage später folgten *Z 24* mit Chef 8. Z.-Fl. und *Z 23* dorthin, während *Z 26* noch in Kirkenes verblieb.

23. 12. 1941
Nordnorwegen: *Z 23* Maschinenstörung: Verzogener Läufer in der Bb.-Niederdruckturbine. Instandsetzung mit Bordmitteln war in Norwegen nicht möglich.

26. 12. 1941
Norwegen: *Z 24* mit Chef 8 Z.-Fl., *Z 23, Z 25* und *Z 27* aus dem Ofotfjord ausgelaufen zu einem Aufklärungsvorstoß gegen gemeldete britische Seestreitkräfte bei den Lofoten.

28. 12. 1941
Norwegen: *Z 24* mit Chef 8. Z.-Fl., *Z 23, Z 25* und *Z 27* erneut aus dem Ofotfjord zur Aufklärung in das Seegebiet der Lofoten vorgestoßen.
Heimat: Wegen der laufenden Abgabe von Spezialisten und erfahrenen Werftarbeitern der Heimatwerften an Betriebe im besetzten Ausland, wegen Aufstellung von sogenannten »Stoßtrupps«, wegen Einberufungen usw., wurden für die zu Instandsetzungen in Werften liegenden Zerstörer und für Neubauten zum Teil erhebliche Verzögerungen gemeldet. Die geplanten Indienststellungen der nächsten Zerstörer verschoben sich bei:
Z 31 vom 15. 12. 1941 auf den 1. 4. 1942
Z 32 vom 15. 3. 1942 auf den 1. 8. 1942
Z 33 vom 15. 6. 1942 auf den 1. 12. 1942
Z 34 vom 15. 9. 1942 auf den 1. 3. 1943
Z 37 vom 1. 12. 1941 auf den 1. 7. 1942
Z 38 vom 1. 4. 1942 auf den 1. 6. 1943
Z 39 vom 29. 10. 1942 auf den 1. 11. 1943
Die Verzögerungen bei der Ablieferung der neuen Zerstörer betrugen also zwischen 3½ und 14 Monate! Die Wiederaufnahme der Fertigstellungsarbeiten auf den Neubauten *Z 37, Z 38* und *Z 39,* die bei der Germaniwerft in Kiel an der Ausrüstungskaje lagen, konnte erst geschehen, wenn die Werftliegezeit von *Friedrich Eckoldt* beendet war. Dieser Termin lag bei Mitte April 1942!
In der Nacht zum 29. 12. 1941 schwerer britischer Luftangriff auf Wilhelmshaven. *Paul Jacobi* durch Splitter von Bomben, die in der Nähe explodierten, leicht beschädigt: Löcher in der Außenhaut; DeTe-Gerät, MES und Munitionsaufzüge der Geschütze 3 und 4 ausgefallen. Drei Mann der Besatzung gefallen. Der Zerstörer mußte zu Reparaturen in der Westwerft bleiben und war etwa 14 Tage nicht einsatzbereit.
Bei dem Luftangriff wurde auch das Passagiermotorschiff *Monte Pascoal* beschädigt.

Das Jahr 1942

3. 1. 1942
Nordnorwegen: *Z 24* mit Chef 8. Z.-Fl. *Z 23, Z 25* und *Z 27* sowie dem S-Bootbegleitschiff *Adolf Lüderitz* Tromsö ausgelaufen zum Marsch nach Kirkenes.

4. 1. 1942
Nordnorwegen: *Z 24, Z 23, Z 25, Z 27* und *Adolf Lüderitz* in Kirkenes eingetroffen.

5. 1. 1942
Nordnorwegen: *Z 26* und *Z 27* Kirkenes ausgelaufen zum Marsch nach Tromsö.

6. 1. 1942
Nordnorwegen: *Z 26* und *Z 27* in Tromsö eingelaufen.

7. 1. 1942
Nordnorwegen: *Z 26* und *Z 27* Tromsö ausgelaufen zum Verlegungsmarsch durch die nordöstliche Nordsee, durch Skagerrak und Kattegat nach Kiel.

10. 1. 1942
Heimat: *Z 26* und *Z 27* in Kiel eingelaufen. Von hier aus verlegten beide Boote zu Instandsetzungen in Werften.
Paul Jacobi um 14.00 Uhr in Wilhelmshaven an die Bonte-Brücke verholt.

13. 1. 1942
Nordnorwegen: *Z 25* mit Chef 8. Z.-Fl. (als Sicherungszerstörer), *Z 23* und *Z 24* (als Wurfboote mit Minen beladen) Kirkenes ausgelaufen zu einem offensiven Minenvorstoß in das Westfahrwasser des Weißen Meeres.
Heimat: Schlachtschiff *Tirpitz* hat morgens auf dem Marsch von der Ostsee nach Wilhelmshaven Kiel passiert. Dort hängten sich *Richard Beitzen* mit Chef 5. Z.-Fl. und *Z 29* an.
Bruno Heinemann, von Wesermünde kommend, stieß in der Deutschen Bucht zum *Tirpitz*-Verband. *Friedrich Ihn* unterbrach seinen Ausbildungsabschnitt, da er bei der bevorstehenden Verlegung der *Tirpitz* nach Norwegen als Reservezerstörer dienen sollte. Abends ankerte der Verband auf Schillig Reede.
Paul Jacobi lief nach Beendigung seines Kompensierens um 16.00 Uhr Wilhelmshaven aus. Auf Schillig Reede ging der Zerstörer abends in der Nähe der *Tirpitz* vor Anker.

14. 1. 1942
Weißes Meer/Nordnorwegen: *Z 23* und *Z 24* haben in den ersten Morgenstunden, gesichert durch *Z 25* mit Chef 8. Z.-Fl., im Weißen Meer in der Nähe von Kap Kaćovskij 4 Minensperren mit zusammen 100 EMC-Minen geworfen. Anschließend traten die drei Boote den Rückmarsch nach Kirkenes an, wo sie nachmittags einliefen.
Heimat: Abends Beginn des Unternehmens »Polarnacht«: Die Verlegung des Schlachtschiffes *Tirpitz* aus der Deutschen Bucht nach Norwegen. Vor Schillig lichteten *Tirpitz, Richard Beitzen* mit Chef 5. Z.-Fl., *Paul Jacobi, Bruno Heinemann* und *Z 29* die Anker und traten den Marsch nach Norden durch die Deutsche Bucht an.

15. 1. 1942
Deutsche Bucht: *Tirpitz* mit vier Zerstörern Marsch durch das eigene Sperrgebiet mit 270 Grad. Anschließend mit hoher Fahrt auf Nordkurs gegangen.

16. 1. 1942
Norwegen: *Paul Jacobi* konnte die hohe Fahrt des Verbandes nicht halten und verlor Fühlung. Vor dem Trondheimfjord bekam der Zerstörer den Verband jedoch wieder in Sicht.

17. 1. 1942
Norwegen: *Tirpitz, Richard Beitzen* mit Chef 5. Z.-Fl., *Paul Jacobi, Bruno Heinemann* und *Z 29* in den Trondheimfjord eingelaufen. Die Zerstörer machten anschließend im Hoppla-Elven fest.

18. 1. 1942
Norwegen: Gegen 09.00 Uhr *Richard Beitzen* mit Chef 5. Z.-Fl., *Paul Jacobi, Bruno Heinemann* und *Z 29* aus dem Hoppla-Elven ausgelaufen zum Marsch in die Heimat. Marsch durch den Trondheimfjord bei etwa 15 Grad Frost und Nebel. Um 16.00 Uhr trat der Zerstörerverband aus den Schären heraus und erreichte die freie See. Mit südlichen Kursen wurde der Heimmarsch fortgesetzt.

19. 1. 1942
Skagerrak/Kattegat: 5. Z.-Fl. mit vier Zerstörern Marsch durch Skagerrak und Kattegat. Abends ankerte der Verband vor dem Großen Belt.

20. 1. 1942
Heimat: *Richard Beitzen* mit Chef 5. Z.-Fl., *Paul Jacobi, Bruno Heinemann* und *Z 29* in Kiel eingelaufen. Zu Reparaturen verlegte *Paul Jacobi* in die Werft.
Norwegen: *Z 24* mit Chef 8. Z.-Fl., *Z 23* und *Z 25* Kirkenes ausgelaufen zum Marsch nach Tromsö. Kurz nach dem Ankeraufgehen kam *Z 24* in dichtem Nebel durch Grundberührung fest und wurde durch den nachfolgenden Zerstörer *Z 23* am Heck gerammt. Bei der Kollision erlitt *Z 24* Schäden am Heck, *Z 23* hatte ein aufgerissenes Vorschiff. Durch die Grundberührung hatte *Z 24* außerdem ein Leck in Abteilung XV. Damit waren beide Zerstörer nicht mehr einsatzbereit. Die drei Boote liefen wieder in Kirkenes ein.

24. 1. 1942
Heimat: *Richard Beitzen* mit Chef 5. Z.-Fl., *Hermann Schoemann* (nach Werftreparaturen wieder einsatzbereit), *Bruno Heinemann* und *Paul Jacobi* Kiel ausgelaufen und Verlegungsmarsch nach Frankreich durch den K.W.-Kanal angetreten bei großer Kälte und starkem Eisgang. Gegen 18.00 Uhr hatten die vier Zerstörer die Brunsbütteler Schleuse passiert und den Marsch die Elbe abwärts angetreten. Nachts Marsch entlang der Ostfriesischen Inseln nach Westen.

25. 1. 1942
Holland/Ärmelkanal: Starker Seegang, der auf *Paul Jacobi* am Bug Schäden verursachte, zwang die vier Zerstörer, in Vlissingen einzulaufen. Nach Reparatur der Schäden auf *Paul Jacobi* liefen die Zerstörer abends zum Weitermarsch nach Frankreich wieder aus.
Gegen 21.00 Uhr befand sich der Zerstörerverband im Ärmelkanal im Marinequadrat 8772 AN (etwa Höhe Dover-Calais), als *Bruno Heinemann* kurzzeitig zwei Fernzündungsminen-

Seitenriß Zerstörer **Bruno Heinemann** I–XV: ungefähre Lage der wasserdichten Abteilungen. Anordnung der darin untergebrachten Räume: Offiziermesse = Hauptdeck III/IV, Turbinenraum und E-Werk 1 = IV, Turbinenraum 2 und E-Werk 2 = VI, Kesselraum 1 = VII, Kesselraum 2 = IX, E-Hellegat = Stauung IX, Lazarett = Hauptdeck XI, Kesselraum 3 = X.

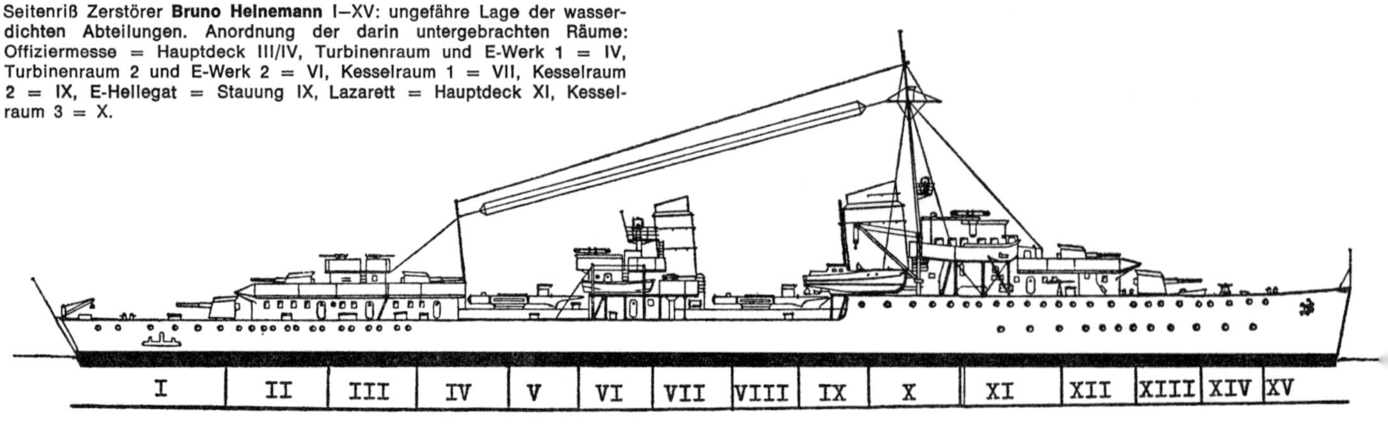

treffer erhielt. Nach der zweiten Minendetonation zerbrach der Zerstörer und sank schnell. 93 Mann der Besatzung gingen mit dem Boot unter. *Richard Beitzen* und *Paul Jacobi* begannen sofort trotz Angriffen britischer Torpedoflugzeuge, die Überlebenden zu bergen. Helle Nacht und grobe See verhinderten das Fahren hoher Fahrtstufen. Dennoch retteten *Richard Beitzen* 188 und *Paul Jacobi* 34 Schiffbrüchige, die zum Teil verwundet waren. Anschließend Weitermarsch der beiden Zerstörer nach Le Havre.

26. 1. 1942
Frankreich/Holland: *Richard Beitzen* mit Chef 5. Z.-Fl. und *Paul Jacobi* in Le Havre eingelaufen, wo die Geretteten von Bord gegeben wurden.
Hermann Schoemann hatte im schlechten Wetter und bei grober See den Anschluß an die 5. Z.-Fl. verloren, hatte umgedreht und war nach Vlissingen zurückgekehrt. Dort erhielt der Zerstörer den Befehl, in Vlissingen zu bleiben, bis *Z 25* aus Norwegen kommend eintrifft.

27. 1. 1942
Frankreich: Abends *Richard Beitzen* mit Chef 5. Z.-Fl. und *Paul Jacobi* Le Havre ausgelaufen zum Marsch nach Brest.
Heimat: *Z 29* Kiel ausgelaufen zum Marsch durch den K.W.-Kanal, die Deutsche Bucht und den Ärmelkanal nach Brest.
Nordnorwegen: *Z 25* mit Chef 8. Z.-Fl., *Z 23* und *Z 24* Kirkenes ausgelaufen zum Marsch nach Tromsö. Unterwegs jagten die drei Zerstörer ein angreifendes, bisher nicht identifiziertes U-Boot.

28. 1. 1942
Frankreich: *Richard Beitzen* und *Paul Jacobi* in Brest eingelaufen.
Heimat: Infolge der Verschärfung der Eislage erhielten *Z 29, Friedrich Ihn,* die 5. T.-Fl. und 3 Boote der 3. T.-Fl. den Befehl, schnellstmöglich durch den Kanal nach Westen zu verlegen. Sie sollten zunächst die holländischen Häfen Hoek, Rotterdam und Vlissingen anlaufen, da dort die Möglichkeiten zu notwendigen Reparaturen an Schiffskörpern, falls Eisgang Schäden verursachte, gegeben waren.
Norwegen: *Z 24* mit Chef 8. Z.-Fl., *Z 23* und *Z 25* Tromsö eingelaufen.

29. 1. 1942
Heimat: *Friedrich Ihn* mit Torpedobooten Kiel ausgelaufen und Marsch durch den K.W.-Kanal nach Frankreich angetreten.
Norwegen: *Z 24* mit Chef 8. Z.-Fl., *Z 23* und *Z 25* Tromsö ausgelaufen zu Verlegungsmärschen nach Süden:
Z 23 zu Reparaturen in das Dock in Trondheim, *Z 24* und *Z 25* gemeinsam bis in die Deutsche Bucht.

2. 2. 1942
Norwegen: *Z 23* in Trondheim eingelaufen zur Durchführung von Reparaturen.
Heimat: *Z 24* mit Chef 8. Z.-Fl. in Wesermünde eingelaufen, in der Werft des Norddeutschen Lloyd Beginn von Instandsetzungsarbeiten.
Z 25 abends nach Rotterdam weitergelaufen.

3. 2. 1942
Frankreich: *Friedrich Ihn* und *Z 29* aus Deutschland kommend in Brest eingelaufen.
Richard Beitzen in der Biskaya Geleit für Transporter, vor Brest beendet und dort eingelaufen.

4. 2. 1942
Frankreich: Schwerer Kreuzer *Prinz Eugen* im Geleit von *Paul Jacobi* und *Richard Beitzen* Brest ausgelaufen zum Kaliberschießen in der Biskaya.
Holland: *Z 25* und das Torpedoboot *T 16* in Rotterdam eingelaufen. Damit haben nunmehr neun T-Boote trotz des schweren Eisganges nach Westen verlegt. Nur *T 14* blieb in der Flensburger Förde.

6. 2. 1942
Holland: *Z 25* in Vlissingen eingelaufen.

7. 2. 1942
Holland: *Z 25* und *Hermann Schoemann* Vlissingen ausgelaufen zum gemeinsamen Marsch nach Brest. Unterwegs mußte der Marsch wiederholt unterbrochen werden, da die britische Admiralität bereits am 25. 1. 1942 die Verlegung deutscher Zerstörer nach Frankreich erkannt hatte und nun den Ärmelkanal schärfer überwachte.

8. 2. 1942
Frankreich: *Paul Jacobi* von Brest Reede an die Pier verholt.

11. 2. 1942
Heimat: *Z 30* Ende der Dock- und Werftzeit. Zur Durchführung von Dampfproben, Ausrüstung, Abstimmen, MES-Vermessung, Kompensieren, Funkbeschickung, Artillerie-, Flak- und Torpedoschießen sowie zur Gefechts- und Einzelausbildung verlegte der Zerstörer in die Ostsee.

Unternehmung »Cerberus«
Der Durchbruch der deutschen Schlachtkreuzer *Scharnhorst* und *Gneisenau,* des Schweren Kreuzers *Prinz Eugen* und der Zerstörer *Richard Beitzen, Paul Jacobi, Hermann Schoemann, Friedrich Ihn, Z 25* und *Z 29* von Brest durch den Ärmelkanal nach Deutschland vom 11. bis 13. 2. 1942.

11. 2. 1942
15.20 Uhr: Eingang des Befehls auf *Scharnhorst*:
»Durchführung Cerberus heute abend«.
Daraufhin wurde an alle unterstellten Einheiten zur Verschleierung der Unternehmung der Geheimbefehl gegeben, daß in der kommenden Nacht in der Biskaya Nachtgefechtsschießen und am kommenden Tag Verbandsübungen gemeinsam mit der Luftwaffe zwischen La Pallice und St. Nazaire durchzuführen seien.
Ab 19.00 Uhr verlegten die Zerstörer *Richard Beitzen* mit Chef 5. Z.-Fl., *Paul Jacobi, Hermann Schoemann, Friedrich Ihn* und *Z 25* einzeln zum Ankern auf die Reede von Brest.
Z 29 legte als letzter Zerstörer mit dem F.d.Z. an Bord um 20.15 Uhr ab und lief aus.
Um 20.25 Uhr wurde Luftalarmvorwarnung gegeben. Fliegeralarm kam um 20.38, auf *Z 29* erst gegen 20.45 Uhr. Hierdurch mußte der planmäßige Beginn der Unternehmung, der auf 20.30 Uhr angesetzt war, verschoben werden. Hafen und Reede von Brest wurden künstlich vernebelt.
Das vor Brest auf Vorpostenstellung stehende britische U-Boot *Sealion* verließ um 21.30 Uhr seine Position und lief nach See hin ab.
Etwa 22.00 Uhr: Ende des britischen Luftangriffes. Vernebelung wird jedoch zur Tarnung des Auslaufens der Schiffe fortgesetzt.
Gegen 22.30 Uhr: *Scharnhorst* mit dem B.d.S., VAdm. Ciliax, an Bord abgelegt. Wenig später, um 22.48 Uhr legten auch *Gneisenau* und *Prinz Eugen* mit Schlepperhilfe ab. Für *Prinz Eugen* gestaltete sich das Ablegen sehr schwierig, weil zuerst die Schlepptrosse zum Bugschlepper, dann auch die zum Heckschlepper brachen. Der Kreuzer mußte also ohne Hilfe ablegen.
Scharnhorst passierte in Dunkelheit und immer noch dichtem künstlichen Nebel die Sperrlückenboje auf der falschen Seite und überfuhr die Netzsperrseile, kam aber frei.
Die auf Reede liegenden Zerstörer begannen um 22.23 Uhr ihre Anker zu lichten. Wenig später kam *Gneisenau* zu dicht an *Z 29,* der noch vor Anker lag, heran und beschwor Kollisionsgefahr herauf. Das Schiff passierte den Zerstörer in nur wenigen Metern Entfernung.

Um 23.40 Uhr setzten sich die Zerstörer bei St. Mathieu vorübergehend etwa nach Süden ab, um den von achtern aufdampfenden Schiffen *Gneisenau* und *Prinz Eugen* Platz zu machen. Etwa fünf Minuten später schoren die beiden Schiffe hinter *Scharnhorst* ein, während die Zerstörer die befohlenen Positionen einnahmen. Der nunmehr gesammelte Verband begann den Marsch mit 17 kn Fahrt.

12. 2. 1942

Von Mitternacht bis gegen 01.00 Uhr wurden auf *Scharnhorst* im dort eingebauten FuMB zunächst unbekannte Strahlungen geortet. Diese wurden, wie sich dann herausstellte, von einem eigenen Zerstörer der Bb.-Seitensicherung verursacht durch ein strahlendes elektrisches Gerät.

Gegen 00.45 Uhr hatte der Verband seine Fahrt auf 27 kn erhöht. Er fuhr jetzt einen Kurs von 340 Grad. Um 01.14 Uhr wurde der Kurs auf 20 Grad geändert.

Der B.d.S. befahl um 02.12 Uhr die Bekanntgabe des beabsichtigten Kanaldurchbruchs an alle Besatzungen. Zur Sicherung der großen Schiffe gehörten zu dieser Zeit auch die herankommenden Torpedoboote der 5. T.-Fl. *Seeadler, Falke, Kondor, Iltis* und *Jaguar.*

Um 02.13 Uhr befand sich *Z 29* mit dem F.d.Z. als Spitzenschiff etwa 2500 m vor der *Scharnhorst.* Dahinter folgten *Gneisenau* und *Prinz Eugen* mit ca. 1500 bzw. 3000 m zum Flaggschiff. Die anderen fünf Zerstörer waren auf Sicherungspositionen verteilt, ebenso die T-Boote. Der Verband fuhr zu dieser Zeit einen Kurs von 61 Grad. Gegen 06.00 Uhr befand sich der Verband mit Kurs 94 Grad auf der Höhe von Cherbourg, und um 07.13 Uhr ging er auf 90 Grad. Der »Punkt 25« wurde um 07.30 Uhr erreicht und der Kurs auf 101 Grad geändert. Zu dieser Zeit begann es im Osten zu dämmern und allmählich heller zu werden. Den »Punkt 24« erreichte der Verband um 07.47 Uhr. Von hier ab wurden 69 Grad gesteuert. Ab etwa 08.40 Uhr erschienen über dem Verband nach und nach eigene Jagdflugzeuge. Mit dem ersten näher herangekommenen Flugzeug, einer Maschine vom Typ Me 110, wurde um 08.45 Uhr von Flaggschiff ES-Austausch durchgeführt. In den nächsten zwei Stunden sammelten sich über dem Verband weitere Zerstörerflugzeuge Me 110 und Jäger vom Typ Me 109.

Der Verband befand sich gegen 09.00 Uhr nördlich der Seine-Bucht und steuerte mit Kurs 84 Grad die engste Stelle im Ärmelkanal, die Enge Dover–Calais, an. Immer noch wurden hohe Fahrstufen gefahren.

Um 09.46 Uhr wurden vom vorausfahrenden *Z 29* in rechtweisend 120 Grad neun Fahrzeuge ausgemacht, die wenig später als die planmäßig erwarteten T-Boote der 2. T.-Fl. mit *T 11, T 2, T 4, T 5* und *T 12* und der 3. Z.-Fl. mit *T 13, T 15, T 16* und *T 17* erkannt wurden. Die Boote kamen heran und nahmen bis 10.12 Uhr ihre befohlenen Positionen in der Sicherungsformation ein.

Friedrich Ihn meldete um 10.26 Uhr optisch, daß er einen Rohrreißer in K 3 habe. Der Kurs des Verbandes war zu dieser Zeit 37 Grad.

Voraus von *Z 29* kamen um 10.59 Uhr zunächst 2, später 4 deutsche Minensucher in Sicht. Diese Boote, die zur 1. M.-Fl. gehörten, setzten sich mit ausgebrachten Geräten vor den Verband, der um 11.26 Uhr in Kiellinie und mit 10 Kn Fahrt in die eigene Sperrlücke hineinfuhr. Das Ende der Sperre war von *Z 29* um 11.42 Uhr, von *Scharnhorst* um 11.47 Uhr erreicht. Vorher, um 11.04 Uhr, wurde von Bord *Z 29* vor dem Verband ein britisches Aufklärungsflugzeug ausgemacht. Auf den anderen Einheiten des Verbandes wurden britische Aufklärer bereits ab 10.30 Uhr gesichtet. Die letzten britischen Flugzeuge flogen gegen 11.30 Uhr vom Verband ab und meldeten erst nach ihrer Landung auf dem heimatlichen Fliegerhorst gegen 11.50 Uhr den deutschen Verband, allerdings zunächst fälschlich als deutschen Geleitzug. Erst nach der Landung des britischen Geschwaderkommodore Beamish um 12.09 Uhr deutscher Zeit erfuhr die britische Admiralität vom Kanalmarsch der deutschen Flotte. Da auch das englische Küstenradarnetz bereits Tage zuvor systematisch und immer stärker werdend durch deutsche HF-Experten, die ihre Geräte an der nordfranzösischen Küste aufgebaut hatten, gestört wurde und man in England an starke atmosphärische Störungen glaubte, war der Marsch der deutschen Flotte bis kurz nach Mittag beim Gegner unerkannt geblieben.

Um 11.08 Uhr kamen voraus von *Z 29* 8 bis 10 deutsche Schnellboote in Sicht. Diese und weitere Boote der 2., 4. und 6. S.-Fl. stießen im Lauf des Vormittags zum Verband. Nach dem Passieren der Sperrlücke nahmen die Zerstörer, T-Boote und S-Boote um 11.50 Uhr ihre vorherigen Sicherungspositionen wieder ein.

Um 12.24 Uhr hatte der Verband den Punkt X erreicht und war auf Kurs 20 Grad mit 25 kn Fahrt gegangen. Die schmalste Stelle des Kanals, die Enge Dover–Calais, passierte der Verband gegen 12.50 Uhr. Bis dorthin lagen unterwegs sechs Vorpostenboote als Markboote aus, die dem Verband als Ansteuerungspunkte dienten. Seit dem späten Vormittag war das Wetter schlechter geworden. Die Sichtweite hatte sich allmählich verringert, im Nordwesten wurde es zunehmend diesig, und eine niedrig hängende dichte Bewölkung machte sich insbesondere für die Jagdflieger unangenehm bemerkbar. Die Sicht zur englischen Küste hin wurde zeitweise noch mehr beeinträchtigt durch die Schnellboote der 4. S.-Fl., die künstliche Nebelwände legten.

In nördlicher Richtung kam um 12.58 Uhr auf *Z 29* ein niedrig über dem Wasser fliegender britischer Aufklärer vom Typ Bristol »Blenheim« in Sicht. Die englische Küste wurde um 13.05 Uhr in Umrissen von *Z 29* aus sichtbar.

Um 13.18 Uhr eröffneten die britischen Küstenbatterien von Dover das Feuer auf den Verband, der zu dieser Zeit in Höhe von Le Touquet stand. Sie trafen jedoch nichts. Alle deutschen Einheiten blieben unbeschädigt. Um 13.26 Uhr verstärkte die 5. T.-Fl. mit *Seeadler, Falke, Kondor, Iltis* und *Jaguar* (letzteres Boot trotz der am Vortag bei einem Luftangriff erlittenen Schäden dabei) die Sicherung beim Verband.

Kurz vor dem Eintreffen der T-Boote, um 13.20 Uhr, waren vier englische MTB bis in die Nähe des Verbandes gelangt. Auf große Entfernung schossen sie Torpedos auf *Gneisenau* und *Prinz Eugen,* trafen aber ebenfalls nichts, weil entweder die Entfernung zu groß war oder die Torpedos versagten. Deutsche S-Boote verwickelten die MTBs in heftige Gefechte, beschädigten einige und drängten sie ab. Drei weitere MTBs, die vom Ramsgate kamen, stießen nur noch auf die hintere Sicherung des Verbandes.

Friedrich Ihn und *Hermann Schoemann* hatten um 13.40 Uhr nach Bb. gedreht und mit ihren 12,7 cm- und den Fla-Geschützen die englischen MTBs angegriffen, die sich im Gefecht mit den deutschen S-Booten befanden. *Friedrich Ihn* und S-Boote verfolgten die sich zurückziehenden MTBs später bis zu den Goodwin Sands. Drei MTBs wurden durch Artillerietreffer beschädigt. Bei der Verfolgung wurde *Friedrich Ihn* heftig, jedoch erfolglos durch britische Küstenbatterien beschossen.

Von etwa 13.43 Uhr bis abends gegen 19.30 Uhr wurde der deutsche Verband ständig durch britische Torpedo- und Bombenflugzeuge einzeln oder verbandsweise angegriffen. Sie erzielten keine Treffer, jedoch wurden zahlreiche Flugzeuge durch Schiffsflak und eigene Jagdflugzeuge abgeschossen.

Die Batterien von Dover stellten um 13.45 Uhr, nachdem sie ohne Erfolg 36 Salven geschossen hatten, das Feuer ein.

Um 14.40 Uhr hatte der vorausfahrende Zerstörer *Z 29* die Westhinderbank passiert.

Um 14.52 Uhr Fliegeralarm auf *Scharnhorst.* Zwei britische

Flugzeuge hatten das Schiff angegriffen, eines von ihnen wurde abgeschossen.

Auf *Z 29* wurde um 14.56 Uhr im KTB vermerkt, daß die Sicht weiter stark abnahm. Die Wolken hingen sehr tief. Stark auffrischender Wind aus West bereiteten den T-Booten Schwierigkeiten. Auch die Zerstörer nahmen viel Wasser über.

Zwei weitere Gegner-Flugzeuge griffen *Scharnhorst* um 15.16 Uhr an, wieder wurde eines von ihnen durch die Schiffsflak abgeschossen.

Da *Hermann Schoemann* und *Friedrich Ihn* noch nicht wieder beim Verband eingetroffen waren, wurde an *Paul Jacobi* um 15.20 Uhr der Befehl zur Einnahme der Schlußposition im Verband gegeben.

Um 15.30 Uhr wurde *Scharnhorst,* die sich zu dieser Zeit vor der Schelde-Mündung befand, auf 34 m Wassertiefe durch eine heftige Explosion erschüttert. Die Grundminendetonation hob das Vorschiff ruckartig an. Durch Schnellschluß fielen alle Kessel aus. Die Turbinen blieben stehen, der elektrische Strom fiel aus. Im Vorschiff an Bb.-Seite und in K 2 wurden leichte Wassereinbrüche festgestellt. Das Schiff blieb gestoppt liegen. Da die Reparaturdauer nicht abzusehen war, wurde *Z 29* durch einen Signalbefehl herangerufen. Der Zerstörer machte um 15.32 Uhr kehrt und nahm Kurs auf den Schlachtkreuzer.

Um 15.50 Uhr (Uhrzeit *Z 29*) lag *Scharnhorst* mit rauhem Wind in der starken Dünung mit Bb.-Lee und drehte mit geringer Restfahrt weiter bis zur Querlage. *Z 29* legte am Heck des großen Schiffes an. In Seegang und Dünung schlingerten beide Einheiten sehr stark. Eine leichte Kollision, bei der sich *Z 29* die Back eindrückte, konnte nicht vermieden werden. Durch geschicktes Manövrieren des Kommandanten von *Z 29* wurden größere Beschädigungen verhindert, jedoch das Übersteigen des B.d.S. mit einem kleinen Stab und des Jafü III mit Stab ermöglicht. Um 15.53 Uhr legte der Zerstörer mit A.K. ab.

Z 29 lief mit A.K. dem inzwischen vorausgelaufenen Verband um 16.02 Uhr nach. Bei *Scharnhorst* blieben als Sicherung nur die Boote der 3. T.-Fl. Das Aufdampfen des Zerstörers zum Verband verzögerte sich jedoch, weil wiederholten Angriffen britischer Bomben- und Torpedoflugzeuge ausgewichen werden mußte. Ein Bomber wurde durch die 3,7 cm-Flak abgeschossen. Um 16.38 Uhr zerschoß sich der Zerstörer durch eigenes Flakfeuer seine Sendeantenne.

Nachmittags waren die britischen Zerstörer der 21. und der unterstellten 16. Z.-Fl. aus Harwich ausgelaufen und mit hoher Fahrt durch ein britisches Minenfeld marschiert, um den deutschen Verband anzugreifen. Während des Marsches wurden sie irrtümlich von britischen Flugzeugen angegriffen, die jedoch keine Treffer erzielten. Die britischen Boote, es waren *Campbell, Vivacious, Worcester, Whitshed* und *Walpole,* sichteten um 16.43 Uhr deutscher Zeit *Gneisenau* und *Prinz Eugen* und griffen sie kurz darauf mit Torpedos an. Von beiden Schiffen wurden sie mit allen Kalibern heftig beschossen. *Worcester* wurde schwer beschädigt und bekam Schlagseite. Die Torpedos erreichten die deutschen Schiffe nicht, da sie auf zu große Entfernung geschossen waren. Der deutsche aufdampfende Zerstörer *Z 29* bekam die heftig schießende und kurvende *Prinz Eugen* in Sicht, konnte aber nicht ausmachen, auf welche Ziele der Kreuzer schoß. Gegen 17.00 Uhr brachen die englischen Zerstörer das Gefecht ab und liefen nach Harwich zurück. *Worcester* erreichte den Hafen nur mit Mühe und starker Schlagseite. An der Abwehr der britischen Zerstörer beteiligten sich deutscherseits auch *Richard Beitzen, Paul Jacobi* sowie vermutlich auch *Hermann Schoemann* und *Z 25.* Gegen 17.35 Uhr wurde *Z 29* durch englische Bombenflugzeuge und Tiefflieger angegriffen. Mit allen Kalibern eröffnete der Zerstörer ein heftiges Abwehrfeuer. Dabei wurde um 17.43 Uhr das II. 15 cm-Seezielgeschütz durch einen Rohrkrepierer außer Gefecht gesetzt. Die Mündung des Geschützrohres war aufgerissen, das Oberdeck durch Splitter durchlöchert, die Bb.-Ölleitung durch ein Sprengstück der 15 cm-Granate zerschlagen und die Bb.-Maschine ausgefallen. Ein Besatzungsangehöriger war getötet, weitere waren schwer verletzt worden. Der Zerstörer ging um 17.47 Uhr mit der Fahrt herunter, da nur noch die Stb.-Maschine klar war. Der B.d.S. entschloß sich, auf *Hermann Schoemann* überzusteigen. *Z 29* stoppte um 18.01 Uhr, um die Bb.-Welle auszukuppeln.

Um 18.25 Uhr hatte sich *Hermann Schoemann* dem gestoppt liegenden *Z 29* genähert, konnte aber wegen der groben See nicht anlegen. Deshalb ließ sich VAdm. Ciliax und seinen Stab mit dem Kutter von *Z 29* zu *Hermann Schoemann* übersetzen. Der Admiral, sein Stab und die Kutterbesatzung wurden von *Hermann Schoemann* an Bord genommen und der Kutter anschließend versenkt. Das gesamte Übersetzmanöver fand statt bei ständigen Luftangriffen. Um 18.30 Uhr kam achteraus von *Z 29* die wieder fahrbereite *Scharnhorst* in Sicht. Das Schiff passierte die beiden gestoppt liegenden Zerstörer um 18.33 Uhr und kam voraus gegen 18.36 Uhr außer Sicht.

Z 29 war um 18.53 Uhr mit seiner Stb.-Maschine mit hoher Fahrt angegangen und hatte wenig später eine Höchstgeschwindigkeit von 26 kn erreicht.

Gegen 19.00 Uhr hörten die britischen Luftangriffe auf. Insgesamt waren zum Angriff auf die deutsche Flotte 242 englische Flugzeuge eingesetzt worden. Von ihnen hatten 188 Maschinen die deutschen Einheiten gar nicht zu Gesicht bekommen. Nur 39 Flugzeuge griffen Schiffsziele an, darunter irrtümlich mehrfach die nachmittags ausgelaufenen britischen Zerstörer. 15 Maschinen wurden durch Schiffsflak und deutsche Jagdflugzeuge abgeschossen oder galten als vermißt. Die einzigen meßbaren Erfolge der Luftangriffe waren der Untergang eines Vorpostenbootes (V 1302) und die Beschädigung der T-Boote *Jaguar* und *T 13.*

Nach 19.00 Uhr nahm die Dunkelheit schnell zu. Gegen 19.45 Uhr hatte *Hermann Schoemann* mit dem B.d.S. an Bord die Spitze des Verbandes erreicht und sich vor *Scharnhorst* gesetzt, während der nun recht weit auseinandergezogene Verband den Marsch mit hoher Fahrt fortsetzte.

Um 20.55 Uhr stand *Gneisenau* westlich von Terschelling, als eine Grundminenexplosion das Schiff erschütterte. Hier waren die angerichteten Schäden jedoch nicht so groß, daß mit der Fahrt heruntergegangen werden mußte.

Um 21.30 Uhr stieß *Z 29* zu einem Verband alter und neuer T-Boote.

Den zweiten Grundminentreffer erhielt *Scharnhorst* um 22.35 Uhr nördlich von Terschelling. Das Schiff blieb etwa eine halbe Stunde liegen und nahm gegen 23.00 Uhr mit 1000 Tonnen Wasser im Schiff und mit 12 kn Fahrt den Weitermarsch auf. Zu dieser Zeit hatte *Z 29* die T-Boote abgehängt und marschierte in der Dunkelheit allein weiter. Der Zerstörer hatte nur noch zwei einsatzbereite 15 cm-Geschütze, und der achtere Torpedorohrsatz war durch Splittertreffer ausgefallen. *Hermann Schoemann* setzte sich wenig später vor *Scharnhorst* und führte den Schlachtkreuzer, da auf diesem sämtliche Navigationsgeräte ausgefallen waren, auf dem Weitermarsch in die Jade-Mündung.

Um 23.30 Uhr befand sich *Gneisenau* bei den Ostfriesischen Inseln.

13. 2. 1942

Z 29 traf um 00.21 Uhr mit *Paul Jacobi* und einem T-Boot zusammen. *Prinz Eugen* stand zu dieser Zeit als das schnellste Schiff des Verbandes etwa nördlich von Borkum. Um 04.30 Uhr etwa erreichte *Scharnhorst* eine Position nordwestlich von

Borkum. In der Nacht mußte *Paul Jacobi* vorübergehend wegen Ausfalls des Kreiskompasses vor Anker gehen.
Um 06.45 Uhr trafen *Z 29* und *Paul Jacobi* in der Deutschen Bucht mit *Scharnhorst* und dem führenden Zerstörer *Hermann Schoemann* zusammen. Im Lauf des Vormittags liefen der Schlachtkreuzer und *Hermann Schoemann* in Wilhelmshaven ein, *Prinz Eugen, Gneisenau* und T-Boote erreichten die Elb-Mündung.
Um 12.30 Uhr liefen dann *Z 29* und *Paul Jacobi* in Bremerhaven ein, später auch *Z 25* und *Richard Beitzen,* während *Friedrich Ihn* morgens in Hoek van Holland eingelaufen war.

14. 2. 1942
Heimat: *Paul Jacobi* Marsch von Wesermünde nach Wilhelmshaven. *Richard Beitzen* und *Z 29* bei Deschimag in Bremen zu Reparaturen festgemacht.
Z 25 in Wesermünde einsatzbereit.

15. 2. 1942
Heimat: *Paul Jacobi* in Wilhelmshaven eingedockt.

18. 2. 1942
Heimat: *Paul Jacobi* ausgedockt und an die Pier verholt zur Öl- und Proviantübernahme. *Hermann Schoemann* in Wilhelmshaven ebenfalls Treibstoff- und Vorratsergänzung.

19. 2. 1942
Heimat/Deutsche Bucht: *Richard Beitzen* mit Chef 5. Z.-Fl. und *Z 25* haben in Wesermünde ihre volle Einsatzbereitschaft wiederhergestellt, *Paul Jacobi* und *Hermann Schoemann* in Wilhelmshaven ebenfalls. Im Lauf des Tages marschierten die vier Boote aus den Häfen zur Insel Helgoland und gingen dort vor Anker.
Friedrich Ihn, von Hoek van Holland kommend, vor Helgoland geankert. Der Zerstörer konnte mangels passenden Docks in Rotterdam nicht eingedockt werden.

21. 2. 1942
Heimat: *Hans Lody* Fertigstellung um etwa sechs Wochen verzögert. Beginn der Probefahrten nunmehr für Ende März 1942 angesetzt.
Deutsche Bucht: Beginn des Unternehmens **»Sportpalast«:** Die Verlegung der Schweren Kreuzer *Prinz Eugen* und *Admiral Scheer* aus der Elbe-Mündung nach Nordnorwegen.
02.00 Uhr: *Richard Beitzen* mit Chef 5. Z.-Fl., *Paul Jacobi, Hermann Schoemann, Friedrich Ihn* und *Z 25* haben Anker gelichtet und Marsch zur Elbe-Mündung angetreten. Dort trafen die Zerstörer wenig später auf *Prinz Eugen* mit dem B.d.S. an Bord und *Admiral Scheer.* Gemeinsam mit diesen Schiffen und drei Torpedobooten, darunter *Jaguar,* liefen die Zerstörer aus der Elbe nach Norden aus. Wegen Sichtung englischer Flugzeuge und einer Aufklärungsmeldung über britische Seestreitkräfte machte der Verband bald wieder kehrt. Um 19.30 Uhr ging der Verband wieder auf Nordkurs und setzte den Marsch nach Norwegen mit hohen Fahrtstufen fort.

22. 2. 1942
Norwegen: Um 08.00 Uhr: *Prinz Eugen, Admiral Scheer,* Zerstörer und T-Boote vor der Einfahrt nach Bergen. Wenig später lief der Verband dort ein, die Zerstörer gingen an die Pier. In Lauf des Tages machten sie nacheinander zur Treibstoffergänzung bei einem Tanker fest.
Abends *Prinz Eugen* mit B.d.S., *Richard Beitzen* mit Chef 5. Z.-Fl., *Paul Jacobi, Hermann Schoemann, Friedrich Ihn* und *Z 25* Bergen ausgelaufen zum Marsch nach Trondheim.

23. 2. 1942
Norwegen: Gegen 02.00 Uhr konnten die Zerstörer und mitlaufenden T-Boote die hohe Fahrt des Kreuzers in schwerem Seegang nicht halten. *Richard Beitzen, Paul Jacobi* und *Friedrich Ihn* verloren den Anschluß an den Verband und kehrten nach Bergen zurück, wo die drei Zerstörer erneut bei einem Tanker festmachten.
In den Morgenstunden wurde *Prinz Eugen,* der nur noch von *Hermann Schoemann* und *Z 25* begleitet wurde, durch das britische U-Boot *Trident* mit Torpedos angegriffen. Ein Torpedo traf den Kreuzer am Heck, das auf etwa 15 m Länge nach unten abgeknickt wurde. Der schwerbeschädigte Kreuzer mußte den Marsch nach Norden abbrechen und mit seinen beiden Begleitzerstörern wieder in Bergen einlaufen.
Kurz nach dem Eintreffen von *Prinz Eugen* in Bergen liefen *Richard Beitzen* mit Chef 5. Z.-Fl., *Paul Jacobi, Hermann Schoemann, Friedrich Ihn* und *Z 25* dort aus zum Weitermarsch nach Trondheim. Um 20.00 Uhr gingen die Zerstörer in Ålesund vor Anker.

24. 2. 1942
Norwegen: Morgens Fortsetzung des Marsches der 5. Z.-Fl. nach Trondheim. Nach dem Einlaufen in den Trondheim-Fjord und dem Passieren Trondheims machten die Zerstörer im Hoppla-Elven fest.

25. 2. 1942
Norwegen: *Paul Jacobi* hat vom Hoppla-Elven nach Trondheim verlegt.

25. und 26. 2. 1942
Heimat: Schwerer britischer Luftangriff auf Kiel. Dort Passagierschiff *Monte Sarmiento* getroffen und ausgebrannt. Der im Dock liegende Schlachtkreuzer *Gneisenau* wurde durch Bombentreffer in Turm »Anton« schwer beschädigt. Das Vorschiff brannte vollkommen aus. Die Besatzung hatte 119 Tote zu beklagen.

28. 2. 1942
Verteilung der Zerstörer:

5. Zerstörerflottille:
Z 4 *Richard Beitzen* mit Chef 5. Z.-Fl. einsatzbereit in Trondheim.
Z 14 *Friedrich Ihn* einsatzbereit in Trondheim.
Z 15 *Erich Steinbrinck* Ausbildungsfahrten in der Ostsee.
Z 16 *Friedrich Eckoldt* WLZ. in Germaniawerft Kiel.

6. Zerstörerflottille:
Z 5 *Paul Jacobi* einsatzbereit in Trondheim.
Z 7 *Hermann Schoemann* einsatzbereit in Trondheim.
Z 6 *Theodor Riedel* WLZ. bei Deutsche Werke in Kiel.
Z 10 *Hans Lody* WLZ. bei N.D.L.-Werft Bremerhaven.
Z 20 *Karl Galster* WLZ. bei Deschimag Bremen.

8. Zerstörerflottille »Narvik«:
Z 23 WLZ. bei Werft des N.D.L. Bremerhaven. Dort Einbau 15 cm-Doppelturmlafette auf der Back.
Z 24 Instandsetzungen bei Werft des N.D.L. Bremerhaven.
Z 25 Einsatzbereit bei der 5. Z.-Fl. in Trondheim.
Z 26 nach Werftzeit auf dem Marsch in die Ostsee zur Durchführung von Probefahrten und Ausbildung.
Z 27 Instandsetzungen bei Deutsche Werke Kiel.
Z 28 Erprobungen und Ausbildung in der Ostsee.
Z 29 Instandsetzungen bei Deschimag Bremen.
Z 30 Erprobungen und Ausbildung in der Ostsee.

4. 3. 1942
Holland/Heimat: *ZH 1,* der nach zweijährigen Reparatur- und Umbauarbeiten an diesem Tag in Rotterdam in Dienst kommen sollte, mußte die Indienststellung wegen Mangels an Zerstörer-Offizieren verschieben.
Norwegen: 5. Z.-Fl. mit *Richard Beitzen, Paul Jacobi, Hermann Schoemann, Friedrich Ihn* und *Z 25* hat in Trondheim und im Hoppla-Elven kleine Reparaturarbeiten beendet.

Z 26 als Führerboot der 8. Z.-Fl. in Norwegen im Frühjahr 1942.

Das Ende von *Z 26:* Brennend und sinkend im Nordmeer am 29. 3. 1942 nach dem Gefecht mit dem britischen Kreuzer *Trinidad* und britischen Zerstörern.

Turbinenfahrstand des Zerstörers *Z 27*.

Rechts und unten: Zweimal *Z 27*. Das obere Bild entstand in Norwegen 1942, das untere dürfte eine der letzten Aufnahmen des Zerstörers sein. Es entstand am 23. oder 24. 12. 1943 in der Biskaya!

Oben: *Z 28,* Aussehen 1943 bis 1944.

Oben links: Detailansicht von *Z 28* während einer Sturmfahrt 1942. In der Bildmitte ein Wabo-Werfer.

Links: *Z 29* im Sommer 1942 vor Anker in der Bogenbucht bei Narvik.

Links: 5. Z.-Fl. im Hoplaelven bei Trondheim im Juni 1942. Links *Z 4, Richard Beitzen,* daneben *Z 27,* ganz vorn die Back von *Z 10, Hans Lody.*

Links unten: VAdm. Kummetz an Bord *Z 29* begrüßt durch den Kommandanten, KKpt. Rechel. Aufnahme im Sommer 1942.

Unten: *Z 29* im Frühjahr 1942, noch ohne Heuler im vorderen Mast.

6. 3. 1942
Norwegen: Schlachtschiff *Tirpitz, Friedrich Ihn* mit Chef 5. Z.-Fl., *Paul Jacobi, Hermann Schoemann, Z 25* und 2 T-Boote um 13.00 Uhr Trondheim ausgelaufen zu einem Vorstoß in das Nordmeer. Dort sollten die alliierten Geleitzüge »PQ 12« und »QP 8«, deren erstgenannter südlich von Jan Mayen auf NO-Kurs liegend, durch die deutsche Luftaufklärung erfaßt worden ist, angegriffen werden. Der ausgelaufene deutsche Verband wurde wenig später vor dem Trondheimfjord durch das britische U-Boot *Seawolf* gesichtet und an die britische Admiralität gemeldet.
Richard Beitzen wegen Turbinenschadens in Trondheim zurückgeblieben.
Paul Jacobi und die beiden T-Boote wurden vom B.d.S., der auf *Tirpitz* die Unternehmung leitete, um 20.00 Uhr zur Rückkehr nach Trondheim entlassen.

7. 3. 1942
Norwegen: *Paul Jacobi* und zwei T-Boote um 02.00 Uhr vor Trondheim geankert. Um 08.45 Uhr liefen die drei Boote in Trondheim ein und machten an der Pier fest.
Nordmeer: *Tirpitz* und drei Zerstörer im Nordmeer auf der Suche nach dem Konvoi bisher ohne Erfolg.

8. 3. 1942
Nordmeer: *Tirpitz, Friedrich Ihn* mit Chef 5. Z.-Fl., *Hermann Schoemann* und *Z 25* haben den von Murmansk nach Island gehenden Konvoi »QP 8« wegen schlechter Sichtverhältnisse knapp verfehlt. Die drei Zerstörer fanden lediglich einen einzeln fahrenden Nachzügler, den sowjetischen Frachter *Izora*, der durch *Friedrich Ihn* mit Torpedoschuß versenkt wurde.
Abends wurde die 5. Z.-Fl. zur Treibstoffergänzung detachiert. *Friedrich Ihn* mit Chef 5. Z.-Fl. Marsch nach Narvik, *Z 25* und *Hermann Schoemann* nach Tromsö angetreten.
Zur Suche nach *Tirpitz* und den drei Zerstörern waren Teile der britischen Homefleet und die Deckungsgruppen der Konvois angesetzt. Die Verbände bestanden zusammen aus dem Flugzeugträger *Victorious*, den Schlachtschiffen *King George V.* und *Duke of York*, dem Schlachtkreuzer *Renown*, den Kreuzern *Berwick* und *Kenya* und 12 Zerstörern. Bei der herrschenden schlechten Sicht fanden sie ihrerseits die deutsche Kampfgruppe nicht.

9. 3. 1942
Norwegen: *Tirpitz,* auf dem Wege nach Narvik, wurde mittags vor dem Westfjord durch 12 britische »Albacore«-Torpedoflugzeuge, die vom Flugzeugträger *Victorious* gestartet waren, angegriffen. Das Schlachtschiff konnte allen Torpedos ausweichen und zwei Flugzeuge abschießen. Anschließend setzte *Tirpitz* den Marsch nach Narvik fort.

10. 3. 1942
Norwegen: *Tirpitz* in Narvik eingelaufen.

11. 3. 1942
Norwegen: *Richard Beitzen* und T-Boot *T 4* Trondheim ausgelaufen zum Marsch in die Heimat.
Paul Jacobi in Trondheim eingedockt.

12. 3. 1942
Norwegen: Schlachtschiff *Tirpitz* mit dem B.d.S. an Bord und *Friedrich Ihn* mit Chef 5. Z.-Fl. Narvik ausgelaufen zum Marsch nach Trondheim. Im Lauf des Tages stießen vor dem Westfjord *Hermann Schoemann* und *Z 25* zum Verband.
Heimat: *Z 24* Ende der Instandsetzungszeit in Wesermünde.

13. 3. 1942
Norwegen: *Tirpitz* mit B.d.S., *Friedrich Ihn* mit Chef 5. Z.-Fl., *Hermann Schoemann* und *Z 25* von Nordnorwegen kommend, sowie T-Boote, die dem Verband aus Trondheim entgegenkamen, in Trondheim eingelaufen. Die drei Zerstörer machten anschließend im Hoppla-Elven fest.

14. 3. 1942
Heimat: *Richard Beitzen* in Bremen eingelaufen und in der Werft Deschimag zur Instandsetzung seiner Turbinen festgemacht. Innerhalb eines Jahres war dies die dritte beiderseitige Turbinenhavarie des Zerstörers!

15. 3. 1942
Heimat: Musterung der Besatzung von *Z 30* in Wesermünde durch den F.d.Z.

18. 3. 1942
Heimat/Deutsche Bucht: Beginn der Operation »Eisenbahn«: Verlegung des Schweren Kreuzers *Admiral Hipper* im Geleit von Zerstörern und T-Booten aus der Deutschen Bucht nach Norwegen.
Z 26 mit Chef 8. Z.-Fl., *Z 24* und *Z 30* Wesermünde ausgelaufen und nach Brunsbüttel marschiert. Auf der Unterelbe trafen die Zerstörer mit *Admiral Hipper* und der 3. T.-Fl. mit *T 15, T 16* und *T 17* zusammen. Wegen Nebels wurde die Verlegung nach Norden jedoch verschoben, und der Verband ging vor Anker.

19. 3. 1942
Heimat/Deutsche Bucht: *Admiral Hipper, Z 26* mit Chef 8. Z.-Fl., *Z 24, Z 30, T 15* mit Chef 3. T.-Fl., *T 16* und *T 17* aus der Elb-Mündung ausgelaufen zur Verlegung nach Norwegen. In der Deutschen Bucht Sichtbehinderung durch Nebel. Dennoch setzte der Verband den Marsch fort.

20. 3. 1942
Norwegen: *Admiral Hipper* morgens in die Schären bei Skudesnes eingelaufen. Die begleitenden Zerstörer und T-Boote verloren in der Nacht den Anschluß an den hohe Fahrt laufenden Kreuzer wegen schlechten Wetters und grober See.

21. 3. 1942
Norwegen: Nachmittags *Admiral Hipper, Z 26* mit Chef 8. Z.-Fl., *Z 24, Z 30, T 15* mit Chef 3. T.-Fl., *T 16* und *T 17* in den Lofjord eingelaufen und geankert. In den nächsten Tagen führten dort der Kreuzer und *Z 30* zur Herstellung der vollen Kriegsbereitschaft Ausbildungsabschnitte und Übungen durch.
Mittelmeer: *ZG 3* in Salamis, Griechenland, in Dienst gestellt. Die Einsätze dieses Zerstörers sind in einem gesonderten Kapitel abgehandelt.

22. 3. 1942
Norwegen: In Trondheim bzw. im nahen Lofjord befanden sich folgende Einheiten:
Schlachtschiff *Tirpitz,* Schwere Kreuzer *Admiral Hipper* und *Admiral Scheer,* Zerstörer *Friedrich Ihn* mit Chef 5. Z.-Fl., *Paul Jacobi, Hermann Schoemann, Z 26* mit Chef 8. Z.-Fl., *Z 24, Z 25* und *Z 30,* T-Boote *T 15* mit Chef 3. T.-Fl., *T 16* und *T 17.*
Heimat: *Erich Steinbrinck* nach Beendigung seiner Werftliegezeit, die ursprünglich schon Anfang Februar 1942 beendet sein sollte, fahrbereit in der Werft Blohm & Voss in Hamburg. An einem der folgenden Tage verlegte der Zerstörer in die Ostsee zum Einfahren und zu Ausbildungs- und Übungsfahrten.

23. 3. 1942
Norwegen: *Z 26* mit Chef 8. Z.-Fl., *Z 24* und *Z 25* Trondheim ausgelaufen zum Marsch nach Tromsö. Wegen E.-Kompaßstörungen auf *Z 24* kehrten die Zerstörer jedoch wenige Stunden später wieder zurück nach Trondheim.

25. 3. 1942
Norwegen: Nach beendeten Instandsetzungen von *Z 24* liefen

Z 26 mit Chef 8. Z.-Fl., *Z 24* und *Z 25* erneut Trondheim aus zum Marsch nach Tromsö.

26. 3. 1942
Nordnorwegen: 8. Z.-Fl. mit den drei Booten in Tromsö eingelaufen zur Treibstoffergänzung.

27. 3. 1942
Norwegen: *Paul Jacobi*, seit dem 12. 3. 1942 wieder ausgedockt in Trondheim, verlegt in den Hoppla-Elven.
Nordnorwegen: Aus Tromsö kommend sind *Z 26* mit Chef 8. Z.-Fl., *Z 24* und *Z 25* in Kirkenes eingelaufen.
Heimat: *Hans Lody* Werftzeit bei Werft N.D.L. in Wesermünde beendet. Der Zerstörer verlegte wenige Tage später in die Ostsee zur Durchführung von Erprobungs-, Ausbildungs- und Übungsfahrten.

28. 3. 1942
Nordnorwegen/Eismeer: *Z 26* mit Chef 8. Z.-Fl., *Z 24* und *Z 25* Kirkenes ausgelaufen in das Nördliche Eismeer, um dort auf den von der Aufklärung gemeldeten und mit Ostkurs laufenden alliierten Geleitzug »PQ 13« zu operieren. Auf diesen Konvoi waren gleichzeitig auch deutsche U-Boote und Flugzeuge angesetzt.
Um 22.45 Uhr waren die Zerstörer auf Westkurs gegangen und hatten einen Aufklärungsstreifen gebildet.
Kurz vor Mitternacht retteten die drei Boote insgesamt 61 Überlebende eines britischen Frachters, der durch deutsche Flugzeuge versenkt worden war. Anschließend gingen sie wieder auf Suchkurs.

29. 3. 1942
01.45 Uhr: *Z 26* war an den versprengten Dampfer *Bateau* herangekommen und hatte diesen mit Artillerie angegriffen.
01.55 Uhr: *Bateau* nach Artillerie- und einem Torpedotreffer gesunken. Sieben Überlebende durch die Zerstörer gerettet.
02.40 Uhr mit Kurs 140 Grad und 25 kn Fahrt Zerstörer wieder in Aufklärungsstreifen Suche fortgesetzt.
06.40 Uhr: 8 Z.-Fl. mit drei Zerstörern auf Nordkurs gegangen und Suche fortgesetzt. Wenig später gingen die Zerstörer auf Nordwestkurs, um den Geleitzug, der nur wenig entfernt ausgemacht wurde, von Norden anzugreifen. Die Geleitsicherung befand sich zu diesem Zeitpunkt südlich vom Konvoi.
Bei dem Geleitzug, der vom 24. bis 27. 3. durch einen schweren Sturm im Nordmeer zerstreut wurde, befanden sich als Nahsicherung der britische Leichte Kreuzer *Trinidad*, die britischen Zerstörer *Fury* und *Eclipse*, die A/S-Trawler (Behelfs-Ujäger)*Paynter* und *Blackfly* und drei norwegische M/S-Whaler (Hilfsminensucher, ehemalige Walfangboote). Eine starke britische Deckungsgruppe operierte weit entfernt nordöstlich von Island.
Zwischen 07.00 und 08.00 Uhr etwa hatten die Zerstörer in der Reihenfolge *Z 26* mit Chef 8. Z.-Fl., *Z 24* und *Z 25* Kiellinie gebildet und waren nördlich vom Konvoi auf Westkurs gegangen. Wenig später faßte *Z 26* mit seinem Funkmeßgerät ein Ziel auf.
Um 09.48 Uhr eröffnete *Trinidad*, teilweise hinter Schneeschauern verborgen, schlagartig das Feuer mit seiner 15,2 cm-Artillerie und mit Torpedos auf die deutschen Zerstörer. *Z 26* erhielt schon bei der ersten Salve schwere Artillerietreffer. Das 2. und 3. Geschütz fielen aus, es entstand ein Kartuschbrand, und die Backbordmaschine fiel ebenfalls aus. Die von *Trinidad* geschossenen Torpedos konnten jedoch ausmanövriert werden. Etwa gleichzeitig schoß *Z 24* einen Fächer von sieben Torpedos auf den Kreuzer, von welchen nach deutscher Beobachtung einer traf. Dieser Torpedo war jedoch ein von *Trinidad* geschossener, dessen Steuersystem vereist und der nun als Kreisläufer zu dem Kreuzer zurückgekommen war und ihn erheblich beschädigt hatte.
Kurz nach dem Feuerüberfall durch den Kreuzer waren die deutschen Zerstörer auseinandergelaufen. Sie hielten nur durch UK-Telephonie untereinander Fühlung. *Trinidad*, obwohl nur noch eingeschränkt bewegungsfähig, hielt Fühlung an *Z 26* und beschoß den Zerstörer, mit Unterbrechungen durch die Wetterlage, weiter mit seiner Artillerie. Auf *Z 26* schlugen weitere schwere Treffer ein, bis die Fühlung in dichtem Schneetreiben endgültig abriß.
Wenig später kam es zu einem Artillerieduell zwischen *Z 26* und dem englischen Zerstörer *Fury*, bei dem das deutsche Boot weitere Beschädigungen erlitt. Die Torpedowaffe war ausgefallen, desgleichen die Artillerie bis auf das achtere 15 cm-Geschütz und eine 3,7 cm-Flak. In das Gefecht griff wenig später auch *Eclipse* ein und erzielte weitere Schäden auf *Z 26*. Die Brücke und der vordere Stand des deutschen Zerstörers waren durchlöchert und zersiebt, im Vorschiff war ein heftiger Brand ausgebrochen. Die Besatzung hatte starke Verluste an Toten und Verwundeten gehabt. Die Stb.-Maschine war aber fahrbereit geblieben, auch das Ruder, die Funkmeßanlage und die U.K.-Geräte arbeiteten noch.
Gegen 11.00 Uhr etwa wurde klar, daß ein Durchbruchversuch nach Süden mit Kurs auf Honningsvaag für *Z 26* unmöglich war, da das Boot erhebliche Schlagseite hatte und im Sinken begriffen war.
11.25 Uhr: *Z 25* und *Z 24* wieder mit *Z 26* in Fühlung.
11.26 Uhr: Kommandant *Z 26* gab Befehl zur Selbstvernichtung des Zerstörers.
Durch das Eingreifen von *Z 24* und *Z 25* wurde *Eclipse* durch Artillerietreffer schwer beschädigt. Das britische Boot verschwand in einem Schneeschauer. Anschließend übernahmen *Z 24* und *Z 25* Überlebende von *Z 26* , die teilweise in Booten, auf Flößen und ähnlichem in der See trieben. *Z 25* ging bei *Z 26* längsseits und barg weitere Überlebende ab. Insgesamt retteten die beiden Zerstörer 88 Mann, darunter den Flottillenchef, den Kommandanten und den Flottilleningenieur. Weitere 8 Besatzungsangehörige von *Z 26* wurden später vom deutschen U-Boot *U 376* aufgefischt. 243 Mann hatten den Tod gefunden.
Gegen Mittag ist *Z 26* gesunken (genaue Uhrzeit ist nicht rekonstruierbar).
Z 24 und *Z 25* mit Geretteten und Gefangenen an Bord in kurzem Schußwechsel mit den herankommenden Zerstörern *Oribi* (britisch) und *Sokrusitel'nyj* (sowjetisch). Danach liefen sie mit Südkurs ab.
19.15 Uhr *Z 24* und *Z 25* in Kirkenes eingelaufen.
Der torpedierte Kreuzer *Trinidad* wurde während seines Marsches nach Murmansk am gleichen Tag durch das deutsche U-Boot *U 585* mit Torpedos ohne Erfolg angegriffen. Der britische Zerstörer *Fury* vernichtete das U-Boot anschließend.

5. 4. 1942
Heimat: *Z 28* Marsch aus der Ostsee durch den K.W.-Kanal nach Cuxhaven angetreten.

6. 4. 1942
Heimat: *Z 28* in Cuxhaven eingelaufen.

7. 4. 1942
Heimat: Schnelldampfer *Gneisenau* und *Potsdam* im Geleit von *Z 28*, T-Boot *T 7* und Kanonenboot *K 1* Cuxhaven ausgelaufen zum Marsch durch die Deutsche Bucht nach Norwegen.
Norwegen: *Z 30* nach beendeter Ausbildungszeit nunmehr in Trondheim voll einsatzbereit.
Paul Jacobi vom Hoppla-Elven nach Trondheim verlegt. Beim Ablegen geriet dem Zerstörer eine Leine in die Bb.-Schraube. Deshalb wurde er nach dem Eintreffen in Trondheim eingedockt.
Hermann Schoemann mit Chef 6. Z.-Fl. Trondheim ausgelaufen zum Marsch nach Nordnorwegen.

8. 4. 1942
Heimat: Wegen Heizölmangels wurde entschieden, daß die im April 1942 aus den Werften kommenden Zerstörer *Hans Lody, Erich Steinbrinck* und *Z 29* sowie die T-Boote *T 10* und *T 14* vorerst nicht nach Norwegen verlegt werden sollten.

9. 4. 1942
Norwegen: Schnelldampfer *Gneisenau* und *Potsdam* im Geleit von *Z 28, T 7* und *K 1* in Stavanger eingelaufen.
Hermann Schoemann mit Chef 6. Z.-Fl. in Kirkenes eingelaufen.

11. 4. 1942
Heimat: *Z 31* bei Deschimag in Bremen in Dienst gestellt. Da für diesen Zerstörer noch keine Stammflottille aufgestellt war, wurde er vorläufig der 6. Z.-Fl. unterstellt. Wegen eines ausgeschlagenen Wellenbocklagers blieb das Boot noch bis zum 11. 5. in der Bauwerft.
Norwegen: *Paul Jacobi* im Trondheim-Fjord Durchführung von Horchübungen. Anschließend wieder im Hoppla-Elven festgemacht.
Nordnorwegen: Der am 9. 4. in Kirkenes eingelaufene Zerstörer *Hermann Schoemann* wurde Ersatzboot für den am 29. 3. gesunkenen *Z 26*. Gemeinsam mit *Z 24* und *Z 25* bildete *Hermann Schoemann* die »Zerstörergruppe Nordmeer«, zu deren Chef der Chef der 6. Z.-Fl. bestimmt worden war.
»Zerstörergruppe Nordmeer« mit *Hermann Schoemann* (eingeschifft der Chef der 6. Z.-Fl.), *Z 24* und *Z 25* vormittags aus Kirkenes ausgelaufen, um im Nordmeer gegen den gemeldeten alliierten Geleitzug »PQ 14« zu operieren. Wegen schlechten Wetters wurde der Konvoi jedoch nicht gesichtet, weshalb die drei Zerstörer wieder in Kirkenes einliefen.

13. 4. 1942
Nordnorwegen: *Hermann Schoemann* mit Chef 6. Z.-Fl., *Z 24* und *Z 25* erneut Kirkenes ausgelaufen zu einem Vorstoß in das Nordmeer gegen den Konvoi »PQ 14«.

14. 4. 1942
Nordmeer: 6. Z.-Fl. mit den drei Zerstörern auf vergeblicher Suche im Nordmeer. Wegen anhaltenden schlechten Wetters wurde nichts gefunden.

15. 4. 1942
Nordnorwegen: *Hermann Schoemann* mit Chef 6. Z.-Fl., *Z 24* und *Z 25* in Kirkenes eingelaufen.
Heimat: *Friedrich Eckoldt* nach Beendigung der Werftzeit aus der Germaniawerft in Kiel entlassen. In den nächsten Wochen folgten in der Ostsee Erprobungs- und Ausbildungsfahrten.
Holland: *ZH 1*, fast fertig in Rotterdam, durch den F.d.Z. besichtigt.
Der Bau von *ZH 1* war, wie bereits erwähnt, im Frühjahr 1941 eingestellt worden, weil noch geringfügige schiffbauliche und waffentechnische Änderungen zu entscheiden waren. Diese Entscheidungen sind erst im April 1942 eingegangen. Die holländische Werftleitung hatte Zweifel geäußert, den Zerstörer zum geplanten Fertigstellungstermin am 31. 8. 1942 abliefern zu können, da viele Arbeitskräfte in der einjährigen Baupause abgezogen wurden und nun in vier Monaten mit erhöhtem Einsatz und vielen Überstunden gearbeitet werden mußte.
Dazu schrieb der F.d.Z., Kpt.z.S. Bey, am 15. 4. 1942 in seinem Kriegstagebuch:
»I. . . .
II. . . .
III. . . .
IV. Bei *ZH 1* wird festgestellt, daß dieser Typ seinen gesamten Speisewasservorrat in einer einzigen Zelle untergebracht bekommen hat, die zum Speisewasserkreislauf parallel geschaltet ist. Durch diese Schaltung ist es sehr leicht möglich, daß bei einem geringfügigen Salzeinbruch in kurzer Zeit die gesamte Maschinenanlage zum Ausfall gebracht wird und daß dann keine Möglichkeit mehr besteht, durch Zusetzen unversalzenem Speisewassers den Betrieb wieder aufzunehmen. Wenngleich sich diese Eigenart der Speisewasser-Unterbringung auf vielen ausländischen Zerstörern durchaus bewährt zu haben scheint, was zweifellos der robusteren Ausführung der Kessel- und Maschinenanlagen dieser Typen zu danken ist, so wird eine Überprüfung doch für nötig gehalten und in einem besonderen Antrag erbeten.«

16. 4. 1942
Heimat: *Z 29* nach beendeten Instandsetzungen aus der Deschimag-Werft in Bremen entlassen in die Ostsee.

18. 4. 1942
Heimat: Chef 8. Z.-Fl. und Flotteningenieur in Wilhelmshaven beim F.d.Z. zur Berichterstattung über den Untergang von *Z 26*. Von *Z 26* waren 60 Überlebende in Wesermünde eingetroffen.
Norwegen: *Hermann Schoemann* mit Chef 6. Z.-Fl., *Z 24* und *Z 25* Kirkenes ausgelaufen zur Suche nach dem alliierten Konvoi »PQ 14« im Nordmeer.
Troßschiff *Dithmarschen*, S-Bootbegleitschiff *Tsingtau*, Zerstörer *Z 28* und T-Boot *T 7* Stavanger ausgelaufen zum Marsch nach Trondheim.

19. 4. 1942
Nordnorwegen: *Hermann Schoemann* mit Chef 6. Z.-Fl., *Z 24* und *Z 25* in Kirkenes wieder eingelaufen, ohne im Nordmeer etwas gesichtet zu haben.

20. 4. 1942
Norwegen: *Dithmarschen, Tsingtau, Z 28* und *T 7* in Trondheim eingelaufen.
Paul Jacobi in Trondheim MES-Erprobung. Nachmittags machte der Zerstörer wieder im Hoppla-Elven fest.
Heimat: An diesem Tage wurde der Bereich des F.d.T. (Führer der Torpedoboote) aufgelöst. Alle vorhandenen T-Boote wurden ab sofort in den F.d.Z.-Bereich übernommen. Diese 23 Boote waren aufgeteilt in 3 Torpedobootsflottillen:

2. Torpedobootsflottille:
T 11, T 4, T 5, T 7, T 10 und *T 12.* Dazu in Reserve: *T 1, T2, T 8* und *T 9.*

3. Torpedobootsflottille:
T 13, T 14, T 15, T 16, T 17, T 18 und *T 19.*

5. Torpedobootsflottille:
Seeadler, Kondor, Iltis, Falke, Jaguar und *T 22.*
(Im nachfolgenden Text werden Einsätze und Operationen der T-Boote nur genannt werden, wenn sie im Zusammenhang oder gleichzeitig mit Zerstöreraktionen stehen.)

Ende April 1942
Keine Zerstörerbewegungen oder -einsätze, vornehmlich wegen angespannter Brennstofflage.

30. 4. 1942
Heimat: Werftliegezeit für *Z 23* verlängert bis 1. 7. 1942, da viele Facharbeiter der N.D.L.-Werft und überwiesenes Personal der Seebeckwerft zur Wehrmacht einberufen oder nach Frankreich abgezogen worden sind.

1. 5. 1942
Nordnorwegen: *Hermann Schoemann* mit Chef 6. Z.-Fl., *Z 24* und *Z 25* um 00.55 Uhr Kirkenes ausgelaufen zu einem Vorstoß in das Nordmeer. Dort sollte der durch deutsche U-Boote und Flugzeuge gesichtete und östliche Kurse laufende alliierte Konvoi »PQ 15« angegriffen werden.

Der Geleitzug »PQ 15« war gesichert durch die britischen Zerstörer *Somali, Matchless, Boadicea* und *Badsworth*, den kanadischen Zerstörer *St. Albans,* vier britische Minensucher, vier A/S-Trawler, das Flakschiff *Ulster Queen* und das Katapultschiff *Empire Morn.*

Gleichzeitig lief der von Murmansk kommende Geleitzug »*QP 11*« durch das Eismeer westwärts, gesichert durch die britischen Zerstörer *Bulldog, Beagle, Amazon* und *Beverley,* vier Minensucher und einen A/S-Trawler. Ferner bildeten der britische Leichte Kreuzer *Edinburgh* und die Zerstörer *Foresight* und *Forester* eine abgesetzt operierende Nahsicherungsgruppe.

Am Nachmittag des Vortages hatte das deutsche U-Boot *U 456* den Kreuzer *Edinburgh* angegriffen und mit zwei Torpedos getroffen. Das Schiff war schwer beschädigt worden und in Seefähigkeit und Geschwindigkeit erheblich herabgesetzt.

Vormittags Vorstoß der drei deutschen Zerstörer zum vermuteten Konvoikurs bei großer Kälte, bei Schneeschauern und wechselnden Sichtweiten.

Um 13.40 Uhr wurden von den deutschen Zerstörern zunächst drei, dann vier britische Zerstörer ausgemacht. Zum ersten laufenden Gefecht kam es um 13.47 Uhr. Die britischen Zerstörer versuchten, sich zwischen die deutschen Zerstörer und den Geleitzug zu schieben, welcher von den deutschen Booten wenig später gesichtet wurde.

Z 24 und *Z 25* schossen um 14.07 Uhr insgesamt vier Torpedos auf den in Sicht gekommenen Konvoi. Der sowjetische Frachter *Tsiolkovskij* erhielt zwei Treffer und sank. Die Zerstörergefechte wurden behindert durch Treibeis, Schneeschauer, Nordnordwestwind in Stärke 7 und Seegang.

Nachmittags unternahmen die drei deutschen Zerstörer sechs weitere Versuche, an den Geleitzug heranzukommen. Sie wurden jedoch durch die britischen Zerstörer, die sich vor den Konvoi geschoben hatten, in Artilleriegefechte verwickelt und abgedrängt. Bei den Gefechten erhielten die britischen Boote mehrere Artillerietreffer. *Hermann Schoemann* hatte im Lauf des Nachmittags insgesamt sieben Torpedos auf den Konvoi losgemacht. Es ist nicht auszuschließen, daß der russische Frachter durch diese und nicht durch die um 14.07 Uhr geschossenen Torpedos vernichtet wurde. Hier fehlen genaue Uhrzeitangaben.

Gegen 18.00 Uhr wurde die Jagd der deutschen Zerstörer auf den Geleitzug beendet. Sie nahmen anschließend die Suche nach den torpedierten Kreuzer *Edinburgh* auf. Das Schiff lag zu dieser Zeit auf südlichem Kurs und trieb meist quer zum Wind. Über ihm waren weiße Dampfwolken. *U 456* hielt Fühlung, konnte jedoch selbst nicht angreifen, weil sein Angriffssehrohr nicht funktionierte. Abends und nachts stießen die drei deutschen Zerstörer mit südlichen Kursen und in Dwarslinie mit 3000 m Seitenabstand zum gemeldeten Standort des Kreuzers vor.

2. 5. 1942

Gegen 06.00 Uhr gab eine Ölspur auf dem Wasser einen Anhalt dafür, daß der Kreuzerstandort gefunden sei.

Um 06.17 Uhr wurde von *Z 25* ein Schatten gesichtet. Die deutschen Boote drehten darauf zu und erkannten den Kreuzer. Zunächst zwei, dann vier britische Zerstörer kamen ihnen entgegen.

Um 06.23 Uhr wurde von der Brücke von *Hermann Schoemann* der Kreuzer klar erkannt. *Hermann Schoemann* war um 06.34 Uhr am dichtesten an *Edinburgh* herangekommen, und der Chef der 6. Z.-Fl. gab über U.K.-Telefonie den Befehl, zum Torpedoangriff anzudrehen. *Z 24* und *Z 25* hatten das Ziel jedoch in einem Schneeschauer verloren. Als *Hermann Schoemann* nur noch etwa 78 hm vom Kreuzer entfernt war, sollte auf diesen eine Torpedosalve geschossen werden. Es löste sich aber nur ein Torpedo, da die anderen vereist waren.

Plötzlich schlugen um 06.36 Uhr etwa 100 m hinter *Hermann Schoemann* 15 cm-Granaten in die See. *Edinburgh* hatte auf den ihn am nächsten stehenden deutschen Zerstörer das Feuer eröffnet. Mit seiner zweiten Turmsalve erzielte der Kreuzer mindestens zwei Treffer, die folgenschwer waren. Die Hauptzudampfleitung war zerstört, beide Turbinen und das gesamte Stromnetz fielen aus. *Hermann Schoemann* blieb bewegungsunfähig liegen. Das zweite, vierte und fünfte Geschütz konnten, von Hand gerichtet, noch einige einzelne Schüsse abgeben. In den nächsten Minuten erhielt *Hermann Schoemann* noch einige weitere Artillerietreffer, die von *Edinburgh* und den britischen Zerstörern stammten.

Um 06.45 Uhr hatten *Z 24* und *Z 25* kehrtgemacht und *Hermann Schoemann* künstlich eingenebelt. Gleichzeitig beschossen sie die gegnerischen Zerstörer.

Der britische Kreuzer wurde von *Z 24* und *Z 25* erneut gegen 06.48 Uhr gesichtet. Daraufhin schossen *Z 24* vier und *Z 25* drei Torpedos. Einer der sieben geschossenen Torpedos traf den Kreuzer, der schwer beschädigt liegenblieb. Später wurde die Besatzung des Schiffes durch den feindlichen Zerstörer *Foresight* abgeborgen. *Edinburgh* ist gegen 08.50 Uhr gesunken.

In den Zerstörergefechten, die sich der Torpedierung der *Edinburgh* anschlossen, wurde der britische Zerstörer *Forester* durch *Z 25* bewegungsunfähig geschossen (konnte aber später eingebracht werden) und *Foresight* durch *Z 24* und *Z 25* schwer beschädigt. *Z 25* hatte einen 12 cm-Treffer in den Funkraum erhalten, der neben Materialschäden auch vier Tote, zwei Schwer- und fünf Leichtverletzte verursachte.

Während gegen 07.00 Uhr *Z 25* durch Schwarzqualmen einen Rauchschleier zwischen die britischen Einheiten und *Hermann Schoemann* legte, versuchte *Z 24* vergeblich, bei *Hermann Schoemann* anzulegen. In der nächsten Stunde scheiterten weitere Anlagemanöver, doch um 08.00 Uhr gelang es *Z 24,* mit der Back kurz anzulegen. Einige Besatzungsangehörige sprangen von *Hermann Schoemann* auf *Z 24* hinüber.

Im Schutze der von *Z 25* gelegten Rauchschleier ging *Z 24* um 08.15 Uhr bei *Hermann Schoemann* längsseits und machte daran fest. Der größte Teil der Besatzung von *Hermann Schoemann* stieg nun über, vier Schwer- und mehrere Leichtverwundete wurden übernommen. *Z 24* legte wieder ab, nachdem auf *Hermann Schoemann* zwei Wasserbomben gezündet wurden. Gegen 08.30 Uhr sank der Zerstörer nach der Explosion der Wabos.

Während des Bergemanövers sicherte *Z 25* die beiden Zerstörer durch weiteres Schutzqualmen, Einnebeln und Feuerüberfälle auf die britischen Zerstörer. Danach traten *Z 24* und *Z 25* mit 254 Geretteten mit hoher Fahrt den Rückmarsch nach Kirkenes an. Auf dem Wege dorthin wurde dem deutschen U-Boot *U 88* der Untergangsort von *Hermann Schoemann* übermittelt. Von etwa 13.00 bis 15.00 Uhr barg das U-Boot weitere 56 Überlebende, die auf Kuttern und Flößen in der See trieben. Insgesamt hatten nur acht Mann der Zerstörerbesatzung den Tod gefunden.

Nachmittags liefen *Z 24* und *Z 25* mit den Geretteten, darunter der Flottillenchef, der Kommandant, der I.O. und der L.I. von *Hermann Schoemann,* in Kirkenes ein, wo die *Hermann-Schoemann*-Besatzung und die Verwundeten ausgeschifft wurden.

3. 5. 1942

Heimat: Nach beendeter Werftzeit ist *Z 27* aus den Deutschen Werken in Kiel in die Ostsee ausgelaufen, um dort Probefahrten und Übungen durchzuführen.

4. 5. 1942

Heimat: *Richard Beitzen* hat bei Deschimag in Bremen seine

Turbineninstandsetzung durchgeführt und ist, wie tags zuvor *Z 27*, ausgelaufen zum Marsch in die Ostsee.

5. 5. 1942
Heimat: *Karl Galster* hat seine Werftliegezeit bei Deschimag in Bremen ebenfalls beendet und ist zum Marsch in die Ostsee durch den K.W.-Kanal ausgelaufen.
Z 34 bei Germaniawerft in Kiel vom Stapel gelaufen. Zur Fertigstellung wurde der Rumpf des Zerstörers an die Ausrüstungspier der Werft Deschimag, Bremen, verholt.

7. 5. 1942
Norwegen: *Paul Jacobi* vom Hoppla-Elven nach Trondheim verholt und am Flugzeugschleuderschiff *Westfalen* festgemacht.

9. 5. 1942
Norwegen: Schwerer Kreuzer *Admiral Scheer*, Troßschiff *Dithmarschen* im Geleit von *Z 28, Z 30, T 5* und *T 7* Trondheim ausgelaufen zum Marsch nach Narvik.

10. 5. 1942
Norwegen: *Admiral Scheer, Dithmarschen, Z 28, Z 30, T 5* und *T 7* in Narvik eingelaufen.
Heimat: *Theodor Riedel* hat bei den Deutschen Werken in Kiel seine Werftliegezeit beendet und ist zu Erprobungen und zur Durchführung von Übungsfahrten in die Ostsee ausgelaufen.

11. 5. 1942
Nordnorwegen: Schnellbootbegleitschiff *Tanga* mit den Zerstörern *Z 24* und *Z 25* Kirkenes ausgelaufen zum Marsch über Tromsö nach Narvik.
Ostsee: In der mittleren Ostsee Beginn von Verbands- und taktischen Übungen. Daran nahmen teil:
Schwerer Kreuzer *Lützow*, Leichter Kreuzer *Leipzig*, Zerstörer *Z 27* mit Chef 8. Z.-Fl., *Z 29, Richard Beitzen, Hans Lody* und *Karl Galster*, T-Boote *T 14* und *T 18*, Tanker *Saßnitz* und Flugzeuge. Vormittags wurden Gefechtsbilder geübt, nachmittags eine Angriffsübung von *Lützow* auf einen durch Zerstörer geschützten Geleitzug durchgeführt. Nachts fanden Luftabwehrübungen statt.
Heimat: *Z 31* hat Reparaturen bei Deschimag in Bremen beendet und lief aus zum Marsch in die Ostsee zur Erledigung von Erprobungen und Übungen.

12. 5. 1942
Norwegen: *Tanga, Z 24* und *Z 25* von Kirkenes kommend in Narvik eingelaufen.
Ostsee: Beendigung der Ostsee-Übungen. Nachmittags liefen die Einheiten, die daran teilgenommen hatten, in Swinemünde ein.
Heimat: *Erich Steinbrinck* und *Friedrich Eckoldt* mußten ihre Ausbildungsfahrten abbrechen wegen neu aufgetretener Störungen. Die geplante Verlegung der beiden Zerstörer nach Norwegen mußte deshalb verschoben werden.

13. 5. 1942
Norwegen: *Paul Jacobi* MES-Erprobung vor Trondheim. Hierbei bekam der Zerstörer eine Bojenleine in eine Schraube, die durch einen Taucher entfernt werden mußte.
14. 15. 1942
Norwegen: *Paul Jacobi* von Trondheim in den Hoppla-Elven verholt.

15. 5. 1942
Heimat: Schwerer Kreuzer *Lützow*, Zerstörer *Z 29* mit F.d.Z., *Richard Beitzen* und Flottenbegleiter *F 1* um 07.00 Uhr Swinemünde ausgelaufen zum Verlegungsmarsch nach Nordnorwegen. Der Marsch führte durch das Kattegat und das Skagerrak und ging über Kristiansand-Süd nach Trondheim.
Nachmittags *Hans Lody* und *Z 27* Kiel ausgelaufen. Um 22.03 Uhr schlossen die beiden Zerstörer in der westlichen Ostsee an den *Lützow*-Verband heran und schoren in das Kielwasser ein. Gegen Mitternacht befand sich der Verband mit nördlichen Kursen auf dem Marsch durch den Großen Belt in der Reihenfolge:
Z 29 mit F.d.Z., *Richard Beitzen, Lützow, Z 27, Hans Lody, F 1.*
Norwegen: *Paul Jacobi* abends Marsch von Hoppla-Elven nach Trondheims Leeden. Dort ging der Zerstörer in der Nähe von *Z 25*, der von Narvik gekommen war, vor Anker.

16. 5. 1942
Norwegen: Notreparierter Schwerer Kreuzer *Prinz Eugen*, Zerstörer *Paul Jacobi* und *Z 25* sowie die T-Boote *T 11* und *T 12* sind aus dem Trondheim-Fjord ausgelaufen und haben den Marsch in die Heimat durch die Schären angetreten. Gegen Mitternacht hatte der Verband eine Position in der Nähe von Stadlandet erreicht.
Kattegat/Skagerrak: Morgens und vormittags Fortsetzung der Unternehmung »Walzertraum«, der Verlegung von *Lützow* und vier Zerstörern nach Norwegen. Marsch des Verbandes durch das Kattegat nach Norden. Mehrfach wurde Fliegeralarm gegeben, auch erschienen deutsche Jagdflugzeuge über dem Verband.
Um 09.06 Uhr hatten die Zerstörer Sicherungspositionen eingenommen: *Z 29* mit F.d.Z. befand sich vor *Lützow, Z 27* und *F 1* waren an Bb., *Richard Beitzen* und *Hans Lody* an Stb.
Nachmittags erreichte der Befehl von Gruppe Nord zum Kehrtmachen den Verband, der daraufhin auf Südkurs ging. Um 16.00 Uhr schor *Richard Beitzen* wegen einer U-Bootortung aus dem Verband. Der Zerstörer griff das U-Boot wenig später mit Wasserbomben an, blieb aber ohne Erfolg. Später wurde die Stelle, wo das U-Boot zum letzten Mal geortet wurde, an das Vorpostenboot *V 909* übergeben. Um 18.06 Uhr stieß *Richard Beitzen* wieder zum Verband.
Um 20.15 Uhr wurde das Unternehmen »Walzertraum« erneut angetreten. *Lützow* ging auf Nordwestkurs, die Zerstörer und das Geleitboot nahmen Sicherungspositionen ein. Nach dem Passieren des Skagerraks ging der Verband um 23.25 Uhr auf Westsüdwestkurs.

17. 5. 1942
Südnorwegen: *Lützow* um 05.15 Uhr im Kvarenesfjord, die Zerstörer etwa gleichzeitig in Kristiansand-Süd eingelaufen. Dort begannen sie, für die abends geplante Unternehmung »Burgund« Treibstoff und Minen zu übernehmen.
17.30 Uhr Unternehmen »Burgund« angelaufen. *Z 29* mit F.d.Z., *Richard Beitzen, Hans Lody* und *Z 27* Kristiansand-Süd ausgelaufen zu einer Minenunternehmung im Westteil des Skagerraks. Die Unternehmung war zur Verlängerung der »Westwall«-Minensperren erforderlich.
Gegen 20.00 Uhr hatten die von Trondheim kommenden Einheiten *Prinz Eugen, Paul Jacobi, Z 25, T 11* und *T 12* etwa die Höhe von Lister erreicht, als sie durch britische Torpedo- und Bombenflugzeuge heftig angegriffen und auch mit Bordwaffen beschossen wurden. Infolge des Flakfeuers der Schiffe gelang es den Fliegern jedoch nicht, Treffer zu erzielen. Alle abgeworfenen Torpedos konnten ausmanövriert werden. Das gelang sogar dem Schweren Kreuzer *Prinz Eugen*, obwohl dessen Heck durch den kürzlich erlittenen Torpedotreffer »weggeschossen« worden war und der Kreuzer durch Notruder gesteuert werden mußte, das über zwei Gangspills mit Menschenkraft bewegt werden mußte!
Um 20.21 Uhr wurde von *Z 29* ein britisches »Boston«-Flugzeug abgeschossen, welches vorher durch das Flakfeuer der *Prinz Eugen* getroffen und beschädigt worden war und die zur Minenunternehmung unterwegs befindlichen Zerstörer über-

fliegen wollte. Vier Mann der Flugzeugbesatzung wurden anschließend durch *Z 27* gerettet.
Zwischen *Z 29, Richard Beitzen, Hans Lody* und *Z 27* wurde um 20.30 Uhr vor der südwestnorwegischen Küste – etwa bei Stavanger – die Sichtverbindung mit dem nach Deutschland marschierenden Schweren Kreuzer *Prinz Eugen* und den begleitenden Zerstörern *Paul Jacobi* und *Z 25* hergestellt. Zwei Minuten später befand sich *Prinz Eugen,* auf Gegenkurs liegend, querab von *Z 29.* Wenig später passierte auch *Z 25* den F.d.Z.-Zerstörer.

18. 5. 1942
Skagerrak: *Z 29* mit F.d.Z., *Richard Beitzen, Hans Lody* und *Z 27* haben das Minenwurfgebiet erreicht und um 01.37 Uhr mit dem Minenwerfen begonnen. Genau eine Stunde später wurde die letzte Mine geworfen. Das Unternehmen »Burgund« war damit planmäßig beendet. Die vier Zerstörer traten den Rückmarsch nach Kristiansand-Süd an, wo sie gegen 10.00 Uhr eintrafen. Etwa 30 Minuten danach begannen die Zerstörer Brennstoff aufzufüllen.
Um 23.15 Uhr lichteten *Z 29* mit F.d.Z., *Richard Beitzen* und *Z 27* die Anker, um den Marsch nach Trondheim fortzusetzen. *Hans Lody* war nicht auslaufbereit, da auf diesem Zerstörer irrtümlich angenommen worden war, daß eine dreistündige Bereitschaft bestünde. Der Zerstörer erhielt den Befehl, dem vorausfahrenden Verband baldmöglichst zu folgen.
Heimat: Nach dem Marsch durch Skagerrak/Kattegat und Großen Belt – im Kielwasser eines Sperrbrechers – liefen abends *Prinz Eugen, Paul Jacobi, Z 25* und *T 11* in Kiel ein. Damit war der Verlegungsmarsch von Norwegen nach Deutschland (Unternehmen »Zauberflöte«) erfolgreich beendet worden. *Paul Jacobi* und *Z 25* ankerten vor Kiel.

19. 5. 1942
Norwegen: *Lützow, Z 29* mit F.d.Z., *Richard Beitzen* und *Z 27* haben um 00.16 Uhr den Weitermarsch nach Norden angetreten. Um 10.35 Uhr passierte der Verband den Eingang zum Grimstad-Fjord. Um 12.25 Uhr ging *Lützow* im Grimstad-Fjord vor Anker und die drei Zerstörer machten am Ölsteg fest. Zum Weitermarsch liefen *Lützow, Z 29* mit F.d.Z., *Richard Beitzen, Z 27* und der inzwischen nachgekommene Zerstörer *Hans Lody* um 17.00 Uhr aus. Um 17.30 Uhr ging der Verband auf Nordkurs.
Während des Marsches nach Norden gab es abends und in der Nacht wiederholt Fliegeralarm, weil britische Aufklärungsflugzeuge über dem Verband erschienen.

20. 5. 1942
Norwegen: Der *Lützow*-Verband passierte um 00.10 Uhr Stadtlandet und lief um 08.40 Uhr in Trondheimfjord ein. Während des Einlaufens erreichte *Z 27* zur Erprobung eine Höchstgeschwindigkeit von 36,5 Kn.
Um 09.30 Uhr wurden *Z 27, Hans Lody* und das seit Kristiansand-Süd mitmarschierende T-Boot *T 12* zur Ölergänzung nach Trondheim entlassen. *Z 29* machte um 10.50 Uhr im Hoppla-Elven an *Friedrich Ihn* fest, *Richard Beitzen* in der Nähe. Abends machten auch *Z 27* und *Hans Lody* dort fest.
Heimat: *Z 25* Beginn Werftliegezeit bei Deschimag in Bremen. Während dieser Zeit wurde auf der Back der 15 cm-Doppelturm anstelle des dort bisher vorhandenen Einzelgeschützes eingebaut.
Paul Jacobi, seit dem Vortag bei den Deutschen Werken in Kiel, eingedockt und Werftliegezeit begonnen.

22. 5. 1942
Norwegen: Bei *Z 29* hat im Hoppla-Elven bei *T 16* angelegt.

23. 5. 1942
Norwegen: *Friedrich Ihn* hat zur Instandsetzung seiner Wellenlager vom Hoppla-Elven in die Werft nach Trondheim verlegt.

24. 5. 1942
Norwegen: *Z 29* mit F.d.Z., *Richard Beitzen* und *Z 27* am späten Abend aus dem Hoppla-Elven ausgelaufen, wenig später im Trondheimfjord mit dem Schweren Kreuzer *Lützow* und dem Tanker *Nordmark* zusammengetroffen und kurz nach Mitternacht den Marsch nach Nordnorwegen angetreten.

25. 5. 1942
Norwegen: Mittags passierte der *Lützow*-Verband mit Nordkurs Sandnesjoen, und um 13.33 Uhr wurde der Polarkreis überschritten. Um 16.45 Uhr stießen in den Schären in der Nähe des Karlsöfjord das T-Boot *T 7* und die 6. S.-Fl. mit fünf S-Booten zum Verband und nahmen U-Bootssicherungspositionen ein. In den Ofotfjord lief der Verband um 20.50 Uhr ein. Um Mitternacht machten *Z 29, Richard Beitzen, Z 27* und *T 7* im Skjomen-Fjord bei den Tankern *Pelagos* und *Dithmarschen* fest und begannen Treibstoff und Destillat zu ergänzen. In diesem Fjord lagen bereits seit längerem *Z 24* und *Z 30* vor Anker.

26. 5. 1942
Norwegen: *Z 29* mit F.d.Z., *Richard Beitzen, Z 27* und *T 7* legten von den Versorgern ab. Während *T 7* nach Narvik verlegte, gingen die Zerstörer in der Bogenbucht vor Anker.
In Narvik, in der Bogenbucht und im Skjomenfjord lagen nun einsatzbereit:
Schwere Kreuzer *Admiral Scheer* mit B.d.S. (B.d.K.) und *Lützow,* Zerstörer *Z 29* mit F.d.Z., *Richard Beitzen, Z 24, Z 27, Z 28* und *Z 30,* T-Boote *T 5, T 7* und *T 15,* Versorger *Pelagos, Nordmark* und *Dithmarschen* sowie das Schnellbootbegleitschiff *Tanga.*
28. 5. 1942
Norwegen: *Z 28,* auf den sich der F.d.Z. eingeschifft hatte, hat im Skjomenfjord bei *Pelagos* zu kleinen Reparaturen festgemacht.

2. 6. 1942
Heimat: *Karl Galster, Theodor Riedel* und *Erich Steinbrinck* nach beendeten Werftzeiten und Ausbildungsabschnitten ab 10. 6. bereit zur Verlegung nach Norwegen.

8. und 9. 6. 1942
Norwegen: Einzel-, Fahr- und Gefechtsübungen der in der Bogenbucht stationierten Zerstörer in Ofot- und Westfjord.

10. 6. 1942
Norwegen: In Ofot- und Westfjord Fahrübungen der Schweren Kreuzer *Lützow* mit dem neuen B.d.K., VAdm. Kummetz (an Bord seit 3. 6. 1942) und *Admiral Scheer* und der Zerstörer.

11. 6. 1942
Heimat: *Karl Galster* mit Chef 8. Z.-Fl., *Theodor Riedel* und *Friedrich Eckoldt* Kiel ausgelaufen zum Verlegungsmarsch durch Kattegat und Skagerrak nach Norwegen. Im Großen Belt mußte jedoch *Friedrich Eckoldt* kehrtmachen wegen Geräuschen in den Turbinen und nach Kiel zurückkehren.
Erich Steinbrinck konnte wegen Turbinenschäden den Verlegungsmarsch nach Norwegen nicht antreten.

14. 6. 1942
Norwegen: *Karl Galster* mit Chef 8. Z.-Fl. und *Theodor Riedel* in Trondheim eingelaufen zur Treibstoffergänzung.
Hans Lody seit 7. 6. 1942 in Trondheim nicht fahrbereit. Die Stb.-Maschine war wegen Wassereinbruchs in Turbo- und E-Hilfsmaschinen ausgefallen. Der Wassereinbruch war durch ein geöffnetes Feuerlöschventil verursacht worden. Es bestand

Sabotageverdacht und schuldhaftes Versäumen der vorgeschriebenen Ronde durch den Pumpenmeistersgast vom Dienst. Während die Bb.-Maschine klar geblieben ist, wurde an der Wiederherstellung der Stb.-Anlage gearbeitet.
Friedrich Ihn in Trondheim ebenfalls nicht voll fahrbereit. Es bestand Verölungsgefahr des Bb.-Kraftwerks wegen abgenutzter Ölabstreifringe der Niederdruckturbinen.
Z 24 in der Bogenbucht gleichfalls nicht voll fahrbereit wegen nicht einwandfrei arbeitender Maschinenanlagen.
Taktische Gliederung der in Norwegen eingesetzten Zerstörer:
Kampfgruppe I: *Friedrich Ihn* mit Chef 5. Z.-Fl., *Richard Beitzen, Karl Galster* mit Chef 8. Z.-Fl., *Theodor Riedel* und *Hans Lody.*
Kampfgruppe II: *Z 28* mit F.d.Z., *Z 24, Z 27, Z 29* und *Z 30.* Zugeteilt bis zur Vereinigung beider Kampfgruppen die T-Boote *T 7* und *T 15.*

16. 6. 1942
Norwegen: Schlachtschiff *Tirpitz* mit Zerstörern im Trondheimfjord sowie Schwere Kreuzer *Lützow* und *Admiral Scheer* mit dem F.d.Z.-Zerstörerverband im Ofot- und Westfjord Durchführung von Verbands- und Gefechtsübungen.
In den nächsten Tagen wurde durch den deutschen B-Dienst wiederholt der Funkverkehr mitgehört und entschlüsselt, der den Geleitzug »PQ 17« betraf. Deshalb begannen die Kampfgruppen I und II mit den Vorbereitungen zum Angriff auf den Konvoi.

18. 6. 1942
Heimat: *Paul Jacobi* während seiner Werftliegezeit ausgedockt. Beginn der Turbinenherausnahme.

26. 6. 1942
Norwegen: *Hans Lody* erreichte bei Probefahrten im Trondheim-Fjord eine Höchstgeschwindigkeit von nur 32 Kn.
Heimat: Auf *Erich Steinbrinck* und *Friedrich Eckoldt* wurden in deutschen Werften Änderungen an den Hochdruckturbinen vorgenommen. Dadurch sank die Gesamtleistung der Anlagen um rund 5000 PS, und die Höchstgeschwindigkeit wurde herabgesetzt.

30. 6. 1942
Norwegen: *Z 28* mit F.d.Z., *Z 27, Z 29* und *Z 30* und *Z 4, Richard Beitzen,* in der Bogenbucht, *Z 6, Theodor Riedel* in Trondheim voll einsatzbereit.
Z 24 in der Bogenbucht, *Z 10, Hans Lody* und *Z 20, Karl Galster* in Trondheim eingeschränkt einsatzbereit.
Nordmeer: Durch die deutsche Luftaufklärung wurde abends etwa 200 sm nördlich des Nordkaps der nach Westen laufende alliierte Geleitzug »QP 13« erfaßt und gemeldet.

1. 7. 1942
Nordmeer: Auch der mit Ostkurs im Nordmeer marschierende alliierte Konvoi »PQ 17« wurde mittags erfaßt. Die deutschen U-Boote *U 255* und *U 408* sichteten und meldeten ihn.

2. 7. 1942
Norwegen: Beginn der Unternehmung »Musik«: Verlegung der Kampfgruppe I mit dem Schlachtschiff *Tirpitz,* dem Schweren Kreuzer *Admiral Hipper,* den Zerstörern *Friedrich Ihn* (mit Chef 5. Z.-Fl.), *Hans Lody, Karl Galster* (mit Chef 8. Z.-Fl.) sowie *Theodor Riedel* und der T-Boote *T 7* und *T 15* von Trondheim zum Altafjord.
Mittags *Friedrich Ihn* mit Chef 5. Z.-Fl. und *Hans Lody* zum Marsch nach Alta vorzeitig ausgelaufen, weil beide Zerstörer maschinell sehr störanfällig waren und in ihrer Höchstgeschwindigkeit herabgesetzt waren. Marsch der beiden Boote durch den Trondheimfjord und nachmittags durch die Schären nach Norden.
Um 19.00 Uhr folgte das Gros der Kampfgruppe nach. Während des Auslaufens aus dem Trondheimfjord setzten starke Regenböen ein, die Sicht verschlechterte sich. Der Verband passierte Agdenes um 20.30 Uhr. Während der Verband abends und nachts durch die Schären nach Nordosten lief, gingen über Funk zahlreiche Meldungen ein über Konvoi- und Geleitstärken und die jeweiligen Standorte des Gegners.
Um 23.30 Uhr trat der *Tirpitz*-Verband aus den Schären heraus und setzte den Marsch fort mit Kurs Nordost und 25 kn Fahrt. Der zur Kampfgruppe I gehörende Zerstörer *Richard Beitzen,* der in der Bogenbucht lag, lief um 21.00 Uhr mit dem Versorger *Nordmark* und dem Tanker *Tiger* zum Marsch in den Gimsöystraumen aus, wo der Zerstörer auf die aus Süden kommende *Tirpitz*-Gruppe warten sollte.

3. 7. 1942
Nordnorwegen: Nach dem Anker-auf-Gehen sammelte die Kampfgruppe II um 00.30 Uhr mit den Schweren Kreuzern *Lützow* mit B.d.K. und *Admiral Scheer,* dem Versorger *Dithmarschen* und den Zerstörern *Z 28* mit F.d.Z., *Z 24, Z 27, Z 29* und *Z 30* im Ofotfjord und trat anschließend den Marsch nach Alta an. Wenig später, gegen 02.45 Uhr, hatte *Lützow* im Tjeldsund eine Grundberührung, bei der Heizölbunker X aufgerissen und mehrere Trimmzellen beschädigt wurden. Der Verband ging vor Anker. Der B.d.K. stieg morgens auf *Admiral Scheer* über. *Lützow* wurde zur Bogenbucht entlassen, während *Admiral Scheer* mit B.d.K., *Dithmarschen, Z 28* mit F.d.Z., *Z 24, Z 27, Z 29* und *Z 30* den Marsch zum Altafjord wieder aufnahmen.
Die **Kampfgruppe I** mit *Tirpitz, Admiral Hipper, Karl Galster* mit Chef 8. Z.-Fl., *Theodor Riedel, T 7* und *T 15* war kurz nach Mitternacht in der freien See auf dem Marsch nach Nordosten. Die beiden Zerstörer und die T-Boote befanden sich auf U-Sicherungspositionen. Um 00.40 Uhr war die Wetterlage folgende: Wind West 2, 9/10 bedeckt, Sicht 10–20 Sm, wechselnd in Regenböen und ab 67 Grad Nord Nebelfelder. Der Verband trat um 01.13 Uhr bei Grinna wieder in die Schären ein, passierte Sandnesjoen um 05.56 Uhr bei schlechter Sicht, und um 07.15 Uhr war er auf einer Position 66 Grad und 30' Nord.
Um 08.31 Uhr wurde *T 7* vorausgeschickt zur Abgabe einer Passiermeldung an die Marinesignalstelle Bodö. Kurz zuvor hatte *T 15* Rohrreißer in beiden Kesseln in K 1 gemeldet und das bedeutete, daß das Boot nur höchstens 25 kn laufen konnte.
Die **Kampfgruppe I** war um 11.05 Uhr querab von Bodö, wo das T-Boot *T 7* in den Verband wieder einschor. Bei Landegode trat der Verband um 11.40 Uhr wieder aus den Schären heraus. Etwa zu dieser Zeit oder wenig später (Uhrzeit nicht mehr zu ermitteln) kamen die vorausgelaufenen Zerstörer *Friedrich Ihn* und *Hans Lody* in Sicht, die wenig später eingeholt waren und in den Verband einschoren.
Um 13.27 Uhr gab der Flottenchef, der auf *Tirpitz* mitfuhr, der **Kampfgruppe I** den Befehl zum Ankern in Gimsöystraumen. Der Verband strebte daraufhin den Ankerplätzen zu.
Um 13.44 Uhr kam *Hans Lody* im Gimsöystraumen auf einem Unterwasserfelsen, der in den Seekarten nicht verzeichnet war, fest. Bis zum Achterschiff war der Zerstörer auf das Riff gerutscht. Dabei wurde der Doppelboden aufgerissen, und es gab mehrere Öl- und Wassereinbrüche. Beide Maschinen waren nicht mehr klar, die Bb.-Welle saß fest, und beide Schrauben waren beschädigt.
Karl Galster passierte den festsitzenden Zerstörer *Hans Lody* um 13.50 Uhr an dessen Stb.-Seite und kam plötzlich ebenfalls fest. Bei dieser Grundberührung wurde das S-Gerät mit seinem Hüllkörper beschädigt, die Bb.-Maschine fiel aus, und die Bb.-Welle war verbogen. Der Zerstörer war nicht mehr manövrierfähig.
Wenige Minuten später geriet der nachfolgende Zerstörer

Theodor Riedel dicht bei den beiden anderen Zerstörern ebenfalls auf die Untiefe. Bei diesem Boot blieben jedoch die Schäden gering, denn außer verbogenen Flügeln an beiden Schrauben wurde zunächst keine weitere Beschädigung festgestellt.
Gegen 14.00 Uhr hatte *Friedrich Ihn* beim Versorger *Nordmark* festgemacht, und *Richard Beitzen* war vor Anker gegangen. *Tirpitz* ankerte um 14.10 Uhr im Gimsöystraumen, anschließend *Admiral Hipper* nördlich davon. Nachmittags ergänzten die beiden Zerstörer ihre Treibstoffvorräte. Während dieser Zeit gingen weitere Funkmeldungen über den gegnerischen Geleitzug und dessen Sicherung ein.
Um 17.45 Uhr meldeten *Friedrich Ihn* und *Richard Beitzen* die Beendigung ihrer Ölübernahmen, die *T 7* und *T 15* schon vorher beendet hatten.
Die **Kampfgruppe I** ging um 18.05 Uhr ankerauf und lief anschließend zum Weitermarsch nach Alta aus mit *Tirpitz* (mit Flottenchef), *Admiral Hipper, Friedrich Ihn* mit Chef 5. Z.-Fl., *Richard Beitzen, T 15* und *T 7.* Im Gimsöystraumen blieben die drei beschädigten Boote *Hans Lody,* der noch auf der Untiefe festsaß, *Karl Galster* mit Chef 8. Z.-Fl. und *Theodor Riedel* zurück.
Friedrich Ihn meldete gegen Mitternacht, daß seine Höchstgeschwindigkeit wegen Rohrreißer auf 23 kn herabgesetzt sei.
Die Kampfgruppe II war mit *Admiral Scheer* mit B.d.K., *Dithmarschen, Z 28* mit F.d.Z., *Z 24, Z 27, Z 29* und *Z 30* um 17.15 Uhr im Altafjord vor Alta eingetroffen. Von dort wurden die fünf Zerstörer zur Ölergänzung aus *Dithmarschen* und dem Tanker *C. A. Larsen* entlassen. Nach Beendigung der Treibstoffübernahme gingen die Zerstörer abends im Kaafjord vor Anker.

4. 7. 1942
Nordnorwegen: Um 00.25 Uhr ging die Kampfgruppe I zur Einsteuerung in den Hajafjord auf Kurs 90 Grad. Eine Minute später meldete *Friedrich Ihn*, daß wieder eine Höchstfahrt von 28 kn gelaufen werden könne.
Die Kampfgruppe I traf um 01.05 Uhr auf den Minensucher *M 31*, der sich vor den Verband setzte. Um 07.40 Uhr passierte der Verband den Eingang zum Altafjord, und um 09.03 Uhr befand er sich vor Alta.
Anschließend wurden *Friedrich Ihn, Richard Beitzen, T 15* und *T 7* zur Treibstoffergänzung aus *Dithmarschen* und *C. A. Larsen* entlassen. Nach der Ölübernahme gingen die Boote gegen Mittag im Kaafjord vor Anker. Damit war die Vereinigung der Kampfgruppen I und II erfolgt.

5. 7. 1942
Nordnorwegen/Nordmeer: Beginn der Unternehmung »Rösselsprung«: Operation der beiden vereinigten Kampfgruppen gegen alliierten Geleitzug »PQ 17« im Nordmeer. Um 11.00 Uhr lichteten *Tirpitz* mit Flottenchef, *Admiral Scheer* mit B.d.K., *Admiral Hipper, Z 28* mit F.d.Z., *Z 24, Z 27, Z 29, Z 30, Friedrich Ihn, Richard Beitzen, T 15* und *T 7* im Kaafjord die Anker und liefen durch den Altafjord in das Nordmeer aus. Um 16.25 Uhr befand sich der Verband im Nordmeer im Marinequadrat 7225 AC, linke untere Kante. Durch den Flottenchef wurden *T 7* und *T 15* um 20.55 Uhr zur Treibstoffergänzung nach Kirkenes entlassen.
In der Nähe des Nordkaps im Lauf des Abends ein Torpedoangriff des sowjetischen U-Bootes *K 21* auf Schlachtschiff *Tirpitz,* der jedoch deutscherseits unbemerkt blieb.
Um 21.47 Uhr ging beim Flottenchef ein Funkspruch von der Gruppe Nord ein, in welchem befohlen wurde, daß die Unternehmung abzubrechen sei. Dieser Befehl wurde erteilt, weil deutscherseits erkannt worden war, daß ein britisches Flugboot und das britische U-Boot *Unshaken* den deutschen Verband gesichtet und gemeldtet hatten. Gemäß der Führerweisung, daß unnötige Risiken zu vermeiden seien, und weil außerdem erkannt worden war, daß der Konvoi »PQ 17« sich aufgelöst hatte, wurde die Operation abgebrochen.
Der Verband ging entsprechend dem eingegangenen Befehl um 21.51 Uhr mit einer Kehrtwendung nach Bb. auf Gegenkurs und trat den Rückmarsch an.
Z 27 gab um 22.46 Uhr U-Bootalarm, der sich später jedoch als Irrtum herausstellte.

6. 7. 1942
Nordnorwegen: Als sich der Verband um 01.10 Uhr der norwegischen Küste näherte, verschlechterte sich die Sicht. Wenige Minuten vorher war ein Funkspruch der Gruppe Nord aufgenommen worden, der die Verlegung von *Tirpitz, Admiral Hipper, Admiral Scheer, Z 27, Z 28, Z 29, Z 30* und *Richard Beitzen* nach Narvik und von *Lützow, Z 24, Friedrich Ihn, T 7* und *T 15* nach Trondheim befahl.
Die beiden T-Boote trafen aus Kirkenes kommend um 03.40 Uhr bei dem Verband ein. Um 06.49 Uhr gab *Z 29* U-Bootalarm, der sich wiederum als falsch erwies. Der Verband begegnete um 07.25 Uhr im Nordeingang des Bustad-Sundes zwei eigenen M-Booten. Um 09.48 Uhr wurde *Admiral Hipper* zum Ankern im Langfjord entlassen. *Tirpitz* und *Admiral Scheer* ankerten um 10.29 Uhr vor dem Kaafjord. Die Zerstörer und T-Boote begannen um 11.00 Uhr aus den Tankern *Dithmarschen* und *C. A. Larsen* Brennstoff zu übernehmen.
17.00 Uhr: Verband ankerauf gegangen, um die befohlenen Verlegungsmärsche durchzuführen. In der Reihenfolge *Tirpitz, Admiral Hipper, Admiral Scheer, Dithmarschen* sammelten die Einheiten im Altafjord, während die Zerstörer und T-Boote Sicherungspositionen einnahmen. Das Sammeln war um 17.30 Uhr beendet, und der Marsch begann. Um 18.00 Uhr war der Verband vor dem Langfjord. Um 22.00 Uhr mußte wegen Nebels im Langfjord südwestlich der Insel Arnöy geankert werden.

7. 7. 1942
Nachdem es vormittags wieder aufgeklart hatte und die Sichtweite bis zu 30 sm reichte, ging der Verband um 10.30 Uhr ankerauf, und der Marsch zur Bogenbucht wurde durch die Außenschären fortgesetzt. Um 16.34 Uhr wurden *Admiral Scheer* mit dem B.d.K., *Dithmarschen, Friedrich Ihn* mit Chef 5. Z.-Fl., *Z 24, T 15* und *T 7* vom Flottenchef zum Marsch durch den Tjeldsund entlassen.

8. 7. 1942
Nordnorwegen: *Z 29* und *Z 30* gingen nach dem Einlaufen in die Bogenbucht um 01.10 Uhr zum Ankern in den Skjomenfjord. Wenig später machten *Z 28, Z 27* und *Richard Beitzen* beim Tanker *Tiger* zur Ölergänzung fest. Nach Beendigung der Treibstoffübernahme gingen die Zerstörer in der Bogenbucht vor Anker. *Tirpitz* ging um 03.00 Uhr in der Bogenbucht in ihrem Netzkasten vor Anker. Dort trafen auch im Laufe des Tages *Admiral Scheer, Dithmarschen, Friedrich Ihn, Z 24, T 15* und *T 7* ein.
Mittelnorwegen: *Karl Galster* mit Chef 8. Z.-Fl., *Theodor Riedel* und *Hans Lody,* die vom Gimsöystraumen, teils mit eigener Kraft, teils im Schlepp kommend, in Trondheim eingetroffen waren, wurden dort nacheinander zur Schadensuntersuchung eingedockt. Anschließend begannen Notreparaturen, die die Überführung der beschädigten Zerstörer nach Deutschland ermöglichen sollten.
Bogenbucht: Schwerer Kreuzer *Lützow* gegen 09.00 Uhr mit den soeben dort eingetroffenen Zerstörern *Friedrich Ihn* und *Z 24* und den T-Booten *T 15* und *T 7* Bogenbucht ausgelaufen zum Marsch nach Trondheim.

9. 7. 1942
Heimat: Leichter Kreuzer *Köln* und Zerstörer *Friedrich Eckoldt*

mit Minenladungen Kiel ausgelaufen zum Marsch durch Belt, Kattegat und Skagerrak nach Trondheim.

10. 7. 1942
Norwegen: *Lützow, Friedrich Ihn, Z 24, T 15* und *T 7* von Norden kommend in Trondheim eingelaufen.

11. 7. 1942
Nordöstliche Nordsee: *Köln* und *Friedrich Eckoldt,* die sich auf dem Marsch nach Trondheim befanden, warfen in der nordöstlichen Nordsee (etwa Westausgang des Skagerraks) die mitgeführten Minen zur Verstärkung der »Westwall«-Minensperren.

12. 7. 1942
Nordöstl. Nordsee:/Südnorwegen: *Köln* und *Friedrich Eckoldt* die in den ersten Morgenstunden das Minenwerfen mit Erfolg beendet hatten, anschließend in Kristiansand-Süd eingelaufen.
Norwegen: *Friedrich Ihn* mit Chef 5. Z.-Fl., *Z 24* und *Karl Galster* (letzterer Zerstörer nur mit der Stb.-Maschine fahrend, da Bb.-Welle verbogen) Trondheim ausgelaufen und zum Marsch durch Skagerrak und Kattegat nach Kiel.
Hans Lody und *Theodor Riedel* in Trondheim Durchführung von Reparaturen.

13. 7. 1942
Südnorwegen: *Friedrich Ihn* mit Chef 5. Z.-Fl. und *Z 24* Marsch in die Ostsee unterbrochen und in Kristiansand-Süd eingelaufen, während *Karl Galster* den Marsch nach Kiel fortsetzte.

14. 7. 1942
Südnorwegen: *Köln, Friedrich Ihn* mit Chef 5. Z.-Fl., *Z 24* und *Friedrich Eckoldt* morgens Kristiansand-Süd ausgelaufen zum Werfen einer weiteren Minensperre in der nordöstlichen Nordsee. Nach Durchführung der Aufgabe trat der Verband den Marsch nach Trondheim an. Gegen 23.00 Uhr war sein Standort etwa Stadlandet.

15. 7. 1942
Norwegen: Kreuzer *Köln* mit den drei Zerstörern um 03.00 Uhr im Bredsund. Um 06.15 Uhr wurden *Friedrich Ihn* mit Chef 5. Z.-Fl. und *Z 24* zum Marsch nach Kiel entlassen. *Köln* und *Friedrich Eckoldt* liefen um 12.00 Uhr in Trondheim ein.
Heimat: *Karl Galster* von Norwegen kommend in Kiel eingelaufen.

16. 7. 1942
Heimat: *Karl Galster* in Kiel Beginn erster Werftinstandsetzungen.
Z 37 in Kiel in Dienst gestellt. Der Neubau wurde anschließend für die Dauer der Erprobungen und Ausbildungszeit der 6. Z.-Fl. unterstellt. Der Bau dieses Zerstörers lag lange Zeit still. Seit Anfang 1942 wurde die Fertigstellung unter tatkräftiger Mithilfe der eigenen Besatzung forciert vorangetrieben.

17. 7. 1942
Heimat: *Friedrich Ihn* mit Chef 5. Z.-Fl. und *Z 24* von Norwegen kommend in Swinemünde eingelaufen. Von hier aus verlegte *Friedrich Ihn* wenig später zur Durchführung seiner Werftliegezeit zum Maureb (Marineausrüstungs- und Reparaturbetrieb) Swinemünde. *Z 24* wurde zu Reparaturen, Liegezeit und zur Umrüstung auf den 15 cm-Doppelturm auf der Back in die Werft des Norddeutschen Lloyd in Wesermünde entlassen.

18. 7. 1942
Norwegen: F.d.Z. im Hoppla-Elven auf *Friedrich Eckoldt* eingestiegen und mit diesem anschließend ausgelaufen zum Marsch nach Narvik.

19. 7. 1942
Norwegen: *Friedrich Eckoldt* mit F.d.Z. auf dem Marsch zum Gimsöystraumen wegen dichten Nebels an der norwegischen Küste nur langsam vorangekommen.
Heimat: *Z 31,* von mehrmonatigen Erprobungen und Ausbildungsfahrten aus der Ostsee kommend, zu Reparaturen bei Deschimag in Bremen eingetroffen.

20. 7. 1942
Norwegen: *Friedrich Eckoldt* mit F.d.Z. in die Bogenbucht eingelaufen und vor Anker gegangen. Dort stieg der F.d.Z. auf *Z 28* über.
Heimat: *Karl Galster* bei Deschimag in Bremen Beginn Werftliegezeit.

21. 7. 1942
Heimat: *Erich Steinbrinck* Swinemünde ausgelaufen zum Marsch nach Norwegen. – Die Werftliegezeit dieses Zerstörers hatte planmäßig beim Blohm & Voß in Hamburg vom 10. 9. 1941 bis zum 29. 2. 1942 gedauert. Seit dieser Zeit war das Boot immer wieder wegen Maschinenstörungen nicht fahrbereit und zu Reparaturen wiederholt für Tage und Wochen in Werften. Deshalb hatte der Zerstörer bisher seine Gefechtsausbildung nicht durchführen können. Nach seinem Eintreffen im Trondheimfjord sollte sie dort beendet werden.

22. 7. 1942
Norwegen: Chef 5. Z.-Fl. in der Bogenbucht auf *Friedrich Eckoldt* eingestiegen.
Ostsee: *Erich Steinbrinck* auf dem Marsch nach Norwegen abends den Großen Belt passiert, befand sich nachts im Kattegat.

23. 7. 1942
Skagerrak: *Erich Steinbrinck* hat während Verlegung das Skagerrak passiert und setzte den Marsch entlang der norwegischen Küste fort.

24. 7. 1942
Norwegen: *Erich Steinbrinck* nachmittags mit erneuten Störungen an der Turbo-E-Maschine und am S-Gerät in Trondheim eingelaufen und zu Reparaturen in die dortige Werft gegangen. Danach führte der Zerstörer im Trondheimfjord mehrtägige Ausbildungs- und Übungsfahrten zur Herstellung seiner Gefechtsbereitschaft durch.

25. 7. 1942
Norwegen: *Hans Lody* und *Theodor Riedel* im Schlepp der Schlepper *Arngast* und *Titan* Trondheim ausgelaufen zu Werftinstandsetzungen in der Heimat.
Heimat: Die Wiederherstellung der Einsatzbereitschaft von *Z 23* wurde erneut verzögert wegen neuer Störungen am 15 cm-Doppelturm. Hier hatten sich grundsätzliche Fehler, unter anderem fehlender Rauchabzug, herausgestellt.

26. 7. 1942
Norwegen: *Hans Lody* und *Theodor Riedel* nach Bergen eingeschleppt. Wenige Stunden später liefen die Schleppzüge zum Weitermarsch in die Ostsee wieder aus.

28. 7. 1942
Norwegen: Um 01.20 Uhr wurden die durch die Schlepper *Arngast* und *Titan* geschleppten Zerstörer *Hans Lody* und *Theodor Riedel* vor der südwestnorwegischen Küste durch britische Torpedoflugzeuge angegriffen. Obwohl die Schleppzüge nur eine Fahrt von 9 kn machten, kamen die englischen Flugzeuge infolge des heftigen Flakfeuers der Zerstörer zu keinem Erfolg. Um 04.15 Uhr passierten die Schleppzüge unversehrt Kristiansand-Süd und um 14.00 Uhr Skagen.

29. 7. 1942
Heimat: *Hans Lody* und *Theodor Riedel* im Schlepp in Kiel eingetroffen. Beide Zerstörer wurden in den nächsten Tagen zu Reparaturen zu den Deutschen Werken in Kiel entlassen.

4. 8. 1942
Heimat: *Hans Lody* und *Theodor Riedel* Beginn planmäßiger Werftliege- und Instandsetzungszeiten bei den Deutschen Werken in Kiel.

5. 8. 1942
Die vom OKM befohlene Aufstellung des Kommandos der 4. Z.-Fl. für den 1. 8. 1942 bis auf weiteres verschoben.
Norwegen: Der Leichte Kreuzer *Köln* und der Zerstörer *Erich Steinbrinck* haben im Trondheimfjord ihre Übungen und Schießabschnitte beendet und sind abends zum Marsch nach Nordnorwegen ausgelaufen.
Der neue 1. Asto. des F.d.Z., KKpt. von Bechtolsheim, der am 1. 8. 1942 in Trondheim eingetroffen war, hat am 5. 8. 1942 die Übernahme der Dienstgeschäfte vom bisherigen 1. Asto., KKpt. Schultz, beendet. Am Morgen dieses Tages hat KKpt. Schultz die Reise nach Norden angetreten, um sein neues Kommando, das des Kommandanten von *Z 27*, zu übernehmen.

6. 8. 1942
Norwegen: *Köln* und *Erich Steinbrinck* abends in der Bogenbucht vor Anker gegangen. Damit befanden sich nunmehr sieben einsatzbereite Zerstörer in Nordnorwegen:
Z 27, Z 28, Z 29, Z 30, Richard Beitzen, Friedrich Eckoldt und *Erich Steinbrinck.*

7. 8. 1942
Norwegen: *F 1* mit F.d.Z. von Trondheim kommend abends in der Bogenbucht vor Anker gegangen in der Nähe des Schlachtschiffes *Tirpitz*. Ebenfalls in der Bogenbucht vor Anker liegend:
Schwerer Kreuzer *Admiral Hipper*, Leichter Kreuzer *Köln*, Zerstörer *Z 28* mit dem darauf eingestiegenen F.d.Z., *Z 29*, *Friedrich Eckoldt* mit Chef 5. Z.-Fl., *Richard Beitzen* und *Erich Steinbrinck.*
In Narvik oder im Skjomenfjord: *Z 27* und *Z 30.*

9. 8. 1942
Heimat: Durch die Seekriegsleitung ist die Außerdienststellung von *Hans Lody* angeordnet worden. Der Zerstörer sollte nach Instandsetzung, ähnlich wie die Torpedoboote 35/37, in das Reserveverhältnis überführt werden.

11. 8. 1942
Norwegen: Das Untersuchungsergebnis der Deutschen Werke in Kiel über den Zustand von *Hans Lody* beim F.d.Z. in Narvik eingegangen.
Z 28 hat zur Herstellung der Fernschreibverbindung von der Bogenbucht in die Bucht von Narvik verlegt.

15. 8. 1942
Heimat: Minenschiff *Ulm* im Geleit von *Z 23* Swinemünde ausgelaufen zum Marsch nach Nordnorwegen. An Bord von *Z 23* eingeschifft befand sich zur Mitfahrt nach Narvik der neue Kmdt. von *Friedrich Eckolt*, KKpt. Gerstung.

17. 8. 1942
Norwegen: Minenschiff *Ulm*, Zerstörer *Z 23* und T-Boote *T 9* und *T 12* aus der Ostsee kommend in Trondheim eingelaufen.
Nordnorwegen: Beginn der Unternehmung »Wunderland«. Schwerer Kreuzer *Admiral Scheer* im Geleit der Zerstörer *Friedrich Eckoldt* mit Chef 5. Z.-Fl., *Erich Steinbrinck* und *Richard Beitzen* Narvik bzw. Bogenbucht ausgelaufen zu einem Vorstoß in die Barentssee.

18. 8. 1942
Norwegen: *Ulm* und *Z 23* Trondheim ausgelaufen zum Weitermarsch nach Narvik.
Nordmeer/Nordnorwegen: Südlich der Bäreninsel wurden durch *Admiral Scheer* in der Nacht zum 18. 8. 1942 die drei Zerstörer *Friedrich Eckoldt, Erich Steinbrinck* und *Richard Beitzen* zum Rückmarsch nach Narvik entlassen. Am Nachmittag des Tages gingen die Boote in der Bogenbucht vor Anker.

19. 8. 1942
Nordnorwegen: *Ulm* und *Z 23* in Narvik eingelaufen bzw. in der Bogenbucht vor Anker gegangen.

24. 8. 1942
Nordnorwegen: Minenschiff *Ulm* mit den Zerstörern *Friedrich Eckoldt* mit Chef 5. Z.-Fl., *Erich Steinbrinck* und *Richard Beitzen* Narvik bzw. Bogenbucht ausgelaufen zur Durchführung einer Minenunternehmung im Eismeer.

25. 8. 1942
Eismeer: Nachmittags trennten sich die drei Zerstörer vom Minenschiff *Ulm* und traten den Rückmarsch zum Westfjord an.
Ulm setzte den Marsch zu seinem Operationsgebiet befehlsgemäß allein fort! Kurz vor Mitternacht wurde das Schiff südöstlich der Bäreninsel durch die britischen Zerstörer *Marne, Martin* und *Onslaught* gestellt und vernichtet. Nur wenige Überlebende der *Ulm* erreichten später in einem Rettungsboot die nordnorwegische Küste.

26. 8. 1942
Nordnorwegen: *Friedrich Eckoldt* mit Chef 5. Z.-Fl., *Erich Steinbrinck* und *Richard Beitzen* in der Bogenbucht vor Anker gegangen.

29. 8. 1942
Nordnorwegen: Die drei vorgenannten Zerstörer liefen aus der Bogenbucht aus zum Marsch in das Nordmeer, um bei der Bäreninsel den von der Unternehmung »Wunderland« aus der Karasee vor Sibirien zurückkehrenden Schweren Kreuzer *Admiral Scheer* aufzunehmen und in den Westfjord zu geleiten.

30. 8. 1942
Eismeer: Bei der Bäreninsel Zusammentreffen von *Admiral Scheer* mit den Zerstörern *Friedrich Eckoldt* mit Chef 5. Z.-Fl., *Erich Steinbrinck* und *Richard Beitzen.* Der Verband nahm anschließend Kurs auf Kirkenes.

31. 8. 1942
Nordnorwegen: *Admiral Scheer, Friedrich Eckoldt* mit Chef 5. Z.-Fl., *Erich Steinbrinck* und *Richard Beitzen* in Kirkenes eingelaufen.

1. 9. 1942
Nordnorwegen: *Richard Beitzen* Verlegungsmarsch von Kirkenes in die Bogenbucht bei Narvik.

3. 9. 1942
Nordnorwegen: *Erich Steinbrinck* Kirkenes ausgelaufen zum Marsch nach Narvik. Während des Auslaufens erlitt der Zerstörer bei einer Grundberührung Beschädigungen am Unterwasserschiff, die eine Verlegung über Alta und Narvik nach Trondheim erforderlich machten.
Richard Beitzen mit Chef 5. Z.-Fl., *Z 29* und *Z 30* Bogenbucht ausgelaufen zum Marsch über Alta nach Kirkenes.

5. 9. 1942
Nordnorwegen: *Richard Beitzen* mit Chef 5. Z.-Fl., *Z 29* und *Z 30* in Kirkenes eingelaufen. Gleich nach dem Festmachen an der Pier begannen die Zerstörer, Minen zu laden. Nach be-

endeter Minenübernahme liefen die drei Boote unter Führung des Chefs der 5. Z.-Fl. von Kirkenes zu einem Mineneinsatz in der Kara-Straße aus.

6. 9. 1942
Eismeer: Der Vormarsch der drei Zerstörer zur Kara-Straße durch das Eismeer verlief ohne besondere Ereignisse. In der Nacht zum 7. 9. warfen sie in ihrem Operationsgebiet die mitgeführten Minen.

7. 9. 1942
Eismeer: Nach beendetem Minenwerfen in der Kara-Straße traten *Richard Beitzen* mit Chef 5. Z.-Fl., *Z 29* und *Z 30* durch das Eismeer den Rückmarsch nach Kirkenes an.

8. 9. 1942
Nordnorwegen: *Richard Beitzen* mit Chef 5. Z.-Fl., *Z 29* und *Z 30* aus der östlichen Barentssee kommend in Kirkenes eingelaufen.

9. 9. 1942
Nordnorwegen: *Friedrich Eckoldt* Kirkenes ausgelaufen zum Marsch nach Narvik.

11. 9. 1942
Nordnorwegen: Der von einer Krankheit genesene Kommandant von *Erich Steinbrinck*, KKpt. Freiherr Freytag von Loringhoven, hat das Kommando über seinen Zerstörer wieder übernommen und ist mit ihm von Kirkenes zum Marsch nach Trondheim ausgelaufen.
Nach dem Verlegungsmarsch von der Bogenbucht bzw. aus Narvik sind die Schweren Kreuzer *Admiral Hipper* und *Admiral Scheer*, der Leichte Kreuzer *Köln* und die Zerstörer *Z 23* mit Chef 8. Z.-Fl. und *Z 27* im Altafjord eingelaufen und im angrenzenden Kaafjord vor Anker gegangen. Von Kirkenes kommend sind *Richard Beitzen, Z 29* und *Z 30* dort ebenfalls eingetroffen.
Friedrich Eckoldt, von Kirkenes kommend, in Narvik eingelaufen. Dort schiffte sich der Chef der 5. Z.-Fl. mit seinem Stab auf dem Zerstörer ein. Anschließend lief das Boot zum Verlegungsmarsch nach Alta wieder aus.

12. 9. 1942
Nordnorwegen: *Friedrich Eckoldt* mit Chef 5. Z.-Fl. in den Altafjord eingelaufen und anschließend in der Nähe der im Kaafjord ankernden anderen Zerstörer vor Anker gegangen.

14. 9. 1942
Norwegen: *Erich Steinbrinck* von Kirkenes über Alta und Narvik kommend in Trondheim eingelaufen und zur Untersuchung der bei der Grundberührung entstandenen Schäden eingedockt.

15. 9. 1942
Heimat: Geplantes Ende der Werftliegezeiten für *Paul Jacobi* bei den Deutschen Werken Kiel und für *Z 25* bei Deschimag.
Z 32 bei Deschimag in Bremen in Dienst gestellt. Für die Dauer der Erprobungs- und Ausbildungszeit wurde der Zerstörer zunächst der 6. Z.-Fl. unterstellt. Ende September 1942 verlegte *Z 32* durch den K.-W.-Kanal in die Ostsee, wo die üblichen umfangreichen Erprobungen begannen.

18. 9. 1942
Norwegen: *Erich Steinbrinck* Trondheim ausgelaufen zum Verlegungsmarsch durch die nordöstliche Nordsee, durch Skagerrak, Kattegat und westliche Ostsee nach Kiel.

21. 9. 1942
Nordnorwegen: *Z 28*, der letzte noch in der Bucht von Narvik liegende Zerstörer, hat den Hafen zum Marsch zum Altafjord verlassen.

22. 9. 1942
Nordnorwegen: *Z 28* im Altafjord vor Anker gegangen.

24. 9. 1942
Heimat: *Erich Steinbrinck* aus Norwegen kommend in Kiel eingelaufen.
Nordnorwegen: Beginn der Unternehmung »Zarin«:
Gegen 01.00 Uhr liefen mit Minen beladen der Schwere Kreuzer *Admiral Hipper* und die Zerstörer *Z 23* mit Chef 8. Z.-Fl., *Z 28, Z 29* und *Z 30* aus dem Altafjord aus zur Durchführung einer offensiven Minenwurfaktion bei Nowaja Semlja. Nach dem Erreichen der freien See trat der Verband mit nordöstlichen Kursen den Vormarsch an. Im Laufe des Vormittags verschlechterte sich das Wetter, Sturm und schwerer Seegang kamen auf. Deshalb wurden die Zerstörer gezwungen, niedrigere Fahrtstufen zu laufen. Auf *Admiral Hipper* befand sich der B.d.K., der das Kommando über den Verband hatte.

26. 9. 1942
Weißes Meer: Nachdem der Vormarsch am Vortag ereignislos verlaufen war, entließ der B.d.K. gegen 09.00 Uhr die Zerstörer *Z 23, Z 28, Z 29* und *Z 30* westlich Nowaja Semlja zur Durchführung ihrer Minen-Sonderaufgabe im Weißen Meer. *Admiral Hipper* marschierte allein weiter und warf nachts Minen vor der Westküste nach Nowaja Semlja.

27. 9. 1942
Nordmeer: Nach Beendigung der Minenwurfaufgaben traten der Kreuzer und die vier Zerstörer den Marsch zum Treffpunkt im Nordmeer an. Gegen Mittag waren die Schiffe wieder vereint. Die Zerstörer gingen auf Sicherungspositionen, und der Verband trat den Rückmarsch zum Altafjord an.
Heimat: *Erich Steinbrinck* Kiel ausgelaufen zum Marsch durch den K.W.-Kanal nach Bremen.

28. 9. 1942
Nordnorwegen: *Admiral Hipper* mit B.d.K., *Z 23* mit Chef 8. Z.-Fl., *Z 28, Z 29* und *Z 30* in den Altafjord eingelaufen und anschließend im Kaafjord vor Anker gegangen. Minenunternehmung »Zarin« erfolgreich beendet.
Heimat: *Erich Steinbrinck* bei Deschimag in Bremen Beginn von Instandsetzungen.

1. 10. 1942
Ostsee: F.d.Z. mit Tender *Gazelle* Swinemünde ausgelaufen und in der Nähe von Bornholm auf den Zerstörer *Z 37* übergestiegen. Beginn dreitägiger Manöver in der Ostsee unter Teilnahme von:
Schlachtkreuzer *Scharnhorst* mit Flottenchef, Leichte Kreuzer *Nürnberg* und *Leipzig*, Zerstörer *Z 37* mit F.d.Z., *Z 25* und *Z 31*, 2. T.-Fl. mit *T 21, T 16, T 17* und *T 20*, 5. T.-Fl. mit *T 22, Falke* und *Kondor*, S-Bootsschulflottille, Hilfsschiffe, Flugzeuge der Luftwaffe.
Nordnorwegen: Schwerer Kreuzer *Admiral Hipper* mit B.d.K., *Z 23* mit Chef 8. Z.-Fl. und *Z 28* Altafjord ausgelaufen zum Marsch nach Narvik.
Friedrich Eckoldt, Richard Beitzen und *Z 27* im Altafjord Beginn von Minenübernahme.

2. 10. 1942
Nordnorwegen: Im Altafjord haben die drei Zerstörer die Minenanbordnahme beendet.
Nach dem Einlaufen in den Westfjord sind *Admiral Hipper, Z 23* mit Chef 8. Z.-Fl. und *Z 28* in der Bogenbucht vor Anker gegangen.
Heimat: *Z 35* in der Germaniawerft in Kiel vom Stapel gelaufen. Der Rumpf des Zerstörerneubaus wurde wenig später durch den K.W.-Kanal nach Bremen zu Deschimag geschleppt, wo der Weiterbau und die Endausrüstung durchgeführt wurden.

3. 10. 1942
Ostsee: Ende der Manöver in der Ostsee gegen Abend. Die beteiligten Einheiten (siehe am 1. 10.) liefen anschließend in Swinemünde ein. Hier stieg der F.d.Z. von *Z 37* wieder auf seinen Tender über.
Nordnorwegen: *Friedrich Eckoldt* mit Chef 5. Z.-Fl., *Richard Beitzen, Z 27* und *Z 30* Altafjord ausgelaufen zum Marsch nach Kirkenes.

4. 10. 1942
Nordnorwegen: *Friedrich Eckoldt* mit Chef 5. Z.-Fl., *Richard Beitzen, Z 27* und *Z 30* Kirkenes eingelaufen.
Heimat: In Swinemünde Musterung der Besatzungen von *Z 25, Z 31, Z 37, T 16, T 17, T 20* und *T 21* durch den F.d.Z.

5. 10. 1942
Holland: *ZH 1* (ex. holl. *Gerhard Callenburgh*) in Rotterdam fertiggestellt.

6. 10. 1942
Heimat: *Z 37* zur Durchführung von Restarbeiten in die Germaniawerft in Kiel eingelaufen.

9. 10. 1942
Heimat: Die Werftinstandsetzungen von *Paul Jacobi* und *Karl Galster* verzögerten sich, wie sich inzwischen herausgestellt hatte, bis Mitte November 1942.

10. 10. 1942
Holland: *ZH 1* in Rotterdam durch den Flottenchef besichtigt.
Heimat: Neuaufstellung des Kommandos der 4. Zerstörerflottille. Ihr wurden zunächst *Z 31, Z 32* und *Z 37* zugeteilt. Zur weiteren Auffüllung der Flottille wurden nach deren Fertigstellung *Z 33, Z 34, Z 38* und *Z 39* vorgesehen. Da ein Flottillenchef noch nicht kommandiert war, wurde der älteste Kommandant, KKpt. Langheld (Kmdt. *Z 37)* zunächst mit der Wahrnehmung der Dienstgeschäfte des Flottillenchefs beauftragt.

11. 10. 1942
Holland: *ZH 1* in Rotterdam für die 5. Z.-Fl. in Dienst gestellt.

13. 10. 1942
Nordnorwegen: *Friedrich Eckoldt* mit Chef 5. Z.-Fl., *Richard Beitzen, Z 27* und *Z 30* Kirkenes ausgelaufen zum Werfen einer offensiven Minensperre bei Kanin Nos im Weißen Meer.

14. 10. 1942
Weißes Meer: Nachdem die vier Boote der 5, Z.-Fl. in den Morgenstunden die Minensperren gelegt hatten, traten sie den Rückmarsch zum Altafjord an.

15. 10. 1942
Nordnorwegen: *Friedrich Eckoldt* mit Chef 5. Z.-Fl., *Richard Beitzen, Z 27* und *Z 30* in den Altafjord eingelaufen und anschließend im Kaafjord geankert.

19. 10. 1942
Frankreich: Der F.d.Z. besichtigte während einer Dienstreise nach Frankreich die beiden in Bordeaux liegenden französischen Zerstörerneubauten. Diese Boote, die zur *Le Hardi*-Klasse gehörten, lagen beim deutschen Einmarsch in Westfrankreich auf den Helligen beinahe bereit zum Stapellauf. In der Werft standen die Maschinenanlagen bereit zum Einbau. Der Bau der beiden Boote war jedoch nach Angaben der Bauaufsicht seit etwa zwei Jahren stillgelegt, weil die je drei vorgesehenen 13 cm-Doppelturmlafetten aus den unbesetzten Teilen Frankreichs angeblich nicht bezogen werden konnten. Eine Entscheidung über eine Ersatzbewaffnung stand zur Zeit noch aus. Inzwischen waren die nicht konservierten Bootsrümpfe durch Witterungseinflüsse stellenweise so verrottet und beschädigt, daß einzelne Platten bereits ausgewechselt werden mußten.

20. 10. 1942
Nordnorwegen: Schwerer Kreuzer *Admiral Scheer* im Geleit von *Friedrich Eckoldt* mit Chef 5. Z.-Fl., *Richard Beitzen* und *Z 29* Altafjord ausgelaufen zum Marsch nach Narvik bzw. zur Bogenbucht.

21. 10. 1942
Nordnorwegen: *Admiral Scheer, Friedrich Eckoldt* mit Chef 5. Z.-Fl., *Richard Beitzen* und *Z 29* in der Bucht von Narvik bzw. in der Bogenbucht vor Anker gegangen.

23. 10. 1942
Holland: Der F.d.Z. ist während seiner Besichtigungsreise durch Frankreich und Holland in Rotterdam auf *ZH 1* eingestiegen. Anschließend lief der Zerstörer mit dem F.d.Z. an Bord Rotterdam aus bis zur Ansteuerungstonne Hoek van Holland. Dort wurde die Seeklarbesichtigung des Bootes durchgeführt. Danach lief *ZH 1* wieder in Rotterdam ein, wo der F.d.Z. wieder von Bord ging.
Nordnorwegen: Schlachtschiff *Tirpitz,* Schwerer Kreuzer *Admiral Scheer,* Zerstörer *Friedrich Eckoldt* mit Chef 5. Z.-Fl., *Richard Beitzen, Z 23* mit Chef 8. Z.-Fl., *Z 28* und *Z 29* Narvik bzw. Bogenbucht ausgelaufen zum Marsch nach Trondheim. Dort waren auf *Tirpitz* Instandsetzungsarbeiten vorgesehen. Weiter sollte von dort aus *Admiral Scheer* mit *Z 28* nach Deutschland verlegen.

24. 10. 1942
Norwegen: *Tirpitz, Admiral Scheer, Friedrich Eckoldt* mit Chef 5. Z.-Fl., *Richard Beitzen, Z 28* und *Z 29* in den Trondheimfjord eingelaufen. Wenig später machten die Zerstörer im Hoppla-Elven fest und ergänzten Treibstoff.

25. 10. 1942
Norwegen: *Friedrich Eckoldt* mit Chef 5. Z.-Fl. und *Richard Beitzen* Trondheimfjord ausgelaufen zum Marsch nach Narvik.
Holland: *ZH 1* Rotterdam ausgelaufen zum Verlegungsmarsch nach Deutschland.

26. 10. 1942
Norwegen: *Friedrich Eckoldt* mit Chef 5. Z.-Fl. und *Richard Beitzen* in Narvik eingelaufen.
Heimat: *ZH 1* in die Elbe-Mündung eingelaufen und wenig später in Hamburg bei der Werft Blohm & Voss festgemacht.
Karl Galster nach beendeten Werftinstandsetzungen Bremen ausgelaufen zum Marsch durch den K.W.-Kanal in die Ostsee.

28. 10. 1942
Nordnorwegen: Schwerer Kreuzer *Admiral Hipper* und die Zerstörer *Friedrich Eckoldt* mit Chef 5. Z.-Fl. und *Richard Beitzen* Bogenbucht bzw. Narvik ausgelaufen zum Marsch zum Altafjord.

29. 10. 1942
Nordnorwegen: *Admiral Hipper, Friedrich Eckoldt* mit Chef 5. Z.-Fl. und *Richard Beitzen* in den Altafjord eingelaufen und in Neben-Fjorden vor Anker gegangen.

5. 11. 1942
Nordnorwegen: Schwerer Kreuzer *Admiral Hipper* mit B.d.K., Zerstörer *Friedrich Eckoldt* mit Chef 5. Z.-Fl., *Richard Beitzen, Z 27* und *Z 30* Altafjord ausgelaufen zur Durchführung der Unternehmung »Hoffnung«: Angriff auf alliierte einzeln fahrende Handelsschiffe und Geleitzüge im Nordmeer.

6. 11. 1942
Ostsee: *Z 31* hat bei Übungen in der mittleren Ostsee die Torpedierung des Dampfers *Elbing* beobachtet und anschließend

etwa nordwestlich von Stolpmünde Rettungsmaßnahmen und U-Jagd durchgeführt. Abends kollidierte *Z 31* mit dem Motorschoner *Wilfried*, wobei die Bordwand des Zerstörers aufgerissen wurde. Die notwendigen Reparaturen wurden mit drei Wochen Dauer veranschlagt.

7. 11. 1942
Nordmeer: *Admiral Hipper* und die vier Zerstörer *Friedrich Eckoldt* mit Chef 5. Z.-Fl., *Richard Beitzen, Z 27* und *Z 30,* die am 5. 11. 1942 ausgelaufen waren, hatten am Vortag im Nordmeer Aufklärungsfahrten und Suche nach Einzelfahrern durchgeführt. Im Laufe des 7. 11. 1942 startete *Admiral Hipper sein* Bordflugzeug vom Typ Arado 196, das den westliche Kurse steuernden russischen Tanker *Donbass* sichtete. *Z 27,* der durch das Flugzeug herangeführt wurde, vernichtete zunächst gegen 05.00 Uhr den russischen U-Jäger *BO–78* und rettete 43 Schiffbrüchige. Wenig später versenkte *Z 27* mit drei Torpedos den Tanker *Donbass* und rettete anschließend ebenfalls dessen Überlebende. Nach dieser Unternehmung setzten der Kreuzer und die vier Zerstörer ihre Suchfahrten fort, die jedoch bis zum nächsten Tag erfolglos blieben.
Norwegen/Skagerrak: Schwerer Kreuzer *Admiral Scheer* und die Zerstörer *Z 23* mit Chef 8. Z.-Fl., *Z 28* und *Z 29,* die am 6. 11. 1942 aus dem Trondheimfjord zum Marsch in die Ostsee ausgelaufen waren, haben den Marsch entlang der südnorwegischen Küste nach Osten fortgesetzt und das Skagerrak ohne bedeutende Ereignisse erreicht.

9. 11. 1942
Nordnorwegen: *Admiral Hipper, Friedrich Eckoldt* mit Chef 5. Z.-Fl., *Richard Beitzen, Z 27* und *Z 30* sind, ohne im Nordmeer weitere Erfolge erzielt zu haben, wieder in den Altafjord eingelaufen und haben in Neben-Fjorden geankert.
Westliche Ostsee/Sund: *Admiral Scheer, Z 23* mit Chef 8. Z.-Fl., *Z 28* und *Z 29* haben nach einem Verlegungsmarsch von Norwegen ohne besondere Vorkommnisse den Sund erreicht. Hier wurden die Zerstörer durch den Kreuzer entlassen. *Z 28* marschierte weiter nach Kiel, während *Z 23* mit Chef 8. Z.-Fl. und *Z 29* in Kopenhagen einliefen.
In Kopenhagen stellte sich heraus, daß *Z 23* einen Bunkerriß hatte und eine Diesel-E-Maschine ausgefallen sei. Zur Behebung der Schäden war beabsichtigt, nach dem Wiedereinlaufen in Trondheim zu docken.

10. 11. 1942
Ostsee: *Z 25* hatte während einer Übungsfahrt in der Ostsee Bojenberührung (Fahrwassertonne) gehabt und dabei leichte Beschädigungen der Schrauben davongetragen. Da ein Dokken und Schraubenwechsel in Danzig nicht möglich war, sollten die Instandsetzungsarbeiten später nach der Verlegung des Zerstörers nach Norwegen im Dock in Trondheim durchgeführt werden.
Heimat: *Admiral Scheer* und *Z 28* sind aus Norwegen kommend abends in Kiel eingelaufen.

11. 11. 1942
Ostsee: Leichter Kreuzer *Nürnberg* und Zerstörer *Z 25* Swinemünde ausgelaufen. Die beiden Einheiten haben in der Ostsee mit westlichen Kursen den Marsch nach Norwegen angetreten. Kurz nach dem Auslaufen trat das neue große Torpedoboot (Flottentorpedoboot) *T 23* zum Verband.

12. 11. 1942
Westliche Ostsee/Kattegat/Skagerrak: *Nürnberg, Z 25* und *T 23* haben den Sund erreicht und sind dort auf *Z 23* mit Chef 8. Z.-Fl., sowie *Z 29* gestoßen, die aus Kopenhagen gekommen waren. Nachdem *T 23* noch im Südausgang des Sundes zum Marsch nach Kiel entlassen worden ist, setzten *Nürnberg, Z 23* mit Chef 8. Z.-Fl., *Z 25* und *Z 29* den Marsch nach Norwegen durch Kattegat und Skagerrak fort.

T 23 wenig später in Kiel eingelaufen und Vorbereitungen getroffen zum gemeinsamen Verlegungsmarsch mit dem Torpedoboot *Kondor* nach Frankreich, welcher am 14. 11. angetreten wurde.

15. 11. 1942
Südnorwegen: Der nach Trondheim marschierende Verband, der aus *Nürnberg, Z 23* mit Chef 8. Z.-Fl., *Z 25* und *Z 29* bestand, wurde mittags bei Stadlandet durch britische Flugzeuge angegriffen. Die Maschinen wurden durch heftiges Feuer der Schiffsflak abgewiesen, ohne daß sie einen Erfolg erzielt hatten.

18. 11. 1942
Norwegen: Nach mehreren Zwischenaufenthalten in südnorwegischen Häfen sind *Nürnberg, Z 23* mit Chef 8. Z.-Fl., *Z 25* und *Z 29* in den Trondheimfjord eingelaufen. Die Zerstörer haben anschließend im Hopla-Elven festgemacht.

19. 11. 1942
Heimat: *Z 37* hat die Restarbeitszeit in der Germaniawerft in der Germaniawerft in Kiel beendet, blieb jedoch zunächst noch in der Werft.

29. 11. 1942
Norwegen: Leichter Kreuzer *Nürnberg* im Geleit des Zerstörers *Z 29* aus dem Trondheimfjord ausgelaufen und Marsch durch die Schären nach Narvik angetreten.
Ostsee: Für die Dauer taktischer Übungen in der Ostsee ist in Swinemünde der F.d.Z. auf dem Zerstörer *Z 31* eingestiegen. Abends liefen der Schwere Kreuzer *Admiral Scheer,* der Leichte Kreuzer *Leipzig* und die Zerstörer *Z 31* mit F.d.Z., *Theodor Riedel* und *Karl Galster* aus Swinemünde aus zum Marsch in die östliche Ostsee.

30. 11. 1942
Ostsee: *Admiral Scheer, Leipzig, Z 31* mit F.d.Z., *Theodor Riedel* und *Karl Galster* in Gotenhafen eingelaufen. Dort wurden Vorbereitungen getroffen für Übungen, die am nächsten Tag beginnen sollten.

1. 12. 1942
Ostsee: Beginn von Flotten- und taktischen Übungen in der mittleren Ostsee und in der Danziger Bucht, welche bis zum 3. 12. dauern sollten. Zu diesem Zweck liefen aus:
Schwere Kreuzer *Prinz Eugen* mit Flottenchef, *Admiral Scheer* und *Lützow,*
Leichter Kreuzer *Leipzig,*
Zerstörer *Z 31* mit F.d.Z., *Karl Galster* mit Chef 6. Z.-Fl. und *Theodor Riedel,*
Torpedoboote *T 21* mit Chef 3. T.-Fl., *T 16, T 20* und *T 24.*
Durch schlechtes Wetter wurden die Übungen stark beeinträchtigt. Eine Teilnahme der Luftwaffe war deshalb nicht möglich.

2. 12. 1942
Ostsee: Ostsee-Übungen vorzeitig beendet. Die beteiligten Einheiten liefen wieder in ihre Stützpunkte ein. Anschließend musterte der F.d.Z. die Besatzungen der Zerstörer *Theodor Riedel, Karl Galster* und *Z 31* in Gotenhafen.
Nordnorwegen: Leichter Kreuzer *Nürnberg* und Zerstörer *Z 29* von Trondheim kommend in den Westfjord eingelaufen und in der Bogenbucht vor Anker gegangen.
Z 27 Altafjord ausgelaufen zum Marsch über Narvik, Trondheim, Stavanger und Aarhus in die Ostsee.

3. 12. 1942
Nordnorwegen: *Z 27* Narvik eingelaufen zur Treibstoffergänzung.

5. 12. 1942
Nordnorwegen: *Z 27* Narvik ausgelaufen zum Weitermarsch nach Deutschland.
Z 29 Narvik ausgelaufen zum Marsch zum Altafjord.
Heimat: *Z 37* Kiel ausgelaufen zum Marsch nach Swinemünde. Beim Auslaufen kollidierte der Zerstörer bei der Tonne »Kiel A« mit einem Dampfer. Zur Reparatur der Havarieschäden mußte *Z 37* wieder nach Kiel zurück.

7. 12. 1942
Norwegen: *Z 27* während seines Verlegungsmarsches nach Deutschland zur Treibstoffergänzung in Trondheim eingelaufen.

8. 12. 1942
Ostsee: Beginn der Unternehmung »Prometheus«: Verlegung des Schweren Kreuzers *Lützow* mit drei Zerstörern aus der Ostsee nach Nordnorwegen. Abends lief der Kreuzer mit den Zerstörern *Karl Galster* mit Chef 6. Z.-Fl., *Theodor Riedel* und *Z 31* Gotenhafen aus und trat den Marsch mit zunächst westlichen Kursen durch die Ostsee an.

9. 12. 1942
Ostsee: Die vormittags bei Bornholm vorgesehene Beölung der Zerstörer *Karl Galster, Theodor Riedel* und *Z 31,* die den Kreuzer *Lützow* begleiteten, fiel wegen Sturmes aus. Der kleine Tanker *Binz,* aus dem die Treibstoffergänzung stattfinden sollte, konnte wegen des schlechten Wetters nicht aus Roenne auslaufen. Deshalb setzte der Verband den Verlegungsmarsch nach Norwegen ohne Zwischenbeölung fort.
Nordnorwegen: *Z 29* von Narvik kommend im Altafjord eingetroffen.
Norwegen: *Z 27* von Trondheim Weitermarsch nach Deutschland.

10. 12. 1942
Kattegat: *Lützow, Karl Galster* mit Chef 6. Z.-Fl., *Theodor Riedel* und *Z 31* abends während der Verlegung nach Nordnorwegen in Höhe Egersund.

11. 12. 1942
Skagerrak: *Lützow* mit den drei Zerstörern mittags nördlich von Skagen. Marsch anschließend mit westlichen Kursen fortgesetzt.

12. 12. 1942
Nordnorwegen: Nachdem *Karl Galster* mit Chef 6. Z.-Fl. im Lauf des Tages zur Ölergänzung nach Trondheim entlassen worden ist, sind *Lützow, Theodor Riedel* und *Z 31* abends in den Westfjord eingelaufen. Wenig später sind die drei Einheiten in der Bogenbucht vor Anker gegangen.

13. 12. 1942
Heimat: *Z 27,* aus Trondheim kommend und nach Zwischenaufenthalten in Stavanger und Aarhus, in Kiel eingelaufen. Abends lief der Zerstörer dort wieder aus zum Weitermarsch durch den K.W.-Kanal nach Bremen.
Ostsee: *Z 24* hat sich beim Fahren der Höchstgeschwindigkeit das Drucklager der Stb.-Hochdruckturbine ausgefahren. Zur Reparatur hat der Zerstörer den Marsch nach Westen zur Werft des Norddeutschen Lloyd in Wesermünde angetreten.

14. 12. 1942
Heimat: *Z 24* zur Turbinenuntersuchung und -instandsetzung in Wesermünde eingelaufen.

15. 12. 1942
Heimat: *Z 27* Beginn der planmäßigen Werftliegezeit bei Deschimag in Bremen.
Verzögerung der Instandsetzung von *Hans Lody* wegen bevorzugter Wiederherstellung der Einsatzbereitschaft von *Friedrich Ihn* und durch Materialschwierigkeiten.
Norwegen: *Karl Galster* Beginn der Reparatur von Seeschäden in der Kriegsmarinewerft in Trondheim.

16. 12. 1942
Nordnorwegen: Schwerer Kreuzer *Lützow* und Zerstörer *Z 31* und *Theodor Riedel* Bogenbucht Narvik ausgelaufen zum Weitermarsch in das Altagebiet.

17. 12. 1942
Nordnorwegen: *Lützow, Z 31* und *Theodor Riedel* nach Marsch durch die nordnorwegischen Schären in den Altafjord eingelaufen und im Kaafjord vor Anker gegangen.

22. 12. 1942
Heimat: Der aus Trondheim in die Heimat zurückgekehrte Chef der 6. Z.-Fl. hat beantragt, in den nächsten Tagen in der Ostsee Torpedoschießen durchzuführen mit den Zerstörern *Z 24, Z 32, Z 37, Paul Jacobi* und *Friedrich Ihn* sowie dem Torpedoboot *T 5.*

23. 12. 1942
Heimat: Die Fertigstellung von *Z 28* bei Deschimag in Bremen mußte auf den 11. 2. 1943 verschoben werden, da die benötigten Marschspeisepumpen erst verspätet geliefert werden konnten.

25. 12. 1942
Nordnorwegen: Kommandant von *Friedrich Eckoldt,* KKpt. Gerstung, verstorben.

30. 12. 1942
Norwegen: Ausfall des Turmschwenkwerkes des in Trondheim liegenden Zerstörers *Z 23.*
Heimat: Wegen Schwergängigkeit seiner Geschütze wurde vorgesehen, daß *ZH 1* ab etwa 15. 1. 1943 zur Durchführung von Restarbeiten die Werft Blohm & Voß in Hamburg aufsuchen sollte.
Nordnorwegen: Nachmittags Beginn der Unternehmung »Regenbogen«:
Nachdem sich der alliierte Konvoi »JW 51B«, der in den Vortagen wiederholt im Nordmeer gesichtet und gemeldet worden war, am 30. 12. 1942 dem Punkt genähert hatte, der das Auslaufen der deutschen Kampfgruppe aus dem Altafjord zu einem Angriff notwendig machte, wurde kurz nach Mittag dieses Tages sofortige Bereitschaft befohlen. Nach dem Eingang dieses Befehls meldet der B.d.K., VAdm. Kummetz, daß die Kampfgruppe gegen 17.00 Uhr die Kaafjord-Sperre auslaufend passieren werde. Um 14.30 Uhr wurde auf *Admiral Hipper* eine Sitzung einberufen, an der außer dem Admiral auch der Chef der 5. Z.-Fl., die beiden Kreuzer- und die sechs Zerstörerkommandanten teilnahmen. In der einstündigen Sitzung wurde vom Admiral der Operationsbefehl erklärt.
Das Auslaufen des Verbandes verzögerte sich jedoch, und erst um 17.45 Uhr passierte der Schwere Kreuzer *Admiral Hipper,* auf dem die Flagge des B.d.K. wehte, auslaufend die Netzsperre des Kaafjordes. In seinem Kielwasser folgte der Schwere Kreuzer *Lützow,* dem sich die sechs Zerstörer *Friedrich Eckoldt* mit dem Chef der 5. Z.-Fl. an Bord, *Richard Beitzen, Theodor Riedel, Z 29, Z 30* und *Z 31* anschlossen.
Während die beiden Kreuzer in Kiellinie und die Zerstörer zu beiden Seiten mit 12 kn durch den Altafjord ausliefen, ging um 18.40 Uhr auf *Admiral Hipper* folgender Funkspruch ein:

»Entgegen Operationsbefehl Verhalten am Feind: Bereits bei gleichstarkem Gegner Zurückhaltung üben, da Eingehen größeren Risikos für Kreuzer unerwünscht.«

Die Marschfahrt des Verbandes wurde um 19.15 Uhr auf 18 kn und wenig später auf 24 kn erhöht. Kurze Zeit danach verringerte sich im Soröysund die Sichtweite, und der Verband bildete eine lange Kiellinie. Jedoch um 21.42 Uhr konnte die ursprüngliche Formation wieder gebildet werden. Gegen 22.00 Uhr erreichte der Verband die freie See. Bei Westnordwestwind in Stärken von 5 bis 6 und Seegang von ebenfalls 5 bis 6 sowie Temperaturen von –4° C konnten die Zerstörer die befohlene Marschfahrt von 24 kn nicht halten. Deshalb wurde die Geschwindigkeit auf 21 kn herabgesetzt und um 23.00 Uhr auf Kurs 60 Grad gegangen. Da sich aber zu dieser Zeit die Sicht besserte und die See fast genau von achtern kam, meldete der Chef der 5. Z.-Fl. um 23.05 Uhr, die Zerstörer könnten wieder 24 kn laufen.

Am 31. 12. 1942 um 02.30 Uhr gab der B.d.K. an den Verband den Befehl, auseinanderzulaufen und einen Suchstreifen zu bilden. Wenig später begann der Verband auseinanderzufächern. *Admiral Hipper* ging auf Kurs 30 Grad und strebte damit die nördlichste Position des Aufklärungsstreifens an. *Lützow* hielt sich südlicher auf Kurs 50 Grad. Zwischen den beiden Kreuzern verteilten sich die Zerstörer. Mit diesem Auseinanderlaufen der Kampfgruppe sollte erreicht werden, nach dem Eintreffen im Operationsgebiet mit dem Suchstreifen ein 85 sm breites Seegebiet zu überdecken.

Das Wetter hatte sich gegenüber dem des Vortages gebessert. Der Wind war auf Stärke 2 zurückgegangen und nahm weiter ab, es war bedeckt, und die Sicht war trotz einzelner Schneeböen gut. Bei Seegang um 2 gab es eine leichte Dünung.

Während der Verband noch bestrebt war, seine Positionen einzunehmen, wurden um 07.18 Uhr durch einen Ausguckposten auf *Admiral Hipper*

»2 Schatten Richtung 60 Grad Messung 150 hm«

gesichtet. Der an Stb. achteraus von *Admiral Hipper* stehende Zerstörer *Friedrich Eckoldt* wurde vom B.d.K. sofort vorausgeschickt, um aufzuklären. Etwa gleichzeitig ging *Admiral Hipper* auf Nordwestkurs. Wenig später kamen mehrere Schiffe in Sicht. Auf *Admiral Hipper* wurde um 07.58 Uhr Alarm gegeben.

Friedrich Eckoldt war nach Eingang des Befehls von *Admiral Hipper* mit hoher Fahrt nach Norden gelaufen. Um 08.29 Uhr hatte sich der Zerstörer hinter den Konvoi gesetzt. *Z 29* und *Richard Beitzen*, die anfangs noch südlicher gewesen sind, hatten sich mit dem Führerzerstörer vereint. Zu dritt folgten sie dem Geleitzug.

Der erste Kontakt, den der Konvoi mit Einheiten der deutschen Kampfgruppe hatte, kam um 08.30 Uhr zustande. Die britische Korvette *Hyderabad* hatte im Süden zwei Zerstörer gesichtet, die als Russen angesprochen wurden und deshalb nicht gemeldet wurden. Der Geleitzug befand sich zu diesem Zeitpunkt auf 73 Grad 15' Nord und 29 Grad Ost. Die Nahsicherungsgruppe des Rear Admiral Burnett mit den Leichten Kreuzern *Sheffield* und *Jamaica* stand etwa 30 sm nördlich davon, doch glaubte der Konvoiführer Capt. Sherbroke, sie sei etwa 100 sm östlich von ihm.

Der Geleitzug bestand zu diesem Zeitpunkt aus nur noch neun Handelsschiffen, bei welchen als Geleit die fünf Zerstörer *Onslow* mit Capt. Sherbroke, *Obedient, Obdurate, Orwell* und *Achates,* die Korvetten *Hyderabad* und *Rhododendron* und der Trawler *Northern Gem* waren. Der sechste Zerstörer, *Oribi,* fünf Handelsschiffe und der Trawler *Vizalma* hatten in der Nacht zum 28. 12. zwischen Jan Mayen und den Bären-Inseln in einem schweren Sturm den Anschluß an den Geleitzug verloren. Die Minensucher *Bramble* war zu diesen Schiffen gesandt worden, um sie wieder an den Konvoi heranzubringen. Dies war teilweise bis zum 31. 12. vormittags auch gelungen.

Der englische Zerstörer *Obdurate* entdeckte um 08.40 Uhr achteraus vom Geleitzug drei Zerstörer und drehte auf sie zu, um festzustellen, um wen es sich da handele. Es handelte sich um die deutschen Zerstörer *Friedrich Eckoldt* mit Chef der 5. Z.-Fl., *Richard Beitzen* und *Z 29,* die bei der Annäherung der *Obdurate* nach Norden liefen.

Auf die kurz vor 08.00 Uhr eingelaufene Alarmmeldung von *Admiral Hipper* waren auch die Zerstörer *Z 31, Z 30* und *Theodor Riedel* nach Norden gelaufen, hatten jedoch den Geleitzug noch nicht erreicht. Um 08.57 Uhr sah man von *Lützow* aus, wie an der Bb.-Seite des Kreuzers das U-Boot *U 354* im Begriff war zu tauchen. *Lützow* selbst lief zu dieser Zeit mit Kurs 33 Grad und 26 kn Fahrt auf den Geleitzug zu.

Von Bord des am weitesten vorn stehenden deutschen Zerstörers *Friedrich Eckoldt* wurde um 09.06 Uhr ein englischer Zerstörer – es war vermutlich *Obdurate* – gesichtet, der sich mit hoher Fahrt den deutschen Zerstörern näherte. In der Annahme, der Engländer wolle einen Torpedoangriff durchführen, ließ der Chef der 5. Z.-Fl., seine drei Zerstörer *Friedrich Eckoldt, Richard Beitzen* und *Z 29* das Artilleriefeuer auf ihn eröffnen. Dies war nach englischen Angaben um 09.20 Uhr. Das britische Boot drehte ab und meldete die deutschen Zerstörer dem englischen Konvoiführer. Dieser drehte mit *Onslow* sofort auf die deutschen Boote zu und befahl *Orwell, Obedient* und *Obdurate,* ihm zu folgen, während sich *Achates* im Norden des Konvois aufhalten sollte, um dort, falls notwendig, Rauchschleier vor den Geleitzug zu legen.

Während *Admiral Hipper* mit 20 kn Fahrt nach Osten steuerte, ließ der auf dem Kreuzer fahrende B.d.K. um 09.07 Uhr an den Verband einen Funkspruch absetzen, aus dem hervorging, daß *Friedrich Eckoldt, Richard Beitzen* und *Z 29* auf *Admiral Hipper* sammeln sollten, während *Z 31, Z 30* und *Theodor Riedel* zu *Lützow* zu stoßen hätten. Wenige Minuten später ging der Funkspruch bei den Zerstörern ein. Gegen 09.30 Uhr ging der Chef der 5. Z.-Fl. mit seinen drei Zerstörern auf Ostkurs, um zu *Admiral Hipper* aufzuschließen. Der deutsche Verband war damit in zwei Gruppen aufgeteilt: in die im Norden stehende mit *Admiral Hipper* als Kern und die südlicher laufende mit *Lützow.* Der B.d.K. beabsichtigte, mit den beiden Gruppen den Geleitzug in die Zange zu nehmen. Zu diesem Entschluß war er gekommen, nachdem *Z 31* von der Südgruppe gemeldet hatte, um 09.30 Uhr sei der Geleitzug nördlich von dem Zerstörer in Sicht gekommen.

Während die englischen Zerstörer auf die drei deutschen Zerstörer zuliefen, wurde plötzlich von *Onslow* aus rechts voraus *Admiral Hipper* gesichtet. Dies war um 09.29 Uhr. Sherbroke auf *Onslow* entschloß sich sofort, dem neuen Gegner mit seinem Führerboot und *Orwell* entgegenzulaufen, um einen Torpedoangriff zu versuchen. *Obedient* und *Obdurate* hielten inzwischen weiter auf die drei deutschen Zerstörer zu.

Um 09.32 Uhr standen die englischen Kreuzer *Sheffield* und *Jamaica* noch weit im Norden des Konvois, als man im Süden Mündungsfeuer sah, das allerdings als Flakfeuer angesprochen wurde. Deshalb hielten die beiden Schiffe zunächst noch ihren Kurs durch.

Der B.d.K. ließ um 09.36 Uhr *Admiral Hipper* das Feuer auf die englischen Zerstörer eröffnen und gleichzeitig einen Funkspruch an den Admiral Nordmeer absetzen:

»Bin im Gefecht mit Geleitzug: Quadrat 4533 AC, Kurs 90°, Fahrt 10 sm.

B.d.K.«

Das Artilleriefeuer von *Admiral Hipper* lag gut im Ziel, jedoch wurden Treffer noch nicht erzielt. Die englischen Zerstörer legten künstlichen Nebel vor den Konvoi und änderten ständig ihren Kurs, um dem deutschen Kreuzer das Einschießen zu erschweren. Dieser war gezwungen, näher heranzukommen, und zweimal wich er angeblich gesichteten Torpedolaufbahnen aus.

Von der südlich vom Geleitzung stehenden *Lützow,* in deren Kielwasser *Theodor Riedel* fuhr, wurden um 09.48 Uhr erstmals mehrere Schatten und Rauch an Bb. beobachtet. Jedoch waren die Luftfeuchtigkeit so stark und die Sicht so schlecht, das die Doppelgläser kaum zu gebrauchen waren. Wegen der relativ geringen Höchstgeschwindigkeit des Schiffes gelang die Annäherung an den Geleitzug nur langsam, so daß man auf *Lützow* die Lage noch nicht klar erkennen konnte.

An *Z 31,* von dem aus um 09.30 Uhr der Geleitzug gesichtet worden ist, hatte sich *Z 30* angehängt. Eine halbe Stunde später waren beide Zerstörer zusammengetroffen und hatten sich hinter den Geleitzug gesetzt, um ihn von achtern anzugreifen.

Die englischen Kreuzer, von welchen aus um 09.46 Uhr erneut im Süden Mündungsfeuer beobachtet wurde und auf welchen inzwischen die Alarmmeldung von Capt. Sherbroke eingegangen war, gingen um 09.55 Uhr auf Südkurs. Die Radargeräte der beiden Schiffe waren ständig eingeschaltet, was auf den deutschen Schiffen verboten war, um ein Einpeilen durch den Gegner zu verhindern. Die Geräte sollten deutscherseits nur alle 10 Minuten für 2 Minuten in Betrieb genommen werden, damit ein gänzlich unbemerktes Nähern eines Gegners ausgeschlossen blieb. Der Funkspruch, mit dem *Onslow* die Alarmmeldung an die englischen Kreuzer gab, wurde um 09.52 Uhr vom B-Dienst, der auf *Admiral Hipper* eingeschifft war, mitgehört, jedoch anscheinend nicht entschlüsselt, denn der B.d.K. erhielt die Meldung, daß sich ein britischer Zerstörer mit Murmansk unterhalte.

Obedient und *Obdurate* waren um 10.00 Uhr auf Befehl von Capt. Sherbroke auf dem Wege zum Konvoi. Zu dieser Zeit beschossen *Admiral Hipper* und die in seiner Nähe stehenden Zerstörer *Friedrich Eckoldt, Richard Beitzen* und *Z 29* eine vermeintliche Korvette, bei der es sich aber tatsächlich um den Minensucher *Bramble* handelte. Der Chef der 5. Z.-Fl. erhielt wenig später den Befehl, mit seinen Zerstörern die Korvette endgültig zu versenken. Um 10.16 Uhr war *Admiral Hipper* so nahe an die britischen Zerstörer *Onslow* und *Orwell* herangekommen, daß sie unter gezieltes Feuer genommen werden konnten. *Onslow* wurde um 10.20 Uhr schwer getroffen von zwei 20,3 cm-Salven. Hierbei wurde Capt. Sherbroke schwer verwundet. Er übergab das Kommando an den ältesten, auf *Obedient* fahrenden Zerstörerkommandanten. *Onslow* brannte und setzte sich zunächst mit *Orwell* unter Verwendung künstlichen Nebels nach Süden ab. *Admiral Hipper* stellte um 10.24 Uhr das Feuer auf die Zerstörer ein.

Nachdem *Admiral Hipper* die Beschießung der englischen Zerstörer eingestellt hatte, meldete der Kreuzer, daß er von Norden aus angreife. Das Mündungsfeuer des Kreuzers war von den Zerstörern *Friedrich Eckoldt, Richard Beitzen* und *Z 29* gesehen worden. Mit Nordostkurs liefen die Boote auf ihn zu. Um 10.27 Uhr wurde *Admiral Hipper* von *Friedrich Eckoldt* aus in 100 Grad Schiffspeilung erkannt, und der Chef der 5. Z.-Fl. ging mit der Fahrt herauf auf 33 kn, um schnell zu dem Kreuzer zu stoßen.

Burnetts Kreuzer *Sheffield* und *Jamaica* hatten sich inzwischen dem Gefechtsfeld genähert. Um 10.30 Uhr zeigten die Radargeräte der Kreuzer mehrere Ziele in Entfernungen zwischen 24.000 und 30.000 Yards (rd. 22–27,5 Kilometer) im Süden. Da nicht zu erkennen war, wo deutsche und englische Schiffe waren, ließ der Admiral die Kreuzer auf Ostkurs gehen. Die Radargeräte zeigten um 10.45 Uhr, daß das Echo des am weitesten östlich stehenden Schiffes das größte war und die folgenden Einheiten kleiner sein mußten. Das große Echo mußte von dem Kreuzer *Admiral Hipper* herrühren. Um 10.55 Uhr gingen *Sheffield* und *Jamaica* zur Jagd auf das große Schiff auf Südkurs. Die Geschwindigkeit der beiden Schiffe war auf 30 kn erhöht worden. Dennoch war bis jetzt noch nicht klar, wer das große Schiff genau war.

Z 30 war um 10.35 Uhr wieder zu *Lützow* gestoßen, bei dem sich immer noch *Theodor Riedel* befand. *Z 31* war noch im Begriff auf *Lützow* zu sammeln. Um 10.42 Uhr tauchten an Bb.-Seite von *Lützow* gegnerische Schiffe auf, die aber kurz darauf wieder in einer Schneebö untertauchten. Das Funkmeßgerät der *Lützow* faßte um 10.45 Uhr zahlreiche Ziele an Bb. auf in unterschiedlichen Entfernungen, doch konnten weder Feind noch Freund unterschieden werden. Während *Z 31* noch zu *Lützow* unterwegs war, schoß der Zerstörer um 10.48 Uhr drei Salven mit seinen 15 cm-Geschützen auf fünf Schiffe, die in einer Schneebö verschwanden. *Lützow* steuerte um 10.52 Uhr mit 12 kn Fahrt 120 Grad, wenig später mit 15 kn erst 95 Grad und um 11.03 Uhr 290 Grad. Die Zerstörer *Z 30, Z 31* und *Theodor Riedel* folgten dem Schiff.

Lützow und die drei Zerstörer wurden von der Korvette *Rhododendron* im Südosten gesichtet und um 10.45 Uhr gemeldet. Zu dieser Zeit hielten sich *Obedient, Obdurate* und *Orwell* im Norden des Konvois, *Oribi* davor und *Achates* am Schluß auf. Von *Obedient* aus wurde um 11.00 Uhr ein deutscher Kreuzer mit zwei Zerstörern auf Südostkurs gesichtet. Es wurde angenommen, es sei *Lützow.* Tatsächlich handelte es sich um *Admiral Hipper* mit *Friedrich Eckoldt* und *Richard Beitzen. Z 29* war etwas zurückgeblieben. Die englischen Zerstörer gingen auf Nordostkurs, um dem Kreuzer den Weg zum Geleitzug zu verlegen.

Admiral Hipper bekam den Konvoi um 11.06 Uhr wieder in Sicht und eröffnete sofort das Feuer auf einen Sicherungszerstörer. Es war *Achates;* der Zerstörer blieb nach wenigen Salven schwer getroffen und brennend liegen. Später sank das Boot mit großen Personalverlusten. Anschließend beschoß *Admiral Hipper* einen zweiten Zerstörer – es war *Obedient* –, erzielte mehrere Treffer und setzte unter anderem die Funkstation des Zerstörers außer Gefecht. Deshalb wurde die Konvoiführung an *Orwell* übergeben.

Der Chef der 5. Z.-Fl. meldete um 11.08 Uhr, daß er mit *Friedrich Eckoldt* der vor etwa einer Stunde beschossenen vermeintlichen Korvette – in Wirklichkeit dem Minensucher *Bramble* – den Gnadenstoß geben wolle Dies war um etwa 11.21 Uhr erledigt. *Friedrich Eckoldt* versuchte dann, *Admiral Hipper* und den Zerstörern *Richard Beitzen* und *Z 29* zu folgen, die gegen 11.30 Uhr im Süden außer Sicht gekommen waren. *Lützow* bekam *Admiral Hipper* um 11.16 Uhr Bb. voraus in Sicht, wechselte mit ihm eine Minute später Erkennungssignale. Um den Anschluß an *Admiral Hipper* vor dem Wiederanbruch der Dunkelheit nicht wieder zu verlieren und um mit dem Flaggschiff gemeinsam von Norden auf den Konvoi zu operieren, ging *Lützow* um 11.26 Uhr mit 18 kn Fahrt auf Kurs 310 Grad.

Von Bord der englischen Kreuzer sah man um 11.25 Uhr, daß das große Schiff, auf das seit einer halben Stunde mit Südkurs und 30 kn Fahrt zugehalten wurde, nach Westen drehte. *Sheffield* und *Jamaica* drehten nach und bekamen es nach wenigen Augenblicken auf eine Entfernung von 15.000 Yards (ca. 13,5 Kilometer) in Sicht. Um welches deutsche Schiff es sich da handelte, konnte jedoch immer noch nicht ausgemacht werden. Dennoch gab der englische Admiral seinen Kreuzern um 11.30 Uhr den Befehl, das Feuer zu eröffnen.

Von *Admiral Hipper* aus waren die Kreuzer noch nicht entdeckt worden. Um 11.32 Uhr schlugen Stb. voraus plötzlich Granaten in die See, genau zu dem Zeitpunkt, als VAdm. Kummetz den Funkspruch absetzen ließ:

»Gefecht mit Sicherungsstreitkräften. Keine Kreuzer am Geleitzug.«

Noch während des Absetzens des Spruches schlug eine zweite Salve von sechs Granaten in nächster Nähe ein. Während die britischen Kreuzer weiter nach Radarpeilungen schossen und um 11.33 Uhr den ersten Treffer erzielten – er schlug an Stb. durch die Bordwand, setzte den Kesselraum 3 und die Stb.-Turbine außer Gefecht – wurden von *Admiral Hipper* aus im

Mit Plexiglashaube versehener Torpedorohrsatz des Zerstörers *Z 10, Hans Lody,* ca. 1943.

Oben rechts: *Z 7, Hermann Schoemann* nach Seegefecht im Nordmeer bewegungsunfähig am 2. 5. 1942 kurz vor dem Untergang. Im Hintergrund der von *Z 25* gelegte Rauchschleier.

Mitte rechts: *Z 30* im Hoplaelven, etwa April 1942.

Z 31 bei Alta im Frühjahr 1943. Als einziger Zerstörer des Typs 1936 A (Mob) auf der Bank mit 15 cm-Einzelgeschütz ausgerüstet, das Ende 1943 gegen den Doppelturm ausgetauscht wurde.

Unten und rechts unten: *Z 24* mit Trefferschäden nach dem Luft-Seegefecht vom 10. 4. 1943 in der Biskaya.

Z 34 in Nordnorwegen im November 1944.

Z 33 im Altafjord im Sommer 1943. Der mehrfarbige Tarnanstrich wurde wenig später durch einheitliches Grau ersetzt.

Oben: *Z 32* auf der Gironde ankernd 1943.

Links: Vorschiff, 15 cm-Turm und Brücke des Zerstörers *Z 34,* gesehen aus dem Mastkorb. Aufnahme etwa 1944.

Oben: Achtere Batterie von *Z 37* und der schwarz qualmende Zerstörer *Z 32* in der Biskaya 1943.

Links: *Z 29* während der Beladung mit Beutegut auf Spitzbergen am 8. 9. 1943 an der Pier liegend.

Norden Mündungsfeuer von Geschützen gesichtet. Da es aber nach Norden zu sehr unsichtig war, konnte nicht erkannt werden, wer der Gegner war und in welcher Entfernung er stand. Um sich ihm zu nähern und das Feuer erwidern zu können, drehte *Admiral Hipper* – obwohl nach dem Ausfall der Stb.-Anlage die Höchstgeschwindigkeit auf 28 kn gefallen war – auf den neuen Gegner zu. Nach der vierten englischen Salve nahm der deutsche Kreuzer die Engländer unter Artilleriebeschuß. Um 11.37 Uhr trafen zwei weitere britische 15,2 cm-Granaten *Admiral Hipper* an Bb., und die Flugzeughalle begann zu brennen. Die Entfernung zu den englischen Kreuzern war gesunken, doch verschwanden sie hinter einem Rauchvorhang.

Von *Friedrich Eckoldt* sah man, während der Zerstörer noch immer auf der Suche nach *Admiral Hipper* war, in der langsam wieder hereinbrechenden Dunkelheit die Abschüsse von Kreuzergeschützen. In der Meinung, *Admiral Hipper* vor sich zu haben, ließ der Chef der 5. Z.-Fl. daraufzudrehen. Es war jedoch nicht der deutsche Kreuzer, sondern das englische Flaggschiff *Sheffield*, das sofort auf den deutschen Zerstörer zudrehte und aus nächster Entfernung das Artilleriefeuer eröffnete. *Friedrich Eckoldt* wurde sofort eingedeckt und getroffen. Immer noch in der Ansicht, *Admiral Hipper* sei das schießende Schiff, ließ der Chef der 5. Z.-Fl. um 11.34 Uhr über UK-Telefonie anfragen:

»Frage Kurs und Fahrt? In welcher Richtung schießen Sie jetzt?«

Der B.d.K. auf *Admiral Hipper* ließ antworten:

»Kurs 80 Grad. Nach Norden.«

Friedrich Eckoldt:

»Ich sehe in 300 Grad einen Kreuzer und einen Zerstörer. Sind Sie das? Wie stehen Sie zum Geleitzug?«

Admiral Hipper:

»Nördlich.«

Friedrich Eckoldt:

»Sie beschießen mich.«

Admiral Hipper:

»Nein. Das ist ein englischer Kreuzer!«

Die hinter *Admiral Hipper* fahrenden Zerstörer *Richard Beitzen* und *Z 29* hatten die englischen Kreuzer, da sie näher zu ihnen standen, um 11.32 Uhr, als die ersten britischen Granaten in der Nähe von *Admiral Hipper* einschlugen, sofort erkannt. Auf *Richard Beitzen* erkannte man den Irrtum des Chefs der 5. Z.-Fl., der auf die englischen Kreuzer zuhielt. Deshalb wurde von *Richard Beitzen* über UK-Telefonie eine Warnung an *Friedrich Eckoldt* gegeben, deren Empfang auch bestätigt wurde. Aber *Friedrich Eckoldt* war schon so dicht an *Sheffield* herangekommen, daß der Zerstörer den vernichtenden Salven nicht mehr entgehen konnte. Von *Richard Beitzen* wurde wenig später beobachtet, wie der britische Kreuzer auf wenige hundert Meter Entfernung auf *Friedrich Eckoldt* schoß. Etwa gleichzeitig sah man auf *Z 29*, wie *Friedrich Eckoldt* einen Treffer in das Achterschiff erhielt und durch die Detonation der dort lagernden Munition unter roten und weißen Blitzen auseinanderbarst. Die genaue Uhrzeit der Katastrophe konnte an Hand der erhaltenen Kriegstagebücher nicht ermittelt werden, doch dürfte sie bei etwa 11.40 bis 11.44 Uhr gelegen haben. Nach wenigen Augenblicken ist *Friedrich Eckoldt* mit dem Flottillenchef, dessen Stab, dem Kommandanten und der gesamten Besatzung untergegangen.

Lützow und die ihm folgenden Zerstörer hatten den Geleitzug wiedergefunden. Um 11.40 Uhr eröffnete *Lützow* auf 160 hm das Artilleriefeuer, dem sich *Z 30* anschloß. Einschläge beim Geleitzug konnten nicht beobachtet werden, da nach Funkmeß geschossen wurde und die optischen E-Meßgeräte vereist waren. Während es nun immer dunkler wurde, stellten *Lützow* und *Z 30* das Feuer wieder ein, und der Verband ging auf 26 kn Fahrt, um auf *Admiral Hipper* zu sammeln. Dieser lief zu diesem Zeitpunkt 290 Grad mit 28 kn Fahrt.

Eingedenk des inzwischen eingetretenen Risikos und des Funkspruches, der am Abend des Vortages beim Auslaufen eingegangen ist, gab der B.d.K., obwohl *Lützow* mit seinen drei Zerstörern in südlicher Richtung in Sicht gekommen ist, um 11.46 Uhr über UK den Befehl:

»Gefecht abbrechen und nach Westen ablaufen.«

Dieser Befehl ging auf *Lützow* um 12.03 Uhr ein. Kurz zuvor hatte das Schiff zwei englische Zerstörer beschossen und auf einem Frachter zwei Treffer beobachtet. Tatsächlich ist um 11.55 Uhr der englische Zerstörer *Obdurate*, der an der Spitze des Konvois fuhr, durch 28 cm-Granaten des deutschen Kreuzers schwer beschädigt worden. *Obedient* operierte daraufhin nahe am Geleitzug und verdeckte ihn durch künstlichen Nebel. Um 12.15 Uhr wurde *Admiral Hipper*, auf Westkurs liegend, durch *Sheffield* und *Jamaica* wieder gesichtet, nachdem das Gefecht zwischen den Kreuzern mehr als eine halbe Stunde vorher wegen Unsichtigkeit und Dunkelheit abgebrochen war, und wenig später kamen auf geringere Entfernung zwei deutsche Zerstörer in Sicht. Auf diese drehten die englischen Kreuzer zum Torpedoangriff auf. Doch um 12.29 Uhr wurde *Lützow* ausgemacht und beschossen. Gegen 12.30 Uhr schoß *Admiral Hipper* einige Salven auf die britischen Kreuzer, die nahe am Ziel lagen. Auch *Lützow* feuerte auf sie, was die Engländer zwang, nach Norden abzulaufen und sich später an den deutschen Verband auf große Entfernung anzuhängen. Mit Hilfe der Radargeräte wurde bis 14.00 Uhr Fühlung gehalten, dann gingen die englischen Kreuzer auf Südkurs, um bei einem eventuellen neuen Angriff zwischen dem deutschen Verband und dem Geleitzug zu stehen. Als um 16.00 Uhr klar wurde, daß die Deutschen offensichtlich auf dem Heimmarsch waren, drehten die britischen Kreuzer ab, um dem Konvoi zu folgen, der inzwischen Kurs auf Murmansk genommen hatte. VAdm. Kummetz ließ um 12.34 Uhr einen Funkspruch an den Admiral Nordmeer absetzen:

»Keine Verbindung mit *Eckoldt*. Feindliche Fühlungshalter am Verband. Entlassung *Lützow* (›*Aurora*‹) nicht möglich.«

Nachdem mit den Metox-Geräten von *Admiral Hipper* keine feindlichen Radarstrahlungen um 12.50 Uhr mehr gemessen werden konnten, gingen die deutschen Kreuzer unter Wahrung der Funkstille auf Südwestkurs. Um 13.00 Uhr hatten *Admiral Hipper* und dahinter *Lützow* Kiellinie gebildet. Die restlichen fünf deutschen Zerstörer marschierten gesondert mit Kurs 240 Grad und einer Fahrt von 25 kn zum Altafjord.

Die in der Nähe operierenden deutschen U-Boote *U 625*, *U 354* und *U 622* erhielten um 13.25 Uhr vom B.d.K. den Befehl, im Kampfgebiet nach *Friedrich Eckoldt* zu suchen. Die später dort durchgeführte Suche der U-Boote war jedoch erfolglos.

Während des Marsches zum Altafjord war auf *Admiral Hipper* das in den Kesselraum 3 (K 3) eingedrungene Wasser weiter in den K 2 gelaufen. Schließlich befanden sich ca. 1000 Tonnen Seewasser im Schiff, und um 17.30 Uhr mußte mit der Fahrt auf 15 kn heruntergegangen werden. Nach einer Stunde konnte die Geschwindigkeit wieder auf 18 kn erhöht werden. Das Einlaufen in den Altafjord verzögerte sich durch diese Manöver um etwa 3 Stunden.

Am 1. 1. 1943 um 00.55 Uhr passierte der einlaufende Verband das Minensuchboot *M 328*, das als Ansteuerungspunkt vor der Lopphavet-Einfahrt ausgelegt war. Um 04.00 Uhr war der Verband im inneren Altafjord, und um 04.50 Uhr passierte *Admiral Hipper* die Kaafjord-Netzsperren. Im Kaafjord und in den anderen Nebenfjorden gingen die Kreuzer und fünf Zerstörer bis 05.40 Uhr vor Anker.

Damit war die Unternehmung »Regenbogen« abgeschlossen. Sie war ein Fehlschlag geworden. Das eigentliche Ziel, die Vernichtung des Geleitzuges »JW 51B«, war nicht erreicht worden. Der englische Zerstörer *Achates* und der Minensucher *Bramble* waren vernichtet, die Zerstörer *Onslow* und *Obdurante* schwer und *Obedient* leichter beschädigt worden. Der Konvoi selbst jedoch erreichte mit seinem wertvollen Kriegsmaterial ohne Schäden Murmansk in den ersten Januartagen des Jahres 1943.

Auf deutscher Seite war der Verlust des Zerstörers *Friedrich Eckoldt* mit seiner gesamten Besatzung und dem Chef der 5. Z.-Fl. zu beklagen. Damit war die Zahl der Ende 1942 in Dienst befindlichen deutschen Zerstörer auf 18 gesunken. Ferner war der Schwere Kreuzer *Admiral Hipper* erheblich beschädigt und mußte zur Instandsetzung Ende Januar 1943 in die Heimat überführt werden.

Das einzige im Kampfgebiet anwesende deutsche U-Boot hatte unglücklicherweise den heftigen Brand der Flugzeughalle von *Admiral Hipper* mißdeutet und für Trefferbrände auf den vermeintlich angegriffenen Handelsschiffen des Konvois gehalten. Der Kommandant setzte einen Funkspruch ab: »Nach hiesiger Beobachtung hat die Schlacht ihren Höhepunkt erreicht. Ich sehe nur rot.« Der Funkspruch löste zeitweilig Euphorie im Führerhauptquartier und nach dem Kummetz-Funkspruch über den Abbruch des Gefechtes (gemäß Funk-Anweisung des Admirals Nordmeer, mit den Kreuzern kein größeres Risiko einzugehen) herbe Enttäuschungen aus. Das mißglückte Bäreninsel-Gefecht forderte Hitlers Zorn heraus. Es kam zu dem emotionellen Führerbefehl, die schweren Einheiten der Kriegsmarine als »nutzlose Schiffe« kurzerhand zu verschrotten. Diesem Befehl widersetzte sich Großadmiral Raeder aus Gewissensgründen. Daraufhin wurde der vormalige Befehlshaber der U-Boote, Admiral Dönitz, zum neuen Oberbefehlshaber der Kriegsmarine ernannt und zum Großadmiral befördert. Der Mißerfolg des Silvester-Gefechtes hatte also dieses Riverement zu der Spitze der Kriegsmarine ausgelöst.

Verteilung der Zerstörer beim Jahreswechsel 1942/43:

4. Zerstörerflottille:

Z 37 mit stellv. Chef 4. Z.-Fl.	Ausbildung in der Ostsee.
Z 31	einsatzbereit im Alta-Gebiet.
Z 32	Ausbildung in der Ostsee.

5. Zerstörerflottille:

Z 16, Friedrich Eckoldt	mit Chef 5. Z.-Fl. seit dem 31. 12. 1942 im Nordmeer vermißt.
Z 4, Richard Beitzen	einsatzbereit im Alta-Gebiet.
Z 14, Friedrich Ihn	Ausbildung und Einfahren in der Ostsee.
Z 15, Erich Steinbrinck	Ausbildung in der Ostsee.
ZH 1	Erprobungen in der Ostsee.

6. Zerstörerflottille:

Z 5, Paul Jacobi	Ausbildung in der Ostsee.
Z 6, Theodor Riedel	einsatzbereit im Alta-Gebiet.
Z 10, Hans Lody	Instandsetzungen bei Deutsche Werke Kiel.
Z 20, Karl Galster	Instandsetzungen in Trondheim.

8. Zerstörerflottille »Narvik«:

Z 23 mit Chef 8. Z.-Fl. und *Z 25*	Instandsetzungen in Trondheim.
Z 24	Beendigung W.L.Z. bei N.D.L.-Werft in Wesermünde.
Z 27	W.L.Z. bei Deschimag Bremen.
Z 28	Maschinenüberholung bei Deschimag Bremen.
Z 29 und *Z 30*	einsatzbereit im Alta-Gebiet.

Das Jahr 1943

1. 1. 1943
Heimat: *Z 37* nicht fahrbereit wegen Maschinenstörung in Gotenhafen. Zerstörer mußte in den nächsten Tagen Werfthilfe in Anspruch nehmen.

Anfang Januar 1943
Heimat: Verlegung *Z 24* nach Beendigung der Werftliegezeit in Wesermünde in die Ostsee. Dort Einfahr- und Ausbildungszeit.

2. 1. 1943
Ostsee: *Paul Jacobi* in der Danziger Bucht Torpedoschießen. Dabei zwei Übungstorpedos verloren. Abends Zerstörer vor Neukrug geankert.

3. 1. 1943
Ostsee: *Paul Jacobi* Meilenfahrt vor Neukrug. Anschließend gefechtsmäßiges Torpedoschießen durchgeführt und abends in Gotenhafen eingelaufen.

5. 1. 1943
Heimat: *Z 37* Beginn mehrtägiger Maschinenreparatur beim Maureb. Swinemünde. Damit für geplante Verlegung nach Norwegen ausgefallen.

6. 1. 1943
Ostsee: Beginn von Übungen in der Ostsee:
Beteiligte Einheiten: Schlachtkreuzer *Scharnhorst*, Schwerer Kreuzer *Prinz Eugen*, Leichter Kreuzer *Emden*, Zerstörer *Friedrich Ihn* mit Chef 6. Z.-Fl., *Paul Jacobi*, *Erich Steinbrinck* und *Z 24* sowie Chef 3. T.-Fl. mit 4 T-Booten. Geübt wurden Verbandsfahren und Angriffe.

7. 1. 1943
Ostsee: Nachdem der übende Verband nachts bei Hela geankert hatte, übten die Zerstörer zunächst das Fahren im Verband, und danach wurden Angriffsübungen der Zerstörer auf *Scharnhorst*, *Prinz Eugen* und *Emden* durchgeführt. Nachmittags Beendigung der Übungen. Abends Einlaufen der beteiligten Einheiten in Gotenhafen.

9. 1. 1943
Norwegen: *Karl Galster* und *Z 25* Trondheim ausgelaufen zum Marsch über Bergen nach Kristiansand-Süd.
Heimat: Mittags *Friedrich Ihn* mit Chef 6. Z.-Fl., *Paul Jacobi* und *Z 24* ausgelaufen. Nachmittags *Scharnhorst* und *Prinz Eugen* den Zerstörern gefolgt. In der Ostsee Sammeln des Verbandes und Antritt des Verlegungsmarsches vorbei an Bornholm und Kap Arkona nach Norwegen. Damit Unternehmen »Fronttheater« angelaufen. Die Zerstörer *Erich Steinbrinck* und *Z 37*, die an der Verlegung teilnehmen sollten, mußten wegen Maschinenstörungen in der Heimat bleiben.

10. 1. 1943
Norwegen: *Karl Galster* und *Z 25* von Trondheim kommend in Kristinansand-Süd eingelaufen.
Ostsee: *Scharnhorst*, *Prinz Eugen*, *Friedrich Ihn* mit Chef 5. Z.-Fl., *Paul Jacobi* und *Z 24* Marsch durch die westliche Ostsee hinter Sperrbrechern bis in den Großen Belt.

11. 1. 1943
Skagerrak: Marsch des Verbandes durch den Großen Belt und das Skagerrak. Unterwegs wurden mehrere Treibminen gesichtet. Vormittags wurde der Westausgang des Skagerraks erreicht. Mittags auffrischender Wind. Wegen Erfassung des Verbandes durch englische Aufklärungsflugzeuge wurde gegen 18.00 Uhr kehrtgemacht und der Rückmarsch in die Ostsee angetreten.

12. 1. 1943
Skagerrak/Kattegat: Rückmarsch des Verbandes durch Skagerrak und Kattegat. In Höhe von Aarhus wurden die Zerstörer vom Flottenchef (an Bord *Scharnhorst)* entlassen. Mit Sperrbrechern marschierten sie nach Aarhus, wo sie nachmittags vor Anker gingen.

13. 1. 1943
Dänemark: *Friedrich Ihn* mit Chef 6. Z.-Fl., *Paul Jacobi* und *Z 24* in Aarhus eingelaufen.

14. 1. 1943
Dänemark: *Friedrich Ihn* mit Chef 6. Z.-Fl., *Paul Jacobi* und *Z 24* Aarhus ausgelaufen zum Marsch nach Kristiansand-Süd. Wegen Nebels mußten die Zerstörer jedoch auf Aarhus Reede abermals vor Anker gehen.

15. 1. 1943
Heimat: *ZH 1* Beginn von Restarbeiten bei Blohm & Voß in Hamburg.
Skagerrak: Vormittags *Friedrich Ihn* mit Chef 6. Z.-Fl., *Paul Jacobi* und *Z 24* Aarhus ausgelaufen zum Marsch nach Kristiansand-Süd. Unterwegs mußten die Zerstörer fünf Stunden vor Anker gehen, weil *Friedrich Ihn* einen Maschinenschaden hatte. Anschließend wurden die drei Zerstörer zur Jagd auf norwegische Handelsschiffe angesetzt, die aus Göteborg ausgelaufen waren und nach England durchbrechen wollten. Die Norweger kehrten jedoch nach Göteborg zurück, bevor die deutschen Zerstörer sich ihnen nähern konnten.
Norwegen: *Karl Galster* wegen sich ständig wiederholender Kesselrohrreißer nicht einsatzbereit.

16. 1. 1943
Norwegen: Vormittags bei starkem Nebel *Friedrich Ihn* mit Chef 6. Z.-Fl., *Paul Jacobi* und *Z 24* in Kristiansand-Süd eingelaufen.

17. 1. 1943
Norwegen/Skagerrak: *Paul Jacobi* mit Chef 6. Z.-Fl., *Friedrich Ihn, Karl Galster. Z 24* und *Z 25* Kristiansand-Süd ausgelaufen und im Skagerrak Suchstreifen gebildet. Geplant war, zwei norwegische Handelsschiffe abzufangen, die von Göteborg nach England ausgelaufen waren. Die Norweger wurden jedoch nicht gefunden.

18. 1. 1943
Skagerrak: Chef 6. Z.-Fl. mit seinen 5 Zerstörern weiterhin im Skagerrak auf Such- und Vorpostenpositionen. Außer dem deutschen Dampfer *Pernambuco* wurde aber nichts angetroffen. Nachdem englische Luftaufklärung die deutschen Zerstörer erfaßt hatte, wurden englische Torpedoflugzeuge auf sie angesetzt. Wegen schlechter Sicht wurden die Zerstörer jedoch nicht gefunden.

19. 1. 1943
Skagerrak/Norwegen: Chef 6. Z.-Fl. mit fünf Zerstörern weiter auf der Suche nach Norwegern. Da aber wieder nichts in Sicht kam, wurde mittags vom Flottillenchef der Befehl zum Einlaufen nach Kristiansand-Süd gegeben. Auf dem Marsch dorthin wurden mehrere Treibminen durch die Zerstörerflak abgeschossen. Nachmittags liefen die Zerstörer in Kristiansand-Süd ein.

22. 1. 1943
Norwegen: *Karl Galster* Verlegungsmarsch von Kristinansand-Süd nach Bergen zur Durchführung von Kesselreparaturen.

23. 1. 1943
Norwegen: *Karl Galster* in Bergen eingelaufen.
Heimat: Am späten Nachmittag Beginn der Unternehmung »Domino«: Verlegung des Schlachtkreuzers *Scharnhorst* und des Schweren Kreuzers *Prinz Eugen* von Gotenhafen nach Norwegen.
Der Zerstörer *Z 37*, der in der Ostsee geübt hatte, lief abends in Kiel zur Brennstoffergänzung ein.

24. 1. 1943
Nordnorwegen: Schwerer Kreuzer *Admiral Hipper,* Leichter Kreuzer *Köln* und Zerstörer *Richard Beitzen, Z 29* und *Z 30* Altafjord ausgelaufen zum Verlegungsmarsch nach Deutschland.
Mittelnorwegen: *Karl Galster* in Bergen Beginn von Kesselinstandsetzungen.
Ostsee: *Z 37* und *Erich Steinbrinck* mittags Kiel ausgelaufen und nachmittags in der westlichen Ostsee mit den aus der östlichen Ostsee kommenden Schiffen *Scharnhorst* und *Prinz Eugen* zusammengetroffen. Die beiden Zerstörer nahmen im Verband Sicherungspositionen ein und setzten mit den großen Schiffen den Marsch durch den Großen Belt nach Norwegen fort.

25. 1. 1943
Nordnorwegen: *Admiral Hipper, Köln, Richard Beitzen, Z 29* und *Z 30* vom Altafjord kommend in der Bogenbucht vor Anker gegangen.
Skagerrak: *Paul Jacobi* mit Chef 6. Z.-Fl., *Z 24* und *Z 25* um 08.00 Uhr Kristiansand-Süd ausgelaufen. Vormittags bildeten die drei Zerstörer im Skagerrak einen Suchstreifen. Um 14.00 Uhr stießen sie vor Skagen auf die aus der Ostsee kommenden *Scharnhorst, Prinz Eugen, Z 37* und *Erich Steinbrinck,* nahmen im Verband befohlene Positionen ein und setzten mit ihnen den Marsch nach Nordnorwegen fort. Da englische Aufklärung den Verband wenig später aufgefaßt hatte, kehrten *Scharnhorst* und *Prinz Eugen* um und traten den Rückmarsch in die Ostsee an. Wegen eines Übermittlungsfehlers wurden die Zerstörer *Paul Jacobi* mit Chef 6. Z.-Fl., *Erich Steinbrinck, Z 24, Z 25* und *Z 37* jedoch nicht, wie vorgesehen, nach Kiel, sondern nach Kristiansand-Süd entlassen.

26. 1. 1943
Norwegen: *Paul Jacobi* mit Chef 6. Z.-Fl., *Erich Steinbrinck, Z 24, Z 25* und *Z 37* in Kristiansand-Süd eingelaufen. In den nächsten Tagen wurden auf den fünf Zerstörern zum Teil erhebliche Schäden behoben, die durch schlechtes Wetter und Seegang verursacht worden waren.

27. 1. 1943
Heimat: *Scharnhorst* und *Prinz Eugen* nachmittags in Gotenhafen eingelaufen. Unternehmen »Domino« damit ohne Erfolg.

28. 1. 1943
Nordnorwegen: Schwerer Kreuzer *Admiral Hipper,* Leichter Kreuzer *Köln* und Zerstörer *Richard Beitzen, Z 29* und *Z 30* abends Bogenbucht ausgelaufen (die Zerstörer kamen von Narvik und trafen im Westfjord auf die Kreuzer) zum Marsch nach Trondheim.
Südnorwegen: *Friedrich Ihn* um 06.10 Uhr Kristiansand-Süd ausgelaufen und als Geleitsicherung für den Dampfer *Moshill* nach Stavanger marschiert. Dort liefen der Dampfer und der Zerstörer um 16.20 Uhr ein.

29. 1. 1943
Norwegen: *Karl Galster* 06.00 Uhr Bergen ausgelaufen zum Marsch nach Trondheim.
Friedrich Ihn mit Dampfer *Moshill* 10.00 Uhr Stavanger ausgelaufen zum Marsch nach Bergen.

30. 1. 1943
Norwegen: *Friedrich Ihn* und *Moshill* Bergen eingelaufen.
Karl Galster planmäßig zur Beseitigung seiner Kesselschäden eingelaufen Werft Trondheim.

Admiral Hipper, Köln, Richard Beitzen, Z 29 und *Z 30* aus Nordnorwegen kommend in Trondheim eingelaufen.
Südnorwegen: Alle dem Chef der 6. Z.-Fl. in Kristiansand-Süd unterstellten Zerstörer *Paul Jacobi, Erich Steinbrinck, Z 24, Z 25* und Z *37* nicht voll einsatzbereit wegen fehlender Ausbildung und Schäden an den Waffen sowie wegen Kommandanten- bzw. I.O.-Wechsel.

3. 2. 1943
Südnorwegen: *Paul Jacobi* mit Chef 6. Z.-Fl., *Erich Steinbrinck, Z 24* und *Z 25* um 02.00 Uhr Kristiansand-Süd ausgelaufen zum Marsch nach Bergen. Um 07.55 Uhr Angriff britischer Torpedoflugzeuge auf die Zerstörer. Ein Torpedo als Oberflächenläufer wenige Meter vor dem Bug von *Paul Jacobi* vorbeigelaufen. Marsch nach Bergen fortgesetzt.

4. 2. 1943
Norwegen: Chef 6. Z.-Fl. mit vier Zerstörern Bergen eingelaufen.
Schwerer Kreuzer *Admiral Hipper*, Leichter Kreuzer *Köln*, Zerstörer *Richard Beitzen, Z 29* und *Z 30* abends Trondheim ausgelaufen zum Verlegungsmarsch in die Ostsee.
Nordnorwegen: Minenschiff *Brummer* (ex *Olav Tryggvason*) sowie Zerstörer *Z 31* und *Theodor Riedel* Altafjord ausgelaufen zum Werfen einer offensiven Minensperre bei Kildin (Murmanküste). Dabei vergeblicher Versuch eines sowjetischen U-Bootes, auf den anmarschierenden Verband zum Torpedoangriff zu kommen.

5. 2. 1943
Kildin-Inseln: Spätabends Beginn der Minenwerfens durch Minenschiff *Brummer*, Zerstörer *Theodor Riedel* und *Z 31.*

6. 2. 1943
Heimat: *Z 33* bei Deschimag in Bremen für die 4. Z.-Fl. in Dienst gestellt.
Nordnorwegen: *Brummer, Theodor Riedel* und *Z 31,* vom Kildin-Minenunternehmen »Bavaria« kommend, in den Altafjord eingelaufen.
Skagerrak: *Admiral Hipper, Richard Beitzen* und *Z 37* Aufklärungsstreifen im Skagerrak zum Abfangen von Blockadebrechern gebildet. Danach *Admiral Hipper* mit *Z 29* und *Z 30* weiter nach Kiel marschiert, *Richard Beitzen* und *Z 37* in Kristiansand-Süd eingelaufen.

8. 2. 1943
Norwegen: *Z 23* mit Chef 8. Z.-Fl., *Z 24* und *Z 25* Trondheim ausgelaufen zum Marsch durch Skagerrak und Kattegat in die Ostsee. Von Kristiansand-Süd kommend *Z 37* zum Verband gestoßen.
Paul Jacobi mit Chef 6. Z.-Fl. Bergen ausgelaufen zum Marsch nach Trondheim.
Heimat: *Admiral Hipper, Z 29* und *Z 30* Kiel eingelaufen. Am nächsten Tag Beginn Werftliegezeiten *Z 29* in N.D.L.-Werft Wesermünde und *Z 30* bei Deutsche Werke Kiel.

9. 2. 1943
Norwegen: *Paul Jacobi* 18.30 Uhr nach Marsch von Bergen auf Drontheim Reede geankert.
8. Z.-Fl. mit *Z 23, Z 24, Z 25* und *Z 37* Bergen zu Zwischenaufenthalt eingelaufen.

10. 2. 1943
Norwegen: *Paul Jacobi* zu Instandsetzungen in den Werfthafen von Drontheim eingelaufen.
8. Z.-Fl. mit vier Zerstörern von Bergen aus Weitermarsch in die Ostsee angetreten. *Z 24* beim Auslaufen von einem Vorpostenboot am Heck gerammt. Dabei leichte Schäden erhalten.

11. 2. 1943
Heimat: Um 15.00 Uhr 8. Z.-Fl. mit *Z 23, Z 24, Z 25* und *Z 37* in Kiel eingelaufen. *Z 24* Weitermarsch von Kiel durch K.W.-Kanal nach Wesermünde in die Werft des N.D.L. angetreten.

12. 2. 1943
Heimat: *Z 29* Beginn planm. WLZ. in Wesermünde.
Z 24 auf Marsch nach Wesermünde um 07.00 Uhr durch Treiben in der Unterweser bei Robbenplate-Unterfeuer festgekommen. Bei nächstem Hochwasser mit Schlepperhilfe freigekommen und in Wesermünde eingelaufen. Eingedockt.
Z 25 in Kiel eingedockt.
Z 23 und *Z 37* in Kiel kleine Reparaturen mit Werfthilfe.

15. 2. 1943
Heimat: *Hans Lody* nach beendeter WLZ. Kiel ausgelaufen nach Swinemünde zur Durchführung von Probefahrten.

17. 2. 1943
Heimat: *Z 24* wieder einsatzbereits nach Dockinstandsetzung.
Auf *Hans Lody* bei Werftprobefahrt Kesselraumbrand ausgebrochen. Zur Reparatur Marsch nach Kiel.

18. 2. 1943
Ostsee: *Z 23* und *Z 37* von Kiel ausgelaufen zur Vervollständigung ihrer Ausbildung in der mittleren Ostsee.

26. 2. 1943
Norwegen: *Richard Beitzen* Kristiansand-Süd ausgelaufen und als Geleit für Tanker *Jaspis.* Marsch nach Aarhus.

27. 2. 1943
Norwegen: *Karl Galster* volle Einsatzbereitschaft wiederhergestellt.

28. 2. 1943
Skagerrak: *Richard Beitzen* und Tanker *Jaspis* um 02.40 Uhr in Aarhus eingelaufen.

1. 3. 1943
Heimat: Der F.d.Z., Kapitän zur See Erich Bey, mit Wirkung dieses Tages zum Konteradmiral befördert.

3. 3. 1943
Heimat: Beginn Unternehmen »Karin«: Verlegung der 8. Z.-Fl. von Deutschland nach Westfrankreich.
Z 23 mit Chef 8. Z.-Fl. und *Z 25* um 12.00 Uhr Kiel ausgelaufen und Marsch nach Westen durch K.W.-Kanal angetreten. Um 15.00 Uhr *Z 37* und *Z 32* ebenfalls ausgelaufen und gefolgt. Um 14.30 Uhr *Z 24* Wesermünde ausgelaufen zum Marsch zum Treffpunkt auf der Unterelbe.

4. 3. 1943
Heimat: 8. Z.-Fl. mit fünf Zerstörern in Nordseehäfen eingelaufen, da Verlegungsmarsch um 24 Stunden verschoben.

5. 3. 1943
Heimat: 8. Z.-Fl. mit *Z 23, Z 24, Z 25, Z 32* und *Z 37* aus den Nordseehäfen ausgelaufen zum Marsch nach Westen. In der Deutschen Bucht *Z 25* wegen Ausfalls der Bb.-Maschine umgekehrt und in Wesermünde zur Reparatur in die Werft des N.D.L. eingelaufen.
Norwegen: *Paul Jacobi* nach Beendigung von Instandsetzungsarbeiten Drontheim ausgelaufen zur Einzelausbildung.

6. 3. 1943
Norwegen: *Paul Jacobi* nach MES-Vermessung Drontheim eingelaufen.
Ärmelkanal: 8. Z.-Fl. mit *Z 23, Z 24, Z 32* und *Z 37* nach Gefecht mit englischen Schnellbooten und Abwehr von Jaboangriffen eingelaufen in Le Havre. Dort beim Einlaufen im Nebel *Z 37* Grundberührung; Stb.-Schraube und Hüllkörper des S-Gerätes beschädigt. Zur Untersuchung der Schäden eingedockt.

Heimat: Beginn Unternehmung »Paderborn«: Verlegung des Schlachtkreuzers *Scharnhorst* von Gotenhafen nach Nordnorwegen. 20.00 Uhr Gotenhafen ausgelaufen. Zerstörer *Z 28* um 15.00 Uhr Kiel ausgelaufen zum Treffpunkt mit *Scharnhorst* in der Ostsee.
Norwegen: Zum späteren Treffen mit *Scharnhorst* Verlegung von *Erich Steinbrinck* und *Friedrich Ihn* ab 16.00 Uhr von Bergen nach Kristiansand-Süd.

7. 3. 1943
Norwegen: *Erich Steinbrinck* und *Friedrich Ihn* um 03.30 Uhr Kristiansand-Süd eingelaufen. Wenig später wieder ausgelaufen.
Paul Jacobi wegen Heizölbunkerriß in Drontheim eingedockt.
Frankreich: *Z 23* mit Chef 8. Z.-Fl., *Z 24* und *Z 32* auf dem Marsch nach Bordeaux um 07.00 Uhr in Cherbourg ein- und um 19.15 Uhr wieder ausgelaufen.

8. 3. 1943
Frankreich: 08.00 Uhr Chef 8. Z.-Fl. mit *Z 23, Z 24* und *Z 32* Bordeaux eingelaufen; damit Verlegung 8. Z.-Fl. mit drei Zerstörern abgeschlossen.
Norwegen: *Paul Jacobi* Drontheim wieder ausgedockt.
Wegen schlechten Wetters die am 7. 3. 1943 von *Scharnhorst* entlassenen Geleitfahrzeuge eingelaufen in norwegischen Häfen: *Friedrich Ihn* und die T-Boote *T 16, T 20, T 21, Greif* und *Jaguar* in Bergen, *Erich Steinbrinck* und *Richard Beitzen* in Drontheim. Auf allen Booten Sturm- und Seeschäden. *Friedrich Ihn* wegen größerer Maschinenschäden in Bergen mehrere Tage nicht einsatzbereit. Bei *Scharnhorst* nur noch *Z 28* als Geleitsicherung.

9. 3. 1943
Norwegen: *Scharnhorst* und *Z 28* nach Beendigung des Verlegungsmarsches von Deutschland nach Nordnorwegen in der Bogenbucht bei Narvik geankert.

10. 3. 1943
Norwegen: *Paul Jacobi* auf Drontheim Reede verholt, um in der Werft Platz für *Erich Steinbrinck* zu machen.

11. 3. 1949
Norwegen: Ausgelaufen aus Drontheim zum Marsch nach Bogenbucht bei Narvik: Schlachtschiff *Tirpitz* und Zerstörer *Paul Jacobi* und *Karl Galster* um 07.00 Uhr, dabei auch die Torpedoboote *Jaguar* und *Greif.*
Z 28 zur Beseitigung von Seeschäden längsseits Werkstattschiff *Kamerun* in Narvik.

12. 3. 1943
Norwegen: *Tirpitz, Paul Jacobi, Karl Galster, Jaguar* und *Greif* in der Bogenbucht vor Anker gegangen. Dem B.d.K. in Narvik nunmehr einsatzmäßig unterstellt folgende in Nordnorwegen befindliche Streitkräfte:
Schlachtschiff *Tirpitz,* Schlachtkreuzer *Scharnhorst,* Schwerer Kreuzer *Lützow,* Leichter Kreuzer *Nürnberg,* Zerstörer *Paul Jacobi* mit Chef 5. Z.-Fl., *Theodor Riedel, Karl Galster, Z 28, Z 31,* T-Boote *T 20, T 21, Jaguar* und *Greif* sowie nach Wiederherstellung der Einsatzbereitschaft *Friedrich Ihn* und *Erich Steinbrinck.*
22.30 Uhr *Z 31* Narvik ausgelaufen zum Marsch nach Drontheim, nachdem *Z 31* mit *Theodor Riedel* und *Lützow* vom 10. bis 11. 3. 1943 vom Kaafjord nach Bogenbucht verlegt haben. Dabei *Z 31* Seesalz in Turbinenschaufeln und damit Maschinenschaden.

15. 3. 1943
Norwegen: *Paul Jacobi, Theodor Riedel, Karl Galster* und *Z 28* Einzelübungen im Ofotfjord. *Paul Jacobi* danach an Postpier in Narvik festgemacht.

16. 3. 1943
Norwegen: Fortsetzung der Einzelübungen. Anschließend Ankern der Zerstörer in der Bogenbucht bei Narvik.
Frankreich: 8. Z.-Fl. mit *Z 23, Z 24* und *Z 32* von Bordeaux nach Royan verlegt.
Norwegen: *Erich Steinbrinck* mit Chef 5. Z.-Fl. um 06.45 Uhr Drontheim ausgelaufen zum Schärenmarsch nach Norden.

17. 3. 1943
Norwegen: *Erich Steinbrinck* mit Chef 5. Z.-Fl. um 15.00 Uhr in Bogenbucht vor Anker gegangen.

18. 3. 1943
Frankreich: *Z 37* in Le Havre wieder einsatzbereit und 19.30 Uhr mit den T-Booten *T 2* und *T 5* ausgelaufen zum Marsch nach Bordeaux.
Um 17.30 Uhr *Z23* mit Chef 8. Z.-Fl., *Z 24* und *Z 32* von Royan kommend in Bordeaux eingelaufen.
Norwegen: Verbandsübungen des B.d.K. im Westfjord mit *Tirpitz, Scharnhorst, Lützow* sowie den Zerstörern *Paul Jacobi, Erich Steinbrinck, Theodor Riedel, Karl Galster, Z 28* und anderen.

19. 3. 1943
Frankreich: *Z 37* und *T 2* um 19.30 Uhr vor Royan geankert. *T 5* wegen Rohrreißer in Brest eingelaufen.
Norwegen: Erneute Verbandsübungen im Westfjord.

20. 3. 1943
Heimat: *Z 38* bei Deutsche Werke Kiel für die 4. Z.-Fl. in Dienst gestellt.
Norwegen: Fortsetzung von Verbandsübungen im Westfjord.

21. 3. 1943
Norwegen: Fortsetzung von Verbandsübungen im Westfjord. *Paul Jacobi* zur Ölübernahme aus Tanker *Dithmarschen* im Rombakenfjord und anschließend in Narvik eingelaufen.

22. 3. 1943
Norwegen: Mittags *Paul Jacobi* Narvik ausgelaufen zum Marsch in die Bogenbucht. Um 22.30 Uhr Bogenbucht ausgelaufen für Marsch zum Altafjord *Tirpitz, Scharnhorst, Lützow,* Zerstörer *Paul Jacobi* mit Chef 6. Z.-Fl., *Karl Galster, Erich Steinbrinck* mit Chef 5. Z.-Fl., *Theodor Riedel, Z 28* und *Z 31.*

23. 3. 1943
Norwegen: *Richard Beitzen* um 06.00 Uhr Drontheim ausgelaufen zum Verlegungsmarsch nach Narvik.
Wegen schlechter Sicht B.d.K.-Verband Marsch durch die nordnorwegischen Schären zum Altafjord.

24. 3. 1943
Heimat: *Z 38* erstmalig mit eigener Besatzung Kiel ausgelaufen in die Ostsee. In den folgenden Wochen Erprobungs- und Abnahmefahrten von Swinemünde, Saßnitz und Bornholm aus. Ab April Ausbildungsfahrten. Übungen und Ausbildung zeitweise gemeinsam mit *Admiral Scheer, Emden* und später auch mit *Z 39* sowie *Richard Beitzen.*
Nordnorwegen: B.d.K.-Verband mit *Tirpitz, Scharnhorst, Lützow, Paul Jacobi, Karl Galster, Erich Steinbrinck, Theodor Riedel, Z 28* und *Z 31* eingelaufen Altafjord. *Paul Jacobi* im Kaafjord Treibstoffübernahme aus Tanker *Nordmark,* anschließend zu Werkstattschiff *Neumark* verholt. Mitverlegt zum Altafjord haben die Torpedoboote *T 20* und *T 21.*

25. 3. 1943
Norwegen: Kommandanten *Paul Jacobi* (Gelbsucht) und *Karl Galster* (Bronchialkatarrh) erkrankt und ausgestiegen.

26. 3. 1943
Norwegen: *Richard Beitzen* Marsch von Narvik nach Alta.

28. 3. 1943
Frankreich: Chef 8. Z.-Fl. mit den von Bordeaux nach Royan verlegten Zerstörern *Z 23, Z 24, Z 32* und *Z 37* um 21.30 Uhr ausgelaufen, um dem aus der Gironde kommenden und auf dem Weg nach Japan befindlichen Blockadebrecher *Himalaya* in der Biskaya Ferngeleit zu geben. Das Schiff befand sich im Geleit der 2. T.-Fl. mit *T 23, Falke, T 2, T 12, T 18.*
Aus Brest abends *T 19, T 5, T 9* und *Kondor* ausgelaufen zum Marsch in die mittlere Biskaya.

29. 3. 1943
Biskaya: Blockadebrecher *Himalaya* in Höhe Kap Finisterre wegen Erfassung durch britische Luftaufklärung kehrtgemacht und im Geleit von *T 19, T 5, T 9* und *Kondor* wieder die Girondemündung angesteuert.

30. 3. 1943
Biskaya/Frankreich: *Himalaya* im Geleit der vier T-Boote in Bordeaux eingelaufen, 2. T.-Fl. mit *T 23, T 2, T 12, T 18* und *Falke* mittags in La Pallice eingelaufen, 4. Z.-Fl. mit den vier Zerstörern *Z 23, Z 24, Z 32, Z 37* nach Kurzaufenthalt auf der Gironde wieder ausgelaufen, um in der südwestlichen Biskaya den aus Japan kommenden ital. Blockadebrecher *Pietro Orseolo* aufzunehmen und in die Girondemündung zu geleiten.

31. 3. 1943
Nordnorwegen: *Paul Jacobi* mit Chef 6. Fl.-Fl., *Theodor Riedel, Karl Galster* Alta ausgelaufen, um im Nordmeer Blockadebrecher aufzunehmen. Der erwartete Blockadebrecher *Regensburg* ist aber am Vortage in der Dänemarkstraße durch den britischen Leichten Kreuzer *Glasgow* versenkt worden, ohne eine Meldung absetzen zu können. Die drei Zerstörer in der Grönlandsee in schweren Sturm und schwere See geraten.
(siehe auch 2. 4. 1943)

1. 4. 1943
Biskaya: 140 sm westlich Vigo Aufnahme des Blockadebrechers *Pietro Orseolo* durch die 8. Z.-Fl. mit *Z 23, Z 24, Z 32* und *Z 37.* Marsch Richtung Gironde angetreten. Unterwegs Abwehr britischer T-Flugzeuge. Abwehr des U-Bootes *Shad* (USA), das einen Torpedotreffer auf *Pietro Orseolo* erzielte. Dennoch gelang es, den Blockadebrecher zu sichern und einzubringen (2. 4. 1943).

2. 4. 1943
Nordmeer: *Paul Jacobi* mit Chef 6. Z.-Fl., *Theodor Riedel* und *Karl Galster* auf halbem Wege zwischen Norwegen und Jan Mayen Suchstreifen, dabei Seeschäden erlitten. Abends Unternehmen abgebrochen und wegen der erlittenen Schäden Marsch nach Narvik angetreten. Abends dort eingelaufen.
Norwegen: *Z 28* und *Richard Beitzen* Alta ausgelaufen zum Marsch nach Harstad.

3. 4. 1943
Norwegen: *Z 28* auf Verlegungsmarsch Grundberührung im Gisundet. Leichte Schäden. Durch *Richard Beitzen* freigeschleppt. Anschließend beide Zerstörer Marsch nach Harstad fortgesetzt und dort eingelaufen.
Paul Jacobi in Narvik erste Reparaturen der Seeschäden.

4. 4. 1943
Bisheriger Chef 6. Z.-Fl., Kpt. z. S. Schulze-Hinrichs, abgelöst und von *Paul Jacobi* ausgestiegen (wurde neuer Kommandeur der Marinekriegsakademie).

5. 4. 1943
Norwegen: *Paul Jacobi* und *Karl Galster* 04.30 Uhr Narvik ausgelaufen zum Marsch nach Alta.
Theodor Riedel 15.00 Uhr Narvik ausgelaufen zum Marsch nach Trondheim. Dort Reparatur der Seeschäden und von Schäden im K 2, die durch Brand an Kabelbahnen entstanden sind, in KMW.

6. 4. 1943
Norwegen: *Paul Jacobi* und *Karl Galster* 23.00 Uhr im Langfjord festgemacht bei Werkstattschiff *Neumark.* Dort ab 7. 4. Beginn Reparaturen der Seeschäden.
Heimat: Nach beendeter Restarbeitszeit ist *ZH 1* um 07.00 Uhr Hamburg zur Probefahrt ausgelaufen. Danach Marsch durch den K.W.-Kanal nach Kiel. In den Wochen bis Mitte Mai 1943 Ausbildung in der Ostsee.

7. 4. 1943
Norwegen: *Theodor Riedel* 22.00 Uhr auf Trondheim Reede vor Anker gegangen. Am nächsten Tag Beginn der Werftreparaturzeit.

8. 4. 1943
Frankreich: 8. Z.-Fl. mit *Z 23, Z 24, Z 32* und *Z 37* von Bordeaux verlegt, eingelaufen Le Verdon. Um 20.30 Uhr nach Royan weitermarschiert.

9./10. 4. 1943
Frankreich: 8. Z.-Fl. mit vier Booten ausgelaufen in die Biskaya zum Geleit des aus der Gironde kommenden Blockadebrechers *Himalaya.* Aus westfranzösischen Häfen sind zu diesem Zweck ebenfalls die T-Boote ausgelaufen *Kondor, T 2, T 5, T 22* und *T 23.* Im Laufe des Tages Erfassung des Verbandes durch britische Luftaufklärung. Daraufhin kehrtgemacht und Rückmarsch angetreten. Abends heftige Angriffe britischer Bomben- und T-Flugzeuge. Auf *Z 24* durch Bordwaffenbeschuß Schäden und Personalausfälle: Fünf Tote, fünf Schwer- und 26 Mittel- und Leichtverletzte.

11. 4. 1943
Frankreich: *Himalaya* nach abermals erzwungener Umkehr Gironde eingelaufen. Zwischen 08.00 Uhr und 10.00 Uhr sind die vier Zerstörer in Royan eingelaufen bzw. haben den Hafen auf dem Wege nach Bordeaux passiert. Auch alle beteiligten T-Boote wieder eingelaufen.
Heimat/Ostsee: *Z H 1* bei Gjedser Zusammenstoß mit dänischem Dampfer *Douro.* Dampfer gesunken. *Z H 1* am Steven beschädigt; Marsch nach Kiel angetreten zur Beseitigung der Kollisionsschäden.

17. 4. 1943
Heimat: Chef 4. Z.-Fl. in Swinemünde auf *Z 38* eingestiegen, nachdem bereits seit dem 13. 4. 1943 der Stab der 4. Z.-Fl. an Bord ist.

18. 4. 1943
Norwegen: *Z 28* Marsch von Harstad nach Alta. Dort vor Anker.

20. 4. 1943
Ostsee: *Z 38* mit Flottenchef und Chef und Stab 4. Z.-Fl. an Bord in der Ostsee Arzthilfe für Fischdampfer *Delphin.*

22. 4. 1943
Heimat: *Hans Lody, Z 25* und T-Boot *T 24* Kiel bzw. Swinemünde ausgelaufen zum Verlegungsmarsch nach Norwegen.

24. 4. 1943
Norwegen: *Hans Lody, Z 25* und *T 24* um 06.00 Uhr Kristiansand-Süd eingelaufen und abends 22.00 Uhr mit *Friedrich Ihn* ausgelaufen zum Weitermarsch nach Trondheim.

26. 4. 1943
Norwegen: *Hans Lody, Friedrich Ihn, Z 25* und *T 24* in Trondheim eingelaufen. Dort bereits auch *Theodor Riedel.*

27. 4. 1943
Norwegen: Beginn Rückverlegung Leichter Kreuzer *Nürnberg* von Nordnorwegen nach Deutschland im Geleit von Zerstörer und T-Booten. Hierzu *Richard Beitzen* Harstad ausgelaufen und zum Kreuzer gestoßen. Auch die T-Boote *Jaguar* und *Greif* zum Verband gekommen.

28. 4. 1943
Norwegen: *Hans Lody, Friedrich Ihn, Z 25* und *T 24* Drontheim ausgelaufen zum Weitermarsch nach Norden; dabei gleichzeitig Sicherung für einen nach Norden marschierenden Stinnes-Dampfer übernommen. Kurz nach Auslaufen *T 24* Grundberührung, dabei Bb.-Propeller und -Welle beschädigt. *T 24* nach Drontheim zurückgekehrt.

29. 4. 1943
Norwegen: Von Norden kommend *Nürnberg, Richard Beitzen, Jaguar* und *Greif* Trondheim eingelaufen.
Paul Jacobi und andere Zerstörer im Altafjord Einzelübungen.
Hans Lody, Friedrich Ihn, Z 25 und Stinnes-Dampfer Narvik eingelaufen.

30. 4. 1943
Norwegen: *Hans Lody, Friedrich Ihn* und *Z 25* um 10.00 Uhr Narvik ausgelaufen zum Weitermarsch nach Alta.
Im Altafjord Beginn von B.d.K.-Übungen. Daran beteiligt alle fahrbereiten Einheiten einschließlich der Zerstörer.

1. 5. 1943
Frankreich: 8. Z.-Fl. mit *Z 23, Z 24* und *Z 32,* am Vortag Bordeaux ausgelaufen zur Sicherung eines einlaufenden, beschädigten U-Bootes, später wieder Bordeaux eingelaufen.
Norwegen: *Hans Lody, Friedrich Ihn* und *Z 25* eingelaufen in den Altafjord und in einem Nebenfjord geankert.

3. 5. 1943
Frankreich: 8. Z.-Fl. mit *Z 23, Z 24* und *Z 32* Bordeaux ausgelaufen zu taktischen Übungen in der Biskaya.
Norwegen: *Nürnberg, Richard Beitzen, Jaguar* und *Greif* morgens Drontheim ausgelaufen zum Weitermarsch nach Deutschland.
Hans Lody, Friedrich Ihn und *Z 25* verlegt zum Schlachtkreuzer *Scharnhorst* in den Langfjord.

4. 5. 1943
Heimat: *Nürnberg, Richard Beitzen, Jaguar* und *Greif* in Ostseehäfen eingelaufen; *Richard Beitzen* um 11.40 Uhr in Swinemünde festgemacht. Der Zerstörer hat seit seiner letzten WLZ in 524 Tagen 39 200 sm und seit seiner letzten Maschinenüberholung in 372 Tagen 28 600 sm zurückgelegt! Vorbereitung für mehrmonatige WLZ.

6. 5. 1943
Frankreich: 8. Z.-Fl. mit *Z 23, Z 24* und *Z 32* nach Beendigung der Biskaya-Übungen zur Brennstoffergänzung um 06.30 Uhr auf Royan Reede geankert. Chef 8. Z.-Fl. auf *Z 32* übergestiegen. *Z 23* zu einer verkürzten WLZ nach La Pallice entlassen. Um 17.00 Uhr *Z 32* und *Z 24* ankerauf und Marsch nach Bordeaux angetreten.

8. 5. 1943
Frankreich: *Z 23* Beginn Maschinenüberholungszeit in La Pallice.

10. 5. 1943
Ostsee: *Z 38* um 10.34 Uhr bei Meilenfahrten vor Neukrug/Ostpreußen zwei Grundminendetonationen etwa 30 m neben der Bordwand. Mehrere Schnellschlüsse in der Maschine, sonst keine Schäden oder Ausfälle.

15. 5. 1943
Heimat: *Z 36* bei Germaniawerft Kiel vom Stapel gelaufen. Anschließend zur Fertigstellung durch K.W.-Kanal und Deutsche Bucht nach Bremen zu Deschimag geschleppt.

17. 5. 1943
Nordnorwegen: B.d.K.-Übungen im Altafjord unter Beteiligung von Zerstörern.

18. 5. 1943
Frankreich: *Z 32* mit Chef 8. Z.-Fl. und *Z 24* Bordeaux ausgelaufen zum Flak-Schießen auf Le Verdon Reede.

20. 5. 1943
Frankreich: *Z 32* und *Z 24* nach Beendigung der Flak-Schießübungen um 20.00 Uhr Bordeaux eingelaufen.

21. 5. 1943
Nordnorwegen: *Paul Jacobi* und andere Zerstörer im Langfjord Torpedoübernahme.

22. 5. 1943
Heimat: *Z 38* zur Durchführung von Restarbeiten bei N.D.L.-Werft in Wesermünde auf dem Marsch von der Ost- in die Nordsee. Macht für mehrere Tage in Rendsburg fest.

24. 5. 1943
Heimat: *Z 38* Weitermarsch von Rendsburg nach Wesermünde angetreten.

26. 5. 1943
Heimat: *Z 38* Beginn Restarbeiten beim N.D.L. in Wesermünde.

27. 5. 1943
Norwegen: Marsch von Zerstörern vom Altafjord nach Hammerfest. Dort abends eingelaufen. Tags Flottillenübungen, Einzelausbildung, Zonenschießen. Beteiligt: *Paul Jacobi, Hans Lody, Friedrich Ihn, Z 25, Z 28, Z 31, Erich Steinbrinck* und *Karl Galster.*

28. 5. 1943
Norwegen: Wiederauslaufen der Zerstörer aus den nordnorwegischen Fjorden und Fortsetzung von Übungen. *Hans Lody* nur noch 32 kn Höchstfahrt wegen Geräuschen in Bb.-Hochdruck-Turbine. Abends Ankern der Zerstörer; *Paul Jacobi* vor Bukta.

29. 5. 1943
Norwegen: Marsch der Zerstörer zum Langfjord. Dort weitere Übungen (E-Meß- und Koppelübungen u. a.). *Paul Jacobi* nachmittags längsseits *Scharnhorst* festgemacht.

31. 5. 1943
Norwegen: Flak-Schießen und Einzelübungen der Zerstörer im Altafjord. *Paul Jacobi* anschließend wieder zu *Scharnhorst.*

1. 6. 1943
Frankreich: *Z 24* zur Hilfeleistung für beschädigtes U-Boot um 16.45 Uhr Bordeaux ausgelaufen.

3. 6. 1943
Frankreich: *Z 32* 18.00 Uhr Bordeaux nach Le Verdon Reede ausgelaufen. Dort nach Eintreffen Vereinigung mit *Z 24* und Marsch gemeinsam nach Brest.

4. 6. 1943
Frankreich: 15.00 Uhr *Z 32* und *Z 24* Le Verdon ausgelaufen zum Marsch nach Brest.

5. 6. 1943
Frankreich: 07.00 Uhr *Z 32* und *Z 24* Brest eingelaufen.

Heimat: *Z 34* bei Deschimag in Bremen für 4. Z.-Fl. in Dienst gestellt.

8. 6. 1943
Frankreich: *Z 32* und *Z 24* 21.30 Uhr Brest aus zum Marsch nach Le Verdon.

9. 6. 1943
Frankreich: *Z 32* und *Z 24* Le Verdon Reede vor Anker gegangen.

Norwegen: *Paul Jacobi* von *Scharnhorst* zu *Z 25* verholt.

12. 6. 1943
Norwegen: *Theodor Riedel* Probefahrten bei Drontheim.

14. 6. 1943
Frankreich: *Z 24* und *Z 32* um 06.00 Uhr Royan ausgelaufen, um in der Biskaya Überlebende des versenkten U-Bootes *U 564* zu übernehmen, die von *U 185* aufgefischt worden sind.

Z 37 19.00 Uhr mit Chef 8. Z.-Fl. Royan ausgelaufen, um zu den beiden anderen Zerstörern zu stoßen. Wegen unklarer Minenlage und Sperrung des Fahrwassers durch ein Wrack *(Sperrbrecher 21)* wieder Royan eingelaufen.

15. 6. 1943
Biskaya: Um 05.43 Uhr in der Biskaya T-Boote *T 2* und *T 5* an die zurückmarschierenden *Z 24* und *Z 32* herangeschlossen zum Marsch nach Royan. Nach Einlaufen in Royan um 14.00 Uhr Ausschiffung der geretteten U-Boot-Leute von *Z 24.*

Z 32 bereits am Vorabend wegen Maschinenstörung nach Bordeaux entlassen.

Z 24 und *Z 37* um 21.45 Uhr auf der Gironde geankert.
Die Rettungsaktion von *Z 24* im Alleingang nach Ausfall *Z 32* in einem Seegebiet nordwestlich Cap Finisterre fand die besondere Anerkennung des F.d.Z.

Heimat: *Z 27* und *Z 30* 08.00 Uhr Swinemünde ausgelaufen zum Marsch durch Westliche Ostsee, Kattegat, Skagerrak und Nordmeer nach Nordnorwegen.

16. 6. 1943
Dänemark: *Z 27* und *Z 30* 09.00 Uhr im Kattegat durch *Sperrbrecher 13* und ein M-Boot aufgenommen. Beide haben sich vor die Zerstörer gesetzt und diese nach Aarhus geleitet. Um 23.00 Uhr *Z 27* und *Z 30* dort eingelaufen.

17. 6. 1943
Norwegen: *Theodor Riedel* nach abgeschlossener Reparatur Trondheim ausgelaufen zum Marsch nach Alta.

Dänemark: *Z 27* und *Z 30* um 23.00 Uhr zum Weitermarsch nach Nordnorwegen Aarhus ausgelaufen. Geleit für zwei Minenschiffe (s. 19. 4.).

18. 6. 1943
Frankreich: *Z 32* bis Anfang Juli nicht einsatzklar wegen Reparatur seiner Maschinenanlage.
Norwegen: Bei Alta Beginn von Übungen der dort befindlichen Zerstörer. *Theodor Riedel* 22.00 Uhr Kaafjord eingelaufen.

19. 6. 1943
Norwegen: Fortsetzung der Übungen im Altafjord. Danach Ankern der Zerstörer in den Fjorden. *Paul Jacobi* bei *Z 25* im Langfjord festgemacht.

Z 27 und *Z 30* mit den Minenschiffen *Ostmark* und *Elsaß* um 02.40 Uhr Kristiansand-Süd eingelaufen.
Hans Lody Alta ausgelaufen zum Marsch nach Trondheim. Dort beabsichtigt Auswechseln des Bb.-Turbinenläufers und Maschinenreparaturen.

21. 6. 1943
Norwegen: Minenschiffe *Ostmark, Elsaß* und *Brummer,* dazu als Sicherungszerstörer *Z 27* und *Z 30* Kristiansand-Süd ausgelaufen zur Minenunternehmung »Erzengel« (Verlängerung der »Westwall«-Minensperren).
Hans Lody 07.30 Uhr Trondheim eingelaufen. Beginn Maschinenreparatur und Turbinenläuferwechsel.

22. 6. 1943
Norwegen: *Z 27* und *Z 30* mit drei Minenschiffen nach Durchführung der Minenaufgaben in Stavanger um 10.30 Uhr eingelaufen.

25. 6. 1943
Norwegen: *Z 27* und *Z 30* mit drei Minenschiffen 20.00 Uhr Stavanger ausgelaufen zur Minenunternehmung »Wildschwein«: Weitere Verlängerung der »Westwall«-Minensperren.

26. 6. 1943
Norwegen: *Z 27* und *Z 30* mit drei Minenschiffen nach erfolgreicher Durchführung der Minenaufgabe Stavanger wieder eingelaufen.
Paul Jacobi im Langfjord von *Z 25* zu *Karl Galster* verholt.

27. 6. 1943
Norwegen: *Z 27* und *Z 30* als Sicherung für die Minenschiffe *Ostmark, Elsaß* und *Brummer* Stavanger ausgelaufen zur Minenunternehmung »Steinadler« (ebenfalls Verlängerung der »Westwall«-Minensperren in der nördlichen Nordsee).

28. 6. 1943
Norwegen: Nach Beendigung des Minenlegens Einlaufen der Minenschiffe in Stavanger, *Z 27* und *Z 30* in Bergen. Von dort um 14.00 Uhr beide Zerstörer ausgelaufen zum Marsch nach Narvik.

30. 6. 1943
Norwegen: *Z 27* und *Z 30* Narvik eingelaufen.
Paul Jacobi und weitere Zerstörer Einzelübungen im Altafjord. Auf *Paul Jacobi* dabei vorderes 12,7 cm-Geschütz festgefahren. Im Kaafjord zur Reparatur bei Werkstattschiff *Neumark* festgemacht.
Frankreich: 8. Z.-Fl. mit *Z 24* und *Z 37* Bordeaux ausgelaufen in die Biskaya zur Sicherung deutscher U-Boote (U-Bootshilfe).

1. 7. 1943
Norwegen: 12.00 Uhr *Z 27* und *Z 30* sowie Tanker *Dithmarschen* Narvik ausgelaufen zum Marsch nach Alta.

2. 7. 1943
Frankreich: *Z 24* mit Chef 8. Z.-Fl. und *Z 37* nach Einholen von drei U-Booten 18.30 Uhr auf Royan Reede geankert.

3. 7. 1943
Norwegen: *Z 27, Z 30* und *Dithmarschen* Altafjord eingelaufen.

4. 7. 1943
Frankreich: Schwerer britischer Luftangriff auf La Pallice. *Z 23* im Dock leicht beschädigt, keine Personalausfälle. Volltreffer

im Schleusentor, ein Schlepper vor dem Schleusentor gesunken, ein 300-Tonnen-Kran neben dem Dock zerstört und gesunken. Damit *Z 23* bis auf weiteres im Dock blockiert.

5. 7. 1943
Nordmeer: Beginn von B.d.K.-Übungen im Nordmeer südlich der Bäreninsel in durch Minen und gegnerische U-Boote gefährdetem Gebiet. Teilnahme von Schlachtschiff *Tirpitz*, Schlachtkreuzer *Scharnhorst*, Schwerer Kreuzer *Lützow*, Zerstörer *Karl Galster* mit Chef 6. Z.-Fl., *Paul Jacobi, Theodor Riedel, Friedrich Ihn, Erich Steinbrinck, Z 31* mit Chef 5. Z.-Fl., *Z 25, Z 27, Z 28, Z 30.*

6. 7. 1943
Nordmeer: Fortsetzung und Ende der Übungen. Noch in See auf *Paul Jacobi* Ausfall aller Offiziere und des größten Teils der Besatzung durch Vergiftungserscheinungen.

7. 7. 1943
Nordnorwegen: Einlaufen des B.d.K.-Verbandes mit den zehn Zerstörern in den Alta- und Langfjord.

11. 7. 1943
Frankreich: *Z 32* nach Wiederherstellung der Einsatzbereitschaft mit Chef 8. Z.-Fl. »Narvik« nach Royan Reede ausgelaufen.

12. 7. 1943
Frankreich: 8. Z.-Fl. mit *Z 24, Z 32* und *Z 37* und 5. T.-Fl. mit *Möwe, Jaguar* und *T 19* in die Biskaya ausgelaufen zur Durchführung von Übungen und Torpedoschießen.

15. 7. 1943
Biskaya: Ende der Übungen und des T-Schießens in der Biskaya. Einlaufen der drei Zerstörer in Bordeaux.

17. 7. 1943
Frankreich: *Z 32* beim Drehen auf der Gironde durch Schlieren des Ankers mit Stb.-Schraube hinter Verankerung einer Festmachertonne gefaßt. Zerstörer mehrere Stunden an Bojenverankerung festgelegen, durch Taucher schließlich befreit. Stb.-Schraube beschädigt.

19. 7. 1943
Frankreich: *Z 32* vormittags in Pauillac eingedockt. Beginn Schraubenwechsel.
Norwegen: *Hans Lody* nach Beendigung Maschineninstandsetzung Drontheim ausgelaufen zum Marsch in das Alta-Gebiet.

20. 7. 1943
Norwegen: *Z 28* Marsch vom Altafjord nach Trondheim begonnen.

21. 7. 1943
Norwegen: *Hans Lody* im Langfjord geankert.
Frankreich: *Z 32* in Pauillac wieder einsatzbereit. Verlegung nach Royan am nächsten Tag beabsichtigt.
Heimat: *Z 29* und *Z 33* in Swinemünde am Ende ihrer Ausbildungsabschnitte. Musterung beider Besatzungen durch den F.d.Z.

22. 7. 1943
Heimat/Ostsee: *Z 33* mit Chef 4. Z.-Fl. und *Z 29* Swinemünde ausgelaufen zum Verlegungsmarsch durch die westliche Ostsee, Kattegat, Skagerrak und nördliche Nordsee nach Norwegen.
Frankreich: *Z 24* mit Chef 8. Z.-Fl., *Z 32* und *Z 37* Pauillac ausgelaufen zur Durchführung von U-Bootshilfe in der Biskaya.

23. 7. 1943
Nordnorwegen: *Paul Jacobi* im Langfjord zu *Karl Galster* verholt.
Skagerrak: 4. Z.-Fl. mit *Z 33* und *Z 29* 20.30 Uhr zur Brennstoffergänzung in Ålesund eingelaufen.

24. 7. 1943
Norwegen: Schwerer Luftangriff auf Werft und Stadt Trondheim. Der am 22. 7. 1943 in die Werft eingelaufene Zerstörer *Z 28* Brandschäden durch Nahtreffer. Zur Schadensbeseitigung ist nach provisorischer Instandsetzung in Trondheim, dessen Werft schwer beschädigt ist, die Rückverlegung nach Deutschland erforderlich.

25. 7. 1943
Frankreich: Von U-Bootshilfe kommend 8. Z.-Fl. mit *Z 24, Z 32* und *Z 37* auf Royan Reede bzw. Le Verdon Reede eingelaufen. *Z 24* nicht mehr einsatzbereit wegen Maschinen- und anderer Störungen.
Norwegen: 4. Z.-Fl. mit *Z 33* und *Z 29* 08.30 Uhr Ålesund zum Marsch nach Narvik ausgelaufen.

26. 7. 1943
Norwegen: *Z 29* wegen Kesselschäden auf Trondheim Reede geankert. *Z 33* mit Chef 4. Z.-Fl. 18.30 Uhr Narvik eingelaufen.

27. 7. 1943
Norwegen: *Z 33* mit Chef 4. Z.-Fl. 22.00 Uhr Narvik ausgelaufen zum Marsch nach Alta.
Heimat: Ausdocken *Z H 1* bei Blohm & Voß in Hamburg nicht möglich, da bei Luftangriff auf Hamburg erhebliche Dockschäden entstanden. Da Werft z. Z. nur beschränkt arbeitsfähig, Verzögerung der *Z H 1*-Fertigstellung auf unbestimmte Zeit.

28. 7. 1943
Norwegen: *Z 33* mit Chef 4. Z.-Fl. 15.30 Uhr im Kaafjord geankert.
Z 28 in Drontheim wieder fahrbereit mit einer Maschine, jedoch noch in der Werft blockiert durch gesunkenen Schlepper.

29. 7. 1943
Norwegen: *Paul Jacobi* und andere Zerstörer in Stjernsund, Varöysund und vor Hammerfest Einzel- und Verbandsübungen, Wabowerfen. Nachts Ankern vor Hammerfest.

30. 7. 1943
Norwegen: Fortsetzung der Zerstörer-Manöver im Altafjord. Abends vor Talvik geankert.
Frankreich: *Z 23* in La Pallice weiterhin im Dock blockiert.

31. 7. 1943
Frankreich: Beide zur Hebung des Docktores von La Pallice vorgesehenen Pontons undicht geworden und gegen 03.00 Uhr langsam gesunken. Damit weitere Verzögerung des Ausdokkens *Z 23.*
Norwegen: *Z 29* und Werkstattschiff *Huascaran* um 16.00 Uhr Drontheim ausgelaufen zum Marsch nach Narvik.
Paul Jacobi bei Übungen im Altafjord Turbogeneratoren vom Kraftwerk 1 versalzen. Im Langfjord bei Tanker *Dithmarschen* zur Instandsetzung festgemacht.

2. 8. 1943
Frankreich: *Z 32* und *Z 37* mit Chef 8. Z.-Fl. abends Gironde ausgelaufen zur U-Bootshilfe in der Biskaya.

3. 8. 1943
Frankreich: *Z 37* mit Chef 8. Z.-Fl. und *Z 32* aus der Biskaya kommend wieder auf der Gironde eingetroffen.
Norwegen: *Z 29* und *Huascaran,* über Narvik von Trondheim kommend, eingelaufen im Altafjord.

4. 8. 1943
Norwegen: *Z 28* um 08.00 Uhr Trondheim ausgelaufen zum Marsch in die Heimat.

7. 8. 1943
Frankreich: *Z 23* in La Pallice ausgedockt.

10. 8. 1943
Heimat: *Z 28* nach Marsch von Norwegen und durch die Deutsche Bucht in Wesermünde eingelaufen. Dort wenig später Beginn der Werftliegezeit.
Frankreich: *Z 23* La Pallice ausgelaufen zum Marsch durch die südliche Biskaya nach Royan.

11. 8. 1943
Frankreich: *Z 23* Royan eingelaufen.
Z 37 mit Chef 8. Z.-Fl. und *Z 32* von der Gironde ausgelaufen zu Schießübungen in der Biskaya.

12. 8. 1943
Frankreich: *Z 37* und *Z 32* wieder auf der Gironde eingetroffen.

13. 8. 1943
Heimat: Teilnahme des F.d.Z. am Erprobungsartillerieschießen von *Z 34* in der Ostsee.

21. 8. 1943
Heimat: *Z 39* bei Germaniawerft in Kiel für die 4. Z.-Fl. in Dienst gestellt.
Z 38 nach Beendigung von Restarbeiten Wesermünde ausgelaufen und Marsch durch den K.-W.-Kanal angetreten.

22. 8. 1943
Heimat: *Z 38* Kiel eingelaufen, wenig später in der Ostsee bis Ende September 1943 Ausbildung und Übungen. Zwischenzeitlich als Torpedofangboot für die Kreuzer *Nürnberg* und *Emden* eingesetzt.

26. 8. 1943
Norwegen: Mehrere der in Alta befindlichen Zerstörer, darunter *Paul Jacobi,* Übungen und Gefechtsbilder im Altafjord gefahren.

27. 8. 1943
Norwegen: *Z 25* sowie die T-Boote *T 20* und *T 21* Alta ausgelaufen zum Verlegungsmarsch nach Kiel.

28. 8. 1943
Norwegen: *Z 25, T 20* und *T 21* auf Marsch in die Heimat um 19.00 Uhr in Narvik eingelaufen.
Frankreich: *Z 23* mit Chef 8. Z.-Fl., *Z 24, Z 32, Z 37* und die 5. T.-Fl. mit *Möwe, Falke, Kondor* und *Jaguar* in die Biskaya ausgelaufen. Dort Beginn von Artillerieschieß- und taktischer Übungen. 30. 8. 1943 erfolgreich abgeschlossen und in Biskayahäfen eingelaufen.

2. 9. 1943
Heimat: *Z 25, T 20* und *T 21* um 12.30 Uhr aus Nordnorwegen kommend in Kiel eingelaufen. Für *Z 25* wurde von OKM für dessen WLZ die Werft des N.D.L. in Wesermünde bestimmt. Dort wenige Tage später eingelaufen.

6. 9. 1943
Norwegen: Nachmittags Auslaufen der Kampfgruppe aus dem Altafjord in das Nordmeer, zunächst über den Schärenweg. Teilnahme: Schlachtschiff *Tirpitz,* Schlachtkreuzer *Scharnhorst,* Zerstörer *Karl Galster* mit Chef 6. Z.-Fl., *Theodor Riedel, Hans Lody, Erich Steinbrinck* mit Chef 5. Z.-Fl., *Z 33* mit Chef 4. Z.-Fl., *Z 27, Z 29, Z 30* und *Z 31.* An Bord der Einheiten sind 600 Mann des Grenadier-Regiments 349 eingeschifft.
Im Altafjord zurückgeblieben: Schwerer Kreuzer *Lützow* und die beiden Zerstörer *Paul Jacobi* und *Friedrich Ihn.*

8. 9. 1943
Spitzbergen: Um 03.30 Uhr hat Verband den Punkt erreicht, wo er sich auflöst und verschiedenen Zielen auf Spitzbergen zusteuert. *Scharnhorst* und die Zerstörer der 5. und 6. Z.-Fl. entlassen zum Marsch nach Grönfjord und zur Adventbucht, wo die mitgeführten Truppen ab 04.30 Uhr ausgeschifft wurden. *Tirpitz* und 4. Z.-Fl. etwa gleichzeitig Beginn Beschießen von Barentsburg und Umgebung.
Gegen 04.30 Uhr Einlaufen *Z 29, Z 31* und *Z 33* in den Hafen von Barentsburg bei teilweise heftigem Beschuß von Land her. Dort Ausschiffung weiterer Heerestruppen. *Z 27* gleichzeitig in der Nähe durch Landzielbeschuß Brückenkopfbildung ermöglicht und gegen 06.15 Uhr Heeressoldaten ausgeschifft.
Bei und in Barentsburg durch Schiffs- und Zerstörerartillerie sowie durch die Grenadiere Küstenbatterien vernichtet, Wasser- und E-Werke sowie Kohlen- und Vorratslager gesprengt. Bis 09.30 Uhr Wiedereinschiffung der Truppen auf die Zerstörer. Anschließend Verband von Spitzbergen mit Kurs auf die nordnorwegische Küste abgelaufen. Bis dahin hatten die Zerstörer der 6. Z.-Fl. den Westausgang des Eisfjordes gesichert.
Schäden und Ausfälle:
Z 33 insgesamt 36 Treffer in Außenhaut, Brücke und Aufbauten. 3 Tote und 25 Verwundete.
Z 31 insgesamt 8 Treffer in Oberdeck und Außenhaut. 1 Toter, 1 Verwundeter.
Z 29 vier Treffer in Außenhaut, 3,7 cm- und 2 cm-Stand. 3 Tote, 3 Verwundete.
Auf Rückmarsch *Z 29* und *Z 33* wegen Löchern in den Bordwänden in Lee der Schlachtschiffe.

9. 9. 1943
Morgens Verband in den Altafjord eingelaufen und in den Nebenfjorden vor Anker gegangen.

10. 9. 1943
Norwegen: *Paul Jacobi* nachmittags vom Kaafjord in den Langfjord verlegt.

16. 9. 1943
Frankreich: Gegen 16.00 Uhr schwerer britischer Luftangriff auf Stadt und Hafen von Nantes. Neben insgesamt 19 Schiffen, Booten, Docks, gehen zwei im Bau befindliche TA-Boote verloren.

20. 9. 1943
Heimat: Entscheidung des F.d.Z. für den weiteren Einbau von 15 cm-Türmen auf *Z 25, Z 27, Z 29, Z 30* und *Z 31.*
Frankreich: *Z 23* mit Chef 8. Z.-Fl., *Z 24* und *Z 32* von der Gironde zu Torpedoschießübungen in die Biskaya ausgelaufen.

21. 9. 1943
Frankreich: 8. Z.-Fl. mit drei Zerstörern wieder auf der Gironde eingelaufen.

22. 9. 1943
Heimat: *Z 35* bei Deschimag in Bremen für die 6. Z.-Fl. in Dienst gestellt.

Norwegen: Schlachtschiff *Tirpitz* im Altafjord durch Grundminen britischer Klein-U-Boote beschädigt. Auf den dort in der Nähe liegenden Zerstörern keine Beschädigungen. An Bord der Boote verschärfte Wache.

23. 9. 1943
Norwegen: Beginn Unternehmung »Hermelin«: Rückführung des Schwerer Kreuzers *Lützow* mit Zerstörergeleit aus Nordnorwegen nach Deutschland (Kiel).
Abends im Alta- und Langfjord *Lützow* und Zerstörer *Erich Steinbrinck* mit Chef 5. Z.-Fl., *Paul Jacobi, Friedrich Ihn* und *Z 27* ankerauf. Erste Etappe zunächst bis Narvik.

24. 9. 1943
Heimat: *Z 38* mit *Sperrbrecher 18* und M-Boot *M 415* um 14.00 Uhr Saßnitz ausgelaufen, um später bei Kristiansand-Süd zu *Lützow* und Zerstörern zu stoßen und den weiteren Heimmarsch des Kreuzers zu sichern.

Norwegen: *Lützow* und vier Zerstörer im Skjömenfjord bei Narvik geankert.

26. 9. 1943
Norwegen: *Lützow* und Zerstörer Weitermarsch in die Heimat.
09.30 Uhr Polarkreis passiert.
16.00 Uhr Verband vor Rörvik.
20.00 Uhr querab von Halten.

27. 9. 1943
Norwegen: *Z 38* in Kristiansand-Süd eingelaufen.
Lützow und vier Zerstörer 04.00 Uhr bei Molde, 05.00 Uhr vor Alesund.
07.30 Uhr Fliegeralarm, 1 britischer Blenheim-Bomber, vermutlich als Aufklärer.
Lützow und Zerstörer 08.00 Uhr querab Stadlandet.
19.00 Uhr vor Haugesund.
22.30 Uhr Verband aus den Schären herausgetreten und Marsch um Lister begonnen.

28. 9. 1943
Norwegen: *Z 38* Kristiansand-Süd 03.00 Uhr ausgelaufen.
04.00 Uhr *Lützow* und Zerstörer vor Kristiansand-Süd mit *Z 38* zusammengetroffen. *Z 27* und *Friedrich Ihn* entlassen und wenig später Kristiansand-Süd eingelaufen.
Lützow, Erich Steinbrinck mit Chef 5. Z.-Fl., *Paul Jacobi* und *Z 38* Marsch in die Ostsee fortgesetzt.
In der Sunda-Sperre Fliegeralarm. Britische Flugzeuge durch Flak der *Lützow* abgewehrt. Nachmittags Verband im Skagerrak hinter Sperrbrecher gesetzt.

29. 9. 1943
Heimat/Ostsee: *Z 38* in der westlichen Ostsee vom Verband entlassen, Marsch in die mittlere Ostsee zur Fortsetzung des Ausbildungsabschnittes. *Lützow, Erich Steinbrinck* mit Chef 5. Z.-Fl. und *Paul Jacobi* 11.30 Uhr Kiel eingelaufen. *Paul Jacobi* an Boje A 5 festgemacht.

Norwegen: *Z 27* Kristiansand-Süd ausgelaufen um 09.00 Uhr zum Alleinmarsch durch das Skagerrak in die Ostsee nach Swinemünde (Eintreffen dort 2. 10. 1943).

30. 9. 1943
Heimat: *Paul Jacobi* nachmittags in Deutsche Werke Kiel verholt und mit großer Werftliegezeit begonnen.
Erich Steinbrinck zu kurzfristiger Wellenreparatur in seine Heimatwerft entlassen.

3. 10. 1943
Norwegen: *Friedrich Ihn* nach Durchführung der wichtigsten Instandsetzungsarbeiten um 04.00 Uhr Kristiansand-Süd ausgelaufen zum Marsch nach Nordnorwegen.

5. 10. 1943
Norwegen: *Friedrich Ihn* Bergen eingelaufen.

6. 10. 1943
Norwegen: *Friedrich Ihn* 08.00 Uhr Bergen ausgelaufen zum Marsch nach Narvik.

Anfang Oktober 1943
Heimat: *Z 38* Teilnahme am »Zaunkönig«-Torpedoschießen für die TVA.

Frankreich: *Z 23* wegen schlechten MES-Zustandes ausgefallen für geplante Übungen der 8. Z.-Fl. in der Biskaya.

8. 10. 1943
Narvik: *Friedrich Ihn* Narvik eingelaufen. Dort Beginn weiterer Reparaturen.

14. 10. 1943
Heimat: *Z 35*-Besatzung in Swinemünde durch den F.d.Z. gemustert.

Frankreich: *Z 23* mit Chef 8. Z.-Fl., *Z 24, Z 32* und *Z 37* sowie die T-Boote *Kondor, Falke* und *T 14* Royan ausgelaufen zu Übungen in der Biskaya.

15. 10. 1943
Frankreich: Torpedoschießen und Übungen der 8. Z.-Fl. und der drei Boote der 5. T.-Fl. in der südlichen Biskaya beendet, Einheiten auf dem Rückmarsch nach Gironde bzw. La Pallice.

16. 10. 1943
Heimat: In Swinemünde Musterung der Besatzungen von *Z 27* und *Z H 1* durch den F.d.Z.

17. 10. 1943
Heimat: Besichtigung von *Z 38* durch den F.d.Z. in Swinemünde. Ausbildungsabschnitt des Zerstörers beendet.

20. 10. 1943
Heimat: *Z 38* im Dock Maureb in Swinemünde; Schraubenuntersuchung.

22. 10. 1943
Heimat: *Richard Beitzen* nachmittags Kiel ausgelaufen zum Treffpunkt mit *Z 38* in der westlichen Ostsee.
15.00 Uhr *Z 38* Swinemünde ausgelaufen. Geleit durch M-Boot *M 415* bis in die westliche Ostsee.

23. 10. 1943
Kattegat/Skagerrak: Abends im Kattegat Treffen *Z 38* mit *Richard Beitzen* und *M 301*. M-Boote *M 415* und *M 301* zum Heimmarsch entlassen. *Z 38* und *Richard Beitzen* Marsch gemeinsam fortgesetzt durch Kattegat und Skagerrak.

24. 10. 1943
Norwegen: *Z 38* und *Richard Beitzen* morgens in Kristiansand-Süd eingelaufen.

25. 10. 1943
Heimat: *Z H 1* beim Ablegen in Swinemünde Stahlleine in Schraube bekommen. Zum Entfernen der Leine eingedockt.

26. 10. 1943
Norwegen: *Z 38* und *Richard Beitzen* um 21.30 Uhr Kristiansand-Süd ausgelaufen zum Schärenmarsch nach Bergen.

27. 10. 1943
Heimat: *Z H 1* nach Ausdocken wieder einsatzbereit.
Norwegen: *Richard Beitzen* um 04.05 Uhr im Karmsund auf scharfes Unterwasserriff gelaufen. Boot sitzt fest. Leichterung erst bei Wetterbesserung möglich.
Z 38 um 13.15 Uhr in Haugesund eingelaufen.
Nordnorwegen: Chef 4. Z.-Fl. mit *Z 30, Z 31* und *Z 33* Altafjord ausgelaufen zur Minenunternehmung »Katarina« in das Nordmeer.

28. 10. 1943
Nordmeer: Nach 36stündigem Marsch Abbruch des Minenvorstoßes des 4. Z.-Fl. wegen Erfassung eines alliierten Flottenverbandes durch deutsche Luftaufklärung.

29. 10. 1943
Heimat: *Z 27* und *Z H 1* sowie *Erich Steinbrinck* und *Z 34* in Kiel zu letzten Vorbereitungen für Verlegungsmärsche in den nächsten Tagen.
Norwegen: *Z 38* von Haugesund kommend in Bergen eingelaufen und eingedockt.
4. Z.-Fl. mit *Z 30, Z 31* und *Z 33* aus dem Nordmeer kommend in den Altafjord eingelaufen und im Kaafjord geankert.

31. 10. 1943
Heimat: *Z 27* und *Z H 1* Kiel um 15.00 Uhr ausgelaufen zum Verlegungsmarsch durch K.W.-Kanal und Nordsee nach Westfrankreich.
Norwegen: *Z 38* ausgedockt. Übungen für die U-Abwehrschule in Bergen.

1. 11. 1943
Heimat: *Erich Steinbrinck* mit F.d.Z. an Bord und *Z 34* um 16.30 Uhr Kiel ausgelaufen zum Marsch nach Norwegen.
Z 27 und *Z H 1* von Brunsbüttel aus Weitermarsch nach Westen angetreten.
Norwegen: *Z 38* Bergen ausgelaufen zum Marsch nach Ålesund. Bei Stadlandet Geleit durch *M 433* und *M 416*. Nachmittags in Ålesund eingelaufen und geankert.

2. 11. 1943
Norwegen: *Z 38* morgens im Geleit der M-Boote *M 401* und *M 132* Ålesund ausgelaufen zum Marsch nach Narvik.
Holland: *Z 27* und *Z H 1* auf Westverlegungsmarsch in Rotterdam ein- und abends zum Marsch nach Dünkirchen ausgelaufen.
Norwegen: *Erich Steinbrinck* und *Z 34* auf Verlegungsmarsch nach Norden vor der südnorwegischen Küste.

3. 11. 1943
Frankreich: *Z 27* und *Z H 1* morgens Dünkirchen eingelaufen. Abends ausgelaufen zum Weitermarsch nach Westen. Beim Passieren der Kanalenge gegen 22.00 Uhr Fernkampfbeschuß durch schwere englische Küstenbatterien. Gutliegendes Feuer mit Splitterschäden auf beiden Zerstörern. Gegen 23.00 Uhr erfolglose Jabo-Angriffe.

4. 11. 1943
Frankreich: *Z 27* und *Z H 1* gegen 00.45 Uhr bei Kap Antifer Gefecht mit 9 bis 10 britischen S-Booten. Zwei oder drei von ihnen durch die Zerstörer im Gefecht beschädigt. *Z 27* und *Z H 1* gegen 05.45 Uhr in Le Havre festgemacht. Abends Weitermarsch.
Norwegen: *Z 38* nachmittags in Narvik eingelaufen und an der Postpier festgemacht. Hier bereits *Friedrich Ihn* an der Pier.
Karl Galster Alta ausgelaufen zum Verlegungsmarsch über Narvik nach Deutschland.
Erich Steinbrinck mit F.d.Z. und *Z 34* Marsch nach Norwegen ohne besondere Vorkommnisse.

5. 11. 1943
Norwegen: *Z 38* Narvik zum Alleinmarsch nach Alta vormittags ausgelaufen.
Richard Beitzen im Karmsund endlich freigekommen und nach Haugesund eingebracht.
Frankreich: *Z 27* und *Z H 1* von Le Havre kommend auf der Gironde eingetroffen und um 18.30 Uhr auf Le Verdon Reede geankert.

6. 11. 1943
Norwegen: *Karl Galster* und *Friedrich Ihn* um 12.00 Uhr Narvik ausgelaufen zum Marsch nach Deutschland.
Z 38 vormittags Tromsö eingelaufen.
Erich Steinbrinck mit F.d.Z. und *Z 34* im Geleit von *M 403* in Tromsö eingelaufen. Abends beide Zerstörer und *Z 38* zum Nachtmarsch nach Alta ausgelaufen. In Tromsö F.d.Z. aus- und auf *Z 38* eingestiegen.

7. 11. 1943
Norwegen: Morgens *Z 38* mit F.d.Z., *Z 34* und *Erich Steinbrinck* in den Kaafjord eingelaufen und dort geankert.
Karl Galster und *Friedrich Ihn* um 07.45 Uhr Ålesund ausgelaufen.

8. 11. 1943
Heimat: *Paul Jacobi* während seiner WLZ eingedockt.

9. 11. 1943
Norwegen: *Karl Galster* und *Friedrich Ihn* in Kristiansand-Süd eingelaufen.
Z 38 mit Schlachtkreuzer *Scharnhorst* Altafjord ausgelaufen zu mehrtägigen Übungen.
Z 31 und *Theodor Riedel* von Alta kommend in Narvik eingelaufen.

10. 11. 1943
Norwegen: *Z 31* und *Theodor Riedel* Narvik ausgelaufen zum Weitermarsch in die Heimat.

11. 11. 1943
Norwegen: 21.15 Uhr *Z 31* und *Theodor Riedel* von Norden kommend Ålesund eingelaufen und geankert.
23.45 Uhr *Karl Galster* und *Friedrich Ihn* Kristiansand-Süd ausgelaufen zum Marsch durch das Skagerrak in die Ostsee nach Kiel.

12. 11. 1943
Norwegen: 08.00 Uhr *Z 31* und *Theodor Riedel* Ålesund ausgelaufen zum weiteren Heimmarsch.

13. 11. 1943
Norwegen: *Z 31* und *Theodor Riedel* 07.00 Uhr Kristiansand-Süd eingelaufen.
Heimat: *Karl Galster* und *Friedrich Ihn* nach Verlegungsmarsch aus Norwegen kommend in Kiel eingelaufen. Wenig später Weitermarsch beider Zerstörer durch den K.W.-Kanal zu Werften in Nordsee-Häfen, um dort Werftliegezeiten zu beginnen: *Karl Galster* bei Deschimag in Bremen, *Friedrich Ihn* bei Blohm & Voss in Hamburg.

14. 11. 1943
Norwegen: *Z 31* und *Theodor Riedel* Kristiansand-Süd ausgelaufen und im Skagerrak Vorpostenstreifen gebildet. Absicht: Ansatz auf erwartete englische oder schwedische Blockadebrecher.

20. 11. 1943
Frankreich: Chef 8. Z.-Fl. mit *Z 23, Z 24, Z 27, Z 32, Z 37* und *ZH 1* Gironde ausgelaufen zu Übungen in der Biskaya.

21. 11. 1943
Norwegen: *Hans Lody* mit Chef 6. Z.-Fl. Alta ausgelaufen zum Marsch über Narvik und Ålesund nach Kristiansand-Süd. Dabei auslaufend *Hans Lody* durch *Erich Steinbrinck* gerammt. Leichte Schäden auf beiden Booten. Beide in Tromsö eingelaufen. Wenig später Weitermarsch nach Narvik.

22. 11. 1943
Biskaya: 8. Z.-Fl. mit sechs Zerstörern und 4. T.-Fl. mit *T 22, T 23, T 24, T 26* und *T 27* nach Beendigung gemeinsamer Übungen in der Biskaya als abgesetzte Sicherung für ein Geleit vor der nordbretonischen Küste eingesetzt. Keine Gefechtsberührung.

23. 11. 1943
Biskaya: Chef 8. Z.-Fl. mit sechs Zerstörern nach Geleitbeendigung wieder in die Gironde eingelaufen. T-Boote in Cherbourg bzw. Brest eingelaufen.
Norwegen: *Z 31* und *Theodor Riedel* mit T-Booten *T 7* und *T 11* Kristiansand-Süd ausgelaufen zur Unternehmung »Tannenbaum«: Stichfahrt in die nordöstliche Nordsee.
Richard Beitzen in Haugesund verlegungsbereit, doch wegen schlechter Wetterlage Marsch nach Bergen verschoben.

24. 11. 1943
Norwegen: *Richard Beitzen* Haugesund ausgelaufen zum Marsch nach Bergen. Abends bei Larvik geankert.
Z 31, Theodor Riedel, T 7 und *T 11* nach durchgeführter OGG-Stichfahrt Kristiansand-Süd wieder eingelaufen.

25. 11. 1943
Norwegen: *Richard Beitzen* Bergen eingelaufen. Dort Beginn von ersten Reparaturarbeiten.
Hans Lody mit Chef 6. Z.-Fl. und *Erich Steinbrinck* Narvik ausgelaufen zur Verlegung nach Süden.

26. 11. 1943
Norwegen: Auf dem Marsch nach Süden frühmorgens *Erich Steinbrinck* Kollision mit norwegischem Frachter. Schäden am Zerstörerbug. *Erich Steinbrinck* zur Notreparatur in Trondheim eingelaufen. *Hans Lody* mit Chef 6. Z.-Fl. Weitermarsch nach Ålesund.

27. 11. 1943
Norwegen: *Hans Lody* mit Chef 6. Z.-Fl. Marsch von Ålesund nach Stavanger.
Z 31 und *Theodor Riedel* Verlegungsmarsch von Kristiansand-Süd nach Stavanger.

28. 11. 1943
Norwegen: *Hans Lody* mit Chef 6. Z.-Fl. Stavanger eingelaufen, ebenso *Z 31* und *Theodor Riedel.*

30. 11. 1943
Norwegen: *Erich Steinbrinck* Trondheim ausgelaufen zum Marsch nach Oslo zur Reparatur der Kollisionsschäden.

1. 12. 1943
Norwegen: *Hans Lody* mit Chef 6. Z.-Fl., *Z 31* und *Theodor Riedel* Stavanger ausgelaufen zu einer OGG-Stichfahrt nach Südwesten in das Seegebiet der Fischerbank.

2. 12. 1943
Norwegen: Chef 6. Z.-Fl. mit drei Zerstörern von OGG-Stichfahrt zurückkehrend Kristiansand-Süd eingelaufen.
Erich Steinbrinck zur Instandsetzung in Oslo eingelaufen.

4. 12. 1943
Norwegen: Chef 6. Z.-Fl. mit *Hans Lody, Z 31* und *Theodor Riedel* und dem Minenschiffsverband mit *Elsaß, Brummer* und *Ostmark* Kristiansand-Süd ausgelaufen zur Minenunternehmung »Wandschrank« (Werfen von Minensperren im westlichen Skagerrak).
Frankreich: Chef 8. Z.-Fl. mit den Zerstörern *Z 23, Z 24, Z 27, Z 32, Z 37* und *ZH 1* aus der Gironde in die südliche Biskaya ausgelaufen.

5. 12. 1943
Norwegen: Chef 6. Z.-Fl. mit drei Zerstörern morgens zusammen mit den Minenschiffen nach Kristiansand-Süd zurückgekehrt. Um 11.00 Uhr mit den Zerstörern *Z 31* und *Theodor Riedel* Antritt des Marsches in die Heimat. *Hans Lody als* z. Z. einziger deutscher Zerstörer im Einsatzgebiet des Skagerraks verblieben.

6. 12. 1943
Heimat: 6. Z.-Fl. mit *Z 31* und *Theodor Riedel* nach Marsch von Südnorwegen, durch Skagerrak und Kattegat in Kiel eingelaufen.
Norwegen: Minenschiffe *Ostmark, Elsaß* und *Brummer,* dazu Zerstörer *Hans Lody* Kristiansand ausgelaufen zur Minenunternehmung »Handkoffer«.
Frankreich: 8. Z.-Fl. mit den sechs Zerstörern aus der südlichene Biskaya von Übungen zurückkehrend auf der Gironde geankert.

7. 12. 1943
Norwegen: *Hans Lody* und die drei Minenschiffe von Minenunternehmung kommend eingelaufen in Kristiansand-Süd.

11. 12. 1943
Dänemark: *Hans Lody* nach Marsch von Kristiansand-Süd nach Dänemark in Frederikshavn eingelaufen.

13. 12. 1943
Heimat: Luftangriff von 600 Bombern der 8. US-Luftflotte auf Kiel. Dort T-Boot *T 15,* R-Boot *R 306* und ein großes Passagierschiff gesunken. Durch Splittereinwirkung auf *Paul Jacobi* Brand ausgebrochen, wenig später gelöscht. Werftliegezeit jedoch dadurch um 2 Monate verlängert.

14. 12. 1943
Ostsee: *Z 39* wegen Wassereinbruch in 9. Schaltstelle für einige Tage nicht einsatzbereit.

18. 12. 1943
Norwegen: *Richard Beitzen* verlegungsklar in eine Heimatwerft. Wegen schlechten Wetters in Koppervik fest.

20. 12. 1943
Norwegen: *Richard Beitzen* Marsch angetreten von Koppervik nach Stavanger.

21. 12. 1943
Norwegen: *Hans Lody* von Frederikshavn kommend in Kristiansand-Süd eingelaufen, dazu aus der Heimat kommend T-Boot *T 28.*
Richard Beitzen im Geleit von *M 407* Stavanger ausgelaufen zum Marsch über Kristiansand-Süd nach Swinemünde.

23. 12. 1943
Frankreich: Chef 8. Z.-Fl. mit *Z 27, Z 23, Z 24, Z 32, Z 37* und *Z H 1* aus der Gironde-Mündung und Chef 4. T.-Fl. mit *T 22 T 23, T 24, T 25, T 26* und *T 27* Brest ausgelaufen zur Aufnahme des heimkehrenden Ostasien-Blockadebrechers *Osorno* in der äußeren Biskaya.

24. 12. 1943
Heimat: Abends *Richard Beitzen* zur Werftinstandsetzung Swinemünde eingelaufen.

25. 12. 1943
Biskaya: In den frühen Morgenstunden in schwerem Wetter auf *Z 23* Wassereinbruch im Vorschiff; Boot entlassen zum Rückmarsch zur Gironde. Unterwegs durch starken Brecher vier Mann der Besatzung außenbords gespült, konnten wegen Gefährdung des Zerstörers durch Seegang nicht wieder aufgefischt werden.
Restliche fünf Zerstörer und die 4. T.-Fl. weiter in See. Seit vormittags englische *Sunderland*-Flugboote als Aufklärer beim Verband. Mittags Zusammentreffen mit *Osorno* und gemeinsamer Rückmarsch zur Gironde.
Nordnorwegen: Nachmittags F.d.Z. als stellvertretender B.d.K. auf dem Schlachtkreuzer *Scharnhorst* eingestiegen.
Abends *Scharnhorst* und die Zerstörer *Z 33* mit Chef 4. Z.-Fl., *Z 29, Z 30, Z 34* und *Z 38* Anker gelichtet und Langfjord auslaufend passiert. Absicht, im Nordmeer alliierten, durch deutsche Aufklärer gemeldeten Geleitzug zu stellen und zu vernichten. Im Sternsund *Z 29* und *Z 38* auf U-Boot-Sicherungspositionen.
Ca. 22.00 Uhr hat Verband offene See erreicht. Vormarsch mit etwa 25 kn Fahrt. Wenig später Wetter zunehmend schlechter werdend. Auf *Z 38* bei Sturmfahrt durch Seegang mehrere Verletzte.

26. 12. 1943
Biskaya: Nach Abwehr britischer Flugzeugangriffe durch Schiffsflak und deutsche Jagdflugzeuge Chef 8. Z.-Fl. mit fünf Zerstörern und Chef 4. T.-Fl. mit sechs Booten mit dem Blokkadebrecher *Osorno* in die Gironde eingelaufen. Dort *Osorno* durch Auflaufen auf das Wrack des *Sperrbrechers 21* während Bomben-Ausweichmanöver schwer beschädigt. *Osorno* aufgesetzt, um die Ladung zu retten. Schiff später geborgen.
ZH 1 mit völlig versalzter Anlage in der Mitte der Biskaya liegend, von *T 25* auf den Haken genommen und trotz schweren Wetters, grober See und britischer Luftbedrohung in die Gironde eingeschleppt.
Nordmeer: Morgens Chef 4. Z.-Fl. mit fünf Zerstörern im Nordmeer durch den stellvertretenden B.d.K. auf *Scharnhorst* entlassen, Boote haben wenig später Aufklärungs- und Suchstreifen mit Kurs etwa 250 Grad gebildet.
Kurz nach der Entlassung der Zerstörer traf *Scharnhorst* in Dunkelheit, Schneetreiben und schwerer See auf die britischen Kreuzer *Norfolk, Belfast* und *Sheffield.* In einem kurzen Artillerieduell wird auf *Scharnhorst* das vordere FuMO-Gerät zerstört. *Z 38* gegen 09.05 Uhr in nordöstlicher Richtung Leuchtgranaten gesichtet.
09.35 Uhr 4. Z.-Fl. mit fünf Zerstörern auf Gegenkurs in Richtung *Scharnhorst* gegangen. *Scharnhorst* im Laufe des Tages bei weiterem Vormarsch auf den Geleitzug ein weiteres Gefecht gegen die nach Radar schießenden britischen Kreuzer. *Scharnhorst* danach Gefecht und Vormarsch abgebrochen und Rückmarsch zur norwegischen Küste angetreten.
Mittags Befehl vom B.d.K. an 4. Z.-Fl.: »Abbrechen!«
Gegen 14.00 Uhr Befehl an die Zerstörer zum Einlaufen. Auf den meisten Zerstörern Personalausfälle durch Seekrankheit, insbesondere Funkpersonal stark betroffen. Deshalb Funkverbindungen und Funkmeß erschwert bzw. teilweise ausgefallen.
Abends nach Heranschließen des englischen Schlachtschiffes *Duke of York* an *Scharnhorst* Beginn des letzten Gefechtes des deutschen Schiffes. *Scharnhorst* um etwa 19.30 Uhr nach Artilleriegefecht mit *Duke of York,* den Kreuzern *Jamaica, Belfast* und *Norfolk* und ca. 15 Torpedotreffern durch die Zerstörer *Musketeer, Savage, Saumarez, Scorpion, Stord, Opportune, Virago, Matchless* und durch die Kreuzer *Jamaica* und *Belfast* gesunken. Durch britische Zerstörer nur 36 Mann der *Scharnhorst* gerettet. Der als stellvertretender B.d.K. auf *Scharnhorst* befindliche F.d.Z. (Konteradmiral Bey) mit drei Mann aus seinem Stabe gefallen.
Ca. 19.30 Uhr Befehl des Chefs der 4. Z.-Fl. an die fünf Zerstörer: »Kurs 100 Grad, Fahrt 21 kn.« Damit wollte er der *Scharnhorst* zu Hilfe kommen.
Kurz danach Eingang des Funkspruches von Gruppe Nord/Flotte an 4. Z.-Fl.: »4. Z.-Fl. sofort Operation abbrechen. Feindberührung vermeiden. Schären einlaufen.
Gruppe Nord/Flotte.«
Zerstörer anschließend Kurs auf die nordnorwegische Küste genommen und in Sturm und Seegang teilweise einzeln Rückmarsch angetreten.

27. 12. 1943
Norwegen: Morgens 4. Z.-Fl. mit *Z 33, Z 29, Z 30, Z 34* und *Z 38* in den Altafjord eingelaufen. Gegen 07.00 Uhr im Kaafjord geankert.
Frankreich: Chef 8. Z.-Fl. mit *Z 27, Z 23* (wieder einsatzbereit), *Z 24, Z 32* und *Z 37* und unterstellte 4. T.-Fl. mit *T 22, T 23, T 24, T 25, T 26* und *T 27* wieder ausgelaufen in die Biskaya zur Aufnahme des Blockadebrechers *Alsterufer.* Dieser jedoch, noch bevor er einen Funkspruch darüber absetzen konnte, durch ein englisches Flugzeug schwer beschädigt, anschließend durch die eigene Besatzung versenkt.

28. 12. 1943
Biskaya: Morgens in der westlichen Biskaya bei starkem Sturm und in schwerem Seegang Gefecht der 8. Z.-Fl. und 4. T.-Fl. gegen die auf die deutschen Boote angesetzten britischen Leichten Kreuzer *Glasgow* und *Enterprise.* Trotz artilleristischer Überlegenheit der elf deutschen Zerstörer und T-Boote kam es in der schweren See nicht zum Zangenangriff auf die Kreuzer. Die Boote konnten ihre Höchstgeschwindigkeit nicht entfalten.
Im Artilleriegefecht wurden *Z 27, T 25* und *T 26* vernichtet. Dabei auf *Z 27* Flottillenchef 8. Z.-Fl. (Kapitän zur See Hans Erdmenger), Stabsangehörige, Kommandant und größter Teil der Besatzung gefallen. Von der *Z 27*-Besatzung wurden später 21 Mann durch ein deutsches U-Boot gerettet, 4 Mann durch ein spanisches Schiff und weitere ca. 30 Mann durch einen irischen Frachter.

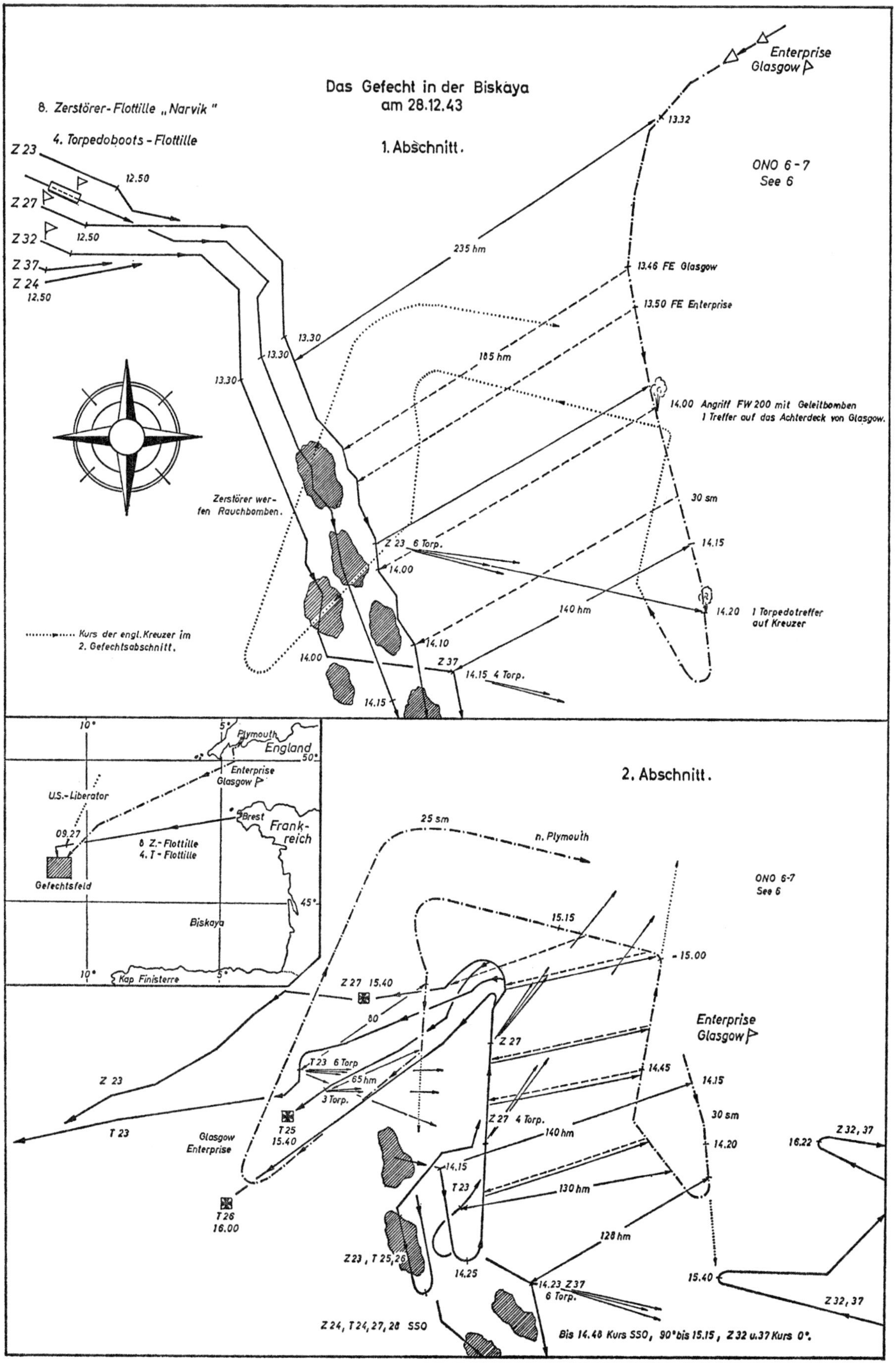

Das Gefecht in der Biskaya
am 28.12.43
1. Abschnitt.
8. Zerstörer-Flottille „Narvik"
4. Torpedoboots-Flottille
Z 23
Z 27
Z 32
Z 37
Z 24
12.50
Enterprise
Glasgow
13.32
ONO 6-7
See 6
235 hm
13.46 FE Glasgow
13.50 FE Enterprise
13.30
185 hm
14.00 Angriff FW 200 mit Gleitbomben
1 Treffer auf das Achterdeck von Glasgow.
Zerstörer werfen Rauchbomben.
30 sm
Z 23 6 Torp.
14.00
14.15
140 hm
14.20 1 Torpedotreffer auf Kreuzer
Kurs der engl. Kreuzer im 2. Gefechtsabschnitt.
14.10
Z 37
14.15 4 Torp.
Plymouth
England
U.S.-Liberator
09.27
Brest
Frankreich
8 Z.-Flottille
4. T-Flottille
Gefechtsfeld
Biskaya
Kap Finisterre
2. Abschnitt.
25 sm
n. Plymouth
ONO 6-7
See 6
15.15
15.00
Z 27 15.40
80
Z 27
Enterprise
Glasgow
14.45
14.15
T 23 6 Torp
65 hm
3 Torp.
Z 23
T 23
T 25
15.40
Z 27 4 Torp.
140 hm
14.20
16.22
Z 32, 37
Glasgow
Enterprise
14.15
T 23
130 hm
T 26
16.00
128 hm
Z 23, T 25, 26
14.25
14.23 Z 37
6 Torp.
15.40
Z 32, 37
Z 24, T 24, 27, 28 SSO
Bis 14.48 Kurs SSO, 90° bis 15.15, Z 32 u. 37 Kurs 0°.

29. 12. 1943
Frankreich: Aus der Biskaya kommend sind eingelaufen:
Chef 4. T.-Fl. mit *T 23, T 24, T 27* und angehängtem Zerstörer *Z 24* (mit Maschinenschaden) in Brest.
Z 32 und *Z 37* in die Gironde-Mündung.
Z 23 und *T 22* zunächst auf Marsch nach Süden, spätabends in St. Jean de Luz eingelaufen.

Verteilung der Zerstörer beim Jahreswechsel 1943/44:

Z 33 mit Chef 4. Z.-Fl., *Z 34* z. Vfg. Gruppe Nord/Flotte im Kaafjord, ebenfalls *Z 38.*
Z 31 in Deutschland Vorbereitung zur WLZ.
Z 32 und *Z 37* z. Vfg. Gruppe West auf der Gironde.
Z 39 in Swinemünde verlegungsbereit nach Norwegen.
Z 15, Erich Steinbrinck Instandsetzung von Kollisionsschäden bei Nyborg-Werft in Oslo.
Z 14, Friedrich Ihn WLZ bei Blohm & Voss in Hamburg.
Z 4, Richard Beitzen in Swinemünde klar zur Verlegung in die Werft (Stettin).
Z H 1 z. Vfg. Gruppe West auf der Gironde mit versalzter Anlage.
Z 20, Karl Galster WLZ in Bremen bei Deschimag.
Z 6, Theodor Riedel WLZ in Kiel.
Z 5, Paul Jacobi WLZ in Kiel.
Z 10, Hans Lody z. Vfg. Gruppe Nord/Flotte in Kristiansand-Süd.
Z 35 Restarbeitszeit bei Deschimag in Bremen.
Z 23 und *Z 24* z. Vfg. Gruppe West in St. Jean de Luz bzw. in Brest.
Z 29 und Z 30 z. Vfg. Gruppe Nord/Flotte im Kaafjord.
Z 25 Erste Ausbildung nach WLZ in der Ostsee.
Z 28 in Swinemünde verlegungsbereit zum Marsch nach Norwegen.

Das Jahr 1944

1. 1. 1944
Frankreich: *Z 24* hat von Brest nach La Pallice verlegt und vorgezogene WLZ begonnen.

4. 1. 1944
Heimat: Luftangriff auf Kiel. Brand an Bord *Paul Jacobi* durch unterbrochene Schweißarbeiten in Abt. XI. Feuer nach ca. 3 Stunden gelöscht.

5. 1. 1944
Heimat: Großluftangriff der 8. US-Luftflotte auf Kiel. *Paul Jacobi* von einigen Brandbomben getroffen, jedoch nur geringer Schaden. Nahegelegenes Werftmaschinenhaus getroffen und zerstört. Großer Werftschornstein umgestürzt und auf den achteren Aufbau von *Paul Jacobi* gefallen. Dort aufgestellter 2 cm-Vierling zerstört.
Nordraum: *Hans Lody* und *T 28* in den ersten Morgenstunden Kristiansand-Süd ausgelaufen in das Skagerrak zum Abfangen dort vermuteter britischer Handelsschnellboote. Gegen Mittag ohne Erfolg wieder eingelaufen.

7. 1. 1944
Heimat: Abends *Z 28* mit Chef 6. Z.-Fl. und *Z 39* Swinemünde ausgelaufen zum Verlegungsmarsch nach Kristiansand-Süd.

9. 1. 1944
Norwegen: Aus Deutschland kommend *Z 28* mit Chef 6. Z.-Fl. und *Z 39* in Kristiansand-Süd eingelaufen.

10. 1. 1944
Heimat: *Z 25* bei Maschinenerprobungsfahrt in der Danziger Bucht bei Neufahrwasser auf ca. 58 m Wassertiefe Grundminen-Explosion ausgelöst. Bb.-Maschine ausgefallen.

Januar 1944
Norwegen: 4. Z.-Fl. mit den Zerstörern *Z 29, Z 30, Z 33, Z 34* und *Z 38* keine Einsätze, lediglich einige kurze Übungen in den Fjorden und Instandhaltungsarbeiten. Meist in der Nähe vom Schlachtschiff *Tirpitz* vor Anker.

16. 1. 1944
Norwegen: *Z 28* mit Chef 6. Z.-Fl., *Z 39* und *Hans Lody* Kristiansand-Süd in das Skagerrak ausgelaufen zum Abfangen britischer Handelsschnellboote.
Frankreich: *Z 24* hat nach Wegnehmen des achteren Mastes in La Pallice mit seiner WLZ begonnen. Auch Schornsteine wurden entfernt. Zerstörer mit dem Achterschiff so im U-Boot-Bunker festgemacht, daß nur noch das Vorschiff aus dem Bunker hervorragt.

17. 1. 1944
Norwegen: *Erich Steinbrinck* in Oslo wieder einsatzbereit. Chef 6. Z.-Fl. mit drei Zerstörern, ohne besondere Vorkommnisse gehabt zu haben, wieder in Kristiansand-Süd eingelaufen.

18. 1. 1944
Norwegen: *Erich Steinbrinck* wegen starken Nebels in Oslo festgehalten.

19. 1. 1944
Norwegen: *Erich Steinbrinck* Marsch von Oslo nach Kristiansand-Süd angetreten.

20. 1. 1944
Norwegen: *Erich Steinbrinck* in Kristiansand-Süd eingelaufen. Dort damit nunmehr vier einsatzbereite Zerstörer.
Heimat: *Z 44* bei Deschimag in Bremen vom Stapel gelaufen und an die Ausrüstungspier zur Fertigstellung verholt.

21. 1. 1944
Norwegen: *Hans Lody* Kristiansand-Süd ausgelaufen zu Einzelübungen.

29. 1. 1944
Biskaya: Chef 8. Z.-Fl. mit *Z 23, Z 32* und *Z 37* Bordeaux ausgelaufen zu Übungen in der Südbiskaya und anschließender Untersuchung verdächtiger französischer und spanischer Fischereifahrzeuge.

30. 1. 1944
Norwegen: Chef 6. Z.-Fl. mit *Z 28, Z 39, Hans Lody* und *Erich Steinbrinck* im nördlichen Skagerrak zu Übungen in See.

noch 30. 1. 1944
Biskaya: *Z 32* in der südwestlichen Biskaya um 00.18 Uhr plötzlich nach Bb. geschwenkt. Den dort etwas achterlich stehenden Zerstörer *Z 37* um 00.22 Uhr an dessen Stb.-Seite in Abt. VI gerammt und etwa 40 m daran entlanggerutscht, dann wieder freigekommen.
Etwa eine Minute später Detonation auf *Z 37* achtern: Ein Torpedokopf verpufft. Schwere Brände von etwa mittschiffs bis achtern; 3,7 cm-Munition detoniert; Kurzschluß der MES-Schleife; T 1 und T 2 sowie Kreiselkompaßanlage und E.-Werk 1 ausgefallen; Schlagseite nach Stb.; Außenhaut unter Wasser nach außen gebeult; später nach Eindocken festgestellt, daß unter Wasser mehrere Risse und Lecks in der Stb.-Außenhaut, sowie Abriß des Schlingerkiels. Besatzung sofort mit Erfolg Brandbekämpfung und Beseitigung der Schlagseite. Feuer um 01.13 Uhr gelöscht; Zerstörer wieder auf ebenem Kiel, aber achtern etwa 90 cm tiefer getaucht.
Schäden auf *Z 32:* Starke schiffbauliche Beschädigungen im

Z 35 in der Ostsee im Frühling 1944.

Nachladen des achteren Torpedorohrsatzes von *Z 37*.

Z 37 kurz vor der Indienststellung in Kiel, etwa Juli 1942.

Rechts:
Z 36 in der Ostsee, 1944.

Rechts: *Z 37* auf der Gironde am 1. 2. 1944. Im Bild deutlich erkennbar die schweren Schäden, die zwei Tage zuvor bei der Kollision mit *Z 32* entstanden waren.

Unten: *Z 37* auf der Kieler Förde kurz vor der Verlegungsfahrt nach Frankreich im Frühjahr 1943.

Z 38 in Nordnorwegen im Jahre 1944.

KKpt. Karl Paul (Mitte), Kmdt. von *Z 31*, bei der Ordensverleihung an Offiziere des Zerstörers. Links im Bild der I.O., KptLt. Vorsteher.

Z 39 in der Germaniawerft in Kiel 1943 während der Endausrüstung.

Blick von der Back auf den 15 cm-Doppelturm und die Brücke von *Z 39* während einer Ausbildungsfahrt in der Ostsee 1943.

Z 5, Paul Jacobi während der Werftliegezeit bei Germania, Kiel, am 9. 7. 1944. Im Bild erkennbar der Einbau des »Tormastes«. Der scheidende Kommandant, FKpt. Schlieper, wird von Besatzungsangehörigen von Bord gerudert.

Vorschiff (Abt. XIV und XV); Kurzschluß der MES-Schleife als Ursache für Brand feuergefährlicher Farben auf der Back, Fla-Munition (von *Z 37* beim Zusammenprall auf die Back von *Z 32* geschleudert) explodiert. Noch vor 01.00 Uhr Feuer jedoch mit Hilfe des eigenen V-Bootes gelöscht.
Z 23, nach der Kollision sofort nach Stb. abgedreht, um 01.19 Uhr mit Bb.-Bug an Bb.-Bug von *Z 37* angelegt zu Hilfeleistung. Da diese aber nicht mehr nötig, wieder abgelegt. Um 01.55 Uhr *Z 23* Schleppverbindung mit *Z 37* hergestellt, um 02.15 Uhr Schleppfahrt aufgenommen. Von 02.35 Uhr bis 12.15 Uhr mit Kurs 21 Grad und 7 kn Fahrt geschleppt; Sicherung durch *Z 32*. Schleppverbindung um 12.15 Uhr gebrochen, um 15.30 Uhr wieder hergestellt. Abends Schleppfahrt bei dichter werdendem Nebel zur Gironde mit 8 kn.

Wegeskizze der 8. Z.-Fl. mit Z 32, Z 37 und Z 23 in der Biskaya
am 30. 1. 1944 von 00.18 bis 01.19 Uhr bei der schweren Kollision zwischen *Z 32* und *Z 37*.
Position etwa 44° 10' Nord und 2° 41' West.

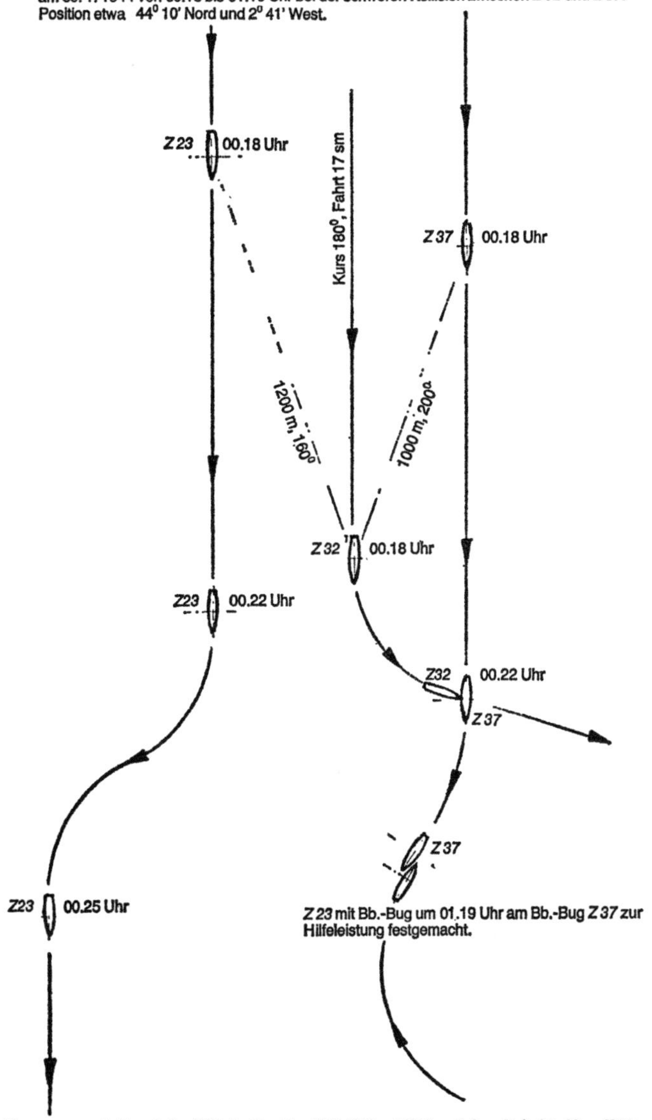

Zusammengestellt nach den KTB der Zerstörer *Z 32*, *Z 37* und *Z 23* und einer Gefechtsskizze *Z 23*

31. 1. 1944
Biskaya: Wegen Nebels und sehr schlechter Sicht *Z 32* und Schleppzug vor der Gironde-Mündung geankert. Von 10.15 bis 21.15 Uhr erneute Schleppfahrt bis kurz vor Pauillac.
Z 23 um 22.45 Uhr bei Dampfer *Capo Lena* festgemacht.
Z 37 um 23.44 Uhr bei Dampfer *Dresden* festgemacht.
Z 32 um 16.20 Uhr bereits auf Royan Reede geankert.

2. 2. 1944
Frankreich: *Z 37*, nach 47 Stunden Schleppfahrt über eine Distanz von 158 sm, in Bordeaux zur Reparatur in der Werft festgemacht. Veranschlagte Dauer der Werftzeit bis Dezember 1944.

5. 2. 1944
Heimat: *Z 35* und T-Boot *T 30* der Schiffsartillerieschule z. Vfg. gestellt zum Blindschießverfahren nach FuMO mit Feinpeilzusatz.
Anfang bis Mitte Februar 1944
In der Ostsee langsam schmelzende Eisdecke.

7. 2. 1944
Ostsee: *Z 35* hat auf 77 m Wassertiefe vor Hela eine Grundmine zur Explosion gebracht. Auf dem Zerstörer nur geringe Erschütterungsschäden. Beginn von Schießübungen wenig später.

9. 2. 1944
Heimat: *Z 36* Abnahmefahrt durchgeführt.

12. 2. 1944
Norwegen: *Hans Lody* von Kristiansand-Süd aus zu Übungen in See.
Chef 6. Z.-Fl. mit *Z 28*, *Z 39* und *Erich Steinbrinck* Kristiansand-Süd ausgelaufen zu einer defensiven Minenunternehmung im Skagerrak. Nachmittags *Erich Steinbrinck* abgeteilt zur Durchführung eines Geleites, gemeinsam mit *Hans Lody.*

13. 2. 1944
Norwegen: *Z 28* mit Chef 6. Z.-Fl. und *Z 39* wieder Kristiansand-Süd eingelaufen.
Hans Lody Kristiansand-Süd ausgelaufen, in See mit *Erich Steinbrinck* zusammengetroffen und gemeinsame Durchführung von Geleitfahrt begonnen.
Norwegen: *Z 28* mit Chef 6. Z.-Fl. und *Z 39* Kristiansand-Süd ausgelaufen zum Marsch in die östliche Ostsee. Kurzaufenthalt in Kopenhagen.
Hans Lody und *Erich Steinbrinck* von Geleitaufgabe kommend in Horten im Oslofjord eingelaufen.
Ostsee: Nach Beendigung von Schießabschnitten und Ausbildung sind *Z 25*, *Z 35* und T-Boot *T 30* in Reval eingelaufen.

15. 2. 1944
Norwegen: *Hans Lody* und *Erich Steinbrinck* mit den Minenschiffen *Linz*, *Brummer* und *Roland* Horten ausgelaufen zur Durchführung einer Minenaufgabe im Skagerrak.
Dänemark: *Z 28* mit Chef 6. Z.-Fl. und *Z 39* Kopenhagen ausgelaufen zum Marsch nach Gotenhafen zur MES-Schleifenfahrt. Eintreffen dort 16. 2. 1944.

16. 2. 1944
Norwegen: *Hans Lody* und *Erich Steinbrinck* mit den drei Minenschiffen nach durchgeführter Minenaufgabe in Kristiansand-Süd eingelaufen.

17. 2. 1944
Norwegen: *Hans Lody* und *Erich Steinbrinck* mit Minenschiffen *Brummer* und *Roland* zu erneuter Minenaufgabe Kristiansand-Süd ausgelaufen. Rückkehr Kristiansand-Süd 18. 2. 1944.

18. 2. 1944
Nordnorwegen: Chef 4. Z.-Fl. von *Z 29* auf *Z 38* übergestiegen, da *Z 29* zur Kesselreparatur entlassen wurde.
Z 38 mit Chef 4. Z.-Fl. und *Z 30* Verlegungsmarsch von Alta nach Tromsö.

19. 2. 1944
Norwegen: *Hans Lody* und *Erich Steinbrinck* nach Beendigung abermaliger Minenaufgabe für Geleitaufgaben entlassen. *Erich Steinbrinck* am Südausgang des Oslofjordes Geleitsicherung für Handelsschiffe übernommen und Marsch in die östliche Ostsee angetreten. Dazu auch *Hans Lody.*
Heimat: *Z 36* bei Deschimag in Bremen für die 6. Z.-Fl. in Dienst gestellt.
Ostsee: *Z 28* mit Chef 6. Z.-Fl. und *Z 39* Gotenhafen ausgelaufen zum Marsch nach Reval.

20. 2. 1944
Ostsee: *Erich Steinbrinck* und *Hans Lody* mit geleiteten Frachtern in der westlichen Ostsee auf Marsch nach Gotenhafen.

21. 2. 1944
Ostsee: Von Gotenhafen kommend *Z 28* mit Chef 6. Z.-Fl. und *Z 39* sowie T-Boot *T 30* Reval eingelaufen und abends mit Sondergeleit nach Libau ausgelaufen.

22. 2. 1944
Ostsee: *Erich Steinbrinck, Hans Lody* von östlicher Ostsee kommend nach Entlassung von Geleitaufgabe in Kopenhagen eingelaufen.
Z 28, Z 39, T 30 und Transporter Libau eingelaufen.

24. 2. 1944
Heimat: In Swinemünde hat der neue F.d.Z., KAdm. Kreisch, seine Dienstgeschäfte übernommen und ist auf dem F.d.Z.-Tender *Libelle* (ex Flottenbegleiter *F 1,* später Tender *Jagd)* eingestiegen.

26. 2. 1944
Nordnorwegen: *Z 38* mit Chef 4. Z.-Fl. und *Z 30* von Tromsö nach Alta zurückverlegt.

28. 2. 1944
Norwegen: *Hans Lody* von Geleitaufgaben in der östlichen Ostsee kommend in Kristiansand-Süd eingelaufen.
Erich Steinbrinck auf dem Marsch von Kopenhagen nach Kristiansand-Süd.
Frankreich: *Z H 1* und *Z 23* von der Gironde in die Südbiskaya zu Schießübungen ausgelaufen.

29. 2. 1944
Norwegen: *Hans Lody* von Kristiansand-Süd aus zu Einzelübungen in See.

1. 3. 1944
Norwegen: *Erich Steinbrinck* aus der östlichen Ostsee kommend in Kristiansand-Süd eingelaufen.

2. 3. 1944
Frankreich: Von gemeinsamen Schießübungen mit den T-Booten *T 27* und *T 29* aus der Biskaya kommend sind die Zerstörer *Z H 1* und *Z 23* wieder auf der Gironde eingetroffen.
Norwegen: *Hans Lody* von Kristiansand-Süd aus zu Übungen in See.

8. 3. 1944
Ostsee: *Z 35* von Libau kommend in Gotenhafen zu Instandsetzungen festgemacht.

Norwegen: *Hans Lody* und *Erich Steinbrinck* von Kristiansand-Süd aus zu Übungen in See, anschließend Marsch nach Arendal.

9. 3. 1944
Norwegen: *Hans Lody* und *Erich Steinbrinck* Marsch von Arendal nach Kristiansand-Süd.
Frankreich: *Z H 1* und *Z 23* Royan ausgelaufen, Chef 4. T.-Fl. mit *T 27* und *T* 29 Brest ausgelaufen zum Einholen eines U-Bootes.

10. 3. 1944
Ostsee: *Z 28* mit Chef 6. Z.-Fl., *Z 25* und *Z 39* ausgelaufen zum Werfen einer Minensperre im Finnischen Meerbusen.

11. 3. 1944
Frankreich: *Z H 1* und *Z 23* bei Port Tudy, *T 27* und *T 29* vor Concarneau geankert – nach erfolgreicher Durchführung eines U-Boot-Geleites in der Biskaya. Dabei Abwehr britischer Luftangriffe.
Ostsee: *Z 28* mit Chef 6. Z.-Fl., *Z 25* und *Z 39* nach Beendigung des Minenwerfens in Baltischport eingelaufen. Wenig später Wiederauslaufen der Zerstörer zur Beschießung sowjetischer Stellungen und Landziele an der Narwa-Bucht.

12. 3. 1944
Frankreich: Chef 4. T.-Fl. mit *T 27, T 29, Z H 1* und *Z 23* in das Seegebiet bei Brest zur Durchführung von Übungen ausgelaufen.
Ostsee: Nach erfolgreicher Beschießung sowjetischer Stellungen nordöstlich von Hungerburg sind *Z 28* mit Chef 6. Z.-Fl., *Z 25* und *Z 39* in Baltischport eingelaufen. Die morgendliche Beschießung wurde bei schwierigen Sichtverhältnissen durchgeführt. Ziele lagen hinter bewaldeten Dünen, von See nicht einzusehen. Mittlere Schußentfernung 75 hm. Diesiges Wetter machte gegnerische Luftangriffe unmöglich. Beschießung hatte gute Trefferlage auf Halbinsel Magerburg sowie in Venekuela und Saarkuela (nach Beobachtung von E-Abteilung der 31. S.St.A. bei Hungerburg).

13. 3. 1944
Frankreich: Nach Beendigung von Übungen *Z H 1* und *Z 23* sowie *T 27* und *T 29* in Brest eingelaufen.

15. 3. 1944
Ostsee: Chef 6. Z.-Fl. mit *Z 28, Z 25* und *Z 39* Baltischport ausgelaufen zur Verminung des inneren Finnenbusens.

16. 3. 1944
Frankreich: Chef 4. T.-Fl. mit *Z 23, Z H 1, T 27* und T 29 Brest ausgelaufen zu einer Geleitaufgabe in der nördlichen Biskaya.
Ostsee: Chef 6. Z.-Fl. mit seinen drei Zerstörern wieder Baltischport eingelaufen.

17. 3. 1944
Frankreich: Chef 4. T.-Fl. mit *Z 23, Z H 1, T 27* und *T 29* nach vollbrachter Geleitaufgabe vor der nordbretonischen Küste wieder in Brest eingelaufen.

18. 3. 1944
Ostsee: *Z 35* wieder einsatzklar, Danzig ausgelaufen zum Marsch nach Baltischport.

19. 3. 1944
Frankreich: Chef 4. T.-Fl. mit *Z 23, Z H 1, T 27, T 29* und den T-Booten der 5. T.-Fl. *Greif* und *Möwe* Brest ausgelaufen zur Geleitsicherung.

20. 3. 1944
Ostsee: *Z 25* in Baltischport entlassen zum Marsch nach Danzig zur Erledigung von Torpedoschießübungen und Instandsetzungen.
Frankreich: *Z 23* und *Z H 1* nach Geleitdienst Marsch zur Gironde-Mündung angetreten, T-Boote in Brest bzw. St. Malo eingelaufen.

21. 3. 1944
Frankreich: *Z 23* und *Z H 1* Gironde eingelaufen.

24. 3. 1944
Ostsee: Chef 6. Z.-Fl. mit *Z 28, Z 35* und *Z 39* Baltischport zu Übungen ausgelaufen.

25. 3. 1944
Norwegen: Verlegung *Hans Lody* und *Erich Steinbrinck* von Kristiansand-Süd nach Lervik, vorbereitend für Übungen mit sechs Booten der S-Boots-Schulflottille.
Heimat: *Z 31* nach Beendigung seiner WLZ ausgelaufen Wesermünde zum Marsch durch den K.W.-Kanal nach Kiel.

26. 3. 1944
Heimat: *Z 31* Kiel eingelaufen. In den nächsten Wochen Beginn von Ausbildungsfahrten und Schießabschnitten.
Musterung der Besatzung von *Z 36* in Swinemünde.
Norwegen: *Hans Lody* und *Erich Steinbrinck* von Lervik kommend im Oslofjord eingelaufen und geankert.

28. 3. 1944
Norwegen: *Erich Steinbrinck* in Oslo eingelaufen.
Heimat: *Z 31* Kiel ausgelaufen zum Marsch nach Swinemünde.

30. 3. 1944
Heimat: *Z 31* Swinemünde eingelaufen.
Frankreich: *Z 23* und *Z H 1* verlegt von Bordeaux nach Pauillac.

1. 4. 1944
Norwegen: *Hans Lody* und *Erich Steinbrinck* mit den Minenschiffen *Ostmark, Kaiser* und *Elsaß* Kristiansand-Süd ausgelaufen zum Werfen der defensiven Minensperre »Katzbach A« im Skagerrak.
Heimat: *Paul Jacobi* in Kiel nach viermonatiger Zeit im Dock ausgedockt. Fortsetzung der WLZ an der Ausrüstungspier. *Paul Jacobi* hat im Dock neuen Sichelbug erhalten, wie ihn in Stettin etwa gleichzeitig auch *Richard Beitzen* erhielt.

2. 4. 1944
Norwegen: *Hans Lody, Erich Steinbrinck* und Minenschiffe nach Durchführung von »Katzbach« in Kristiansand-Süd eingelaufen und abends zu »Katzbach B« wieder ausgelaufen.

3. 4. 1944
Norwegen: *Hans Lody, Erich Steinbrinck* und drei Minenschiffe in Kristiansand-Süd eingelaufen.
Nordnorwegen: *Z 38* und *Z 34* um 07.00 Uhr im Nordteil des Altafjordes Warten auf Schlachtschiff *Tirpitz* zum gemeinsamen Auslaufen. Geplant waren Übungen vor der nordnorwegischen Küste nach Reparaturbeendigung der *Tirpitz.*
Etwa gleichzeitig Beginn eines schweren Luftangriffes auf das die Anker lichtende Schlachtschiff. Es waren Flugzeuge, die im Nordmeer von den Flugzeugträgern *Victorious* und *Furious* sowie den Geleitträgern *Emperor, Searcher, Pursuer* und *Fencer* gestartet waren. Sie erzielten auf *Tirpitz* 12–14 Treffer, die das Schlachtschiff für weitere drei Monate außer Gefecht setzten. Zu beklagen waren 122 Tote und 316 Verwundete. Ferner wurde der in der Nähe liegende Versorgungstanker *C. A. Larsen* (vormals Walkocherei) getroffen und in Brand gesetzt.
Z 38 und *Z 34* bis 07.40 Uhr im Altafjord auf- und abgestanden, dann eingelaufen in den Kaafjord und Fla-Schutz sowie Nachrichtenübermittlung für die schwergetroffene *Tirpitz* übernommen. *Z 34* bei Tanker *C. A. Larsen* angelegt und Brandbekämpfung vorgenommen. Brand nach sechs Stunden gelöscht. Abends Verteilung der Zerstörer: *Z 38* und *Z 34* in der Kvänvikbucht, *Z 29* bei Bossekop, *Z 30* und *Z 33* im Langfjord. Auf den Zerstörern keine Schäden bei Luftangriff.

6. 4. 1944
Norwegen: *Hans Lody, Erich Steinbrinck,* Minenschiffe Elsaß, *Ostmark* und *Kaiser* sowie vier M-Boote Kristiansand-Süd ausgelaufen zur Minenaufgabe »Katzbach B« im Skagerrak.

7. 4. 1944
Norwegen: *Hans Lody, Erich Steinbrinck,* Minenschiffe und M-Boote nach durchgeführter Minenaufgabe wieder in Kristiansand-Süd eingelaufen und abends zu erneuter Aufgabe wieder aus.

8. 4. 1944
Dänemark: *Hans Lody* und *Erich Steinbrinck* nach Beendigung der Minenoperation in Kopenhagen eingelaufen.

11. 4. 1944
Heimat: *Z 31* Marsch von Swinemünde nach Gotenhafen.
Frankreich: *Z 23* und *Z H 1* von Pauillac nach Royan verlegt.

13. 4. 1944
Ostsee: Chef 6. Z.-Fl. mit *Z 28, Z 35, Z 39* und *T 30* Reval ausgelaufen zum Werfen der »Seeigel«-Minensperren im inneren Finnenbusen. Dabei auch Minenschiffe und M-Boote.

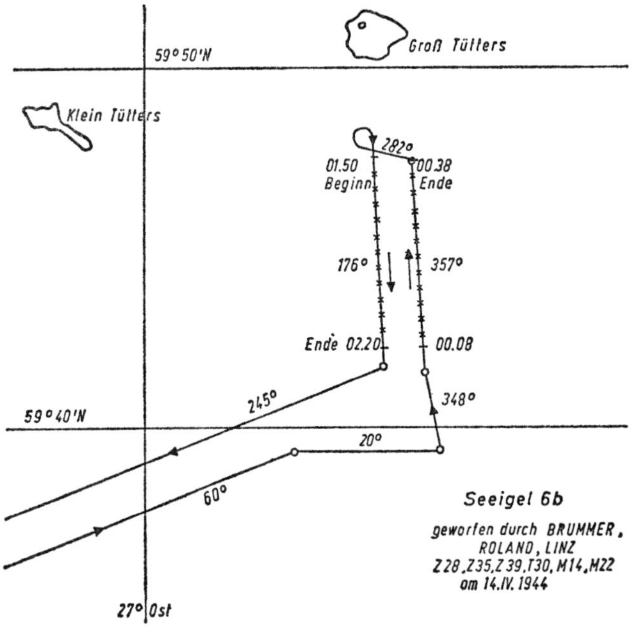

14. 4. 1944
Dänemark: *Erich Steinbrinck, Hans Lody,* Leichter Kreuzer *Leipzig,* drei Minenschiffe und vier M-Boote ausgelaufen aus Kopenhagen zum Werfen einer defensiven Minensperre im Skagerrak.

16. 4. 1944
Skagerrak: *Hans Lody* und *Eich Steinbrinck* nach durchgeführter Minenaufgabe eingelaufen in Oslo bzw. Horten.

17. 4. 1944
Norwegen: *Erich Steinbrinck* Horten ausgelaufen zum Artillerieschießen in See.
Ostsee: *Karl Galster, Z 31* Teilnahme an Übungen des Ausbildungsverbandes in der Danziger Bucht.

18. 4. 1944
Norwegen: *Erich Steinbrinck* nach Artillerieschießen Horten eingelaufen und wieder ausgelaufen zum Torpedoübungsschießen in See.

19. 4. 1944
Ostsee: Übungen in der Danziger Bucht beendet. *Z 31* Verlegung nach Gotenhafen zur Ausrüstung für Marsch nach Nordnorwegen. Gleichzeitig soll der Zerstörer 100 Facharbeiter, 16 Umformer und 40 Tonnen Walzmaterial für die *Tirpitz* nach Alta bringen.
Norwegen: *Erich Steinbrinck* nach beendetem Torpedoschießen in Oslo eingelaufen.
Ostsee: *Z 28* mit Chef 6. Z.-Fl., *Z 35, Z 39* und *T 30* Reval ausgelaufen zu einer Minenunternehmung im inneren Finnenbusen.

20. 4. 1944
Ostsee: Vormittags Chef 6. Z.-Fl. mit vier Booten vom Werfen einer Minensperre kommend in Reval bzw. Baltischport eingelaufen und abends zum Werfen eines weiteren Sperrstücks ausgelaufen.

21. 4. 1944
Ostsee: *Z 31* ausgelaufen aus Gotenhafen während eines Luftangriffs auf Stadt und Hafen. Marsch nach Hela.
Aus dem Finnenbusen kommend Chef 6. Z.-Fl. mit *Z 28, Z 35, Z 39* und *T 30* Reval eingelaufen. Von den miteingesetzten Minenschiffen lief bei diesem Einsatz *Roland* auf zwei feindliche Minen und sank mit großen Personalverlusten von rund zwei Dritteln seiner Besatzung.
Norwegen: *Erich Steinbrinck* und *Hans Lody* Marsch von Oslo nach Frederikshavn.

22. 4. 1944
Ostsee: *Z 31* Danzig eingelaufen.

23. 4. 1944
Ostsee: Chef 6. Z.-Fl. mit *Z 28, Z 35, Z 39* und *T 30* sowie der F.d.Minsch. mit Minenschiffen und den Minensuchbooten *M 3* und *M 37* Reval ausgelaufen zum Werfen eines weiteren Teilstücks der »Seeigel«-Minensperre im inneren Finnenbusen. Nach Durchführung wieder Reval eingelaufen.

25. 4. 1944
Skagerrak: *Erich Steinbrinck* und *Hans Lody* mit Minenschiffen Frederikshavn ausgelaufen zum Werfen von Minen im Skagerrak. Anschließend beide Zerstörer entlassen zum Marsch nach Kiel.
Ostsee: Chef 6. Z.-Fl. mit *Z 28, Z 35, Z 39, T 30* und F.d.Minsch. mit Minenschiffen Reval ausgelaufen zum Werfen des 4. Teilstückes der »Seeigel«-Sperre.

26. 4. 1944
Biskaya: *Z H 1* und *Z 23* Übungsfahrt in der Biskaya, dabei Abwehr von Luftangriffen.
Kattegat: *Erich Steinbrinck* und *Hans Lody* auf Marsch nach Kiel im Kattegat.
Ostsee: *Z 31* Gotenhafen ausgelaufen zum Marsch nach Kiel. Chef 6. Z.-Fl. mit seinen Booten wieder Reval eingelaufen.

27. 4. 1944
Biskaya: *Z H 1* und *Z 23* Übungen in der Biskaya. Abwehr von britischen Luftangriffen.
Heimat: Von Norwegen kommend *Erich Steinbrinck* und *Hans Lody* Kiel eingelaufen. Vorbereitungen für Werftliegezeiten bei Blohm & Voss bzw. bei Germaniawerft.
Z 31 aus der östlichen Ostsee kommend in Kiel eingelaufen.

28. 4. 1944
Heimat: *Z 25* wieder einsatzbereit und verlegungsklar nach Reval.
Karl Galster in Kiel. Stb.-H.D.-Turbine ausgefallen. Schadensbeseitigung in Kiel. Kann nicht zusammen mit *Z 31* geplanten Marsch nach Norwegen durchführen.

29. 4. 1944
Heimat: *Z 31* mit F.d.Z., Arbeitern und Material an Bord Kiel ausgelaufen zum Verlegungsmarsch nach Nordnorwegen.

1. 5. 1944
Heimat: Neugliederung der Zerstörer- und T-Flottillen vom 15. 4. 1944 in Kraft getreten. Später, am 2. 6. 1944, kommen alle noch vorhandenen alten *Zerstörer 34* zur 5., *Karl Galster, Z 35, Z 36, Z 43* und weitere zur 6. Z.-Fl.
Norwegen: *Z 31* mit F.d.Z. zur Treibstoffergänzung in Ålesund eingelaufen.

2. 5. 1944
Norwegen: *Z 31* mit F.d.Z. Ålesund zum Weitermarsch nach Norden ausgelaufen.
Frankreich: *Z 24* nach Beendigung WLZ La Pallice ausgelaufen zur Probefahrt in die Biskaya.

3. 5. 1944
Heimat: *Hans Lody* bei Germaniawerft in Kiel Beginn WLZ.

4. 5. 1944
Norwegen: *Z 31* mit F.d.Z. Alta eingelaufen. Damit gleichzeitig Schnelltransport mit Material und Personal für Schlachtschiff *Tirpitz* erfolgreich beendet.

5. 5. 1944
Norwegen: F.d.Z. Teilnahme an Übungen der 4. Z.-Fl. mit *Z 29, Z 30, Z 31, Z 33, Z 34* und *Z 38* im Altafjord.
Frankreich: *Z 32*, nach Grundberührung auf der Gironde am 2. 5. 1944 leicht beschädigt, wieder fahrbereit.

6. 5. 1944
Frankreich: Chef 8. Z.-Fl. mit *Z 32, Z 23* und *Z H 1* zu *Übungen* ausgelaufen in die Südbiskaya.

8. 5. 1944
Norwegen: *Z 30* mit F.d.Z. und Chef 4. Z.-Fl. Altafjord ausgelaufen zum Verlegungsmarsch nach Südnorwegen.

9. 5. 1944
Frankreich: *Z 23, Z 24, ZH 1* und T-Boot *Jaguar* auf Royan Reede durch Flottenchef besichtigt.
Ostsee: Chef 6. Z.-Fl. mit *Z 28, Z 39, Z 35* und *T 30* zu Schießübungen von Baltischport aus in See.

11. 5. 1944
Ostsee: Chef 6. Z.-Fl. mit *Z 28, Z 35, Z 39* und *T 30* Übungen im Seegebiet Odensholm am Eingang zum Finnischen Meerbusen.

12. 5. 1944
Heimat: *Karl Galster* Kiel ausgelaufen zum Verlegungsmarsch nach Südnorwegen.
Norwegen: *Z 30* mit F.d.Z. und Chef 4. Z.-Fl. von Norden kommend in Kristiansand-Süd eingelaufen.

Ostsee: Chef 6. Z.-Fl. mit *Z 25, Z 28, Z 35, Z 39* und *T 30* nach Übungsende in Baltischport eingelaufen.

13. 5. 1944
Norwegen: *Z 38* Marsch nach Tromsö.
Dänemark: *Karl Galster* in Kopenhagen eingelaufen.

15. 5. 1944
Dänemark/Norwegen: *Karl Galster* Marsch von Kopenhagen nach Horten.
Nordnorwegen: *Z 38* nach Einlaufen in die Bogenbucht bei Narvik eingedockt im Schwimmdock der Maureb.

16. 5. 1944
Norwegen: *Z 30* Marsch von Kristiansand-Süd nach Horten. Dort auch *Karl Galster* eingelaufen.

18. 5. 1944
Norwegen: *Z 38* und *Z 33* Marsch von Bogenbucht nach Tromsö. Wegen festgestelltem großem Feindverband Ankern beider Zerstörer in Nebenfjorden.

19. 5. 1944
Norwegen: *Z 30* und *Karl Galster* nach Oslo verlegt.
Frankreich: Chef 8. Z.-Fl. mit *Z 23, Z 24, Z 32* und *Z H 1* hat vom 17. bis 19. 5. 1944 in der Südbiskaya Flottillenübungen durchgeführt. *Z 24* und *Z H 1* mit Maschinenschäden nach Bordeaux entlassen, *Z 32* und *Z 23* auf Royan Reede geankert.

22. 5. 1944
Heimat: Schwerer Luftangriff auf Kiel. Dort WLZ durchführende *Paul Jacobi, Theodor Riedel* und *Hans Lody* nicht beschädigt.
Norwegen: *Z 30* und *Karl Galster* Marsch von Oslo nach Horten.
Frankreich: *Z 32* mit Chef 8. Z.-Fl. Marsch von Bordeaux nach Paulliac.

23. 5. 1944
Ostsee: *Z 25* mit F.d.Z. Marsch nach Baltischport von Reval.

25. 5. 1944
Skagerrak: *Karl Galster* und *Z 30* als Geleit für vier Transporter von Horten nach Frederikshavn.

26. 5. 1944
Norwegen: *Karl Galster* und *Z 30* wieder Horten eingelaufen.

27. 5. 1944
Norwegen: *Karl Galster* und *Z 30* mit Geleit Marsch von Horten nach Frederikshavn.
Frankreich: *Z H 1* wieder einsatzbereit. Marsch von Bordeaux nach Le Verdon Reede. Dort geankert in der Nähe von *Z 32* und *Z 24.*

29. 5. 1944
Norwegen: *Karl Galster* und *Z 30* als Geleitzerstörer für Transporter Marsch von Frederikshavn nach Horten.

30. 5. 1944
Norwegen: Beide Zerstörer wieder als Geleitsicherung von Horten nach Frederikshavn.
Nordmeer: *Z 29, Z 31, Z 33, Z 34* und *Z 38* Altafjord ausgelaufen in das Nordmeer und zwischen dem Nordkap und der Bäreninsel Aufklärungsstreifen gebildet.

31. 5. 1944
Heimat: *Z 43* bei Deschimag in Bremen für die 6. Z.-Fl. in Dienst gestellt.
Ostsee: *Z 28* Gotenhafen ausgelaufen zum Verlegungsmarsch nach Reval.

1. 6. 1944
Ostsee: *Z 28* in Baltischport eingelaufen.

2. 6. 1944
Skagerrak: *Karl Galster* und *Z 30* als Geleitsicherung für drei Transporter Marsch von Horten nach Frederikshavn.
Ostsee: *Z 28* mit Chef 6. Z.-Fl., *Z 25, Z 35, Z 39* und *T 30* nach Marsch von Baltischport in Reval eingelaufen.

3. 6. 1944
Skagerrak: *Karl Galster* und *Z 30* als Sicherungszerstörer für vier Transporter Marsch von Frederikshavn nach Horten.
Frankreich: 15 cm-Geschütze des am 31. 1. 1944 in der Biskaya schwer kollisionsbeschädigten, bis Jahresende an die Werft gebundenen *Z 37* ausgebaut zwecks Aufstellung in der Küstenverteidigung in der Gironde-Mündung.

6. 6. 1944
Frankreich: In den Morgenstunden Beginn der alliierten Invasion an der Normandie-Küste. Daran u. a. beteiligt mehr als 12 800 Flugzeuge, 7 Schlachtschiffe, 2 Monitore, 23 Schwere und Leichte Kreuzer, 105 Zerstörer, mehr als 4000 Landungsschiffe und -fahrzeuge und zahlreiche Transporter.
Deutscherseits nur einsatzbereit: Chef 5. T.-Fl. mit *T 28, Jaguar* und *Möwe.* Nicht einsatzbereit *Kondor* wegen WLZ, *Falke* wegen Reparatur von Kollisionsschäden. Ferner in Kanalhäfen einsatzklar 29 S-Boote, etwa 160 M-Boote und R-Boote. In Brest einsatzklar *T 24,* in der Gironde-Mündung Chef 8. Z.-Fl. mit *Z 32, Z 24* und *ZH 1.* In Bordeaux Z 37 Reparatur von Kollisionsschäden, in La Pallice *Z 23* WLZ.
Heimat: *Theodor Riedel* und *Friedrich Ihn* aus der Werft gekommen bzw. demnächst kommend. Beide nach einigen Wochen voraussichtlich wieder einsatzbereit.
Biskaya: *Z 32* mit Chef 8. Z.-Fl., *Z 24* und *Z H 1* Marsch von der Gironde nach Brest.

7. 6. 1944
Frankreich: Chef 8. Z.-Fl. mit drei Zerstörern in Brest eingelaufen. Vorher Marsch durch die Biskaya; Abwehr wiederholter britischer Luftangriffe.

8. 6. 1944
Frankreich: *Z 32* mit Chef 8. Z.-Fl., *Z 24, Z H 1* und *T 24* Brest ausgelaufen zum Marsch nach Cherbourg in den Abendstunden.
Auf dem Marsch nach Cherbourg geplant ein Vorstoß gegen die alliierten Aufmarschlinien nordöstlich von Barfleur.

9. 6. 1944
Ärmelkanal: In den Morgenstunden im Ärmelkanal bei der Isle de Bas *Z 32* mit Chef 8. Z.-Fl., *Z 24, Z H 1* und *T 24* an die den Westausgang des Kanals bewachende englische 10. Zerst.-Flottille geraten. Zu ihr gehörten die britischen Zerstörer *Tartar, Ashanti, Eskimo* und *Javelin,* die kanadischen Zerstörer *Haida* und *Huron* sowie die polnischen Zerstörer *Blyscawica* und *Piorun.* In heftigen Artillerie- und Torpedogefechten wurde *Z H 1* zunächst bewegungsunfähig geschossen und später durch Torpedos von *Ashanti* versenkt. Kommandant und 38 Mann der Besatzung gefallen. Der Rest durch Engländer gerettet oder mit Rettungsmitteln zur nordfranzösischen Küste gelangt.
Z 32 wurde im Artilleriegefecht mit *Haida* und *Huron* schwer zusammengeschossen. Da das Boot nicht mehr zu halten war, wurde es von seinem Kommandanten bei der Isle de Bas aufgesetzt und von der Besatzung gesprengt. Bei dem vorangegangenen Gefecht waren 26 Mann der *Z 32*-Besatzung gefallen. *Z 24* erhielt im Gefecht Artillerietreffer, die Personalverluste verursachten und Schäden an den Brückenaufbauten, am 15 cm-Turm und am achteren Schornstein hervorriefen. Der Kommandant von *Z 24* brach das Gefecht ab und lief mit *T 24* nach Brest zurück. Dort nachmittags *Z 24* und *T 24* eingelaufen.

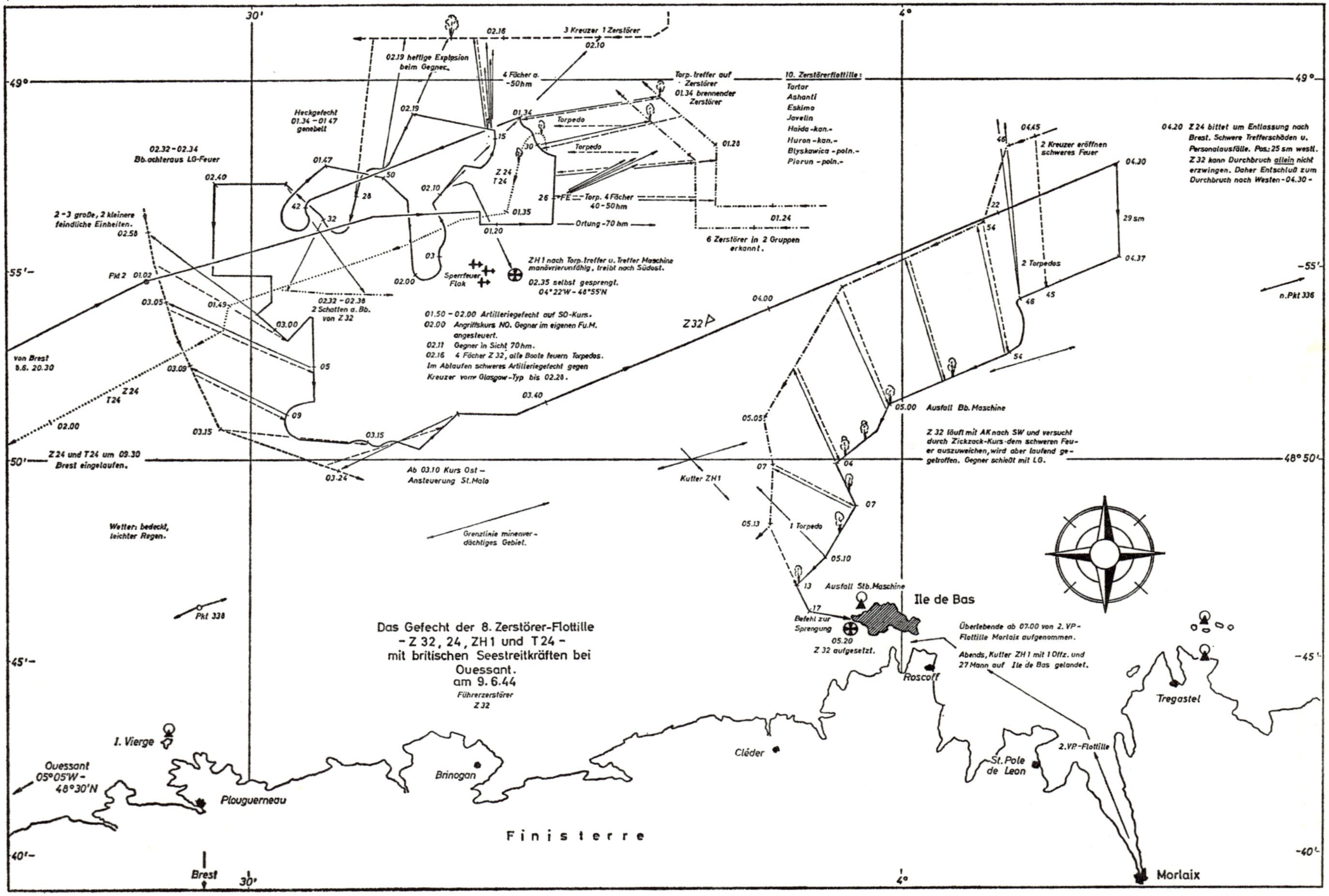
Das Gefecht der 8. Zerstörer-Flottille
- Z 32, 24, ZH1 und T24 -
mit britischen Seestreitkräften bei
Ouessant.
am 9. 6. 44
Führerzerstörer
Z 32
10. Zerstörerflottille:
Tartar
Ashanti
Eskimo
Javelin
Haida -kan.-
Huron -kan.-
Blyskawica -poln.-
Piorun -poln.-
04.20 Z 24 bittet um Entlassung nach Brest. Schwere Trefferschäden u. Personalausfälle. Pos: 25 sm westl. Z 32 kann Durchbruch allein nicht erzwingen. Daher Entschluß zum Durchbruch nach Westen - 04.30 -
3 Kreuzer 1 Zerstörer
02.19 heftige Explosion beim Gegner.
4 Fächer a. -50hm
Heckgefecht 01.34 - 01.47 genebelt
02.32 - 02.34 Bb. achteraus LG-Feuer
2 - 3 große, 2 kleinere feindliche Einheiten.
Torp. treffer auf Zerstörer
01.34 brennender Zerstörer
Torpedo
Torp. 4 Fächer 40-50hm
Ortung -70 hm
6 Zerstörer in 2 Gruppen erkannt.
ZH1 nach Torp. treffer u. Treffer Maschine manövrierunfähig, treibt nach Südost.
02.35 selbst gesprengt.
04°22'W - 48°55'N
Sperrfeuer Flak
02.32 - 02.38 2 Schatten a. Bb. von Z 32
01.50 - 02.00 Artilleriegefecht auf SO-Kurs.
02.00 Angriffskurs NO. Gegner im eigenen Fu.M. angesteuert.
02.11 Gegner in Sicht 70hm.
02.16 4 Fächer Z 32, alle Boote feuern Torpedos.
Im Ablaufen schweres Artilleriegefecht gegen Kreuzer vom Glasgow-Typ bis 02.28.
von Brest 8.6. 20.30
Z 24 und T24 um 09.30 Brest eingelaufen.
Ab 03.10 Kurs Ost - Ansteuerung St. Malo
Grenzlinie minenverdächtiges Gebiet.
Wetter: bedeckt, leichter Regen.
2 Kreuzer eröffnen schweres Feuer
2 Torpedos
29 sm
n. Pkt 336
Pkt 338
Ausfall Bb. Maschine
Z 32 läuft mit AK nach SW und versucht durch Zickzack-Kurs dem schweren Feuer auszuweichen, wird aber laufend getroffen. Gegner schießt mit LG.
Kutter ZH1
1 Torpedo
Ausfall Stb. Maschine
Befehl zur Sprengung
05.20 Z 32 aufgesetzt.
Überlebende ab 07.00 von 2. VP-Flottille Morlaix aufgenommen.
Abends, Kutter ZH1 mit 1 Offz. und 27 Mann auf Ile de Bas gelandet.
2. VP-Flottille
Ile de Bas
Roscoff
Tregastel
St. Pole de Leon
Morlaix
Cléder
Brinogan
Plouguerneau
I. Vierge
Ouessant 05°05'W - 48°30'N
Brest
Finisterre
49°
55'
50'
48°50'
45'
40'
30'
4°

12. 6. 1944
Ostsee: *Z 35* Baltischport eingelaufen von Reval kommend.

19. 6. 1944
Ostsee: *Friedrich Ihn* mit Chef 5. Z.-Fl. in Gotenhafen.

21. 6. 1944
Ostsee: *Friedrich Ihn* mit Chef 5. Z.-Fl., *Theodor Riedel* und *T 13* Gotenhafen ausgelaufen zum Marsch in das Skagerrak.

22. 6. 1944
Westliche Ostsee/Kattegat: Chef 5. Z.-Fl. mit *Friedrich Ihn, Theodor Riedel* und *T 13* Marsch in das Skagerrakgebiet.
Ostsee: *Z 25* und *Z 35* Baltischport ausgelaufen.

23. 6. 1944
Ostsee: *Z 39* in Baltischport bei Angriff eines russischen Flugzeuges durch Bombentreffer mittschiffs beschädigt. Werftreparatur erforderlich.

24. 6. 1944
Skagerrak: Chef 5. Z.-Fl. mit *Friedrich Ihn, Theodor Riedel* und *T 13* Horten eingelaufen, auf *Karl Galster* übergestiegen.
Ostsee: Der beschädigte Zerstörer *Z 39* im Geleit von *Z 28* von Baltischport kommend in Libau eingelaufen.
Südnorwegen: *Friedrich Ihn* kurzzeitig ausgefallen wegen Maschinenschaden.

25. 6. 1944
Ostsee: *Z 28* mit Chef 6. Z.-Fl. Libau ausgelaufen zum Rückmarsch nach Osten.
Z 39 mit Bergungsschlepper *Albert Forster* Libau ausgelaufen zum Marsch über Swinemünde nach Kiel in die Werft D.W.K.

26. 6. 1944
Norwegen: Chef 5. Z.-Fl. mit *Karl Galster, Theodor Riedel, Friedrich Ihn* und *Z 30* Horten ausgelaufen zu Flottillenübungen im Skagerrak.

27. 6. 1944
Norwegen: Nach Übungsende Chef 5. Z.-Fl. mit *Karl Galster, Theodor Riedel, Friedrich Ihn* und *Z 30* Horten eingelaufen.
Heimat: *Z 39* in Swinemünde.

28. 6. 1944
Norwegen: Chef 5. Z.-Fl. mit seinen vier Zerstörern Horten ausgelaufen zur Fortsetzung von Übungen.
Ostsee: *Z 28* mit Chef 6. Z.-Fl. bei Utö in den Finnischen Schären beim Schweren Kreuzer *Lützow* und den Zerstörern *Z 25, Z 35* und *Z 36* geankert und Bereitschaftsposition bezogen. (Geheime Vorbereitung für das Unternehmen »Tanne West«, d. h. Besetzung der Aaland-Inseln durch deutsche Wehrmacht im Falle eines vorzeitigen finnischen Waffenstillstandes mit der Sowjetunion).

29. 6. 1944
Heimat: *Z 39* in Kiel. Geschätzte Werftdauer zunächst 10 Wochen.
Norwegen: *Friedrich Ihn* für weitere Übungsteilnahme ausgefallen wegen Schadens in Niederdruck-Turbine T. 1.

30. 6. 1944
Norwegen: Chef 5. Z.-Fl. mit *Karl Galster, Theodor Riedel* und *Z 30* Fortsetzung der Übungen im Skagerrak.
Nordmeer: *Z 29* mit Chef 4. Z.-Fl., *Z 31, Z 33, Z 34* und *Z 38* Alta ausgelaufen in das Nordmeer zum Übungsvorhaben »Südwind« und zu einem Vorstoß zur Bäreninsel.

1. 7. 1944
Norwegen: Chef 4. Z.-Fl. mit fünf Zerstörern von 36stündigen Fahrübungen und Ausbildung in See wieder Altafjord eingelaufen.
Frankreich: *Z 24* und *T 24* verlegt von Brest zur Gironde.

4. 7. 1944
Heimat: Arbeiten an *Z 44* und *Z 51* bei Deschimag in Bremen eingeschränkt wegen Sofortprogramms für andere Aufgaben, vor allem U-Boot-Bau.
Norwegen: Chef 5. Z.-Fl. mit *Karl Galster, Theodor Riedel, Friedrich Ihn* (wieder voll fahrbereit) und *Z 30* sowie 3. T.-Fl. mit T-Booten Übungen von Horten aus im Skagerrak.

5. 7. 1944
Ostsee: *Z 25* im Finnenbusen mit zwei ausgefallenen bzw. beschädigten E-Dieseln nicht mehr voll einsatzbereit.

8. 7. 1944
Frankreich: *Z 24* und *T 24* voll einsatzbereit, sollen demnächst für U-Boot-Geleite nach Brest verlegen.

9. 7. 1944
Ostsee: *Z 25* ausgelaufen Finnische Schären zum Marsch nach Swinemünde.

10. 7. 1944
Heimat: *Z 25* Swinemünde eingelaufen zu Reparaturen.
Ostsee: *Z 28* mit Chef 6. Z.-Fl. nach Turku verlegt.

11. 7. 1944
Heimat: *Paul Jacobi* in Germaniawerft in Kiel. Einbau »Tormast«, neues Funkmeß-Gerät, Einbau der frisch überholten Geschütze.
Ostsee: *Z 35* Verlegungsmarsch von Libau in den Raum Utö.

12. 7. 1944
Frankreich: *Z 24* und *T 24* Royan ausgelaufen zu Übungen in der Biskaya.

13. 7. 1944
Frankreich: *Z 24* und *T 24* Übungen beendet und eingelaufen in Royan. *Z 24* mehrere Wochen nicht fahrbereit wegen Getriebeschadens.
Ostsee: *Z 35* Marsch von Utö nach Turku.

14. 7. 1944
Ostsee: *Z 28* mit Chef 6. Z.-Fl. Marsch von Turku nach Baltischport.

17. 7. 1944
Norwegen: Um 02.00 Uhr Angriff britischer Flugzeuge von den Flugzeugträgern *Formidable, Indefatigable* und *Furious*, welche durch das Schlachtschiff *Duke of York*, die Kreuzer *Kent, Devonshire, Jamaica* und *Bellona*, Flottenzerstörer und eine Escort Group gedeckt waren – auf das deutsche Schlachtschiff *Tirpitz* und die fünf Zerstörer der 4. Z.-Fl. *Z 29, Z 31, Z 33, Z 34* und *Z 38.*
Auf *Tirpitz, Z 31* und *Z 38* wegen rechtzeitiger Vernebelung und Flakabwehr keine Beschädigungen. Einige Tote und leichte Schäden durch Bordwaffenbeschuß auf *Z 29, Z 33* und *Z 34.*

18. 7. 1944
Heimat: Schwerer Luftangriff auf Kiel. *Paul Jacobi* in der Werft beschädigt durch zwei Bombennahtreffer. Eine Bombe hat den Stb.-Schraubenschutz durchschlagen und ist unter dem Zerstörer detoniert. Die zweite Bombe ist hinter dem Zerstörerheck im Wasser detoniert. Heck um ca. 20 cm hochgedrückt.

Stauchungen im Deck bis ca. 50 cm. Wassereinbruch in Abt. I. Nach Eindocken festgestellt, daß Stb.-Welle mit Probefahrtspropeller unbrauchbar geworden sind. Ruder im Schaft abgerissen und fehlt. Weitere Reparaturzeit von etwa vier Monaten erforderlich.
Norwegen: 5. Z.-Fl. mit *Karl Galster, Theodor Riedel, Friedrich Ihn* und *Z 30* hat mit Durchführung des Torpedoschießens ihre Übungen beendet. Auf verschiedenen Liegeplätzen des Oslofjordes geankert.

19. 7. 1944
Ostsee: *Z 28* mit Chef 6. Z.-Fl. und *Z 35* bei Utö eingelaufen.

20. 7. 1944
Frankreich: *Z 24* hat schiffbauliche Schäden festgestellt, vermutlich als Folge von Kurzaufschlägen während des Gefechtes vom 9. 6. 1944. Eindocken und etwa dreiwöchige Reparatur erforderlich.

22. 7. 1944
Norwegen: *Z 33* hat als letzter der beschädigten Zerstörer in Alta die Schäden des Luftangriffs vom 17. 7. 1944 beseitigt und ist wieder einsatzbereit.

24. 7. 1944
Heimat: Gegen 01.00 Uhr schwerer britischer Luftangriff auf Kiel. Im Hafen *U 239, U 1164, U 2323,* U-Boot-Tender *Erwin Wassner,* Passagierschiff *General Osorio* und Transporter *Axel* gesunken.
Der bei D.W.K. liegende Zerstörer *Z 39* durch eine Bombe, die das Achterschiff durchschlug und unter dem Heck explodierte, beschädigt. Auf *Paul Jacobi* wurde wenig später ein Blindgänger festgestellt. Der Zerstörer wurde verholt, da es sich auch um einen Langzeitzünder handeln konnte.

25. 7. 1944
Ostsee: *Z 25* wieder einsatzbereit, Marsch von Swinemünde nach Gotenhafen.

26. 7. 1944
Ostsee: *Z 28* und *Z 35* Marsch von Utö nach Turku.

27. 7. 1944
Heimat: Fertigstellung *Richard Beitzen* wegen Maschinenstörung erneut verzögert um etwa eine Woche.

28. 7. 1944
Ostsee: *Z 28* mit Chef 6. Z.-Fl. und *Z 35* Verlegungsmarsch von Turku nach Riga.
Z 25 und *Z 36* haben Verlegungsbefehl zur 6. Z.-Fl. erhalten.
Norwegen: *Karl Galster* mit Chef 5. Z.-Fl. und *Z 30* Marsch von Oslo bzw. Horten nach Frederikshavn.

29. 7. 1944
Heimat: Der kurz vor seiner Indienststellung stehende Zerstörer *Z 44* und die bei Deschimag liegenden T-Boote *T 2* und *T 7* bei schwerem Luftangriff auf Bremen gesunken. Von *Z 44* ragten nach dem Angriff nur noch Teile seiner Aufbauten, Schornsteine und Masten aus dem Wasser.

30. 7. 1944
Heimat: *Z 36,* bisher truppendienstlich der 5. Z.-Fl. unterstellt, ab 1. 8. 1944 voll der 6. Z.-Fl. zugeteilt.
Z 39 während Reparaturdauer abgezweigt truppendienstlich der 5. Z.-Fl. unterstellt.
Ostsee: *Z 28* mit Chef 6. Z.-Fl., *Z 25, Z 35* und *Z 36* Turku ausgelaufen, um im Rigaer Meerbusen auf besondere Anforderung durch das Heer artilleristisch eingreifen zu können.

31. 7. 1944
Ostsee: Chef 6. Z.-Fl. mit vier Zerstörern im Rigaer Meerbusen, jedoch keine Einsätze.

Norwegen: Schlachtschiff *Tirpitz* und die 4. Z.-Fl. mit *Z 29, Z 31, Z 33, Z 34* und *Z 38* morgens Altafjord ausgelaufen zu Übungen im Nordmeer. Auslaufend *Z 38* Wabo-Angriff auf ein vermeintliches gegnerisches U-Boot.

1. 8. 1944
Ostsee: *Chef* 6. Z.-Fl. mit *Z 28, Z 25, Z 35* und *Z 36* aus dem Rigaer Busen kommend, ohne dort eingesetzt worden zu sein, in Riga eingelaufen.
Norwegen: Abends *Tirpitz* und 4. Z.-Fl. mit fünf Zerstörern in den Altafjord eingelaufen und im Kaafjord geankert.
Heimat: *Paul Jacobi* und *Z 39* in Germaniawerft Kiel Beginn mit Seeklarvorbereitungen zur Verlegung nach Maureb Swinemünde.

2. 8. 1944
Ostsee: *Z 25* und *Z 36* Geleit für Truppentransport von Libau nach Dünamünde.

3. 8. 1944
Ostsee: Truppentransporter mit *Z 25* und *Z 36* in Dünamünde eingelaufen.
Heimat: *Z 43* nach Marsch aus der Ostsee durch den K.W.-Kanal in Wesermünde in der Werft N.D.L. zu Restarbeiten eingelaufen.
Skagerrak: *Karl Galster* mit Chef 5. Z.-Fl., *Z 30, Friedrich Ihn* und *Theodor Riedel* mit Minenschiffen Frederikshavn auslaufen zum Werfen einer Minensperre im Skagerrak.

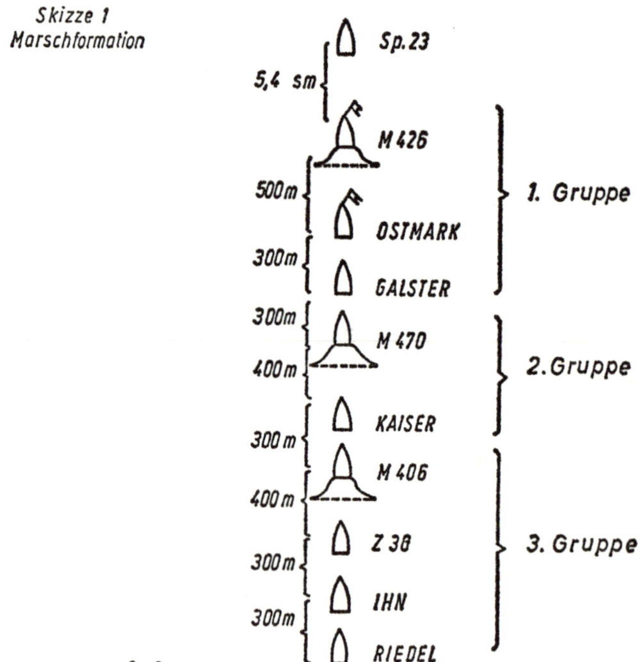

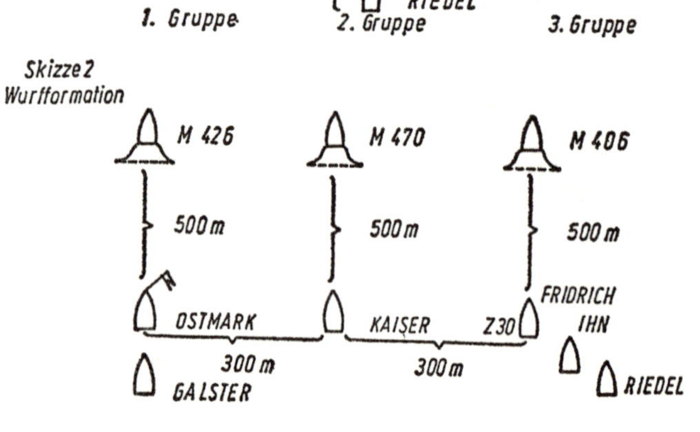

4. 8. 1944
Skagerrak: Chef 5. Z.-Fl. mit vier Zerstörern und Minenschiffen nach durchgeführter Aufgabe in Frederikshavn eingelaufen.

5. 8. 1944
Heimat: *Richard Beitzen* nach Instandsetzungszeit wieder einsatzbereit und verlegungsklar in Gotenhafen.
Skagerrak: Chef 5. Z.-Fl. mit vier Zerstörer und Minenschiffen zu erneuter Minenaufgabe Frederikshavn ausgelaufen.
Frankreich: *Z 24* wieder voll einsatzbereit auf der Gironde.
Ostsee: *Z 28* mit Chef 6. Z.-Fl., *Z 25, Z 35* und *Z 36* Verlegungsmarsch von Riga zu einer Ankerposition östlich von Ösel.

6. 8. 1944
Heimat: *Richard Beitzen* Gotenhafen ausgelaufen zum Marsch in das Skagerrak-Gebiet zu seiner Stammflottille.
Norwegen: Nach Beendigung der Minenunternehmung Chef 5. Z.-Fl. mit *Karl Galster, Friedrich Ihn* und *Z 30* in den Oslofjord eingelaufen. *Theodor Riedel* zur Abgabe seiner Sperrgeräte Marsch nach Frederikshavn.

8. 8. 1944
Norwegen: *Richard Beitzen* Oslofjord eingelaufen und damit zu seiner Stammflottille (5. Z.-Fl.) getreten.
Theodor Riedel Verlegungsmarsch von Frederikshavn zum Oslofjord.
Ostsee: *Z 35* von Ösel entlassen zu Reparaturen und Beschaffung von Nachschub nach Turku.

9. 8. 1944
Heimat: Verlegung *Paul Jacobi* und *Z 39* mit Schlepperhilfe von Kiel nach Swinemünde zu Maureb zur weiteren Instandsetzung.
Norwegen: *Theodor Riedel* im Oslofjord infolge Bilgenbrand für etwa vier Wochen nur eingeschränkt einsatzbereit.

10. 8. 1944
Norwegen: *Karl Galster* in Oslo ca. fünf Tage nicht einsatzbereit wegen Ausgasens zwecks Ungezieferbekämpfung.

12. 8. 1944
Frankreich: *Z 23* bei Luftangriff auf La Pallice in Werft beschädigt durch Bombentreffer Achterkante Mast. Schäden in K 3. Wassereinbruch.

13. 8. 1944
Norwegen: *Z 30* Oslofjord ausgelaufen zum Marsch durch die Ostsee nach Gotenhafen. Dort Durchführung von Versuchen beabsichtigt.
Frankreich: *Z 24* in der Biskaya zur Fernsicherung eines Geleites zwischen der Gironde und Belle Isle.
Ostsee: *Z 28* mit Chef 6. Z.-Fl., *Z 25* und *Z 36* im Rigaer Meerbusen bereit zum Eingreifen in die Landkämpfe bei Schlock.

14. 8. 1944
Frankreich: *Z 24* durch britische Flugzeuge auf Royan Reede angegriffen, Zerstörer leichte Schäden an Waffen und Geräten, mittlere Personalverluste. Vier Flugzeuge abgeschossen.
Ostsee: *Z 30* auf dem Marsch durch die Ostsee nach Gotenhafen. *Z 35* Verlegungsmarsch von Turku nach Reval.

15. 8. 1944
Heimat: *Z 30* Gotenhafen eingelaufen.

19. 8. 1944
Frankreich: Die von *Z 37* ausgebauten Waffen bei Bordeaux an Land fertig eingebaut und einsatzklar.

20. 8. 1944
Norwegen/Skagerrak: *Karl Galster* mit Chef 5. Z.-Fl., *Richard Beitzen, Friedrich Ihn* und *Theodor Riedel* Oslofjord ausgelaufen zum Werfen einer Minensperre im Skagerrak.
Ostsee: 2. Kampfgruppe (Schwerer Kreuzer *Prinz Eugen* mit Zerstörer *Z 28* und *Z 25* als schießende Einheiten sowie *Z 35* und *Z 36* als sichernde Boote) zusammen mit der 2. T.-Fl. bei Tukkum im Rigaer Meerbusen zur Artillerieunterstützung für deutsche Heerestruppen eingesetzt. Erfolgreiche Operation. Es gelang das Aufbrechen des sowjetischen Kessels im Küstenbereich und die Wiederherstellung der Verbindung zwischen den Heeresgruppen Nord und Mitte.

21. 8. 1944
Frankreich: *Z 23* in der Werft in La Pallice außer Dienst gestellt. Reparaturen eingestellt. Boot jedoch nicht gesprengt; blieb bis Kriegsende unverändert und wurde später ausgeschlachtet.
Ostsee: Nach durchgeführtem Landzielbeschuß 6. Z.-Fl. mit *Z 28, Z 25, Z 35* und *Z 36* südlich Ösel geankert. Dabei *Z 35* leichte Grundberührung. Muß wegen Schraubenwechsel in die Heimat verlegen. Dort 22. 8. 1944 eingetroffen und kurz eingedockt.

22. 8. 1944
Norwegen: Zwei schwere Luftangriffe von britischen Trägerflugzeugen (von *Indefatigable, Formidable, Furious* und den Geleitträgern *Vindex, Striker, Trumpeter* und *Nabob)* auf die deutsche Kampfgruppe mit *Tirpitz* und die fünf Zerstörer der 4. Z.-Fl. im Alta-Gebiet. Durch rechtzeitiges Einnebeln, Flakabwehr und deutsche Jagdabwehr kamen die englischen Flugzeuge nicht an den Verband heran. Insgesamt wurden 11 Flugzeuge abgeschossen, davon eins mit Sicherheit durch *Z 31*. Auf den Zerstörern keine Schäden oder Personalausfälle.

24. 8. 1944
Norwegen: Neuer Luftangriff der Flugzeuge von *Indefatigable, Formidable* und *Furious* auf die deutsche Kampfgruppe im Alta-Gebiet. Auf *Tirpitz* zwei unbedeutende Treffer, auf den fünf Zerstörern wiederum keine Schäden oder Ausfälle.
Frankreich: *Z 24* und *T 24* mit Prähmen und anderen Kleinfahrzeugen Bordeaux ausgelaufen zum Marsch nach Norden. Auf Le Verdon Reede Angriff britischer Bombenflugzeuge auf den Verband. *T 24* getroffen und wenig später gesunken.
Z 24 drei Bomben- bzw. Raketenbombentreffer achtern erhalten. Konnte noch in Le Verdon am Überseebahnhof festmachen. Besatzung ausgestiegen, ein Toter und Verwundete sowie Geräte und Ausrüstung geborgen. Zerstörer an der Pier wenige Stunden später gekentert und gesunken.
Z 37 in der Werft in Bordeaux außer Dienst gestellt und durch die eigene Restbesatzung unbrauchbar gemacht.

27. 8. 1944
Heimat: Nachts schwerer britischer Luftangriff auf Kiel. Mittlere Schäden in Werft und Arsenal, eine Nachschubdienststelle des F.d.Z. zerstört. Auf *Hans Lody* keine Schäden.

29. 8. 1944
Norwegen: Vierter und letzter Luftangriff der Trägerflugzeuge von *Indefatigable, Formidable* und *Furious* auf das Schlachtschiff *Tirpitz* und die fünf Zerstörer der 4. Z.-Fl. Auf *Tirpitz* keine Schäden. Auf den Zerstörern *Z 31* und *Z 34* durch Bordwaffenbeschuß leichte Schäden und geringe Personalausfälle. Auf *Z 31* wurden 215 Einschüsse gezählt.

30. 8. 1944
Heimat: Mit sofortiger Wirkung 4. Z.-Fl. zusätzlich Stammflottille für *Z 25, Z 29, Z 28* und *Z 30*, die jedoch bis auf weiteres

abgezweigt truppendienstlich anderen Flottillen unterstellt sind.
Frankreich/Heimat: 8. Z.-Fl. »Narvik« aufgelöst.

31. 8. 1944
Heimat: *Z 30* in Swinemünde Durchführung wichtigster Instandsetzungsarbeiten. Notwendige WLZ erst im Herbst 1944 geplant.

3. 9. 1944
Ostsee: Bei Räumung Stützpunkt Kotka Schärenflakabt. »Rotbuche« vorsorglich auf *Z 28* und *Z 36* eingeschifft, Stützpunkt jedoch noch gehalten.

4. 9. 1944
Ostsee: *Z 25* für zwei Tage im Finnischen Meerbusen zur Suche nach finnischen Dampfern, die einen Durchbruchsversuch nach Schweden beabsichtigen, in See. Im Quadrat AO 2972 (nordwestlich Dagö) finn. D. *Najaden* aufgebracht.

6. 9. 1944
Skagerrak: *Karl Galster* mit Chef 5. Z.-Fl. Oslo ausgelaufen zur Durchführung von Übungen im nördlichen Skagerrak.

7. 9. 1944
Ostsee: *Z 35* wegen Wellenschwingungen bei höheren Fahrtstufen entlassen zum Wechsel der Stb.-Welle.
Skagerrak: *Richard Beitzen* und *Friedrich Ihn* zu Einzelübungen im Skagerrak.

12. 9. 1944
Skagerrak: *Karl Galster* mit Chef 5. Z.-Fl. und *Richard Beitzen* Verlegungsmarsch von Moss nach Frederikshavn.

14. 9. 1944
Heimat: Auf *Paul Jacobi* in Swinemünde Beginn des Fla-Waffen-Wiedereinbaus.
Skagerrak: *Theodor Riedel* und *Friedrich Ihn* Oslo bzw. Horten ausgelaufen zum Marsch nach Frederikshavn.

15. 9. 1944
Dänemark: *Theodor Riedel* und *Friedrich Ihn* Frederikshavn eingelaufen.
Norwegen: Luftangriff britischer »Lancaster«-Bomber auf das Schlachtschiff *Tirpitz* im Altafjord. Die eingenebelte *Tirpitz* durch eine schwere 5,4 Tonnen-Bombe im Vorschiff getroffen und beschädigt. Zerstörer der 4. Z.-Fl. nicht beschädigt. Abends Ankern der Zerstörer: *Z 38* mit Chef 4. Z.-Fl. bei Indrekoven, *Z 31* Storaellaerisfjord, *Z 33* Goppibucht und *Z 34* im Skillafjord.
Ostsee: Chef 6. Z.-Fl. mit *Z 28, Z 25, Z 36, T 23* und *T 28* als Deckungsstreitkräfte für das Heer im Finnenbusen, jedoch keine Beschießungs-Einsätze. Abends wieder Reval eingelaufen.

16. 9. 1944
Dänemark: *Karl Galster* mit Chef 5. Z.-Fl. und *Richard Beitzen* Frederikshavn ausgelaufen zum Marsch nach Oslo.
Ostsee: *Z 28* mit Chef 6. Z.-Fl., *Z 25* und *Z 36* Baltischport ausgelaufen zum Geleit für das Fahrgastschiff *Monte Rosa* (Truppentransporter) auf dessen Marsch nach Gotenhafen.

17. 9. 1944
Norwegen: *Karl Galster* und *Richard Beitzen* Oslo eingelaufen.
Heimat: *Monte Rosa* mit drei Zerstörern Gotenhafen eingelaufen.

18. 9. 1944
Norwegen: *Friedrich Ihn* und *Theodor Riedel* von Frederikshavn kommend im Oslofjord geankert. Abends mit Minen beladen Oslofjord ausgelaufen: Leichter Kreuzer *Emden,* Minenschiff *Kaiser* und Chef 5. Z.-Fl. mit *Karl Galster, Richard Beitzen, Friedrich Ihn* und *Theodor Riedel* zu einer defensiven Minenunternehmung im westlichen Skagerrak.

19. 9. 1944
Norwegen: Kreuzer, Minenschiff und Zerstörer wieder in den Oslofjord eingelaufen.
Ostsee: *Z 28* mit Chef 6. Z.-Fl. und *Z 25* Gotenhafen ausgelaufen zum Verlegungsmarsch nach Baltischport.
Nordnorwegen: *Z 38* mit Chef 4. Z.-Fl., *Z 29, Z 31, Z 33, Z 34* Beginn einwöchiger Übungen im Altafjord, dazu Artillerie- und Torpedoschießen der Zerstörer.

20. 9. 1944
Ostsee: *Z 28* und *Z 25* Baltischport eingelaufen. Beide Boote haben gemeinsam mit vier Booten der 2. T.-Flottille, Hilfskreuzer *Hansa* und fünf Dampfern Räumung Revals durchgeführt und insgesamt 23 172 Personen, darunter 2080 Verwundete, abtransportiert.

21. 9. 1944
Heimat: *Z 35* in Gotenhafen wieder voll einsatzbereit. *Z 35* und *Z 36* der 2. Kampfgruppe z. Vfg. gestellt.
Norwegen: *Z 29* Schwingungen in der Stb.-Welle. Docken demnächst notwendig. Wegen notwendiger Unterwasserarbeiten Docken auch für *Z 33* und *Z 34* erforderlich.
Theodor Riedel Oslo eingelaufen zu Instandsetzungen.
Karl Galster mit Chef 5. Z.-Fl., *Richard Beitzen* und *Friedrich Ihn* Beginn von Tag- und Nachtübungen im Südteil des Oslofjordes.
Ostsee: Chef 6. Z.-Fl. mit *Z 28* und *Z 25,* beladen mit 140 Soldaten und 230 Flüchtlingen, von Baltischport kommend, in Libau eingelaufen.

22. 9. 1944
Heimat: *Z 35* mit 2. Kampfgruppe Gotenhafen ausgelaufen zum Marsch nach Nordosten.
Ostsee: Chef 6. Z.-Fl. mit *Z 28, Z 25* und *T 9* Libau ausgelaufen, um mit der von Gotenhafen kommenden 2. KGr., (den Kern bildeten die Schweren Kreuzer *Prinz Eugen* und *Lützow)* bei der sich bereits *Z 35* und *Z 36* befanden, zusammenzutreffen.

23. 9. 1944
Norwegen: *Richard Beitzen* nach Durchführung von Einzelübungen ins Oslo eingelaufen zu kurzen Instandsetzungen.

24. 9. 1944
Ostsee: *Prinz Eugen, Lützow* und *Z 28* mit Chef 6. Z.-Fl., *Z 25, Z 35* und *Z 36* in der Aalandsee Geleitsicherung für die letzten vier deutschen Schiffe übernommen, die mit deutschen Soldaten auf Marsch von Finnland nach Gotenhafen unterwegs sind. Ausbruch dieser Schiffe aus dem Bottnischen Meerbusen war nur unter dem Schutz der schweren Artillerie der Kreuzer möglich.

25. 9. 1944
Ostsee: *Prinz Eugen, Lützow, Z 28, Z 35, Z 36* und vier Transporter in Gotenhafen eingelaufen. *Z 25* noch zu einem Sondergeleit in der Ostsee.

27. 9. 1944
Nordnorwegen: *Z 29* entlassen zum Docken nach Narvik, Bogenbucht. Chef 4. Z.-Fl. auf *Z 38* übergestiegen.
Ostsee: *Z 25* nach Sondergeleit in Gotenhafen eingelaufen.

28. 9. 1944
Nordnorwegen: *Z 29* beim Maureb in Bogenbucht eingedockt.
Skagerrak: Chef 5. Z.-Fl. mit *Karl Galster, Friedrich Ihn* und *Richard Beitzen* hat zweitägige Übungen in See beendet und ist in den Oslofjord eingelaufen. Zur Fortsetzung der Übungen wieder ausgelaufen.

29. 9. 1944
Norwegen: Chef 5. Z.-Fl. mit drei Zerstörern Oslofjord nach Beendigung der Übungen eingelaufen.

1. 10. 1944
Heimat: F.d.Z. mit Tender *Jagd (F 1)* Swinemünde ausgelaufen zum Marsch nach Kopenhagen.
Norwegen: Oslofjord ausgelaufen zu einer Minenunternehmung im Skagerrak: Leichter Kreuzer *Emden*, Minenschiff *Kaiser, Karl Galster* mit Chef 5. Z.-Fl., *Richard Beitzen, Friedrich Ihn* und *Theodor Riedel.*

2. 10. 1944
Norwegen: Im Skagerrak Minenunternehmung der 5. Z.-Fl. In der Nacht Angriff eines einzelnen britischen Torpedoflugzeuges. Torpedo hat *Karl Galster* unterlaufen. Nach Beendigung der Minenaufgabe Einlaufen der Zerstörer in den Oslofjord.
Z 38 mit Chef 4. Z.-Fl., *Z 31, Z 33* und *Z 34* Alta ausgelaufen zum Marsch nach Tromsö.

3. 10. 1944
Dänemark: *Z 30* in Kopenhagen. F.d.Z. dort eingestiegen. Ausgelaufen zum Marsch nach Frederikshavn.
Norwegen: Chef 5. Z.-Fl. mit seinen vier Zerstörern Oslofjord ausgelaufen zum Marsch nach Frederikshavn. Abends *Friedrich Ihn* und *Richard Beitzen* Frederikshavn wieder ausgelaufen zum Marsch nach Horten.
4. Z.-Fl. mit vier Zerstörern Tromsö eingelaufen.

4. 10. 1944
Skagerrak: *Z 30* mit F.d.Z. in Frederikshavn eingelaufen. *Z 30* mit F.d.Z., *Karl Galster* mit Chef 5. Z.-Fl. und F.d.Minsch. ausgelaufen zum Marsch in den Oslofjord.
Friedrich Ihn und *Richard Beitzen* bei Mageröy im Oslofjord geankert.

5. 10. 1944
Norwegen: *Z 30* und *Karl Galster* Oslofjord eingelaufen. Auf dem Marsch zum Oslofjord Abwehr einzelner britischer Flugzeuge.
Nachmittags *Karl Galster* mit Chef 5. Z.-Fl. und F.d.Z., *Z 30, Friedrich Ihn* und *Richard Beitzen* und Leichter Kreuzer *Emden* mit F.d.Minsch. ausgelaufen zum Werfen der Minensperre »Vespasia« im westlichen Skagerrak.

6. 10. 1944
Norwegen: Von Minenunternehmung kommend F.d.Z., F.d.-Minsch. und 5. Z.-Fl. mit Chef wieder Oslofjord eingelaufen.

7. 10. 1944
Norwegen: Chef 5. Z.-Fl. mit *Z 30, Karl Galster, Friedrich Ihn* und *Richard Beitzen* unter Teilnahme des F.d.Z. Oslofjord ausgelaufen zu Übungen im Skagerrak.

8. 10. 1944
Norwegen: *Z 29* wieder einsatzbereit in der Bogenbucht (Narvik). Antritt des Marsches zur 4. Z.-Fl.
4. Z.-Fl. mit *Z 38, Z 31, Z 33* und *Z 34* im Loppafjord Sicherung für Schlachtschiff *Tirpitz.*
5. Z.-Fl. und F.d.Z. mit *Z 30, Karl Galster, Friedrich Ihn* und *Richard Beitzen* in Kopenhagen eingelaufen.

9. 10. 1944
Skagerrak: 5. Z.-Fl. mit *Z 30, Karl Galster, Friedrich Ihn* und *Richard Beitzen* Kopenhagen ausgelaufen zur Durchführung von Torpedoschießen im Skagerrak.

10. 10. 1944
Norwegen: 5. Z.-Fl. mit vier Zerstörern, an Bord F.d.Z., eingelaufen in den Oslofjord.
Heimat: *Z 25* mit 200 Mann Heerestruppen Marsch von Gotenhafen nach Memel, das eingekesselt wurde. Anschließend Rückkehr nach Gotenhafen mit 200 Marinehelfern und -helferinnen.
Ostsee: Einsatz der 2. KGr. zum Beschuß sowjetischer Truppen und Stellungen bei Memel unter Teilnahme der 6. Z.-Fl. mit *Z 28, Z 35* und *Z 36* sowie vier Booten der 3. T.-Fl.

11. 10. 1944
Ostsee: 6. Z.-Fl. mit *Z 35* und *Z 36* sowie von Gotenhafen kommend *Z 25* und die 3. T.-Fl. mit *T 13, T 16, T 20* und *T 21* mit der 2. KGr. ausgelaufen zur Bekämpfung sowjetischer Truppen, die bei Memel und Libau bis an die Ostsee durchgebrochen waren. Schwere Kreuzer *Prinz Eugen* und *Lützow* auf Anforderung des Heeres mit den drei Zerstörern nach Nebellichtung wirksames Feuer eröffnet, von vorgeschobenen Beobachtern über Funk geleitet. 3. T.-Fl. mit den 4 T-Booten Fla- und U-Boot-Sicherung. Abwehr sowjetischer Luftangriffe.

12. 10. 1944
Ostsee: 2. KGr. mit *Prinz Eugen* und *Lützow,* 6. Z.-Fl. mit *Z 25, Z 35* und *Z 36* und 3. T.-Fl. mit vier Booten nach Beendigung ihrer Aufgabe in Gotenhafen eingelaufen. *Z 25* anscheinend durch Torpedostreifschuß Schraubenschaden. Dazu Bunkerleckagen durch Bordwaffenbeschuß.

13. 10. 1944
Ostsee: 2. KGr. mit *Prinz Eugen, Lützow,* 6. Z.-Fl. mit *Z 35* und *Z 36* 3. T.-Fl. mit *T 21, T 13, T 16, T 19, T 20* nach Munitions- und Treibstoffergänzung Gotenhafen wieder ausgelaufen zum erneuten Landzielbeschuß bei Memel.

14. 10. 1944
Ostsee: 2. KGr. in der Zusammensetzung des Vortages erfolgreiche Niederkärnpfung durchgebrochener sowjetischer Truppen bei Karkelbeck. Dabei heftige sowjetische Luftangriffe abgewehrt.
Norwegen: 4. Z.-Fl. mit *Z 38, Z 29, Z 31, Z 33* und *Z 34* Verlegungsmarsch von Tromsö nach dem Tverfjord in die Nähe des Schlachtschiffes *Tirpitz.*

15. 10. 1944
Ostsee: Teile der 2. KGr. mit zeitlichen Unterschieden ab vormittags bis zum Spätabend vom Landzielbeschuß im Großraum Memel zurückkommend in Gotenhafen eingelaufen. Einsatz wurde von Heer wieder als sehr erfolgreich und entlastend beurteilt.
Skagerrak: *Richard Beitzen* bei Durchführung einer Geleitaufgabe vom Oslofjord zum Kattegat.
Theodor Riedel, eben wieder einsatzbereit und unterwegs zum Treffen mit *Richard Beitzen,* wegen Getriebeschadens und Ausfalls der Bb.-Maschine kehrtgemacht.

16. 10. 1944
Ostsee: Die seit 20.04 Uhr bei Hela durch eine Kollosion ineinander verkeilten Kreuzer *Prinz Eugen* (von Landbeschießung von Memel kommend) und *Leipzig* (Gotenhafen ausgelaufen zum Marsch nach Swinemünde, um dort Minen zu übernehmen) nach 14 Stunden mit Schlepperhilfe voneinander getrennt. Während dieser Zeit Sicherung der Kreuzer durch die

mit *Prinz Eugen* zurückgekommenen *Z 35, Z 36, T 20* und *T 21*. Nach Trennung der beiden Schiffe konnte *Prinz Eugen* mit eigener Kraft in Gotenhafen einlaufen, *Leipzig* mußte eingeschleppt werden. Auch die vier Sicherungsfahrzeuge liefen während des Tages in Gotenhafen ein.

17. 10. 1944
Heimat: *Z 43* eingeschränkt einsatzbereit. Durchführung einer kleineren Maschinenreparatur.
Skagerrak: Chef 5. Z.-Fl. mit *Z 30, Karl Galster* und *Friedrich Ihn* in See zur Geleitsicherung im Skagerrak und Kattegat mit den Truppentransportern *Mar del Plata* und *Isar* Oslofjord ausgelaufen.

18. 10. 1944
Skagerrak: Chef 5. Z.-Fl. mit drei Zerstörern nach Beendigung der Geleitaufgabe wieder in Horten bzw. Mossund eingelaufen.

19. 10. 1944
Skagerrak: *Karl Galster* mit Chef 5. Z.-Fl., *Z 30* und *Friedrich Ihn* erneut zu einer Geleitdurchführung Oslofjord ausgelaufen.
Norwegen: *Z 29* mit Chef 4. Z.-Fl., *Z 31, Z 33, Z 34* und *Z 38* Überführungsmarsch zum Smalfjord.

20. 10. 1944
Skagerrak: *Z 30* während der Sicherung eines Rückgeleits der 5. Z.-Fl. zum Oslofjord im Süden des Fjordausgangs durch Minentreffer bei Nebel schwer beschädigt. Mine achtern an Bb. in Höhe des Schraubenschutzes detoniert. Abt. I. völlig zerstört. Bb.-Kraftwerk und Ruder ausgefallen. Bb.-Welle fest, Stb.-Welle starke Geräusche im Getriebe. Ausgefallen auch Rudermotoren- und Geschirraum, Geschütz und achteres FuMO-Gerät. Personalverluste: 9 Tote, 5 Vermißte, 12 Schwerverwundete. *Friedrich Ihn* und Ujäger *Uj 1702* zur Hilfeleistung, *Richard Beitzen* zum Flakschutz heranbefohlen.
Z 30 von *Karl Galster* (laut 1. SKL-Teil D Lage Ostsee – Norwegen Januar–Dezember 1944 von *Friedrich Ihn!*) auf den Haken genommen und nach Oslo eingeschleppt.

21. 10. 1944
Norwegen: *Z 30* durch *Karl Galster* Oslo eingeschleppt. *Z 30* festgemacht in der Nyland-Werft zur Reparatur. *Karl Galster, Friedrich Ihn* und *Theodor Riedel* in Oslo 24 Stunden außer Einsatzbereitschaft.
4. Z.-Fl. mit *Z 29, Z 31, Z 33, Z 34* und *Z 38* Smalfjord ausgelaufen zum ersten Vorstoß zum Varangerfjord zur Sicherung von Räumungsgeleiten.

22. 10. 1944
Heimat: F.d.Z. nachmittags auf Schweren Kreuzer *Lützow* eingestiegen zur Teilnahme an einen Kampfeinsatz der 2. KGr. (Landzielbeschuß bei Memel und auf der Halbinsel Sworbe). Anschließend 2. KGr. mit *Z 28, Z 35,* Chef 3. T.-Fl. mit *T 21, T 13, T 19* Gotenhafen eingelaufen.
Norwegen: 4. Z.-Fl. mit fünf Zerstörern von Geleitaufgabe kommend vor Tana geankert.
Karl Galster mit Chef 5. Z.-Fl., *Friedrich Ihn* und *Richard Beitzen* Oslofjord ausgelaufen zur Sicherung von Truppentransportern im Skagerrak.

23. 10. 1944
Ostsee: 2. KGr. mit *Lützow, Z 28* und *Z 35* vormittags Beginn Landzielbeschuß bei Memel. Die drei T-Boote der 3. T.-Fl. auf Sicherungspositionen. Nach Beendigung des Beschusses abgelaufen, um am nächsten Morgen zum erneuten Einsatz bereitzustehen.
Z 35 bei Landzielbeschießung vor Memel 3. Geschützrohr mitsamt Verschluß nach hinten außenbords geflogen. Durch Brechen der Rücklaufbremse ein Schwerverletzter.
Skagerrak: 5. Z.-Fl. mit *Karl Galster, Friedrich Ihn* und *Richard Beitzen* mit Rückgeleit auf dem Marsch zum Oslofjord. Um 00.05 Uhr mehrere Bombenabwürfe auf das Geleit westlich *Vinga Feuerschiff*. Keine Treffer.
Nordnorwegen: 4. Z.-Fl. mit *Z 29, Z 31, Z 33, Z 34* und *Z 38* bis zum 31. 10. 1944 im täglichen Einsatz zur Deckung von (Rückzugs-)Räumgeleiten, Abholung der deutschen Besatzung von Vardö und Honningsvaag und zum Vorpostendienst im Tanafjord.

24. 10. 1944
Ostsee: 2. KGr. in der Zusammensetzung des Vortages Beschuß sowjetischer Truppen, Panzer und Stellungen im Flaschenhals von Sworbe. Sicherung durch die Flottentorpedoboote *T 23* und *T 28* verstärkt. Feuer von *Lützow, Z 28* und *Z 35* gutliegend. *Z 28* durch fünf Bombentreffer beschädigt. Eine Bombe detonierte im Kartenhaus. Zweite Bombe Durchschuß Mast und Stb.-Brücke, bei Ausschuß detoniert. Dritte Bombe bei vorderem Schornstein, Stb. Achterdeck zerschellt. Vierte Bombe liegt als Blindgänger noch im vorderen Schornstein, wahrscheinlich ebenfalls zerschellt. Fünfte Bombe Durchschuß achterer Schornstein, Stb. neben Bordwand detoniert. Außerdem zwei weitere Einschläge unmittelbar neben Bordwand. Zahlreiche Splitterdurchschläge, 2 cm- und 4 cm-Treffer sowie Durchschüsse. 5 Mann Brückenpersonal tot, 4 weitere mit Funkmeßhaus außenbords geflogen und getötet, 5 Schwerverwundete und zahlreiche Leichtverwundete.
Z 35 Nähe Bordwand 4 Bombentreffer, einige Splitterschäden sowie Einschläge 2 cm- und 4 cm-Flugzug-Maschinenkanonen. Bis auf 3. Geschützrohr voll einsatzbereit.
Skagerrak: Chef 5. Z.-Fl. mit *Karl Galster, Friedrich Ihn* und *Richard Beitzen* im Skagerrak bei einer Geleitaufgabe eingesetzt.

25. 10. 1944
Heimat: *Z 43* voll einsatzbereit.
Z 28, Z 35, T 23, T 28, T 1 und *T 3* nach beendeter Aufgabe Gotenhafen eingelaufen.
Norwegen: Chef 5. Z.-Fl. mit drei Zerstörern beim Geleiteinsatz noch in See.

26. 10. 1944
Heimat: *Z 35* eingeschränkt einsatzfähig wegen Auswechselns jenes Geschützes, dessen Rohr infolge Bruchs der Rücklaufbremse am 23. 10. 1944 beim Landzielbeschuß von Memel verlorenging.
Paul Jacobi in Swinemünde Vorbereitung begonnen zum ersten Auslaufen nach WLZ und Instandsetzung. Munitionsübernahme.

28. 10. 1944
Ostsee: Beginn von Verbandsübungen in der Ostsee unter Teilnahme von:
Schwere Kreuzer *Admiral Scheer, Lützow* und *Admiral Hipper*, Leichter Kreuzer *Nürnberg*, 6. Z.-Fl. mit *Z 25, Z 36* und *Z 43*, Chef 5. T.-Fl. mit *T 34* und *T 35*.
Übungsbeginn und -verlauf behindert durch schlechtes Wetter und grobe See. Eine Teilnahme der 3. T.-Fl. fiel deshalb aus. Vorzeitige Beendigung der Übungen und abends Einlaufen der beteiligten Einheiten in Gotenhafen. Dort F.d.Z. von *Z 36* wieder auf Tender *Jagd (F 1)* übergestiegen.
Z 25 wegen erlittener Seeschäden einige Tage nicht einsatzbereit.
Skagerrak: Chef 5. Z.-Fl. mit *Karl Galster, Richard Beitzen* und *Friedrich Ihn* zu erneuter Geleitaufgabe eingesetzt.
Heimat: *Paul Jacobi* Swinemünde ausgelaufen zum Marsch

nach Stettin. Dort MES-Vermessung. Auf der anschließenden Rückfahrt nach Swinemünde Maschinenschaden. Zur Instandsetzung wieder in der Werft des Maureb. festgemacht.

29. 10. 1944
Skagerrak: 5. Z.-Fl. mit drei Zerstörern nach Beendigung Geleiteinsatz für Truppentransporter in Horten eingelaufen.

30. 10. 1944
Heimat: Zusammen mit Flottentender *Jagd* Verlegung *Z 28* von Gotenhafen zur Reparatur der Bombenschäden nach Swinemünde zum Maureb.

Skagerrak: *Karl Galster* mit Chef 5. Z.-Fl., *Richard Beitzen, Friedrich Ihn* Horten erneut ausgelaufen zum Geleiten von Truppentransporten zum Kattegat.
Nordnorwegen: 4. Z.-Fl. mit *Z 31* und anderen Zerstörern beteiligt an der Zerstörung von Vardoe nach Räumung durch die deutsche Besatzung.

31. 10. 1944
Heimat: *Paul Jacobi* um 15.30 Uhr erstmalig nach 13monatiger Werftzeit Swinemünde ausgelaufen zu Probefahrten bei Bornholm.
Z 28 und Flottentender *Jagd* mit F.d.Z. Swinemünde eingelaufen.
Ostsee: 6. Z.-Fl. mit *Z 36* und *Z 43,* 5. T.-Fl. mit *T 34* und *T 35* und die 3. T.-Fl. nördlich von Hela Flottillenübungen.
Skagerrak: 5. Z.-Fl. mit 3 Zerstörern eingelaufen in Horten.
Norwegen: 4. Z.-Fl. mit *Z 29, Z 33* und *Z 34* Vorpostendienst im Tanafjord.

1. 11. 1944
Ostsee: Ende von Verbandsübungen in der östlichen Ostsee. Daran beteiligte Einheiten (aufgeführt am 28. 10. 1944).Gotenhafen eingelaufen.
Paul Jacobi in der mittleren Ostsee Beendigung der Probefahrt. Vormittags Rückmarsch angetreten. Bis abends geankert, da der angeforderte Sperrbrecher-Geleitschutz nicht zur Stelle war.

2. 11. 1944
Heimat: *Z 35* in Gotenhafen eingeschränkt einsatzbereit. Das dritte Geschütz noch nicht an Bord.
Paul Jacobi morgens Swinemünde eingelaufen.

3. 11. 1944
Skagerrak: *Richard Beitzen* und *Friedrich Ihn* Horten ausgelaufen zu einer Geleitaufgabe (Truppentransporte) bis zum Kattegat.
Nordnorwegen: *Z 38* mit Chef 4. Z.-Fl., *Z 31* und *Z 34* Zerstörung des Basfjordes.

4. 11. 1944
Heimat: Neuaufstellung der 8. Z.-Fl. »Narvik«, die Stammflottille für *Z 25, Z 28, Z 29* und *Z 30* wird. Sitz ist Swinemünde. Unterstellt werden auch die in Heimatwerften und in Ausbildung befindlichen Zerstörer. Die 5. Z.-Fl., Abt. Heimat, wurde aufgelöst, sie ist in der 8. Z.-Fl. aufgegangen.
Dänemark: *Richard Beitzen* und *Friedrich Ihn* Frederikshavn eingelaufen.
Heimat: Bei schwerem Luftangriff auf Hamburg durch die 8. USAAF wurden *Erich Steinbrinck* (infolge Bombennahtreffer) und U-Boot-Neubau *U 2557* schwer beschädigt, die Frachter *Signal* und *Hermann Fritzen* versenkt. Das als Wohnschiff dienende Passagierschiff *Veendam* brannte aus.

5. 11. 1944
Heimat: *Z 25* wieder voll einsatzfähig.
Paul Jacobi eingeschränkt einsatzbereit ohne jede Ausbildung, einige Restarbeiten noch erforderlich.
Skagerrak: Chef 5. Z.-Fl. mit *Karl Galster, Richard Beitzen* und *Friedrich Ihn* Geleitdienst im Kattegat für Transporter zum Oslofjord. *Richard Beitzen* beim Einlaufen in Horten leichte Grundberührung; Stb.-Schraube beschädigt. Boot muß eingedockt werden, ist zeitweilig nicht einsatzbereit.

6. 11. 1944
Nordnorwegen: 4. Z.-Fl. mit *Z 33, Z 29, Z 31, Z 34* und *Z 38* ausgelaufen zur Flankensicherung der Unternehmung »Nordlicht« (Räumung des Tanafjord-Abschnittes der Eismeerfront, Verkürzung der Frontlinie). Anschließend Wechsel des Flottillenchefs.
Heimat: *Paul Jacobi* ausgegast zur Bekämpfung von Ungeziefer und Ratten. Abends, kurz vor Mitternacht, ausgelaufen zum Marsch nach Gotenhafen.

7. 11. 1944
Heimat: *Paul Jacobi* abends Gotenhafen eingelaufen und beim außer Dienst gestellten Schlachtkreuzer *Gneisenau* festgemacht.
Skagerrak: *Karl Galster* mit Chef 5. Z.-Fl. und *Friedrich Ihn* Horten ausgelaufen; als Sicherung für Truppentransporter Marsch nach Süden. Abends in Frederikshavn eingelaufen.
Norwegen: *Richard Beitzen* zum Docken von Horten nach Oslo verlegt.
4. Z.-Fl. auf *Z 31* mit *Z 29, Z 33, Z 34* und *Z 38* Abschirmung des Tanafjordes während deutscher Räumung.

8. 11. 1944
Heimat: *Z 35* wieder einsatzbereit bis auf noch durchzuführendes Abstimmen.
Erich Steinbrinck wegen der am 4. 11. erlittenen Bombenschäden (schiffbauliche Schäden an Schiffskörper, Längs- und Querspantknickungen) veranschlagte Werftzeit bis etwa März 1945.
Z 28 Reparaturzeit der Bombenschäden vom 24. 10. bis etwa Ende Januar 1945.
Paul Jacobi in Gotenhafen Vermessungen.
Nordnorwegen: Abends 4. Z.-Fl. mit fünf Zerstörern erneut in See gegangen zur Abschirmung des Tanafjordes bei Räumung durch deutsche Besatzung.

9. 11. 1944
Norwegen: *Richard Beitzen* in Oslo wieder einsatzbereit, ausgelaufen zum Marsch nach Horten.

10. 11. 1944
Norwegen: 5. Z.-Fl. mit *Karl Galster* und *Friedrich Ihn* mit geleiteten Transportern (fünf Truppentransporter) Frederikshavn ausgelaufen, Marsch nach Norwegen und in Horten eingelaufen.
Ostsee: *Z 36* mit Oberbefehlshaber M.O.K. Ost an Bord seit 8. 11. in Libau.

12. 11. 1944
Ostsee: *Z 36* mit Oberbefehlshaber M.O.K. Ost Libau ausgelaufen zum Verlegungsmarsch über Memel nach Pillau.

13. 11. 1944
Skagerrak: *Karl Galster* mit Chef 5. Z.-Fl., *Friedrich Ihn, Theodor Riedel* und Flottentorpedoboot *T 33* Oslofjord ausgelaufen zum Geleiten von vier Transportern in das Skagerrak. Im Südteil des Fjordes *T 33* durch Vorpostenboot *Vp 1610*

gerammt, kann jedoch beim Geleit bleiben. Abends *Karl Galster, Theodor Riedel* und *T 33* Frederikshavn eingelaufen. *Friedrich Ihn* mit Transportern Weitermarsch nach Århus zur Untersuchung durch einen Kesselspeisewasserspezialisten.
Ostsee: *Z 36* mit Ob. M.O.K. Ost in Gotenhafen eingelaufen.

14. 11. 1944
Ostsee: *Z 25* mit Chef 6. Z.-Fl., *Z 36* und *Z 43* Gotenhafen sowie *T 13* Danzig ausgelaufen zur Teilnahme von Übungen der 2. KGr.
Heimat: *Paul Jacobi* Gotenhafen ausgelaufen zu Erprobungen bei Hela. Abends Gotenhafen wieder eingelaufen.

15. 11. 1944
Heimat: *Paul Jacobi* in Gotenhafen abends durch Leichten Kreuzer *Nürnberg* an Stb.-Seite gerammt. MES-Schleife an Stb.- zerstört, Bb.-Schraubenschutz zerquetscht.
6. Z.-Fl. und 3. T.-Fl. nach Beendigung der Übungen Gotenhafen eingelaufen.
Skagerrak: Geleiteinsatz der 5. Z.-Fl. im Kattegat und Skagerrak wegen ungünstigen Wetters verschoben.

17. 11. 1944
Dänemark: F.d.Z. in Frederikshavn auf *Karl Galster* eingestiegen.
Nordnorwegen: 4. Z.-Fl. mit fünf Zerstörern ausgelaufen zum Marsch nach Hammerfest und anschließendem Weitermarsch zum Altafjord.
Heimat: *Friedrich Ihn* Århus ausgelaufen nach Swinemünde zum Docken und zur Kesselinstandsetzung.

18. 11. 1944
Dänemark: Kurz nach Mitternacht. *Karl Galster* mit F.d.Z. und Chef 5. Z.-Fl. sowie *Theodor Riedel* Frederikshavn ausgelaufen zur Übernahme einer Geleitsicherung nach Südnorwegen. Wegen zu schwacher Schlepper und Bruch Schleppleine sowie Dichtschlagen Schnellschluß *Theodor Riedel* Außenmole von Frederikshavn gerammt und bis zum Nachmittag festgekommen. Leichte Schäden am Vorsteven, Kollisionsraum unter Wasser. Abends zur vorläufigen Instandsetzung im Hafen festgemacht. Die zu geleitenden Transporter und *Karl Galster* haben vor Frederikshavn geankert.
Norwegen: 4. Z.-Fl. mit fünf Zerstörern Altafjord eingelaufen.

19. 11. 1944
Dänemark: Nach anfänglicher Verzögerung wegen Nebels Auslaufen von *Karl Galster* mit F.d.Z. und Chef 5. Z.-Fl. und die zu geleitenden Frachter nach Norwegen.
Ostsee: Wegen begonnener sowjetischer Offensive gegen die Halbinsel Sworbe Einsatz der 2. KGr. Aus Gotenhafen ausgelaufen die Schweren Kreuzer *Prinz Eugen* und *Admiral Scheer*, die Zerstörer *Z 25* mit Chef 6. Z.-Fl., *Z 35, Z 36* und *Z 43* und die 3. T.-Fl. mit *T 21, T 13, T 16* und *T 19.* Kreuzer und Zerstörer abwechselnd bei Landzielbeschuß eingesetzt, T-Boote sichern die Verbände. Bereits seit dem Vortage bei Sworbe Landzielbeschuß durch die Flottentorpedoboote *T 23* und *T 28.*
Heimat: *Friedrich Ihn,* von Dänemark kommend, in Swinemünde eingelaufen.
Paul Jacobi in Gotenhafen wieder einsatzbereit.

20. 11. 1944
Norwegen: *Karl Galster* mit F.d.Z. und Chef 5. Z.-Fl. und die fünf geleiteten Transporter Oslofjord eingelaufen. *Karl Galster* Horten geankert. F.d.Z. auf den Leichten Kreuzer *Köln* übergestiegen.
Ostsee: 6. Z.-Fl. weiter mit der 2. KGr. bei Sworbe im Einsatz. Laufende, abwechselnde Beschießung vordringender Truppen der Roten Armee. *Z 25* wegen Maschinenschadens nach Gotenhafen entlassen. Chef 6. Z.-Fl. auf *Z 35.*
Paul Jacobi in der Danziger Bucht TEK-Schießen. Abends vor Hela geankert.

21. 11. 1944
Skagerrak: *Karl Galster, T 20* und *T 17* Oslofjord ausgelaufen zur Sicherung eines Truppentransportes bis in das Kattegat.
Ostsee: *Paul Jacobi* Fortsetzung des Torpedoschießens. Dabei Ausfall des Kreiselkompasses. Zur Reparatur Marsch nach Gotenhafen.
6. Z.-Fl. mit *Z 35, Z 36* und *Z 43* und 3. T.-Fl. mit der 2. KGr. im Einsatz – Landzielbeschuß bei Sworbe zur Entlastung des deutschen Heeres und bei Räumung der Halbinsel.
Heimat: *Friedrich Ihn* in Swinemünde in Reparatur bis etwa 3. 12. 1944.

22. 11. 1944
Norwegen: *Karl Galster, T 20* und *T 17* aus dem Kattegat kommend mit Truppentransportern Oslofjord eingelaufen. Anschließend *Karl Galster* und *T 17* wieder ausgelaufen zur Durchführung eines neuen Geleites nach Süden.
Theodor Riedel nach Wiederherstellung seiner Seefähigkeit in den Oslofjord verlegt. Wegen Minengefährdung im Oslofjord Marsch nach Oslo unterbrochen und bei Dröbaken geankert.
Ostsee: Teile der 2. KGr. mit 6. Z.-Fl. (mit *Z 35, Z 36* und *Z43)* von Sworbe kommend Gotenhafen zur Treibstoff- und Munitionsergänzung eingelaufen.
Heimat: *Paul Jacobi* in der Danziger Bucht bei Neufahrwasser MES-Vermessung.

23. 11. 1944
Norwegen: *Karl Galster* nach Beendigung der Geleitaufgabe auf Moss Südreede geankert. *T 20* und *T 17* wieder ausgelaufen.
Ostsee: Chef 6. Z.-Fl. mit *Z 35, Z 36* und *Z 43* Gotenhafen wieder ausgelaufen nach Sworbe.
Heimat: *Paul Jacobi* in Danzig eingedockt. Beginn von Hilfskessel- und Kreiselkompaßreparaturen.

24. 11. 1944
Nordnorwegen: *Z 38* mit Chef 4. Z.-Fl., *Z 31, Z 33* und *Z 34* Verlegungsmarsch von Honnigsvaag nach Laafjord.
Z 29 Marsch nach Tromsö zur Reparatur von Lenzpumpen.

25. 11. 1944
Ostsee: 6. Z.-Fl. mit drei Zerstörern Gotenhafen eingelaufen.

27. 11. 1944
Norwegen: F.d.Z. im Oslofjord von Kreuzer *Köln* auf Zerstörer *Karl Galster* umgestiegen. Abends *Karl Galster* mit Chef 5. Z.-Fl. und F.d.Z., *T 33, T 20* und *T 17* Oslofjord ausgelaufen zur Sicherung von vier Transportern, darunter Hilfskreuzer *Hansa*, nach Süden.

28. 11. 1944
Dänemark: *Karl Galster* und ein M-Boot mit zwei Frachtern wegen Wetterlage vor Frederikshavn geankert, T-Boote und die beiden anderen Transporter Weitermarsch nach Århus.

29. 11. 1944
Dänemark: *Karl Galster* Frederikshavn eingelaufen, um eine Ersatzwelle für *Richard Beitzen* zu übernehmen. F.d.Z. wieder ausgestiegen.
Heimat: *Z 36* in Gotenhafen nicht einsatzbereit wegen Umarmierung der Fla-Waffen und Kesselüberholungsarbeiten.

30. 11. 1944
Heimat: *Z 35* Marsch von Gotenhafen nach Neufahrwasser für ein paar Ruhetage. Dabei geplant Durchführung von notwendigen Reparaturen und Verbesserung der Fla-Bewaffnung.
Friedrich Ihn Marsch nach Stettin zum Docken.
Dänemark: *Karl Galster* mit Chef 5. Z.-Fl. hat Welle für *Richard Beitzen* übernommen und ist mit *T 33* zur Sicherung eines nach Norden laufenden Geleites Frederikshavn ausgelaufen.
Nordnorwegen: *Z 33* und *Z 34* im Laafjord vor Anker.
Z 31 mit Chef 4. Z.-Fl. und *Z 38* in einem Fjord weiter nördlich vor Anker liegend.

1. 12. 1944
Nordnorwegen: Transporter *Adolf Binder* in der Nähe des Nordkaps Marsch zum Billefjord im Geleit des M-Bootes *M 364.* Nach Explosion wurde der Transporter manövrierunfähig und durch See und Wind auf die Schären gedrückt, so daß Gefahr des Auflaufens bestand. Der Versuch von *M 364,* den Havaristen ins Schlepp zu nehmen, mißlang. Deshalb Alarmierung der 4. Z.-Fl.
06.00 Uhr 4. Z.-Fl. aus den Fjorden ausgelaufen.
Wenig später *Z 31* mit Chef 4. Z.-Fl. und *Z 38* bei Havaristen eingetroffen. *Z 38* mit *Adolf Binder* Schleppverbindung hergestellt und Marsch nach Hammerfest angetreten. *Z 31* und die um 08.30 Uhr herangeschlossenen *Z 33* und *Z 34* Luftsicherung.
Etwa 09.30 Uhr Schleppverbindung durch zunehmenden Seegang gebrochen. Der Versuch von *Z 33,* kurz danach Schleppverbindung herzustellen, durch Wetter und See vereitelt. Alle Raketenleinen verschossen.
13.25 Uhr nach seemännischer Meisterleistung *Z 34* dicht an den Bug von *Adolf Binder* herangekommen, Schleppleine übernommen und festgemacht. In anschließender etwa sechsstündiger Fahrt wurde der Havarist durch *Z 34,* gesichert durch *Z 31, Z 33* und *Z 38,* nach Hammerfest Innenreede eingeschleppt.
Skagerrak: *Karl Galster* mit Chef 5. Z.-Fl. und *T 33* bei Sicherung eines Geleites im Skagerrak während Nordmarsches. Leichter Kreuzer *Köln,* der ein Geleit nach Süden gebracht hatte, im Skagerrak zu *Karl Galster*-Geleit gestoßen und Marsch nach Norden. Nachmittags Ankern des Verbandes im Oslofjord.

2. 12. 1944
Skagerrak: *Karl Galster* mit Chef 5. Z.-Fl. und *T 33* als Geleit für Truppentransporter Oslofjord nach Süden ausgelaufen.
Heimat: *Friedrich Ihn* nach MES-Schleifenfahrt von Stettin nach Swinemünde verlegt.

3. 12. 1944
Skagerrak: *Karl Galster* und *T 33* vor Frederikshavn Geleit entlassen und neues, nach Norden marschierendes Geleit übernommen.

4. 12. 1944
Skagerrak: Nach Durchführung eines Südgeleites hat der Leichte Kreuzer *Köln* vor Erreichen der 70 Meter-Linie kehrtgemacht und an ein schon durch *Karl Galster* mit Chef 5. Z.-Fl. und *T 33* gesichertes, von Frederikshavn kommendes Nordgeleit angehängt. Nach Beendigung dieser Aufgabe haben *Köln* und *Karl Galster* im Oslofjord geankert, während *T 33* nach Arendal weitermarschiert ist.
Nordnorwegen: 4. Z.-Fl. mit *Z 31, Z 33, Z 34* und *Z 38* beteiligt an der Zerstörung des Stützpunktes Hammerfest im Rahmen des Rückzuges auf den Raum Tromsö.
Heimat: *Z 35* Verlegung von Neufahrwasser nach Gotenhafen, *Z 43* von Gotenhafen nach Pillau.

5. 12. 1944
Skagerrak: Nach Durchführung eines südgehenden Geleites von Truppentransportern sind *Karl Galster* mit Chef 5. Z.-Fl. und *T 33 in* Frederikshavn eingelaufen.
Nordnorwegen: 4. Z.-Fl. mit *Z 31, Z 33, Z 34* und *Z 38* Verlegungsmarsch von Laafjord nach Honningsvaag. Von dort aus *Z 31* entlassen zur Erledigung kleiner Reparaturen nach Tromsö.

6. 12. 1944
Norwegen: *Richard Beitzen* in Oslo Beendigung der Wellenreparatur. Marsch nach Horten zu demnächst geplanter Probefahrt.
Heimat: *Z 43* Rückmarsch von Pillau nach Gotenhafen.
Erich Steinbrinck nach Abdichten von Leckagen mit Schlepperhilfe von Hamburg nach Wesermünde gebracht. Bei Werft N.D.L. in Wesermünde Beginn Restinstandsetzung, die mehrere Monate dauern soll.

7. 12. 1944
Nordnorwegen: *Z 31* zu Reparaturen in Tromsö eingelaufen.

8. 12. 1944
Heimat: *Paul Jacobi* Danzig ausgelaufen zum Kompaßkompensieren vor Adlershorst. Abends in Gotenhafen eingelaufen.

9. 12. 1944
Skagerrak: F.d.Z. in Frederikshavn von *Karl Galster* eingestiegen und anschließend zur Sicherung eines nach Norden marschierenden Geleits mit *Karl Galster* und *T 17* ausgelaufen. Nach Eintreffen im Oslofjord F.d.Z. auf Leichten Kreuzer *Köln* übergestiegen und abends mit *Köln* und *Karl Galster* zur Durchführung eines Südgeleites wieder ausgelaufen.
Heimat: *Paul Jacobi* Gotenhafen ausgelaufen und bei Hela Erprobungen durchgeführt.
Ostsee: *Z 35* mit Chef 6. Z.-Fl., *Z 36, Z 43, T 23* und *T 28* Gotenhafen ausgelaufen zu einer Minenunternehmung im Finnischen Meerbusen. Zur Minenübernahme zunächst Marsch nach Libau bzw. Riga oder Reval.
Heimat: *Friedrich Ihn* wieder voll einsatzbereit Swinemünde ausgelaufen zum Marsch nach Århus.

10. 12. 1944
Skagerrak: *Köln* mit F.d.Z. und *Karl Galster* mit Chef 5. Z.-Fl. nach Abgabe des Geleites an *T 21* Rückmarsch zum Oslofjord angetreten. Unterwegs wegen Bedrohung eines Geleites durch ein unbekanntes Flugzeug an den Konvoi, der durch *T 17* gesichert war, herangeschlossen und Sicherung verstärkt. Mittags Verband Oslofjord geankert.
Abends *Karl Galster* mit Chef 5. Z.-Fl. und *T 17* Oslofjord wieder ausgelaufen zur Übernahme der Geleitsicherung für Truppentransporter zum Skagerrak.
Richard Beitzen Probefahrt unbefriedigend verlaufen. Marsch zum erneuten Eindocken nach Oslo in die Akers-Werft. Dadurch Fertigwerden *Theodor Riedel* verzögert.
Nordnorwegen: *Z 31* beladen mit Minen, Tromsö ausgelaufen zum Marsch zum Laafjord.

11. 12. 1944
Skagerrak: *Karl Galster* mit Chef 5. Z.-Fl. und *T 17* bei Geleitsicherung im Kattegat.
Friedrich Ihn aus der Ostsee kommend in Aarhus eingelaufen.
Nordnorwegen: Mittags *Z 34* mit dem Havaristen *Adolf Binder* auf dem Haken Hammerfest ausgelaufen und im rund fünfzehnstündigen Schleppmarsch nach Tromsö gebracht. *Z 34* dort anschließend Reparatur der Stb.-Maschine und Wechsel eines Turbinenläufers.
Ostsee: Abends *Z 35* mit Chef 5. Z.-Fl., *Z 36, Z 43, T 23* und

T 28, alle mit Minen beladen, ausgelaufen zum Werfen einer offensiven Minensperre im Westteil des Finnenbusens.

12. 12. 1944
Skagerrak: Verschiedene Geleite im Skagerrak auf Marsch in den Oslofjord, gesichert durch *Karl Galster* mit Chef 5. Z.-Fl., *T 33, T 17, T 19* und *T 21.*
Ostsee: In den ersten Morgenstunden beim Anlaufen zum Minenwerfen im westlichen Finnenbusen geriet die 6. Z.-Fl. versehentlich auf ein Minenfeld. Nach sehr schwerer Detonation mit Feuerschein lag *Z 35* in Qualmwolke achteraus von *Z 43,* schor nach Backbord aus und lag quer. Ob Detonation genau im Kielwasser erfolgte, war nicht festzustellen. Kurz darauf mehrere aufeinanderfolgende Detonationen auf *Z 35* mit hellem Feuerschein. Gleich darauf wurde *Z 36* (Bb. achteraus von *Z 35* stehend) in einer riesigen Detonationswolke zerrissen. Es dürfte sich um die Detonation der eigenen Minenladung gehandelt haben. Im Feuerschein der schweren Detonation erkannte man von *Z 43* aus neue, starke Explosionen auf *Z 35,* der nach Stb. überkippend ebenfalls in einer Detonationswolke verschwand. Auch in diesem Falle spricht alles für eine Detonation der eigenen Minenladung. *T 23* schoß eine Leuchtrakete, die klar erkennen ließ, daß keine gegnerischen Überwasserstreitkräfte in der Nähe waren. Es dürfte sich mangels U-Bootortung um Minentreffer gehandelt haben, mit hoher Wahrscheinlichkeit von der eigenen »Seeigel«-Sperre herrührend. Keine Rettungsmaßnahmen möglich. Mit den beiden Zerstörern gingen die beiden gesamten Besatzungen sowie Chef (Kapitän zur See Friedrich Kothe) und Stab der 6. Z.-Fl., welche auf *Z 35* eingeschifft waren, unter. *) *Z 43, T 23* und *28* brachen die Unternehmung ab und traten den Rückmarsch nach Gotenhafen an, wo die drei Boote kurz vor Mitternacht einliefen.

13. 12. 1944
Norwegen: Schwerer britischer Luftangriff auf den auf Horten Reede liegenden Kreuzer *Köln.* Starkes Abwehrfeuer hat Direkttreffer verhindert, doch sind schwere Schäden durch Nahtreffer entstanden. Auf *Karl Galster* keine Schäden, da nicht in der Nähe.
Nordnorwegen: *Z 31* mit Minenladung im Laafjord eingelaufen.
Ostsee: *Paul Jacobi* Gotenhafen ausgelaufen, in der Danziger Bucht Geleit für Transporter (Lazarettschiff) *Steuben* übernommen und mit diesem Marsch nach Swinemünde angetreten.

14. 12. 1944
Heimat: Mittags *Paul Jacobi* mit *Steuben* in Swinemünde eingelaufen. Munitionsübernahme des Zerstörers.
Nordnorwegen: Verlegungsmarsch der 4. Z.-Fl. mit *Z 31, Z 33* und *Z 38* innerhalb der Schären.
Ostsee: *Z 43* wegen leichter schiffbaulicher Schäden und wegen Austausch von Rücklaufbremsen der 12,7 cm-Geschütze mehrere Tage nicht einsatzbereit.

15. 12. 1944
Nordnorwegen: *Z 34* beim Maureb. Narvik (Bogenbucht) Beginn des Auswechselns eines HD.-Turbinenläufers.
Z 31, Z 33 und *Z 38* Marsch zum Tanafjord.
Skagerrak: *Karl Galster* mit Chef 5. Z.-Fl., *T 13, T 17* und *T 19* Oslofjord ausgelaufen zur Sicherung eines Geleites auf dem Wege in das Skagerrak/Kattegat.
Ostsee: *Paul Jacobi* Swinemünde ausgelaufen und in der mittleren Ostsee mit *T 35* Beginn von Verbandsübungen, Abkommschießen und Einzelübungen begonnen.

16. 12. 1944
Nordnorwegen: *Z 31* mit Chef 4. Z.-Fl. und *Z 29* bei Honningsvaag Werfen einer Minensperre.

Skagerrak: *Karl Galster, T 17* und *T 19* Geleitdienst im Skagerrak südwärts.
Ostsee: Abkommschießen von *Paul Jacobi* und *T 35* konnte wegen Wetterlage nicht durchgeführt werden, Einlaufen der beiden Boote in Roenne/Bornholm.

17. 12. 1944
Skagerrak: *Karl Galster, T 17* und *T 19* Frederikshavn eingelaufen.
Richard Beitzen im Südteil des Oslofjordes Probefahrt. Wegen immer noch schlagender Welle unbefriedigend.
Theodor Riedel nach vierwöchiger Wartezeit auf freiwerdendes Dock endlich in Oslo eingedockt.
Heimat: *Z 43* wieder voll einsatzbereit.
Ostsee: *Paul Jacobi* und *T 35* Roenne ausgelaufen, um in der mittleren Ostsee endlich Abkommschießen durchzuführen. Da aber kein Scheibenschlepper erschienen ist, sind beide Boote vor Svaneke/Bornholm vor Anker gegangen.

18. 12. 1944
Skagerrak: Bei verschiedenen Geleiten, die das Skagerrak nordwärts passierten, befanden sich als Sicherung *Karl Galster Friedrich Ihn, T 13, T 17* und *T 20.*
Ostsee: *Paul Jacobi* und *T 35* mitags vor Kolberg geankert, ohne das beabsichtigte Schießen durchgeführt zu haben.

19. 12. 1944
Skagerrak: Geleite mit *Karl Galster, Friedrich Ihn, T 13, T 17* und *T 20* im Oslofjord.
Richard Beitzen nach durchgeführter Probefahrt eingeschränkt einsatzbereit.
Ostsee: *Paul Jacobi* und *T 35* nach erledigtem Schießen Marsch von Kolberg nach Swinemünde.

20. 12. 1944
Norwegen: *Karl Galster* zu kurzfristigen Instandsetzungsarbeiten in der Osloer Akers-Werft festgemacht.
Im Skagerrak mit südlichen Kursen verschiedene Geleite, die von *Friedrich Ihn, T 13* und *T 19* gesichert waren. Bei einem weiteren Geleit, bestehend aus den Transportern *Moltkefels, Neidenfels* und *Mathias Stinnes,* befand sich auf Südkurs der Zerstörer *Richard Beitzen.*
Heimat: *Paul Jacobi* und *T 35* im Zerstörerhafen Swinemünde festgemacht zur Übernahme von neuen 3,7 cm-Fla-Waffen und von Munition. Abends beide Boote ausgelaufen in die Ostsee.

21. 12. 1944
Skagerrak: *Richard Beitzen* mit drei geleiteten Frachtern Frederikshavn eingelaufen.

Ostsee: Vor Bornholm Kaliberschießen von Kreuzer *Nürnberg,* Hilfskreuzer (Schulschiff) *Hansa,* Zerstörer *Paul Jacobi* und T-Boot *T 35* auf Zielschiff *Hessen.* Bei den dabei nötigen Fahrmanövern leichte Kollision zwischen *Paul Jacobi* und *T 35.* In der Nacht Verbandfahren.

22. 12. 1944
Ostsee: Fortsetzung des Schießens. Später *Paul Jacobi* eingesetzt als Fangboot für den torpedoschießenden Kreuzer *Nürnberg.* Nachts wieder Verbandfahren.

23. 12. 1944
Nordnorwegen: *Z 29* Laafjord ausgelaufen zum Verlegungsmarsch nach Deutschland in die Werft N.D.L. Wesermünde zur

*) Erst längere Zeit nach dem Krieg wurde bekannt, daß ein Offizier (der damalige KptLt. Rohwer) und einige Mannschaften des Zerstörers **Z 35** von sowjetischen S-Booten gerettet worden sind und mehrere Jahre in russischer Gefangenschaft verbrachten.

Mitte rechts: *TA 44,* ex ital. Zerstörer *Antonio Pigafetta,* im Mittelmeer 1942 (hier noch unter ital. Flagge!)
Unten: *ZH 1,* ex *Gerard Callenburgh,* in der westlichen Ostsee am 8. 4. 1943.

Oben: *ZG 3, Hermes* mit Streifentarnanstrich an der Bb.-Seite 1942. An der Stb.-Seite war gleichzeitig ein Fleckentarnanstrich aufgebracht. Offiziell einziger deutscher Zerstörer im Mittelmeer.

Oben: *TA 33,* ex ital. Zerstörer *Corsaro,* ex *Squadrista,* während der Ausrüstung in Genua, ca. 1943.

Unten: Ital. Zerstörer *Francesco Crispi,* aus dem 1943 das deutsche T-Boot *TA 15* wurde. (Ähnlich: *TA 14* ex *Turbine*).

Oben: *TA 32,* ex ital. Zerstörer *Premuda,* ex jugosl. Zerstörer *Dubrovnik,* im Jahre 1944 nach Ausrüstung mit deutscher Bewaffnung und deutschen FuMO.

Oben: *TA 44,* ex ital. Zerstörer *Antonio Pigafetta,* 1943 oder 1944.

Rechts: *TA 31,* ex ital. Zerstörer *Dardo.*

Oben und unten: Im letzten Kriegsjahr wurde in Deutschland noch ein Zerstörer fertig- und in Dienst gestellt: *Z 43.* Im oberen Bild die Brückenaufbauten mit Mast, FuMO 25, sowie seitlich vom Mast das Podest für die 2 cm-Fla-Doppellafette. Die untere Aufnahme zeigt den Blick von der achteren Zerstörerinsel nach vorn.

Rechts: *TA 43,* ex ital. Zerstörer *Sebenico,* ex jugosl. Zerstörer *Beograd,* aufgenommen etwa 1943 oder 1944.

Unten: Eine der letzten Aufnahmen von *Z 23,* aufgenommen im Frühling 1944 auf der Gironde.

Durchführung der planmäßigen WLZ. Bis Hammerfest Geleit durch *Z 31* mit Chef 4. Z.-Fl.
Skagerrak: Eingesetzt bei verschiedenen nord- und südgehenden Geleiten *Friedrich Ihn, T 13, T 17, T 19* und *T 20.*
Ostsee: Verbandfahrübungen bei Bornholm mit *Nürnberg, Hansa, Paul Jacobi* und *T 35.* Abends Verband wegen Brennstoffmangels vor Nexö/Bornholm geankert.

24. 12. 1944
Ostsee: Torpedoschießen östlich von Bornholm, beteiligt *Paul Jacobi, T 35* und *Nürnberg.* Anschließend Marsch nach Swinemünde. Gegen Mitternacht dort festgemacht.
Nordnorwegen: *Z 31* mit Chef 4. Z.-Fl., *Z 33* und *Z 38* im Reppfjord vor Anker.
Skagerrak: *Friedrich Ihn* mit Geleit Oslofjord eingelaufen.

25. 12. 1944
Nordnorwegen: *Z 31* mit Chef 4. Z.-Fl., *Z 33* und *Z 38* gegen 06.00 Uhr im Reppfjord Anker gelichtet und nach Tromsö marschiert. Dort nach Eintreffen Minenübernahme durch *Z 38.*
Skagerrak: *Friedrich Ihn* und *T 17* Oslofjord ausgelaufen zur Sicherung von Geleiten auf dem Marsch durch das Skagerrak und Kattegat nach Süden.

26. 12. 1944
Nordnorwegen: *Z 38* durch schwere Minenladung achtern tiefer eingetaucht. Dadurch bei Ablegen in Tromsö mit dem Heck auf einen Unterwasserfelsen aufgelaufen. Kein Wassereinbruch. 4. Z.-Fl. Marsch zum Reppfjord. *Z 38* dort durch Taucher untersucht: Beide Schrauben beschädigt. Deshalb Minen an *Z 33* übergeben. Anschließend *Z 38* Marsch nach Bogenbucht bei Narvik in das Dock des Maureb zum Schraubenwechsel.
Skagerrak: *Friedrich Ihn, Richard Beitzen,* 3. T.-Fl. mit *T 13, T 19* und *T 20* bei verschiedenen Geleiten Marsch zum Oslofjord.

27. 12. 1944
Nordnorwegen: Chef 4. Z.-Fl. mit *Z 31, Z 33* ausgelaufen aus dem Reppfjord und im Porsangerfjord bei Honnigsvaag Minen geworfen.
Skagerrak: *Richard Beitzen* und *T 17* Oslofjord ausgelaufen zur Sicherung eines südgehenden Geleites.
Norwegen: *Z 29* nach Süden marschierend hat Ålesund passiert.

28. 12. 1944
Ostsee: *Paul Jacobi* und *T 35* um 10.00 Uhr Swinemünde ausgelaufen zum Flakschießen bei Bornholm, das jedoch ausgefallen ist. In der Nacht vor Nexö geankert.
Skagerrak: Bei verschiedenen Geleiten im Skagerrak und Kattegat sind eingesetzt *Richard Beitzen, T 16* und *T 17* sowie *Friedrich Ihn* mit *T 19* und außerdem *T 20.*
Vier durch *Richard Beitzen, T 16* und *T 17* gesicherte Transporter wiederholt durch britische Flugzeuge mit Bomben und Bordwaffen angegriffen. Durch wirkungsvolles Abwehrfeuer aller Einheiten wurden die Flugzeuge jedoch abgedrängt, so daß es zu keinen Schäden oder Ausfällen kam. Mit *Richard Beitzen* verlegte der F.d.Z. von Oslo/Horten nach Frederikshavn. Im südlichen Skagerrak durch *Richard Beitzen, T 16* Aufnahme des gebombten und brennenden Tankers *Orion.* Hilfeleistung und Brandbekämpfung.

29. 12. 1944
Ostsee: *Paul Jacobi* und *T 35* vormittags Torpedoschießen in der Ostsee.
Dänemark: Durch *Richard Beitzen* (mit F.d.Z. an Bord) geleiteter Tanker *Orion* vormittags Frederikshavn eingelaufen. *Richard Beitzen* Weitermarsch nach Aarhus, dort F.d.Z. auf Flottentender *Jagd* übergestiegen.
Z 29 auf Verlegungsmarsch in die Heimat eingelaufen in Aarhus zur Berichterstattung beim F.d.Z.
Skagerrak: *Friedrich Ihn* mit *T 17* und *T 19* Geleitdienst im Skagerrak.
Heimat: *Z 43* in Gotenhafen eingedockt zum Einbau eines S-Gerät-Hüllkörpers.

30. 12. 1944
Skagerrak: *Friedrich Ihn, T 13, T 16* und *T 17* bei Geleit im Skagerrak. Marsch nach Süden ohne besondere Vorkommnisse.
Nordnorwegen: *Z 38* bei Maureb in der Bogenbucht eingedockt. Beginn des Schraubenwechsels. Da keine Zerstörerschrauben vorrätig, Einbau von zwei kleineren, nicht passenden Schrauben.
Ostsee: Morgens U-Boot-Alarm auf *Paul Jacobi* und *T 35.* Ohne Erfolg mehrere Stunden U-Bootjagd. Dann vor Nexö geankert. Abends Anker gelichtet und Marsch nach Gotenhafen angetreten.

31. 12. 1944
Skagerrak: *Richard Beitzen* und *T 13* Aarhus ausgelaufen zur Durchführung eines Geleites nach Norden. *Richard Beitzen* kurz danach mit Maschinenschaden wieder eingelaufen.
Friedrich Ihn Geleitdienst im Skagerrak.
Ostsee: *Paul Jacobi* und *T 35* um 08.00 Uhr vor Hela geankert. Um 11.00 Uhr beide Boote in Gotenhafen, Hafenbecken I, festgemacht.

Verteilung der Zerstörer zum Jahreswechsel 1944/45:

4. Z.-Fl.
Z 31, Z 33, Z 34, Z 38 z. Vfg. M.O.K. Norwegen.
Z 39, Instandsetzung und Umarmierung bei Maureb Swinemünde, z. Z. bei 8. Z.-Fl.

5. Z.-Fl.:
Z 4, Richard Beitzen, Z 6, Theodor Riedel und *Z 14, Friedrich Ihn* z. Vfg. M.O.K. Ost im Skagerrak.
Z 5, Paul Jacobi Ausbildung nach WLZ bei 8. Z.-Fl. in der Ostsee.
Z 10, Hans Lody WLZ bei Germaniawerft Kiel, bei 8. Z.-Fl.
Z 15, Erich Steinbrinck Instandsetzung in der Werft des N.D.L. in Wesermünde, der 8. Z.-Fl. unterstellt.

6. Z.-Fl.:
Z 20, Karl Galster z. Vfg. M.O.K. Ost im Skagerrak-Gebiet, z. Z. Instandsetzungen in Oslo. Der 5. Z.-Fl. zugeteilt.
Z 43 z. Vfg. M.O.K. Ost in der Ostsee (Gotenhafen)

8. Z.-Fl. »Narvik«:
Z 25 z. Vfg. M.O.K. Ost in der Ostsee bei 6. Z.-Fl.
Z 28 z. Vfg. M.O.K. Ost in der Ostsee bei 6. Z.-Fl., z. Z. Instandsetzung bei Maureb Swinemünde.
Z 29 bisher bei 4. Z.-Fl. in Nordnorwegen, auf dem Wege in die Heimat zum Beginn der WLZ.
Z 30 einsatzmäßig bei 5. Z.-Fl. im Skagerrak, z. Z. Instandsetzung bei Nyland-Werft in Oslo.

Das Jahr 1945

1. 1. 1945
Nordnorwegen: *Richard Beitzen* in Århus wegen kleiner Maschinenstörung nicht einsatzbereit.
Ostsee: *Z 25* nach durchgeführter Reparatur wieder einsatzklar.
Heimat: *Z 29* von Norwegen kommend auf Marsch nach We-

sermünde Kiel passiert. Weitermarsch durch den K.W.-Kanal nach Westen angetreten. Ab sofort Boot voll der 8. Z.-Fl. unterstellt.

2. 1. 1945
Nordnorwegen: *Richard Beitzen* wieder einsatzbereit.
Skagerrak: *Friedrich Ihn* mit T-Booten *T 17* und *T 20* bei Geleit von Frederikshavn nach Oslofjord.

3. 1. 1945
Nordnorwegen: *Z 31* und *Z 33* Hammerfest eingelaufen zur Proviant- und Minenübernahme. Anschließend beide Zerstörer ausgelaufen zur Verminung des Reppfjordes und Minenwerfen vor Hammerfest.

4. 1. 1945
Nordnorwegen: *Z 31* und *Z 33* Hammerfest wieder eingelaufen.
Heimat: *Z 29* in Wesermünde Beginn planmäßiger WLZ. bei Werft des N.D.L.

5. 1. 1945
Ostsee: *Paul Jacobi* mit T-Booten *T 35* und *T 33* Gotenhafen ausgelaufen zu Übungen in der Danziger Bucht.

6. 1. 1945
Skagerrak: *Friedrich Ihn, T 13* und *T 16* mit Geleit Oslofjord ausgelaufen zum Marsch nach Frederikshavn.
Richard Beitzen als Geleitsicherung für Transportstaffel Århus ausgelaufen zum Marsch nach Oslo.
Heimat: *Paul Jacobi* in der Danziger Bucht zu weiteren Übungen in See. Nachmittags eingelaufen in Gotenhafen. Dort um 17.00 Uhr im Hafenbecken I festgemacht.

7. 1. 1945
Norwegen: *Theodor Riedel* in Oslo wieder einsatzbereit, *Karl Galster* in Oslo fahr-, aber noch nicht einsatzbereit.
Skagerrak: *Friedrich Ihn* mit neuem Geleit nach Oslofjord unterwegs.

8. 1. 1945
Skagerrak: *Richard Beitzen* und *T 16* eingesetzt im Geleitdienst nach Norden.

10. 1. 1945
Skagerrak: *Richard Beitzen* als Sicherung bei südgehendem Geleit eingesetzt.
Norwegen: *Z 34,* am Vortag nach Beendigung von Reparaturen aus der Bogenbucht ausgelaufen, in Harstad einsatzbereit.
Friedrich Ihn wegen Maschinenstörung nicht fahrbereit.

11. 1. 1945
Oslofjord: Fahrübungen des F.d.Z. mit Kreuzer *Nürnberg,* Minenschiff *Linz,* Zerstörer *Theodor Riedel,* T-Boote *T 13* mit Chef 3. T.-Fl. und *T 16* sowie sieben R-Booten der 8. R-Fl. wie am Vortag.
Nordnorwegen: *Z 34* Marsch von Harstad nach Tromsö.
Ostsee: *Paul Jacobi* und *T 35* 07.35 Uhr Gotenhafen ausgelaufen. Vor Kolberg Durchführung von Fahrübungen und Landziel-Übungsschießen. Mitternacht vor Kolberg geankert.

12. 1. 1945
Oslofjord: Verlegung *Karl Galster* von Oslo in den Südteil des Oslofjordes.
Fahrübungen des F.d.Z.-Verbandes (Zusammensetzung wie am Vortag) im Oslofjord.
Skagerrak: *Richard Beitzen* mit Schnellgeleit von Frederikshavn nach Hoisandbad nordwärts.
Norwegen: Verlegung *Z 34* von Tromsö nach Hammerfest.
Ostsee: *Paul Jacobi* und *T 35* nach Lichten der Anker Flakschießen vor Kolberg. Dann Marsch nach Roenne/Bornholm. Dort um 16.00 Uhr geankert.

13. 1. 1945
Skagerrak: *Richard Beitzen* und *T 17* mit Geleit Marsch von Hoisandbad nach Frederikshavn. Abends und nachts Geleit wiederholt Luftangriffe erfolgreich abgewehrt.
Nachmittags Leichter Kreuzer *Nürnberg* mit F.d.Z., Zerstörer *Theodor Riedel* mit Chef 5. Z.-Fl., *Friedrich Ihn,* Minenschiff *Linz* und T-Boote *T 20* mit Chef 3. T.-Fl. und *T 19* Oslofjord ausgelaufen zum Werfen einer Minensperre im Westteil des Skagerraks. Abends erfolgloser Bombenangriff britischer Flugzeuge auf den Verband. Danach Marschfortsetzung. Kurz nach Mitternacht Beginn des Minenwerfens.
Oslofjord: *Karl Galster* wieder voll einsatzbereit.
Ostsee: *Paul Jacobi* und *T 35* OGG-Fahrten bei Bornholm. Nachmittags wegen starken Nebels in Roenne eingelaufen.

14. 1. 1945
Skagerrak: Nach Beendigung des Minenwerfens F.d.Z. mit Wurfverband Marsch ohne Störungen zum Oslofjord. Dort vormittags eingelaufen. Beteiligte Einheiten zur Brennstoffergänzung auf verschiedene Ankerplätze entlassen.
Richard Beitzen und *T 17* mit geleiteten Schiffen in Frederikshavn eingelaufen.
Nordnorwegen: Verlegungsmarsch *Z 33* von Tromsö nach Harstadt.
Ostsee: *Paul Jacobi* und *T 35* Torpedoübungsschießen bei Bornholm. *Paul Jacobi* dabei durch eigenen Torpedo, der Oberflächenläufer war, am Vorschiff getroffen. Leichte Schäden. Vor Nexö zur Durchführung der Reparatur mit Bordmitteln geankert.

15. 1. 1945
Skagerrak: *Richard Beitzen,* der in Frederikshavn eine Ersatzwelle an Bord genommen hat, ausgelaufen zum Marsch nach Oslo.
Nordnorwegen: *Z 33* Marsch zum Maureb. Bogenbucht.
Z 38 nach beendetem Schraubenwechsel ausgelaufen Bogenbucht zu einer Probefahrt im Westfjord.
Ostsee: *Paul Jacobi* und *T 35* Gefechtsübungen bei Bornholm. Wegen verschärfter Luftlage Roenne eingelaufen.

16. 1. 1945
Skagerrak: *Richard Beitzen, T 13* und *T 16* bei verschiedenen Nord- und Südgeleiten. Anschließend *Richard Beitzen* Oslo eingelaufen, um dort beschädigte Stb.-Welle zu reparieren.
Ostsee: *Z 25, Z 43* und *T 4* Gotenhafen in die Danziger Bucht ausgelaufen zu U-Boot-Abwehrübungen.
Paul Jacobi und *T 35* Übungen bei Bornholm.

17. 1. 1945
Nordnorwegen: *Z 38* Maschinenerprobungen vor Narvik.
Skagerrak: *Karl Galster* mit Geleit auf Marsch von Oslofjord nach Süden. In der Nähe auch *T 13, T 16* und *T17.*
Ostsee: *Paul Jacobi* und *T 35* Fortsetzung der Übungen. Anschließend Marsch nach Gotenhafen angetreten.

18. 1. 1945
Ostsee: *Z 25* und *Z 43* Gotenhafen als Sicherung für die Transporter *Preußen, Malgache, Bukarest* und *Wolta* ausgelaufen und mit diesen Marsch nach Libau angetreten.
Paul Jacobi und *T 35* vormittags bei schwerem Sturm in Gotenhafen eingelaufen. *Paul Jacobi* der 6. Z.-Fl. unterstellt.

19. 1. 1945
Nordnorwegen: *Z 38* wieder voll einsatzbereit in Narvik, *Z 33* Instandsetzungen beim Maureb. in der Bogenbucht.

Minenunternehmung »Titus«

am 13. und 14. 1. 1945

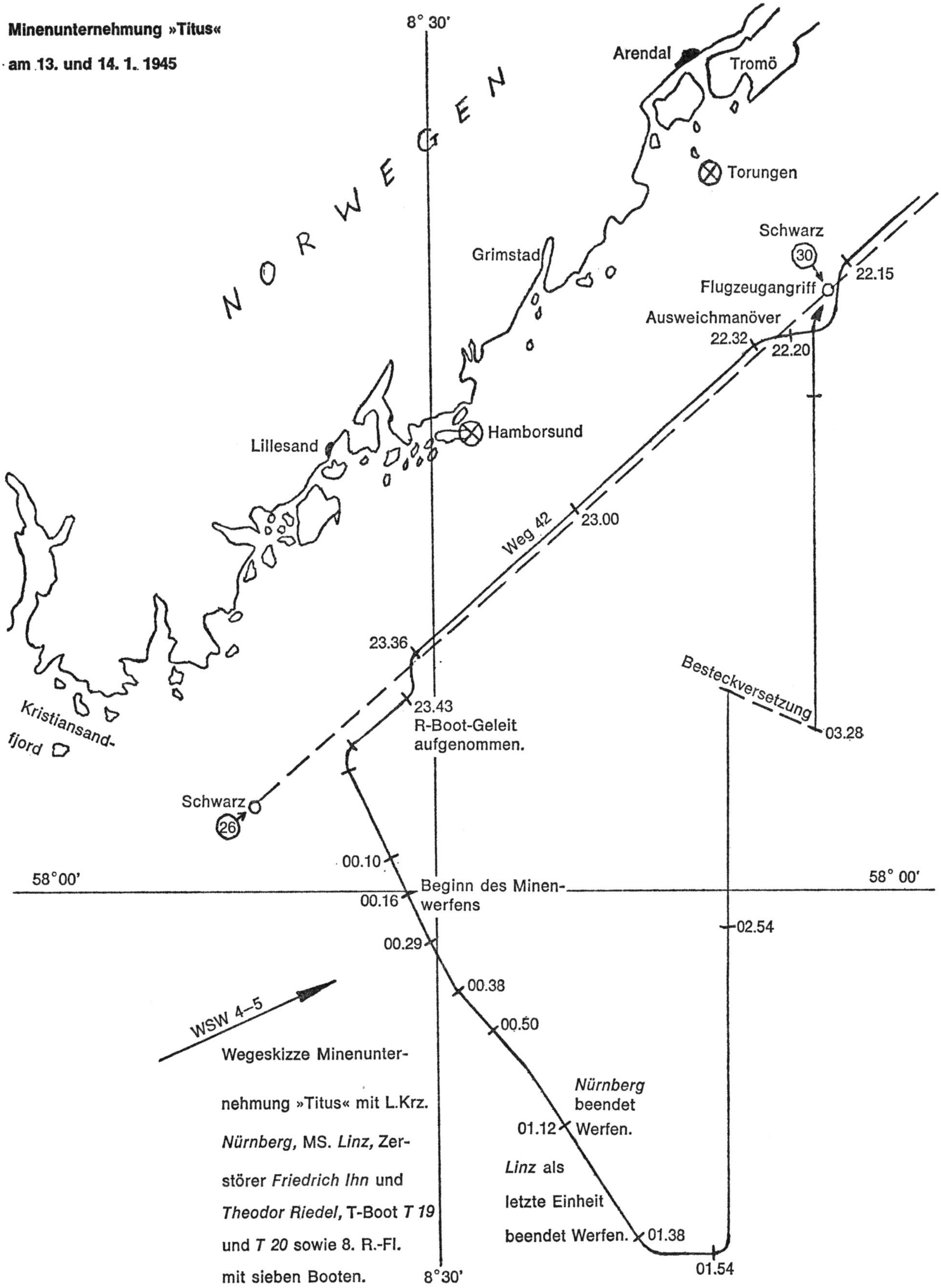

Wegeskizze Minenunternehmung »Titus« mit L.Krz. *Nürnberg*, MS. *Linz*, Zerstörer *Friedrich Ihn* und *Theodor Riedel*, T-Boot *T 19* und *T 20* sowie 8. R.-Fl. mit sieben Booten.

Wurfformation bei Minenunternehmung »Titus« am 14. 1. 1945 bei Beginn des Werfens gegen 00.16 Uhr.

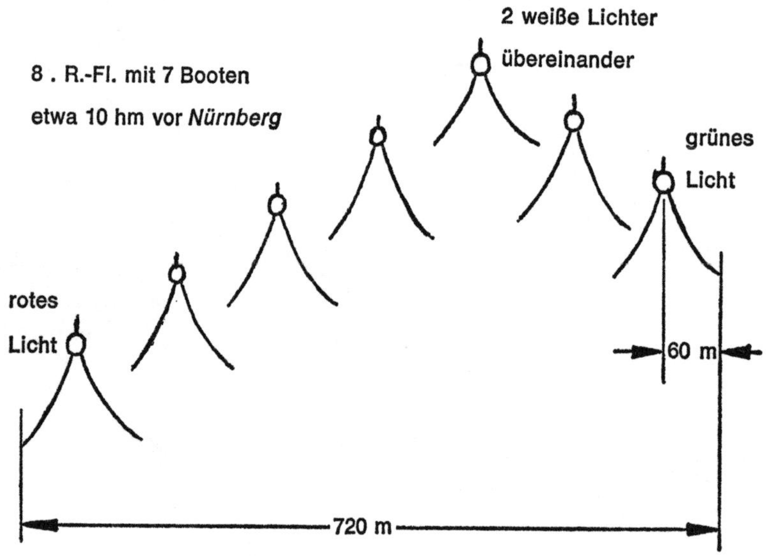

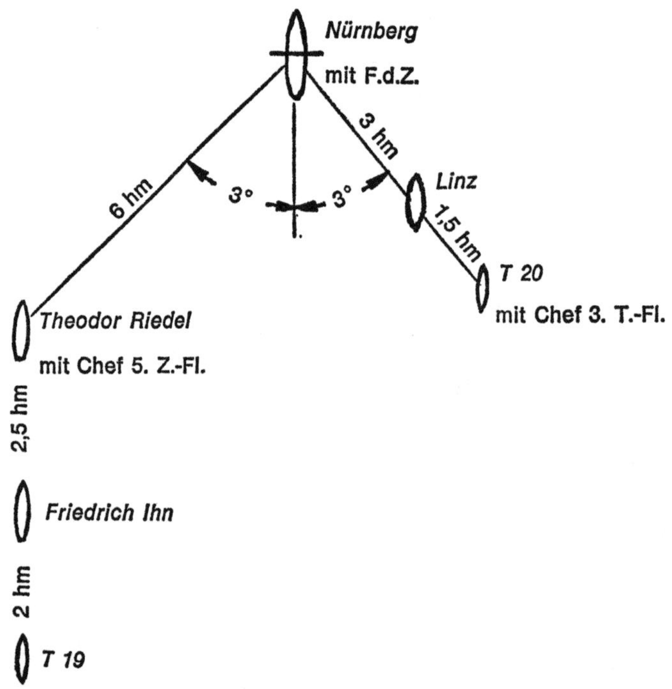

Ostsee: *Z 25, Z 43* und gesicherte Transporter in Libau eingelaufen.
Paul Jacobi, T 33 und *T 35* mit Geleit *MRS 11, Goya* und *Minden* Gotenhafen ausgelaufen zum Marsch nach Libau.

20. 1. 1945
Oslofjord: Vorbereitende Fahrübungen des F.d.Z. mit *Nürnberg, Linz, Theodor Riedel, Friedrich Ihn* und T-Booten für beabsichtigte Minenunternehmung. Dabei *Theodor Riedel* mit versalzter Anlage ausgefallen. Bei dem Verband auch Minenschiff *Lothringen.*
Skagerrak: *Karl Galster, T 13* als Sicherung für Transporter *Moltkefels* und *Neidenfels* auf Marsch vom Kattegat zum Oslofjord.
Nordnorwegen: *Z 38* Narvik ausgelaufen zum Marsch über Tromsö nach Nordosten zu seiner Flottille.
Ostsee: Transporter *Renate, Bukarest, Marburg* und *MRS 11,* geleitet durch *Z 25* und *Z 43,* Libau ausgelaufen zum Marsch nach Gotenhafen.
Paul Jacobi, T 33 und *T 35* mit geleiteten Dampfern morgens Libau eingelaufen.

21. 1. 1945
Oslofjord: *Karl Galster, T 13* und geleitete Schiffe eingelaufen. *Karl Galster* mit neuem Geleit anschließend wieder nach Süden ausgelaufen.
Ostsee: *Z 25, Z 43* nach Beendigung der Geleitaufgabe in Gotenhafen eingelaufen.
Paul Jacobi, T 33 und *T 35* nachmittags mit den Transportern *Minden, Goya, Wolta* und einem weiteren Schiff Libau ausgelaufen zum Marsch nach Gotenhafen.

22. 1. 1945
Nordnorwegen: *Z 31* mit Chef 4. Z.-Fl., *Z 34* und *Z 38* Verseuchung des Laafjordes, des Mageröy- und des Breisundes durch Minenwerfen, anschließend Marsch nach Hammerfest.
Ostsee: *Paul Jacobi, T 33* und *T 35* nach Geleitbeendigung kurz vor 07.00 Uhr Gotenhafen eingelaufen.

23. 1. 1945
Oslofjord: *Friedrich Ihn* nach Oslo zu kurzfristigen Instandsetzungen.
Theodor Riedel Instandsetzung einer durch Salzeinbruch unklaren Turbine.
Ostsee: *Z 25* und *Z 43* mit Transportern Marsch von Gotenhafen nach Libau.

24. 1. 1945
Skagerrak: Mittags Kreuzer *Nürnberg* und Minenschiffe *Linz* und *Lothringen,* gesichert durch *Karl Galster* mit F.d.Z., *T 20* mit Chef 3. T.-Fl. und *T 19* Oslofjord ausgelaufen zum Verlegungsmarsch nach Kopenhagen. Abends Verband im Kattegat geankert, da Geleit nicht zur Stelle. *Karl Galster* auf Warteposition auf ein nach Frederikshavn bestimmtes Geleit.
Nordnorwegen: *Z 31* mit Chef 4. Z.-Fl., *Z 34* und *Z 38* von Hammerfest nach Tromsö verlegt.
Ostsee: *Z 25* und *Z 43* vor Libau geleitete Transporter zum dortigen Einlaufen entlassen und mit Gegengeleit Marsch nach Gotenhafen angetreten.

25. 1. 1945
Sagerrak: *Karl Galster* mit F.d.Z., *T 16, T 19* und *T 20* nach Geleitbeendigung Frederikshavn eingelaufen. Dort F.d.Z. von *Karl Galster* ausgestiegen.
Nordnorwegen: *Z 31* mit Chef 4. Z.-Fl., *Z 34* und *Z 38* Tromsö ausgelaufen zum Verlegungsmarsch in die Heimat (Ostsee). Nach erstem Teilmarsch zur Brennstoffergänzung in Narvik eingelaufen.
Ostsee: *Z 25* und *Z 43* nach Beendigung ihres Geleites in Gotenhafen eingelaufen.

26. 1. 1945
Nordnorwegen: Um 19.45 Uhr *Z 31* mit Chef 4. Z.-Fl., *Z 34* und *Z 38* Narvik ausgelaufen zum Marsch in die Heimat. Als einziger Zerstörer noch *Z 33* im Nordraum (Instandsetzungen bei Maureb. Bogenbucht).

27. 1. 1945
Norwegen: 4. Z.-Fl. mit ihren drei Zerstörern nachmittags querab von Trondheim. Fortsetzung des Marsches nach Süden zunächst ohne besondere Ereignisse. Abends plötzliche Bombenangriffe britischer Stukas, die aber keine Erfolge erzielten.

28. 1. 1945
Norwegen: Kurz nach Anbruch des neuen Tages in Höhe des Sognefjordes Angriff der britischen Leichten Kreuzer *Diadem* und *Mauritius* auf die nach Süden marschierenden Zerstörer *Z 31* mit Chef 4. Z.-Fl., *Z 34* und *Z 38.* Zunächst Parallelgefecht. Dabei kurzer Schornsteinbrand auf *Z 38.* Dann Aufdrehen *Z 38* zum Torpedoangriff mit Höchstfahrt, dabei Kesselrohrreißer; deshalb Angriff abgebrochen. Auf *Z 31* sieben Artillerietreffer (Schäden: 15 cm-Turm vorn ausgebrannt, Abt. I und MES zerstört, Abt. XII ausgebrannt, Horchraum, Torpedorechenstelle und ein Rudermotor vollgelaufen, teilweise schiffbaulich erhebliche Schäden, Maschinen jedoch klar für Höchstfahrt). 55 Tote und 24 Verwundete. *Z 34* übernimmt vorübergehend die Führung des Verbandes und fährt selbst 3 Torpedoangriffe, die wesentlich zur Entlastung der bedrängten Zerstörer beitragen. Auf *Z 34* ein Treffer in der Wasserlinie. Von den Zerstörern aus Artillerietreffer und starke Rauchentwicklung auf dem vorderen der beiden Kreuzer beobachtet. Abbruch des Gefechtes durch die Zerstörer und Marsch nach Bergen. Dort Einlaufen Chef 4. Z.-Fl. von *Z 31* auf *Z 38* übergestiegen. Abends *Z 38* mit Chef 4. Z.-Fl. und *Z 34* Bergen ausgelaufen zum Marsch nach Stavanger. *Z 31* zur Reparatur der Gefechtsschäden zurückgeblieben.
Ostsee: *Paul Jacobi* und *Z 43* mittags Gotenhafen ausgelaufen und wenig später vor Gotenhafen geankert, da Geleit nicht zur Stelle war.

29. 1. 1945
Norwegen: *Z 38* mit Chef 4. Z.-Fl. und *Z 34* auf Südmarsch in Höhe des Grundstadfjordes durch britische Torpedoflugzeuge angegriffen. Angriffe erfolgreich abgewehrt. Wenig später in Stavanger zu kurzem Aufenthalt eingelaufen. Abends wieder ausgelaufen zum Weitermarsch durch das Skagerrak in die Ostsee.
Skagerrak: *Karl Galster* und *T 13* als Geleit für den Transporter *Moltkefels* ausgelaufen und Marsch zum Oslofjord angetreten.
Ostsee: Mittags *Paul Jacobi* und *Z 43* mit geleiteten Frachtern *Drechtdijck* und *Minden* Marsch von Gotenhafen nach Libau angetreten.
2. Kampfgruppe (2. KGr.) mit den Kreuzern *Prinz Eugen* und *Admiral Scheer,* gesichert durch *Z 25, T 23, T 33, T 35, T 1* und *T 12* bei getrennten Einsätzen zum Beschuß sowjetischer Truppen bei Cranz (Samland) eingesetzt. Dabei auch *Z 25* Landzielbeschuß durchgeführt. Abwehr sowjetischer Luftangriffe.

30. 1. 1945
Dänemark: *Z 38* mit Chef 4. Z.-Fl. und *Z 34* zur Brennstoffergänzung in Aarhus eingelaufen.
Skagerrak: *Karl Galster* mit *T 13* und *Moltkefels* morgens Oslofjord eingelaufen. Abends der Zerstörer mit *T 16* und dem Transporter wieder zum Marsch nach Frederikshavn ausgelaufen.
Ostsee: Nach Durchführung der Geleitaufgabe sind *Paul Jacobi* und *Z 43* mit den beiden geleiteten Frachtern um 04.30 Uhr in Libau eingelaufen. Um 21.00 Uhr beide Zerstörer als Geleit für die Transporter *Askari, Preußen* und *Komet* wieder ausgelaufen zum Marsch nach Gotenhafen.

2. KGr., in Zusammensetzung wie am Vortag, weiterhin bei Cranz zum Landzielbeschuß eingesetzt. *Z 25* auf Brücke zahlreiche Bordwaffentreffer. Ein 15 cm-Geschütz infolge Rohraufbauchung ausgefallen.

31. 1. 1945
Dänemark: *Z 38* mit Chef 4. Z.-Fl. und *Z 34* Aarhus zum Weitermarsch nach Kiel ausgelaufen.
Skagerrak: *Karl Galster* nach Beendigung Geleitaufgabe in Frederikshavn.
Theodor Riedel und ein T-Boot mit dem geleiteten Frachter *Isar* Oslofjord zum Marsch in das Kattegat ausgelaufen.
Ostsee: *Z 25, T 23* und *T 33* als Sicherung bei dem Landziele beschießenden Kreuzer *Prinz Eugen* bei Samland.
Paul Jacobi und *Z 43* mittags nach Beendigung ihres Geleitdienstes in Gotenhafen eingelaufen und in der Nähe des Kreuzers *Emden* festgemacht.

1. 2. 1945
Kattegat: *Theodor Riedel* nach Geleitbeendigung vor Frederikshavn geankert.
Oslofjord: *Friedrich Ihn* nach Beendigung der Instandsetzungen von Oslo nach Moss verlegt.
Ostsee: *Paul Jacobi* und *Z 43* Gotenhafen ausgelaufen und als Geleit für Transporter *Malgache, Deutschland* und *Askari* Marsch nach Libau angetreten.
Z 25, T 23 und *T 33* abermals zusammen mit *Prinz Eugen* bei der Landzielbeschießung (Samland).
Heimat: *Z 38* mit Chef 4. Z.-Fl. und *Z 34* Kiel eingelaufen. Damit Verlegungsmarsch von Nordnorwegen nach Deutschland beendet. Beginn von Brennstoff- und Ausrüstungsergänzung.

2. 2. 1945
Skagerrak: *Theodor Riedel* und *T 19* Frederikshavn ausgelaufen zum Geleitdienst. Dabei der Zerstörer vorübergehend eingesetzt im nordwestlichen Skagerrak zur Suche nach durchbrechenden britischen Handelsschnellbooten. Nach ergebnisloser Suche Weitermarsch zum Oslofjord.
Norwegen: *Z 33* beim Maureb. Bogenbucht werftseitig fertig.
Ostsee: *Z 25* und *T 23* vor der Samland-Küste eingesetzt zum Landzielschießen.
Paul Jacobi als Geleitsicherung für *Deutschland* und *Malgache* Libau ausgelaufen zum Marsch nach Swinemünde.
Z 43 in Libau verblieben.
Heimat: *Z 38* und *Z 34* in Kiel Übernahme von je 200 Mann Soldaten der M.A. (Marineartillerie).

3. 2. 1945
Heimat: *Z 38* mit Chef 4. Z.-Fl. und *Z 34* Kiel ausgelaufen und mit je 200 Mann Marineartilleristen an Bord Marsch nach Gotenhafen angetreten.
Ostsee: Bei 2. KGr. in verschiedenen Gruppen zur Sicherung oder zu Einzelaufgaben eingesetzt *Z 25, T 23, T 35, T 1* und *T 12*. *Z 25* und *T 23* nach Beschießung russischer Truppenverbände an der Samland-Küste Marsch nach Gotenhafen angetreten.
Paul Jacobi auf Marsch nach Swinemünde mit geleitenden Frachtern nordwestlich Hela durch treibende, in Schwimmwesten hängenden Leichen gefahren. Die zahllosen Toten stammten von Bord der *Wilhelm Gustloff*, die am 30. 1. 1945 nach drei U-Boots-Torpedotreffern gesunken war.
Z 43 als Sicherung für Transporter, die nach Swinemünde bestimmt waren, Libau ausgelaufen.

4. 2. 1945
Ostsee: *Paul Jacobi* mit geleiteten Transportern morgens in Swinemünde eingelaufen. Beim Einlaufen *Paul Jacobi* durch Frachter *Helga Schröder* achtern gerammt. Beim Zerstörer Stb.-Schraubenschutz weggerissen und Stb.-Schraube beschädigt.
4. Z.-Fl. mit *Z 38* und *Z 34* in der Ostsee auf Marsch nach Gotenhafen.
Skagerrak: Zur Sicherung des zum Oslofjord marschierenden Transporters *Isar* eingesetzt *Karl Galster*, bei einem nach Süden gehenden Geleit *Friedrich Ihn*.

5. 2. 1945
Ostsee: *Z 38* mit Chef 4. Z.-Fl. und *Z 34* Gotenhafen eingelaufen und mitgebrachte Truppen ausgeladen. Dann beide Zerstörer längsseits des außer Dienst gestellten Schlachtkreuzers *Gneisenau* für ein paar Ruhetage festgemacht. Dabei einige Reparaturen und Überholungsarbeiten durchgeführt.
Z 43 mit geleiteten Transportern in Swinemünde eingelaufen.
Skagerrak: *Friedrich Ihn* nach Geleitbeendigung in Frederikshavn eingelaufen. Wenige Stunden später zum Verlegungsmarsch nach Kopenhagen ausgelaufen.
Nordnorwegen: *Z 33* Heimatverlegungsmarsch von der Bogenbucht bei Narvik angetreten.

6. 2. 1945
Ostsee: *Z 25* und *T 23* auf Feuerstellung bei Cranz.
Norwegen: *Z 33* von Norden kommend in Trondheim eingelaufen.
Z 31 in Bergen klar zur Verlegung in die Heimat.
Skagerrak: Transporter *Isar*, geleitet durch *Theodor Riedel*, Oslofjord ausgelaufen zum Marsch in das Kattegat.

7. 2. 1945
Ostsee: Mehrere Dampfer, geleitet durch *Z 34*, Gotenhafen ausgelaufen zum Marsch nach Libau.
Dänemark: *Friedrich Ihn* Kopenhagen eingelaufen.
Skagerrak: Transporter *Jupiter* mit *Karl Galster* als Geleit Oslofjord zum Marsch nach Frederikshavn ausgelaufen.
Norwegen: *Z 33* Trondheim ausgelaufen zum Weitermarsch in die Ostsee. Nächster anzusteuernder Hafen Bergen. Nachts im Eingang des Brufjordes schwere Grundberührung. Stb.-Schraube und -Welle abgeschoren, beide Maschinen ausgefallen, Außenbordwand von Abt. II bis VII aufgerissen, mehrere Wassereinbrüche, außerdem Ruderschaden. Vorbereitungen zum Einschleppen nach Trondheim getroffen.
Z 31 bei Bergen MES-Erprobung.
Heimat: *Paul Jacobi* zu etwa dreiwöchigen Reparaturen und zur Verbesserung der Fla-Bewaffnung in die Werft in Kluß verlegt.

8. 2. 1945
Ostsee: *Z 43* mit geleitetem Dampfer *Askari* Swinemünde ausgelaufen zum Marsch nach Libau.
Z 34 mit geleiteten Schiffen Libau eingelaufen.
Skagerrak/Oslofjord: *Z 31* von Bergen ausgelaufen, Marsch nach Horten angetreten.
Transporter *Jupiter* mit Geleitzerstörer *Theodor Riedel* Marsch vom Kattegat zum Oslofjord.

9. 2. 1945
Ostsee: *Z 43* hat Dampfer *Askari* bis Libau geleitet und ist anschließend nach Gotenhafen marschiert und dort eingelaufen.
Z 34 mit mehreren geleiteten Transportern von Libau kommend in Gotenhafen eingelaufen.
Norwegen: *Z 33* im Schlepp Marsch nach Trondheim. Unterwegs Abwehr heftiger britischer Luftangriffe. Durch einen Bombentreffer und Bordwaffenbeschuß leichte Personalausfälle und geringe Schäden.
Skagerrak: *Z 31* Horten eingelaufen.
Theodor Riedel mit *Jupiter* Oslofjord eingelaufen.

10. 2. 1945
Ostsee: 2. KGr. mit *Admiral Scheer, Z 34, T 23* und *T 8* in See zur Beschießung von Landzielen bei Tolkemit. Zerstörer und T-Boote Sicherung des Kreuzers.
Norwegen: *Z 33* im Schlepp Stadlandet passiert. Bei einem weiteren Luftangriff von 45 britischen Flugzeugen(!) mittlere Schäden und Ausfälle, drei Flugzeuge abgeschossen.
Oslofjord: *Z 31* Beginn Abbau der Reste des 15 cm-Doppelturmes und Neubewaffung in Horten.
Skagerrak: Transporter *Isar* und *Neidenfels,* geleitet durch *Karl Galster, T 13* und *T 16,* Marsch von Frederikshavn nach Moss/Oslofjord.
Heimat: *Z 28* bei Maureb. Swinemünde Instandsetzungen beendet. In den nächsten Tagen Absicht, kurze Ausbildungszeit durchzuführen.

11. 2. 1945
Norwegen: *Z 33* Trondheim eingeschleppt zum Reparaturbeginn.
Z 31 von Horten verlegt in die Akerswerft in Oslo.

12. 2. 1945
Norwegen: *Z 31* eingedockt, *Z 33* eingedockt.
Skagerrak: Transporter *Isar* und *Neidenfels* im Geleit von *Karl Galster, T 16* und *T 19* Moss/Oslofjord ausgelaufen zum Marsch nach Frederikshavn.
Heimat: *Z 28* MES-Vermessung in Stettin.

13. 2. 1945
Heimat: *Z 28* wieder Swinemünde eingelaufen.

14. 2. 1945
Heimat: *Z 28* vor Swinemünde zu Übungen in See.

15. 2. 1945
Heimat: *Z 28* Kompaß-Kompensieren vor Swinemünde.
Skagerrak: *Karl Galster* und *T 19* mit geleiteten Transportern *Isar* und *Gijon* Frederikshavn ausgelaufen zum Marsch in den Oslofjord.
Norwegen: *Richard Beitzen* wieder voll einsatzbereit.
Dänemark: F.d.Minsch. mit Minenschiffen *Ostmark, Lothringen* und *Linz* sowie den Sicherungsfahrzeugen *Friedrich Ihn, T 20* mit Chef 3. T.-Fl. und *T 17* zu einer Minenaufgabe Kopenhagen ausgelaufen, jedoch abends dort wieder eingelaufen.

16. 2. 1945
Ostsee *Z 38* mit Chef 4. Z.-Fl. und *Z 34* Gotenhafen ausgelaufen zur Sicherung von drei nach Libau marschierenden Transportern.
Skagerrak/Kattegat: F.d.Minsch. mit seinen Einheiten (siehe 15. 2. 1945) Kopenhagen ausgelaufen zur Durchführung der Minenaufgabe »Titus II« im Skagerrak.
Theodor Riedel und *T 13* Oslofjord ausgelaufen als Geleit für den zum Kattegat marschierenden Transporter *Isar.*
Heimat: *Z 28* mit neuem Chef 6. Z.-Fl. zum Fla-Schießen vor Swinemünde in See.
Z 39 nach Beendigung der Instandsetzung noch ohne Ausbildung eingeschränkt einsatzbereit.

17. 2. 1945
Ostsee: *Z 38* und *Z 34* mit den Transportern *Wolta, Cometa* und *Bukarest* in Libau eingelaufen und wenige Stunden später mit *Wolta* und *Bukarest* wieder nach Gotenhafen ausgelaufen. Während des Marsches dorthin erfolglose sowjetische Luftangriffe.
Skagerrak: Minenunternehmung des F.d.Minsch. vorzeitig abgebrochen. *Friedrich Ihn, T 20* und *T 17* nach Frederikshavn entlassen.
Karl Galster und *Richard Beitzen* im Oslofjord Durchführung von Landzielschießübungen.

18. 2. 1945
Ostsee: Fahrgastschiff *Deutschland* mit Flüchtlingen an Bord Marsch von Gotenhafen nach Saßnitz, gesichert durch *Z 25, T 4, T 9* und *T 14.*
Z 38 mit Chef 4. Z.-Fl. und *Z 34* nach Geleitbeendigung in Gotenhafen eingelaufen.
Skagerrak: Frachter *Mar del Plata* und *Mars,* gesichert durch *Karl Galster,* Moss ausgelaufen zum Marsch nach Frederikshavn.
Heimat: *Hans Lody* Werftliegezeit beendet. Wenig später Verlegung von Kiel nach Eckernförde.

19. 2. 1945
Ostsee: *Z 25* mit den drei T-Booten Alleinrückmarsch von Saßnitz nach Gotenhafen.
Skagerrak: *Karl Galster* nach Geleitbeendigung in Frederikshavn eingelaufen.
Heimat: *Z 39* Funkbeschickung vor Swinemünde.

20. 2. 1945
Ostsee: F.d.Z. in Gotenhafen auf *Z 43* eingestiegen. Dort *Z 25* mit drei T-Booten eingelaufen.
Nachmittags *Z 38* mit Chef 4. Z.-Fl., *Z 34, T 5* und *T 8* Gotenhafen ausgelaufen als Sicherung für das mit Flüchtlingen nach Saßnitz marschierenden Fahrgastschiff *Hamburg.*
Heimat: *Z 28* noch Übungen bis etwa 25. 2. 1945.

21. 2. 1945
Ostsee: Fahrgastschiff *Deutschland* Leermarsch von Saßnitz zurück nach Gotenhafen, geleitet durch *Z 38* mit Chef 4. Z.-Fl., *Z 34* und T 8.
Skagerrak: *Karl Galster* als Sicherung bei den von Frederikshavn zum Oslofjord marschierenden Transportern *Isar* und *Neidenfels.*

22. 2. 1945
Ostsee: *Z 38, Z 34* und *T 8* nach Geleitbeendigung in Gotenhafen eingelaufen.
Z 43 mit B.d. 2. KGr. und *T 35* Gotenhafen zum Marsch nach Pillau ausgelaufen. Von dort aus Einsatz beider Boote am nächsten Tag zum Landzielbeschuß an der Samland-Küste beabsichtigt.
F.d.Z. in Gotenhafen von *Z 43* auf *Z 25* übergestiegen.
Skagerrak: Geleiteinsatz *Friedrich Ihn* und *T 19.*
Heimat: *Hans Lody* Verlegungsmarsch von Eckernförder Bucht nach Travemünde.

23. 2. 1945
Ostsee: *Z 25* mit F.d.Z. Gotenhafen ausgelaufen, um Flüchtlingstransporter auf dem Marsch nach Saßnitz zu sichern.
Z 43 und *T 35* in dichtem Nebel um 02.07 Uhr vor Pillau geankert. 09.15 Uhr von Ausweiche Groß-Heidekrug befohlene Zielräume beschossen (*Z 43* mit 500 Schuß 12,7 cm). Von Peyse über Achtersteven auf neue Feuerstellung geschleppt. Einsatz dringend zum Freischießen der Landverbindung nach Königsberg. Am Abend Rückkehr der beiden Boote mit 1100 Flüchtlingen nach Gotenhafen.
Z 38 und *T 28* Gotenhafen ausgelaufen nach Pillau, um von dort aus am nächsten Tag in die Landkämpfe mit ihrer Artillerie einzugreifen.
Z 28 Marsch von Swinemünde nach Roenne zu beabsichtigen U-Boots-Abwehrübungen bei Bornholm.
Skagerrak: *Richard Beitzen* und *T 19* mit geleitenden Dampfern

Hansa I und *Isar* nach Marsch vom Oslofjord durch das Skagerrak in Frederikshavn eingelaufen.
Heimat: *Hans Lody* vor Travemünde geankert; bleibt z. Vfg. Admiral der Kleinkampfverbände.

24. 2. 1945
Ostsee: F.d.Z. vor Rügen von *Z 25* auf T-Boot *Panther* übergestiegen. Anschließend *Z 25* und *T 5* als Geleit für das Fahrgastschiff *Hamburg* Rückmarsch nach Gotenhafen angetreten. *Z 25* im Quadrat AO 8429 (nördlich Stolpe-Bank) U-Bootortung durch Horchgerät. Boot war vorher auch durch Funkmeß erfaßt. 2 Ujäger und 1 M-Boot zur Jagd angesetzt. *Z 25* bleibt beim Geleit.
Z 38 und *T 28* erneut zur Feuerunterstützung des Heeres an der Samland-Küste. Vom Königsberger Seekanal ab 13.00 Uhr vorübergehend wegen allzu guten (Feind-)Flugwetters nach Pillau verlegt. 17.30 Uhr Wiedereinnahme Feuerstellung. Anschließend wieder im Königsberger Seekanal geankert.
Skagerrak: *Karl Galster* mit geleitetem Frachter *Mar del Plata* vom Oslofjord nach Frederikshavn ausgelaufen.
Theodor Riedel als Sicherung bei aus dem Kattegat zum Oslofjord marschierenden Frachter *Moltkefels* und U-Boot *U 1024.*
Ostsee: *Z 28* Roenne eingelaufen.

25. 2. 1945
Ostsee: *Z 38* und *T 28* Fortsetzung ihrer Artillerieeinsätze vor Peyse.
Munitionsverbrauch *Z 38:* 455 Schuß 15 cm. (24./25. zusammen.
Z 34 und *T 33* Gotenhafen nach Pillau ausgelaufen als Ablösung für *Z 38* und *T 28.*
Z 25 und *T 5* nach Beendigung ihrer Geleitaufgabe in Gotenhafen eingelaufen.
Z 28 nach beendeter U-Jagd-Ausbildung voll einsatzbereit bei Bornholm.
Skagerrak: *Karl Galster* als Geleitsicherung auf dem Marsch zum Oslofjord.
Theodor Riedel als Geleit für *Moltkefels* Marsch zum Kattegat. Dort nach Geleitentlassung mit *Neidenfels* Marsch zum Oslofjord angetreten.
Heimat: *Hans Lody* Marsch von Travemünde nach Kiel.

26. 2. 1945
Ostsee: *Z 38* und *T 28* weitere Einsätze, Beschießung angreifender Truppen der Roten Armee an der Samland-Küste.
Z 34 und *T 33* mit Flüchtlingen an Bord Pillau ausgelaufen zum Marsch nach Gotenhafen.
Z 25, Z 43 und *T 8* Gotenhafen als Geleitsicherung für das mit Flüchtlingen nach Saßnitz marschierenden Fahrgastschiff *Hamburg* ausgelaufen (Nach SKL-Angaben *Z 43, Z 25, T 5* und *T 110!*).
Skagerrak: *Karl Galster* als Sicherung für nach Süden marschierende Transporter Oslofjord ausgelaufen.
Friedrich Ihn und *Richard Beitzen* in See als Sicherung für den zum Oslofjord gehenden Transporter *Isar.*
Heimat: *Hans Lody* Kiel eingelaufen und in Germaniawerft festgemacht zu Maschinen- und Funkmeßinstandsetzungen.

27. 2. 1945
Ostsee: *Z 25, Z 43* und *T 8* nach Geleitbeendigung auf Saßnitz Reede geankert. Dort Fla-Sicherung für Flüchtlingsdampfer.
Z 38 und *T 28* abends erneut zur Heeresunterstützung Feuerstellung eingenommen.
Z 34 und *T 33* mit Flüchtlingen in Gotenhafen eingelaufen.
Z 28 mit Chef 6. Z.-Fl. von Bornholm kommend vor Saßnitz eingetroffen. Dort mit Fahrgastschiff *Deutschland* Marsch nach Gotenhafen angetreten.
Skagerrak: *Theodor Riedel* als Sicherungszerstörer bei einem nach Norden gehenden Geleit.
Heimat: *Z 39* nach Beendigung seiner Werftinstandsetzung mit *T 36* Swinemünde ausgelaufen zur antimagnetischen Behandlung in Kopenhagen.
Paul Jacobi wieder fahrbereit.

28. 2. 1945
Ostsee: *Z 38* und *T 28* vormittags Feuerunterstützung des deutschen Heeres bei Samland. Dann in Pillau eingelaufen. Bei erneutem Ausmarsch zur Wiedereinnahme der Feuerstellungen sind beide Boote bei Fischhausen im Eis des Seekanals steckengeblieben. Durch Eisdrift auf die Böschung gedrückt. *T 28* wenig später mit eigener Kraft freigekommen. *Z 38* mit Eisbrecherhilfe durch Schlepper freigeschleppt. Anschließend beide Boote Marsch nach Pillau.
Z 28 mit Fahrgastschiff *Deutschland* Gotenhafen eingelaufen.
Z 25, Z 43 Fla-Wache auf Saßnitz Reede.
Dänemark: *Z 39* und *T 36* Kopenhagen eingelaufen.
Heimat: *Paul Jacobi* Verlegung von Swinemünde nach Stettin. Nach dort durchgeführter MES-Vermessung Rückkehr nach Swinemünde.

1. 3. 1945
Ostsee: Dampfer *Cometa* und *Matthias Stinnes* mit *Z 34* als Begleitzerstörer Gotenhafen ausgelaufen zum Marsch nach Libau. Nach Eintreffen dort *Z 34* im Vorhafen bei schwerem Nordweststurm geankert, wiederholt vor beiden Ankern getrieben.
Z 38 und *T 28* in Pillau. Einsatz wegen Wetterlage verschoben.
Z 25 und *Z 43* weiterhin Fla-Schutz für Flüchtlingsdampfer auf Saßnitz Reede.

2. 3. 1945
Skagerrak: *Richard Beitzen* als Sicherungszerstörer für Transporter *Isar* Oslofjord ausgelaufen zum Marsch in das Kattegat. Dabei Transporter Ruderausfall durch Bombentreffer. Schiff in Brand. Hilfeleistung durch *Richard Beitzen.*

3. 3. 1945
Skagerrak: Heftige, dreistündige Luftangriffe auf *Richard Beitzen* und *Isar* im nördlichen Skagerrak. *Isar* durch einen Bombentreffer vorübergehend manövrierunfähig, *Richard Beitzen* wieder Oslofjord eingelaufen.

4. 3. 1945
Dänemark: *Z 39* und *T 36* Kopenhagen ausgelaufen, Marsch nach Saßnitz angetreten.
Ostsee: Fahrgastschiff *Deutschland* im Geleit von *Z 28* mit Chef 6. Z.-Fl. Gotenhafen zum Marsch nach Saßnitz ausgelaufen.
Z 34 und *T 3* als Geleit für zwei Transporter Libau ausgelaufen.
Z 38 und *T 28* erneut zum Landzielschießen in den Königsberger Seekanal verlegt.

5. 3. 1945
Ostsee: Von Kopenhagen kommend haben *Z 39* und *T 36* vor Saßnitz geankert.
Z 28 und *Deutschland* von Gotenhafen kommend auf Saßnitz Reede geankert.
Z 25 mit *Pretoria* von Saßnitz und *Z 34* mit *Cometa* von Libau kommend in Gotenhafen eingelaufen.
Skagerrak: Minenschiff *Linz* mit *Karl Galster* als Sicherung Frederikshavn ausgelaufen zur Verlegung nach Kristiansand-Süd.
Transporter *Bretagne*, gesichert durch *Richard Beitzen*, Oslofjord ausgelaufen zum Marsch in das Kattegat.

6. 3. 1945
Ostsee: *Z 38* und *T 28* nach Besserung der Wetterlage wieder eingesetzt zum Landzielbeschuß an der Samland-Küste. Anschließend Marsch beider Boote mit Flüchtlingen von Pillau nach Gotenhafen. 16.38 Uhr Bombenangriff auf das Geleit mit ca. 20 Bomben. Keine Ausfälle.
Schwere Kreuzer *Lützow* und *Admiral Scheer* im Geleit von *Z 43* und *Z 34* sowie T 33 mit Chef 5. T.-Fl. und *T 23* Gotenhafen ausgelaufen zur Verlegung in die westliche Ostsee.
Paul Jacobi von Swinemünde Reede hinter Sperrbrecher nach Dievenow verlegt und dort vor Anker gegangen. Da sowjetische Truppen noch nicht in Geschützreichweite waren, nachmittags Rückmarsch nach Swinemünde Reede.
Z 28 bei Luftangriff auf Saßnitz Stadt und Hafen auf Reede ankernd um 23.10 Uhr von mindestens zwei Bomben mittschiffs getroffen. Zerstörer in zwei Teile gebrochen. Achterschiff sofort gesunken. Vorschiff noch über Wasser mit starker Neigung nach achtern. Von der Besatzung etwa 150 Mann gefallen. Flottillenchef und Kommandant gerettet. *Z 39* und *T 36* konnten Angriffen der sowjetischen Bomber ausweichen, mußten jedoch wegen Minengefahr nordnordöstlich Arkona ankern.
Nach dem Luftangriff auf Saßnitz Reede auch Fahrgastschiff *Hamburg* infolge von Flugzeug-Grundminentreffern gesunken.
Skagerrak: *Karl Galster* und Minenschiff *Linz* Kristiansand-Süd eingelaufen.
Minenschiffe *Lothringen* und *Ostmark* Frederikshavn ausgelaufen im Geleit von *Richard Beitzen, T 20* mit Chef 3.-T.-Fl. und *T 17* zum Marsch nach Kristiansand-Süd.

7. 3. 1945
Ostsee: Gegen 08.00 Uhr auch Vorschiff *Z 28* gesunken. Aufbauten, Schornsteine und Masten ragten weiterhin aus dem Wasser und ermöglichten dadurch das Abbergen von Geheimsachen, Karten und Gläsern aus den Brückenaufbauten. Um 08.25 Uhr Flagge und Stander niedergeholt und Bewachung des Wracks an einen KFK übergeben.
Paul Jacobi wieder in Erwartung weiteren russischen Vorstoßens an Land auf Dievenow Reede geankert.
Lützow, Z 43, Z 34, T 33 mit Chef 5. T.-Fl. und *T 23* in Swinemünde eingelaufen, *Admiral Scheer* Weitermarsch nach Kiel.
Lazarettschiff *Pretoria* Gotenhafen ausgelaufen im Geleit von *Z 38* mit Chef 4. Z.-Fl., *T 28* und *T 35* zum Marsch nach Kopenhagen.
Skagerrak: Im Verband des F.d.Minsch. sind *Richard Beitzen, T 20* und *T 17* in Kristiansand Süd eingelaufen.
Friedrich Ihn und *T 16* als Geleitschutz bei dem vom Oslofjord zum Kattegat marschierenden Transporter *Mar del Plata.*

8. 3. 1945
Ostsee: *Z 39* und *T 36* Saßnitz ausgelaufen zur Durchführung von Artillerieschießübungen bei Bornholm.
Abends *Z 38* mit Chef 4. Z.-Fl., *T 28* und *T 35* mit *Pretoria* in Kopenhagen eingelaufen.
Paul Jacobi sowjetische Truppen und Panzeransammlungen bei Dievenow, Fritzow und Kammin beschossen. Wurde dabei durch zwei Geschütze von Land beschossen. Abends nach Schießbeendigung in Swinemünde eingelaufen.
Z 43 Swinemünde ausgelaufen zum Marsch nach Kolberg.
Skagerrak: *Richard Beitzen* als Geleit für Transporter *Bretagne* Kristiansand-Süd ausgelaufen zum Marsch nach Frederikshavn.
Friedrich Ihn und *T 16* nach Geleitbeendigung in Frederikshavn eingelaufen.
F.d.Minsch. mit Minenschiffen *Linz, Lothringen* und *Ostmark* sowie mit *Karl Galster, T 20* und *T 17* Kristiansand-Süd ausgelaufen zur Durchführung der defensiven Minenaufgabe »Titus II« im westlichen Skagerrak.

9. 3. 1945
Ostsee: *Paul Jacobi* vormittags auf Feuerstellung vor Dievenow. Nachmittags wegen Verschärfung der dortigen Landlage von Swinemünde nach Gotenhafen ausgelaufen, zusammen mit *T 23.*
Z 38 mit Chef 4. Z.-Fl., *T 28* und *T 35* Kopenhagen zum Rückmarsch nach Osten ausgelaufen.
Z 34 auf Feuerstellung vor Dievenow. Abends nach Swinemünde.
Z 43 auf Feuerstellung vor Kolberg. Neben Landzielbeschuß auch Flakschutz auf Reede liegender Dampfer, die Flüchtlinge übernehmen.
Skagerrak: *Bretagne mit* sicherndem Zerstörer *Richard Beitzen* Frederikshavn eingelaufen.
Theodor Riedel nicht einsatzbereit wegen Erkrankung von 25 % der Besatzung.

10. 3. 1945
Ostsee: *Z 34* mittags bis nachts auf Feuerstellung bei Dievenow. Beschießungen russischer Stellungen und Panzer.
Z 38, T 28 und *T 35* Gotenhafen eingelaufen, auch *Paul Jacobi.* Nach Munitions- und Treibstoffergänzung mittags wegen Beschuß durch sowjetische Artillerie ausgelaufen und auf Reede geankert.
Z 43 auf Feuerstellung vor Kolberg, hat wiederholt in Landkämpfe eingegriffen. Dabei in Direktbeschuß feindliche Batterien zum Schweigen gebracht.
Oslofjord: *Friedrich Ihn* mit *Bretagne* aus dem Kattegat kommend eingelaufen.

11. 3. 1945
Ostsee: Ab mittags *Paul Jacobi* und *T 23* Sicherung für den Neukrug beschießenden Schweren Kreuzer *Prinz Eugen.*
Z 34, Z 43 und *T 33* auf Feuerstellung vor Kolberg. *Z 34* um 07.50 Uhr von vier Flugzeugen mit Bomben und Bordwaffen erfolglos angegriffen. 08.22 Uhr nördlich Kolberg erneuter, erfolgloser Angriff von acht Flugzeugen. Feuerstellung 11.45 Uhr verlassen, nachdem insgesamt 150 Schuß mit guter Wirkung abgegeben wurden. Weiterhin rege feindliche Lufttätigkeit. Abends Anbordnahme von rund 1000 Flüchtlingen und Verwundeten.
Skagerrak: *Richard Beitzen* und *T 13* als Sicherung für die nach Norden marschierenden Transporter *Mar del Plata* und *Tujuca* Frederikshavn ausgelaufen. Im Kattegat und später Skagerrak Abwehr heftiger Luftangriffe.
Frachter *Rolandseck* im Geleit von *T 16* und dem in die Ostsee befohlenen *Karl Galster* auf dem Marsch von Hoisandbad in das Kattegat.

12. 3. 1945
Ostsee: *Paul Jacobi* und *T 23* bei *Prinz Eugen* wie am Vortag.
Z 34 mit rund 1000 Kolberger Flüchtlingen und Verwundeten 11.30 Uhr Einfahrt Swinemünde passiert, unmittelbar vor Geschwaderangriff von 400 Bombern auf Stadt und Hafen. Zerstörer läuft zunächst weiter. Erst beim Freibad bietet sich Platz zum Drehen des 127 m langen Bootes. Mitten im Fallen der Bombenteppiche kann das Boot endlich wieder auf Auslaufkurs gehen und abends endgültig das verwüstete Swinemünde anlaufen.
Z 43 Landzielbeschießungen bei Kolberg.
Skagerrak: *Karl Galster* mit Transporter *Rolandseck* nach Durchqueren des Skagerraks mit Südkus im Kattegat.
Richard Beitzen mit *T 13* und den beiden geleiteten Frachtern in den Oslofjord eingelaufen.

13. 3. 1945.
Ostsee: *Z 34* Abgabe von Flüchtlingen und Verwundeten in

Swinemünde und Munitions-, Treibstoff- und Proviantübernahme.
Z 43 vor Kolberg auf Feuerstellung.
Paul Jacobi von Hela Reede nach Gotenhafen Reede verlegt zur Proviantergänzung.
Z 38 eingesetzt zum Landzielbeschuß (vorrückende Truppen und Panzer der Roten Armee) bei Großendorf.
Skagerrak: *Friedrich Ihn* im Verband des F.d.Minsch. mit den Minenschiffen *Ostmark* und *Lothringen* auf dem Marsch nach Kristiansand-Süd.
Richard Beitzen eingesetzt im Geleitdienst von Oslofjord nach Frederikshavn.
Z 31 nach beendeten Reparaturen und Ausrüstung mit provisorischer Backsbewaffnung Marsch von Oslo nach Dröbak (Oslofjord).
Kattegat: *Karl Galster* auf Marsch nach Kopenhagen.

14. 3. 1945
Ostsee: *Z 43* weiter vor Kolberg auf Feuerstellung. Abends zu seiner Ablösung *Z 34* aus Swinemünde ausgelaufen.
Z 38 nach durchgeführten Landzielbeschuß vor Anker auf Gotenhafen Reede. Dort Fla-Wache für zahlreiche Schiffe.
Paul Jacobi abends wegen Beschuß von Land durch sowjetische Artillerie von Gotenhafen Reede nach Zoppot Reede verlegt.
Skagerrak: *Richard Beitzen* in Frederikshavn.
Dänemark: *Karl Galster* Kopenhagen eingelaufen. Dort Brennstoffergänzung.

15. 3. 1945
Ostsee: *Z 34* hat *Z 43* auf Feuerstellung vor Kolberg abgelöst.
Z 43 in Swinemünde eingelaufen zur Brennstoff- und Munitionsergänzung.
Paul Jacobi als Sicherung für Transporter und Kreuzer *Prinz Eugen* auf Zoppot Reede. Abends wieder Gotenhafen Reede geankert.
Skagerrak: *Z 31* Verlegungsmarsch vom Oslofjord in die Ostsee angetreten. Dabei bis zum Kattegat Geleit für Transporter übernommen.
Richard Beitzen mit Transporter *Bretagne* Frederikshavn ausgelaufen zum Marsch nach Norden.
Dänemark: *Karl Galster*, nunmehr der 6. Z.-Fl. unterstellt, mit Fahrgastschiff *Potsdam* Kopenhagen ausgelaufen zur Verlegung nach Gotenhafen.

16. 3. 1945
Ostsee: *Z 34* auf Kolberg Reede Anbordnahme von ca. 250 Verwundeten. Dann Landzielbeschuß. Abends 1600 Flüchtlinge an Bord genommen. Ungeachtet dieser Belastung erneutes Eingreifen in den Landkampf, Deckung des Rückzugs der letzten Verteidiger.
Karl Galster und *Potsdam* in der Ostsee auf Verlegungsmarsch nach Gotenhafen.
Kattegat: *Z 31* auf Verlegung in die Ostsee zunächst Kurs nach Kopenhagen.
Oslofjord: *Richard Beitzen* mit *Bretagne* eingelaufen.

17. 3. 1945
Ostsee: *Z 39* und *T 36* wegen Brennstoffmangels bei Bornholm Durchführung verkürzten Übungsabschnittes.
Z 43 und *T 33* Swinemünde ausgelaufen. Nach Eintreffen auf Kolberg Reede *Z 34* Landzielbeschuß sowie Übernahme von Flüchtlingen und den letzten sich absetzenden deutschen Truppen.
Karl Galster mit *T 13* und *Potsdam* Gotenhafen eingelaufen.
Dänemark: *Z 31* eingelaufen in Kopenhagen.
Skagerrak: *Theodor Riedel* mit Transportern *Bretagne* und *Hansa I* Marsch Oslofjord zum Kattegat.
F.d.Minsch. mit Minenschiffen *Ostmark* und *Lothringen* sowie Zerstörer *Friedrich Ihn* und T-Boote *T 20* mit Chef 3. T.-Fl., *T 17* und *T 19* Kristiansand-Süd ausgelaufen zur Durchführung einer Minenaufgabe im westlichen Skagerrak.

18. 3. 1945
Ostsee: *Z 34, Z 43* und *T 33* in den ersten Morgenstunden Feuerüberfall auf vorrückende sowjetische Truppen. Dadurch Sicherung der Anbordnahme der letzten deutschen Verteidiger von Kolberg. Zerschlagung eines massierten Panzerangriffs.
Z 38 und *T 28*, nachdem sie am Vortag von Gotenhafen nach Pillau verlegt hatten, mit Artillerie in die Landkämpfe eingegriffen.
Paul Jacobi als Fla-Sicherung für Kreuzer *Prinz Eugen*, der Landzielschießen in der Danziger Bucht durchgeführt hat. Dabei Abwehr angreifender russischer Flugzeuge.
Potsdam mit *Karl Galster* als Sicherungszerstörer Gotenhafen ausgelaufen zum Marsch nach Kopenhagen.
Skagerrak: Nach Durchführung des Minenwerfens in der Nacht vom 17. zum 18. 3. 1945 ist der F.d.Minsch.-Verband in Kristiansand-Süd eingelaufen.
Theodor Riedel bei einem nach Norden gehenden Geleit.
Richard Beitzen mit dem vom Oslofjord kommenden Transporter *Bretagne* auf Marsch nach Frederikshavn.

19. 3. 1945
Ostsee: Morgens Kolberg von den letzten deutschen Nachhuttruppen geräumt. *Z 34, Z 43* und *T 33* Marsch nach Swinemünde angetreten und dort vormittags zur Vonbordgabe der Flüchtlinge und Soldaten festgemacht.
Paul Jacobi und *T 23* als Fla-Sicherung bei *Prinz Eugen* und dem Linienschiff *Schlesien*. Abwehr mehrerer sowjetischer Luftangriffe auf die Schiffe.
Z 38 und *T 28* auf Feuerstellung im Königsberger Seekanal. Von dort aus mit Artillerie in die Kämpfe im Raum Brandenburg eingegriffen. Dann in Pillau Übernahme von je etwa 500 Verwundeten und Auslaufen nach Gotenhafen. Unterwegs und vor Gotenhafen Abwehr von Tieffliegern.
Z 31 als Sicherungszerstörer für sechs Transporter von Kopenhagen auf dem Marsch in die Ostsee. Bei Kap Arkona Geleitentlassung, *Z 31* Alleinweitermarsch nach Gotenhafen.
Dänemark: *Karl Galster* und *T 11* mit *Potsdam* Kopenhagen eingelaufen. Beide Boote anschließend mit Lazarettschiff *Pretoria* und Transporter *Askari* wieder ausgelaufen und Marsch nach Gotenhafen angetreten.
Heimat: *Z 39* Ausbildungsprogramm beendet. Restarbeiten beabsichtigt.

20. 3. 1945
Ostsee: *Karl Galster* und *T 11* mit zwei Schiffen in der Ostsee Marsch ostwärts.
Z 38 mit Chef 4. Z.-Fl. und dem wieder einsatzbereiten *Z 25* haben mit *Prinz Eugen* in die Landkämpfe bei Gotenhafen und Danzig eingegriffen.
Z 31 Gotenhafen eingelaufen.

21. 3. 1945
Ostsee: *Karl Galster* und *T 8*, das bei Rügen *T 11* abgelöst hat, mit zwei Schiffen Gotenhafen eingelaufen.
Z 38 Beschießung von sowjetischen Truppen, die in Gotenhafen einzudringen versuchen.
Paul Jacobi mittags Beschießung russischer Truppen bei Groß-Katz. Anschließend wegen schlechten Wetters wieder geankert.
Z 34, Z 43 und *T 33* Swinemünde ausgelaufen zum Marsch nach Gotenhafen. Während des Marsches Sicherung für den nach Gotenhafen marschierenden Schweren Kreuzer *Lützow*.
Heimat: Der bei Deschimag in Ausrüstung befindliche Zerstörerneubau *Z 51* bei alliiertem Luftangriff auf Bremen gesunken.

22. 3. 1945
Ostsee: *Lützow, Z 34, Z 43, T 33* auf Gotenhafen Reede geankert. Abwehr sowjetischer Luftangriffe. Ohne Erfolg durch gegnerische Artillerie von Land aus beschossen.
Paul Jacobi Beschießung sowjetischer Truppen- und Panzeransammlungen bei Lensitz. Mehrmalige Angriffe von Flugzeugen abgewehrt; durch Landartillerie beschossen. Abends bei Hela geankert.
Z 38 und erstmalig auch *Z 31* zum Landzielbeschuß bei Gotenhafen eingesetzt. *Karl Galster* auf Gotenhafen Reede vor Anker.
Z 39 und *T 36* bei Bornholm nach Wetterbesserung Wiederaufnahme von Übungen und Ausbildungsfahrten. Dabei Wabo-Angriff auf ein sowjetisches U-Boot.
Heimat: *Hans Lody* Kiel ausgelaufen, um bei Bornholm Ausbildung durchzuführen.
Skagerrak: *Richard Beitzen* mit geleitetem Transporter *Bretagne* aus dem Kattegat kommend Oslofjord eingelaufen. *Richard Beitzen* anschließend in Oslo Beginn mehrtägiger Maschinenreparaturen und Austausch beschädigter Fla-Waffen.

23. 3. 1945
Ostsee: *Prinz Eugen*, gesichert und unterstützt durch *Z 38* und *Z 34*, Beschuß von Truppen der Roten Armee, die in Gotenhafen einzudringen versuchten. Die beiden Zerstörer außerdem Beschuß sowjetischer Panzer bei Zoppot. Auch *Z 31* eingesetzt im Landzielschießen. Bei *Prinz Eugen* und der in der Nähe eingesetzten *Lützow* als Sicherung außerdem *Z 43, T 23* und *T 28* sowie tagsüber noch *Paul Jacobi, Z 25* und *T 8*.
Abends *Paul Jacobi, Z 25* und *T 8* als Geleit für Lazarettschiff *Pretoria* und Artillerieschulschiff *Mars* Marsch nach Kopenhagen angetreten.
Der außer Dienst befindliche Schlachtkreuzer *Gneisenau* durch *Z 31* von Gotenhafen in die Hafenausfahrt geschleppt und dort als Blockschiff versenkt.
Skagerrak: *Theodor Riedel* mit *Bretagne* Marsch vom Oslofjord in das Kattegat.
T 20 mit F.d.Minsch. und *Friedrich Ihn* Verlegungsmarsch von Kristiansand Süd nach Oslofjord.

24. 3. 1945
Ostsee: *Hans Lody*, von Kiel kommend, vor Roenne geankert.
Z 39 und *T 36* Marsch von Roenne nach Swinemünde.
Prinz Eugen und *Lützow* Landzielbeschuß an verschiedenen Punkten in der Danziger Bucht. Sicherung durch *Z 34, Z 43, T 23* und *T 28. Z 31* und *Z 38* ebenfalls zum Beschießen von Landzielen dort eingesetzt.
Paul Jacobi, Z 25 und *T 8* mit zwei geleiteten Schiffen in der Ostsee auf Marsch nach Kopenhagen. Abends bei Amager geankert.

25. 3. 1945
Ostsee: *Z 39* und *T 36*, von Roenne kommend, in Swinemünde eingelaufen.
Hans Lody Ausbildung bei Bornholm.
Z 31, Z 38 und *Z 43* Beschießen von verschiedenen Landzielen zur Unterstützung deutscher Truppen bei Gotenhafen und Danzig. Dabei russische Luftangriffe abgewehrt.
Dänemark: *T 8* nach Geleitbeendigung in Kopenhagen eingelaufen. *Paul Jacobi* und *Z 25* mit Rückgeleit auf dem Marsch nach Gotenhafen.
Karl Galster und *T 4* mit den Schiffen *Askari, Eberhard Essberger* und *Albert Jensen* auf dem Marsch von Gotenhafen nach Kopenhagen.
Heimat: *Z 39* in Swinemünde Beginn mehrtägiger Restarbeiten.

26. 3. 1945
Ostsee: *Z 31* und *Z 38* Landzielbeschuß bei Gotenhafen und Danzig. *Z 34* als Sicherung bei Landziele beschießendem Kreuzer *Lützow*, ebenso *T 23* und *T 28*.
Paul Jacobi und *Z 25* mit *Potsdam* von Kopenhagen kommend morgens auf Hela Reede geankert. Tags Luftangriffe. Abends beide Zerstörer mit den Schiffen *Potsdam, Goya* und *Kanonier* mit fast 22 000 Flüchtlingen und Verwundeten erneut nach Kopenhagen ausgelaufen.
Dänemark: *Karl Galster* und *T 4* Kopenhagen eingelaufen.
Skagerrak: *Friedrich Ihn* und ein T-Boot als Schnellgeleit bei dem zum Kattegat marschierenden Transporter *Bretagne*.
Norwegen: *Z 33* Trondheim ausgelaufen zur Verlegung in die Ostsee. Unterwegs Anlaufen mehrerer Stützpunkte.

27. 3. 1945
Ostsee: In der Danziger Bucht eingesetzt zu Sicherungs- und Landzielbeschießungsaufgaben *Z 31, Z 34, Z 38, Z 43, T 23* und *T 28*.
Paul Jacobi, Z 25 und drei Transporter auf dem Wege nach Kopenhagen. Wegen Nebels vorübergehend vor Anker gegangen.
Skagerrak: *Theodor Riedel* und ein T-Boot als Sicherung bei dem zum Oslofjord gehenden Transporter (Reichsbahnfährschiff) *Preußen*.
Heimat: *Karl Galster*, von Kopenhagen kommend, in Swinemünde eingelaufen.
Ostsee: Auf *Z 31* bei Landzielbeschuß ein Rohrkrepierer. 4 Tote und 18 Verwundete an Bord.

28. 3. 1945
Dänemark: *Z 25, Paul Jacobi* und drei Transporter wegen Nebels erst nachmittags Marschfortsetzung nach Kopenhagen. Dort gegen Mitternacht eingelaufen.
Ostsee: *Z 31, Z 38* und *T 23* eingesetzt zum Landzielbeschuß bei Gotenhafen und Danzig. *Z 34* trotz dichten Nebels ebenfalls Landziele beschossen bei Lauenthal, nachmittags Artillerieduell mit russischer Landbatterie. *Z 43* und T-Boote als Sicherungseinheiten auf Gotenhafen Reede bzw. Hela Reede eingesetzt.
Skagerrak: *Friedrich Ihn* nach Beendigung eines nordgehenden Geleites ein Südgeleit übernommen.
Norwegen: *Z 33* auf Heimatverlegungsmarsch eingelaufen in Bergen.

29. 3. 1945
Ostsee: Bei Gotenhafen und Hela eingesetzt zur Sicherung der Kreuzer *Prinz Eugen* und *Lützow* sowie von Transportern und Versorgern, darunter Troßschiff *Franken*, die Zerstörer *Z 31, Z 34, Z 38* und *Z 43* sowie T-Boote. Auf *Z 38* durch einen Rohrkrepierer im dritten 15 cm-Geschütz ein Toter. *Franken* bei Luftangriff beschädigt, auch auf *Z 34* leichte Schäden. Alle Zerstörer im Laufe des Tages aus dem Troßschiff Munitions-, Treibstoff- und Proviantübernahme.
Skagerrak: *Friedrich Ihn* und alle Boote der 3. T.-Fl. bei verschiedenen nord- und südgehenden Geleiten.
Norwegen: *Z 33* wegen ungünstiger Wetterlage erst abends Bergen zum Weitermarsch ausgelaufen, zunächst nach Kristiansand-Süd.

30. 3. 1945
Ostsee: *Z 31* und *Z 34* Fla-Sicherung bei der beschädigten *Franken. Z 38, Z 43* und T-Boote bei KGr. Thiele eingesetzt zum Landzielbeschuß.
Dänemark: Morgens *Z 25* (zum Marsch nach Swinemünde), *Paul Jacobi* und *T 11* (zur Sicherung eines nach Osten marschierenden Geleits, Fahrgastschiff *Deutschland* und Lazarettschiff *Pretoria)* Kopenhagen ausgelaufen trotz Nebels.

Skagerrak: *Friedrich Ihn* und die T-Boote *T 20* und *T 17* als Sicherung bei nach Norden gehenden Geleiten.
Norwegen: *Z 33* nach kurzem Aufenthalt in Kristiansand-Süd weitermarschiert nach Arendal.

31. 3. 1945
Ostsee: *Z 31, Z 34, Z 38, Z 43, T 23* und *T 28* zum Landzielbeschuß und zur Sicherung der Kreuzer sowie des Troßschiffes *Franken* eingesetzt bei Gotenhafen, Danzig und bei Hela. Auf Hela Reede mittags auch *Paul Jacobi,* von Kopenhagen gekommen, vor Anker gegangen. Luftangriffe und Beschießungen durch gegnerische Küstenbatterien. Auf *Z 34* erstmalig Einsatz von Fla-Raketenwerfern zur Tieffliegerabwehr.
Heimat: *Z 25* in Swinemünde eingelaufen.
Skagerrak: *Richard Beitzen* mit Transporter *Hansa I* Marsch vom Oslofjord zum Kattegat. Dabei Abwehr angreifender britischer Flugzeuge.
Theodor Riedel mit Transporter *Bretagne* Marsch vom Oslofjord zum Kattegat.
Z 33 Marsch von Arendal durch Skagerrak und Kattegat in die Ostsee.

1. 4. 1945
Ostsee: Bei den Kreuzern und Schiffen und zum Landzielbeschuß (sowjetische Truppenansammlungen, Stellungen und Panzer) im Raum um Gotenhafen eingesetzt *Paul Jacobi, Z 31, Z 34, Z 38, Z 43, T 23, T 28* und *T 36.*
Zwei in den letzten Tagen eingetretene Rohrkrepierer auf Zerstörern mit 15 cm-Geschützen haben zur Sperrung größerer Munitionsmengen geführt. Es sind deshalb nur noch ca. 450 Schuß für Zerstörer im Raum Danzig-Gotenhafen vorhanden.
Nachmittags *Z 34* von der KGr. entlassen, um die Transporter *Deutschland* und *Pretoria* mit etwa 17 000 Flüchtlingen und Verwundeten an Bord auf dem Marsch nach Kopenhagen zu geleiten. Anfangs beim Geleit auch die alten T-Boote *T 151* und *T 158,* die wenig später aber wegen schlechten Wetters entlassen wurden.
Heimat: *Z 39* wieder voll einsatzbereit und der 4. Z.-Fl. unterstellt.
Der am nächsten Tag aus Norwegen erwartete *Z 33* ab sofort der 8. Z.-Fl. unterstellt.
Erich Steinbrinck in Wesermünde fahrbereit mit einer Maschine.
Skagerrak: *Theodor Riedel* als Sicherungszerstörer mit Transporter *Bretagne* Oslofjord eingelaufen und wenig später mit Motorschiff *Bukarest* und Dampfer *Catania* wieder nach Süden ausgelaufen.

2. 4. 1945
Ostsee: *Z 31, Z 43, Paul Jacobi* und *T 28* trotz teilweise heftiger Gegenwehr durch sowjetische Küstenartillerie und Luftangriffe mehrfach russische Truppenansammlungen mit Erfolg beschossen. *Z 38* und *T 36* eingesetzt zur Sicherung des Troßschiffes *Franken.*
Heimat: *Z 33* nach 20monatiger Abwesenheit von der Heimat in Swinemünde eingelaufen. Vorgesehen Abgabe der 15 cm-Einzelgeschütze als Ersatz für die ausgefallenen von *Z 34,* dann Werftinstandsetzung.
Dänemark: *Z 34* nach Geleitbeendigung Kopenhagen ausgelaufen.
Skagerrak: *Richard Beitzen* bei einem nordgehenden Geleit.
Theodor Riedel als Sicherung bei einem nach Süden zum Kattegat gehenden Geleit (Transporter *Preußen).*

3. 4. 1945
Ostsee: *Z 38, Z 43* und *Paul Jacobi* Landziele bei Neufahrwasser und in der Nähe von Gotenhafen beschossen. Dabei mehrfach Luftangriffe durchgestanden.
Hans Lody Fortsetzung des Ausbildungsabschnittes mit der Durchführung von Kaliberschießen bei Bornholm.
Dänemark: *Z 34* aus Kopenhagen zum Marsch nach Swinemünde ausgelaufen.
Skagerrak: *Richard Beitzen* mit *Preußen* in Kattegat.
Theodor Riedel zu einer Geleitaufgabe im Skagerrak.

4. 4. 1945
Ostsee: Zur Unterstützung des in Abwehrkämpfe verwickelten Heeres bei den KGr. Thiele und Rogge eingesetzt *Z 31, Z 38, Z 43, Paul Jacobi* und *T 28.* Dabei auch Beschuß sowjetischer Truppen und Panzer bei Gotenhafen und Neufahrwasser. Häufige Luftangriffe und Feuerüberfälle von Landbatterien des Gegners. Einzige Schäden auf den Zerstörern: *Z 38* an Oberdeck zahlreiche Splitterschäden. Auf Kreuzer *Lützow* leichte Schäden durch Treffen einer sowjetischen Küstenbatterie.
Bei Rügen inzwischen vom Wrack *Z 28* alle Schlüssel und Schlüsselmittel sowie Geheimsachen geborgen. Abbergen der Fla-Waffen und Vorbereitungen zum Abbau der 15 cm-Geschütze im Gange.
Heimat: *Z 34* Swinemünde eingelaufen und dort wenig später eingedockt zum Ausbau und Wechsel des S-Gerätes.
Skagerrak: *Richard Beitzen* als Geleitzerstörer auf dem Marsch zum Oslofjord.

5. 4. 1945
Ostsee: Bei der Räumung der Oxhöfter Kämpe zur Unterstützung von Einschiffungen eingesetzt *Z 31* mit Chef 4. Z.-Fl., *Z 38, T 36* mit Chef 5. T.-Fl., *T 28* und *T 33.*
Paul Jacobi Munitionsergänzung aus *Franken.*
Heimat: *Z 39* zur Ablösung von *Z 31* Swinemünde ausgelaufen, jedoch wegen Nichterscheinen eines Sperrbrechers wieder eingelaufen.
Ostsee: *Z 31* mit Chef 4. Z.-Fl., *Z 38, Z 43* und die drei T-Boote der 5. T.-Fl. in der Danziger Bucht Sicherungsaufgaben, *Paul Jacobi* Anlauf zum Landzielbeschuß wegen Nebels vorzeitig abgebrochen.
Z 39 Swinemünde ausgelaufen zur Verlegung in die Danziger Bucht. Während des Marsches Sicherung für sechs nach Osten gehende große Transporter übernommen.
Hans Lody Ausbildungsabschnitt beendet und bedingt einsatzbereit.

7. 4. 1945
Ostsee: *Z 39* in der Danziger Bucht eingetroffen. Chef 4. Z.-Fl. von *Z 31* auf *Z 39* übergestiegen. Mit *Z 43, T 33* und *T 36* Sicherungsaufgaben für KGr. Thiele durchgeführt.
Skagerrak: *Richard Beitzen* und *T 20* Oslofjord ausgelaufen zur Sicherung eines nach Süden gehenden Geleites.

8. 4. 1945
Ostsee: Die Kampfgruppen Thiele und Rogge mit den Kreuzern *Prinz Eugen* und *Lützow* haben nach Aufbrauch ihrer Munition und der Vorräte die Danziger Bucht verlassen und im Geleit von *Z 31* und *Z 38* den Verlegungsmarsch nach Westen angetreten. Vorher auf Hela Reede *Paul Jacobi* bei *Z 38* längsseits gegangen und aus dessen Vorräten Brennstoff ergänzt. Während eines sowjetischen Luftangriffs *Z 31* zweimal durch Bomben getroffen, davon einmal an Stb. auf der Achterback. Der Zerstörer nur noch fähig, 16 kn als Höchstfahrt zu laufen. Bei den ablaufenden KGr. auch *Paul Jacobi* und *T 36.* Mehrere kleinere sowjetische Luftangriffe auf den Verband ohne Erfolg.
Z 39 zum Landzielbeschuß in der Danziger Bucht eingesetzt.
Karl Galster und *Z 43* für weitere Aufgaben in der Danziger

Bucht verblieben und Sicherung von Troßschiff *Franken,* das dennoch mittags nach mehreren sowjetischen Luftangriffen neben anderen Hilfsschiffen verlorengeht.
Skagerrak: *Friedrich Ihn* eingesetzt im Geleitdienst zwischen Oslofjord und Kattegat.
Theodor Riedel und *T 19* im Verband des F.d.Minsch. Kristiansand-Süd ausgelaufen, wegen ungünstiger Wetterlage Vorhaben jedoch abgebrochen und wieder eingelaufen.

9. 4. 1945
Heimat: *Prinz Eugen* und *Lützow* mit *Paul Jacobi, Z 31, Z 38* und *T 36* Swinemünde eingelaufen.
Ostsee: *Z 39* und *T 33* eingesetzt zum Beschuß sowjetischer Truppen und Panzer bei Großendorf, *Z 43* zu deren Sicherung. Bei einem Luftangriff *Z 43* durch Nahtreffer und einem Blindgänger in K 1 beschädigt, K 1 ausgefallen.
Skagerrak: *Richard Beitzen* und *T 20* bei einem nach Norden marschierenden Geleit durch einen Bomber angegriffen. *T 20* durch Bordwaffenbeschuß leicht beschädigt.

10. 4. 1945
Ostsee: *Z 39, Z 43* und *T 33* in der Danziger Bucht Abwehr heftiger sowjetischer Luftangriffe und U-Jagd. Dabei *Z 43* durch Grundminentreffer erheblich beschädigt, nicht mehr fahrbereit. Durch *T 33* nach Westen abgeschleppt, *Z 39* als Sicherung beim Schleppzug.
Heimat: *Z 34* wieder einsatzbereit aus der Werft Swinemünde entlassen.
Z 31 in Swinemünde Instandsetzungsbeginn.

11. 4. 1945
Ostsee: Zur Ablösung der nach Westen verlegenden *Z 39, Z 43* und *T 33* sind *Z 34, T 36* und drei M-Boote mit einem Geleit unterwegs von Swinemünde nach der Danziger Bucht.
Heimat: *Z 43* im Schlepp unterwegs nach Warnemünde. *Z 39* und *T 36* weiterhin beim Havaristen. Chef 4. Z.-Fl. unterwegs auf den nach Osten marschierenden *Z 34* übergestiegen.
Skagerrak: *Richard Beitzen* bei einem nach Süden gehenden Geleit, *Friedrich Ihn* bei einem nach Norden marschierenden.

12. 4. 1945
Heimat: *Z 43* Warnemünde eingelaufen, *Z 39* und *T 33* in Swinemünde.
Karl Galster und *Z 25* im Verband der KGr. Thiele von Swinemünde zur Munitionsübernahme in Prorer Wik (Rügen) verlegt.
Z 38 zum Schraubenwechsel in Swinemünde eingedockt.
Ostsee: Morgens *Z 34* und *T 36* mit Geleitzug auf Hela Reede eingetroffen. Vormittags Artillerieduell zwischen *Z 34* und sowjetischen Landbatterien bei Großendorf. Abends Treibstoffergänzung auf Hela Reede.
Skagerrak: *Richard Beitzen* und *T 19* im Verband des F.d. Minsch. erneute Minenunternehmung im westlichen Skagerrak wegen schlechten Wetters abgebrochen und in Kristiansand-Süd eingelaufen.
Friedrich Ihn, Richard Beitzen und *T 17* im Geleitdienst eingesetzt.
Hans Lody, seit etwa 10. 4. 1945 in Kopenhagen, auf dem Verlegungsmarsch im Kattegat nach Frederikshavn.

13. 4. 1945
Heimat: *Z 43* zu Instandsetzungen in die Neptunwerft in Rostock verlegt.
Ostsee: *Z 34* und *T 36* auf Hela Südreede eingesetzt zur Sicherung von Truppeneinschiffungen. Abwehr sowjetischer Luftangriffe. Abends Bekämpfung eines sowjetischen U-Bootes durch *Z 34.*
Heimat: *Paul Jacobi* nach Treibstoffergänzung in die Swinemünder Kaiserfahrt verlegt in unmittelbare Nähe des Schweren Kreuzers *Lützow.*
Skagerrak: *Friedrich Ihn* und *T 17* als Sicherung bei einem vom Oslofjord nach Süden gehenden Geleit.
Hans Lody in Frederikshavn eingelaufen.

14. 4. 1945
Heimat: Wegen sich zuspitzender Verschärfung der Heiz- und Treibölversorgung beginnende Stillegung von verschiedenen Flotteneinheiten. Hierfür die nur bedingt fahrbereiten *Z 31* und *Z 33* vorgesehen, dazu *Erich Steinbrinck,* der mit nur einer klaren Maschine von Wesermünde nach Cuxhaven verlegt hat.
Ostsee: *Z 34* und *T 36* bei schlechtem Wetter und starker Dünung Fla-Sicherung in der Danziger Bucht und auf Hela Reede.
Skagerrak: *Friedrich Ihn* und *T 17* als Sicherung bei einem zum Oslofjord marschierenden Geleit. Dabei das sich falsch verhaltende deutsche U-Boot *U 235* im Kattegat irrtümlich durch *T 17* mit Wasserbomben versenkt.
Theodor Riedel und *T 19* mit Geleit Verlegungsmarsch von Kristiansand-Süd nach Horten, Oslofjord. Beide Boote aus dem Verband des F.d.Minsch. entlassen.

15. 4. 1945
Ostsee: Vormittags *Z 34* bei Oxhöft Gefecht mit sowjetischer Landbatterie. Dabei auf dem Zerstörer ein 15 cm-Geschütz durch Rohrkrepierer zerstört. Nachmittags *Z 34* mit *T 23* und *T 36* als Sicherung für die Transporter *Matthias Stinnes, Askari, Eberhard Essberger* und das durch einen Bombenangriff beschädigte und brennende Lazarettschiff *Pretoria* Marsch nach Westen angetreten. Luftangriffe abgewehrt. Abends *Z 34* abgedreht und wieder Marsch nach Hela angetreten, um dort Öl zu übernehmen.
Gegen 23.00 Uhr auf Hela-Südreede Angriff sowjetischer Torpedoschnellboote auf den Zerstörer. Ein Torpedo konnte durch sofortiges Zudrehen von *Z 34* ausmanövriert werden. Ein anderer Torpedo traf und explodierte an Bb. achtern in Höhe der Abteilungen III und IV. Beide Maschinen ausgefallen und vollgelaufen. Starke Schlagseite. Durch die Explosionserschütterungen Ausfall elektrischer Anlagen, des FT und der UK-Geräte sowie aller Schiffsführungselemente.
Heimat: *Lützow* bei britischem Stuka-Angriff in der Kaiserfahrt bei Swinemünde durch mehrere Bombennahtreffer schwer beschädigt und auf Grund gesackt. Die in der Nähe liegenden Zerstörer nicht getroffen.
Skagerrak: *Theodor Riedel* und *T 17* als Sicherung für den vom Oslofjord zum Kattegat gehenden Transporter *Preußen* in See.

16. 4. 1945
Ostsee: *Z 34* manövrierunfähig. Morgens auf Hela Nordreede geankert. Bei einem sowjetischen Luftangriff wenig später auf den Zerstörer im Werfer eine eigene Fla-Rakete explodiert. Durch den Torpedotreffer in der Nacht und bei dem Luftangriff insgesamt 8 Mann der Besatzung gefallen und 16 weitere verwundet. Zerstörer im Laufe des Tages durch *T 36* in Schlepp genommen. Schleppzug auf dem Verlegungsmarsch nach Swinemünde.
Skagerrak: *Richard Beitzen* und *Hans Lody* mit den Transportern *Catania* und *RO 1* sowie dem U-Boot *U 1057* auf dem Marsch von Larvik bzw. Frederikshavn zum Oslofjord.
Theodor Riedel und *T 17* mit *Preußen* eingetroffen im Kattegat.

17. 4. 1945
Heimat: *Z 34* im Schlepp von *T 36* und Minensuchboot *M 241* abends in Swinemünde eingetroffen.
Nach Stillegung des größten Teils der noch fahrbereiten deutschen Einheiten nunmehr folgende Zerstörer-Dislokation:
4. Z.-Fl. mit *Z 31, Z 33, Z 34, Z 38* und *Z 39* in oder bei Swinemünde. Dort auch *Paul Jacobi* verlegungsbereit nach Rostock.
Z 43 in Rostock.
Karl Galster und *Z 25* in Kopenhagen.
Erich Steinbrinck in Cuxhaven.
Z 29 in der Werft in Wesermünde.

Von der Stillegung nicht betroffen die im Bereich Südnorwegen und Skagerrak eingesetzte 5. Z.-Fl. mit allen Booten.
Skagerrak: *Hans Lody* und *T 19* als Geleitsicherung für den Transporter *Catania* auf dem Marsch vom Oslofjord nach Frederikshavn.

18. 4. 1945
Heimat: *Z 31* Marsch von Swinemünde nach Kiel, wo der Zerstörer abends eingelaufen ist.
Paul Jacobi morgens zur Verlegung nach Rostock aus Swinemünde ausgelaufen. Wegen dichten Nebels bei Saßnitz vor Anker gegangen.
Skagerrak: Transporter *RO 1* im Geleit von *Richard Beitzen* Oslofjord ausgelaufen zum Marsch nach Frederikshavn.

19. 4. 1945
Heimat: *Paul Jacobi* mittags in Rostock eingelaufen.
Dänemark: Im Verband der KGr. Thiele sind der Schwere Kreuzer *Prinz Eugen,* die Zerstörer *Karl Galster* und *Z 25* und das Torpedoboot *T 23* in Kopenhagen eingelaufen.

20. 4. 1945
Heimat: *Z 38* nach beendetem Schraubenwechsel wieder einsatzbereit. Von allen Zerstörern in der Heimat Abkommandierung von Offizieren, Unteroffizieren und Mannschaften zur Infanterieausbildung an Land.
Skagerrak: *Hans Lody* und *T 19* bei einem zum Oslofjord marschierenden Geleit.

21. 4. 1945
Skagerrak: *Theodor Riedel* und *T 17* als Sicherung bei einem vom Kattegat zum Oslofjord laufenden Geleit.

23. 4. 1945
Skagerrak: Bei drei verschiedenen, vom Oslofjord nach Süden zum Kattegat marschierenden Geleiten eingesetzt als Geleitsicherung *Hans Lody, Friedrich Ihn* und *T 17.*

24. 4. 1945
Heimat: Nachmittags Luftangriff auf die in und bei Swinemünde stilliegenden Einheiten der Kriegsmarine. Dabei jedoch keine Schäden entstanden. Abschuß eines sowjetischen Flugzeuges durch *Z 39.*
Skagerrak: *Richard Beitzen* und *T 19* als Sicherung bei einem vom Kattegat zum Oslofjord gehenden Geleit. Dabei nachts in hellem Mondlicht Luftangriff auf den Konvoi. Durch Bombennahtreffer auf *Richard Beitzen* erhebliche Schäden in Kessel- und Hilfsmaschinenräumen, dazu mehrere Wassereinbrüche und schiffbauliche Schäden an Stb.-Bordwand sowie an Ober- und Aufbaudeck. Als Höchstfahrt für den Zerstörer nur noch 15 kn möglich. Nach Einlaufen des Konvois in den Oslofjord hat *Richard Beitzen* nach Oslo zum Docken verlegt.

25. 4. 1945
Heimat: In Swinemünde Vorbereitungen im Gange zur Verlegung von fünf Zerstörern in Häfen der westlichen Ostsee. Als erste Boote sollen *Z 31* und *Z 33* am nächsten Tag nach durchgeführter Brennstoff-, Munitions- und Proviantergänzung unter eventueller Mitnahme von Flüchtlingen oder Verwundeten verlegen.

26. 4. 1945
Heimat: Von dem beschädigten und auf Grund liegenden Schweren Kreuzer *Lützow* ausgebaute Fla-Waffen (insgesamt 4–4 cm, 2–3,7 cm, 1–2 cm-Vierling und 2–2 cm-Doppellafetten) als vorläufige Fla-Bewaffnung auf *Z 33* und *Z 34* eingebaut.
Skagerrak: *Hans Lody* und *Friedrich Ihn* im Geleitdienst eingesetzt, dabei Luftangriffe abgewehrt.

27. 4. 1945
Heimat: Schwerer sowjetischer Luftangriff auf die in Swinemünde liegenden Einheiten der Kriegsmarine. Dabei auf *Z 39* durch Splitter Ausfall der MES-Anlage und auf *Z 31* drei Verwundete. Sonst keine Schäden.
Abends *Z 31* und *Z 33* unter Mitnahme der neuaufgestellten »Ersatzabt. für Flottenstreitkräfte« Swinemünde ausgelaufen zum Verlegungsmarsch nach Westen. Erster Zielhafen Kiel.
Skagerrak: Vom Oslofjord nach Süden zum Kattegat marschierende Transporter durch *Hans Lody, Theodor Riedel, T 17* und *T 19* gesichert.

28. 4. 1945
Heimat: *Lützow* (obwohl nicht mehr schwimmend) und *Z 38* einsatzbereit für Landzielbeschußaufgaben an der Dievenow-Front. *Z 38* auf Swinemünde Reede verholt.
Z 31 und *Z 33* Kiel eingelaufen.
Skagerrak: *Friedrich Ihn* als Sicherung bei einem nach Norden zum Oslofjord marschierenden Geleit.

29. 4. 1945
Heimat: *Z 31* und *Z 33* Kiel ausgelaufen zum Marsch durch den K.W.-Kanal nach Brunsbüttel.
Skagerrak: *Hans Lody* als Sicherung bei einem zum Oslofjord gehenden Geleit.

30. 4. 1945
Heimat: *Paul Jacobi* mittags durch Schlepper von Rostock auf Feuerstellung auf der Warnow verholt. Heranrückende britische Streitkräfte machen Artillerie-Einsatz wahrscheinlich.
Z 31 und *Z 33* in Brunsbüttel eingelaufen. Von dort in den nächsten Tagen *Z 33* verlegt nach Cuxhaven zu *Erich Steinbrinck.*

1. 5. 1945
Heimat: *Paul Jacobi* aus der Warnow ausgelaufen, um vorgedrungene russische Truppen zu beschießen. Dabei von einem norwegischen Tanker leicht an Bb.-Seite gerammt. Schäden nicht entstanden.
Z 43 auf Warnemünde Reede in die Nähe von *Paul Jacobi* verlegt. Beide Zerstörer jedoch keine Artillerieeinsätze gegen die Truppen.

2. 5. 1945
Heimat: *Z 38* und *Z 39* an verschiedenen Stellen der Oder-Mündung Beschießung sowjetischer Truppen und Panzer.
Mittags *Paul Jacobi* und *Z 43* Warnemünde Reede verlassen zum Marsch nach Kiel. Dort am Spätnachmittag an Bojen festgemacht. Abends und nachts schwere Luftangriffe auf Hafen, Stützpunkt, Werften und Stadt Kiel.

3. 5. 1945
Heimat: Linienschiff *Schlesien* und Zerstörer *Z 39* in der Greifswalder Bucht Beschießung von Landzielen. Dabei in den Morgenstunden *Schlesien* durch Minentreffer schwer beschädigt. Durch *Z 39* nach Swinemünde geschleppt.
Schwerer Kreuzer *Lützow* und Zerstörer *Z 38* Beschießungen sowjetischer Truppen und Stellungen bei Dievenow durchgeführt. Wenig später hat die *Lützow* ihre gesamte Restmunition verschossen. Ausbruch eines Feuers an Bord, das sich wegen Fehlens von Löschmitteln bald über weitere Teile des Schiffes ausbreitet. Klarmachen zur Sprengung des Schiffes mit den jeweils letzten 28 cm-Granaten der Drillingstürme.
Z 38 und *Z 39* während des ganzen Tages wiederholt Landziele beschossen. Dabei Abwehr russischer Luftangriffe, die auf *Z 38* durch Bombennahtreffer leichte Schäden und einen Gefallenen verursachten.
Z 31 von Brunsbüttel Schleuse auf Brunsbüttel Reede verholt.
Z 33 von Brunsbüttel nach Cuxhaven verlegt.
Paul Jacobi und *Z 43* vormittags Kieler Bucht ausgelaufen

zum Marsch in die Flensburger Förde. Dort nachmittags eingelaufen und in der Geltinger Bucht vor Anker gegangen.
Abends *Z 43* durch die eigene Besatzung, die zuvor von Bord gegangen war, gesprengt. Zerstörer auf flachem Wasser gesunken.
Kurz vor Mitternacht das bei *Z 39* eingesetzte T-Boot *T 36* durch Minentreffer schwer beschädigt. Vorschiff abgeknickt und bis zum vorderen Kesselraum vollgelaufen. Mit langsamer Fahrt Marsch nach Kopenhagen angetreten.

4. 5. 1945
Heimat: *Z 38* und *Z 39* nach Durchführung von Landzielbeschuß auf Swinemünde Reede geankert. Vormittags starke Luftangriffe. Der mit Truppen beladene ehemalige Hilfskreuzer *Orion* durch mehrere Bomben getroffen und in Brand geraten. Besatzung und Truppen weitmöglich durch *Z 38* und *T 33* sowie durch Hilfsfahrzeuge gerettet. Abends Wrack *Orion* durch Artilleriefeuer von *Z 38* versenkt. Nachmittags und abends Fortsetzung des Landzielbeschusses durch *Z 38* und *Z 39.*
Abends mit Hilfsschiffen und Booten Swinemünde Hafen und Reede verlassen zum Marsch nach Kopenhagen *Z 34* und *T 36,* wenig später gefolgt durch *Z 38* und *Z 39* mit M-Boot *M 203* und als dritte Gruppe Tender *Jagd* mit F.d.Z. und *T 33* im Geleit von *M 441. T 36* kurz nach dem Auslaufen bei einem Angriff sowjetischer Schlachtflugzeuge nach Erhalt von drei Bombentreffern gesunken. Besatzung durch im Geleit mitfahrende Einheiten gerettet.
In der vergangenen Nacht haben Besatzungsangehörige versucht, auf *Paul Jacobi,* in der Geltinger Bucht vor Anker liegend, den Kreiselkompaß zu zerstören und das Boot fahrunfähig zu machen. Die Meuterer wollten verhindern, daß der Zerstörer noch einmal nach Osten (Hela oder Kurland) ausläuft. Durch ein am Nachmittag in Mürwik (wohin *Paul Jacobi* verholt hatte) an Bord tagendes Kriegsgericht wurden die drei Haupttäter zum Tode durch Erschießen verurteilt.

5. 5. 1945
Ostsee: Auf Kopenhagen Reede geankert *Z 34, Z 38, Z 39, T 33.* Aus dem Skagerrak kommend vor Kopenhagen eingetroffen *Theodor Riedel, Hans Lody, Friedrich Ihn, T 17* und *T 19.*
Kopenhagen Reede ausgelaufen mit Truppentransportern zur Abholung noch bei Hela und Libau eingesetzter deutscher Truppen *Karl Galster, Z 25, Theodor Riedel, Hans Lody, Friedrich Ihn, T 17, T 19, T 23, T 28* und *T 35.*
Tender *Jagd* in Kopenhagen eingelaufen. Dort F.d.Z. auf den Schweren Kreuzer *Prinz Eugen* übergestiegen.
Paul Jacobi vor Anker auf Mürwik Reede. Die drei am Vortag zum Tode verurteilten Saboteure auf einem Schießstand erschossen.

6. 5. 1945
Ostsee: *Karl Galster, Z 25, Theodor Riedel, Hans Lody, Friedrich Ihn, T 23* und andere Einheiten mit Truppen beladen von Hela auf dem Weg von Kopenhagen. Im Geleitzug mitfahrend mehrere Transporter.
Z 34, Z 38, Z 39 und *T 33* nach Vonbordgabe der aus Swinemünde mitgebrachten deutschen Truppen und Flüchtlinge in dänischen Gewässern außer Sichtweite der Küste geankert.

7. 5. 1945
Ostsee: *Z 38, Z 39* und *T 33* Marsch nach Hela angetreten zur Abholung weiterer deutscher Truppen.
Aus dem Osten kommend haben auf dem Ankerplatz bei Drogden *Karl Galster, Z 25, Theodor Riedel, Hans Lody, T 17, T 19, T 23* und *T 35* geankert. Beginn der Entladung von mitgebrachten Truppen und Flüchtlingen.
Kriegsflagge niedergeholt und Boote damit außer Dienst gestellt:
Paul Jacobi auf Mürwik Reede mit Chef und Stab 6. Z.-Fl., *Erich Steinbrinck* mit Chef und Stab 8. Z.-Fl. und *Z 33* in Cuxhaven,
Z 29 in der Lloydwerft in Wesermünde. Boot war bis zur Außerdienststellung nicht wieder fahrbereit geworden.
Alle Besatzungen noch an Bord geblieben.

8. 5. 1945
Ostsee: *Karl Galster, Friedrich Ihn, Z 25, T 23* und *T 28* auf dem Marsch von Kopenhagen in die östliche Ostsee zur Abholung weiterer Truppen von Hela.
Z 38, Z 39 und *T 33* haben nach Beladung mit Truppen den Marsch von Hela nach Westen angetreten.
Heimat: *Z 31* vor Brunsbüttel Kriegsflagge niedergeholt und damit außer Dienst gestellt.

9. 5. 1945
Ostsee: Seit 01.00 Uhr deutscher Sommerzeit ist die bedingungslose deutsche Kapitulation in Kraft. Alle dem F.d.Z. unterstellten Einheiten haben Befehl, nach Kiel zu marschieren. *Hans Lody* und *Theodor Riedel* Kopenhagen ausgelaufen und Marsch durch Sund und Großen Belt nach Kiel angetreten. *Z 34* später Alleinmarsch von Kopenhagen nach Kiel. Eintreffen dort am 10. Mai mittags:
Vor dem Einlaufen in die Strander Bucht Abschiedsmusterung durch den Kommandanten und Niederholung von Flagge und Wimpel. Dann erst Einlaufen ohne Flagge und Kommandantenwimpel.
Z 38, Z 39 und *T 33* aus der östlichen Ostsee kommend Kiel eingelaufen, Truppen entladen. *Z 38* allein wieder ausgelaufen in die Flensburger Förde. Dort nachts in der Nähe von Glücksburg K.T.B. *Z 38* und zahlreiche persönliche Habe der Besatzung ausgeladen und im Hause des Kommandanten versteckt. Anschließend *Z 38* wieder Marsch nach Kiel angetreten.
Karl Galster, Friedrich Ihn, Z 25, T 17, T 19, T 23, T 28 und *T 35* in der Ostsee, von Hela kommend, auf dem Marsch nach Kiel. *Hans Lody* und *Theodor Riedel* Kiel eingelaufen. Nach dem Festmachen Kriegsflagge niedergeholt.
Heimat: *Z 29* in Bremerhaven von der Royal Navy übernommen. Deutsche Besatzung in Kriegsgefangenschaft.

10. 5. 1945
Heimat: *Z 38* aus der Flensburger Förde kommend in die Kieler Förde eingelaufen. Deutsche Kriegsflagge niedergeholt. Später Union Jack gehißt.
Bis mittags aus der östlichen Ostsee kommend in der Kieler Förde eingelaufen *Karl Galster, Friedrich Ihn, Z 25, T 17, T 19, T 23, T 28* und *T 35.* Beginn des Ausladens der letzten von Hela geretteten 20 000 deutschen Soldaten.
Außer *Z 38* wurden in Kiel im Laufe des Tages außer Dienst gestellt:
Z 14, Friedrich Ihn, Z 20, Karl Galster, Z 25, Z 34, Z 39, T 17, T 19, T 23, T 28 und *T 35.*
Kurz vor Mitternacht deutsche Besatzungen von Bord gegangen und unter scharfer britischer Bewachung in Gefangenenlager gebracht.

11. 5. 1945
Heimat: *Paul Jacobi* auf Mürwik Reede Munitions- und Waffenabgabe. Besatzung noch an Bord verblieben.

14. 5. 1945
Norwegen: In Oslo *Richard Beitzen* und *Z 30* außer Dienst gestellt und von der Royal Navy übernommen. Deutsche Besatzungen in Gefangenenlager gebracht.

16. 5. 1945
Heimat: *Z 31* in Brunsbüttel. Besatzung unter britischer Bewachung ausgestiegen und in das Gefangenenlager Neufeld gebracht.
Damit waren alle deutschen Zerstörer und T-Boote mit Ausnahme von *Paul Jacobi* von der Royal Navy übernommen. *Paul Jacobi* hatte als einziger Zerstörer noch seine volle deutsche Besatzung, von der der größte Teil erst am Morgen des 21. 5. 1945 ausstieg.

Verbleib der Zerstörer nach der deutschen Kapitulation

Die noch vorhandenen 15 Zerstörer wurden nach der deutschen Kapitulation an die Royal Navy übergeben. Die Boote waren Mitte Mai 1945 auf Häfen in Norwegen sowie im Nord- und Ostseebereich außerhalb einer Zugriffsmöglichkeit der vordringenden sowjetischen Truppen wie folgt verteilt:

Flensburg:	*Z 5, Paul Jacobi*
Kiel:	*Z 6, Theodor Riedel, Z 10, Hans Lody, Z 14, Friedrich Ihn, Z 20, Karl Galster, Z 25, Z 34, Z 38* und *Z 39*
Wesermünde:	*Z 29*
Brunsbüttel:	*Z 31*
Cuxhaven:	*Z 15, Erich Steinbrinck* und *Z 33*
Oslo:	*Z 4, Richard Beitzen* und *Z 30*

Außer *Richard Beitzen, Z 29* und *Z 30* wurden alle Zerstörer bis Juli 1945 nach Wilhelmshaven überführt und dort überholt. Nach der Verteilung auf die Siegermächte wurden sie nach und nach von Sommer 1945 bis März 1946 nach England, nach den USA und nach der Sowjetunion gebracht. Zwei nicht reparable Zerstörer *(Z 29* und *Z 34)* wurden 1946 von der US-Navy mit Gasmunition beladen und in der nordöstlichen Nordsee vor dem Skagerrak versenkt.
Nachfolgend sind die Schicksale der ehemals deutschen Zerstörer nach dem 2. Weltkrieg im einzelnen darstellt, soweit sie zu ermitteln waren. Dies gestaltete sich schwierig, denn insbesondere Daten und Einzelheiten über die an die UdSSR übergegangenen Zerstörer sind nur spärlich bekanntgeworden. Hier klaffen noch Lücken, die vermutlich mit letzter Genauigkeit nicht zu schließen sein werden.

»Z 4, Richard Beitzen«
14. 5. 1945
In Oslo von der Royal Navy übernommen. Deutsche Besatzung in ein Kriegsgefangenenlager gebracht.

Sommer 1945
Nach provisorischer Herstellung der Seefähigkeit nach England überführt. Da die am 24. 4. 1945 erlittenen Schäden jedoch eine endgültige Reparatur des Zerstörers nicht lohnten, wurde das Boot nicht in Dienst gestellt, sondern aufgelegt und in den nächsten zwei Jahren allmählich ausgeschlachtet.

1947 in England abgewrackt.

»Z 5, Paul Jacobi«
7. 5. 1945
auf Reede von Flensburg-Mürwik liegend, um 16.05 Uhr durch Niederholen von Kriegsflagge und Kommandantenwimpel außer Dienst gestellt. Besatzung noch an Bord geblieben.

21. 5. 1945
Besatzung zum größten Teil in britische Kriegsgefangenschaft von Bord gebracht. Untergebracht in einer Sporthalle in der Nähe. Eine deutsche Restbesatzung – Kommandant, Maschinenpersonal, einige Seeleute – blieben an Bord, ein englisches Überführungskommando stieg ein.

Ende Mai 1945
Mit gemischtem deutsch-englischen Personal von Flensburg nach Kiel überführt. Dort auch deutsche Restbesatzung von Bord und zu einem Kriegsgefangenenlager in Marsch gesetzt.

Anfang Juni 1945
Teilbesatzung von *Z 39* auf Paul Jacobi eingestiegen; Zerstörer unter englischem Kommando von Kiel durch den K.W.-Kanal nach Wilhelmshaven überführt.

Sommer 1945
In Wilhelmshaven eingedockt; Überholungsarbeiten durchgeführt. Von dort anschließend zur Wiesbadenbrücke verholt. 50 bis 60 Mann des deutschen Personals blieben an Bord.

Anfang Januar 1946
Paul Jacobi gemeinsam mit einem weiteren Zerstörer unter englischem Kommando, aber mit deutscher Restbesatzung, Wilhelmshaven ausgelaufen zur Überführung nach England. Wenige Tage später in den Firth of Forth eingelaufen und vor Rosyth geankert.

Ende Januar 1946
Gemeinsam mit anderen ehemals deutschen Zerstörern Anker gelichtet und Fahrt entlang der englischen Ostküste nach Süden. In Cherbourg eingelaufen.

2. 2. 1946
Paul Jacobi, Theodor Riedel, Z 25 und *Z 31* in Cherbourg von der Royal Navy an die französische Marine übergeben. *Paul Jacobi* erhielt den Namen *Desaix.*

1946/1947
Im Marinearsenal in Brest überholt. Deutsche Funkmeßanlagen aus-, amerikanische Radaranlagen eingebaut.

ca. 1947
In der franz. Flotte zu aktivem Flottendienst eingesetzt, aber auch zu Erprobungen und Versuchen herangezogen.

1949
Außer Dienst gestellt und kondemniert. In den nächsten beiden Jahren in einem franz. Hafen als stationäre Wohnhulk ohne Bewaffnung verwendet.

1951
Abgewrackt.

»Z 6, Theodor Riedel«
9. 5. 1945
In Kiel außer Dienst gestellt. Kriegsflagge und Kommandantenwimpel niedergeholt.

10. 5. 1945
Deutsche Besatzung von Bord gegangen, in britisches Kriegsgefangenenlager gebracht.

Juni 1945
Teil des deutschen Maschinenpersonals und ein englisches Überführungskommando eingestiegen. Fahrt von Kiel durch den K.W.-Kanal nach Wilhelmshaven.

Sommer 1945
Überholung in der Kriegsmarinewerft. Anschließend verholt zur Wiesbadenbrücke, wo der Zerstörer mit deutscher Restbesatzung – etwa 50 Mann – bis Ende 1945 blieb.

Wrack *Z 32* bei der Isle de Bas, etwa Sommer oder Herbst 1944.

Oben, unten und Mitte rechts: *Z 31* Anfang Febr. 1945 in Bergen mit Schäden, die aus dem Gefecht mit britischen Kreuzern am 28. 1. 1945 stammten.

Z 43 im August 1944 bei Bornholm.

Z 38 wegen Brennstoffmangels auf der Swine stilliegend, etwa Ende April 1945.

Z 34 mit ca. 1200 Flüchtlingen, die aus Kolberg abtransportiert wurden, Mitte März 1945 in Swinemünde festmachend.

Z 30 als britische Beute in Rosyth, Schottland, im Februar 1946.

HMS *Nonsuch,* ex *Z 38,* in britischen Gewässern als Versuchsschiff, etwa 1947 oder 1948.

Sowjetisches Beutekontingent deutscher Kriegsschiffe in Libau, etwa März 1946. Mit »Tormast« *Z 15, Erich Steinbrinck,* gesehen von der Brücke des Kreuzers *Nürnberg.*

Franz. Zerstörer *Kléber,* ex *Z 6, Theodor Riedel,* am 5. 10. 1953.

Franz. Zerstörer *Desaix,* ex *Z 5, Paul Jacobi,* am 29. 4. 1948.

Franz. Zerstörer *Marceau,* ex *Z 31,* am 17. 5. 1951.

18. 12. 1945
Deutsche Besatzung von Bord geholt und in englisches Kriegsgefangenenlager gebracht.

Anfang Januar 1946
Deutsche Besatzung – hauptsächlich Maschinenpersonal – wieder eingestiegen. Wilhelmshaven ausgelaufen zur Überführung nach England. Dort ein paar Tage später in den Firth of Forth eingelaufen und vor Rosyth vor Anker gegangen.

Ende Januar 1946
Mit anderen deutschen Zerstörern ausgelaufen zur Überführung nach Frankreich; in Cherbourg eingelaufen.

2. 2. 1946
In Cherbourg gemeinsam mit *Paul Jacobi, Z 25* und *Z 31* von der Royal Navy an die französische Marine übergeben. Trikolore gehißt. Neuer Name für *Theodor Riedel: Kléber.*

1946
Im Arsenal in Cherbourg aufgelegt.

1948
Beginn des Umbaus und der Modernisierung in Cherbourg. Brücke wurde neugestaltet, neue amerikanische Radargeräte kamen an Bord, der vordere Schornstein erhielt neue hohe und vorn abgerundete Kappe. Drittes 12,7 cm-Geschütz und ehemals deutsche Flakbewaffnung ausgebaut, sechs 4 cm-Bofors-Flak eingebaut.

1951
Umbau beendet. Wieder in Dienst gestellt. Cherbourg ausgelaufen zur Verlegung in das Mittelmeer. Neuer Heimathafen Toulon. Aktiver Flottendienst in den nächsten zwei Jahren.

20. 12. 1953
In Spezialreserve A verlegt.

August 1956
In Spezialreserve B verlegt.

10. 4. 1957
Kondemniert.

Herbst 1958
An Abwrackwerft in Rouen verkauft, dort bis 1959 verschrottet.

»Z 10, Hans Lody«

9. 5. 1945
01.00 Uhr nach Bekanntwerden der deutschen Kapitulation auf Kopenhagen Reede Anker gelichtet zum Marsch nach Kiel. Abends Kiel Außenreede vor der Strander Bucht geankert. Kriegsflagge und Kommandantenwimpel feierlich niedergeholt, Zerstörer damit außer Dienst gestellt.

10. 5. 1945
08.00 Uhr Kiel-Wik eingelaufen und festgemacht. Besatzung ausgestiegen und im Gefangenenlager Eichhofkaserne untergebracht. Kommandant, I.O., L.I. und eine kleine Gruppe des technischen Personals an Bord geblieben.

Etwa 22. bis 24. 5. 1945
Kommandant und I.O. von Bord und in das Offz.-Gefangenenlager Kiel-Wik gebracht.

Ende Mai 1945
I.O. KptLt. Hermann Schmidt und ein Teil der *Lody*-Besatzung wieder eingestiegen. *Hans Lody* unter englischem Kommando Kiel ausgelaufen und nach Marsch durch den K.W.-Kanal und die Deutsche Bucht in Wilhelmshafen eingelaufen.

Sommer 1945
In Wilhelmshavener Kriegsmarinewerft Überholungsarbeiten durchgeführt. Kommandant, FKpt. Haun, wieder an Bord eingestiegen. Blieb bis 18. 12. 1945 an Bord.

18. 12. 1945
Deutsche Restbesatzung an der Kohlenzunge der Wiesbadenbrücke, wo *Hans Lody* seit Sommer 1945 lag, von Bord geholt und in ein Gefangenenlager gebracht.

Anfang Januar 1946
Deutsches Maschinenpersonal und englisches Überführungskommando eingestiegen.

6. 1. 1946
Wilhelmshaven ausgelaufen zur Überführung nach England. Dort endgültig in die britische Flotte eingereiht, nachdem der Zerstörer im Dezember 1945 als Kriegsbeute der Royal Navy zugesprochen worden war.

7. 1. 1946
Portsmouth eingelaufen.

Bis Oktober 1946
Erprobungen mit gemischter deutsch-englischer Besatzung, zumeist im Hafen von Portsmouth. Dort wurde unter anderem die Ausbildung britischer Kadetten an den Benson-Hochdruck-Heißdampfanlagen durchgeführt. Der dienstälteste deutsche Offizier auf *Hans Lody,* der zu dieser Zeit die englische Kennung *R 38* trug, war KptLt. (Ing.) Eubel.

Oktober 1946
Deutsche Restbesatzung ausgestiegen und in die Heimat gebracht. Zerstörer später nach Southampton zur Thornycroft-Werft gebracht, dort als Wohnboot verwendet.

1949
In Sunderland verschrottet.

»Z 14, Friedrich Ihn«

10. 5. 1945
Von Kopenhagen kommend, Kiel eingelaufen, festgemacht und außer Dienst gestellt. Besatzung in Gefangenenlager gebracht. Boot von der Royal Navy übernommen.

Anfang Juni 1945
Deutsches Maschinenpersonal und als deutscher Kommandant KptLt. Hermann Schmidt eingestiegen. Ebenfalls ein englisches Überführungskommando. Marsch von Kiel durch K.-W.-Kanal und Deutsche Bucht nach Wilhelmshaven.

Sommer 1945
In der Wilhelmshavener Kriegsmarinewerft Erledigung von Instandsetzungs- und Überholungsarbeiten, dann zur Bonte-Brücke verholt.

Herbst 1945
Bis Ende Dezember 1945 Liegeplatz Kohlenzunge an der Wiesbadenbrücke.

Dezember 1945
Als Kriegsbeute durch Los-Entscheidung der sowjetischen Marine zugesprochen.

18. 12. 1945
Deutsche Restbesatzung, die noch an Bord war, ausgeschifft und in ein Kriegsgefangenenlager gebracht.

Januar 1946
Überführung nach Rußland geplant, jedoch verschoben wegen der Eislage in der Ostsee.

März 1946
Friedrich Ihn gemeinsam mit *Karl Galster* Wilhelmshaven ausgelaufen zur Überführung nach Rußland. An Bord eine gemischte deutsch-russische Besatzung. Nach Marsch durch den K.W.-Kanal und die Ostsee in Libau eingelaufen. Dort deutsche Besatzung ausgestiegen und nach Deutschland zurückgekehrt.

1946
Friedrich Ihn mit neuem Namen *Zorkyj* in die Ostseeflotte der Sowjetunion eingereiht. Aktiver Flottendienst bis in die 50er Jahre.

Etwa Mitte der 50er Jahre
Nach unsicheren Quellen wegen irreparabler Maschinenanlage außer Dienst gestellt. Möglicherweise bald danach verschrottet.

»Z 15, Erich Steinbrinck«

7. 5. 1945
16.00 Uhr in Cuxhaven durch Niederholen von Kriegsflagge und Kommandantenwimpel außer Dienst. Wenige Tage später Boot von der Royal Navy übernommen. Deutsche Besatzung und Stab 8 Z.-Fl., der sich auf diesem Zerstörer befand, in ein englisches Gefangenenlager gebracht.

Juni 1945
Mit einem Teil der wieder eingestiegenen Besatzung, unter englischem Kommando, von Cuxhaven nach Wilhelmshaven verlegt. Dort in der Kriegsmarinewerft Beginn mehrwöchiger Instandsetzungen, insbesondere der nicht einsatzbereiten Bb.-Antriebsanlage.

Sommer 1945 oder Herbst 1945
Als Kriegsbeute der Sowjetunion zugesprochen. Zum russischen Beutekontingent an die Kohlenzunge verholt.

Januar oder Februar 1946
Mit gemischter deutsch-sowjetischer Besatzung Wilhelmshaven ausgelaufen. Nach Marsch durch K.W.-Kanal und Ostsee zunächst in Riga eingelaufen. Weitermarsch nach Baltischport, wo die deutsche Restbesatzung ausstieg und auf dem U-Begleitschiff *Otto Wünsche* zur Rückkehr in die Heimat einstieg.

1946
Erich Steinbrinck als *Pylki* in die sowjetische Ostseeflotte eingereiht.
Weiteres Schicksal fast vollkommen unbekannt. Anfang der 50er Jahre noch einige Male in der Ostsee und in sowjetischen Häfen gesichtet.

1956 bis 1958
Außer Dienst gestellt. In den nächsten Jahren als waffenloses Wohn- und Schulschiff stationär in einem Hafen.

Zwischen 1960 und 1962 abgewrackt.

»Z 20, Karl Galster«

10. 5. 1945
In Kiel außer Dienst gestellt. Deutsche Besatzung in englischem Kriegsgefangenenlager untergebracht.

Frühsommer 1945
Ca. 50 Mann Maschinenpersonal und englisches Überführungskommando eingestiegen. Kiel ausgelaufen und Verlegung durch K.W.-Kanal und Deutsche Bucht nach Wilhelmshaven.

Sommer 1945
In Kriegsmarinewerft überholt, dann als Kriegsbeute der Sowjetunion zugesprochen.

Sommer oder Herbst 1945
Bei einem Verholmanöver in Wilhelmshaven bei einer Kollision schiffbauliche Schäden erlitten. Zur Reparatur kurzzeitig erneut in die Kriegsmarinewerft verlegt.

Ende 1945 bis März 1946
Liegeplatz an der Kohlenzunge, Wiesbadenbrücke. Scharf durch russische Posten bewacht.

März 1946
Unter sowjetischem Kommando und mit deutschem technischen Personal Wilhelmshaven ausgelaufen zur Verlegung in die Ostsee, gemeinsam mit *Friedrich Ihn*. In Libau eingelaufen und festgemacht. Dort deutsches Maschinenpersonal ausgestiegen und zur Rückkehr nach Deutschland auf U-Begleitschiff *Otto Wünsche* eingestiegen.

1946
Karl Galster mit dem neuen Namen *Protschnyj* in die sowjetische Ostsee-Flotte eingereiht. In den nächsten Jahren aktiver Flottendienst. Weiteres Schicksal blieb weitgehend ungeklärt.

Zwischen 1955 und 1958
Vermutlich außer Dienst gestellt.

Ende der 50er Jahre
In einem russischen Ostseehafen gesehen worden ohne Waffen und ohne Ausrüstung. Boot diente zu dieser Zeit der Sowjetmarine als Schul- und Versuchsschiff (vermutlich).
Datum der Verschrottung unbekannt.

»Z 25«

10. 5. 1945
Vormittags, mit deutschen Soldaten von Hela kommend, in Kieler Förde eingelaufen und an Blücher-Brücke in Kiel festgemacht. Dort durch Niederholen von Flagge und Wimpel außer Dienst gestellt. Angehörige der Royal Navy an Bord gekommen, anschließend deutsche Besatzung ausgestiegen und in Gefangenschaft gebracht.

Juni 1945
Unter britischem Kommando und mit wieder eingestiegenem deutschen Maschinenpersonal Marsch von Kiel durch K.W.-Kanal und Deutsche Bucht nach Wilhelmshaven.

Sommer 1945
In der Kriegsmarinewerft in Wilhelmshaven überholt, dann an der Wiesbadenbrücke festgemacht. Deutsche Restbesatzung von etwa 50 bis 60 Mann an Bord geblieben.

November bis Dezember 1945, nachdem *Z 25* der englischen Royal Navy als Kriegsbeute zugesprochen worden war, erneut im Dock 1 der Kriegsmarinewerft Überholungsarbeiten.

18. 12. 1945
Deutsche Besatzung durch englisches Militär von Bord geholt und in ein Gefangenenlager gebracht.

Anfang Januar 1946
Erneut Teile des deutschen technischen Personals auf *Z 25* eingestiegen. Unter dem Kommando englischer Seeoffiziere Wilhelmshaven ausgelaufen zur Überführung nach England. Der ranghöchste deutsche Offizier an Bord war KptLt. Liermann. Nach eintägigem Marsch lief der Zerstörer im Firth of Forth ein, wo er vor Rosyth vor Anker ging.

Januar 1946
Gemeinsam mit anderen deutschen Zerstörern Anker gelichtet zum Marsch nach Frankreich. In Cherbourg eingelaufen.

2. 2. 1946
Z 25 gemeinsam mit Paul *Jacobi, Theodor Riedel* und *Z 31* von der Royal Navy an die Französische Marine übergeben. Die deutsche Restbesatzung von Bord gegangen.

1946
Als *Hoche* in Dienst gestellt. Aktiver Flottendienst bei der 1. Seeregion.

1. 1. 1949
Außer Dienst gestellt, in Reserve gelegt.

1. 1. 1951
Aus der Reserve geholt zum Umbau.
Dauer des Totalumbaus mehr als zwei Jahre. Während dieser Werftzeit wurden Brücke und vorderer Schornstein – ähnlich wie bei *Theodor Riedel* – neu gestaltet. Die Bewaffnung wurde geändert: Der 15 cm-Doppelturm auf der Back wurde ausgebaut, ebenso die gesamte deutsche Fla-Bewaffnung und alle Torpedorohre, dazu auch die deutschen Funkmeßgeräte. Nach Beendigung des Umbaus und damit der Modernisierung präsentierte sich *Hoche* mit folgender Bewaffnung:
3 Seezielgeschütze 15 cm in Einzellafetten (eins auf der Back, zwei auf dem Achterschiff), 8 Fla-MW 4 cm Bofors in 4 Doppellafetten, 3 Torpedorohre 55 cm in einem Drillingssatz, 3 U-Jagdtorpedorohre 55 cm in einem Drillingssatz, 2 Wabowerfer, 1 Hedgehog, 60 Minen.

16. 10. 1953
Als Schneller Geleiter in Toulon in Dienst gestellt. Diente fortan im Mittelmehr als Waffenversuchsschiff für U-Boot-Jagd und -Abwehrgeräte.

28. 8. 1956
Außer Dienst gestellt und in die Spezialreserve B verlegt. Bewaffnung wurde bald darauf ausgebaut. Diente noch eine Reihe von Jahren als stationäre Schulhulk.

2. 1. 1958
Kondemniert.

Etwa 1961 oder 1962
Abgewrackt.

»Z 29«
7. 5. 1945
In der Werft des Norddeutschen Lloyd in Wesermünde außer Dienst gestellt.

10. 5. 1945
Zerstörer von britischem Kommando, das in Wesermünde erschienen war, übernommen. Deutsche Besatzung in britische Kriegsgefangenschaft geraten.

Z 29 befand sich zur Werftliegezeit seit Januar 1945 in der N.D.L.-Werft. Bis zum Tage der Übernahme durch die Engländer war auf der Back der 15 cm-Doppelturm eingebaut worden. Die »Barbara«-Bewaffnungsmaßnahme war durchgeführt worden. Zusätzlich waren einige 4 cm-Flak (Bofors) in Einzellafetten eingebaut worden. Etwa 4 oder 5 Vierlingslafetten der 2 cm-Fla-Waffen waren ebenfalls montiert.
Die Ausrüstung mit Funkmeß-Geräten war: Eine Funkmeß-Anlage 25 mit einer sehr breiten Antenne auf der Brücke, eine »Berlin«-Anlage in der Brücke mit Antennentopf auf der Spitze des vorderen Mastes und eine »Hohentwiel«-Anlage in einer kleinen Hütte hinter dem achteren Schornstein.
Der Zerstörer war nicht fahrbereit. Die Werftarbeiten an den Maschinenanlagen waren am Tage der Kapitulation noch nicht beendet.

Sommer/Herbst 1945
Als Kriegsbeute den USA zugesprochen. Deutsches Maschinenpersonal – etwa 40 bis 60 Mann – wieder an Bord eingestiegen. US-Posten hielten an Bord und auf der Pier, an der *Z 29* lag, Wache. Boot hatte zu dieser Zeit einen dunkelgrauen Anstrich.
Arbeiten zur Herstellung der Fahrbereitschaft wurden nicht durchgeführt.

Herbst 1946
Wegen des schlechten Zustandes Entscheidung der US-Navy, daß Z *29* zu versenken sei.

Dezember 1946
Mit Gasmunition beladen und in die nordöstliche Nordsee geschleppt. Dort verankert.

16. 12. 1946
Z 29 durch die US-Marine vor dem Skagerrak versenkt.

»Z 30«
14. 5. 1945
In Oslo im Hafenbecken vor Anker liegend außer Dienst gestellt und zunächst von Norwegen besetzt. Deutsche Besatzung in norwegische Gefangenschaft geraten.
Z 30 nach dem im Herbst 1944 erlittenen schweren Minentreffer noch nicht fahrbereit. Reparaturarbeiten nicht sehr weit fortgeschritten.

Mai 1945
Britisches Kommando an Bord gegangen und Zerstörer von den Norwegern übernommen.

Sommer 1945
Nach Rosyth im Firth of Forth geschleppt. Wegen des schlechten Gesamtzustandes wurde der Zerstörer unter britischer Flagge nicht in Dienst gestellt. In Rosyth aufgelegt.

1946
Beginn von Ansprengungsversuchen durch die Royal Navy.

Etwa 1948
Nach Aufbrauch und Ausschlachtung entweder verschrottet oder bei einem Sprengversuch gesunken. Das genaue Endschicksal von *Z 30* konnte nicht mehr ermittelt werden.

»Z 31«
8. 5. 1945
In Brunsbüttel durch Niederholen von Flagge und Wimpel außer Dienst gestellt. Besatzung zunächst noch an Bord geblieben.

16. 5. 1945
Zerstörer durch ein britisches Kommando übernommen; deutsche Besatzung in einem Gefangenenlager (Neufeld) untergebracht.

Juni 1945
Mit einem Teil der deutschen Besatzung, der wieder eingestiegen war, unter britischer Flagge verlegt von Brunsbüttel nach Wilhelmshaven.

Sommer 1945
Überholungs- und Instandsetzungsarbeiten in der ehemaligen Kriegsmarinewerft, Dock 1, in Wilhelmshaven. Etwa zu dieser Zeit als Kriegsbeute endgültig der Royal Navy zugesprochen.

August 1945
Von Wilhelmshaven mit gemischter deutsch-britischer Besatzung nach England überführt. In britischen Gewässern bis Ende 1945 Versuche und Erprobungen, zuletzt durch die französische Marine, die den Zerstörer später übernehmen sollte.

Januar 1946
Fortsetzung und Beendigung der französischen Versuche an Bord *Z 31*.

Ende Januar 1946
Rosyth im Firth of Forth mit anderen ehemals deutschen Zerstörern ausgelaufen zur Überführungsfahrt nach Frankreich. Dort etwa einen Tag später eingetroffen und in Cherbourg eingelaufen.

2. 2. 1946
In Cherbourg an der Pier liegend (im Päckchen mit *Paul Jacobi, Theodor Riedel* und *Z 25)* von der Royal Navy an die französische Marine übergeben.

1. 4. 1946
Mit dem neuen Namen *Marceau* in Dienst gestellt. In den nächsten Jahren aktiver Dienst in der französischen Flotte.

1. 1. 1948
Beginn einer fast dreijährigen Werftliegezeit. Zerstörer hierzu außer Dienst gestellt.

3. 9. 1950
Ende der Werftliege- und Umbauzeit. Folgende Arbeiten sind, soweit feststellbar, in dieser Zeit durchgeführt worden:
Umbau des Brückenaufbaues; Ausbau der deutschen Funkmeßgeräte und dafür Einbau neuer Radaranlagen amerikanischen Ursprungs; Ausbau des 10,5 cm-Fla-Geschützes auf der Back, das durch ein 15 cm-Einzelgeschütz ersetzt wurde; Entfernung der deutschen 3,7- und 2 cm-Fla-Waffen; Einbau von acht Bofors Fla-MW 4 cm und acht 2 cm-Flak.

18. 10. 1950
Wieder in Dienst gestellt. Hauptsächlich Dienst bei der französischen Atlantik-Flotte.

Mai 1953
In Cherbourg Beginn erneuter mehrmonatiger Werftzeit. Kleinere Umbauten.

Dezember 1953
Als Schneller Geleiter reklassifiziert, wieder fahr- und einsatzbereit.

1. 2. 1954
In normale Reserve verlegt, außer Dienst gestellt.

1. 8. 1957
In Spezialreserve B verlegt. Bewaffnung, die teilweise schon vorher ausgebaut worden war, wurde nun vollends entfernt, ebenso alle elektronischen Anlagen und Geräte.

2. 1. 1958
Zum Verkauf an Abwrackwerft ausgeschrieben.

Herbst 1958
Von Abwrackwerft in Brest angekauft. Nach Brest geschleppt, jedoch nicht abgebrochen. Der Rumpf des Zerstörers, auf dem sich noch die Brückenaufbauten und die Schornsteine befanden, diente noch eine Reihe von Jahren als schwimmende Anlegepier in Brest.

Anfang der 60er Jahre (Datum unsicher) verschrottet.

»Z 33«
7. 5. 1945
16.00 Uhr in Cuxhaven am Steubenhöft außer Dienst gestellt.

Ca. 10. 5. 1945
Zerstörer von britischem Kommando besetzt. Deutsche Besatzung wenige Tage später in britischem Kriegsgefangenenlager untergebracht.

Juni 1945
Teil des deutschen Maschinenpersonals wieder an Bord gekommen und unter britischem Kommando Marsch des Zerstörers von Cuxhaven nach Wilhelmshaven.

Sommer 1945
In Wilhelmshaven überholt und instand gesetzt. Als Kriegsbeute der Sowjetunion zugesprochen. Zerstörer aus der Werft zur Kohlenzunge an der Wiesbadenbrücke verholt und unter strenge sowjetische Bewachung gestellt. Deutsche Restbesatzung – hauptsächlich Maschinenpersonal – noch an Bord verblieben.

2. 1. 1946
Z 33 gemeinsam mit Kreuzer *Nürnberg,* den Torpedobooten *T 33* und *T 107,* dem Zielschiff *Hessen* und dem Fernleitboot *Blitz* Wilhelmshaven ausgelaufen zur Überführung in die UdSSR. In den nächsten Tagen passierte der Verband den K.W.-Kanal und die Ostsee in östlicher Richtung. Auf allen Einheiten befanden sich zahlreiche sowjetische Offiziere und Ingenieure, die mißtrauisch alle Manöver der deutschen Besatzungen und Offiziere beobachteten und bewachten.

6. 1. 1946
Verband in Libau eingelaufen und festgemacht. Deutsche Besatzungen ausgestiegen und auf dem deutschen Begleitschiff *Otto Wünsche* nach Deutschland (Kiel) zurückgekehrt.

1946
Z 33 in die russische Ostseeflotte eingereiht; neuer Name *Provornyi.* Zunächst mehrere Jahre aktiver Flottendienst.
Ende der 40er bis Anfang der 50er Jahre mehrfach in der Ostsee gesichtet und fotografiert, u. a. mit der Kennung *41* an der Bordwand.
Etwa Mitte der 50er Jahre
(1953 bis 1955?) erneut in der Ostsee gesehen und fotografiert. Bewaffnung war ausgebaut bis auf den 15 cm-Doppelturm, der sich noch auf der Back befand. Das deutet auf die Verwendung des Zerstörers als Schul- oder Versuchsschiff hin.

Um 1957
(weitere Daten und Hinweise fehlen) außer Dienst gestellt. Vermutlich noch als stationäre Schulhuk verwendet.

Etwa 1960 bis 1962 verschrottet.

»Z 34«

10. 5. 1945
Kiel-Wik festgemacht. Deutsche Besatzung unter unwürdigsten Umständen von Bord gejagt und in ein Gefangenenlager gebracht.

Ende Mai 1945
Teile der Maschinen- und des seemännischen Personals von *Z 39* auf *Z 34* eingestiegen. Anschließend Überführungsfahrt des Zerstörers unter englischem Kommando nach Wilhelmshaven.

Juni und Juli 1945
Im Dock der ehemaligen Kriegsmarinewerft in Wilhelmshaven überholt. Boot bekam dabei neuen Anstrich. Die am 16. 4. 1945 durch einen Torpedotreffer verursachten Schäden im achteren Kesselraum und im Turbinenraum 1 wurden jedoch nicht repariert.

Sommer 1945
Z 34 als Kriegsbeute den USA zugesprochen. Den Amerikanern erschienen weitere Reparaturen auf dem Zerstörer nicht lohnend. Boot wurde zur Bonte-Brücke verholt.
Ende 1945 oder Anfang 1946
Zerstörer zum Fliegerdeich verholt.

März 1946
Mit Gasmunition beladen, aus Wilhelmshaven in die nordöstliche Nordsee geschleppt und vor dem Skagerrak verankert.

26. 3. 1946
Vor dem Skagerrak versenkt.

»Z 38«

10. 5. 1945
Aus der Flensburger Förde kommend in die Kieler Förde eingelaufen und an der Kieler Blücher-Brücke festgemacht. Zerstörer außer Dienst gestellt durch Niederholen von Flagge und Wimpel. Im Laufe des Tages britisches Kommando an Bord gekommen. Abends deutsche Besatzung von Bord gegangen und in ein Kriegsgefangenenlager gebracht. Britische Kriegsflagge (»White Ensign«) gehißt.

Anfang Juni 1945
Teil des Maschinen- und seemännischen Personals von *Z 39* auf *Z 38* eingestiegen, dazu ein Teil der ehemals eigenen Besatzung.

3. 6. 1945
Z 38 Kiel ausgelaufen zum Marsch durch den K.W.-Kanal und die deutsche Bucht nach Wilhelmshaven.

4. 6. 1945
Wilhemshaven eingelaufen.

Juni 1945
Im Trockendock 1 der ehemaligen Kriegsmarinewerft eingedockt. Überholungsarbeiten durchgeführt.

Anfang Juli 1945
Z 38 wieder fahrbereit.

6. 7. 1945
Wilhelmshaven mit gemischter deutscher und englischer Besatzung ausgelaufen zur Überführungsfahrt nach England.

9. 7. 1945
Portsmouth eingelaufen und festgemacht. Hier wurde *Z 38* als Kriegsbeute endgültig der Royal Navy übergeben. Deutsche Restbesatzung blieb jedoch noch an Bord (22 Mann Maschinenpersonal).

Juli bis Ende September 1945
Zahlreiche Probefahrten in britischen Gewässern.

22. 9. 1945
Restliche 22 Mann deutsches Maschinenpersonal ausgestiegen zur Rückkehr nach Deutschland.

Herbst 1945
Z 38 mit neuem Namen *Nonsuch* und der Kennung *R 40* in Dienst gestellt. Fuhr von nun an bei der Royal Navy als Schul- und Erprobungsfahrzeug.

Ca. 1947
Kennung geändert in *D 107.*

1948 oder 1949
Außer Dienst gestellt.

1949
Zum Verschrotten verkauft.

»Z 39«

10. 5. 1945
Kiel eingelaufen. Blücher-Brücke festgemacht und außer Dienst gestellt. An Royal Navy übergeben.
Abends deutsche Besatzung von Bord gebracht und in einem Kriegsgefangenenlager untergebracht.

Ende Mai 1945
Teil des Maschinenpersonals wieder eingestiegen.
Z 39 mit deutsch-englischer Besatzung und unter englischem Kommando Kiel ausgelaufen. Marsch durch den K.-W-Kanal und die Deutsche Bucht nach Wilhelmshaven.

Juni 1945
Überholungs- und Instandsetzungsarbeiten in Wilhelmshaven.

Anfang Juli 1945
Als deutscher L.I. ist OLt. (Ing.) Thomas eingestiegen. Mit ihm deutsches Maschinenpersonal (49 Mann).

4. bis 5. 7. 1945
Erfolgreiches Probedampfen.

6. 7. 1945
10.00 Uhr *Z 39* mit *Z 38* Wilhelmshaven ausgelaufen zur Überführungsfahrt nach England.

7. 7. 1945
Beide Zerstörer 11.00 Uhr Immingham eingelaufen zur Brennstoffergänzung.

8. 7. 1945
08.00 Uhr wieder ausgelaufen.

9. 7. 1945
10.00 Uhr Plymouth eingelaufen und festgemacht.

11. 7. 1945
Britisches Kommando geht von Bord *Z 39*, White Ensign niedergeholt. Zerstörer an die US-Navy übergeben. Amerikaner an Bord, Sternenbanner gehißt.

24. 7. 1945
Marsch von Plymouth nach Falmouth. Dort sollte zur Überprüfung der Außenhaut gedockt werden. Kein Dockplan vorhanden, deshalb beim anschließenden Docken S-Gerät beschädigt und Außenhaut gerissen. Sofort ausgedockt.

28. 7. 1945
Nach Aufstellung der Stapelklötze in vorgeschriebener Position wieder eingedockt. Schadensfeststellung und wieder ausgedockt. Rückfahrt nach Plymouth.

29. 7. 1945
Stahlplatten als Ballast geladen.

30. 7. 1945
08.00 Uhr *Z 39* Plymouth ausgelaufen zur Überfahrt in die USA. Wegen unsachgemäßer Behandlung der Maschinenanlage durch Amerikaner Auslaufen verzögert auf 08.40 Uhr. Marsch zu den Azoren mit 21 kn Fahrt.

1. 8. 1945
20.00 Uhr Ponta Delgada, Azoren, eingelaufen. Nachts Ergänzung von Treibstoff.

2. 8. 1945
06.30 Uhr Ponta Delgada ausgelaufen und Marsch nach Neufundland angetreten. Marschfahrt 21 kn.

5. 8. 1945
12.20 Uhr Argentia, Neufundland, eingelaufen.

6. 8. 1945
07.15 Uhr ausgelaufen zur Fahrt nach Boston.

7. 8. 1945
15.00 Uhr auf Boston Reede geankert.
17.15 Uhr nach dem Festmachen an der Pier in Boston Feuer ausgemacht. Damit Überführung von Deutschland über England und Azoren zu den USA beendet, dabei 4534 sm ohne Störung zurückgelegt.

8. 8. 1945
Amerikanische Presse an Bord.

10. 8. 1945
Eingedockt in Boston.

18. 8. 1945
Ausgedockt.

19. 8. 1945
Vorbereitungen für Meßfahrten und Erprobungen der Fahreigenschaften.

20. 8. 1945
Krängungsversuch.

21. 8. 1945
23.30 Uhr ausgelaufen zu Versuchen bei Rockland.

22. 8. 1945
07.30 Uhr in Rockland geankert.
Anschließend ganztägig Meilenfahrten mit allen Fahrstufen.

23. 8. 1945
Heizölmeßfahrt. Am Vortag gerissenes Kesselrohr dichtgesetzt.

24. 8. 1945
Fortsetzung der Meßfahrten.

25. 8. 1945
07.00 Uhr Seeklar. Beim Hochfahren auf Höchstfahrt Hauptkühlwasserpumpe blockiert. Stromlinienförmiges Verkleidungsblech im Eintrittskanal durch Fahrtstrom und Korrosion abgerissen und vom Propeller erfaßt. Eingelaufen mit 15 kn, geankert.

26. 8. 1945
Fortsetzung der Meßfahrten.
18.30 Uhr Boston eingelaufen.

27. 8. 1945
Eingedockt.

30. 8. 1945
Ausgedockt. Wechsel des amerikanischen Kommandanten.

1. 9. 1945
Bei Probedampfen einige Fehler, verursacht durch die US-Werft, aufgetreten.

4. 9. 1945
Probedampfen erfolgreich. Heizölmeßfahrten.

5. 9. 1945
Drehkreisbestimmung, Fahrt von 5 bis 35 kn mit allen Ruderlagewinkeln.

6. 9. 1945
Fortsetzung der Drehkreisbestimmung.

7. 9. 1945
15.00 Uhr Boston eingelaufen. Eingedockt. Beginn verschiedener Reparaturen.

11. 9. 1945
18.30 Uhr ausgedockt.

12. bis 14. 9. 1945
Schwingungsversuche. Beschleunigungsversuche.

14. 9. 1945
Abends Boston eingelaufen. Deutsche Restbesatzung unter OLt. (Ing.) Thomas ausgeschifft zur Rückkehr nach Deutschland.

Herbst 1945
Mit der Bezeichnung *DD 939* endgültig in die US-Flotte eingereiht. Fortsetzung von Versuchen und Erprobungen in den nächsten zwei Jahren.

Ende 1947
An Frankreich verkauft.

Januar 1948
Von französischem Leichten Kreuzer über den Atlantik geschleppt nach Nordafrika. In Casablanca etwa vier Jahre aufgelegt.

1951
Nach Frankreich (Toulon) geschleppt. In den nächsten Jahren als Ersatzteilreserve für die ehemals deutschen Zerstörer

Kléber (ex *Theodor Riedel*), *Hoche* (ex *Z 25*) und *Marceau* (ex *Z 31*) allmählich kannibalisiert.

Februar 1964
Rest des Zerstörers – Rumpf, Aufbauten, Teile der Antriebsanlage – verschrottet.

Mehrere in flachen Gewässern und Häfen gesunkene deutsche Zerstörer wurden nach Beendigung des zweiten Weltkrieges – teilweise auch schon früher – geborgen und verschrottet. Dies geschah, soweit bisher nachgewiesen, bei:

Name des Zerstörers	**Untergangsort**	**Abwrackjahr**
Z 2, Georg Thiele	Rombakenfjord vor Sildvik	1963
Z 9, Wolfgang Zenker	Rombakenfjord	ca. 1960
Z 11, Bernd von Arnim	Rombakenfjord	1962
Z 13, Erich Koellner	Ofotfjord bei Djupvik	ab 1963 Hebungsversuche
Z 19, Hermann Künne	Herjangsfjord Nordufer	ca. 1960 bis 1963
Z 23	La Pallice, Werft	1948
Z 24	Le Verdon, Übersee-Pier	ca. 1948
Z 28	Saßnitz Reede	bis 1950
Z 32	Ile de Baz (franz. Kanalinsel)	. . .
Z 37	Bordeaux, Werft	1949
Z 43	Geltinger Bucht	1953
Z 44	Deschimag, Bremen (Ausrüstungspier)	1948
Z 45	Deschimag, Bremen (auf Helling)	1946
Z 51	Bremen, Industriehafen	ca. 1946 bis 1947
ZG 3, Hermes	La Goulette, Tunesien	ab etwa 1943
ZF 2	Bordeaux, Werft (auf Helling)	1946 oder 1947

Nach Augenzeugenberichten liegt noch immer das Wrack eines ehemaligen deutschen Zerstörers im Rombaksbottn, das anscheinend als Mahnmal erhalten bleiben soll. Es scheint sich um *Hans Lüdemann* zu handeln.

Die Minenerfolge der deutschen Zerstörer von Oktober 1939 bis März 1940 an der Ostküste von England

In der Zeit vom 17. 10. 1939 bis 10. 2. 1940 legten deutsche Zerstörer in 11 offensiven Minenunternehmungen etwa 1800 Minen in die Flußmündungen und vor Häfen an der Ostküste Englands. Diese Unternehmungen verliefen mit unterschiedlichem Erfolg und endeten mit geringen oder gar keinen Schäden auf den beteiligten deutschen Zerstörern. Sechs weitere bereits angelaufene Minenaktionen mußten vorzeitig aus verschiedenen Gründen abgebrochen werden.

I. Die erfolgreich durchgeführten Minenunternehmungen in chronologischer Reihenfolge:

1. Minenunternehmung in der Humber-Mündung am 17. und 18. 10. 1939.

Beteiligte Zerstörer: *Wilhelm Heidkamp* mit F.d.Z., *Friedrich Eckoldt, Diether von Roeder, Hans Lüdemann, Hermann Künne* und *Karl Galster*.
Auf den geworfenen Minen gesunkene Schiffe: 7 Handelsschiffe.

22. 10. 39 brit.	Frachtdampfer	*Whitemantle*	1 692 BRT
23. 10. 39 schwed.	Frachtdampfer	*Albania*	1 214 BRT
29. 10. 39 norw.	Frachtdampfer	*Varangmalm*	3 551 BRT
30. 10. 39 finn.	Frachtdampfer	*Juno*	1 241 BRT
3. 11. 39 dän.	Frachtmotorschiff	*Canada*	11 108 BRT
4. 11. 39 norw.	Frachtdampfer	*Sig*	1 342 BRT
31. 12. 39 brit.	Frachtdampfer	*Box Hill*	5 677 BRT

2. Minenunternehmung vor der Themse-Mündung am 12. bis 13. 11 1939. Beteiligte Zerstörer: *Wilhelm Heidkamp* mit F.d.Z. als Sicherungsboot, 5. Z.-Div. mit *Hans Lüdemann, Hermann Künne* und *Karl Galster* als Wurfboote. Die ebenfalls als Wurfverband mit ausgelaufene 2. Z.-Fl. mit *Erich Giese, Theodor Riedel* und *Hermann Schoemann* wurde noch vor Erreichen des Zieles zur Rückkehr nach Deutschland entlassen, da auf *Theodor Riedel* und *Hermann Schoemann* unterschiedliche Maschinenstörungen aufgetreten waren.
Auf den geworfenen Minen gesunkene Einheiten:
1 Zerstörer und 13 Handelsschiffe.

13. 11. 39 brit.	Zerstörer	*Blanche*	1 360 ts
13. 11. 39 brit.	Frachtdampfer	*Ponzano*	1 346 BRT
13. 11. 39 brit.	Frachtdampfer	*Matra*	8 003 BRT
15. 11. 39 brit.	Frachtdampfer	*Woodtown*	794 BRT
19. 11. 39 ital.	Frachtdampfer	*Grazia*	5 857 BRT
23. 11. 39 brit.	Frachtdampfer	*Hookwood*	1 537 BRT
27. 11. 39 niederl.	Frachtdampfer	*Spaarndam*	8 857 BRT
28. 11. 39 brit.	Frachtdampfer	*Rubislaw*	1 014 BRT
30. 11. 39 brit.	Frachtdampfer	*Sheaf Crest*	2 730 BRT
1. 12. 39 brit.	Frachtdampfer	*Dalryan*	4 558 BRT
1. 12. 39 brit.	Motortankschiff	*San Calisto*	8 010 BRT
6. 12. 39 griech.	Frachtdampfer	*Paralos*	3 435 BRT
8. 12. 39 brit.	Frachtdampfer	*Merel*	1 088 BRT
15. 12. 39 schwed.	Frachtdampfer	*Ursus*	1 499 BRT

3. Minenunternehmung vor der mittleren Themse-Mündung vom 17. bis 18. 11. 1939.
Beteiligte Zerstörer: *Hermann Künne* mit Chef 5. Z.-Div. als Sicherungsboot und *Bernd von Arnim* und *Karl Galster* als Wurfgruppe.
Aus den geworfenen Minensperren gesunkene Einheiten:
1 Zerstörer, 1 Trawler, 7 Handelsschiffe.

18. 11. 39 niederl.	Frachtdampfer	*Simon Bolivar*	8 309 BRT
18. 11. 39 brit.	Frachtdampfer	*Blackhill*	2 492 BRT
19. 11. 39 brit.	Frachtdampfer	*Torchbearer*	1 267 BRT
20. 11. 39 brit.	Trawler (Bewacher)	*Mastiff*	520 ts
21. 11. 39 japan.	Frachtmotorschiff		
21. 11. 39 brit.	Frachtdampfer	*Terukuni Maru*	11 930 BRT
21. 11. 39 brit.	Zerstörer	*Gipsy*	1 335 ts
21. 11. 39 brit.	Frachtdampfer	*Geraldus*	2 495 BRT
22. 11. 39 brit.	Fischdampfer	*Lowland*	974 BRT
10. 12. 39 brit.		*Ray of Hope* (RN)	98 BRT

4. Minenunternehmung vor der Humber-Mündung vom 18. bis 19. 11. 1939.
Beteiligte Zerstörer: *Erich Steinbrinck* mit Chef 4. Z.-Fl., *Hans Lody* und *Friedrich Eckoldt*.
Auf den geworfenen Minen gesunkene Schiffe:
7 Handelsschiffe.

19. 11. 39 schwed.	Frachtdampfer	*B. O. Börjesson*	1 585 BRT
19. 11. 39 franz.	Frachtdampfer	*Rhuys*	2 921 BRT
24. 11. 39 brit.	Frachtdampfer	*Mangalore*	8 886 BRT
26. 11. 39 poln.	Motorpassagierschiff	*Pilsudski*	14 294 BRT
30. 11. 39 norw.	Motortankschiff	*Realf*	8 083 BRT
4. 12. 39 brit.	Frachtdampfer	*Horsted*	1 670 BRT
4. 12. 39 norw.	Frachtdampfer	*Grimle*	1 271 BRT

5. Minenunternehmung vor Cromer vom 6. bis 7. 12. 1939.
Beteiligte Zerstörer: *Hans Lody* mit Chef 4. Z.-Fl. und *Erich Giese*. Der mitausgelaufene Zerstörer *Bernd von Arnim* wurde wegen Kesselschäden vorzeitig zur Rückkehr nach Wilhelmshafen entlassen.
Auf den geworfenen Minen gesunkene Schiffe:
2 Handelsschiffe.

8. 12. 39 brit.	Frachtdampfer	*Corea*	751 BRT
12. 12. 39 brit.	Frachtmotorschiff	*King Egbert*	4 535 BRT

Ein weiteres Handelsschiff wurde durch Minentreffer beschädigt, konnte aber eingebracht werden.
In den Morgenstunden des 7. 12. 1939 stießen *Hans Lody* und *Erich Giese* nach Beendigung des Minenwerfens auf mehrere englische Zerstörer, die auf Gegenkurs lagen. Im überraschenden Torpedoangriff wurde der Zerstörer *Jersey* durch einen Torpedo von *Erich Giese* getroffen und schwer beschädigt, konnte jedoch ebenfalls eingebracht werden.

6. Minenunternehmung vor Newcastle vom 12. bis 13. 12. 1939
Beteiligte Zerstörer: *Hermann Künne* mit F.d.Z. als Sicherungsboot, sowie als Wurfverband *Richard Beitzen, Bruno Heinemann, Friedrich Ihn* und *Erich Steinbrinck.*

Auf den geworfenen Minen gesunkene Schiffe:
12 Handelsschiffe.

13. 12. 39 belg.	Frachtdampfer	*Rosa*	1 146 BRT
13. 12. 39 brit.	Fischdampfer	*William Hallett* (RN)	202 BRT
14. 12. 39 brit.	Motortankschiff	*Inverlane*	9 141 BRT
14. 12. 39 brit.	Fischdampfer	*James Ludford* (RN)	506 BRT
15. 12. 39 norw.	Frachtdampfer	*Strindheim*	321 BRT
15. 12. 39 norw.	Frachtdampfer	*Ragni*	1 264 BRT
15. 12. 39 norw.	Frachtdampfer	*H. C. Flood*	1 907 BRT
16. 12. 39 brit.	Fischdampfer	*Evalina* (RN)	202 BRT
16. 12. 39 brit.	Fischdampfer	*Sedgsfly* (RN)	520 BRT
16. 12. 39 brit.	Frachtdampfer	*Amble*	1 162 BRT
19. 12. 39 dän.	Frachtdampfer	*Jytte*	1 877 BRT
20. 12. 39 schwed.	Frachtdampfer	*Mars*	1 877 BRT

7. Minenunternehmung in der Themse-Mündung vom 6. bis 7. 1. 1940.
Beteiligte Zerstörer: Als Unterstützungsgruppe *Wilhelm Heidkamp* mit F.d.Z., *Richard Beitzen* und *Hermann Schoemann;* als Wurfgruppe *Friedrich Eckoldt* mit Chef 1. Z.-Fl., *Erich Steinbrinck* und *Friedrich Ihn.*
Auf den geworfenen Minen gesunkene Schiffe:
1 Zerstörer, 6 Handelsschiffe.

6. 1. 40 brit.	Fischdampfer	*Eta*	81 BRT
7. 1. 40 brit.	Frachtdampfer	*Cedrington Court*	5 160 BRT
7. 1. 40 brit.	Frachtdampfer	*Towneley*	2 888 BRT
9. 1. 40 brit.	Motorpassagier-schiff	*Dunbar Castle*	10 002 BRT
9. 1. 40 niederl.	Motorfracht-schiff	*Truida*	176 BRT
16. 1. 40 belg.	Frachtdampfer	*Josephine Charlotte*	3 310 BRT
19. 1. 40 brit.	Zerstörer	*Grenville*	1 485 ts

Ein weiteres Schiff wurde durch Minentreffer beschädigt, konnte aber geborgen werden.

8. Minenunternehmung vor Newcastle vom 10. bis 11. 1. 1940.
Beteiligte Zerstörer: *Wilhelm Heidkamp* mit F.d.Z., sowie *Friedrich Eckoldt* als Sicherungsboote; *Karl Galster, Anton Schmitt, Richard Beitzen* und *Friedrich Ihn* als Minenwurfboote.

Auf den geworfenen Minen 1 Fischdampfer gesunken.

11. 1. 40 brit.	Fischdampfer	*Lucida*	251 BRT

9. Minenunternehmung vor Cromer, ebenfalls vom 10. bis 11. 1. 1940.
Beteiligte Zerstörer: *Bruno Heinemann* mit Chef 4. Z.-Fl., *Wolfgang Zenker* und *Erich Koellner.*

Auf den geworfenen Minen gesunkene Schiffe:
3 Handelsschiffe.

11. 1. 40 ital.	Frachtdampfer	*Traviata*	5 123 BRT
12. 1. 40 brit.	Frachtdampfer	*Granta*	2 719 BRT
17. 1. 40 griech.	Frachtdampfer	*Asteria*	3 313 BRT

10. Minenunternehmung im Shipwash-Gebiet vom 9. bis 10. 2. 1940.
Beteiligte Zerstörer: *Friedrich Eckoldt* mit Chef 1. Z.-Fl., *Richard Beitzen* und *Max Schultz.*

Auf den geworfenen Minen gesunkene Schiffe:
6 Handelsschiffe.

13. 2. 40 brit.	Motortankschiff	*British Triumph*	8 501 BRT
14. 2. 40 ital.	Frachtdampfer	*Georgio Ohlsen*	5 694 BRT
17. 2. 40 brit.	Frachtdampfer	*Baron Ailsa*	3 656 BRT
24. 2. 40 brit.	Frachtdampfer	*Clan Morrison*	5 936 BRT
24. 2. 40 brit.	Frachtdampfer	*Jevington Court*	4 544 BRT
11. 3. 40 brit.	Fischdampfer	*Halifax*	165 BRT

Ein weiteres Handelsschiff wurde durch Minentreffer beschädigt, konnte jedoch eingebracht werden.

11. Minenunternehmung vor Haisborough (Cromer Knoll) ebenfalls vom 9. bis 10. 2. 1940.
Beteiligte Zerstörer: *Bruno Heinemann* mit Chef 4. Z.-Fl., *Wolfgang Zenker* und *Erich Koellner.*
Auf den geworfenen Minen gesunkene Schiffe:
3 Handelsschiffe.

27. 2. 40 franz.	Frachtdampfer	*P. L. M. 25*	5 391 BRT
9. 3. 40 brit.	Frachtdampfer	*Chevychase*	2 719 BRT
12. 3. 40 brit.	Frachtdampfer	*Gardenia*	3 745 BRT

Bei den gleichzeitig stattfindenden Unternehmungen Nr. 10 und 11 waren als Sicherungsgruppe vom 9. bis 10. 2. 1940 an der englischen Ostküste die Zerstörer *Wilhelm Heidkamp* mit F.d.Z., *Theodor Riedel* und *Hermann Schoemann* eingesetzt.

II. Geplante bzw. bereits angelaufene Minenunternehmungen, die vorzeitig abgebrochen wurden:

1. Minenunternehmung in Themse- und Humber-Mündung, die am 8. 11. 1939 nachmittags begonnen hatte.
Eingesetzte Zerstörer: *Karl Galster* mit F.d.Z., *Hans Lüdemann* mit Chef 5. Z.-Div., *Hermann Künne,*
2. Z.-Fl. mit *Paul Jacobi, Theodor Riedel* und *Hermann Schoemann,* 6. Z.-Div. mit *Friedrich Eckoldt* und *Friedrich Ihn.*
Unternehmen abends in der Deutschen Bucht abgebrochen, da auf *Hermann Künne* Seewasser im Heizöl festgestellt wurde.

2. Minenunternehmung an der engl. Ostküste, die am 10. 11. 1939 begonnen hatte.
Eingesetzte Zerstörer: *Wilhelm Heidkamp* mit F.d.Z., *Hermann Künne, Karl Galster, Friedrich Ihn* und *Erich Giese.*
Kurz nach Auslaufen des Verbandes Abbruch der Aktion wegen erneuten Ausfalls von *Hermann Künne.*

3. Minenunternehmung vor Ofordness vom 18. bis 19. 12. 1939.
Eingesetzte Zerstörer: *Friedrich Ihn* mit Chef 1. Z.-Fl., *Friedrich Eckoldt* und *Hermann Schoemann.*
In den Morgenstunden des 19. 12. 1939 Abbruch der Unternehmung wegen navigatorischer Schwierigkeiten an der englischen Ostküste.

4. Minenunternehmung an der Ostküste Englands vom 17. bis 18. 1. 1940.
Eingesetzte Zerstörer: *Wolfgang Zenker* und *Erich Koellner.*
Unternehmen am späten Abend des 17. 1. 1940 in der Deutschen Bucht abgebrochen, weil bei starkem Frost und geringer Sichtigkeit ein schwerer Sturm aufkam. In diesem Sturm verloren die beiden Zerstörer zusammen 32 Minen, außerdem hatten sie Seeschäden erlitten.

5. Minenunternehmung von mehreren Zerstörern an der engl. Ostküste verschoben wegen Nebels über der Deutschen Bucht vom 7. 2. 1940 auf einen späteren Termin.

6. Geplante Minenunternehmung der 2. Z.-Fl. mit *Paul Jacobi, Hermann Schoemann* und *Leberecht Maaß* wegen ungünstiger Wetterlage und starkem Frost vom 15. 2. 1940 auf einen späteren Termin verschoben.

Dankadressen

Verfasser und Verlag möchten ihren besonderen Dank aussprechen insbesondere den nachfolgend aufgeführten Herren, die private Aufzeichnungen, Tagebücher, Dokumente, Fotos, Auskünfte und Ergänzungen zur Verfügung stellten:

Bohlmann, Otto-Dietrich, FKpt.a.D., ehemals W.I. auf *Z 4, Richard Beitzen* und L.I. auf *Z 24;*

Drüppel, Karl, Marinefotograf in Wilhelmshaven;

Behrenrot, Gerhard, KptLt.a.D., ehemaliges Besatzungsmitglied auf *Z 7, Hermann Schoemann;*

Goette, Reinhard, Kpt. z.S., damaliger mehrjähriger W.O. und stellvertretender I.O. auf *Z 10, Hans Lody;*

Hahn, Franz, Leiter der historischen Sammlung der Marineschule in Flensburg-Mürwik;

Hildebrand, Hans-H., Hamburg, Historiker;

Loch, Carl-H., FKpt., ehemals langjähriger SVO. auf *Z 5, Paul Jacobi;*

Maierhöfer, Dr., Oberarchivrat und seinen Mitarbeitern vom Militärarchiv in Freiburg;

Meyer-Abich, FAdm. Dr. Helmut, damals als W.O. auf *Z 10, Hans Lody, ZG 3, Hermes, Z 39* sowie Kommandant auf T-Boot *T 18;*

Paul, Karl, KKpt.a.D., ehemals W.O. und I.O. auf *Z 8, Bruno Heinemann,* und I.O. und Kmdt auf *Z 31*

Für weitere Mithilfe und Mitarbeit sowie Ausleihen von Fotos und Unterlagen ist zu danken:

Albersmeier, K., Osnabrück (ehemals *Z 31?*);

Albrecht, Kpt.z.S., Wilhelmshaven (ehemals W.O. auf *Z 5, Paul Jacobi);*

Albrecht, HBtsm.a.D., Wilhelmshaven (ehemals auf *Z 5, Paul Jacobi* und *Z 34*);

Bar, Marius †, Marinefotograf in Toulon, Frankreich;

Barre, FKpt, Wilhelmshaven (ehemals auf *Z 3, Max Schultz*);

Bassi, FKpt.a.D. von, früherer Leiter der historischen Sammlung der Marineschule Flensburg-Mürwik;

Beckmann, Karl-Heinz, Düsseldorf;

Besch, FKpt., Wilhelmshaven (ehemals W.O. auf *Z 39*);

Boner, Dr. dent. C., Köln (ehemals *Z 10, Hans Lody* und *T 11*);

Bornmann, Oscar, FKpt., Wilhelmshaven (ehemals W.I. auf *Z 5, Paul Jacobi*);

Brodersen, FKpt., Wilhelmshaven (ehemals als O.A. auf *Z 25*);

Bügelmaier, Josef, Mödling in Österreich (ehemals auf *Z 25*);

Claaßen, Theodor, Wilhelmshaven (ehemals auf *Z 28*);

Clemens, FKpt., Wilhelmshaven (ehemals O.A. auf *Z 14, Friedrich Ihn*);

Erdmann, Heinrich, KAdm.a.D., Wilhelmshaven (ehemals T-Bootskommandant und T.-Flottillenchef sowie nominierter Zerstörerkommandant);

Fingerle, Hans, FlAdm.a.D., Wilhelmshaven (ehemals als Ing.-Offz. auf T-Booten sowie im F.d.T.- und F.d.Z.-Bereich);

Fricke, HBtsm., Wilhelmshaven (ehemals *Z 25*);

Gartzen, KKpt.a.D. Wirich von (ehemals als W.O., I.O. und Kmdt. auf zahlreichen Zerstörern und T-Booten, später Chef der 10. T-Flottille im Ligurischen Meer, unter deren TA-Booten sich auch Zerstörer befanden);

Gödeke, HBtsm.a.D., Wilhelmshaven (ehemals auf *Z 28*);

Gretenkort, FKpt., Wilhelmshaven (ehemals O.A. auf *Z 27*);

Gröner, Erich †, Berlin;

Hallbauer, Kurt, Wilhelmshaven (ehemals *Z 28*);

Harms, FKpt., Wilhelmshaven (ehemals *Z 23*);

Heilmann, W., HBtsm., Wilhelmshaven (Auskünfte über *Z 29* 1945 bis 1946);

Heimbeck, Wilhelm, KptLt.a.D., Wilhelmshaven (ehemals *Z 7, Hermann Schoemann*);

Hensel, KptLt.a.D., Wilhelmshaven (ehemals Krz. *Blücher*);

Heppe, Otto, Pfarrer (ehemals I.O. *Z 32* und Kommandant *Z 37*);

Hillmann, Kpt.z.S., Wilhelmshaven (bis 1945 W.O. und A.O. *Z 39*);

Hochreiter, Bremerhaven (ehemals *Z 14, Friedrich Ihn*);

Holzapfel, KptLt.a.D., Wilhelmshaven (ehemals *Z 10, Hans Lody*);

Hoppenberg, KptLt., Schweinebrück (ehemals *Z 31*);

Huckshold, FKpt., Wilhelmshaven (ehemals W.O. auf *Z 14, Friedrich Ihn*);

Jerratsch, Wilhelmshaven (Schiffsmodellbauer, lieferte Fotos und Zerstörerzeichnungen);

Juhnig, Bremen (ehemals auf mehreren Zerstörern);

Jung, Dr. Dieter, Berlin;

Jung, Heinz-Dietrich, Dipl.-Ing., Wilhelmshaven (ehemals W.O. *Z 39*);

Kirchhoff, Joost, KKpt.a.D., Pogum (ehemals *Z 6, Theodor Riedel*);

Korpjuhn, Ernst, Wilhelmshaven (Fotograf beim Marineamt Wilhelmshaven) und seine Mitarbeiter;

Kroeger, Kurt, Kpt.z.S. a.D., Wilhelmshaven (ehemals V.O. im Stab des F.d.Z.);

Kroschel, Dr. med. Günter, Fl.-Arzt, Wilhelmshaven;

Lade, Dietrich, FKpt., Wilhelmshaven (ehemals *Z 5, Paul Jacobi*);

Langensiepen †, KptLt.a.D., Bremerhaven;

Langheld, Georg †, Kpt.z.S.a.D., Bremen (ehemals Kommandant *Z 8, Bruno Heinemann* und *Z 37* sowie Chef der 8. und der 6. Z.-Fl.);

Löhrl, Fritz, FKpt.a.D., Wilhelmshaven (ehemals W.O. auf T-Booten);

Lückert, Hermann, FKpt.a.D., Bremerhaven (ehemals E.-Ing. oder W.I. auf *Z 10, Hans Lody*);

Machon, Kpt.z.S., früher Wilhelmshaven (bis 1946 auf S.Krz. *Prinz Eugen*);

Maerker, KptLt., Wilhelmshaven (vormals *Z 8, Bruno Heinemann*);

März, Fritz, Regierungsoberamtmann, Wilhelmshaven (ehemals auf *Z 5, Paul Jacobi*);

Magiera, HBtsm.a.D., Wilhelmshaven (ehemals *Z 21, Wilhelm Heidkamp* und *Z 27*);

Meyer, KptLt., Wilhelmshaven (vormals *Z 30*);

Meyer, HBtsm.a.D., Wilhelmshaven (ehemals *Z 22, Anton Schmitt, Z 26* und *Z 31*);

Michaels, Schweinebrück (ehemals *Z 29*);

Mirbach, FKpt.a.D. Freiherr von, Wilhelmshaven (ehemals A.O. *Z 24*);

Müller, K., Wilhelmshaven (ehemals *Z 14, Friedrich Ihn*);

Naumann, Wilhelmshaven (ehemals *Z 10, Hans Lody*);

Nawrath, Paul, Cuxhaven (ehemals *Z 6, Theodor Riedel*);

Neumann, Heinrich, Wilhelmshaven (ehemals *Z 20, Karl Galster*);

Menzel, Kpt.z.S., Hamburg (ehemals SVO *Z 43*);

Oelmann, HBtsm.a.D., Wilhelmshaven (ehemals *Z 25*);

Piechotka, KptLt.a.D., Schweinebrück (ehemals *Z 19, Hermann Künne*);

Pönitz, Gottfried, Kpt.z.a.D., Bremerhaven (ehemals Kmdt. *Z 9, Wolfgang Zenker* und Chef 8. Z.-Fl.);

Polster, FKpt, Wilhelmshaven (ehemals *Z 20, Karl Galster*);

Prasse, KptLt.a.D., Wilhelmshaven (ehemals *Z 12, Erich Giese*);

Raeder, Karl Theodor, Kpt.z.S., bis 1977 Kommandeur der Marineortungsschule Bremerhaven, zuvor deutscher Marine-Attaché in London;

Reile, KptLt.a.D., Wilhelmshaven (ehemals *Z 7, Hermann Schoemann*);

Renard, Kiel, Marinefotograf;

Riehn, Wilhelmshaven (ehemals *Z 5, Paul Jacobi*);

Roos, KptLt. a.D., Wilhelmshaven (ehemals auf *Z 7, Hermann Schoemann*);

Rosendahl, Hermann, Wilhelmshaven (ehemals *Z 10, Hans Lody*);

Schiller, Fritz, Borkum und Bremerhaven (ehemals O.A. auf *Z 30*);

Schmidt, Hermann, Kpt.z.S. a.D., Wilhelmshaven (ehemals I.O. auf *Z 10, Hans Lody*);

Schulze,Gustav, Wilhelmshaven (ehemals auf *Z 12, Erich Giese*);

Schulze-Hinrichs, Alfred †, Kpt.z.S. a.D., Plön (ehemals Kmdt. *Z 13, Erich Koellner* und Chef 6. Z.-Fl.);

Schumacher, HBtsm., Wilhelmshaven (ehemals auf *ZH 1*);

Seeger, FKpt., Wilhelmshaven (ehemals *Z 2, Georg Thiele*);

Sellin, Hartmut, Oldenburg (ehemals als O.A. auf *Z 28*);

Sieche, Erwin, Wien, Österreich;

Siener, FKpt., Wilhelmshaven (ehemals auf *Z 25*);

Sörensen, Uwe, FAdm., Wilhelmshaven (ehemals W.I. auf *Z 29* und *Z 38*);

Theuerkauf, HBtsm. a.D., Wilhelmshaven;

Urbahns, Ferdinand, Eutin (früher Kiel), Marinefotograf;

Vicary, P.A., Cromer, Großbritannien, Marinefotograf;

Vorreiter, Josef, Wilhelmshaven (ehemals *Z 15, Erich Steinbrinck*);

Weidmann, Paul, Wilhelmshaven (ehemals auf *Z 5, Paul Jacobi*);

Weinert, FKpt., Cuxhaven (ehemals W.O. auf *Z 15, Erich Steinbrinck*);

Weinert, FKpt., Wilhelmshaven (ehemals auf *Z 29*);

Wolff, Max-Eckart, FAdm.a.D., Bremen (ehemals Kmdt. *Z 2, Georg Thiele*, Chef 5. Z.-Fl. und stellvertretender F.d.Z.).

Ein besonderer Dank gilt Herrn Vizeadmiral a. D. Karl Hetz, vormals Kommandant *Z 34* und später Befehlshaber der Flotte, für seine sorgfältige Durchsicht der Korrekturfahnen und dafür, daß er ebenfalls Fotos beigesteuert hat.

Zu danken ist abschließend den nachfolgend genannten Dienststellen:

Marineamt Wilhelmshaven, Bildstelle;

Marinefachbibliothek Wilhelmshaven;

Marinefernmeldeschule Flensburg-Mürwik;

Marineschule Flensburg-Mürwik, Historische Sammlung;

Bundesarchiv/Bildarchiv Koblenz;

Bundesarchiv/Militärarchiv Freiburg;

Küsten- und Schiffahrtsmuseum Wilhelmshaven;

Kulturamt der Stadt Wilhelmshaven.

Verzeichnis der Abkürzungen samt Erklärungen

Abt.	Abteilung
a.D.	außer Dienst (gestellt)
A.K.	Äußerste Kraft
a.K.B.	außer Kriegsbereitschaft
A.O.	Artillerieoffizier
A op	Admiralstabsoffizier (für operative Angelegenheiten)
Asto	Admiralstabsoffizier
A/S-Trawler	Anti-Submarine-Trawler (U-Boot-Jäger)
atü	Atmosphären-Überdruck
A I	Erster Admiralstabsoffizier
A II	Zweiter Admiralstabsoffizier
A.V.K.	Artillerieversuchskommando
Bb.	Backbord
B.d.A.	Befehlshaber der Aufklärungsstreitkräfte
B.d.K.	Befehlshaber der Kreuzer
B.d.P.	Befehlshaber der Panzerschiffe
B.d.S	Befehlshaber der Schlachtschiffe
brit.	britisch, britische, britischer
b.W.D.	beauftragt mit der Wahrnehmung der Dienstgeschäfte
bzw.	beziehungsweise
btr.	betreffs, betrifft
ca.	circa
cm	Zentimeter
Dete, DeTe	Dezimeter-Telefonie
Dipl.-Ing.	Diplom-Ingenieur
D.W.K.	Deutsche Werke Kiel
dtsch.	deutsche, deutscher, deutsch
E-Gerät	Entfernungsmeßgerät
E-Ing., E.I.	Elektro-Ingenieur
E-Masch.	Elektromaschine
EM II-Gerät	deutsches Funkmeßgerät
E.K.K.	Erprobungskommando für Kriegsschiffneubauten:
engl.	englisch, englische, englischer, englisches
EU/SV	Entfernungsunterschied/Seitenvorhalt
E-Werk	Elektrowerk, Elektromaschinenraum
F.d.M. Ost	Führer der Minensuchverbände der Ostsee (entsprechend F.d.M. Norw., West, u. ä.)
F.d.Minsch.	Führer der Minenschiffe
F.d.T.	Führer der Torpedoboote
Fd.U.	Führer der Unterseeboote
F.d.Z.	Führer der Zerstörer
FKpt.	Fregattenkapitän
Fla-A.O.	Flugabwehr-Artillerieoffizier
Fla-Art.	Flugabwehrartillerie
Flak	Flugabwehrkanone
Fla-MK	Flugabwehr-Maschinenkanone
Fla-MW	Flugabwehr-Maschinenwaffe
frz.	französisch, -e, -er, -es
FT, Ft	Funktelegrafie, Funkspruch
FuMB	Funkmeß-Beobachtung
FuMG	Funkmeß-Gerät
FuMO	Funkmeß-Ortung
GAdm.	Generaladmiral
G.H.G.	Gruppenhorchgerät
HD., Hd.	Hochdruck
HF.	Hochfrequenz
hm, Hm	Hektometer
HSK.	Hilfskreuzer
i.D.	in Dienst (gestellt)
Ing.	Ingenieur
ital.	italienisch, -e, -er, -es
i.V.	in Vertretung
KAdm.	Konteradmiral
Kapt.z.S.	Kapitän zur See
kb., KB.	kriegsbereit, Kriegsbereitschaft
K.d.F.	Kraft durch Freude
Kdo.	Kommando
kdt.	kommandiert
kg	Kilogramm
KGr., K.Gr.	Kampfgruppe
kg/WPS	Kilogramm pro Wellenpferdestärke
kHz	Kilohertz
KKpt.	Korvettenkapitän
KLtn., KLtnt.	Kapitänleutnant
km	Kilometer
Kmdt.	Kommandant
K.M.W.	Kriegsmarinewerft Wilhelmshaven
kn	Knoten (Geschwindigkeitsmaß auf See: 1 kn = 1 Sm/Std.)
Kpt.z.S.	Kapitän zur See
KptLt.	Kapitänleutnant
KR	Dringlichkeitsstufe bei Fernschreib- oder FT-Meldungen
KTB., K.T.B.	Kriegstagebuch
kW	Kilowatt
K.W.-Kanal	Kaiser-Wilhelm-Kanal
KWL	Konstruktionswasserlinie
K 1, K 2, K3	Kesselraum 1, 2, 3
L.A.	Leichte Artillerie
L.I.	Leitender Ingenieur
Lt., Ltnt.	Leutnant
M.A.	Mittelartillerie
Maureb	Marineausrüstungs- und Reparaturbetrieb
M-Boot	Minensuchboot
M.E.S.	Magnetischer Mineneigenschutz
M.-Fl.	Minensuchflottille
MG	Maschinengewehr
MGr	Marinegruppe
MK	Maschinenkanone
MKrGerRat.	Marinekriegsgerichtsrat
Mob	Mobilmachung

MObStArzt	Marineoberstabsarzt
M.O.K.	Marineoberkommando
M.P.A.	Marinepersonalamt
MÜZ., M.Ü.Z.	Maschinenüberholungszeit
MW	Maschinenwaffe
M.W.A.	Marinewaffenamt
Nd.	Niederdruck
N.D.L.	Norddeutscher Lloyd
Nr.	Nummer
O.A.	Offiziersanwärter
Ob.d.M.	Oberbefehlshaber der Kriegsmarine
O.K.M.	Oberkommando der Kriegsmarine
OLt., OLtnt.	Oberleutnant
Op.-Befehl	Operationsbefehl
Qu.	Quadrat
R.-Fl.	(Minen-)Räumflottille
R-Boot	(Minen-)Räumboot
Rw/Hw	Richtungsweiser/Höhenweiser
S.A.	Schwere Artillerie
S.A.S.	Schiffsartillerieschule
S-Boot	Schnellboot
Seetakt-Gerät	(seetaktisches) Funkmeß-Gerät
SEPL	Sender- und Empfangsplatzwähler (im Funkraum)
S-Gerät	Sondergerät, akustische Anlage für Horizontallotungen
Sich.-Div.	Sicherungsdivision
Skl.	Seekriegsleitung
sm	Seemeile
s.o.	siehe oben
Stb.	Steuerbord
SU	Seitenunterschied
SV	Seitenvorbehalt
T-Boot	Torpedoboot
T.-Fl.	Torpedobootsflottille
T.E.K.	Torpedoerprobungs-Kommando
TR	Torpedorohr
ts, t	engl. tons, deutsche Tonnen
T.S.	Torpedoschule
T.V.A.	Torpedoversuchsanstalt
T 1, T 2	Turbinenraum 1, Turbinenraum 2
u.a.	und andere
u.ä.	und ähnlich
U-Boot	Unterseeboot
U.-Fl.	Unterseebootsflottille
UK-Gerät	Ultrakurzwellen-Telefoniegerät
UKW	Ultrakurzwelle
VAdm.	Vizeadmiral
V-Boot	Verkehrsboot
Verw.-Offz.	Verwaltungsoffizier
V ° (V null)	Anfangs-, Mündungsgeschwindigkeit des Geschosses
v.Stp.	vom Stapel gelaufen
W.I.	Wachingenieur
Wabo	Wasserbombe
WLZ	Werftliegezeit
W.O.	Wachoffizier
z.B.	zum Beispiel
Z.-D., Z.-Div.	Zerstörerdivision
Z.-Fl.	Zerstörerflottille
z.S.	zur See
z.Vfg.	zur Verfügung
z.Zt.	zur Zeit

I. O. (sprich: »Eins O«) Erster Offizier
I. W.I. (sprich: »Eins W.I.«) Erster Wachingenieur
I. W.O. (sprich: »Eins W.O.) Erster Wachoffizier
II. W.O. (sprich: »Zwo W.O.«) Zweiter Wachoffizier

Quellenverzeichnis

1. Veröffentlichte Marineliteratur, Bücher

Assmann, Kurt: Deutsche Seestrategie in zwei Weltkriegen. Heidelberg 1957

Bekker, Cajus: Augen durch Nacht und Nebel. 2. Aufl. Oldenburg 1964

Bekker, Cajus: Flucht übers Meer. 2. Aufl. Oldenburg 1964

Bekker, Cajus: Ostsee – Deutsches Schicksal 1944/45, Oldenburg 1959

Bekker, Cajus: Verdammte See. Oldenburg 1971

Blond, Georges: Kurs Murmansk. Die Schicksalsfahrten der alliierten Eismeerkonvois. Oldenburg

Bredemeier, Heinrich: Schlachtschiff *Scharnhorst*. Jugenheim, Bergstraße 1962

Brennecke, Jochen: Eismeer, Atlantik, Ostsee. Die Einsätze des Schweren Kreuzers *Admiral Hipper*. Jugenheim, Bergstraße 1963

Brennecke, Jochen: Schlachtschiff *Tirpitz*. Hamm 1953

Bonatz: Die deutsche Marinefunkaufklärung 1914–1945. Darmstadt 1968

Brustat-Naval, Fritz: Unternehmen Rettung. Herford 1970

Busch, F.-O.: Tragödie am Nordkap, Hamm 1952

Busch, F.-O.: Schwerer Kreuzer *Prinz Eugen*. Hamm 1958

Busch, F.-O.: 10 Zerstörer. Die Besetzung Narviks. Hannover 1959

Busch, F.-O.: *Erich Koellner*. Zerstörungskampf im Ofotfjord. SOS-Heft Nr. 26

Busch, F.-O.: *Diether von Roeder*. Der letzte Narvik-Zerstörer. SOS-Heft Nr. 37

Fechter/Schomaekers: Der Seekrieg 1939/45 in Karten. Band I. Preetz, Holstein 1967

Fredmann, Ernst: Sie kamen übers Meer. Die größte Rettungsaktion der Geschichte. Köln 1971

Giessler, Helmuth: Der Marine-Nachrichten- und Ortungsdienst. Wehrwissenschaftliche Berichte. München 1971

Gröner, Erich / Jung, Dr. Dieter / Maas, Martin: Die Schiffe der deutschen Kriegsmarine und Luftwaffe 1939–1945. 2. Aufl. München 1971

Gröner, Erich: Die deutschen Kriegsschiffe 1815–1945. Band I. München 1966

Hadeler, Wilhelm: Kriegsschiffbau. Bände A und B. Darmstadt 1968.

Hase, G. von: Die Kriegsmarine im Kampf um den Atlantik. Leipzig 1942

Hillgruber, Andreas / Hümmelchen, Gerhard: Chronik des 2. Weltkrieges. Frankfurt/Main 1968

Hubatsch, Walther: »Weserübung«. Die deutsche Besatzung von Dänemark und Norwegen 1940. Göttingen/Berlin/Frankfurt 1960

Herzog, Bodo: Die deutsche Kriegsmarine im Kampf 1939–1945. Dornheim 1969

Heye, A. W.: *Z 13* von Kiel bis Narvik. Berlin 1942

Jacks, H.: Zerstörer feindwärts. Kriegsfahrten zwischen Eismeer und Biskaya. Berlin 1944.

Jane's Fighting Ships. Verschiedene Jahrgänge von 1938–1959/60. London

Kriegsschiff-Typenblätter MW 1 bis MW 24. München 1967

Kroschel/Evers: Die deutsche Flotte 1848—1945. Bildband. Wilhelmshaven 1962

Lenton, H. T.: British Fleet & Escort Destroyers. Vol. 1+2. London 1970

Lenton, H. T.: Royal Netherlands Navy. London 1968

Lohmann/Hildebrand: Die deutsche Kriegsmarine 1939–1945. Bände I bis III. Bad Nauheim 1956/1965.

Meister, Jürg: Der Seekrieg in den osteuropäischen Gewässern 1941/45. München 1958

Mielke, Otto: Der Heldenkampf um Narvik. Berlin 1940

Mielke, Otto: Zerstörer *Wilhelm Heidkamp*. Der Kampf um Narvik. SOS-Heft Nr. 11

Mielke, Otto, Zerstörer *Friedrich Eckoldt*. Zwischen Brest und Kirkenes. SOS-Heft Nr. 145

Morrison, Samuel Eliot: History of United States Naval Operations in World War II. Part XI: The Invasion of France and Germany 1944 to 1945. USA

Potter, John Deane: Durchbruch. Die Heimkehr der Schlachtschiffe *Scharnhorst* und *Gneisenau*. Wien/Hamburg 1970

Puttkamer, Karl Jesco von: Die unheimliche See. Hitler und die Kriegsmarine. Wien/München 1952

Reichskriegsministerium (Marinepersonalamt): Rangliste der Deutschen Kriegsmarine (Nach dem Stande vom 1. November 1937). Berlin 1938

Robertson, T.: Sie wagten das Äußerste. Der abenteuerliche Durchbruch deutscher Schlachtschiffe durch den Ärmelkanal. Stuttgart 1958

Rohwer/Hümmelchen: Chronik des Seekrieges 1939–1945. Oldenburg 1968

Roskill, S. W.: Royal Navy. Britische Seekriegsgeschichte 1939–1945. Oldenburg 1961

Ruge, Friedrich: Der Seekrieg 1939–1945. 3. Auflage. Stuttgart 1962

Thomer, Egbert: Torpedoboote und Zerstörer. Oldenburg 1964

Schmalenbach, Paul: Die Geschichte der deutschen Schiffsartillerie. Herford 1968

Waage, J.: The Narvik Campaign. London 1964

Weyers Taschenbuch der Kriegsflotten. Mehrere Jahrgänge: 1918, 1937, 1940, 1941/42, 1943/44, 1954/55, 1956/57, 1958. München/Berlin

Wolflast, Wilhelm: Britisches Schlachtschiff *Warspite*. Anker-Hefte Nr. 53 und 90. München 1957 und 1960

Verfasser unbekannt: Oberkommando der Wehrmacht. Der Kampf um Norwegen. Berlin 1940

Verfasser unbekannt: Die Entwicklung des Flottenkommandos. Darmstadt 1964

Verfasser unbekannt: Die Bilanz des Zweiten Weltkrieges. Oldenburg 1953

2. Abhandlungen, Aufsätze, usw. in Marinezeitschriften

Boehe, Rolf: Hochdruckheißdampf im Kriegsschiffantrieb. Marine-Rundschau, Heft 2/1958

Breyer, Siegfried: Die deutschen Zerstörer 1920–1945. Soldat und Technik, Hefte 3/1964–5/1964

Hetz, Karl: Eine Bergungsaktion bei Nordnorwegen. Leinen los, um 1954

Hetz, Karl: Warum Zerstörer? Leinen los, 1954–1956

Huan, C.: Der Vorstoß der deutschen Kreuzer am 31. Dezember 1942. Marine-Rundschau, Heft 6/1958

Hümmelchen, Gerhard: Der Untergang der Zerstörer *Z 1* und *Z 3*. Marine-Rundschau, Heft 2/1958

Hümmelchen, Gerhard: Minenerfolge deutscher Zerstörer an der englischen Ostküste (Oktober 1939 bis März 1940). Marine-Rundschau, Heft 1/1960.

Kriegsmarine, Die: Zeitschrift der Kriegsmarine. Sämtliche Hefte 1937–1944

Schmalenbach, Paul: Warum keine Scapa Flow? Leinen los, Heft 5/1956

Weygoldt, Walther: Die Artillerie der Torpedoboote. Marine-Rundschau, Heft August 1930

Verfasser unbekannt: Die Bewaffnung der Zerstörer nach »Shipbuilding and Shipping Record« 10. 10. 1940. Die Entwicklung von 1893 bis heute. Marine-Rundschau, 1941

3. Nicht veröffentlichte Unterlagen der Kriegsmarine aus dem Militärarchiv Freiburg

Kriegstagebücher des Flottenchefs und Seebefehlshaber West, Adm. Böhm.

Kriegstagebücher des Flottenchefs VAdm. Lütjens.

Kriegstagebücher des Flottenchefs Adm. Schniewind.

Kriegstagebücher des stellvertretenden Flottenchefs KAdm Thiele.

Kriegstagebücher des Flottenkommandos und der Marinegruppenkommandos ab 15. 4. 1943

Kriegstagebücher des Führers der Torpedoboote VAdm. Lütjens
Kriegstagebücher der Führer der Zerstörer

Kpt.z.S. und Kommodore Bonte; FKpt. Schemmel; Kpt.z.S. und Kommodore, ab 1. 3. 1943 KAdm. Bey; Kpt.z.S. Wolff, Max-E.; VAdm. Kreisch

Kriegstagebuchauszüge des Chefs der 6. Z.-Fl., Kpt.z.S. Schulze-Hinrichs

Kriegstagebuchauszüge und Gefechtsberichte der Zerstörer bzw. der Kommandanten von
Z 2, Georg Thiele, Z 11, Bernd von Arnim, Z 13, Erich Koellner, Z 31, Z 34, Z 38, Z 23, Z 24, Z 32, Z 37, Z H 1.

Lageberichte 1./SKL – Teil D
Ostsee – Norwegen
Januar–Dezember 1944

Lageberichte 1./SKL – Teil C III
Ostsee Mai 1943 – Januar 1945
Akten 1. SKL – Teil B V
Anlagen verschiedenen Inhalts

Weitere Beute-Zerstörer unter deutscher Flagge

Halbfett gesetzte Bootsnummern bedeuten: Boote standen im Einsatz –
Mager gesetzte Nummern: Nicht mehr in Dienst gestellt

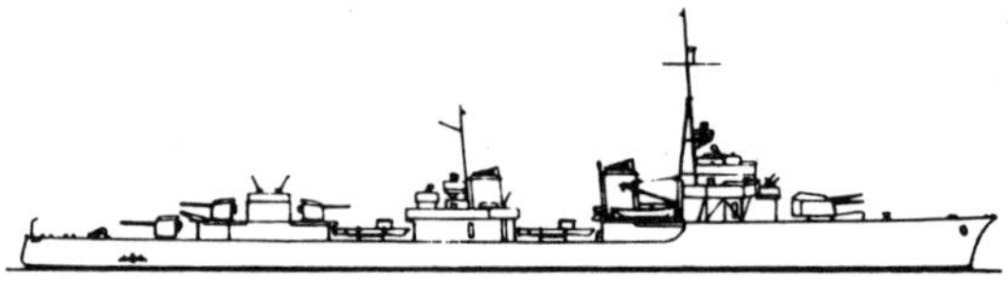

ZF 2 ex franz. *L'Opiniâtre* (vorgesehene deutsche Form)

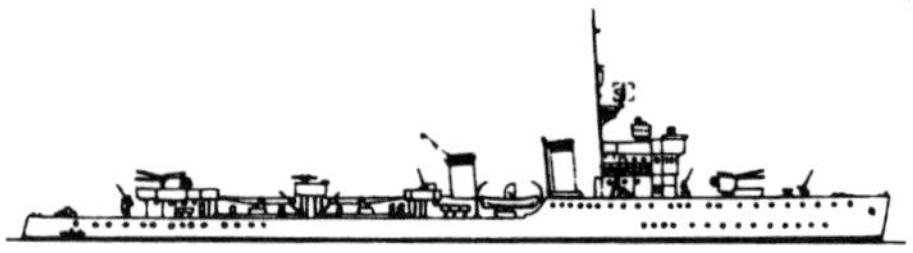

TA 14 ex *Turbine*, ähnlich **TA 15** ex *Francesco Crispi* (ital.)

TA 31 ex *Dardo* (ital.)

TA 32 ex *Premuda* (ital.) ex *Dubrovnik* (jugosl.)

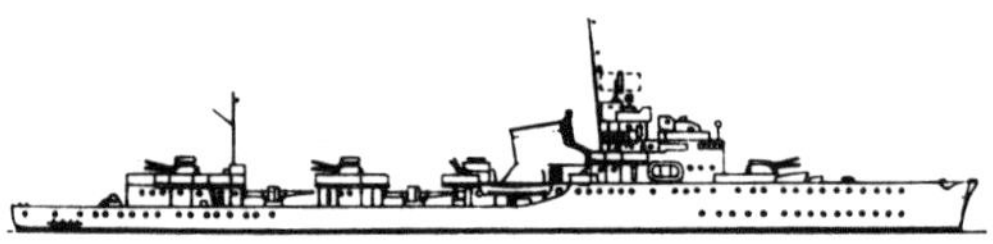

TA 33 ex *Corsaro* ex *Squadrista* (ital.)

TA 43 ex *Sebenico* (ital.) ex *Beograd* (jugosl.)

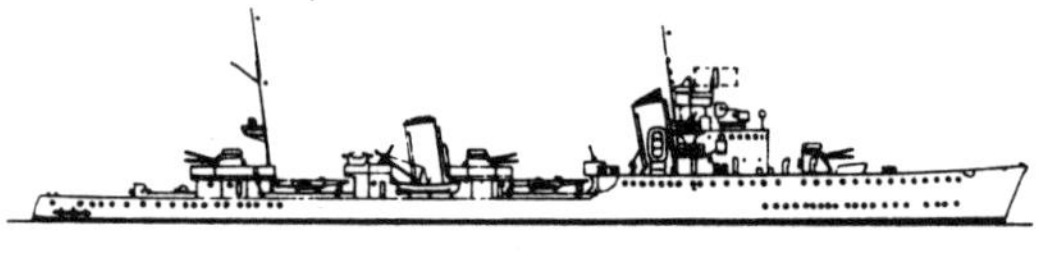

TA 44 ex *Antonio Pigafetta* (ital.)